장소와 시간의 유동

20세기 중국어권 문화와 한국

장소와 시간의 유동

장동천

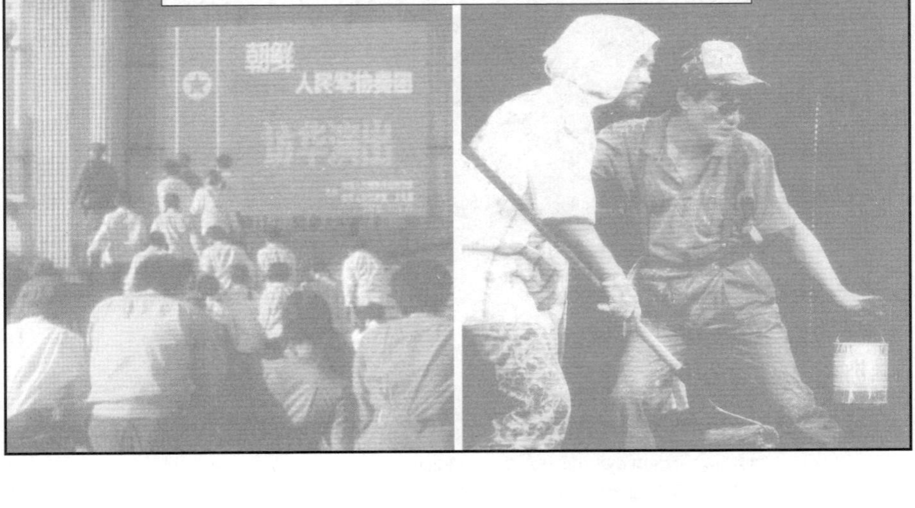

KU PRESS
고려대학교
출판문화원

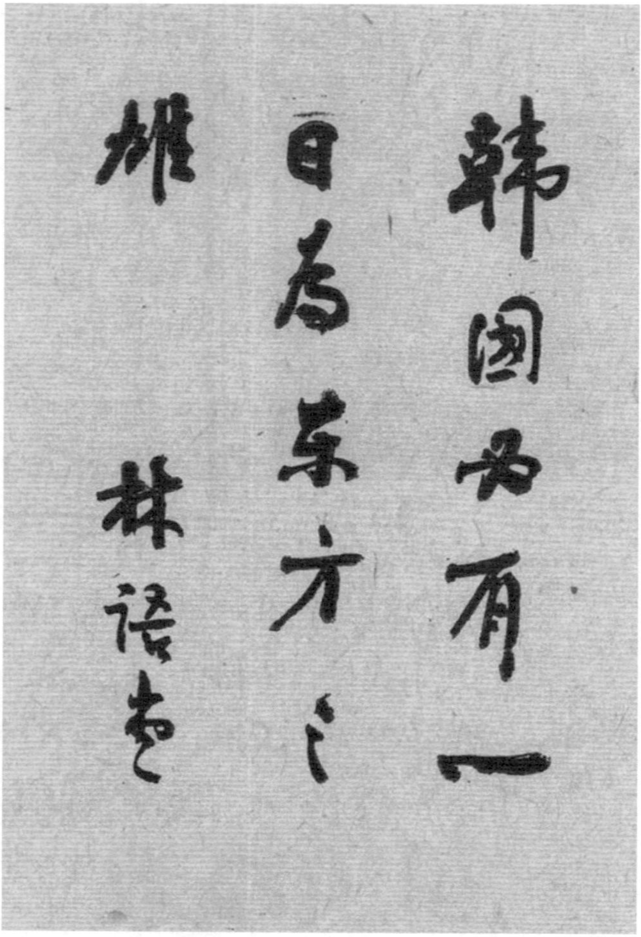

《경향신문》 1968년 6월 19일 자에 실린 린위탕(林語堂)의 글씨, 〈한국은 언젠가 반드시 동방의 강대국이 될 것이다(韓國必有一日爲東方之雄)〉. 린위탕은 한국인들이 냉전 시기에 가장 많이 접하던 중국어권 작가였다(이 책의 3장 참조).

머리말

20세기 동아시아 문화 유동의 단면들을 되돌아보며

한반도를 에워싼 환(環)한국해의 동아시아는 문화의 상호 교섭이라는 측면에서 보면, 자고로 권역 전체가 느슨하게 엮인 하나의 유기체였다. 근대 시기 이전에는 비록 제한적이긴 하지만 면면히 교류를 이어 준 내력 있는 경로들이 존재했다. 그러다 20세기 벽두를 전후해 각지의 문호가 개방되고 근대적 교통 체계가 도입되면서, 서로의 존재를 새롭게 의식하고 관찰하며 접촉하는 일이 전에 없이 잦아졌다. 하지만 이후 동아시아가 감내해야 했던 엄혹한 역사는 지역 간의 교섭에도 영향을 끼쳐, 이곳만의 20세기 문화 지도는 결코 평범하다고 할 수 없는 모양을 띠게 되었다. 오늘날, 권역 내부의 교류는 지난 세기와 비교할 수 없을 정도로 증가해, 마침내 '한류' 같은 거대한 감성적 유대까지 지켜보게 되었다. 이런 시대에 다시금 낡은 지도를 꺼내 잊힌 흔적을 더듬어 보는 것은 그것이 현재의 문화 지평을 만든 토대였고 또한 반사경도 된다는 점에서 자못 의미 있는 일이 아닐 수 없다.

동아시아의 제 지역은 20세기에 들어 근대화의 노정 속에서 민족국가 수립을 위해 그 어느 때보다 자기 정체성을 모색하게 되었다. 이 시기에 발생한 전통적 국제 질서의 와해는 과거의 수직적이고 일방적인 문화 전파 경로에 변화를 초래했다. 한국의 경우 중국어권 지역과 오랫동안 문화 자원을 공유해 왔지만, 이제 그 양상에 전환점이 나타난다. 가령, 광범위하게 전승된 한자 문화가 축소되고 민족 언어에 의한 번역이 당연시되는 등 가치가 다원화되는 추세도 그중 하나였다고 할 수 있다. 동아시아는 세계를 맞아들이는 동시에 서로를 재인식하게 되었다. 하지만 20세기의 국제 교류망에는 오늘날처럼 정보의 성격을 사전에 가늠하는 장치가 발달하지 못했다. 출발지에서는 별 영향력이 없던 것이 도착지에서 오히려 큰 반향을 일으키거나, 또는 그와 반대인 경우도 많았다. 그래서 이 교류의 역사는 과거처럼 고정적이지 않고 예측 불가능할 뿐 아니라, 그 결과도 총론으로 반듯하게 정리하기 어려운 특유의 복잡한 문맥을 지니게 되었다. 물론 그 모든 것이 대폭 증가하는 동시에 매우 명확해지는 21세기 같았더라도, 이 권역만의 교류 특징을 논하는 의미 자체가 크지 않았을 것이다.

이 책에서 나는 '장소와 시간의 유동(流動)'이라는 말머리 아래, 몇 개의 각론으로 20세기에 한국과 중국어권 지역들 사이에서 일어난 문화 교류를 이야기하고자 한다. 여기에서 '중국어권'이란 정치 주체가 누구든 상관없이 현재 중국어가 통용되는 지역 모두를 의미하며, '한국'은 일반적인 범주와 같거나, 때로 한반도 전체를 포괄하는 문화적 개념으로 언급될 것이다. 이 권역에서 20세기에 이루어진 교류는 사람과 텍스트의 전에 없던 이동과 접촉을 큰 특징으로 한다. 그것은 우선 수많은 장소 체험을 수반했으며, 낯선 장소와의 만남이 고유문화를 바꾸고 새 문화를 잉태하게 했다. 이는 또한 시간성을 배제하고 생각하기 어려운 것이었다. 시간대를 공유하는 교류가 전에 없이 증가하고, 국가주의나 역사주의처럼 시간 인식에 기반한 새로운 이념 체제가 상호 소통에 영향을 끼쳤다. 장소와의 만남과 시간과의 소통은 자연스레 문화의 횡단과 전유, 그리고 변용을 낳았다. 동아시아는 장소와 시간을 매개로 관계 맺음을 부단히 반복하면서 20세기다운 새로운 문화적 정체성을 축적해 갔다.

한국 고궁을 배경으로 한 강육항의 골든베스트 독집(2001) 이미지

한편 유동은 원래 일정한 패턴이 없이 움직이는 운동을 말하지만, 이 책의 문맥에서는 그럼에도 유동에 최종적인 방향은 있음을 전제한다. 지난 세기에 환한국해의 제 지역이 나눈 많은 문화적 만남은 비록 그 유동의 과정은 변화무상(變化無常)했지만, 무엇이든 일정한 귀착점이 있는 것이었다. 타의에 의한 물리력만이 아니라, 주체의 의지도 유동을 만들어 냈기 때문이다. 그런 점에서 유동의 귀착지 상황은 발생지 이상으로 눈여겨볼 필요가 있다. 동아시아의 20세기를 가로지른 문화 유동은 주고받음의 상호 작용을 통해 각자의 존재 가치를 모색하는 과정이었다. 그럼으로써 총체적으로는 타자의 문화를 통해 자기 문화로 회귀하는 여정이었다.

이 책의 수정 작업을 마무리하면서 대만 가수 강육항(姜育恒)의 〈움직이는 마음(驛動的心)〉(1987)이라는 노래가 떠올랐다. 대만 가수를 '장위형'이 아니라 '강육항'이라 부르는 이유는 그가 한국 화교 출신이기 때문이다. 조용필과 창법이 닮았다고 여겨지던 그는 대만으로 건너간 뒤 성공한 가수가 되었다. 그런 경력부터가 이 책의 취지에 부합되는데, 노래의 제목도 절묘하게 어울린다.[1] 대만 국어사전에 없는 '驛動'이란 말은, '이동(移動)'에서의 '이(移[yí])'자 대신, 같은 중국어 발음인 '역(驛[yì])'자를 살짝 바꿔치기한 것이다. 그럼으로써 '정거장을 따라 움직이는 마

1 이 노래의 작사가는 한 시기를 풍미하다 요절한 량훙즈(梁弘志)라는 유명한 대만의 천재적 예술가이다.

음'으로 뜻이 확장되고, 단 두 글자 안에 정(靜)과 동(動), 즉 장소와 시간의 개념이 다 함축되었다. 가사를 보면, 열차에 탈 때마다 버려지는 표꼭지처럼 집(家)이 부질없다고 여겼었는데, 종점까지 가도 결국 출발점으로 되돌아오는 게 인생임을 깨닫는다는 내용이다. 그것이 전해 주는 진리는 인간의 떨칠 수 없는 회귀 본능이다.

이 노래는 가수 본인에게도 자신의 디아스포라 인생에 대한 시적 메타포가 되었을 터이나, 나에게도 본업상 타 문화를 연구하지만 결국에 자기 문화로 시선이 닿게 되는 어쩔 수 없는 벽(癖)을 대변해 주는 듯했다. 미국의 번역학자인 로렌스 베누티(L. Venuti)는 "번역은 피할 수 없는 귀화 과정"이며, 외국 텍스트와 외국문화에 대한 자국적 재현을 구축하는 동시에 자국적 주체 또한 구축하게 한다고 말했다.[2] 외국문화를 연구한다는 것, 타 문화와 자기 문화를 매개하는 번역자가 된다는 것은 궁극적으로 자기 반영을 위한 노력이다. 그런데 학문으로 하는 밥벌이 중에도 피곤한 직업이 또한 이 비교문화학자이다. 여러 외국어와 씨름하다 소득도 없이 지쳐 버리기 일쑤이고, 깊게보다는 두루 봐야 할 때가 많아 종종 '박이부정(博而不精)'의 샛길로 빠지기도 한다. 그럼에도 미련하게만 보이는 이 일을 함부로 접지 못하는 데는 다른 이유도 있다.

비교문화학자의 역할은 지능정보 사회가 발달할수록 더 긴요해지고 있다. 데이터 기술과 인공지능이 쏟아내는 정보 속에서 살아가는 우리에게 세계는 어느 때보다 가까워졌다. 그런데 고도로 발달한 시스템이 정보를 합리적으로 골라 줄 것만 같지만, 오히려 정보의 늪에 빠뜨릴 때도 많다. 그래서 두서없는 정보를 요령 있게 발라 주는, 마치 승용차의 내비게이션 같은 길라잡이의 필요성은 더 절실해지고 있다. 게다가 시스템의 극한적 첨단성은 타자의 상을 단순화하고 절대시하여, 우리와

---

2 로렌스 베누티, 《번역의 윤리(The Scandas of Translation)》, 임호경 옮김(열린책들, 2006), 120쪽. 따옴표 부분은 *Translation and the Formation of Cultural Identites*(1994)에서 발췌.

타자 사이를 얼마든지 벌려 놓을 수 있다. 가령 외국문화를 바라보는 시각이 균형을 잃고 이념화되는 경우가 그러한데, 이는 결국 기술과 무관한 사람의 문제지만, 발달한 기술로 더 쉽게 일반화될 수 있다. 그럴 때도 객관성과 유연성을 수혈해 줄 수 있다는 점에서 문화 번역자의 역할은 불가결하다. 그 가치는 분명 AI가 할 수 있는 기능적 차원을 훌쩍 넘어서는 것이다.

반면에 지극히 아날로그적인 20세기 동아시아의 소통은, 놀랍게도 우리가 짐작하는 것보다 훨씬 탈편견적이며 역동적인 실체였다. 그 역사는 오히려 정보의 과잉에 젖어 있는 우리에게 시각의 균형을 성찰하게 한다. 다만 지리적 혹은 역사적으로 너무 인접했던 탓에, 이 교류는 먼 문화권과의 그것보다 더 정치 사회적 상황에 지배될 수밖에 없었다. 이뿐 아니라, 같은 이유로 훗날의 평가 행위도 종종 제한을 받았다. 단적으로 말해, '친일', '좌익', '독재' 같은 민감한 화두를 자유롭게 논할 수 없던 때는 교섭 행위도 억압받았을 뿐 아니라, 지나간 역사도 온전하게 바라볼 수 없었다. 이러한 많은 굴곡에도 불구하고, 어쨌든 이 만남은 항상 진행형이다. 이 책에서 다룬 교류 대상 지역들은 오늘날에도 한국과 밀접한 관계가 있으며, 어떤 현상은 여전히 지역에서 쟁점이 되고 있다. 그래서 우리는 역사를 가로지른 다양한 문화 유동의 단면들 속에서 현재의 동아시아까지 그려볼 수 있을 것이다. 그 역사는 궁극적으로 문화 번역의 회귀 속성으로 인해 20세기 한국 문화사의 어떤 단면들, 즉 중국어권과의 접촉에 비친 우리 문화의 자취를 돌아보게도 할 것이다.

이 책은 20세기에 중국 대륙과 대만, 홍콩 등 중국어권 제 지역의 문화가 한국과 가진 관계를 16가지의 주제로 되돌아보았다. 물론 이 안에는 반드시 언급되어야 할 특정 시기 일본 문화, 혹은 일본어 문화와의 접촉 양상도 포함되어 있다. 수록된 글들은 이미 발표된 개별 논문들을 근간으로 하지만, 변화된 연구 지평과 시각, 그리고 단행본 체제에 맞춰 수정한 것이다. 연대기적 서술이 아니라 독립된 각론을 모아놓은 것이기에, 독자가 굳이 이 책을 순서대로 읽어 나갈 필요는 없다. 다시 말하면, 이 책의 세부 주제들은 통일된 범주는 있지만, 백과전서파가 하듯이 가중치나 중요도에 따라 정연하게 배열되어 있지는 않다. 내가 중심과 본질보다는 주변과 일상, 행위보다는 감각, 진행 양상보다는 영향 관계에 관심을 가졌던 것이 이 책의 서술 스타일에도 어김없이 스며들었다. 나는 창작인 혹은 문화 주도 세력의 역량만큼이나 수용자들이 보인 감성의 역사, 그리고 지역에서 나타난 정념의 양상도 중요하다고 생각한다. 그래서 거대 담론을 뒤로하고 미시 현상에 집중한 부분이 적지 않다. 또 과거의 사실을 굳이 이후의 수용 양상을 통해 설명한 것도, 더 나아가 비단 문학만이 아니라 영화, 미술, 건축, 음악, 사진, 심지어 음식문화까지 뒤섞어 언급한 것도 다 그런 성향 때문이다. 이 책의 개별 논제 중에는 또한 교섭 양상 대신 상호 비교를 다루거나, 더러는 한국과의 직접적인 관계가 뚜렷하지 않은 것도 있다. 그러나 이 역시 완전히 동떨어진 것은 아니며, 동아시아의 장소와 시간이 직조한 문화사 안에서 서로 연결되는 내용으로 읽힐 수 있을 것이다.

이 책에 수록된 원논문을 집필할 때와 수정 원고를 작성하는 동안 많은 연구 결과물의 도움을 받았다. 원논문을 작성하기 시작한 20여 년 전과 비교해 보면, 실로 격세지감이 들 정도로 최근의 연구 환경이나 패턴은 크게 변했다. 그동안 많은 옛 자료들이 검색하기 좋게 디지털화되었고, 동아시아 문화 교류사도 비단 중문학계뿐 아니라 여러 분야의 젊은 학자들이 주목하는 보편적인 연구 대상이 되었다. 이 자리를 통해 기초 자료의 DB 작업에 애써 주신 관련 기관 종사자분들과, 뛰어난 연구 결과로 내 작업에 큰 보탬이 되어 주신 논자들께 심심한 사의를 표하며, 향후로도 풍성한 성과가 이어지길 기대한다.

이 책의 끝부분에 밝혔듯이, 글의 근간이 된 논문은 모두 국내외에서 발표하고 저널에 수록한 것이다. 부임 후 세 번의 연구년 중 해외에서 체류한 것(타이베이와 케임브리지. 도쿄는 팬데믹으로 온라인 교류로 대체)은 큰 동력이 되었다. 그와 동시에 자료 입수에서 발표와 투고, 자문에 이르기까지 제 방면에서 해외 학자들의 도움이 적지 않았다. 우선 가장 빈번하게 교류하며 도움을 주신 니혼대학(日本大學)의 야마구치 마모루(山口守) 명예교수님과 타이완대학의 황메이어(黃美娥) 교수님께 특별히 감사드린다. 그 밖에 다양한 형태로 연구를 도와주신 대만 중정대학(中正大學)의 장바오차이(江寶釵) 명예교수님, 중앙연구원의 랴오자오헝(廖肇亨), 장지린(張季林) 교수님, 정즈대학(政治大學)의 장제쭝(張介宗) 명예교수님, 타이베이대학(臺北大學)의 천다웨이(陳大爲) 교수님, 칭화대학(清華大學)의 천후이링(陳惠齡) 교수님, 슈핑과기대학(修平科技大學)의 김상호 교수님, 미국 하버드대학의 리어우판(李歐梵) 명예교수님, 영국 케임브리지대학의 수전 다루발라(Susan Daruvala) 교수님, 말레이시아 말라야대학의 판비화(潘碧華) 교수님, 중국 사회과학원의 자오위안(趙園) 교수님, 광저우 화난사범대학(華南師範大學)의 우민(吳敏) 교수님, 상하이 퉁지대학(同濟大學) 학교역사관(校史館)의 장화밍(章華明) 관장님, 일본 요코하마 국립대학의 다루미 지에(垂水千惠) 명예교수님, 니혼대학의 미사와 마미에(三澤真美惠) 교수님, 그리고 주오대학(中央大學)의 아케타가와 사토시(明田川聡士) 교수님께도 깊은 감사를 드린다.

한편 재직 중인 고려대학교에서도 많은 분이 도움을 주셨다. 일부 주제의 집필 계기를 제공해 주신 국문과의 이상우, 사학과의 최호근 교수님, 그리고 그간 국제 학술교류를 지원하고 함께해 주신 중어중문학과와 중국학연구소, 그리고 BK21 '트랜스 동아시아' 중일사업단의 퇴임 및 현임 동료 교수님과 연구원 선생님들께도 심심한 감사를 드린다. 음악 지식에 대해 매번 세심하게 자문해 주신 학부대학의 류경선 교수님께도 깊은 감사의 말씀을 드린다. 이 책의 저본 논문들을 실험적으로 활용한 2024년 1학기 대학원 강의에서, 수강생들이 테스트 독자로서 정성스레 리뷰를 작성해 준 것도 큰 도움이 되었다. 수업에 참여한 대학원 후배들에게 절절한 감사와 동료애를 전한다. 책의 후반 작업 중 교정과 색인 작업을 도와준 제자 김미영 박사와 손정민, 이희량, 류야샹(劉婭香) 동학에게는 각별한 고마움을 표한다. '숨어 있'다지만 이미 너무나 유명한 헌책방의 주인, 나의 대학 동기 노동환 사장에게도 희귀 자료를 보내준 것에 고마움을 전한다. 또한 늘 상상력의 원천이 되어 주는 세 딸과, 연구 동반자로서 한결같이 성원해 준 아내 노은정 선생도 큰 힘이 되었기에, 사랑과 감사를 전한다. 아내가 답사와 원고 토론을 함께해 준 덕분에 긴 연구를 지치지 않고 수행할 수 있었다. 끝으로 이런 책을 좀처럼 내기 어려운 시대에 기꺼이 출판을 맡아 주신 고려대학교 출판문화원 선생님들께 거듭 감사를 드린다.

2025년 11월
연구실에서 장동천 씀

차례

II부 체험과 상상으로 유동하는 도시 • 155

III부 장소와 시간을 횡단한 정념 • 299

IV부 전유와 변용—탈경계 네트워크와 로컬리티·455

I 부

문학적 시간의 재인식

1장 일제강점기 조선의 세계문학 관념과 중국 신문학의 수용

20세기의 초반에 한국은 낯선 근대 문명의 유입과 굴욕적인 식민통치를 동시에 감당해야 하는 미증유의 역사 경험을 했다. 바로 이 시기에 한글을 중심으로 한 진정한 의미에서의 근대문학이 자각적으로 수립되기 시작한다. 같은 시기에 또한 형식과 내용에서 이전과 전혀 다른 신문학이 중국에서 탄생했다는 소식이 한반도에도 전해지며, 이윽고 실제 작품 중 일부가 한글로 번역되어 소개된다. 중국 신문학에 대한 인식과 수용 태도는 전 시기에 전통문학을 받아들이던 것과 사뭇 달라진다. 그렇게 된 배경 중 가장 주목할 점은 근대적 관점에서의 '번역'이란 개념이 이 시기에 처음으로 한국에 정착되고 있었다는 사실이다. 이것은 비록 식민치하임에도 문학 활동에 대한 한글의 역할 비중이 과거 어느 때보다 높아졌으며, 반면에 한문을 매개로 이어진 중국과의 전통적인 유대가 단절되고 있었음을 의미한다.

한국에서 중국 전통문학 텍스트의 몰락은 당시 일본어 텍스트가 번역 없이 밀려들기 시작한 것과 뚜렷하게 대조되는 현상이었다. 국권이 피탈된 이후 조선인의 문자와 문학 향유는 식민통치 세력인 일본의 영향을 벗어나기가 어려웠다. 특히 초기 해외문학 수용 단계에서 발견되는 특징 중 하나는 바로 일본어로 된 1차 번역을 한국어로 중역(重譯)하는 것이 일반화되었다는 점이다. 이것은 당시 조선의 지식계가 식민지라는 현실에서 가질 수밖에 없는 구조적인 한계, 즉 허약한 지식 기반과 그에 따른 식민 종주국에 대한 심각한 의존 현상이 필연적으로 만들어 낸 풍경이었다. 일본에 의존한 해외문학 수용이라는 기이한 특징은 일제강점기 조선인의 외국문학에 대한 상상력을 절대적으로 지배했다. 반면에 이 시기에 외국문학을 직역하는 번역가들도 등장했다는 사실은 그만큼 외국문화 수용에서의 탈식민적인 진전도 적지 않았음을 보여 주는 것이다.

한편 이 시기에 다른 동아시아 국가들과 마찬가지로 한반도에도 '세계문학'이 한꺼번에 밀려 들어왔다. 비록 일본을 경유한 것이었지만, 세계문학은 작가들에게 자기 문화의 정체성을 성찰하고 민족문학을 모색하도록 촉구했다. 그러나 이와 동시에 세계문학은 또한 서구문학과 비서구문학 사이의 위계질서를 만들어 냈다. 전통적으로 한국과 밀접한 유대관계가 있던 중국문학은 사실 청 제국의 붕괴 이후 이미 그 신뢰도에 균열이 생기고 있던 터였다. 그런데 이제 세계문학이 근대문학의 모델로 부상하면서, 중국에서 유래된 한문문학은 세계문학의 경계 바깥에 놓임으로써 더더욱 신속하게 보편적인 위상을 잃게 되었고, 근대성 구축에 소용이 안 되는 진부한 문학으로서 조선의 독자로부터 멀어져 갔다.

이 시기에 이루어진 중국 신문학의 한국 전파는 양 지역 관계의 급변으로부터 조선에서의 한글 전용, 그리고 서구 위주의 세계문학 도입에 이르는 다중적인 문맥의 영향을 받는 가운데 이전 시대의 전통문학 수용과 전혀 다른 차원으로 전개되었다. 더욱이 국권이 피탈되는 상황까지 닥치게 되자, 중국을 향한 정보 탐색은 민족의 위난을 극복하는 자양분으로 삼으려는 지식 욕구와, 그것을 제한하려는 식민지 지배 메커니즘의 간섭 사이에서 매우 불안정하고 때로 위험하기까지 한 길을 가게 된다.

1 한국 신문학의 형성과 근대 번역의 탄생

중국 신문학의 한국 수용을 이해하기 위해서는 먼저 중국에서 '문학혁명(文學革命)'[1]이 일어나기 직전에 한국에서도 구어의 국어화 운동이 발생했고 구어에 의한 현대문학이 새롭게 탄생하고 있었음에 주목할 필요가 있다. 한국의 신문학은 1894년 대한제국 정부가 갑오개혁을 추진한 이후 본격적으로 시작되었다. 이 개혁 중 문학적으로 가장 의미가 있는 것은 한자 전용의 구습을 폐하고 '국한문혼용' 구호가 제기되면서, '언문일치' 운동이 전개되었다는 점이다. 1895년 정부에 의해 〈교육입국조서〉가 공표되면서 공교육에 한글 교육이 도입되기 시작했고, 1896년 《독립신문》을 필두로 계몽단체들에 의해 한글 신문이 발간되기 시작했다. 최초의 신소설은 당시 통속소설의 대중적인 인기에 부응하여 이인직이 실험적으로 쓴 〈혈의 누〉(1906)였다. 그러나 머지않아 명실상부한 현대소설로서 이광수가 쓴 〈무정〉(1917)이 탄생한다. 구어와 근대의식이 결합하며 현대문학이 잉태되었다는 점, 또 근대 교육이 확산되면서 독서 문화의 성격이 바뀌고 있었다는 사실은 이후 외국문학 수용에도 결정적인 영향을 끼친다.

주지하다시피 19세기 후반까지 한문과 중국 전통문학 텍스트의 조선에 대한 영향력은 지대했다. 비록 한글이 15세기에 창안되었지만, 구어와 문어(한문)로 이원화된 언어문화 구조는 갑오개혁 무렵까지 거의 일관되게 유지되었다. 17-18세기에 유럽의 지식인들이 라틴어 같은 공통언어로 소통하며 국가를 초월해 계몽의 시대를 일구어 낸 것처럼, 한자

1 신문학 운동 또는 백화문(白話文) 운동으로도 불리며, 과거의 문언문(文言文)을 버리고 구어인 백화문을 문장어로 쓰자는 것에서 시작, 문학의 사상 면에서도 서구의 영향을 받아 근대문학으로의 변혁을 추진한 운동을 말한다. 1917년에 시작되어 1919년의 5·4운동을 계기로 확산되었다.

는 오랫동안 동아시아에 그와 유사한 '문자공화국'[2]을 형성시켰다. 하지만 조선인들이 서양의 신문물을 받아들이게 되면서, 기존의 한문 텍스트들은 새로운 교육과 문화에 불필요한 존재가 되어 버렸다. 동아시아의 문자공화국은 사실상 중국의 위상이 크게 흔들리는 아편전쟁 이후 이미 제국(諸國)에서 균열을 드러내기 시작했다. 더구나 조선에서 민족정부를 상실하고 그 어느 때보다 민족문화의 위기를 절감하고 있었을 때, 전통적인 중국은 더는 지식의 모델이 될 수 없었다.

조선의 지식계는 자국의 국권이 강탈됨과 중국의 제정이 무너짐을 거의 동시에 지켜보면서, 가까운 만청(晩淸) 시기의 계몽 담론은 물론이고, 천 년 넘게 정전(canon)[3]으로 여겨온 선진(先秦) 시대 이래 중국의 전적(典籍)들과도 한꺼번에 단절한다. 경성제대 지나어문학과 출신의 작가 김태준이 1930년에 19세기 말엽의 상황을 일컬어, "조선에서는 갑오경장 이후에 서양문화를 섭취하기 위하야 삼사천 년 동안 그처럼 친밀히 문화적 교섭을 서로 하여 오든 중국과는 돌연히 관계를 끊어 버렸다"[4] 라고 묘사한 말은 결코 과장이 아니었다. 더욱이 일제강점 이후로 조선 지식인들의 중국에 대한 관념은, 중국의 변화를 목도하며 조선의 지식계에 일어난 새로운 인식뿐 아니라, 이미 중국을 '지나(支那)'로 폄하하며 대상화하기 시작한 일본 지식계의 성향에도 영향을 받게 된다. 일제강점 초기에는 중국에 대한 정보를 중국에서 직수입하는 게 더더욱 쉽

---

2 '문자공화국' 개념의 동아시아적 적용은 정민, 《18세기 한중 지식인의 문예공화국》(문학동네, 2014), 5쪽 참조.

3 정전(正典)은 특정 시대나 문화권에서 반드시 읽어야 할 가치 있는 작품으로 합의되고 인정된 문학 작품의 목록을 말한다. 목록으로서의 정전은 문학적 가치가 어떻게 형성되고 인정되며, 사회적 권력 관계 속에서 어떻게 작동하는지를 보여 주는 역동적인 개념이다. 이에 관해서는 테리 이글턴, 《문학이론입문》(창작과비평사, 1992), 21쪽 이하 참조.

4 천태산인(김태준), 〈文學革命 후의 中國 文藝觀—과거 40년간〉, 《동아일보》, 1930년 11월 12일.

《황성신문》 1907년 11월 16일 자에 실린 량치차오의 《이태리 건국 삼걸전》 광고

지 않았기에, 그만큼 일본의 지식 망에 대한 의존도가 높을 수밖에 없었다.

물론 한문(문언) 텍스트가 정전의 지위를 상실했다고 해서, 중국발 텍스트의 유입 자체가 조선에서 완전히 끊어진 것은 아니다. 갑오개혁 이후에도 조선에서 이례적으로 반향을 일으킨 대표적인 번역물로는 크게 두 가지를 들 수 있다. 그것들은 범주상 둘 다 문학이었지만, 그중 하나는 사회 계몽을 위한 모델로, 다른 하나는 정치적 간섭을 피할 목적으로 받아들인 점도 있었기에, 순수하게 예술적 동기로만 수용된 것은 아니었다.

첫 번째는 19세기 말부터 계몽 담론이 유행하면서 활발하게 소개된 량치차오(梁啓超)의 저서와 담론들이다. 이 시기에 번역된 저서로는 《이태리 건국 삼걸전(伊太利建國三傑傳)》(신채호 옮김), 《월남망국사(越南亡國

史)》(현채 옮김), 《중국혼(中國魂)》(장지연 옮김) 등이 있다. 또 《황성신문》과 《대한매일신보》 등 조선의 매체들은 량치차오가 일본에서 발간한 《청의보(淸議報)》의 주요 논설들을 발췌 번역해 인용하기도 했다. 조선의 지식인들은 이미 1895년 무렵부터 량치차오 저술의 토대인 신문체(新文體 혹은 보장체[報章體])와 소설 효용론에 대해 알고 있었다. 박은식, 신채호, 이해조 등 한국의 선구적 근대 지식인들이 소설의 계몽적 역할에 주목한 것도 량치차오와 무관하지 않다. 한편 그런 풍조 속에서 을지문덕이나 이순신처럼 국가를 위난에서 구한 인물들의 애국 위인전 창작이 한때 유행한다.

량치차오의 계몽사상은 애국계몽운동이 고조에 달하는 1905년에서 1910년 사이에 가장 집중적으로 소개되었다.[5] 하지만 조선의 국권이 피탈되면서 량치차오의 책은 곧바로 금서가 된다. 그뿐 아니라 일본을 통해 더 체계화된 근대문학 담론이 수입되면서 젊은 문인들 사이에서 그의 사상은 이내 진부한 것으로 취급되었다. 새로운 영향력을 만들어 내지 못한 량치차오의 담론은 조선의 지식계에서 빠르게 잊혀갔다.

두 번째는 봉건시대부터 수용되어 오던 전통소설들이었다. 이것은 중국발 텍스트 중에도 일제강점기 내내 정치 검열의 직접적인 간섭 없이 수용된 흔치 않은 예라고 할 수 있다. 왕조 후기에 조선에서는 중국소설이 이른바 '언문본(諺文本)'이라는 한글 번역본으로 민간에 유통되어 왔다.[6] 이 판본들은 오늘날의 개념처럼 직역된 번역본이 아니라 대부분 큰 줄거리만 같고 세부는 많은 차이가 있는 '번안본'(또는 개작본)에 가까웠다. 이제 근대 인쇄술이 도입되자, 기존의 이런 민간 출판물들은 전문 번역가가 번역하여 근대식 활자로 찍어 낸 새로운 번역본으로 대체된다. 일제강점기에 중국 전통소설과 희곡의 번역가로 활약한 대표적

---

5 우림걸, 《한국 개화기문학과 양계초》(박이정, 2002), 7쪽.

6 한글은 1446년 처음 반포되었지만, 언문 소설이 급증한 것은 임진왜란 이후(1598-)였다.

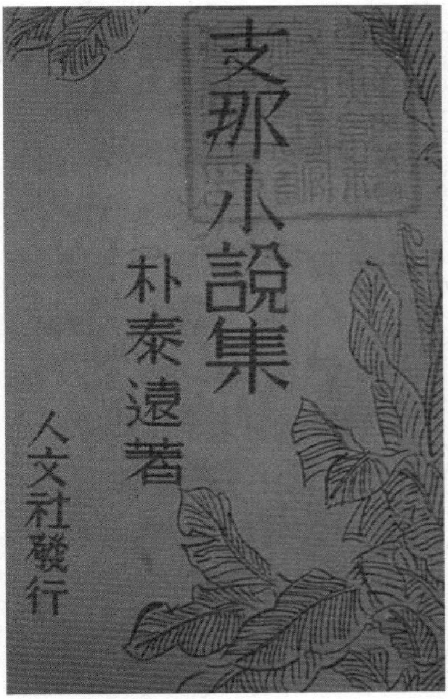

박태원의 《지나소설집》 표지

인 인물은, 이하에서 중국 신문학을 가장 활발하게 소개한 사람으로 다시 언급하게 될 양건식이다.[7] 그리고 1945년 광복 이전까지 한국에서 가장 많이 번역된 중국소설은 단연 〈삼국연의(三國演義)〉[8]였다. 양건식뿐 아니라 박태원, 한용운 등 당대의 문장가들이 한문 소양을 바탕으로 각각 개성 있는 번역본을 출판했다.

1930년대 이후로 조선문단은 대중문학과 좌익문학을 버리고 순수문학으로 경계를 좁혀가고 있었다. 그런데 바로 그런 시기에 현대문학의 대표 작가들이 줄줄이 중국 통속소설을 번역했다는 것은 다소 의아해 보일 수 있다. 심지어 박태원처럼 당대에 모더니즘으로 이름을 날린 작가가 명·청대 단편소설을 따로 묶어 《지나소설집(支那小說集)》(1939)을 번역 출판할 정도였다. 이러한 기현상이 나타난 것은 일제강점 말기에 더 강화된 총독부의 일본어 보급 정책과도 관련된다. 당시 작가들에게 중국 전통소설 번역은 한글 창작의 명맥을 지켜내는 방편이 될 수 있었다. 그러나 통속소설의 번역

7 1889-1938. 아호는 '백화(白華)', 일제강점기 조선의 대표적인 한학자이자 번역가. 그는 모종강(毛宗崗) 본 《삼국지(三國演義)》의 번역자로도 널리 알려져 있다.

8 양건식은 1929년 5월 5일부터 1931년 9월 21일까지 《매일신보》에 〈삼국지〉 번역을 연재했다. 이 번역은 현대 한국어에 의한 최초의 번역으로 기록되지만, 단행본으로 출판되지는 않았다. 홍상훈, 〈양건식의 삼국연의 번역에 대하여〉, 《한국학연구》(인하대학교 한국학연구소) 제14집(2005.11), 63쪽.

은 민족 문자를 지키기 위한 일시적인 수단은 되었을지언정 그 이상의 파급력을 갖지는 못했다. 당시 조선의 문학장[9] 안에서 중국문학의 자리는 대단히 불안정했다. 번역된 중국 통속소설은 주류 문학과 동떨어진 일종의 하위문화로서 매우 제한된 지분을 차지할 뿐이었다.

일제강점기의 한글 번역에 지대한 영향을 끼친 것은 근대적인 번역 개념의 도입이었다. 단지 한글로 번역되었다는 점에서는, 임진왜란 이후 중국소설을 번역한 언문소설로부터 1910년대 내내 유행한 일본 연애소설의 번안소설에 이르기까지, 수백 년 동안의 다양한 텍스트가 언급될 수 있다. 하지만 근대적인 번역 개념이 도입된 것은 와세다대학 철학과에서 유학한 이광수가 그것을 주창한 1910년대 후반의 일이었다. 그는 최초의 본격 현대소설인 〈무정〉을 연재하기 직전에 〈문학이란 하[何]오〉(1916)[10]란 문장을 통해 '리터래처(literature)'의 번역어로서 '문학'이라는 새로운 관념을 제시한다. 이 글 속에서 그는 기존의 한문 텍스트들을 철저하게 타자화하고, 순수 한글로 이루어진 '조선문학'이라는 개념을 강조해서 언급한다. 이러한 그가 한국문학에 대한 번역문학의 역사적 소임과 책무를 분명하게 제시한다는 점은 주목할 만하다. 이광수는 새로운 '조선문학'을 수립하기 위해 서구의 순수문학 전통을 받아들여야 한다고 주장하고, 성경과 기독교 문학의 번역이 근대적인 국문문학 발전의 전기(轉機)가 되었다고 말한다. 반면에 그는 1천 년에 걸친 한국의 한문문학 유산은 한국문학의 전통이 될 수 없다고 단언한다. 이 점

9 이 책에서 언급하는 문학장(文學場)은 피에르 부르디외(P. Bourdieu)가 제시한 개념인 '장(場, field)' 이론을 문학 분야에 적용한 용어로서, 문학 활동이 벌어지는 역동적인 사회적 공간이자, 문학적 가치와 권위가 형성되고 투쟁하는 체계를 말한다. '문단'이 모임이나 사회에 가깝다면, 문학장은 '힘의 역학'과 '가치 형성의 시스템'을 포함하는 더 넓고 이론적인 개념이다.

10 《매일신보》 1916년 11월 10-23일 자에 연재. 이 글에서는 권영민, 《한국현대문학대사전》(누리미디어, 서울대학교출판부, 2004)에서 인용.

《삼천리》 1935년 11월호에 실린 양건식의 사진

에서 그는 비록 직접적인 연계는 없지만, 전통과 단절하고 19세기 서구문학 속에서 새로운 문학 자원을 모색했던 중국의 5·4 시기 신문학자들의 급진적인 사고와 일맥상통하는 점이 있었다고 할 수 있다.

중국문학의 번역에도 개념의 변화가 나타난다. 신문학의 수립에 대해서 이광수와 뜻을 같이한 또 다른 문학가는 〈무정〉이 처음 연재될 때 같은 잡지에 〈춘원의 소설을 환영하노라〉를 써서 지지를 표한 양건식이었다. 그는 1910년대식의 계몽주의 소설관에서 한 발짝 더 나아가 현대문학을 이해한 선구적 평론가로서, 이광수의 첫 근대소설이 가지게 될 문학사적 의미를 일찌감치 간파하고 있었다. 그런데 그 자신 또한 번역가였던 양건식은 뜻밖에 중국문학에도 관심이 많았다. 다만 그의 관심은 기존의 정형화된 한문문학이 아니라 광범위한 통속문학의 세계로 향하고 있었다.[11] 그는 조선에서 그동안 유가의 경전과 당송의 시부(唐宋詩賦)만 중시하고, '패사소설(稗史小說)', '희곡(戲曲)', '전기(傳奇)'를 지나치게 박대한 탓에 조선문학에 별다른 공적을 남기지 못했다고 비판한다.[12] 더욱이 그는 1917년에 번역해서 발표한 〈지나[支那]의 소설 급[及] 희곡에 취[就]하여〉의 서문에서, "대저 외국문학을 연구하는 목적

11 사후에 통속소설 번역가로 치부된 양건식은 한동안 묻혀 있다가, 1980년대 말 이후 최용철·박재연 등 중국소설 연구자들로부터 비로소 재조명되기 시작했다.

12 양건식, 〈支那의 소설 及 희곡에 就하여〉, 《매일신보》, 1917년 11월 6-9일. 여기에서 '패사소설(稗史小說)'은 통속소설에 대한 범칭으로 쓰였으며, '전기(傳奇)'는 당나라 때의 초기 소설 형태를 말한다.

은 자국학의 발달에 자(資)코자 함"[13]이라고 천명한바, 최초로 중국문학을 외국문학의 범주에 편입하고자 했다. 그때까지 조선의 문인 중에 중국문학을 '외국문학'으로 여긴 사람은 없었다. 하지만 중국 통속문학의 장점을 한국문학의 자산으로 도입하고자 했던 양건식의 실험은, 근대문학운동의 자기장 안에서 보편적인 지지를 얻는 데는 실패했다.

한편 기능적인 측면에서, 동 시기에 현대 한글 문법이 완성되고 그에 따라 근대 번역의 기술적 체계가 완성되었다는 점도 커다란 영향을 끼쳤다. 중국어 텍스트는 한문 시대와 달리 근대적 방식의 번역과 출판을 거치지 않고는 아무런 영향도 끼칠 수 없게 되었다. 여기에서의 근대적 번역이란 원전이 지닌 신성성의 해체를 포함하는 것이다. 가령 16세기의 번역서인 《논어언해(論語諺解)》와 1908년 최남선이 잡지 《소년》에 연재한 최초의 근대식 번역 《소년 논어》 사이에는 상당한 차이가 있다. '언해본'은 우리말 번역에 앞서 토씨가 달린 한자 원문과 한글 독음을 명시해 놓은 일종의 한한대역(漢韓對譯) 형태로 되어 있다. 이에 반해, 최남선은 당대의 구어를 십분 활용하여 한글 독자가 이해하기 좋도록 주체적인 번역을 시도했을 뿐 아니라, 원문 부분을 과감하게 생략해 버렸다. 말하자면 이제 번역의 중점이 원전 언어로부터 매우 분명하게 독자 언어 쪽으로 옮겨진 것이다.

이렇게 근대 방식으로 번역된 외국어 텍스트 중에, 이전의 한문 고전과 전혀 다른 중국의 신문학 작품과 동 시기 문단의 상황에 관한 정보들이 점차 등장하기 시작한다.

13 위의 글. 이 말은 이 글의 원전이 쓰인 일본 메이지 시대의 기풍과도 관련이 된다. '자(資)코자'는 '자산으로 삼고자'의 뜻이다.

2 중국 신문학의 수용 양상과 번역 특징

중국 통속문학 번역의 중요성을 역설했던 양건식은 1918년 3월부터 《매일신보》에 〈홍루몽(紅樓夢)〉을 연재하기 시작하는데, 이것은 한국의 근대식 일간지에 처음으로 중국문학이 연재된 하나의 사건이었다. 비록 이 연재는 도중에 중단되었지만, 이 일을 계기로 청 말까지의 백화소설뿐 아니라 민국 초기의 통속소설가 집단인 원앙호접파(鴛鴦蝴蝶派) 작품까지 중앙일간지에 연재되는 보기 드문 일들이 일어난다.[14] 원래 일본어를 전공한 양건식의 중국문학 번역은 대부분 일본어 번역본을 중역한 것이다. 그런데 번역된 작품과 사료들에 근거해 볼 때, 양건식은 단순한 번역자가 아니라 외국문학의 매개자임을 스스로 의식했으며, 이를 실천으로 옮기고자 했다. 예를 들어 그는 〈수호전〉을 중역할 때 3종의 일본어판을 저본으로 참고했을 뿐 아니라, 일본어 번역본 각각의 오역을 짚어 내기도 했다.[15] 또 〈홍루몽〉의 번역 문체에서 알 수 있는바, 그는 순한글로 쓰여 규방 독자를 겨냥했던 과거의 언문체와 달리 한글-한자 혼용체를 활용함으로써, 자신의 번역이 지식인 독자를 겨냥하고 있음을 분명히 했다.[16] 양건식의 중국문학 번역은 바로 전시기인 1910년대에

---

14 원앙호접파 소설이 한글로 연재된 예로는 육정수의 〈옥리혼(玉梨魂)〉(쉬전야[徐枕亞] 저, 《매일신보》, 1919년 2월 15일-5월 3일, 총 73회)과, 박건병의 〈강호기협전(江湖奇俠傳)〉(샹카이란[向愷然] 저, 《동아일보》, 1931년 9월 3일-11월 19일, 총 60회로 미완) 등을 들 수 있다. 한편 1919년 3·1운동을 전후해 중국 통속소설이 조선의 중앙일간지에 갑자기 나타난 것은, 조선 경내에서 연재 작가를 확보하기가 어려웠던 탓도 있다. 이 시기 중국 통속소설의 한글 번역에 대해서는 박진영, 〈공안과 연애, 1910년대 말 신문 연재소설의 중국문학 번역—양건식의 기옥과 육정수의 옥리혼〉, 《현대문학의 연구》(한국문학연구학회) 69권(2019.10) 참조.

15 박진영, 〈한국 근대 번역문학사 성립의 기원과 역사성〉, 《Trans-Humanities》(이화인문과학원) 7권 2호(2014), 19쪽에서 재인용.

16 이희정, 〈1910년대 매일신보 번안 번역 소설의 전개 양상〉, 《한국 현대문학연구》(한국현대문학회) 6호(2006), 150쪽. 과거 순한글판 언문 소설의 주 독자층은 규방의 여성

오락거리로서 번역된 번안체(翻案體) 통속소설들에서와 차원이 다른 교육적인 효과를 염두에 둔 것이었다.

양건식의 번역 철학에 비추어 볼 때, 그의 중국문학에 대한 관심이 단지 전통소설과 희곡에 한정되지 않았던 것은 당연한 일이다. 그는 당시에 바야흐로 싹이 트고 있던 중국의 신문학 운동에도 비상한 관심을 드러낸다. 양건식이 처음으로 중국 신문학을 한국에 소개한 문장은 1920년 11월 월간 《개벽》 제5기에 발표한 〈호적(胡適) 씨를 중심으로 한 중국의 문학혁명〉이라는 글이다.[17] 이 글은 사실 그가 직접 쓴 것이 아니고 일본의 잡지에 실린 문장을 번역한 것이다. 그러나 그는 단순히 번역자 역할에만 머물지 않고 문장 속에 자신의 의견을 덧붙였다. 1923년에 그는 또 중국 신시의 변화상을 언급한 후스(胡適)의 문장을 〈신시담(新詩談)〉[18]이란 제목으로 총 4회에 걸쳐 연재했는데, 이 역시 원문의 일본어 번역본을 경유한 것이었다. 그는 동시대 중국의 문학 경향을 누구보다 예의 주시하고 있었으며, 중국문학의 변화를 통해 신문화운동과 신문학론을 새로운 시대정신과 상상력의 동력원으로 전환하고자 했다.[19] 그는 또한 루쉰(魯迅)의 이름을 한국에서 처음 거론했을 뿐 아니라, 심지어 루쉰의 〈아큐정전〉을 일본에서보다 앞서 번역하기까지 했다. 하지만 그가 모험에 가깝게 시도한 이 직역은 의욕만큼 성공적인 것은 아니어서, 연재가 끝나자마자 곧바로 중국 유학 출신의 후배 번역가 정래동으로부터 혹독한 비판을 받기도 했다.[20]

들이었다. 갑오개혁 이후에도 오랫동안 지식인 남성들에게 한문은 여전히 주요한 문학 언어였다.

17 《개벽》, 5-8호(개벽사, 1920년 11월-1921년 2월). 이 글은 일본 학자인 오오키 마사루(青木正兒)가 1920년 잡지 《支那學》에 발표한 〈胡適を中心として渦いている文學革命〉를 번역한 것이다.

18 《동명》, 37-40호(동명사, 1923년 5월 13일-6월 3일). 후스가 쓴 원문 제목은 〈談新詩〉.

19 박진영, 앞의 글, 17쪽.

20 양건식의 연재는 《조선일보》, 1930년 1월 4일-2월 16일(총 33회). 이에 대한 정래동의

한국 광복 이전의 중국 신문학 번역 중 가장 주목할 만한 성과로서, 양건식은 1929년에 마침내 《중국 단편 소설집》이라는 앤솔러지를 발간한다.[21] '최초의 중국 신문학 선집'이란 것만으로도 이 책의 의미는 작지 않다. 그러나 최근의 연구 결과에 따르면 사실 이 책은 양건식이 이름만 빌려주었을 뿐 실제로 번역한 것이 아니다.[22] 정작 이 책 이전에 선보인 양건식의 번역 중 비교적 중요한 성과라고 할 수 있는 궈모뤄(郭沫若)의 소설 〈목양애화(牧羊哀話)〉[23]나 톈한(田漢)의 희곡 〈카페에서의 하룻밤(咖啡店之一夜)〉은 이 선집에 수록되지 않았다. 하지만 그렇더라도 이 책은 번역의 계몽적 효과에 대한 양건식의 분명한 인식이 빚어낸 결과물이었다. 《중국 단편 소설집》의 서문에서 양건식은 번역의 역할과 관련하여 아래와 같이 언급한다.

> 나는 항상 이렇게 생각했다. 남들은 어떤 것을 탐독하든지 말할 것도 없고 우리는, 특히 우리 조선 청년들은 읽으면 피가 끓어오르고 읽고 난 뒤에는 그 썩고 구린 냄새 나는 생활 속에서 '에라'하고 뛰어나올 만한 원기를 돋아주는 혁명적 문예를 읽어야 한다고 했다. 동시에 나는

비판 문장은 〈'아Q정전'을 읽고〉, 《조선일보》, 1930년 4월 9-12일(총 4회).

21 《中國短篇小說集》(개벽사, 1929). 수록된 작품은 다음과 같다: 루쉰의 〈頭發 이야기〉, 양전성(楊振聲)의 〈阿蘭의 母親〉, 우징신(吳鏡心)의 〈範圍 內에서〉, 펑원빙(馮文炳)의 〈깨끗한 봉투〉, 푸보잉(浦伯英)의 〈서울의 共和〉, 난수시(南庶熙)의 〈光明〉, 예사오쥔(葉紹鈞)의 〈兩封回信〉, 펑수롼(馮淑鸞)의 〈離婚한 뒤〉, 천다페이(陳大悲)의 〈民不聊死〉, 쉬즈모(徐志摩)의 〈船上〉, 빙신(氷心)의 〈小說의 結局〉, 허신링(何心冷)의 〈내 안해의 남편〉, 루인(廬隱)의 〈초어스름에 온 손님〉, 쉬신원(許欽文)의 〈口約三章〉, 링수화(淩叔華)의 〈花之寺〉.

22 서문에서 양건식이 감사의 인사를 보낸다고 밝힌 계연집과 이두성이 최근까지 가장 유력한 실제 번역가로 추측되어 왔으나, 최창륵과 자오잉추(趙穎秋)의 논문은 베이징 핑민대학(平民大學)에서 유학한 천도교인 김홍선이 실제 번역자라고 주장한다(〈개벽사 《중국단편소설집》번역자 소고〉, 《大東文化硏究》[성균관대학교 대동문화연구원] 제116집 [2021.12]).

23 《시대일보》, 1925년 8월 24일.

> 우리가 남달리 더럽고 기구한 생활을 오랫동안 계속한 역사를 등에 지고 있는 그 값으로 반드시 정치상으로 대정치가가 생기고 문학상으로 대문학가가 생길 것을 깊이 믿어 왔다. (…) 그러므로 나는 중국 문예작품 중에서 이상에 말한 혁명적 소설을 심구(尋求)하여 그것을 소개하려 했던 것이 곧 나의 초지였다.[24]

이러한 말은 당시 그가 중국 신문학 작품을 소개하거나 번역한 것이 식민지 현실을 개탄하며 문학을 통해 독자를 계몽시키려 했던 절박함, 그리고 중국의 신문학 운동 과정을 한국문학 수립의 타산지석으로 삼고자 했던 의도에서 나온 것임을 밝힌 것이다.[25] 그래서 양건식은 선집의 작품 선정 기준을, 1) 중국의 민정, 생활 상태 및 그들이 파지(把持)한 사상을 현시 혹은 암시한 작품이고, 2) 여러 작가의 작품을 소개하되, 3) 읽어서 조금이라도 감동되는 것을 찾는다고 천명했던 것이다. 그 말 속에는 피식민자로서의 위기의식과 청년 독자들에 대한 계몽의식이 모두 투영되어 있다. 하지만 오늘날의 시각으로 볼 때, 선택된 소설들이 그러한 목적에 온전히 부합하는지는 의문시될 수 있다. 이는 또한 외국 정보의 수집 면에서 당시 조선문단이 처했던 제한적 상황 때문일 것이다.

양건식의 번역 작업은 대부분 일본어 번역서를 중역한 것이었지만, 상술한 것처럼 목적의식이 분명한 문학 기획의 산물이었다. 그 자신이 일본어에 정통했고 대부분 중역이었기에, 그의 번역 대상은 중국문학에만 한정되지 않았다. 입센의 〈인형의 집〉[26](1921), 괴테의 〈젊은 베르테르의 슬픔〉(1923), 모리스 르블랑의 〈기암성〉(1924) 등을 한국 최초로 번

24 《中國短篇小說集》(개벽사, 1929), 1-2쪽.

25 졸고, 〈日據末期韓國期刊登載 中國現代文學韓語譯文的背景及特點—以《三千里》月刊爲中心〉, 《중국어문논총》(중국어문연구회) 43권(2009), 550쪽.

26 양건식이 〈인형의 집〉을 선택한 것은 일본의 수용 열풍에 영향을 받은 것이겠지만, 당시 중국에서도 《신청년》 잡지를 중심으로 입센이 크게 환영받고 있었다.

역한 사람도 양건식이었다. 이것은 그가 민족문학의 발전에 자극이 될 만한 좋은 작품이라면 국가를 가릴 것 없이 번역되어야 한다고 생각했기 때문이다. 그럼에도 양건식과 같은 자타가 공인하는 당대 최고의 번역가가 중역에 의존했다는 사실은, 어찌 되었든 이 시기 외국문학 수용에 나타난 허약한 토대와 한계를 드러내는 것처럼 보일 수 있다.

1920년대에 조선에서는 일본어가 번역이 불필요한 공용어로서 정착되는 가운데, 어쩔 수 없이 일본문학과 일본어로 번역된 기타 외국문학이 점차 한글 문학의 기반을 잠식하고 있었다. 일본어가 신지식의 매개가 되어가는 상황 자체를 조선 지식인들이 피하기는 어려웠다. 그런데 바로 그렇기에 더더욱 주목해야 할 것은, 번역가들이 중역을 무릅쓰고라도 한글로 된 결과물을 남기려 애썼다는 점이다. 이런 점을 감안하면, 이 시기 중역의 가치는 오늘날과 사뭇 다를 수 있다. 그 번역가들은 "제국주의 일본이 마련해 준 '언어의 식탁'에서 빠져나와 다양한 정신적 자양분을 섭취할 수 있는 길을 찾으려고 노력한"[27] 이들이었다고 인정되어야 마땅하다. 중역이라는 한계에도 불구하고 양건식이 다각도로 번역 대상을 모색한 것도 탈식민 의지의 발현이었다고 할 수 있다. 게다가 그는 서양의 근대 고전이 문학의 모델로서 압도적인 권위를 차지해 가는 상황에서, 번역 대상으로 중국문학에 관심을 보이고 이를 세계문학의 일환으로 바라보려 함으로써, 번역 자원의 균형성까지 꾀한 흔치 않은 번역가였다고 할 수 있다.

물론 중국 신문학의 탄생에 주목한 조선의 지식인이 비단 양건식 한 사람만은 아니었다. 예를 들면, 1922년 12월 1일 출판된 《개벽》 제30호에는 이동곡(필명 북려동곡[北旅東谷])이 쓴 〈현 중국의 구사상, 구문예의 개혁으로부터 신동양문화의 수립에 타산의 석[石]으로 현 중국의 신문

---

27 정선태, 〈번역으로 만난 근대—루쉰 〈광인일기〉〉, 《한겨레신문》, 2003년 10월 22일.

학 건설 운동을 이야이함〉이란 긴 제목의 글이 실린다.[28] 이동곡은 중국 신문학 운동의 흐름을 통시적으로 개괄함으로써 한국의 신문학 수립에 중국 신문학 운동이 좋은 참조가 되기를 바랐다. 같은 잡지 38호에 실린 베이징 유학생 양명이 기고한 글 〈신문학 건설과 한글 정리〉[29]는 어느 모로 보나 이동곡의 글에서 영향을 받은 것으로, 중국 신문학 운동의 주요 쟁점들, 즉 후스의 '건설적 문학혁명론(建設的文學革命論)'과 '문학개량추의(文學改良芻議)', 그리고 천두슈(陳獨秀)의 '삼불주의(三不主義)' 등을 조선 현실에 맞춰 재해석한 글이라고 할 수 있었다.[30] 그 밖에도 1928년 11월에는 박노철이 《조선일보》에 '중국 신문학 간고(簡考)'라는 큰 제목 하에 〈소설계의 타락〉, 〈백화문학 주장〉, 〈백화문학의 현상(호적 씨의 '오십년래 중국지 문학' 급[及] 중국문학사 참작)〉이라는 글을 게재했고, 이은상은 1929년 1월 같은 신문에 〈중국문학범론(汎論)—문학사상의 추이와 신문학 운동의 장래〉라는 글을 총 14회에 걸쳐 기고했다. 중국에서 신문학이 탄생했다는 소식은 식민치하에서 민족 언어에 의한 근대문학 수립에 고심하던 조선 작가들에게 분명히 고무적인 사건이었다.

한편 1920년대 후반 이후, 조선에도 중국 유학 또는 체류 출신자들로 이루어진 일군의 중국문학 번역자들이 나타나 1.5세대 번역가 그룹을 형성하게 된다. 번역 문단에 중국 체험자들이 등장했다는 것은 곧 일본의 중재 없는 신문학의 직수입과 직접 번역이 가능해졌음을 의미한다. 주요한, 정래동, 강경애, 김광주, 신언준, 이육사 등이 그 대표적인 인물이었다. 이들의 중국 체류 양상을 살펴보면, 주요한은 상하이 후장대학(滬江大學)에서, 정래동은 베이징의 민궈대학(民國大學)에서, 이육사도 베

28 《개벽》, 제30호(개벽사, 1922.12).

29 《개벽》, 제38호(개벽사, 1923.8).

30 이동곡과 양명의 문장에 관해서는 이시활, 〈일제강점기 한국 작가들의 중국 현대문학 바라보기와 수용양상—양건식, 이동곡, 양명을 중심으로〉, 《중국학》(대한중국학회) 33호(2009) 참조.

만년의 김광주(《경향신문》, 2016. 11. 30)

이징의 중궈대학(中國大學)에서 수학했고, 김광주는 상하이의 난양의대(南洋醫大)를 중퇴했다. 또 이보다 앞서 아나키스트 활동가로서 차오양대학(朝陽大學)에서 수학한 유수인(柳樹人), 옌볜에서 교사를 지낸 강경애, 그리고 《동아일보》 기자로 중국에 장기 체류한 신언준 등도 번역 대열에 합류했다. 이들은 중국어에 능통하다는 장점을 활용해 매우 적극적으로 중국의 신문학을 소개하고 번역했다.

그중 가장 왕성하게 활약한 사람이 정래동과 김광주였는데, 정래동은 1929년 이후로 중국 신문학 유파와 백화문학 운동, 혁명문학 운동을 소개하는 글을 발표했고, 김광주도 같은 시기에 중국 현대희곡과 극작가를 소개하는 글을 중앙일간지에 게재했다. 해방 직후인 1940년대 말까지 이 두 사람은 사실상 중국 신문학에 대해 가장 많은 문장을 발표했고, 이 분야에 있어서 가장 깊이 영향을 끼친 사람들이었다. 중국 체험 지식인의 증가는 조선에 전해진 중국 신문학 소식에 동시대성과 현장성을 더했다. 예컨대 정래동은 중국 시인 쉬즈모가 1931년 항공사고로 사망한 뒤 채 보름도 지나지 않아 조선의 중앙일간지에 3회에 걸친 추모 문장을 발표했으며, 김광주도 중국 극작가 톈한이 1935년 2월에 체포되자, 그해 11월 조선의 일간지에 무려 9회에 걸쳐 톈한의 희곡에 관한 특집 기사를 보낼 정도였다.[31]

31 정래동, 〈中國 新詩壇의 彗星 '徐志摩'를 弔함〉, 《동아일보》, 1931년 12월 2-4일; 김광주, 〈受難期의 劇作家 田漢과 그의 戲曲〉, 《동아일보》, 1935년 11월 16-29일(총 9회).

루쉰은 작품 중 단편소설 7편과 희곡 1편만이 번역되었을 뿐이지만, 일제강점기 조선에서 가장 관심을 받은 신문학 작가였다. 번역된 작품은 〈광인일기(狂人日記)〉(동광사, 1927. 《삼천리》, 1935년 6월호에도 게재), 〈머리카락 이야기(頭髮的故事)〉(개벽사, 1929), 〈아큐정전〉(《조선일보》, 1930), 〈행복한 가정(幸福的家庭)〉(《조선일보》, 1933), 〈고향〉(《조광》, 1936) 등이 있다.[32] 그 밖에 작품 번역보다 더 많은 그에 관한 논평문이 신문과 잡지에 발표되었다. 상술한 것처럼 정래동은 1930년에 양건식의 〈아큐정전〉 번역을 비판하는 〈아큐정전을 읽고〉를 《조선일보》에 발표했고, 이어 1931년에는 20회에 걸쳐 루쉰 작품에 대한 논평을 연재했다. 《동아일보》 중국 주재 특파원이었던 신언준은 상하이 우치야마 서점(內山書店)의 요청으로 루쉰을 인터뷰하여, 《신동아》 1934년 4월호에 〈중국 대문호 노신 방문기〉라는 글을 발표한다. 또 시인인 이육사는 루쉰이 사망한 1936년에 〈고향〉을 번역하여 발표하고, 총 5회에 걸쳐 《조선일보》에 루쉰 추도문을 발표했다. 그러나 일제강점기의 루쉰 작품 번역은 1936년을 기점으로, 논평은 1938년을 마지막으로 더는 지상 매체에서 발견되지 않는다. 루쉰이 한국에서 본격적으로 다시 조명된 것은 광복 이후에 들어서였다.

총체적으로 말하자면, 초기에 양건식만이 고군분투하다시피 했던 중

32 이 중에 유수인이 번역한 〈狂人日記〉는 한국 최초의 루쉰 소설 번역이자, 동시에 세계 최초의 번역으로 기록된다. 1922년 일본어 번역으로 발표된 〈孔乙己〉(《北京週報〉, 1922.6)는 베이징에서 저우쭤런(周作人)이 번역한 것이며, 1927년 10월에 일본 슌쥬샤(春秋社)에서 발행된 일본어판 〈고향(故鄕)〉은 유수인의 한글 번역 〈광인일기〉보다 2개월 늦게 발표되었다. 일본 최초의 '루쉰 전집'(총 1권)은 1932년 11월 이노우에 고바이(井上紅梅)의 번역으로 출판되었는데, 이 책에는 〈외침(吶喊)〉과 〈방황(彷徨)〉 전편과 〈고사신편(故事新編)〉 속의 〈불주산(不周山)〉이 수록되었고, 재판 시 〈보천(補天)〉이 추가되었다. 孫立川·王順洪 篇, 《日本研究中國現當代文學論著索引 1919-1989》(北京大學出版社, 1991), 99쪽 참조. 물론 일본에서의 루쉰 전집 출판은 조선에서 루쉰이 지명도를 높이는 데에도 분명 영향을 끼쳤을 것으로 보인다.

魯迅追悼文 (一)

李陸史

《조선일보》 1936년 10월 23일 자에 실린 이육사의 루쉰 추도문

국 신문학 번역은 1920년대 후반에 중국어 직역 능력을 갖춘 번역자들이 등장하면서 자연스럽게 세대교체를 이룬 것처럼 보인다. 중국의 위상이 왕조 시기와 달라졌다는 점은 오히려 중국문학을 더 객관적이고 수평적인 시각에서 바라보고, 탈권위적이고 능동적으로 번역에 임하도록 했다. 그것은 서양 열강 대 조선(또는 동양)이라는 위계질서를 의식한 나머지, 조급하게 중역에 의존해 이식하려 했던 서양문학의 초기 수용 태도와 분명한 차별성을 갖는다. 그러나 어쨌든 조선에서의 중국 신문학 번역은 서구문학만큼 활발하지 않았고, 번역 작품 또한 루쉰을 제외하면 주목할 만한 반향을 일으키지 않았다. 당시 신문·잡지에 실린 기록을 살펴볼 때, 루쉰마저도 작품의 실제 번역보다 기사성의 글이 더 많이 발견되는데, 이는 작품 자체보다 사건으로서 중국 신문학과 문학혁명의 발생에 더 관심이 많았기 때문이다.

사실 비문학 저술까지 포함해 살펴보면, 일제강점기 조선에 가장 많이 번역된 중국 신문학 작가는 루쉰이 아니라 후스였다. 1920년에서 1937년까지 조선에 번역 소개된 후스의 단독 저술은 시 작품을 포함하여 대략 30여 편 가까이 된다.[33] 이를 영역별로 분류해 보면, 문학작품이 5편, 문학 이론이 5편, 사상·철학이 10편, 시평이 2편 등이었다.[34] 후스 문장의 번역이 문학뿐 아니라 사상과 교육까지 망라되었다는 점도 이 시기 조선에서의 중국 신문학 인식의 특징을 여실하게 설명해 준다. 즉, 조선의 문인들은 단순히 문학작품에 국한하기보다, 민족 문학 수립을 위한 참고 자료로서 현상과 문맥에까지 포괄적으로 관심을 보였다고 할 수 있다.

한편 중국 신문학이 본격적으로 한반도에 전해진 1920년대 말엽 이래 식민정부에 의한 한반도에서의 문화 통제는 가일층 강화되는 반면, 중국의 신문학은 그와 상대적으로 더욱 좌경화되어 가고 있어서, 번역할 작품의 선택과 출판에 자연히 많은 제약이 뒤따랐다. 이마저도 한반도 전체가 1937년에 중일전쟁의 영향권에 들어간 뒤, 특히나 우한(武漢)의 함락(1938) 이후, 중국어 원본을 직접 번역한 신문학 작품은 신문·잡지에서 아예 찾아보기 어렵게 된다.[35]

3 세계문학 모델과 중국 신문학의 위상

번역은 바깥세상과 새로운 만남을 주선하는 것이고, 그럼으로써 지역 언어만의 폐쇄적 문화권에 있는 독자에게 인식의 새로운 변화를 가져다주기 마련이다. 그런 점에서 갑오개혁 이후, 현대 한국어에 의한 외

---

33 김철·장경도, 〈후스의 식민지 조선 인식과 교류 양상 연구〉, 《중국어문학지》(중국어문학회) 제73집(2020.12), 112쪽.

34 金瑞恩, 〈胡適在韓國九十年〉, 《現代中文學刊》 第6期(2011.12). 앞에 인용한 김철의 논문에서는 김서은의 분류 목록에서 빠진 3편을 더 들기도 했다.

35 일제강점기에 원본을 직접 번역한 중국 현대문학 작품 중 마지막은 《문장》 1939년 11월호에 실린 〈最後的 安慰〉(嚴良才 지음, 정래동 옮김)이다.

국 문학작품 번역이 한국인들의 근대의식, 나아가서 민족의식을 고양하는 데 기여하고, 현대 한국문학의 수립과 발전에도 긍정적인 영향을 끼쳤음은 부인하기 어렵다. 특히 1920년대 이후로 해외에서 유학한 작가들이 문단에 등장하면서 조선에서의 문학에 대한 논의는 한층 심화될 수 있었다. 이와 동일한 맥락에서, 이 시기에 중국문학에 대한 근대적인 번역과 담론이 나타났다는 것은 한국문학의 균형적 발전이란 측면에서 역시 자연스럽고 바람직한 현상이었다고 할 수 있다.

그러나 서구문학의 수용 상황과 대조해 볼 때, 총체적으로 중국 신문학의 번역은 체계와 연속성이 결여된 채 매우 파편적으로 진행되었다고 할 수 있다. 우선 시기적인 면에서, 1920년대 중반으로부터 1930년대 중반까지는 신문과 잡지에서 어렵지 않게 중국 신문학 작품과 소식을 접할 수 있었지만, 중일전쟁의 발발 이듬해인 1938년에서 종전이 되는 1945년 사이에는 언급 자체가 아예 사라진다. 다음으로 질적인 면에서도, 작가군이나 작품 성향에 대한 통찰이나 가치 부여가 없이 무작위로 소개된 경우도 많았다. 중역의 경우 특히 그런 맹점이 종종 노출되었다. 이러한 현상을 단지 전쟁 상황이나 검열과 같은 문학 외적인 상황 탓으로만 돌리기는 어렵다. 일제강점기에 중국문학 번역이 총체적으로 변방의 위치에서 벗어나지 못한 것은, 한문문학의 회피에서 연장된 의도적인 배제, 아직 미성숙한 민족문학의 자립에 대한 강박감, 게다가 일본 의존 일변도의 허약한 지식 유통망 등 복잡한 원인을 배경으로 한다. 여기에 더해 번역의 주체가 되어야 할 중국 체험자들이 귀국 후 문학장 내에서 발언권을 획득하지 못한 탓도 전혀 없는 것은 아니다.

그러나 무엇보다 무시할 수 없는 내적인 동인은 이 시기 조선의 문학장 내에서 서구 중심의 '세계문학'에 일방적으로 권위가 부여되고 있다는 점이었다. 1929년에 《동아일보》 도쿄 특파원이었던 설의식의 말을 빌리자면, 때는 바야흐로 한문 문장만이 '진서(眞書)'라 여기던 시대는 가고, 세계의 중심이 '원서(原書)'에 있는 시대로 옮겨가는 중이었다.[36] '원서'란 곧 세계문학 정전에 대한 일본식 표현이다. 이에 따라, 중국 신문학도 비록 구문학을 부정하면서 탄생한 것이고 동시대 조선의 신문학과 공통 요소가 많았지만, 한편으로 당시 조선에서 이상적인 모델로 상상된 '세계문학'과는 동떨어진 타자들의 문화로써 조선인들에게 다가왔다.

물론 중국에서 진행 중인 '문학혁명' 운동을 세계문학의 자기장 안에서 파악하려는 시도가 전혀 없었던 것은 아니다. 그리고 이 지점에서 우리는 다시 양건식의 혜안과 마주치게 된다. 1924년 2월에 발행된 잡지 《개벽》에 실린 〈현 문단의 세계적 경향〉이라는 특집을 보면, 러시아, 영국, 프랑스, 미국(아메리카) 외에 일본과 중국의 문학 경향이 소개된다. 앞의 네 나라는 당시에 조선에서 명실상부한 '세계문학'이라고 여기는 문학 모델을 보유한 나라들이다. 이런 나라들과 더불어 이례적으로 중국이 포함된 것은 순전히 양건식의 중국문학에 대한 열정 덕분이었다. 당시 중국문단의 상황을 개괄한 양건식은, 5·4 이후 적막해진 중국의 신문단 상황을 '기현상'으로 보면서, 신문학의 실체를 정신과 형식 양 방면으로 나누어 비교적 적확하게 설명한다.

> 대개 신구문학(新舊文學)의 최대한 구별은 결코 그 형식상의 어체라던지 한문만에 잇는 것이 아니요. 그 문자중에 포함한 사상에 잇는 것이다. 그리고 한 시대에는 그 시대에 특유한 사상정신이라는 것이 잇서셔 사람으로 이를 어떠케 변경하거나 막어낼 수는 업는 것이니 이 의미로 보아 신문학이 발생하얏다는 것은 그 새 시대의 새 사상이 나타난 것

36 설의식, 〈眞書와 原書〉, 《삼천리》, 제1호(1929.6). 설의식은 이 글에서는 조선식의 한문문학 추종과 일본식의 서양서 추종을 다 같이 비판하고 지식의 독립 자주성을 강조한다.

> 인 즉, 이것을 누구나 어쩌지는 못할 것이다. 그러한데 '반신문학(反新文學)'의 출판물을 보면 피등(彼等)은 과연 무슨 의미를 그 내용에 가지고 잇는지 우리가 보건대 모다 시대착오적 무의미한 것뿐으로 문학이란 작자 개인의 자기를 표현하는 것인 동시에 국민의 최고정신의 표현인 것을 모르는 모양이다.[37]

양건식은 정신 즉, 내용이 형식을 규정하고 새로운 형식의 출현은 시대적 사조에서 나온다는 사실을 분명히 인지하고 있었다. 그래서 그는 신문학에도 철학이 없고 시류를 좇는 작품이 있음을 인정하면서도, 전체적으로는 시대의 조류를 거스르려는 반신문학적 경향을 준엄하게 비판한다. 이 글을 통해서 그는 당시 조선의 문학계가 세계문학의 일부로서 주목해야 할 중국문학은 신문학임을 분명히 밝힌 셈이다.

이 글에서 한 가지 더 주목할 점은 그가 중국 신문학을 완성형으로서 가치가 있는 것이 아니라 계속 변화할 존재로 본다는 점이다. "시대는 유수(流水)와 가티 진진불이(進進不已)하고 민족사상은 결코 완석(頑石)과 가티 그 사이에 정지하고 잇지는 못하는 것이니 시대의 이 진보는 아모리 이것을 막드래도 될 수 업"다며, 신문학의 출현을 불가피한 역사의 과정으로 보는 그의 인식에는 문학 진화론의 영향이 역력하다. 그래서 그는 이 글의 마지막에서 중국의 신문학이 '비상(非常)히 요원한 전도(前途)'와 '장구(長久)한 과거'의 사이에 있는 과도적인 존재라고 결론짓는다.[38] 이러한 관점은 당시 맹아기를 막 벗어난 조선의 신문학계에 유행하던 첨단 사조를 중국문학에까지 적용한 것이다. 동시대의 문단 리더인 이광수가 그랬듯이, 그 시대 조선에서의 진화론에 대한 열광은 거

---

37 양건식, 〈反新文學의 出版物이 流行하는 中國文壇의 奇現象〉, 《개벽》, 1924년 2월호. '피등(彼等)'은 '그들'이란 뜻.

38 위의 글.

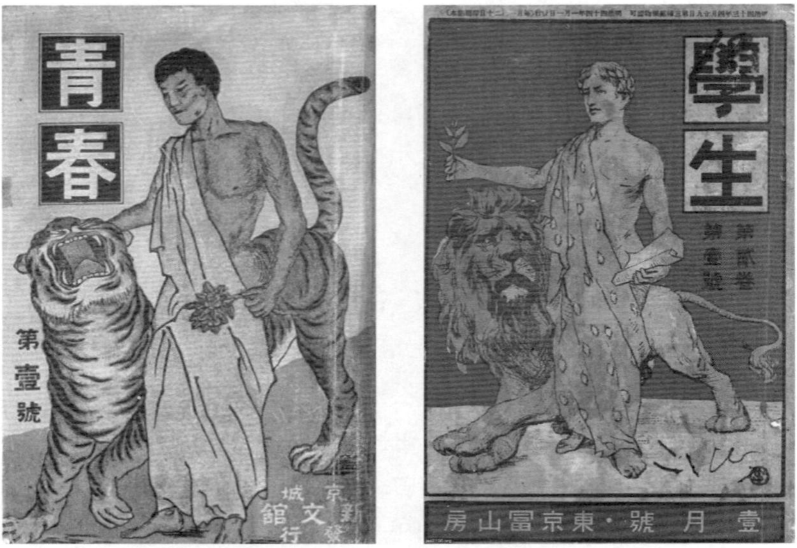

《청춘》의 1914년 창간호와 일본 잡지 《학생》의 1911년 1월호 표지. 《청춘》의 표지는 한국 최초의 서양화가 고희동이 디자인했다지만, 이 역시 일본을 통한 서양의 번역, 즉 중역의 미술적 사례를 보여 준다.

의 맹신에 가까웠으며,[39] '세계문학'은 문학적 진화의 최종적인 결과로 상상되었다. 문학 진화론에 입각한 '세계문학' 숭배 현상은 사실상 한국 현대문학의 수립 초기 단계부터 이미 조짐이 나타나고 있었다.

1914년 서울에서 최남선, 이광수, 현상윤 등이 기획 출판한 《청춘》은 중국의 신문학 잡지 《신청년(新青年)》만큼의 이념성은 없지만, 향후 자국의 현대문학 수립에 끼친 영향의 측면에서 비견될 만한 잡지였다. 잡지 주간인 최남선은 청년들의 세계인식을 강조하고 세계문학을 개관해 보였다.[40] 세계를 알아야 식민지 조선을 알 수 있다는 것, 그리하여 식민

39 김동식, 〈민족개조와 감정의 진화—1920년대 이광수 문학론에 대한 예비적 고찰〉, 《한국학연구》(인하대학교 한국학연구소) 제29집(2013.4), 29쪽.

40 《青春》(新文館, 1914-1918). 《청춘》의 '세계문학개관' 첫 회에 번역된 작품은 빅토르 위고의 〈레미제라블〉이었다. 이후 톨스토이의 〈부활〉, 세르반테스의 〈돈키호테〉, 초서의 〈캔터베리 이야기〉 등이 축약 번역되어 게재되었다. 이승원, 〈《청춘》—청년들에

지 조선을 중심으로 세계를 바라보게 만드는 것이야말로 《청춘》이 지향하는 바였다. 이 잡지는 연속 기획을 통해서 '세계문학'이라는 관념을 처음으로 도입한다. 최남선은 통속소설에 기초한 당시의 '신소설'을 구시대의 산물로 보고, 서구의 19세기 고전소설을 마땅히 받아들여야 할 긍정적인 것으로 평가한다. 다이쇼(大正) 시대 일본의 교양주의 관념에 영향을 받은 이러한 인식은 향후 한국에서의 세계문학이란 19세기의 서양문학을 중심으로 한 앤솔러지나 세계문학전집으로 수렴될 것임을 예견하는 것이었다. 아닌 게 아니라 곧이어 전적으로 세계문학 소개를 목적으로 한 《태서문예신보(泰西文藝新報)》(1918-1919), 《해외문학(海外文學)》(1927) 같은 잡지도 나타나는데, 이런 잡지들은 세계문학에 대한 당시 지식인들의 초조감과 성마른 수용 태도를 여실하게 보여 준다. 일제강점기에 세계문학은 문학의 원관념이었고 또 그만큼 문학의 원형질로 자리 잡았다.[41]

한편 일제강점기 조선에서는 식민 현실의 자각과 함께 근대적인 민족주의가 형성되고 있었다. 당시 조선의 지식인들은 식민지 약소국의 국민으로서 국제사회라는 보다 상위의 권력관계에 따라 자신들의 운명이 좌우됨을 인지하기 시작했다. 따라서 외국문학의 수용은 단순히 문학적 욕망에서 출발했다기보다는 그것을 통해 국제사회의 동향을 파악하고 미래를 전망하려는 현실주의적 의도가 강하게 작용한 것이었다고 볼 수 있다.[42] 여기에다 '근대적인 문학적 상상력의 가능성', 즉 가라타니 고진(柄谷行人)의 말을 빌리자면, 지적·도덕적 능력에서 비롯된 상상력이 다양한 사회계층을 하나로 만들어 '국민(nation)'을 만들어 낼 수

게 문학을 권하다〉(국립중앙도서관 디지털도서관, 2013.3). 16쪽.

41 박숙자, 《속물 교양의 탄생—명작이라는 식민의 유령》(푸른역사, 2012). 51쪽.

42 서은주, 〈1930년대 외국문학 수용의 좌표〉, 《민족문학사연구》(민족문학사학회) 28권 (2005.1), 51쪽.

있다는[43] 기대감이 세계문학에 대한 무한한 동경으로 이어지게 되었다. 그래서 '세계문학'은 조선의 지식인들에게 민족문학이 따라야 할 이상화된 모델로 간주되었지만, 동시에 그것은 또한 일제강점기 조선문학이 처한 현실의 주변적 지위를 철저하게 확인시켜 주는 것이기도 했다. 서구의 문명이 세계명작에서 나온다는 이러한 믿음은 세계문학에 대한 일종의 상상적 층위의 프레임을 구축해 냈다. 그 프레임은 세계문학이 각국 국민문학의 단순한 총합이 아니라 세계를 대표할 만한 문학이라는 것, 그리고 고급과 저급, 중심과 주변, 안과 밖의 구분이 분명히 존재한다는 것이다. 이로 인해 세계문학이야말로 중심이고 내부라는 관념이 자연적으로 발생하게 되었다.

일제강점기에 이러한 세계문학의 위계질서를 만들어 낸 또 하나의 주목할 만한 사건은 1927년 일본에서 출판된 신초샤(新潮社) 판 '세계문학전집'이 전해진 것이었다. 이 전집은 한마디로 압도적이라 할 만큼 식민지 지식인들의 세계문학에 대한 상상력을 좌지우지하는 중요한 정전이 되었고, 낙후된 근대를 건너뛰어 세계를 횡단하게 하는 교양 증서처럼 여겨졌다.[44] 하지만 이 전집을 통한 조선 지식인들의 세계문학에 대한 상상은 그것을 전해 준 일본과 적잖은 차이가 있었다. 이 전집이 일본 내에서는 서구 중심의 세계를 일본과 대립하는 것으로 설정하고, 여기에서 한 발짝 나아가 아시아에서 벗어나 일본을 서양화, 근대문명화하고자 하는 노력의 산물이었다고 한다면, 식민지 조선에서는 이러한 내적 계기가 해석되지 않은 채 이 '세계문학전집'이 맹목적인 개념으로 받아들여지고 세계적 고전을 망라한 절대적인 목록으로 사유되었다. 더욱이 번역이라는 매개 없이 그대로 식민자의 언어로 수용됨으로써 한 겹 더 권위가 덧씌워져, 일본어판 '세계문학전집'은 어느새 '세계'

43 가라타니 고진, 《근대문학의 종언》, 조영일 옮김(도서출판b, 2006), 50-51쪽 참조.
44 박숙자, 앞의 책.

일본어 신문인 《경성일보》 1927년 2월 9일 자의 신초샤 판 〈세계문학전집〉 전면광고. 권당 1엔짜리 '엔본(円本) 전집'으로 불리며, 대량 생산·홍보·판매로 큰 성공을 거뒀다.

에 대한 범위를 일반화하면서 '조선'(문학)이 도달해야 할 목적으로 변모하게 되었다.[45] 이러한 세계문학 관념하에서는 중국문학만이 아니라 비서구문학 전체의 자리가 존재하지 않는 것이 당연했으며, 비서구문학에 대한 시각 또한 일본에서와 다른 양상으로 나타날 수밖에 없게 되었다.

세계문학과의 이 같은 거리감을 고려할 때, 당시 조선에서의 중국문학에 대한 기대치는 역설적으로 이전의 어느 시대보다 '하향 평준화'되어 한국문학과 동등해졌다고 할 수 있다. 즉, 일방적으로 추종해야 할 모델이 아니라 한국문학에 대한 참조 내지는 비교의 대상으로 내려지게 된 것이다. 중국 신문학에 대한 새로운 자리매김은 조선의 국문문학에 대한 자각과 그 성과의 정립 과정과 궤를 같이했다. 한국 문학사상 최초의 명실상부한 전집이라 할 수 있는 《현대 조선문학 전집》(조광사)

45 박숙자, 〈로컬리티의 재구성—조선/문학/전집의 사상〉, 《한국문학이론과 비평》(한국문학이론과비평학회) 제56집(2012.9), 257쪽.

은 1938년에 와서야 비로소 등장한다.[46] 오늘날 한국에서 문학 정전으로 여겨지는 작품들은 바로 이 시기에 와서야 전집으로 묶이기 시작했다. 이러한 한국 현대문학의 성장 단계를 생각하면, 중국 신문학을 향한 조선에서의 관심도 '세계문학'에서 연장된 것이기보다는, 동시대적으로 변화 발전 중인 약소국가 문학에 대한 연대감, 그리고 그러한 연대감을 만들어 낸 비교의 시선에서 나온 것이라고 할 수 있다. 이 점에서 그 관심은 오히려 1920년대 후반 이후 인도나 아일랜드문학의 수용 양상에 견줄 수 있을 것이다. 당시 아일랜드 및 인도(문학)의 호명은 식민지 조선의 현대문학 건설 문제와 직접적으로 결부된다. 현대화의 장(場)으로 편입될 것인가, 아니면 야만의 장에 남아 식민화될 것인가의 기로에서, 조선과 '같은' 식민지였던 인도와 아일랜드는 또 하나의 '방법'으로 여겨졌다.[47]

물론 이 지역들을 향한 관심조차 세계문학의 그늘에서 완전히 벗어난 것은 아니다. 인도문학에 대한 관심은 서양인들에게 인정받은 시인 타고르 덕분에, 또 아일랜드는 이미 세계문학의 반열에 오른 또 다른 정전작가들 덕분에 생겨난 측면이 있다. 따라서 세계문학과의 대조를 통해서 나타난 '비세계문학'에 대한 관심은, 어떤 면에서 비세계문학만의 특수성을 희석하고, 비세계문학이 오히려 세계문학의 타자로서 존재의의를 갖도록 정형화해 버린 점도 없지는 않다.

---

46 최초의 한국문학의 전집류는 1937-1940년 사이에 집중적으로 출판되었다. 그 면면을 보면, 1938년에는 조선일보사에서, 《조선아동문학집》, 《여류단편걸작집》, 《신인단편걸작집》 등을, 한성도서에서 《현대장편소설전집》(전 10권, 1938-1939)을, 조광사에서는 《현대조선문학전집》(전 7권, 1938), 《현대조선여류문학선집》(1940), 《신선문학전집》(전 4권, 1940), 《조선야담전집》(전 3권, 1940) 등을 간행했고, 박문서관에서는 《新選 역사소설전집》(전 5권, 1940) 등을 간행했다. 강진호, 〈한국의 문학전집 현황과 문제점〉, 《월간 문화예술》(한국문화예술진흥원, 2002.11), 152쪽.

47 김복순, 〈식민지 문학의 전유와 근대문학 상상의 인식장치〉, 《여성문학연구》(한국여성문학학회) 33권(2014), 229쪽.

이처럼 일제강점기 조선에서의 중국 신문학 수용은 세계문학이 도입되고 민족문학이 수립되는 과정에서 동시적으로 이루어졌다. 당시 세계문학의 도입은 기존의 전통적 민족운동을 바꾸어나갔고 봉건시대에 문학 정전으로 여겨지던 중국의 한문 텍스트들을 문학장 바깥으로 밀어냈다. 한글 문학의 발전과 동시적으로 확립된 근대적 번역 방법론과 출판 시스템은 과거에 절대시되던 중국발 텍스트를 더더욱 멀어지게 했다. 소수의 번역가에 의해 중국 통속문학이 한글로 번역되기는 했지만, 조선의 주류문단은 전체적으로 일본어로 번역된 세계문학의 향연에 압도당해 있었다. 게다가 1920년대에 그나마 존재했던 문학적 다양성마저 1930년대 이후로는 더 좁은 순수문학 일변도로 축소되기에 이른다. 세계문학과 순수주의의 결합은, 일제강점기 조선에 심각한 문학적 편식을 초래했다.

하지만 상술했듯이 또 다른 일각에서는 이른바 '세계문학'에서 배제된 기타 해외 지역의 문학을 향한 관심도 분명 싹트기 시작했다. 중국의 신문학은 바로 이 지점에서 세계문학과 전혀 다른 측면으로 조선 작가들에게 신선한 충격을 던져주었다. 중국 신문학은 전통 한문문학의 기존 수용 방식과 다르고, 세계문학의 이식 과정에서 나타난 위계적 질서에서도 벗어난 채 탈권위적이고 수평적으로 받아들여졌다. 그 결과 비록 많은 한계가 있기는 했지만, 중앙일간지 지면에 중국 신문학에 관한 정보가 소개되고, 절대량은 적더라도 대표적인 신문학 작품이 한글로 번역될 수 있었다. 1936년에 김광주는 1935년의 중국문단을 통찰한 글을 6회에 걸쳐 경성의 일간지에 연재했는데, 그 마지막 부분에서 아래와 같이 중국 신문학의 조선문학에 대한 의의를 말한다.

> 조선과 어느 방면으로 보던지 중요한 역사·지리적 관계를 가졌고 거기 따라서 어느 나라의 문학보다도 우리의 생활상의 감정과 호흡의 공

통점을 발견할 수 있는 이 땅의 신문학 운동의 앞으로의 새로운 진전을 주목하면서 위선(爲先) 여기서 졸필을 멈추어 두기로 하자.[48]

김광주는 바로 앞부분에서 "중국 신문학 운동의 우월성"과 대비되는 조선문단의 침체를 자조적으로 거론한 장혁주의 글을 비판했다.[49] 그는 이어서 "민족적 처경(處境)"과 "역사적 제반 조건" 아래서 문단 특질이 다른 것은 상식적인 문제라며 양 지역의 특수성을 인정해야 한다고 전제하고, 조선문단과 중국문단의 상생적인 진전을 전망한다. 그의 진단은 단순히 중국 신문학의 위상을 전달하는 차원을 넘어 그것의 조선문학 발전에 대한 의미까지 통찰하려는 시도였다. 이는 사실상 양건식이 1929년에《중국 단편 소설집》을 내면서 편집자 서문에 밝힌 출판 목적과 크게 다르지 않다. 다만 김광주는 양건식보다 성큼 앞서 심도 있게 양 지역의 문학 상황을 이해하고 있었으며, 그만큼 중국 신문학에 대한 조선에서의 인식이 신속하게 성숙하고 있음을 보여 주었다. 비록 일본의 군사 도발이 격화되면서 이런 총론적인 통찰이 더는 나오지 않게 되지만, 짧은 기간이나마 선구적인 노력이 있었기에 해방 이후에도 그 불씨가 되살아날 수 있었다. 그들에 뒤이어 또 다른 배경을 지닌 학자 신분의 이명선과 윤영춘까지 가세하면서, 중국 신문학은 해방된 한국에서 명실상부한 '세계문학'으로의 편입을 향해 한 발 더 가까이 다가가게 되었다.

---

48 김광주, 〈中國 文壇의 最近 動向〉 제6편(최종회), 《동아일보》, 1936년 2월 26일.

49 장혁주의 글은 발표 시기로 볼 때, 그가 1935년 일본의 좌익 잡지 《문학안내(文學案內)》에 발표한 〈조선문단의 현 상황 보고(朝鮮文壇の現状報告)〉(10월호)와 〈조선문단의 장래(朝鮮文壇の将来)〉(11월호)를 말한다.

2장 박승극과 일제강점기 조선의 대만문학 탐색

'대만문학'이란 말은 한반도 경내에서 과연 언제부터 한글로 등장했을까? 일제강점기에 제국의 판도 안에서 조선 작가들이 대만 작가들과 일본어로 상호 교류한 예는 여러 경로를 통해 확인할 수 있다. 특히나 많은 연구자가 주목한바, 1932년 조선 작가 장혁주가 등단한 것을 시작으로, 대만 작가 양쿠이(楊逵, 1934)와 뤼허뤄(呂赫若, 1935), 룽잉쭝(龍瑛宗, 1937) 등이 차례로 일본문단에 등단한 이래, 일본의 문학장을 중심으로 서로 교류한 사례는 적지 않다.[1] 그중 장혁주는 대만에서도 상당한 지명도가 있었다.[2] 1942-1944년 사이에 제국 정부의 주도하에 세 차례 개

1 뤼허뤄, 양쿠이, 류제(劉捷) 등의 재일 조선인 작가 장혁주에 대한 여러 차례 언급을 통해, 장혁주와 대만 작가들 사이의 연대감을 확인할 수 있다. 이에 대해서는 최말순, 〈1930년대 대만문학 맥락 속의 장혁주〉, 《SAI間》(국제한국문학문화학회) 11권(2011.11), 61-92쪽 참조. 그러나 최말순이 같은 논문 65쪽에서 말한 것처럼, 대만 지식인들이 조선 작가와 접촉한 것은 거의 일본에서였다. 대만에서 조선문학이 소개된 예는 최말순, 〈1940年代台灣文壇提及「朝鮮」的脈絡及其理由〉, 《文學台灣》(高雄: 文學臺灣雜誌社) 122(2022.4) 참조.

2 장혁주는 일본문단의 등단 이후, 대만 측의 요청으로 〈台灣の新文學に所望する事〉(《台灣新文學》, 1935.12), 〈明信片〉(《新文學月報》, 1936.3) 그리고 〈諸家芳信〉(《文藝台灣》, 1941.3) 등 3편을 대만 매체에 기고한 적이 있다. 또 '황민화 시기'인 1944년에 친일적인 언론을 묶어 《新しき出發》이란 책을 대만에서 출판한 적도 있다. 이 책은 초판만 5천 부가 팔렸는데, 대만 대표 작가 뤼허뤄의 소설집 《清秋》의 판매량이 같은

최된 '대동아문학자대회'도 한 예로 들 수 있다. 여기에서는 이른바 '외지문학' 사이의 네트워크로써[3] 조선과 대만 작가 사이에 직접적인 접촉이 이루어졌다. 그럼에도 조선과 대만 경내에서 활동한 작가들이 상대 지역의 신문·잡지나 단행본을 통해 이름을 알린 경우는 대단히 찾기 어렵다. 조선인과 대만인의 일본어 작품이 1936년 중국어로 번역되어 '산신령(山靈)'[4] 이란 제목으로 중국 상하이에서 출판된 일이 있지만, 이 역시 조선과 대만 경내에서는 재출판되지 않았다.

후펑이 편집한 《산신령》

이런 상황의 배경을 보면, 우선 비록 같은 식민지로서 공용어는 동일했지만, 양 지역의 문학 언어가 상이했다는 점이 크게 작용한 것 같다.[5]

해 3천 부였음을 감안하면 그 영향력이 어느 정도였는지 짐작할 수 있다. 이동매·왕염려, 〈동아시아의 장혁주 현상〉, 《한국학연구》(인하대학교 한국학연구소) 제61집(2021.5), 389-390쪽 참조.

3 〈大東亞文學者大會〉, 《매일신보》, 1943년 8월 16일.

4 《山靈一朝鮮台灣短篇小說集》, 胡風 옮김(1936). 여기에 조선의 현대소설 4편(張赫宙의 〈山靈〉, 〈上墳去的男子〉, 李北鳴의 〈初陣〉, 鄭遇尙의 〈聲〉)와 대만 현대소설 2편(楊逵의 〈送報夫〉, 呂赫若의 〈牛車〉)이 수록되었다(이상은 중국어로 번역된 작품명). 후펑은 같은 해 상하이에서 출판된 《弱小民族小說選》(世界知識社, 단편소설 11편 수록)에도 장혁주의 〈山靈〉과 양쿠이의 〈送報夫〉를 포함시켰다. 특히 장혁주는 일제강점기 중 중국어로 번역된 총 42편의 조선 문학작품 중 14편을 차지할 정도로 중국에 가장 많이 알려졌다. 이동매·왕염려, 앞의 글, 388쪽 참조.

5 1936년 잡지 《삼천리》(제8권, 8.1. 출판)는 〈朝鮮文學의 定義—이러케 規定하려 한다!〉라는 특집 기사를 통해, "조선문학은 조선어로, 조선인이 읽도록 쓴 것"이라는 일반 정의를 어떻게 바라보는지 당시 문단의 대표적인 12인에게 물어보는 기획을 마련했

한글 사용이 강하게 억압된 일제 말기라 하더라도, 조선의 창작활동에서 한글 사용 비율은 여전히 압도적이었다.[6] 한글로만 창작한 조선의 작가를 대만의 작가가 인식했을 가능성은 당연히 없다. 반면에 당시 조선의 지식인 중 상당수는 이미 일본어를 읽을 줄 알았기 때문에, 만약 '내지'의 출판 시스템을 통해 대만 작가의 작품을 접할 수 있다면, 굳이 한글로 중복해서 출판할 필요가 없었을 것이다. 이것은 비단 대만문학만이 아니라 일제강점기 내내 조선에서 번역 출판된 일본문학이 식민 초기를 제외하면 그다지 많지 않았다는 사실로도 짐작해 볼 수 있다.[7] 게다가 대만문학은 일제강점기에 물밀듯이 들어온 '세계문학'처럼, 조선에서 존재감이 확대되던 해외의 독자적 문학으로 여겨지지 않았다. 대만문학은 당시에 이미 분명한 외국문학으로 여겨지던 중국의 신문학과도 별개의 존재였다. 이 밖에도 당시에 일본문단을 중심으로 활동하던 장혁주나 김사량의 경우, 대만 작가들과 개인적인 교류가 있었지만, 이들이 대만 작가를 조선문단에 연결했을 가능성도 그다지 크지 않다. 왜냐하면 조선문단의 재일 조선인 작가들에 대한 복잡하고도 미묘한 인식은 그들이 일본이나 심지어 대만에서의 그것과 비교해도 조선 경내

다. 그들의 구체적인 답변에 약간의 차이가 있기는 하지만, 이 기본 전제에 반대하는 이는 하나도 없었다. 작품이 일본어로 번역된 예를 제외하고, 장혁주나 김사량처럼 일본을 무대로 일본어로 창작한 조선 작가는 일제강점기 내내 많지 않았다.

6 1937년 조선총독부 통계에 따르면 조선인 중 일본어 가능자는 약 11%였다. 하지만 1938년의 '국어 상용화'(당시 '국어'는 일본어를 의미) 조치로 인해 조선어 과목은 모두 폐지된다. 이어서 1942년에 시작된 '국어전해운동(國語全解運動)'은 학교에 다니지 않은 조선 공민에게까지 일본어 학습을 요구했다. 그럼에도 1943년 말까지 조선의 일본어 보급률은 22%까지밖에 상승하지 않았는데, 이것은 1943년 4월 기준 대만의 일본어 보급률이 이미 62%에 달했던 것과 커다란 차이가 있다. 최유리, 《일제 말기 식민지배 정책 연구》(한국학중앙연구원, 2006), 148-161쪽.

7 이한정은 〈일본문학의 번역과 한국문학〉(《현대문학의 연구》[한국문학연구학회] 55집 [2015], 24쪽)에서 일제강점기에 일본문학의 번역은 한국에서 오히려 불필요했고 소수에 그쳤다고 말한다.

에서 상대적으로 미약한 기반을 가질 수밖에 없도록 했기 때문이다.

이런 점을 두루 고려할 때, 1936년 7월 경성의 《조선중앙일보》에 박승극이 9회에 걸쳐 연재한 기사 〈대만문화개관—그 민족을 어떻게 규정할가〉(이하 〈개관〉으로 약칭)는 당시 조선문단의 맥락을 생각하면, 얼핏 보아 전후의 연계 관계가 설명되지 않는 매우 이채로운 글이라고 할 수 있다. 박승극은 이 기사에서 한국의 지상 매체 역사상 처음으로 한글로써 대만의 신문학을 소개한다.

1 조선의 대만 인식 전환과 해외문학 소개 열풍

〈개관〉의 서문에서 박승극은 대만을 "미개한 작은 '포르모사'", "더운 풍토의 '식민지'" 등으로 형용하면서, 당시까지 조선에 일반화되어 있던 대만에 대한 편견을 다소 장황하게 언급한다. 이는 아마도 1930년 연말 이후 조선의 신문과 잡지에 잇따라 실린 '우서사건(霧社事件)' 관련 보도, 그리고 이와 관련해 연이어 신문을 장식한 대만 '번인(蕃人, 즉 원주민)'에 관한 호기심 충족 차원의 기사들을 의식했기 때문일 것이다. 1930년 10월에 일어난 우서사건은 대만의 식민 시기에 원주민이 일으킨 최대 규모의 봉기로서, 이 항쟁을 주도한 시디크(賽德克)족에 대한 식민정부의 대량 학살로 끝이 났다.

1930년대 초기 대만의 원주민에 대한 조선의 신문 기사 중 대표적인 것을 예로 들면 이러하다. 《매일신보》는 1930년 11월 총 13회로 〈대만 이야기〉를 연재하고, 이듬해 1931년 8월에도 총 10회로 〈대만 기행〉(김혁묵)을 연재한다. 이 기사들은 당시 이 신문이 총독부 기관지였기에, 1910년대부터 시작된 대만시찰단의 귀국 보고와 궤를 같이하는 것이었다.[8] 즉, 기행 서술의 궁극적인 목적은 식민정부의 '원주민 정책[理蕃政

臺灣女子風俗畵報

활옷 입은 새색시 (一)

《동아일보》 1931년 2월 20일 자에 실린 시리즈 기사 〈대만 여자 풍속화보〉

策]'을 찬양하는 데 있었다. 그럼에도 이 기사들은 당시 '우서사건'으로 대중 독자들 사이에 대만 원주민을 향한 관심이 생긴 것과 무관치 않아 보인다. 왜냐하면 당시 민간 매체에는 이보다 더 통속적인 이국취미를 띤 글들이 갑자기 나타나기 때문이다. 《동아일보》는 1930년 12월 3회로 체험담과 역사 이야기를 결합한 〈대만 번족[蕃族]과 조선〉(박윤원)을 연재했고, 이듬해에 〈대만 여자 풍속화보〉(총 7회)를 연재한다. 이 기사들은 한결같이 '본도인(本島人. 즉, 대만의 한인[漢人]을 식민 시기에 이르던 말)'보다 원주민을 집중적으로 소개한다. 사실상 그때까지 조선에서의 대만 담론은 대만을 제국 남쪽의 산업기지로 언급되는 정도에 머물러 있었고, 식민지 후반에 접어들어서도 쌀과 바나나 등 농작물 증산에 대한 보도가 대부분인 부박한 수준이었다.[9] 우서사건은 여기에 원주민으로 표상화된 이국취미를 더하는 계기로 작용한다. 그런데 한편에서 이런 타

8 조선총독부에서의 대만 시찰은 1916년 4월 대만총독부 시정(始政) 20년을 기념하며 열린 '대만 권업 공진회' 참가를 계기로 본격적으로 시작된 것으로 보인다. 이에 관해서는 한길로, 〈일제강점기 조선에 비친 식민지 대만의 허실, 그리고 조선〉, 《인문논총》(서울대학교 인문학연구원) 70집(2013), 387쪽 이하 참조.

9 대만 관련 보도 경향에 대해서는 또한 손준식, 〈《동아일보》(1920-1940) 기사를 통해 본 식민지 조선의 대만 인식〉, 《중국학보》(한국중국학회) 61권(2010)도 참조할 만하다.

성화된 보도 태도와 다른 시선의 변화도 나타난다. 1930년 12월 1일 자로 발행된 잡지 《별건곤》 35호에는 언론인 차상찬이 쓴 〈반란선상(反亂線上)에 입(立)한 대만의 생번(生蕃)과 숙번(熟蕃), 그들의 생활상과 금후 운명 여하(如何)〉라는 긴 제목의 글이 발표된다. '우서사건'을 집중적으로 다룬 이 글의 결론에서 저자는 이 '반란사건'의 실체를 이렇게 술회한다.

> 그 반란의 원인은 전설이 구구(區區)하나 대체로 말하면 압박과다(壓迫過多), 대우차별(待遇差別), 습속무시(習俗無視) 등이다. 그것은 여긔에 자서한 말을 략(略) 하거니와 대만군 사령부에서는 이미 토벌령을 나리고 전날 좌구간(佐區間) 시대의 대소탕(大掃蕩)을 하던 일을 재연하게 되엿다. 아지 못거라 가련(可憐)한 이 열패민족(劣敗民族)의 운명은 이후 장차 엇지 될가.[10]

이 글은 물론 식민정부의 시각에서 완전히 벗어난 것은 아니지만, 원주민이 강요받은 불평등 상황을 비교적 객관적으로 서술했다. 즉, 기존의 대만 관련 기사들처럼 원주민 문화를 단순히 비문명적인 것으로 타자화하는 것에서 머물지 않고, 같은 약자의 입장에서 그들의 처지를 동정적으로 이해하려 하였으며, 학살사건을 하나의 정치적인 문제로 인식하고자 했다. 이듬해 2월 《조선일보》에도 사회주의 계열 언론인인 이여성이 쓴 〈대만 번인(蕃人)의 대반란과 그 장래—약소민족운동의 전망〉이라는 유사한 글이 실린다. 여기에서 작가는 식민정부의 번인 정책 역사를 길게 종합하고 문미에 우서사건을 언급한다. 이 글은 세계 '약소민족

---

10 壽春山人(차상찬), 〈反亂線上에 立한 臺灣의 生蕃과 熟蕃, 그들의 生活相과 今後運命如何〉, 《別乾坤》, 1930년 12월호. '좌구간(佐區間) 시대'란 1906년 취임한 사쿠마 사마타(佐久間左馬太)의 대만 총독 재임 시기를 말하는 것으로, 매우 강압적인 원주민 정책을 취했던 시기였다.

운동' 시리즈의 맨 마지막 회여서, 기획에서부터 대만 원주민에 대한 동정적 태도가 반영된 것임을 알 수 있다.[11] 이러한 일련의 우서사건에 대한 보도는, 이후 조선에서 대만에 대한 또 다른 관점을 출현시키는 계기가 된다.

1930년대 이후로 본도인들의 정치와 사회문제에 대한 조선인들의 관심도 조금씩 늘어나기 시작한다. 이전의 대만 원주민을 바라보던 시선과 달리, 이것은 좌익 문화운동의 연장선상에서 나온 것이었다. 예를 들면, 개혁 운동에 대한 식민정부의 억압을 비판한 대만 본도인 사회운동가 차이페이훠(蔡培火)의 글 〈대만의 자유운동〉(《삼천리》, 1930년 7월호)이 한글로 번역되어 전재되었고, 당시까지는 사회운동가였던 일본인 고노 미쓰(河野密)의 〈해산된 대만 민중당〉(《삼천리》, 1931년 4월호)도 한글로 게재되었다. 조선인 논객 중에서도 황강 같은 사람이 〈대만의 과거와 현재, 그 정치적 산업적 지위〉(《동광》, 1931년 1월호)라는 글에서 대만이 외침을 받은 역사와 본도인 중심의 정치운동에 대해 상세히 다루었다. 또 김동환도 〈대만의 최근〉(《삼천리》, 1932년 10월호에 실린 특집기사 〈일본에 흐르는 제[諸] 운동〉[김경재 엮음]의 일부로 수록)[12]에서 대만의 원주민 반란과 함께 민중당이 받은 탄압에 대해 상세하게 소개한다. 이 무렵 대만 민중당의 강제 해산과 더불어 민중당 지도자 장웨이수이(蔣渭水)의 사망과 관련한 보도 기사도 조선의 신문 지상에 등장한다.[13] 〈대만의 최근〉에서 김동환[14]은 아래와 같이 대만 민중당의 해산에 대한 청원 결과를 설명한다.

---

11 《조선일보》, 1931년 2월 4일. 총 25회로 기획된 이 시리즈는 앞에서 유대인, 필리핀인, 베트남인, 인도인, 이집트인, 그리고 재미 흑인을 다루었다.

12 이 글의 앞에서는 조선의 신간회 해산 1주년을 회고하고, 세계 각지와 일본의 노동운동을 소개한다.

13 《동아일보》, 1931년 2월 22일, 2월 24일, 8월 14일, 10월 12일 자; 《조선일보》, 1931년 2월 27일 자 보도 참조.

14 언론인이자 작가로서 일찍이 카프(KAPF)에서 활동했고, 《중외일보》, 《조선일보》 기자를 지냈으며, 1929년 6월부터 종합잡지 《삼천리》를 간행했다. 이 글이 쓰이기 직

1927년 타이중(臺中)에서의 대만 민당(民黨, 민중당 전신) 창단식. 사진 설명에는 검열 때문에 당명이 삭제되어 있다(《自由時報》, 2019. 8. 3).

요컨대 대만 민중당(臺灣民衆黨)은 급각도로 무산정당화하엿기 때문에 해산을 당한 것이다. 그 뒤에 채배화(蔡培火)와 임헌당(林獻堂), 양조가(揚肇嘉) 등이 다시 종래의 대만 민중당(臺灣民衆黨)이 무산계급적 정당으로 전화하면서 민족운동자를 마치 협잡물시(夾雜物視)하는 데 반감을 품고 대만자치연맹(臺灣自治聯盟)이란 단체를 조직하엿다 하나 그에 대한 상세는 필자가 탐지(探知)할 수 업섯다. 아마 이것이 그냥 사라잇다면 현재 유일의 대만사회의 정치적 결사가 아니될가.[15]

식민체제에 맞서는 대만 민간조직의 정치적 저항은 당시 조선에서

전까지 좌우합작의 민족운동 단체인 신간회의 중앙집행위원으로 활동했다.

15 김동환, 〈日本에 흐르는 諸運動—臺灣의 最近〉, 《三千里》, 1932년 10월호, 28쪽.

도 관심의 대상이 아닐 수 없었다. 때마침 당시까지 좌우익이 합작한 조선 최대의 민족운동 조직이었던 신간회(新幹會)가 1931년 5월 강제 해산된 사건은 그런 관심을 더욱 부추겼다. 대만 민중당의 해산 소식은 우서 사건과는 또 다른 차원으로 조선 지식인들이 대만의 정치와 저항운동에 대한 관심을 촉발했다. 본도인들의 저항운동을 전하는 이런 기사들은 분명 1930년대 이후 조선에서의 대만 인식에 나타난 변화된 분위기를 전해 주는 것이었다. 대만의 인문 현황을 전반적으로 소개한 박승극의 〈개관〉 역시 이러한 인식의 변화가 낳은 결과라고 할 수 있다. 물론 〈개관〉 이전의 모든 문장 중에 대만의 문학까지 언급한 경우는 단 한 편도 없었다.

한편 박승극의 〈개관〉은 또한 형식 면에서 1930년대 조선에서 일어난 해외문학 소개 열풍이라는 특이한 자기장 안에서도 바라볼 필요가 있다. 세계문학이 1920년대에 조선에 수용되기 시작한 이래, 해외 문단을 소개하는 일련의 기사들이 신문·잡지에 속속 등장한다. 일찍이 1924년 2월에 발간된 잡지 《개벽》에 게재된 〈현 문단의 세계적 경향〉 특집은 시기적으로 비교적 이른 기사 중 대표적인 경우이다. 여기에서는 러시아, 영국, 프랑스, 미국의 현황에 더해, 일본과 중국의 문단까지 소개된다. 당시 조선에서 앞의 네 국가는 명실상부하게 '세계문학'의 모델이 될 수 있는 국가였으며, 일본과 중국을 소개한 맥락도 같은 취지의 연장선상에 있었다. 중국 편을 정리한 양건식이 중국의 신문학을 "대단히 요원한 미래"와 "장구한 과거" 사이의 과도적인 존재라고 표현한 것에서 알 수 있듯이, 문학 진화론의 관점은 이제 막 맹아가 싹트기 시작한 조선의 신문학계를 뒤흔든 첨단 사조였다. 그 문학적 진화의 최종적인 결과로 상상된 것이 바로 '세계문학'이었다.[16]

---

16 졸고, 〈日據時期韓國的世界文學觀念和中國新文學的位置〉, 《중국어문논총》(고려대학교 중국학연구소) 제94집(2019.8), 135쪽.

동시에 〈개관〉이 발표된 1930년대는, 프롤레타리아 문학과 계급혁명 운동을 표방하며 1925년에 출범한 '조선 프롤레타리아 예술가 동맹(KAPF)'이 크게 탄압을 받고 작가들이 대거 전향(轉向)을 하는 시기이기도 했다. 식민정부가 1931년 만주사변을 기점으로 파시즘의 광기 속으로 질주하기 시작하면서, 조선에서도 경향문학이 크게 타격을 입는다. 카프는 1931년과 1935년 두 차례 체포사건에 휘말리면서 급속하게 무기력해진다. 좌익 문학운동의 위축은 반사적으로 해외 문단을 향한 관심을 촉발했다. 현실의 억압적 분위기에서 벗어나려는 문인들의 노력이 세계문학을 향한 적극적인 관심으로 나타난 것이다. 바로 이 1930년대는 일제강점기 조선에서의 외국문학 수용 중 전성기로서, 외국문학에 대한 소개와 연구가 이 시기에 더욱 체계적으로 정비되었다. 1920년대 말 이후 외국문학 전공자들 상당수가 유학지로부터 속속 조선문단에 복귀한 것도 이런 분위기를 재촉했다. 그리하여 1930년대에 들어 신문의 〈학예란〉이나 잡지를 통한 외국문학 소개가 상설화되는 등 보다 전문적인 역할 분담을 통해 비로소 체계적인 소개가 가능해진다.[17]

《동아일보》를 예로 들면, 1930년 4월에 독일, 프랑스, 러시아, 영국을 소개하는 〈각국 문단〉 시리즈가 실리고, 1933년 6월 18일 자에 〈문단총관(總觀)〉 특집이 실렸으며, 1934년 8월에도 대표 작가별 각론을 수합한 〈해외문단〉 시리즈가 마련되었다. 기존 한문문학의 수용패턴과 판이하게 신문학의 관점에서 중국문학을 바라본 기사도 연이어 실린다. 예를 들면 정래동에 의한 〈중국문단 현황〉(상·하편, 1933년 10월), 〈중국문단 잡화(雜話)〉(총 4회, 1934년 6·7월) 등과, 김광주에 의한 〈중국문단의 현세(現勢) 일별(一瞥)〉(1935년 2월, 총 4회), 〈세계문단 동향보고—중국문단의 최근 동향〉(총 6회, 1936년 2월 20-26일) 등이 그것이다. 《조선일보》에도

17 서은주, 〈1930년대 외국문학 수용의 좌표—세계/민족, 문학〉, 《민족문학사연구》(민족문학사학회·민족문학사연구소) 28권(2005), 43쪽.

외국문학 전공자인 유백로, 정인섭, 이하윤 등이 구미 문단을 소개한 기사가 속속 실렸으며, 《동아일보》에서처럼 이 신문사에도 중국 체류 특파원 역할을 하던 정래동과 김광주의 중국문단에 대한 소개 문장이 어렵지 않게 발견된다. 〈개관〉의 작자인 박승극이 《조선중앙일보》(1936년 2월)에 〈1936년을 맞은 각국 문단 개황고(概況考)—전례 없는 비상(非常)한 변전(變轉)의 길로〉라는 글을 6회에 걸쳐 발표한 것도 이런 유행과 무관치 않다.[18]

제국 내부의 일본어문학이나 식민지의 '외지문학'을 대하는 양상은 약간 다르게 나타난다. 1910년의 국권 피탈 이후 일본문학은 조선에서도 제국문학의 일부로 여겨지지만, 〈현 문단의 세계적 경향〉(《개벽》, 1924년), 〈세계문단 점고(點考)〉(《동아일보》, 1936년) 등에 일본문학이 포함된 것에서 알 수 있듯, 외국문학의 일부로 소개되기도 한다. 이것은 앞서 서술한 것처럼, 일제강점기에도 조선의 문학 언어가 여전히 한글이었기 때문이다. 반면에 제국 내의 다른 식민지, 즉 만주나 대만의 문학은 거의 소개되지 않았다.[19] 조선에서도 만주 관련 정보가 이미 많아진 1940년 9월 《삼천리》(제12권 제8호)는 〈관북(關北), 만주(滿洲) 출신 작가의 '향토문화'를 말하는 좌담회〉(제4회)를 개최한 바 있다. 하지만 이 좌담회에서의 주요 관심 대상은 이 지역 출신의 조선인 작가에 한정되어 있었다.[20] 1930년대 들어 만주 소재 작품은 증가하지만, 문인들에게 있어 만주는 조선문학의 확장지 이상의 독자적인 의미를 갖지는 못한 듯하다. 이와 대조적으로 해외의 식민 지역 중 아일랜드나 인도문학은 세계문학의 일환으로서 오히려 빈번히 조선문단에 호명되는데, 그것은 이

---

18 《조선중앙일보》, 1936년 2월 25일-3월 1일.

19 1937년 10월에 만주국 수도인 신징(新京)에서 창간된 한글 신문 《만선일보(滿鮮日報)》가 만주문학을 일부 소개하기도 했으나, 이는 〈개관〉 발표 이후의 일이라 여기에서는 논외로 했다.

20 〈關北, 滿洲 出身 作家의 《鄕土文化》를 말하는 座談會〉, 《삼천리》, 1940년 9월호.

學藝
臺灣文化概觀
그民族을어떻게規定할가
(二)
朴勝極

《조선중앙일보》 1936년 7월 19일 자 '학예'란에 실린 〈대만문화개관〉의 표제어와 삽화 부분

지역의 작품들이 탈식민 차원에서 조선의 문인들에게 모델이 될 수 있었기 때문이다. 식민지 조선의 아일랜드, 인도 호명은 '주변'의 '또 다른 '주변'의 호명이라는 점에서 일본 미국 영국 독일 러시아 등에 대한 것과 질적으로 다른 것이었다.[21] 세계문학을 이처럼 지역에 따라 구분해서 이해하려 한 것은 이 시기 세계문학 이해의 또 다른 진전이라고 할 수 있었다.

1930년대 조선에서의 세계문학 소개 열풍은 문인 자신의 약소국 작가로서의 입지에 대한 자각과 선진 문학에 대한 지적 갈증, 그리고 악화된 정치적 환경이 촉발한 것이었다. 해외문학을 소개하는 당사자들 개인으로 볼 때도, 그것은 조선문단의 문학장 속에서 서구적 근대를 전유(專有)하기 위해 외국문학의 동향에 대해 발 빠르게 대응해야 한다는 욕망이 매체를 통해 구체화된 것으로 볼 수 있다. 박승극의 〈개관〉이 나오게 된 배경에는 이처럼 지식인 사회의 대만에 대한 인식 변화와 외국문학을 향한 호기심 열풍이 존재한다. 그런데 문장 내용을 더 구체적으로 검토해 보면, 대만에서 발신되어 일본을 경유한, 제국 내부의 초지역적 연계가 한편에서 그 배경으로 자리하고 있음도 발견된다.

21 김복순, 〈아일랜드 문학의 전유와 민족문학 상상의 젠더〉, 《민족문학사연구》 제44집 (2010) 참조.

2 〈대만문화개관〉의 대만문학 탐색

《조선중앙일보》[22]에 1936년 7월 18일부터 28일까지 9회에 걸쳐 게재된 〈대만문화개관—그 민족을 어떻게 규정할가〉[23]는 대만의 원주민이 아닌 본도인과 관련하여 작성된 조선의 매체 기사 중 당시까지 가장 길고 체계적인 연재물이었다.

저자 박승극(1909-?)은 수원 출신으로서, 카프의 수원 지부장을 지낼 때 잡지 《조선지광(朝鮮之光)》 1929년 6월호에 발표한 단편소설 〈농민〉으로 문단에 이름을 알리기 시작했다. 그는 또 1932년 〈프로문학운동에 대한 감상〉을 발표하면서 평론가로서도 활동하기 시작한다. 그는 이후 '자유주의론(반파시즘론)', '사회주의리얼리즘론', '농민문학론' 등 계급문학론을 주제로 한 일련의 논평을 발표했다. 박승극은 오늘날 소설보다 평론이 더 높게 평가되는데, 그의 평론은 리얼리즘을 기반으로 한 실천비평이 중심을 이룬다.[24] 그는 리얼리즘의 길로써 창작 방법 문제의 관심을 고조시키고, 그럼으로써 조선의 경향문학이 당시 유행하던 낭만주의 추세에서 벗어날 것을 제기하였다. 박승극은 비록 당시의 대표급 평론가라 할 만한 인물은 아니었지만, 그의 평론체계는 한국문학 비평사 중에도 리얼리즘의 형성과 발전에 있어 일정한 의의를 띤다. 박승극의

---

22 여기서는 중도좌파 성향의 민족 지사 여운형이 주관하던 시기의 《조선중앙일보》를 말한다. 여운형은 기존의 《중앙일보》를 이어받아 1933년 《조선중앙일보》를 재창간했다.

23 이 특집의 부제와 소제목을 보면, 일단 부제가 모두 '그 민족을 어떻게 규정할가'였으며, 이것을 다시 '문화사 요략', '문화상의 일반현상', '성장 중인 문학'이라는 소제목으로 나누고, '문화사 요략'에서는 〈청조(淸朝) 예속시대〉, 〈'개예(改隸)' 이후의 문화〉, 〈신문화의 맹아〉로, '문화상의 일반현상'에서는 〈융화의 일면상(一面相)〉, 〈화문일치(話文一致) 문제〉, 〈교육상태〉, 〈종교의 특수상〉 등으로, '성장 중인 문학'에서는 〈신문학의 발생〉, 〈문학의 특질〉, 〈작가와 작품〉으로 분류하여 상론하였다.

24 오양호, 〈이념대립기 한 지식인의 내면풍경 《다여집》〉, 《한국 근대 수필의 행방》(소명출판, 2021), 397쪽.

평론 활동은 일반적으로 1935년에 정점에 달했다고 평가되는데, 그것은 그의 평론 중에도 정수라 할 것들이 바로 동년의 카프 해산과 사회주의리얼리즘 수용에 대한 반응으로써 나온 것임을 의미한다.[25] 이와 상대적으로, 〈개관〉은 그의 이런 비판적 열정이 한고비를 넘어서, 한편으로 정점 시기의 강경한 좌경사상을 견지하면서, 다른 한편으로는 성찰과 다양화가 이루어지는 단계에 작성된 것이다.

박승극(《경기일보》, 2015. 10. 18)

다른 신문·잡지에도 문장을 기고한 적이 있지만,[26] 그가 1933년부터 1936년까지 《조선중앙일보》에 문학 방면 원고를 집중적으로 투고한 것[27]은, 아마도 사장으로 재직한 독립운동가 여운형과의 각별한 관계 때문이었을 것이다.[28] 이 신문은 1933년 여운형의 인수 후 조선의 3대 한글 일간지로 부상하고 있던 차였다. 〈개관〉을 저술한 의도나 목적 역시

25 조남현, 〈박승극의 실천·비평·소설〉, 《한국문화》(서울대 규장각 한국학연구소) 25집(2000), 86쪽.

26 《동아일보》에도 1934년 6월 〈文藝와 政治—政治의 優越性問題〉(총 3회) 외에 1940년까지 수필이나 평론을 다수 기고하였고, 《조선일보》, 잡지 《삼천리》와 《신조선》에도 작품이나 평론을 발표한 바 있다.

27 1933년 7월 〈학예, 문필가의 당면한 부분적 임무〉로부터 1936년 7월 〈대만문학개관〉을 게재하기까지 이 신문에 작품이나 문학평론을 집중적으로 기고하였다.

28 광복 직후 수원군 인민위원회 위원장으로 좌익활동을 했던 그는 1945년 11월 미군정의 포고령 위반으로 체포되었는데, 그의 석방을 위해 여운형이 직접 수원으로 내려가 구명 활동을 했다(박철하, 〈청년·농민운동 주도… 25번이나 구금〉, 《경기일보》, 2009년 3월 20일). 더 이전으로 소급해 보면, 수원의 신간회에서 박승극과 함께 활동한 사회주의 계열의 지역 유지 염석주가 여운형과 가까운 사이였다는 점도 박승극의 발탁에 영향을 끼친 것으로 보인다. 염석주와의 관계에 대해서는 《수원의 르네상스를 이끈 사람들》(경기르네상스포럼, 2019) 참조.

저자의 문학 성향뿐 아니라, 이 신문의 보도 방향이나 회사 운영 방침과 어느 정도 관련이 있었을 것으로 여겨진다. 박승극은 태평양전쟁 중에 잠시 활동을 중단했다가, 광복 이후 미군정청 통치하에서 좌익운동을 다시 시작해 수차례 구속되기까지 한다. 그는 결국 6·25전쟁 이전에 월북함으로써 그에 대한 정보는 남한에서 더는 전해지지 않게 되었다.[29] 그의 약력 중 한 가지 주목할 점은 그가 1928년 초 도쿄의 니혼대학(日本大學)으로 유학을 떠나 1년 남짓 체류했다는 사실이다. 그는 사상 문제로 입학 후 얼마 지나지 않아 퇴학당했다고 한다. 이 짧은 유학 시기에 그는 사회주의 출판물을 탐독하면서 공산주의 사상을 받아들인 것으로 전해진다.[30] 일본 유학 경험은 그가 이후 일본어로도 평론 활동을 하는 토대가 되었다.

다시 〈개관〉의 내용으로 돌아가 이야기를 하자면, 이 글의 모두에서 박승극은 우선 식민정부의 원주민 정책, 즉 '이번정책(理蕃事業)'에 대한 대만 내부의 저항운동을 사건별로 일일이 나열하며 설명한다. 그는 〈'개예' 이후의 문화〉[31]라는 소제목 하에서, 식민정부의 '이번정책'이 일단락은 되었으나 그사이 크고 작은 '소요사건'이 끊임없이 일어났다며 주요 사례를 열거한다. 그중에도 "메이지(明治) 40년의 북포사건(北埔事件), 45년의 임기포사건(林杞埔事件) 등은 '자본주의의 통치에 대항한 운동'으로서 주목할 만한 것"이라 하고, '서래암사건(西來庵事件)'을 "도민(島民)의 직접 행동"으로서 "특기할 만한 역사적 사건"이라 하며, 우서사건도 "대만 사상(史上)에 커다란 기록을 남긴" 사건이라고 평가한다.[32]

---

29 박승극에 대해서는 총 3권으로 기획된 문학전집(학민사) 중 소설 권(2001)과 수필 권(2011)만이 출판되어 있다.

30 박철하, 앞의 글 참조.

31 '개예(改隷)'는 청나라로부터 일본 식민자로 정부가 교체된 것을 대만에서 가리키는 당시 일본식 수사였다.

32 '북포사건'은 1907년 11월 신주(新竹) 베이푸(北埔)에서 발생한 항일운동이며, '임기

대만 민중당의 전신으로 1921년 성립된 '대만문화협회'. 아랫줄 중앙이 린셴탕, 린의 좌측이 장웨이수이, 서 있는 사람 중 좌로부터 일곱 번째가 차이페이훠이다(臺灣國家文化記憶庫).

본도인인지 원주민인지 주체를 명확하게 구분하지 않은 모호성이 있지만, 이것은 그가 대만의 문화를 논하기에 앞서, 식민 시기로 넘어오며 생긴 정치적 변화가 대만 주민들에게 얼마나 큰 충격이 되어 왔는가를 먼저 독자들에게 인식시키려는 의도로 보인다.

바로 이어서 그는 "신문화의 맹아"로서 문화운동 차원에서 본도인들의 다양한 활동을 설명한다. 그는 1914년 '대만동화회(臺灣同化會)'의 창립을 대만 신문화운동의 효시가 될 만한 것이라고 하고, 대만총독부가

포사건'은 1912년 난터우(南投)에서 일어난 대만인들과 일본 경찰의 무력 충돌 사건이다. 또 '서래암사건'은 1915년 위칭팡(余清芳) 등이 주도하여 대만 남부 시라이안(西來庵)을 거점으로 일본에 대항한 무장투쟁으로, 식민 시기 항일투쟁 중 최대 규모였다.

이듬해 2월, 이 조직을 해산한 사실까지 언급한다. 이어 도쿄에서의 대만청년회(臺灣青年會) 활동을 비롯하여 대만의회 설치 운동까지 설명한다. 하지만 그는 신문화운동의 맥락에서 이 운동들이 지니는 의의는 긍정하면서도, 이런 방식의 계몽운동의 한계도 또한 비판적으로 적시한다. 이어 린셴탕(林獻堂), 차이페이훠, 장웨이수이 등의 대만문화협회(臺灣文化協會)에 대해 상세하게 설명한다. 그는 대만문화협회의 성립이 "대만에 있어 목적 의식적인 문화운동의 완전한 맹아가 싹텄음"을 나타낸다고 말한다. 이어 대만 민중당 창립 역사를 말하고 민중당 강령의 구체적인 내용을 항목별로 직접 인용했다. 그는 이 두 단체가 "야만의 섬"을 문화면에서 찬란히 빛나게 했다고 극찬하면서, 이 단체들의 위축과 해산을 안타깝게 여긴다.

그다음으로는 "문화상의 일반현상"으로서, 새로운 근대적 문화운동의 실천적인 양상을 설명한다. 첫 번째로 식민정부의 동화정책이 대만문화에 끼친 일반적인 영향을 살펴보는데, 이것은 사실상 조선의 현실과 큰 차이는 없는 주제였다. 두 번째로 '화문일치(話文一致)' 문제를 진단한다. 그는 동화정책보다 더 심각한 문제는 대만의 말과 글이 일치하지 않는다는 점이고, 대만에서는 대륙으로부터의 백화문도 이단시되었다고 말한다. 그래서 그는 화문일치를 위하여 분투하는 것이야말로 대만의 지식층과 선각자들의 "새로운 문화"를 위한 급선무라고 말한다. 세 번째는 대만의 교육 현황에 대한 것인데, 한문 교육에서 신교육으로의 전환 과정에서 나타나는 어려운 점과 대만의 학교 제도를 전반적으로 소개한다. 마지막으로 네 번째는 대만의 다양한 종교상에 대해서 논하였다. 이 시리즈 문장의 전체 구성으로 보면, 이런 언급들은 사실상 〈개관〉 후반부의 대만문학 소개를 위한 전제에 해당한다고 할 수 있다.

박승극은 〈개관〉의 마지막 3회를 대만문학의 소개에 전적으로 할애한다. 그때까지 한글로 대만문학을 다룬 글이 전무했던 만큼, 이는 당시 조선에서는 거의 개안 수준의 획기적인 언급이었다고 할 수 있다. 박승극은 대만의 '신문학'이 탄생한 지 10년밖에 되지 않았다고 언급하며 대만문학 소개를 시작한다. 이러한 언급은 조선의 신문학 문단이 훨씬 이른 1910년대부터 형성되었다는 자부심에서 나온 것으로 보인다. 더욱이 그가 대만문화에 '화문일치'의 문제가 심각하다고 여긴 것에 비추어 보면, 대만의 신문학이 조선보다 한 수 낮다고 평가한 것처럼 여겨질 수도 있다. 하지만 박승극은 이내 태도를 바꾸어, 대만문학의 주요한 특징을 "'광명을 말하는 정신'에 가득 찬 열정적이요, 현실적이요, 사회적인 문학"이라고 정의한다. 이것은 그가 여러 가지 난점을 무릅쓰고 대만문학이 현재 추구하고 있는 현실과의 연계성을 높이 평가하고 있다는 뜻이다. 그는 대만문학이 현실과 관계가 깊은 나머지, 심지어 "문학적 냄새가 적은" 문학이며, 문인도 "문인적 기질"이 없고 문단도 "문단적 기질도 얇지만", 이것이 바로 대만문학의 "광휘 있는 특징"이라고까지 말한다. 한편 그렇기에 그는 대만에서도 "허무적, 신비적, 회의적인 문학을 고조(高調)하는 일부의 젊은 인텔리"는 시비의 대상이 되고 있다며, 비(非)리얼리즘 문학을 부정적으로 평가한다.

박승극이 소개한 작가들의 면면을 보면, 신문학 초기 이론가로서 천쉬구(陳虛谷), 장워쥔(張我軍), 그리고 희곡 작가로서 장사오메이(江少梅)를 거론하고, 소설 창작에서는 《대만민보(臺灣民報)》를 중심으로 한 라이허(賴和)와 천쉬구를 대표 원로 작가로 열거한다. 그 밖에 대만문화협회 소속의 젊은 문인 그룹으로서 양서우위(楊守愚), 궈추성(郭秋生), 차이추둥(蔡秋洞), 황빙푸(黃病夫), 리셴장(李獻璋), 황스후이(黃石輝), 양윈핑(楊雲萍), 주뎬런(朱點人), 왕스랑(王詩朗), 라이밍훙(賴明弘), 양화(楊華), 라이칭(賴慶), 장선체(張深切), 린커푸(林克夫), 뤄허뤄, 양쿠이, 웡나오(翁鬧) 등을 일일이 거론하며 소개했다. 그는 또 《대만문예》(1934)와 《대만신문학》(1936)의 창간 배경, 그리고 대만문화협회와 대만문예연맹 사이에 존재한 갈등 관계까지 세세하게 소개한다. 이 시리즈 문장을 통해, 박승극이 1936년에 이르기까지 대만에서의 구문학에 대한 신문학의 승리와 프로문학 혹은 진보문학의 발전 추세를 전체적으로 긍정적으로 바라보고 있음을 알 수 있다.

박승극의 대만문학에 대한 관찰은 대만의 현실을 기반으로 한 신문학의 제반 활동상황, 그중에도 특히 리얼리즘 계통의 문학에 초점을 두고 있다. 그의 서술은 오늘날 알려진 문학사적 사실과 대조해 보면, 논자 개인의 문학 지향성이 강조된 점은 있지만, 당시의 열악한 정보 경로를 감안할 때, 놀랍도록 객관적이며 균형감이 있다고 할 수 있다.

3 일본 좌익문단을 통한 대만과의 간접 교류

〈개관〉의 문장 속에서 박승극이 식민정부가 발간한 일부 자료 외에는 참고 자료를 따로 밝히지 않아, 대만 경험이 전무한 그가 무엇을 참조했는지는 단지 글 내용만으로는 알기 어렵다. 하지만 그가 일본 잡지에 발표한 다른 문장을 통해 유추해 볼 수는 있다. 그는 1934년 2월 일본의 좌익계 잡지 《문화집단(文化集團)》에 〈조선의 문학에 관해(朝鮮の文学について)〉를 발표하고, 1936년 1월 《문학평론(文學評論)》에도 〈조선과 문학—1935년의 문단을 회고하다(朝鮮と文学——九三五年文壇の回顧)〉[33]를 발표한 바 있다. 이 두 문장을 〈개관〉과 대조해 보면, 형식 면에서는 전자가 유사한 점이 있지만, 동기나 내용 면에서는 후자가 더 직접적인 관련이 있음을 알 수 있다. 전자는 봉건시대의 한문문학으로부터, 과도기 문학을 거쳐 명실상부한 근대적 신문학에 이르기까지 '조선문학'의 발

33 두 편 모두 大村益夫·布袋敏博 編·解說, 《近代朝鮮文学日本語作品集 1901-1938》 2(東京: 綠音書房, 2004년 출판 영인본)에 수록되어 있다.

전 과정을 통시적으로 서술한다. 이어 당시까지 15년간의 문학 특징을 문학운동과 작품으로 나눠 설명한 뒤, 마지막 장에서 1923년 이래 조선의 프로문학 운동을 가장 길게 언급한다. 이에 반해 후자는 글을 쓴 1935년 당시의 문학 상황만을 동시대적으로 언급한 것이다. 카프 해산 전후의 상황, 작가와 작품 일별, 창작 방법에 관한 평론계의 논쟁, 잡지의 부흥 상황, 그리고 그 밖의 소소한 문단 내 사건들이 소개되었다. 그 중 〈개관〉과 관련하여 눈에 띄는 소제목은 단연 '장혁주의 수난' 부분이다. 여기에서 그는 장혁주가 일본 잡지 《문학안내(文學案內)》에 발표한 〈조선문단의 현 상황 보고(朝鮮文壇の現状報告)〉와 〈조선문단의 장래(朝鮮文壇の将来)〉가 "왜곡으로 가득한 보고와 의견을 2회에 걸쳐 씀으로써 악평을 샀다"라며 혹평한다.[34]

박승극이 비판한 장혁주의 글 두 편은 《문학안내》 1935년 10월호와 11월호에 각각 게재된 것이다. 특히 전자는 〈새로운 보고(新しい報告)〉 난에서 조선, 대만, 중국의 문단을 소개한 일련의 문장 중 조선 편에 해당하는 것이다. 이 특집은 장혁주의 글이 실린 사실로 인해 출판되자마자 일간지에 소개될 정도로 당시 조선에서 적지 않은 반향이 있었다.[35] 그런데 이 잡지의 같은 특집 난에 수록된 양쿠이가 쓴 〈대만의 문학운동(台湾の文學運動)〉과 레이스위(雷石楡)가 쓴 〈중국문단 현상론(中國文壇現状論)〉도 장혁주의 글 못지않게 박승극에게 많은 참조가 되었다.

우선 중국의 상황부터 언급하자면, 박승극은 〈개관〉을 발표하기 5개월 전인 1936년 2월에 〈개관〉이 실린 같은 《조선중앙일보》에 상술한 것처럼 〈1936년을 맞은 각국 문단 개황고—전례 없는 비상한 변전의 길로〉라는 글을 발표한 적이 있다. 이 글은 프랑스, 독일, 영국, 미국, 소련

---

34 〈朝鮮と文学一一九三五年文壇の回顧〉, 위의 책, 57쪽.

35 〈注意할 文壇狀況 '報告'〉, 《동아일보》, 1935년 9월 26일. 이 글 역시 장혁주의 조선 문단에 대한 개괄을 "인식 착오"라 하며 신랄하게 비판한다.

의 문학 상황을 총 6편의 시리즈로 연재한 것이다. 그런데 그는 중국어를 모름에도 2월 29일 자에 상대적으로 짧은 중국 편을 부록처럼 추가해 놓았다. 그 내용을 검토해 보면, 우선은 김광주의 기사를 인지한 것으로 보인다. 특히 1936년 2월 26일까지 김광주가 상하이에 체류하며 《동아일보》에 기고한 6편의 〈중국문단의 최근동향〉[36]을 많이 참조한 듯하다. 이 글의 열거된 작품과 그 순서, 그리고 강조한 문단 사건 등에서 박승극의 문장 내용과 유사한 점이 발견된다. 이처럼 기존의 기사나 논술을 자기 글에 빌려오는 것이 문제시되지 않았던 이유는 앞에서 언급한 것처럼 당시에 웬만한 문학평론가라면 한 번쯤 해외 문단을 정리한 글을 쓰는 것이 관행처럼 여겨졌고, 기록 내용이 지닌 원전(原典)으로서의 가치 이상으로 상황 전반에 대한 정리자의 통찰력과 안목을 더 중시하는 경향이 있었기 때문이다. 박승극의 글에는 '침통(沉痛)의 절정(絕頂)'이라는 부제가 붙어 있는데, 이처럼 그가 중국문단의 침체 상황을 강조한 것은 레이스위의 〈중국문단 현상론(中國文壇現狀論)〉과도 관련이 있어 보인다. 레이스위의 글도 '쇠퇴 중인 중국문단'이란 제하에 중국 상황을 매우 비관적으로 진단하며, 박승극이 문장 중에 언급한 톈한의 체포 소식을 다루고 있기 때문이다. 물론 박승극이 이 글을 쓴 더 근본적인 동기는 중국 신문단에 대한 관심과 좌익 작가들에 대한 존경심에 있었다고 할 수 있다. 그는 심지어 1938년 출판된 자신의 수필집 제목을 취추바이(瞿秋白)의 유고집 《남은 말들(多餘的話)》에서 영감을 받아 《다여집(多餘集)》이라고 지을 정도였다.[37]

---

36 《동아일보》, 1936년 2월 20-26일(총 6회 연재) 참조.

37 시인 임화는 〈뿍레뷰—박승극 수필집 "다여집(多餘集)"〉(《조선일보》, 1938년 9월 24일)에서, 책 제목의 유래에 대한 박승극의 설명을 직접 인용하고, 여기에서의 "'여(餘)'란 순간순간이 실로 두려운, 양(量)으로서의 생명(生命)이 소모되는 순간"이라고 평하기도 했다. 《다여집》은 또한 한반도에서 최초로 출판된 현대적인 개인 단행본 산문집이기도 하다.

대만문학 이야기로 다시 돌아오자면, 상술한 《문학안내》의 특집에 대만 편을 게재한 양쿠이는 식민 시기에 대만인 중 일본 잡지에 가장 많은 문장을 게재한—평론 분야에서는 사실상 거의 유일한—작가였다.[38] 일본문단에 등단한 양쿠이는 모국에서의 입지가 장혁주와 달랐다. 당시 조선에서는 장혁주가 1932년에 일본문단에 등단하고 활동한 사실이 반드시 좋게만 평가된다고 말하기 어려운 현실이 있었다. 박승극이 장혁주를 비판한 글에서도 이 시기 조선문단에서 장혁주가 처한 그러한 상황의 단면을 엿볼 수 있다.[39] 장혁주는 일본에서 조선문학 붐을 일으켰지만, 그가 일본문단에 데뷔하여 중국 대륙과 대만까지 초지역적으로 유명해진 것이 당시 조선문단에서는 단지 일본문단 내에서 일어난 사건으로 간주되었다. 반면에 대만의 작가들에게는 일본문단에 등단하는 것이 식민지 작가로서 도달이 가능하며 또 그래야만 하는 하나의 목표가 되어 있었다. 일본의 잡지에 투고한 대만의 작가들에게, 일본어 창작과 민족의 현실에 대한

청년 시절의 양쿠이(楊逵文教協會)

38 이 글이 참조한 黃英哲 主編, 《日治時期台灣文藝評論集》 全4冊(高雄: 春暉出版社, 2006)에 따르면, 식민 시기 일본 잡지에 평론을 발표한 대만 작가는 양쿠이밖에 없다.

39 조은미(曺恩美), 《張赫宙の日本語文学—植民地朝鮮/帝国日本のはざまで》(東京: 明石書店, 2021), 52쪽. 박승극의 〈개관〉이 발표된 직후인 《삼천리》 1936년 8월호의 좌담회·기사 〈조선문학의 정의—우리는 이렇게 규정하련다!〉를 보면, 장혁주가 여러 차례 언급되는 가운데 이광수, 박영희, 김광섭 등 조선의 주요 문인들이 장혁주의 문학을 '조선문학'이 아니라고 판단한 가장 큰 근거는 한글로 쓰이지 않았기 때문이다. 본 좌담회에 참여한 장혁주는 그런 논리라면, 자신뿐 아니라 봉건시대의 한문문학이나, 영문으로 창작한 강용흘의 작품도 조선문학이 아닐 것이라고 반박한다. 반면, 이병기 같은 사람은 '광범위한 조선문학'의 개념을 제기하고, 임화는 '조선문학적'이라는 절충적 표현을 써서 장혁주의 문학을 조선문학에 포함시켜야 한다고 말한다.

비판적 인식은 대립하는 것이 아니라 오히려 상호보완적 관계를 이루고 있었다.[40] 그런 점에서 양쿠이 같은 식민지 작가의 일본문단 등단은, 더 적극적으로 대만의 현실과 문학작품을 제국의 독자들에게 전파하는 계기로 작용할 수 있을 것이라며 대만문단으로부터 기대를 받았다. 물론 동일한 이유로 양쿠이가 연속해서 발표한 대만문학에 대한 글은 일본뿐 아니라 대만 밖의 기타 식민지에까지 영향력을 끼칠 수 있는 것이었다. 그리고 그것은 마침내 조선에 있던 박승극에게까지 와 닿게 된다.

양쿠이가 현상공모의 2등을 수상하며 1934년 10월 《문학평론》(제1권 제8호)에 대만인 최초로 문학작품 〈신문배달부(新聞配達夫)〉를 게재한 것은 일본뿐 아니라 대만에서도 그의 입지를 굳히게 되는 사건이었다. 이에 힘입어 양쿠이는 그해 12월에 〈대만문단·1934년의 회고(台灣文壇·一九三四年の回顧)〉[41]를 평론문으로는 처음으로 《문학평론》(제1권 제10호)에 발표한다. 이후 1935년에 〈고상한 예술관을 배제한다(お上品な藝術觀を排す)〉(《문학평론》, 제2권 제5호),[42] 〈대만의 문학운동(台灣の文學運動)〉(《문학안내(文學案內)》, 제1권 제4호),[43] 〈대만 문학운동의 현 상황(台灣文學運動の現狀)〉(《문학안내》, 제1권 제5호),[44] 〈대만문단의 최근 사정(台灣文壇の近情)〉(《문학평론》, 제2권 제12호),[45] 등을 발표하고, 1936년에도 〈문평상 심사위원 제씨에게 보낸다(文評賞審查委員諸氏に與ふ)〉(《문학평론》, 제3권 제3호),[46] 〈대만문단의 내일을 담당한 사람들(台灣文壇の明日を擔ふ人々)〉(《문학안내》,

40 서동주, 〈1930년대 식민지 대만의 '일본어문학'과 일본의 문단 저널리즘〉, 《일어일문학연구》(한국일어일문학회) 96권 2호(2016.2), 212쪽.

41 중국어판은(이하 동일) 涂翠花 옮김, 〈台灣文壇一九三四年的回顧〉, 黃英哲 主編, 《日治時期台灣文藝評論集》 第1冊(高雄: 春暉出版社, 2006), 117쪽.

42 〈摒起高級的藝術觀〉, 위의 책, 235쪽.

43 〈台灣的文學運動〉, 위의 책, 283쪽.

44 〈台灣文學運動的現況〉, 위의 책, 293쪽.

45 〈台灣文壇近況〉, 위의 책, 287쪽.

46 〈寫給 '文評賞' 評審委員諸君〉, 위의 책, 414쪽.

제2권 제6호)[47]을 연이어 발표한다. 이 일련의 글을 통해서 양쿠이는 대만 신문학의 성립 시기로부터 당시까지의 정황을 서술하면서, 대만 좌익문학의 고투, 문단 조직 사이의 갈등 등 상세한 사항을 기록하고, 대만 신문학의 다양한 양상과 그 가치를 언급했다. 바로 이 일련의 문장 중 〈고상한 예술관을 배제한다〉와 〈문평상 심사위원 제씨에게 보낸다〉를 제외한 나머지 것에서 박승극이 쓴 〈개관〉과 상당한 관련성이 발견된다.

예를 몇 가지로 들어 보면, 〈개관〉에서 1933년 말 대만문예협회의 조직과 도쿄 유학생 중심의 대만예술연구회 조직과 대만문예연구회의 기관지 《포르모사(福爾摩沙)》 발행, 1934년 5월 타이중에서의 전도(全島) 문예대회를 계기로 한 '대만문예연맹' 결성 등을 서술한 내용은 〈대만문단·1934년의 회고〉(《문학평론》, 1934년 12월호)에서 참조한 것이다. 대만에서 백화문이 이단시 됨으로써 보급이 어려워졌다는 진단은 양쿠이가 쓴 〈대만의 문학운동〉(《문학안내》, 1935년 10월호)에서 참조한 부분이다. 또 〈개관〉에서 대만문학의 특질을 "'광명을 말하는 정신'에 가득 찬 열정적이요, 현실적이요, 사회적인 문학"이라고 정의한 부분도 〈대만문단의 최근 사정〉(《문학평론》, 1935년 11월호)에서 "'광명을 추구하는 정신', '희망을 환기하는 힘'이라야 만이 가장 관심을 살 수 있으며, 그것이 바로 광의의 낭만정신이다"라고 양쿠이가 말한 부분에서 가져온 것으로 보인다. 〈개관〉에서 대만의 자연주의가 뿌리내리지 못한 것을 설명한 부분도, 그리고 "대만의 문학, 문인 문단은 문학적 냄새가 적은 문학이며 문인적 기질이 없는 문인이며 문단적 기질이 얇은 문단"이라고 정의한 부분도 〈대만문단의 최근 사정〉에서 양쿠이가 자신들의 문학을 겸허하게 말한 부분을 차용한 것이다. 가장 많이 참조한 부분은 역시 작가와 작품에 대한 각론 부분인데, 이 부분은 양쿠이의 평론문 중 가장 상

47 〈台灣文壇的明日旗手〉, 앞과 동일 자료의 제2책, 53쪽.

양쿠이가 대만문예연맹을 탈퇴해 창간한 《대만신문학》(1936)

세하게 작가들을 소개한 〈대만문단의 내일을 담당한 사람들〉(《문학안내》, 1936년 6월호)에서 언급된 바와 거의 일치한다.[48] 또 〈개관〉의 끝부분에서 1934년 이래 대만문화협회가 발간한 《선발부대(先發部隊)》, 《제일선(第一線)》, 《대만민간문예집(台灣民間文學集)》을 언급한 것, 그리고 대만문예연맹이 발간한 《대만문예(台灣文藝)》에 관한 정보나, '제2회 전도 문예대회'가 갈등 끝에 성사되었다는 소식 등 가장 최신의 문단 상황을 정리한 부분도 〈대만 문학운동의 현 상황〉(《문학안내》, 1935년 11월호)에 유사한 부분이 등장한다.

하지만 박승극은 또한 〈개관〉에서 대만문예연맹에 불만을 가진 양쿠이가 《대만신문학》의 주간을 맡으면서 여러 가지 물의를 일으킨 점도 있다는 등 양쿠이를 대상화해서 서술하거나, 중간중간 자신의 의견을 섞어가며 개진하기도 한다. 그는 양쿠이의 글을 인용할 때는 기자 같은 시선을 보이지만, 상황을 진단하고 전망하는 부분에서는 평론자로 돌아온 듯한 태도를 취한다. 그는 〈개관〉의 결론 부분에서 대만문학의 현재

48 박승극의 문장 중에는 황빙푸에 대한 설명을 차이추둥에 대한 설명으로 잘못 옮긴 오류도 보인다. 작가 '장사오메이(江少梅)'의 경우에는 박승극과 양쿠이가 쓴 한자 표기가 일치하나, 《日治時期台灣文藝評論集》(2006)에는 '장샤오메이(江肖梅)'로 정정되어 있다. 또 대만 민중당의 수식어로써 원문에는 "초계급적 민족투쟁설을 주장한"이란 말이 등장하나, 박승극의 〈개관〉에서는 '民族鬥爭說'이 "民族XX"이라고 공란으로 되어 있어, 양 지역의 검열 기준에 따른 금지어가 달랐음도 발견된다.

를 다음과 같이 종합적으로 진단한다.

> 작금 연간에 문학의 대중화 문제가 활발하게 토론되었는데 이것은 대중의 교양문제, 대만에 있어서의 언어문제와 직접적 관계가 있는 것이기 때문에, 갑자기 귀결을 지을 수가 없는 것이다. 그러나 이것을 계기로 화문일치(話文一致)에 대한 인식이 새로워지고 민간문학을 정리할 기운이 양성(釀成)되었으며 '문학은 대중의 것이다…'라는 주장이 다시금 고조되고 있다.[49]

이런 결론은 양쿠이의 말에서 따온, "문학은 대중의 것"이라는 마지막 구절에 나타나듯이, 그가 대만문학을 세계 좌익문학의 문맥을 통해 강렬한 연대감 하에서 파악하고 있음을 보여 준다. 그것은 그가 마치 당시 조선의 문인들이 인도나 아일랜드문학에 그랬던 것처럼 또 다른 독자적인 피억압 식민지 문학으로서 대만문학을 바라보려 했음을 의미하는 것이다.

4 민족문학 건설을 위한 연대의식과 좌절

이상과 같이 〈개관〉에서의 '대만문학'에 대한 서술은, 사실상 거의 양쿠이 한 사람의 저작을 토대로 구상된 것이다. 박승극은 아마도 《문학평론》과 《문학안내》 두 일본 잡지에 실린 양쿠이의 모든 글을 통독한 것 같다. 이즈음에서 박승극이 양쿠이와 대만문학의 관계를 어떻게 바라보는지 다시금 살펴볼 필요가 있다. 비록 일본 잡지를 통해 양쿠이를 알게

49 박승극, 〈대만문화개관〉, 《조선중앙일보》, 1936년 7월 28일.

젊은 시절의 장혁주(《매일신문》, 2019. 6. 27)

되었지만 그는 분명하게 양쿠이가 대만문단에 속한 작가라고 여겼는데, 이는 그의 장혁주에 대한 태도와 차이가 있다. 이것은 박승극이 양쿠이가 발표한 문장을 통해 상세한 맥락을 알게 된 뒤, 양쿠이가 일본문단에서 활동한 사실보다 그가 대만문단, 특히 대만의 리얼리즘 운동에서 보여 준 역할을 중시했기 때문이다. 사실 박승극이 장혁주를 비판한 것도 단순히 그가 일본을 통해 등단한 것이나 그가 일본어로 창작을 해서가 아니었다. 다시 말해, 박승극은 장혁주가 일본문단에서 조선문학을 선양한 것보다, 그가 조선 내부의 문학에 적극적인 역할을 하지 못했다는 사실에 더 주목했다. 물론 그의 장혁주에 대한 반감은, 조선문단에 존재했던 장혁주에 대한 반론과, 장혁주의 조선문단에 대한 대응을 둘러싼 그들 사이의 복잡한 종파주의적 갈등에도 기인한다.[50] 상술한 〈조선과 문학—1935년의 문단을 회고하다〉라는 글에서 박승극은 도쿄의 프로 문단에 진출한 조선인 작가 이북명과 정우상은 오히려 기대

50 박승극의 장혁주 비판은 한편으로 상술한 〈조선문단의 현상 보고〉을 겨냥한 것이지만, 다른 한편으로 장혁주가 직전에 《삼천리》에 발표한 〈문단의 페스트균〉과 그로 인한 조선문단에서의 논쟁과도 관련이 있다. 장혁주는 이 글에서 《신동아》 1935년 9월호의 '조선문단좌담회'에서 논의된바, 일본어 창작은 조선문학에 포함할 수 없다는 논리에 반박하며, 자신을 공격하는 조선의 문인을 문단의 '페스트균'에 비유하고, 조선 문인들을 "실력도 없이 질투나 일삼는 무리"라고 매도했다. 이에 대해 당시 거의 무명에 가까운 김문집이라는 작가가 동년 11월 3일부터 10일까지 〈장혁주 君에 보내는 公開狀〉을 《조선일보》에 7회에 걸친 문장으로 비판한다. 이 글에서 김문집은 장혁주의 《아귀도(餓鬼道)》가 자신이 한 이야기를 가져다 재구성한 것이라고 지적한다. 박승극은 〈朝鮮と文学——九三五年文壇の回顧〉에서, 진보 작가 이무영이 장혁주를 비난한 사실과, 전술한 김문집의 글을 같이 거론하며 장혁주를 비판했다.

가 되는 작가들로 높이 평가한다. 동시에 그들의 작품인 〈초진(初陣)〉과 〈목소리(聲)〉[51]가 조선의 실정을 독특한 소재로 표현한 작품이라며 칭찬하고 있다. 일본어로 발표한 이 글에서 그는 다음과 같이 결론짓는다.

> 그런데, 우리 조선의 작가가 도쿄의 잡지에 글을 쓰는 것은, 어떤 의미에 있어서 찬성할 일이지만, 이것 때문에 모국어를 천시하고, 조선문학의 성장을 등한시하는 듯한 결과를 낳아서는 안 된다. 민족문학은 결코 어떻게든 소멸되어서는 안 되니까.[52]

이러한 언술을 통해 박승극이 일본으로의 진출 자체가 문제가 아니라, 민족문학을 어떻게 구현하는가 하는 것이 더 큰 문제라고 생각했음을 알 수 있다. 동시에 박승극이 양쿠이의 문장을 대량으로 인용했다는 사실은, 그가 이러한 민족운동 면에서 양쿠이의 문학 사상에 신뢰감을 느꼈고 대만문단의 장래에 관한 양쿠이의 우려에 공감했음을 의미한다. 박승극이 대만의 언어문제를 심각하게 바라본 것 역시 그것이 대만만의 민족문학 건설에 장애가 될 수 있다고 판단했기 때문이다.

《개관》 작술의 다양한 배경으로서 마지막으로 검토할 필요가 있는 것은, 1930년대 중기에 일본의 잡지 출판계를 중심으로 형성된 프로 문학장의 역할이다. 일본에서는 1934년 2월에 '일본무산계급작가동맹(NALP)'[53]이 해산된 이후 프로문학의 퇴조기를 맞게 된다. 하지만 동시에 또한 NALP의 구 맹원을 중심으로 적극적으로 잡지 운동이 펼쳐진다. 도쿠나가 스나오(德永直)를 핵심으로 한 《문학평론》과, 기시 야마지

---

51 두 작품 모두 《문예평론》을 통해 발표되었으며, 후일 후펑의 번역으로 1936년 중국에서 출판된 《山靈一朝鮮台灣短篇小說集》에 수록되었다.

52 〈朝鮮と文学一一九三五年文壇の回顧〉, 《文學評論》 1936년 1월호; 大村益夫·布袋敏博 編·解說, 앞의 책, 161쪽.

53 1928년 3월에 결성된 '전일본무산자예술동맹(NAPF)'이 그 전신이다.

《문학안내》 1935년 7월 창간호 표지

(貴司山治)가 이끄는 《문학안내》는 모두 노동자를 소재로 한 작품을 대거 발굴하였으며, 이와 동시에, 〈조선현대작가특집〉을 기획한 것에서 보이듯, 조선, 대만, 만주 등 식민지의 작품과 평론을 대량으로 게재함으로써, 일본 내지에서뿐 아니라 외지에서도 진보적인 잡지로 평가받았다.[54]

물론 그들의 시도는 식민지와 제국 사이에 존재한 사회주의 문학의 미학적 위계를 전형적으로 보여 주는 것이기도 했다. 이 잡지들이 '외지'의 작가와 작품을 받아들인 것은 결과적으로 일본 중심의 문화적 제국주의를 아이러니하게 뒷받침해 주는 효과로 수렴되었다.[55] 그러나 그럼에도 불구하고 이 잡지들은 일본 좌익 작가들을 위해 일정한 창작 자유를 제공한 동시에, 조선과 대만 등 식민지 작가에 대해서도 비록 일본어를 써야 하긴 했지만, 자신들의 문단보다 더 자유로운 발표 공간을 제공했다. 이 글의 모두에서 언급한 중국어판 조선·대만 단편소설집 《산신령》(1936)도 사실상 이러한 네트워크가 있었기에 탄생될 수 있었다.[56]

54 에비하라 유타카(海老原豊), 〈일제강점기 한국작가의 일어작품 재고―《文學案內》지 〈朝鮮現代作家特輯〉을 중심으로)〉, 《현대소설연구》(한국현대소설학회) 제40호(2009.4), 250쪽.

55 차승기, 〈삭제된 목소리가 말하는 방식-정우상의 〈목소리(聲)〉(1935)를 통해〉, 《人文科學》 제117집(2019.12), 11쪽.

56 이 소설들은 각각 일본에서 발표된 것을 재수록한 것인데, 이북명과 정우상의 작품

조은미에 따르면, 일본 프로문학의 재구축을 위해 탄생한 진보잡지들은 카프의 해산 무렵 발표 지면을 찾던 조선 진보 작가들의 수요에도 부합되었으며 조선과 일본 사이에서 그 매개자가 된 사람이 바로 장혁주였다.[57] 조선 내부의 작가들에게 있어 장혁주의 역할은 이처럼 모순적인 특징이 있었다. 어쨌든 이러한 맥락을 보면 박승극이 대만문학과 관련한 정보를 접촉한 것은 당시 일본 진보잡지의 초지역적 연계망을 떼어놓고 상상하기 어렵다. 비록 그는 이 잡지들에 게재된 조선문단 관련 서술에는 불만이 있었지만, 이 잡지들의 편집 전략하에서 먼 대만의 문단과 연계될 수 있었다. 그러나 중일전쟁 발발 직후 이 두 잡지는 폐간되었고, 그럼으로써 광범위하게 작가들을 재조직할 수 있었던 잡지의 초지역적 네트워크 역량도 신속하게 위축된다.

박승극에서와 같은 대만문학에 대한 연대감은 남은 일제강점기 동안 신문·잡지에 다시 나타나지 않았으며, 대만문학에 대한 진전된 논의도 더는 가능할 수 없었다. 박승극의 주변으로 볼 때도, 비교적 진보적인 《조선중앙일보》는 박승극이 〈개관〉의 연재를 마친 직후 폐간되었고,[58] 박승극 본인도 태평양전쟁 시기 들어서는 문필활동을 중단해 버린다. 식민 말기에 많은 대표적인 문인들이 속속 '황민화' 압박에 굴복하는 가운데, 그는 결연히 전향을 거부한 작가 중 하나였다. 박승극이 보여 준 대만문학에 대한 연대의식과 비슷한 관점이 한국의 신문 잡지에 다시 등장한 것은 광복 이후인 1949년 《자유신문》에 번역되어 실린 우

도 일본 잡지 《문예평론》에 실린 것을 취한 것이다.

57 조은미, 앞의 책, 69쪽. 이 책에 〈朝鮮現代作家特輯〉 등 일본에서 조선 작품이 소개되는 과정에서의 장혁주 역할에 대해 상세하게 소개되어 있으므로, 여기에서는 중복을 피하기 위해 상세한 설명은 생략하기로 한다.

58 《조선중앙일보》는 1936년 베를린올림픽 마라톤 우승자 손기정 선수의 가슴에 달린 일장기를 삭제한 사진을 8월 13일 자에 게재한 일로, 9월 5일부터 무기 정간된 이후 재정문제가 겹친 데다 사장 여운형에 대한 총독부의 사임 압박까지 이어져, 1937년 11월 발행 허가 효력이 자연 상실되자 곧바로 폐간되었다.

줘류의 글 〈대만문학의 현황〉에서이다. 번역문 전체를 게재하기에 앞서 익명의 편자는 아래와 같은 머리말을 붙였다.

> 우리 조선처럼 일제 50년의 통치하에서 신음하여온 대만문학의 현황은 어떠한가? 다음에 소개하는 일문(一文)은 대만의 중견작가 오탁류(吳濁流)씨(저작으로서는 안남[安南]의 독립운동가로서 유명한 『호지명[胡志明]』 전기[傳記]가 있다)가 오늘의 대만문학을 정확히 르포르타-쥬한 것으로 해외문화통신에 전력을 하여온 본란은 『웅계통신(雄雞通信)』으로부터 전재하기로 했다.[59]

이 글의 원문은 편자가 서두에서 밝히고 있듯이, 대만 소설가 우줘류가 1949년 일본 잡지 《온도리 통신(雄雞通信)》에 기고한 글을 번역한 것이다.[60] 해방 직후로부터 한국전쟁이 발발하기 직전까지 5년간, 한국의 신문 중 상당수는 좌익이 주창한 '진보적 민주주의'에 포용적인 편이었다. 우줘류의 문장이 실린 《자유신문》도 처음에는 좌익에 동조적인 태도를 보였던 곳이다.[61] 그런 맥락에서 한국과 마찬가지로 탈식민의 터널을 통과하고 있는 대만의 본토문학에 대한 동병상련의 관심이 이 글을 취하게 된 계기였으리라 짐작해 볼 수 있다. 우줘류의 대표작 《후즈밍(胡志明)》(이후 '아시아의 고아[亞細亞的孤兒]'로 제목이 변경됨)을 베트남의 독립운동가인 호찌민의 전기(傳記)로 오해한 것도 어쩌면 이 글을 소개한 주요한 동기였을지 모르겠다. 어쨌든 이 글을 전재한 취지는 궁극적으

---

59 《自由新聞》, 1949년 2월 9일.

60 원문은 呉濁流, 〈台湾文学の現況〉, 《雄鶏通信》, 5巻 1號(東京: 雄鶏社, 1949.1).

61 이 신문은 1945년 창간 시 좌익을 지지하는 입장이었고, 좌익 성향의 멤버도 참여했지만, 1947년 1월 이후 미국에 의한 남한만의 신탁통치를 지지하는 입장으로 선회하여, 이 글을 전재할 당시는 전체적인 기조가 우익 중심이었다. 《한국사데이터베이스》의 '자유신문' 항목 참조.

로 일제강점기에 박승극이 대만문학을 향해 취한 연대감과 동일한 선상에 있는 것이라고 할 수 있다.

그러나 1950년 6·25전쟁 이후 한국에서 시작된 냉전체제는 대만문학 인식의 패턴을 크게 바꿔 놓는다. 1949년까지 단말마처럼 존재했던 대만 본토문학에 대한 관심은 한동안 한국에서는 완전히 자취를 감추게 된다. 한편 강력한 반공체제와 일본문화 배척 정책은, 월북 좌파문인인 박승극뿐 아니라, 장혁주조차도 한국에서 한동안 완전히 잊힌 존재로 만들어 버렸다. 장혁주는 일제 말엽 군국주의에 굴복함으로써 후일 모국에서 '친일작가'로 단죄되었다. 그러나 이런 경력을 차치하고 냉전시기에 이미 문제시된 것은, 그가 전향 이전에 쓴 소설도 일본어로 쓰인 데다 좌익적인 성향이 강하다는 점이었다.

3장 한국 냉전 시기 중국어권 문학 인식의 심상지리

일제강점기에 처음 소개된 중국어권의 현대문학(비한문문학)은, 한국이 광복을 맞이하자 또 다른 양상으로 이 땅에 전해진다. 이 시기에 번역에 대한 기대감은 더욱 높아져 광복 이전까지 불연속적으로 이어져 온 중국 신문학의 번역은 마침내 본격적인 단행본 시대를 맞을 정도로 전문화되기 시작한다. 해방 직후 5년 남짓의 '해방기'는 문화의 인프라 측면에서는 최악의 시기였지만 민족문화 재건을 향한 의지가 어느 때보다 충천했고, 사상적으로도 좌우 경향이 모두 용인됨으로써 중국, 나아가 동아시아 전반에 대한 한국 지식계의 인식이 비약적으로 성장하는 절호의 기회가 되는 듯했다. 하지만 곧이어 닥친 6·25전쟁과 그 뒤로 이어진 긴 냉전 시대는 그 모든 것을 원점으로 되돌려놓았다.

냉전 시대에는 중국 대륙의 문학뿐 아니라 대만문학에 대한 인식에도 커다란 변화가 나타났다. 중국어와 일본어 위주로 분리되어 있던 이 두 영역은 광복 이전까지 한국인들에게 각자 독자적인 것으로 인식되었다. 일본의 패전 후 중국 대륙과 대만은 비록 언어는 같아지지만 1949년 이후 상충하는 두 체제로 다시 분리된다. 하지만 6·25전쟁 이후 한국에서 작동한 강력한 냉전 시스템은 오늘날 양안 각각에 대한 관계와 상반되게 이 복수 체제에 대한 동시 인정을 가로막았으며, 거부된 한

쪽에 대해서는 심지어 학문 목적의 관찰조차 허락하지 않았다. 이 시기의 한국에 있어 정치적 중국을 대표할 뿐 아니라, 문화적 중국까지 대표한 유일한 합법 체제는 대만이었다. 그런데 한국에서 승인된 이 대만의 문화도 온전한 실체라고 하기는 어려웠다. 그것은 내부적으로 대만 본토에 뿌리를 둔 토착문화가 소외된, 일방적·관념적인 성격을 띤 것이었다.

통치 주체의 변화는 이 시기 중국어권 문화의 흐름에 커다란 변곡점이 되었다. 사회주의 정부가 들어선 중국 대륙에서는, 다양한 경향으로 발전해 온 신문학이 '현대문학'이라는 이름으로 역사화 되고, 비록 백화문(白話文)의 형식이라는 바통은 이어받았지만 이제 사회주의 이념으로 사상이 단일화된 '당대문학(當代文學)'의 시대가 열린다.[1] 이어 1966년부터 10년간은 문학이 사상과 예술 양면에서 극도로 제약을 받는 문화대혁명의 암흑기를 맞기에 이른다. 한편 대만에서는 대륙에서 쫓겨나온 국민당 정부의 독재적 통치하에서 백화문이 '국어'로 정착되고 이른바 '외성(外省)' 출신 작가들의 주도로 대륙 시절 신문학의 계보가 이어진다. 비록 본토 출신 작가들이 1960년대 중반부터 문단에 재기하기는 하지만, 창작의 자율성이 완전하게 담보된 것은 1987년의 계엄 해제 이후였다.

중국어권의 변화는 안 그래도 6·25전쟁으로 세계 냉전의 최전선에 떠밀려진 한국에서의 선택에 자연히 많은 제약을 초래했다. 중국 대륙 쪽은 더구나 '항미원조(抗美援朝)'[2]라는 명분으로 6·25전쟁에도 대대적으로 개입해, 전황을 역전시키고 장기화함으로써 남한 사회에 심각한 피해를 초래했다. 이는 또한 냉전의 강도를 더 심화시켰고 향후 중국에 대한 기억과 인식에도 부정적인 영향을 끼쳤다. 이에 따라, 휴전 이후

---

1 여기에서는 편의상 중국에서의 분류법을 따라, 사회주의 정부가 들어선 1949년을 기점으로 그 이전 시기는 현대, 이후 시기는 당대(當代)로 분류한다.

2 '미국에 대항하여 조선(북한)을 돕는다'는 뜻으로, 중국에서 6·25전쟁을 가리키는 용어로서 흔히 '항미원조전쟁' 또는 '항미원조운동'으로 불린다.

한국에서의 중국어권 문학의 수용은 적성국 '중공(中共)'에서 쓰인 동 시기 작품의 수입 불허와 그로 인한 소통의 단절, 그리고 여기에서 한발 더 나아가 작품의 동시대적 가치 자체의 폄하라는 기형적인 상황 속에서 이루어졌다. 이 특이한 공백을 채운 것은 청대 이전의 전통문학이거나 직전 시대의 신문학 중 이념적으로 선별된 일부, 아니면 대만에서 동시대에 정치적으로 문제시될 것 없던 문학 작품들로 국한되었다. 정부의 엄혹한 통제와 검열 아래, 한국인들의 중국어권 문학에 대한 인식은 생생한 현실 상황과 유리된 채 이전 시대보다도 더 경직되고 추상적이며 단순해지는 특징을 보이게 되었다.

이제 중국 대륙과 대만은 분리되었지만, 결과적으로는 냉전체제가 오히려 심상지리(imagined geography)[3]의 방식에 의해 한국인의 인식 속에 두 곳의 문학을 하나로 통합시켜 버린 셈이 되었다. 물론 그것은 중국과 대만 양쪽 모두에서 배제되어야 하는 문학 형태가 있음이 전제된 것이다. 한국인의 인식 속에서 대만은 이제 전체 중국을 대신하는 '자유중국'이 되었지만, 중국 대륙의 현실 문학과 대만의 본토문학은 그 안에 편입되지 않았다. 이 기이한 현상은 냉전 정세의 역사적·정치적 영향으로 왜곡된, 두 지역에 대한 특이한 변증법적 시각이 만들어낸 것이었다.

1 해방기 중국어권 문학 번역 활동의 소생과 난관

1945년 일본의 항복으로부터 1950년 6·25전쟁이 발발하기 전까지를

3 '심상지리' 개념은 에드워드 사이드(E. W. Said)의 저서 《오리엔탈리즘》(1978)에서 처음 주창된 것이다. 원서에서는 'imagined geography' 또는 'imaginative geography'란 말이 병용되었다. 이 말은 서구인들의 관점에서 '상상된 동양(imagined orient)' 인식, 그리고 그들의 지각 속에 정형화된 공간적·지리적 양상을 비판하기 위해 제기된 것이다.

묶어, 한국에서는 '해방기(解放期)'라는 말로 부른다. 일제강점기와 냉전기 사이에 끼어 있는 이 짧은 해방기는 정부의 제도에서나 개개인의 생활에서나 매우 불안정한 상황이 이어진 시기였다. 지식인 사회로 말하자면, 일제강점기의 잔재를 지우기 위한 탈식민 운동이 본격화되는 동시에 좌우익의 사상운동이 각축을 벌이며 혼재하는 가운데, 경제적인 면에서는 지식과 창작 행위를 통한 안정적인 삶을 기대하기가 일제강점기보다 더 어려워진 시기였다. 출판 시스템이 제법 정비되고, 그에 따른 정부 주도의 검열 기구까지 갖춰지는 것은 1950년대 이후였다. 그런데 이러한 혼란스럽고 궁핍한 상황에서 중국 신문학의 번역 활동이 재개된 것은 그만큼 당시의 지식인들에게 현실변혁에 대한 여망이 간절했기 때문이다. 비록 출판계의 상황은 열악했지만, 한편으로 1950년대보다 오히려 이념적 측면에서 작가들이 자유로웠던 점도 있었기에 그것이 가능했다.

이 시대에 번역 활동은 전반적으로 일제강점기보다 활발해졌다. 일제강점기에는 한글보다 일본어를 통한 외국 지식의 수용 비중이 높았기에, 해방과 함께 그것이 한국어로 단일해지면서 지식 자원이 갑자기 빈곤해지는 상황이 나타난다. 그 당시에는 지식의 고갈 상태에서 벗어나 진정한 탈식민을 이루기 위한 필사적인 노력 중의 하나가 바로 번역을 하거나 읽는 것이었다. 번역하기와 읽기는 일제강점기에 일본어를 통한 지식 습득 체계가 몸에 밴 지식인들이 비교적 용이하게 식민 잔재를 털어 버릴 수 있는 보편적인 방식이 되어가고 있었다.

그런데 이 해방기는 비록 연도에 따라 약간의 차이는 있지만, 좌파 사상서까지 고루 번역의 대상이 될 수 있었을 뿐만 아니라, 전반적으로 오히려 좌파 지식이 그 양에 있어서 우세한 측면까지 나타나고 있었다.[4]

4 박지영, 〈해방기 지식 장의 재편과 '번역'의 정치학〉, 《대동문화연구》 제68집(2009.12), 424쪽.

특히나 동시대의 신흥 국가들을 향한 관심이 날로 증가하는 상황에서, 가까운 이웃 나라인 중국에서 벌어지고 있는 혁명은 지식인들에게 더 없이 긴요한 참조가 될 수 있었다. 《신민주주의론》 등 마오쩌둥(毛澤東)의 저작과 에드가 스노(E. Snow)의 《중국의 붉은 별》 같은 중국 혁명 관련 서적이 번역될 수 있었던 것은[5] 당시 일반 독자들의 중국 좌익운동에 대한 높은 관심과 함께 그때까지 아직 느슨했던 검열 환경을 방증한다. 해방기는 상업적으로도 좌파 저널리즘의 시대였다. 좌파 서적의 번역이 정치운동의 일환으로서 수행된 점도 없지 않았으나, 출판업자 대부분은 잘 팔린다는 점 때문에 이런 책들을 발간했다. 그러나 이런 분위기는 1947년 좌익 서적에 대한 대대적인 압수 조치가 시행되면서 크게 위축된다.

이 시기에 루쉰과 차오위(曹禺)의 작품이 연극과 강연 무대에 오르게 된 것도 비교적 자유로웠던 외국문학 수용의 분위기 덕분이었다. 대학 극단 중 대표적인 고려대 극예술연구회가 1946년에 루쉰 10주기를 맞아 연극 〈아큐정전〉[6]을 서울 중앙극장에서 올리고 대구에서까지 순회공연을 했는가 하면, 이듬해에는 서울대에서 강용흘, 송지영 등을 연사로 한 루쉰 기념강연회가 개최되기도 했다.[7] 한편 1946년에 서울의 유명 극단인 낙랑극회가 차오위의 〈뇌우(雷雨)〉를 무대에 올린 데 이어, 1950년에는 당시 한국 최고의 연출가였던 유치진에 의해 이 작품이 다

---

5 대표적인 것으로 《모택동, 주덕 선집 1·2》(신인사, 1946), 《신민주주의론》(김일출 옮김, 신문화연구소, 1946) 등이 있다. 《중국의 붉은 별》도 동심사(1946)에서 '홍군종군기'란 제목의 단행본으로 출판되었다.

6 이 극은 1937년 루쉰 1주기를 맞아 톈한이 5막으로 각색한 대본을 번역한 극이었을 것으로 추정된다.

7 1947년 10월 17일 자 《동아일보》, 《현대일보》 등의 '루쉰기념강연회' 보도 참조. 《동아일보》 10월 21-22일 자에는 정래동의 〈위대한 중국작가 루쉰의 회억—그의 기념강연회를 열면서〉 상·하편이 실리기도 했다. 하지만 정래동은 해방기에 루쉰의 작품을 다시 번역하지는 않았다.

《경향신문》 1946년 12월 14일 자에 실린 고려대 극예술연구회의 학생 연극 〈아큐정전〉 광고

시 국립극장(극단)의 제2회 정규 연출 작품으로서 공연된다. 이 공연은 보름 동안 7만 5천 명이 관람하는 공전의 대기록을 세운다. 만약 다음 공연작이 예정되어 있지 않았더라면 훨씬 더 많은 관객을 끌어모았을 것이다.[8] 차오위는 〈뇌우〉에 이어 〈원야(原野)〉(1947.1, 이하 한국 초연 연월), 〈일출(日出)〉(1947.10), 〈태변(蛻變)〉(1950.2)에 이르기까지 주요 작품들이 줄줄이 서울의 연극무대에 올려짐으로써, 한때 한국의 연극인들이 가장 선호하는 외국 극작가로 부상한다. 물론 이 모든 것은 김광주가 광복 직후 번역 활동을 재개하면서 곧바로 〈뇌우〉(1946)를 출판했기에 가능한 일이었다.

해방기에 중국 신문학 번역에서 가장 두각을 나타낸 사람으로는, 위에 언급한 것처럼 일제강점기에 이어 활동을 재개한 김광주뿐 아니라, 이명선과 윤영춘도 꼽을 수 있다. 광복 이듬해인 1946년 김광주는 앞에서 언급한 차오위의 〈뇌우〉 외에, 루쉰의 주요 작품을 엮어 《노신 단편소설집》을 단행본 시리즈로 출판한다.[9] 김광주가 머리말을 직접 썼을 뿐 아니라, 정래동이 와병 중임에도 각 권에 해설을 달았고, 루쉰의 간단한 전기까지 추가함으로써 체계적인 구성의 묘를 기하였다. 김광주

8 유민영, 《한국 연극의 아버지—동랑 유치진》(태학사, 2015), 390쪽.

9 서울출판사 출판. 제1권에는 일곱 편, 제2권에는 세 편이 수록되었다.

와 이용규가 공동 번역한 이 책은 원래는 3권으로 기획되었으나 마지막 3권은 출판되지 못했다. 그럼에도 이 번역서는 일제강점기에 산발적으로 신문·잡지에 게재된 다른 루쉰 번역 작품들과는 차원이 달랐다. 그것은 한국에서의 중국 신문학 번역사에 한 획을 그은 성과라고 할 만큼 격조 있는 수준을 보여 주었다. 이 번역서는 훗날 한국에서 발간된 세계문학선집에 루쉰의 작품이 편입되도록 하는 데 결정적인 역할을 했다.

김광주가 번역한 차오위의 〈뇌우〉(1946)

루쉰은 이제 한국에서도 앙드레 지드나 쇼펜하우어, 예이츠 등 동시대의 세계적인 작가와 더불어 세계문학의 일원으로 함께 호명되었다. 루쉰은 반봉건적 개인주의의 자유와 자아의 해방을 통해 인간 본연의 모습을 탐구한 작가로서, 한국에서도 "20세기 각국을 통하여 비견할만한 작품이 드문"[10] 세계적인 차원의 작가로 격상된다. 그런데 루쉰이 '세계문학' 작가로서 호명되면서 루쉰에 대한 해석도 인용자 성향에 따라, 즉 번역자의 경향성이 사회주의자냐, 민족주의자냐, 자유주의자냐 하는 등에 따라 상이하게 나타난다. 그런 점에서 김광주와 다른 색깔을 드러낸 루쉰 번역가가 바로 이명선이라고 할 수 있는데, 이명선은 중국 신문학의 한국 번역사에 있어서 독특한 존재감을 보여 준 번역가였다.

10 정래동, 〈아큐정전과 광인일기〉, 《노신 단편소설선》, 김광주·이용규 옮김(서울출판사, 1946), 7쪽.

이명선은 광복 직후 서울대 중문과 교수로 부임하자마자 곧바로 《중국현대단편소설선집》을 출간한다. 이명선은 이 책을 2부로 나누고 제1부에는 '중국 작가로서 조선을 주제로 한 소설' 가운데 장광츠(蔣光慈)와 궈모뤄의 작품 세 편을, 2부에는 중국문단을 대표할 만한 네 명의 작가, 즉 루쉰, 라오서(老舍), 바진(巴金), 예성타오(葉聖陶)의 소설 4편을 편성한다.[11] 일부러 한국과 관련된 중국소설을 골라 앞쪽에 배치한 것만 보아도, 그가 중국 현대문학을 소개하려는 목적이 분명하게 나타난다.

> 중국에서는 진보적인 문화운동에 대한 국민당의 상당히 참혹한 탄압이 있었으나 그래도 1932년에는 신문학 혁명이 있었고 34년에는 라틴화(拉丁化) 운동으로까지 발전하여 상당한 성과를 보았으나, 조선에서는 이러한 전진은커녕 이러한 시기를 계기로 하여 일본 제국주의의 야수와 같은 혹독한 탄압이 해마다 강화되어 퇴보의 일로를 걸어 금일에 이르렀다. 우리는 우선 이 참담한 현실을 정시하고 여기서 출발하여야 한다.[12]

중국의 진보문학을 소개하는 그의 목적은 한국에서의 실천행위에 분명하게 닿아 있었다. 그는 언문일치 운동에서 조선이 중국보다 유리한 점을 인정하기도 하지만, 중국의 신문학 운동, 특히 1930년대에 좌련(左聯, 좌익작가연맹)을 중심으로 전개된 문예 대중화 운동의 긍정적 효과를 한국문학이 식민의 잔재에서 벗어나는 과정에도 적용할 필요가 있음을 주장한다. 당시에 그는 조선문학가동맹[13]을 통해 좌익 이론가로서도 적

11 번역된 작품의 작가와 제목(원제목)은 다음과 같다. 제1부 장광츠의 〈압록강상(鴨綠江上)〉, 궈모뤄의 〈목양애화(牧羊哀話)〉·〈닭(鷄)〉, 제2부 루쉰의 〈고향〉, 라오서의 〈개시대길(開市大吉)〉, 바진의 〈복수(復讐)〉, 예성타오의 〈맨발(赤着的脚)〉.

12 〈중국의 신문학 운동의 교훈〉, 《이명선 전집》 제2권, 80쪽. 원문은 《文學》, 창간호(조선문학가동맹 중앙위원회 서기국, 1946.7)에 게재.

극적으로 활동했다. 그는 정래동이나 김광주, 그리고 후에 언급할 윤영춘의 그것과 뚜렷이 구분되는 급진적인 사고로써 중국 신문학의 가치를 평가했다. 이런 점에 국한해 말할 때, 그는 해방기 중국 신문학 수용에서 사상적 다양성을 충족시킨 번역가였다고 할 수 있다. 그는 1936년에 있었던 '국방문학' 논쟁을 평가하고, '국방문학' 운동의 일환으로 1938년 후방의 중심지 우한에서 결성된 '중화전국문예계항적(抗敵)협회'도 언급한다. 이처럼 그의 중국 좌익문학을 향한 학자적 실천의 특징 중 하나는 중국문단의 상황을 동시대적으로 파악하고 시의에 맞춰 소개하려 했다는 것이다.[14] 그 밖에도 주목할 또 하나의 사실은 그가 처음으로 루쉰의 잡문집(雜文集)을 출판하고자 기획했다는 점이다.

사실 이명선은 원래부터 루쉰의 소설보다 잡감문에 더 관심이 있었다. 그는 "절대절명(絶對絶命)의 경지에서 루쉰이 택한 것이 잡감문(雜感文)이며, 따라서 그것은 철두철미 무기로서의 문학"이기에, "다방에서 홍차를 마시며 혹은 창 밑에서 밀레의 종소리를 들으며 쓰는 소위 수필과는 본질적으로 다른 문학"이라고 간파한다. 그러면서 그는 후스나 천두슈가 '변절'한 것과 비교하여 민국 이래 지도자로서의 역할을 유지한 사람은 루쉰뿐이라며 루쉰의 품격을 높이 찬양한다. 그러나 이명선의 야심 찬 기획은 결국 완성되지 못한다. 루쉰의 잡문이 한국에서 처음 출판된 것은 그의 첫 시도 이후 무려 40여 년이 더 지나서였다.[15] 6·25전쟁이 발발하기 직전에 서울대에 복직했던 이명선은 1·4후퇴 시 북한행

---

13 1945년 12월 '조선문학 건설본부'와 '조선 프롤레타리아 문학동맹'이 통합해 결성된 진보적 문학운동 단체.

14 〈중국의 항전문학—'국방문학' '민족혁명전쟁의 대중문학' 논쟁〉, 앞의 책 참조.

15 이명선의 시도 이후 루쉰의 잡문이 처음 출판된 것은, 다케우치 요시미(竹內好)의 일본어 번역을 중역한 《루쉰문집》(한무희 옮김, 일월서각)이 나온 1987년이었다. 한편 이명선의 루쉰 잡문 번역도 2007년 4권으로 《이명선 전집》(보고사)이 출판되면서 공개되었다. 이 전집 1권에 그가 이미 번역을 완성한 26편의 잡감문이 수록되었다.

을 선택했는데, 그는 전쟁 중에 사망한 것으로 알려져 있다.[16]

윤영춘이 편역한 《현대중국시선》

윤영춘도 해방기에 김광주에 비견할 정도로 왕성하게 중국 신문학을 소개한 사람이다. 그는 문학혁명부터 항전기 문학까지를 다룬 한국 최초의 중국 현대시 선집 《현대중국시선》(청년사, 1947)을 펴내는가 하면, 궈모뤄가 중일전쟁 직후에 펴낸 《소련 기행》(을유문화사, 1949)과, 중국 현대문학사를 한국 최초로 체계적으로 정리한 《현대 중국문학사》(계림사, 1949)를 잇달아 내놓았다.[17] 윤영춘은 만주 북간도(北間島)에서 기자 생활을 하다가 일본으로 떠나 영문학을 전공했다. 중국에서 성장한 데다 영문학자라는 경력으로 인해 그는 중국 신문학의 세계문학 차원에서의 위상에 대해 관심이 많았다. 이에 더하여 김광주나 이명선의 활약과 뚜렷이 대비되는 그만의 특징은, 중국 신문학이 한국에서 가질 교육적인 의미를 적극

16 그는 학내 이념 대립 와중에 좌익으로 규정되어 교수직을 그만두었다가, 6·25전쟁 중 인공치하에서 대학에 복귀해 몇 달간 '반짝 총장'을 지냈다(〈좌파 지식인 이명선 '햇볕'—김준형씨, '조선문학사' 등 저작 4권으로 복원〉, 《한겨레신문》, 2019년 10월 19일 참조). 그가 이념과 무관한 학자들의 납북에 간여했고 그 자신도 전쟁 중 사망했다는 점은, 분단과 동족상잔이 문학예술을 희생시킨 또 다른 비극이라 하지 않을 수 없다.

17 해방기에 윤영춘이 신문과 잡지에 기고한 그 밖의 중국 현대문학 관련 번역 및 논문은 아래와 같다. 〈三民主義의 認識〉(胡漢民, 《新天地》, 1946년 7월호), 〈郭沫若論—그 사람과 文〉(《白民》, 1947년 6-7월호), 〈中國의 抗戰詩〉(《新天地》, 1947년 9월호), 〈盧隱論(中國女流作家)〉(《白民》, 1948년 7-8월호), 〈現代中國作家論(2)〉(《協同》, 1949년 11월호), 〈現代中國詩壇〉(《白民》, 1950년 3월호).

적으로 설파하고 실제 교과서에까지 적용했다는 점이다. 중국문학 교육에 대한 윤영춘의 의지는 이명선과는 또 다른 의미에서 매우 실천적이었다. 그가 1948년 말에서 1949년 초까지 전 3권으로 출판된 《신편 중국어 교본》은 처음으로 한국 정부의 검정체계를 통과한 중국어 교과서였다.

〈외국문학 수입의 일고(一考)〉(《백민[白民]》, 1948년 4-5월호)라는 글을 보면, 윤영춘이 외국문학을 받아들여야 하는 필요성을 굳이 중국 신문학의 예를 들어 설명하는데, 특히 민족주의자였던 루쉰이 생전에 외국문학 소개에 노력했던 것은 그에게 많은 영감을 주었다. 그는 같은 중국문학이라도 전통문학이 아닌 신문학의 번역에 힘써야 한다고 했는데, 중국의 신문학이 전란으로 얼룩지면서 적지 않은 문제점이 있기는 하지만 그럼에도 여전히 한국적 현실에 타산지석이 될 수 있으며, 동시에 세계문학과 나란히 할 만한 가치가 있다고 여겼기 때문이다. 중국 신문학의 수용 목적에서 그는 일제강점기의 선배 번역가들을 계승한 셈이고, 이념이 다름에도 이명선과 상통하는 부분이 있었다.

윤영춘의 활약과 관련하여 덧붙일 만한 흥미로운 사건은 1950년 4월 1일 자 《자유신문》 문화면에 〈중국문학과 번역〉이란 제하에 당시 한국의 중국문학 번역의 오류를 비판하는 문장이 두 차례 게재된 사건이다. 이 글의 저자는[18] 양건식으로부터 이어진 중국문학 번역의 역사와 번역가들을 시대와 특징별로 개괄하고, 특히 자기 시대 번역의 양적·질적인 저조함, 그리고 구체 번역 작품상의 오류들을 열거했다. 그러자 같은 신문 5월 6일 자에 이를 반박하는 윤영춘의 글이 실린다. 이 논쟁은 비록 3회에 불과했지만, 크게 보면 당시 지식인 사회가 일제강점기 중역 중심의 번역에서 광복 이후 직역이라는 버거운 상황으로 나아가는 과정

---

18 저자인 김유경은 중국에서 '광복군'의 일원으로 독립운동을 하다 귀국한 인사로, 원래는 난징의 중양대학(中央大學) 문학원을 다닌 문학도였다.

에서 겪은 필연적인 통과의례였다고 할 수 있다. 동시에 그것은 또한 한국에서의 중국 신문학을 향한 관심이 번역에 대한 비평을 끌어낼 정도로 성장하고 있다는 증거라고 할 수 있었다.

그러나 윤영춘의 시도는 결과적으로 시대의 운을 만나지 못했다. 해방기에 남북한의 대립은 갈수록 격화되었고, 국민당과 공산당 간의 내전 끝에 장제스(蔣介石)의 군대가 대만으로 퇴각했다는 중국으로부터의 뉴스가 한반도 내 한쪽 진영의 지식인들에게 대단한 충격으로 다가왔다. 설상가상으로 1950년에 6·25전쟁까지 발발하면서, 중국 신문학에 대한 번역과 소개 활동은 크게 위축될 수밖에 없었다. 그 기로에서 또 하나 가장 눈에 띄는 변화는 대만이 이제 '자유중국'으로 탈태되어, 새롭게 중국을 대신하는 문화기호로 자리 잡게 된다는 것이었다.

2 냉전기 '본토 대만'의 실종과 관념적 '자유중국'의 대두

1950년에 발발하여 1953년에 휴전협상으로 종식된 6·25전쟁은 한국인의 중국대륙과 대만 인식에도 커다란 분기점이 되었다. 한국 신문에 '자유중국'이란 말이 대만을 가리키는 수사로 처음 등장하게 되는 것은 대략 1953년 여름, 휴전협상이 진행되기 직전부터였다.[19] 이런 변화는 이후 비단 수사에서만이 아니라, 중국어로 된 문학 전반에 대한 인식과 수용의 변화를 불러일으키는 전환점이 된다. 전쟁은 북한이 도발했지만, 전쟁이 끝난 뒤 남한에서는 오히려 혹독한 매카시즘적 탄압이 시작된

19 《조선일보》에는 1953년 4월 22일 자 '태평양 同盟을 早速 推進 중'이라는 기사로부터, 《동아일보》에는 1953년 10월 12일 자 '쌍십절(雙十節)' 행사 관련 보도로부터 처음 등장한다. 《조선일보》는 주대만 한국대사를 여전히 '주중대사(駐中大使)'로 호칭하고 있다.

다. 이 전쟁이 공산주의를 신봉하는 동족과의 전쟁이었다는 점, 그리고 허약하고도 부패한 이승만 정부가 한편으로는 자본주의 종주국 미국에 의존하면서 다른 한편으로는 분단체제를 통해 권력 기반을 강화하려 했다는 점은 남한 사회 전체를 해방기에 비교할 수 없는 강력한 냉전체제로 몰아갔다. 1950년대를 풍미한 '북진통일론'은 끊임없이 전시상태를 조장하여 남북협상파는 말할 것도 없고 중립화 통일론조차 존재할 수 없는 분단 공고화의 이데올로기 지형을 창출했으며, 반공 이데올로기를 일상의 국민 생활 속에 뿌리내리게 하여, 그것이 극우 반공 독재국가를 정당화하고 분단상황을 기정사실로 내면화시키는 기능을 했다.[20]

한편 새로운 정부가 들어선 중국 대륙과 대만에서도 냉전에 영향받은 폐쇄적 기류가 이 시기를 뒤덮는다. 1950년대에 중국 대륙에서는 '신중국 건국'의 격정과 '항미원조운동'의 결기가 채 식기도 전에 대대적인 사상정리 운동이 일어난다. 이 운동은 크게는 국민당 통치 시기의 비좌익적 잔재와 좌익 내부에 존재해 온 비주류 노선을 청산하는 것을 목적으로 했다. 5·4 이래의 신문학은 '인민문학'의 잣대로 재평가되었고 많은 기성 작가가 부르주아 매판 작가로 매도되었다. 급기야 1966년 문화대혁명이 일어나자 과열된 혁명은 더 극단적으로 문학과 예술을 계급투쟁의 도구로 전락시킨다. 중국은 서방 진영에 한동안 '죽의 장막'으로 불리며 문화의 거대한 불모지처럼 여겨졌다. 이러한 기류는 중일수교와 닉슨의 중국 방문(1972), 그리고 부분적인 문호개방(1973)이 시작되면서 비로소 조금씩 걷히기 시작한다.

대만에서는 공산당에 패해 1949년 퇴각해 온 국민당이 '대륙 수복'을 기치로 강력한 반공 노선을 견지하며 독재적 통치 기반을 구축해 갔다. 그들은 1947년에 발생한 2·28사건의 가담자 색출을 빙자하여 사상통제

---

20 이봉범, 〈1950년대 문화재편과 검열〉, 《한국문학연구》(동국대학교 한국문학연구소) 34호(2008.6), 25쪽.

와 문화 검열을 강화하며 본토 문화인들을 탄압했다. 경색된 정치적 기류 속에서 삭막한 '반공문학'이 1950년대 내내 문단을 주도했고, 대만섬 고유의 본토 문화는 철저하게 주변화되었다. 대륙에서 문화대혁명이 일어난 후로는, 그에 맞서는 관제 운동으로서 대륙식 전통문화를 섬내에 이식하고자 '중화 문화 부흥 운동'이 대대적으로 벌어지기도 했다. 중국 양안의 격변은 그들의 문화를 관찰하고 수용하려는 한국인들에게도 적지 않은 영향을 끼쳤다. 특히나 분단국가인 한국에서 냉전이라는 절대 명제로부터 벗어나 양안의 현실에 접촉한다는 것은 이제 기대할 수 없는 일이 되고 말았다.

이 시기에는 반공정책에 위반되지 않는 경우로서 특정한 정부 기구를 통해서만 사회주의권의 자료를 열람할 수 있었기에, 대학에서조차 중국 대륙의 정보를 접하는 게 쉽지 않았다. 그런 한편으로 실체로서의 중국이 멀어지는 대신 관념적인 중국, 즉 중국문화의 적통을 지닌 계승자로서 새롭게 '자유중국'이라 명명된 대만이 그 대리자의 역할을 맡게 된다.

이 시기의 대만에 대한 한국 지식인들의 인식을 잘 말해 주는 기사 중의 하나는, 1956년 주요 일간지마다 동시에 게재된 한국 작가들의 대만 방문 소감이다. 한국 아세아반공연맹이 주선한 이 프로젝트에는 소설가 주요섭이 단장을 맡은 '한·중 문화 친선단' 내에 정비석, 조병화, 조경희, 이무영, 송지영 등 당시 한국의 대표적인 문필가들이 포함되었다. 이들이 바라본 대만은 한결같이, 짧은 시간 안에 경제발전과 토지개혁을 이루고 깨끗하고 활기 넘치는 이국적인 남국의 풍광이 살아 있는 나라였다. 이렇기에 또한 유사한 역사의 질곡을 겪었으면서도 여전히 낙후된 한국과의 대조를 통한 열등감이 곳곳에서 표출되기도 한다. 시인 조병화는 〈금문도(金門島)〉라는 시에서 마오쩌둥의 군사적 위협을 받던 이 섬을 '자유의 요새', '아세아의 아성(牙城)'으로 표현하는데, 전쟁

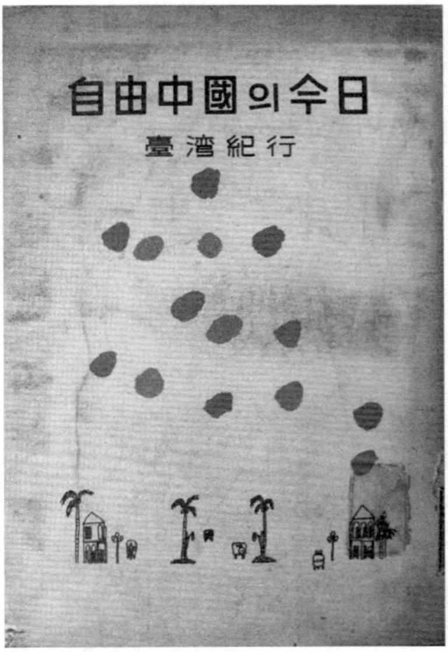

《자유중국의 금일》 표지

을 방금 겪은 한국의 문인들에게 대만은 동병상련의 연대감을 느끼게 하는 나라였으며, 그들의 경제적 성공은 동시에 남한체제의 비교 우위를 간접적으로 확인시켜 주는 것이었다. 이 방문단으로 대만에 다녀온 작가들은 2년 후 소감을 모아 《자유중국의 금일—대만 기행》(춘조사, 1958)이란 책을 내기도 했다.

사실 이 방문은 한 해 전인 1955년, 대만 지식인과 예술인 방문단의 한국 방문에 대한 답례 형식으로 추진된 것이었다. 이 방문단의 한국 여정에 대해서는 1955년 《새벽》 7월호의 특집 기사 〈한중문화 교류의 전통과 장래〉에서 확인해 볼 수 있다.[21] 진단학회의 초청으로 '자유중국'에서 방문한 인사는 지질학자로서 정치가이기도 했던 주자화(朱家驊), 갑골문 연구에서 선구자였던 문자학자 둥쭤빈(董作賓), 그리고 청 황실의 후예로서 화가였던 푸루(溥儒, 또는 溥心畬) 등 3인이었다. 이들은 한국을 방문하여 한국의 대표 지성들과 20세기 이전 한중 전통문화의 교류 양상 등에 관해 대화를 나누었다. 그런데 세 사람의 면면을 보면, 모두가 과거 중국 대륙에서 활동하다 장제스의 퇴각을 전후해 대만으로 넘어온 인사들이어서, 그들이 한국의 지식인들에게 대표하는 것이 무엇이었는지를 능히 짐작할 수 있다.

21 〈韓中文化交流의 傳統과 將來〉, 《새벽》, 1955년 7월호, 66-67쪽 참조.

이렇게 달라진 분위기하에서, 과거 중국 신문학의 번역자 내지는 연구자들의 국내 입지도 변화될 수밖에 없었다. 우선 해방기까지 왕성하게 활동하던 번역가·평론가들이 전쟁을 전후하여 납북 또는 월북하거나 사망한 것은 커다란 손실이었다. 남한에 생존한 번역가라도 사정은 별반 다르지 않아, 중국 신문학의 번역과 평론에 많은 제한을 받게 된 김광주는 아예 무협지 번역가로 진로를 바꿔 버린다. 전쟁 이전에 몰두했던 일과 전혀 상반된 방향을 선택한 것이다. 1950년대에 들어, 일반 외국문학 번역가들은 크게 학원가의 교수와 일반 작가로 분리되는데, 중국문학의 번역과 담론 생산은 이제 대학 내의 학자들로 한정되어 버린다. 이 상황은 1980년대 후반까지 거의 변하지 않았다.

1950년대 '자유중국' 문학에 관한 담론 중 주목할 만한 자료로는, 전 시대에 이어 중국문학 교육에 매진한 윤영춘과 서울대 교수인 차상원의 글을 꼽아 볼 수 있다. 두 사람은 주요 일간지에 기고한 문장을 통해 당시로는 드물게 대만 전체 문단의 개황을 요약하고 평가했다. 이 글들은 당시 한국 학자들의 근현대 중국문학에 대한 시각을 드러내는 것이자, 또한 초보적으로 형성되고 있던 대학 중문학 과정의 교육 이념을 보여 주는 것이기도 하다. 우선 거론할 것은 윤영춘이 잡지 《새벽》 1955년 3월호에 발표한 〈자유중국의 문학〉이다.

윤영춘은 대만 당국이 대륙에서의 실패를 되풀이하지 않기 위해 문예 정책에 부심하고 있는 점은 긍정하지만, "너무 지나치게 전투의식을 고취하는 데서 문이재도(文以載道)의 단조로운 길로만 걷고 있는 감을 준다"라며 비판적으로 평가한다. 이어서, 장다오판(張道藩)의 '삼민주의(三民主義) 문학 이론'과 샤오쯔청(蕭自誠)의 '국수문학(國粹文學)의 정리' 주장, 뤄자룬(羅家倫)의 '한자 간체화운동(簡體化運動)'에 대해 간단히 소개한다. 그런 다음 대만문단에서 결성된 '중국문예협회(中國文藝協會)'의 규모와 활동상황 등에 대해 소상하게 언급한다. 이어 대표 문예지로 왕핑링(王平陵)의 《중국문예(中國文藝)》, 장다오판의 《문예창작(文藝創作)》, 펑팡민(馮放民)의 《신생문예(新生文藝)》, 왕원중(王文鍾)의 《신문예(新文藝)》 등을 열거하고, 작가와 작품으로 셰빙잉(謝冰瑩)의 《해연집(海燕集)》, 판런무(潘人木)의 〈롄이 외사촌누이(蓮漪表妹)〉에 대해 상세하게 소개한다. 특히 후자의 작품에 대해서 이렇게 말한다.

> 다른 작품들은 거의 일률적으로 반공 의식을 억지로 꾸며놓은 감을 주는 대신에 이 작품은 자연스러우면서도 탄력적인 묘사가 독자의 심금을 어필하는 데가 있다. 오보이내(五步以內)에 필유방초(必有芳草)라는 굳은 신념에서 반공(反攻) 일격(一擊)에 단박에 대륙을 수복할듯한 기고만장(氣高萬丈)의 시나 소설이 적지 않게 나오나 모두 너무 개념적이다.

반공문학이 군림하고 있던 당시 대만문단의 특이한 상황에 대해서, 윤영춘이 총체적으로는 비판적인 인식을 보였다고 할 수 있다. 하지만 그는 이 글의 다른 부분에서, 중국 대륙 정부, 즉 '중공'을 '문학 전통을 단절시킨 악한'으로 규정하고, 이를 싱클레어 루이스(H. Sinclair Lewis)가 자본주의 시대에 아폴론을 죽이고 뮤즈를 강간했다고 한 재물신(財神, Mammon)에 비유했는데, 이는 그 역시도 넓게 보면 냉전 시대의 한계를 벗어나고 있지 못함을 말해 준다. 더욱이 그는 대만의 문학을 논하면서도 대만 본토 출신 작가들의 처지는 염두에 없다는 듯, 일언반구도 언급하지 않는다. 대신 문장 결미에 이르기까지 그가 시종 우려하는 것은 정전둬(鄭振鐸), 위핑보(兪平伯), 예사오쥔(葉紹鈞), 뤄화성(落花生) 등 대륙에서 빠져나오지 못한 과거 '신문학' 작가들의 기구한 운명이었다.

윤영춘이 1962년에 쓴 신문 기고문 〈중국학문의 실체—자유중국에 다녀와서〉까지 참조해 보면, 그는 쑨원(孫文), 량치차오, 후스를 '민권(民權)의 자유', '인권(人權)의 평등', '개인의 존엄' 의식과 연결한 다음, 루쉰을 여전히 새로운 '자유중국'의 일원으로 자리매김한다. 그는 루쉰을 학문 연구의 대상으로 삼음으로써 정치 영역과 일정한 거리를 둘 것을 대만문단에 제안한다. 학문 대상으로서의 루쉰은 자유가 박탈되어있는 중공에 한정할 수 없으며, 중공에서 학문의 자유가 제한되는 상황이라면 루쉰은 중공이 아니라 자유중국과 연결될 수 있다는 논리이다. 이와 반대로 중공이 내세운다고 해서 자유중국에서 루쉰의 작품을 제거해 버린다면, 이 역시 자유중국으로서는 손실이 될 것이라고 말한다.[22]

차상원의 글 〈자유중국 문학의 동향〉은 윤영춘이 1955년 3월에 〈자유중국의 문학〉을 발표한 바로 다음 달 《조선일보》에 '지령 1만 호 기념'으로 두 번에 걸쳐(1955.4.30, 5.3) 발표되었다. 그는 1940년대에 옌안(延安)의 '해방구'에서 활동한 자오수리(趙樹理)를 예로 들어 대륙문학의 변질된 '리얼리즘'을 비판한다. 이와 상반되게 대만문학의 당시 주요 골간을 장다오판의 '삼민주의 문예론(三民主義文藝論)'과 가오밍(高明)의 '신인문주의(新人文主義)'라고 내세운다. 장다오판과 가오밍은 둘 다 대륙에서 이미 학자로서 명성을 얻고 대만으로 넘어온 지식인들이었다. 삼민주의 문예론은 대륙에 있던 1930년대에 우익의 민족주의 계열에서 국민당의 정론을 반영해 만들어진 예술 담론이다. 신인문주의는 또한 5·4 신문화운동에 대한 비판적 분위기가 지배적이던 난징의 둥난대학(東南大學) 재학 시절부터 가오밍이 숭모한 것으로, 원래는 미국의 신인문주의자 어빙 배비트(I. Babbit)가 설파한 엘리트주의 예술 담론을 미국 유학 출신의 둥난대학 교수들이 이어받은 것이었다. 말하자면 차상원이 언급한 대만문학의 주요 골간 역시 동 시기 대만의 것이 아니라, 과거 중국 대륙문학의 연장선상에 있는 것이었다. 그는 당시 대만문학을 지배하고 있던 반공 의식에 대해 아래와 같이 약간은 조언하는 투로 진단한다.

22 윤영춘, 〈중국학문의 실체—자유중국에 다녀와서〉, 《동아일보》, 1962년 6월 2일.

> 반공을 제1 목표로 나서는 자유중국 문학은 결국 냉정한 리얼리즘에 입각하여 공산도당들의 야욕과 악덕(惡德) 및 매국 행위를 묘사하되, 동시에 중국 민족문화의 최고정신을 표양(表揚)해야 하며 또한 공산도당들의 끔찍한 독재와 폭압전제정치(暴壓專制政治)를 드러내 그리되, 동시에 삼민주의(三民主義)의 전민(專民) 정치의 의의와 가치를 표양해야 하며 또한 공산도당들의 유혈과 공포의 계급투쟁을 묘사하되 동시에 인류가 호조합작(互助合作)하여 발전할 수 있다는 최선의 길을 표양해야 한다.

요컨대 차상원은 윤영춘보다 대만 반공문학을 더 의미 있게 여기고 그 배경과 내면을 조명하고자 했다. 물론 과도기적인 한계가 있다고 전제하긴 했지만, 그와 동시에 그는 반공문학의 시대적 당위성을 거듭 강조했다.

그가 언급한 주요 작가와 작품도, 원로 쪽에서는 왕핑링의 〈잔혹한 사랑(殘酷的愛)〉와 〈망망야(茫茫夜)〉, 셰빙잉의 〈붉은 콩(紅豆)〉, 천지잉(陳紀瀅)의 〈디춘 이야기(荻村傳)〉, 왕란(王藍)의 〈둘째 할아버지의 경극 분장(二爺的臉譜)〉, 〈늙은 장군(老將軍)〉, 진밍뤄(金溟若)의 〈스 교수(石教授)〉 등과, 소장 작가 쪽에서는 진스(金石)의 〈비바람의 계시(風雨的啓示)〉, 〈귀신의 눈(鬼眼)〉, 청톄우(成鐵吾)의 〈여자 공비(女匪幹)〉, 궈이둥(郭衣洞)의 〈메뚜기 동남 쪽으로 날라가네(蝗蟲東南飛)〉, 쉬원수이(徐文水)의 〈동문의 야만성과 그 동료들(東門野蠻及其夥伴們)〉 등으로 시대를 지배한 반공문학 계열에서 크게 벗어나지 않는다. 그는 "자유중국의 문학이 대만 인구의 58배나 되는 본토의 중국 국민주의의 참다운 문학이 되며 또한 정통을 계승할 수 있도록 대성하기를 바란다"고 문장을 끝맺는다. 참고로 차상원은 윤영춘처럼 중국 대륙에 체류한 경험이 없고 이명선처럼 좌익운동에 관여한 경력이 없는, 일제강점기에 경성제국대학에서 중문학을 공부

하기 시작해 광복 후 대학에 자리 잡은 순수한 국내파 학자였다.[23]

이가원이 번역한 《노신소설선집—아큐정전》(1970년 재판본)

이 시기 중국어 작품의 번역을 보면, 다시 번역되기 시작한 루쉰의 작품을 먼저 꼽을 수 있다. 해방 직후 김광주의 번역본이 나온 뒤 거의 20여 년 만인 1963년 이가원에 의해 《노신소설선집—아큐정전》(정연사)이 간행된다. 역자인 이가원은 원래 한학자였지만, 인명 표기에 표준 중국어 발음을 쓰는 등 원전의 국부적인 뉘앙스까지 세심하게 신경을 써, 김광주의 판본 이상으로 향후의 루쉰 번역에 영향을 끼쳤다. 그의 번역 이후 10여 년의 공백기를 거쳐 1970년대 초반에 루쉰 번역이 재개된다. 그중 1975년은 분수령이 된 해라고 할 수 있다. 이해까지 루쉰의 소설과 산문시, 수필, 서신집 대부분이 번역되었을 뿐 아니라, 이 해를 기점으로 1980년대 말까지 거의 매년 루쉰 작품집이 출판된다. 이것은 1972년 닉슨의 중국 방문 등 데탕트 시대가 열리면서, 한국 출판계도 극단적인 냉전체제의 굴레에서 벗어나고 있었음을 의미한다. 그러나 전술한 것처럼, 루쉰의 가장 논쟁적인 글인 잡문까지 번역 소개된 것은 1987년 이후였다.[24]

23 총체적으로 말할 때 그는 중국 전통문학 전문의 학자였다. 그가 저술한 《중국문학사》(1954)는 한국 최초의 근대적 중국문학사였으며, 그는 1967년 《中國古典文學理論》으로 한국 최초로 중국문학 분야 박사학위를 취득하였다.

24 이 글에서의 한글 번역 중국어 작품 목록은, 김혜준, 〈한글판 중국 현대문학 작품 목록〉, 《중국학논총》(고려대 중국학연구소) 제27집(2010.2) 참조. 1970년대 후반 루쉰 소

그 밖에 1960년대까지 번역된 '자유중국' 작가의 작품으로는, 왕란의 〈람과 흑(藍與黑)〉과 셰빙잉의 〈여병자전(女兵自傳)〉처럼 과거 대륙에서의 북벌전쟁과 항일전쟁을 소재로 한 것들을 대표적으로 들 수 있다.[25] 〈람과 흑〉은 항일전쟁 당시 좌익계 팔로군과 신사군의 만행을 고발함으로써 반공 사조에도 호응하는 소설이었다. 더 대중의 주목을 받은 쪽은 〈여병자전〉이었다. 이 소설은 송지영, 김광주, 이익성 등이 번역해 복수의 판본으로 출판되었는데, 남성 작가들의 반공·항일 소재 거대서사들과 사뭇 다른 결을 보여 주었다. 〈여병자전〉의 번역에서 알 수 있듯, 당시 대만 작품의 번역 성향에는 약간의 변화 조짐이 나타났다. 신흥잡지 《세대》(1963년 10월호)에 실린 '대만문학 특집', 대전에서 발행되는 《중도일보》(1960.7-1965.10)의 전무후무한 기획이었던 '자유중국 명작 단편 릴레이', 그리고 여원사가 출판한 《중국의 여류문학 20인집》(1965)의 사례에서 모두 그러한 점이 엿보인다. 여기에는 권희철 같은 잘 알려지지 않은 번역가의 활약이 있었다.[26] 이 특집들에서는 항전과 반공문학 일변

설집의 역자들은 성원경(1975, 삼중당), 허세욱(1975, 삼성출판사), 하정옥(1976, 신아사), 장기근(1977, 범조사) 등이었는데, 이보다 앞서 번역한 이가원을 포함해 이들은 모두 상아탑의 학자들이었다.

25 왕란의 《람과 흑》(최영방·이성애 옮김, 삼일각)은 상·하편으로 1967년 출판되었는데, 그 이전에 《중도일보》의 '자유중국 명작 단편 릴레이' 특집에 1964년 10월부터 1965년 10월까지 권희철의 번역으로 연재된 바 있다. 또 셰빙잉의 작품은 《女兵自傳/紅豆/離婚》(김광주 옮김, 세계문학전집 19, 을유문화사, 1964)으로 출판된 이래, 이익성의 번역으로 학원사(1971)와 평범사(세계문학전집 36권, 1983)에서도 출판된 바 있다. 을유문화사판은 원래 송지영이 착수했으나 '민족일보 사건'(1961)으로 구속되자 김광주로 대체되면서 작품 수도 늘어났다. 셰빙잉 작품의 한글 번역에 관해서는, 최종석, 〈근대/중국/여성의 자기 서사와 1940-1960년대 한국의 중국 이해—셰빙잉(謝冰瑩) 자서전의 수용사를 중심으로〉, 《한국근대문학연구》(한국근대문학회) 제35호(2017.4) 참조.

26 만주 출신의 자유기고가였던 권희철의 번역에 대해서는, 최종석, 앞의 글, 92-94쪽 참조. 권희철은 《중도일보》 '자유중국 명작 단편 릴레이'의 단편 28편과 장편 2편, 그리고 여원사 《중국 여류문학 20인집》의 단편소설 20편 모두를 선정하고 번역했다. 그는 대만의 '중국문예협회'(회장 린위탕)가 발족 후 처음으로 외국인에게 수상한 '중

도의 소개에서 탈피하려는 시도가 공히 발견된다. 대만문단의 새로운 풍조로서 일상성을 중요시한 여성 작가 작품에 주목한 것은 그러한 시도의 일환이었다. 《세대》지가 '자유중국 문학' 대신 '대만문학'이란 말을 표제에 단 것도 당시로서는 이례적이었다. 그러나 그 확장성은 오래 가지 못했다.[27]

1970년 서울 펜 대회 참석차 김포공항에 내린 린위탕 부부(臺灣國家文化記憶庫)

사실 어찌 보면 번역보다 더 활발했던 것은 작가 회의를 통한 교류였다. 1960년대 이후 한국 작가들은 '세계 펜 대회'나 '아시아 작가 회의' 등을 통해, '자유중국'의 작가들과 빈번하게 교류했다. 그중에도 1970년 6월 29일 서울에서 처음으로 개막된 '국제 펜 세계대회'(제37차)는 냉전 시기에 한국이 치른 가장 큰 규모의 국제 예술 행사였다. 여기에 대만 대표로서, 전술한 린위탕(林語堂)과 왕란, 셰빙잉을 포함 26명이나 되는 많은 작가가 서울을 방문한다. 바로 직전에 대만에서 개최된 아시아 작가 회의에도 한국 작가가 대규모로 참여했었다. 그러나 서울 세계대회는 박정희 정부의 적극적인 후원에도 불구하고 한국이 분단국가라는 점, 그리고 국내 반체제 작가에 대한 억압 상황으로 인해, 개최 결정부터 난항이 있었고 개최 후에도 적지 않은 논란을 남겼다. 그럴 때도 '자유중국' 작가는 항상 든든한 우군이었다. 1969년 프랑스 망

국 문예상'을 허세욱과 함께 받기도 했다(《동아일보》, 1970년 5월 1일 참조).

27 이봉범, 〈냉전과 두 개의 중국, 1950-1960년대 중국 인식과 중국문학의 수용〉, 《한국학연구》(인하대학교 한국학연구소) 제52집(2019.2), 110-111쪽 참조.

통에서의 회의에서 서울 개최에 대한 반대론이 나오자, 대만 펜클럽의 회장인 린위탕이 "동양인은 유럽문학을 이해하나 유럽인은 동양문학을 이해 못 한다"고 반박하면서, "서울대회는 동양문학 이해의 좋은 기회" 라고 두둔했다는 일화[28]는 당시 한국과 대만 문인 사이의 돈독한 관계를 잘 설명해 준다. 1960년대까지 대만과의 작가 교류는 순수한 민간 차원이기보다는 양쪽 권위주의 정부의 지원을 받는 것이 많았다. 그래서 심지어 지셴(紀弦) 같은 좌장급 시인이—그는 대륙 시절부터 모더니즘 계열의 기수로 여겨졌었다—5.16 군사 정변을 찬양하는 시를 보내오는 일도 있었다.[29] 냉전 시기에 국제 작가 회의를 통한 한국과 대만 작가 간의 교류는 아시아 작가로서의 상호 우의와 세계 진출의 공동 모색 면에서 긍정적인 측면이 없던 것은 아니지만, 또한 오늘날의 시각으로 보면 정치체제의 영향에서 탈피하지 못한 분명한 한계도 존재했다.

3 심상지리 공간으로서의 '중국'과 그 제자리 찾기

상술한 것처럼 1950년대에 들어 '자유중국'의 문학은 한국에서 중국문학을 대표하는 기호가 되었으며, 그 토대로서의 자유중국은 지배적인 냉전 담론에 따라 무지한 중공과 대조되는 세련된 중국의 계승자 내지

---

28 〈진통하는 70년 한국대회〉, 《동아일보》, 1969년 9월 18일. 서울 펜 대회에 관해서는 이상경, 〈제37차 국제 펜 서울대회와 번역의 정치성〉, 《외국문학연구》(한국외국어대학교 외국문학연구소) 제62호(2016.5) 참조.

29 〈5.16의 노래(五·一六之歌)〉, 《경향신문》, 1961년 10월 29일. 조병화 시인에게 보낸 이 시의 번역은 김광주가 수행했다. 물론 이런 관제적 교류에 대한 비판도 있었다. 시 잡지 《삿갓(笠)》 쪽의 시인 천첸우는, 대만에서 기행시집을 출판하고 대만 정부 기구 후원으로 수차례 초청도 받은 조병화 시인이 친정부적인 작가들하고만 교류한 것을 질타했다. 陳千武, 〈대만 현대시의 동향—華麗島의 시 정신과 〈笠〉〉, 《心象》 1973년 12월호(심상사), 149쪽.

는 수호자의 역할로 인식되었다.[30] 중국어권 문학을 소개하는 학자, 번역가도 더는 일제강점기 때처럼 개혁성향의 저술가 내지는 좌익 계열의 인사가 아니라, 대학에 전공학과가 증편되면서 중국문학을 전공한 상아탑의 학자들로 대체되어 갔다.

한편 1980년대까지 한국의 중문학 연구자들 사이에서는 국내 대학에서 학부과정을 마친 뒤 대만으로 유학하는 것이 관례로 정착된다. 해방 이후 등장한 2세대 중문학자 그룹으로서 허세욱의 경우처럼, 유학 중 대만문단에 작가로 데뷔하여 한국과 대만 사이의 가교역할을 하는 이가 나올 정도로 한국의 중문학계는 해방 이전에 비할 수 없는 성장을 거둔다. 하지만 대만 유학 출신자들이 대거 배출되었음에도—국민당 천도(遷都)와 함께 대만에 정착한 일부 외성 출신 작가들의 작품을 제외하면—정작 대만 본토 작가의 작품과 대륙의 사회주의 문학은 1970년대 후반까지 한국에서 거의 관심의 대상이 되지 않았거나 될 수 없었다. 그 시절 대만에서 공부하고 돌아온 중문학 연구자들의 학문 대상은 대부분 청 말까지의 고적에 국한되었다.

이 시기에 사회주의 정부가 지배하는 실제 중국은 한국의 신문과 잡지에서 더는 상호 관계의 의미가 없는 타자화된 세계로 멀어져갔고, 그 대신 대만이 관념적인 중국을 대신하여 중국 전통문화의 적통(嫡統)을 계승한 적자의 지위를 차지하게 된다. 그것은 한편으로 근현대 중국어권 문학의 수용에 있어 심한 편식을 초래한다. 대표적인 예로서, 1950년대부터 이례적으로 끊임없이 번역 출판된 작가 린위탕을 들 수 있다. 그의 저작은 이미 1970년대까지만도 《생활의 발견》을 비롯한 산문집이 50여 차례, 전집이 4차례나 출판되었다.[31] 루쉰조차 출판이 조심스러웠던 냉전 시대에, 린위탕은 사상적으로 전혀 문제 될 게 없는 소수의 중

30 최진호, 〈냉전기 중국 이해와 루쉰 수용 연구〉, 《한국학연구》 제39집(2015.11), 298쪽.
31 김혜준, 앞의 글 참조.

국 대륙 출신 작가 중 한 사람이었다. 마땅히 소개됐어야 할 양안의 더 많은 작가를 제쳐두고 린위탕이 중국어권 문학의 대표자가 되다시피 한 것은 냉전 시기 한국에만 존재한 또 다른 진풍경이라고 할 수 있다.[32]

이처럼 냉전 이후 한국인의 심리 속에 대만으로 치환된 중국 혹은 '자유중국'은 일견 '심상지리'의 공간이라 할 수 있었다. 한국인들이 가장 가까운 우방으로 여겼던 자유중국이 실은 중국 대륙과 대만의 자리바꿈을 통해 성립된 역설의 공간임을 누구나 알면서도 짐짓 모른 척해야 했다. 이러한 모순을 가장 뚜렷하게 보여 주는 번역가가 바로 윤영춘이었다. 그는 일제강점기로부터 시작하여 해방기를 거쳐 냉전 시기까지 모든 단계에 걸쳐 중국 신문학과 관련한 글을 발표한 거의 유일한 번역가이자 전공 학자이다. 1950년대에 그의 관념 속에서 현실의 대만문학은 이미 '반공문학'으로 변질된 것이었으며, 심상지리의 공간이었던 중국, 즉 자유중국으로서의 대만이 취해야 할 현대문학의 전범(典範)으로 그가 상상한 것은 여전히 루쉰과 신문학 시기의 중국 대륙 작가들이었다. 반면에 현실의 대만문학이 추구해야 할 그 모델 안에 대만의 본토문학이 들어갈 자리는 존재하지 않았다. 이러한 형국은 넓게 생각하면 기실 윤영춘만이 아니라 냉전 시대 한국의 매개자들에게 거의 일관되게 유지된 중국어권 문학 상상의 큰 특징이었다고 할 수 있다.[33]

---

32 1955년에 초판(이종렬 옮김, 학우사)이 발행된 이래, 1980년대까지 다양한 버전으로 출판되었다(김혜준, 앞의 글 참조). 린위탕 열풍의 상세 배경은 권보드래, 〈林語堂, '동양'과 '지혜'의 정치성—1960년대의 林語堂 열풍과 자유주의 노선〉, 《한국학논집》(계명대 한국학연구원) 제51집(2013.6)과 왕캉닝(王康寧), 《린위탕과 한국—냉전기 중국 문화·지식의 초국가적 이동과 교류》(소명출판, 2022) 참조.

33 물론 1970년대 후반에 접어들면 종리허(鍾理和) 등을 위시하여 대만의 본토 작가들도 점차 한국에 소개되기는 한다. 김상호는 〈韓國對台灣文學研究概述〉(《台灣文學年鑑》, 2013, 140쪽)에서 한국에서 대만 본토 작가에 관심을 보이게 된 최초의 논문으로 김철수가 1977년 발표한 〈鍾理和小說初探〉(《淵民先生頌壽紀念論叢》, 汎學圖書)를 꼽고 있다.

그런데 1970년대가 채 저물기 전에 상황은 이미 조금씩 달라지기 시작한다. 1979년 새해 벽두부터 《동아일보》가 〈모습 드러나는 중공(中共)의 문화〉를 총 9회에 걸쳐 특집으로 연재했다.[34] 첫 회의 서문에 밝혔듯이, 그해 1월 1일을 기해 미국이 중국과 수교를 하고 같은 달 28일부터 9일간 덩샤오핑(鄧小平)이 미국을 방문하게 된 역사적인 사건이 이 기획의 실질적인 동기였다. 당시 중국의 대외 개방은 한국을 비롯한 서방 진영에 초미의 관심사였다. 그래서 이 기사의 제2회 '중국어 학습열' 편에서도 벌써부터 "80년대 중공과 교류가 이뤄질 경우 급격히 필요하게 될" 인재 육성의 시급함을 언급하고 있다. 그러나 직접적인 문화 교류가 실현되기까지는 아직 더 시간이 필요했다.

중국 대륙과 대만 본토 작품이 온전하게 한국인의 상상 안으로 돌아와 제 자리를 찾게 되는 것은 탈냉전과 탈식민 관념이 무르익고 그와 더불어 합당한 정치적 조치까지 나오면서부터이다. 이런 조짐은 한중수교 이전에 이미 시작되고 있었다. 우선 첫 번째로, 1988년 한국에서 납북 및 월북작가 작품에 대한 해금 조치가 단행된 것은 다른 사회주의 국가의 문학을 향한 개방으로 이어졌다.[35] 물론 그 이전에도 암암리에 극소수의 번역본이 출판되긴 했지만, 이 조치에 따라 해방 이전 중국의 좌익문학과 1949년 사회주의화 이후 중국 대륙의 작품과 문학 정보가 검열의 제한 없이 쏟아져 들어왔다. 1949년에서 1966년 문혁 직전까지의 혁명 소재 정전 작품과, 포스트 문혁 시기의 '상흔(傷痕)'이나 '반사(反思)'

---

34 《동아일보》, 1979년 1월 22일-2월 21일. 세부 주제를 보면, 1회 '국내연구기관', 2회 '중국어 학습열', 3회 '중견층 없는 오늘의 문학', 4회 '애정에 눈뜨는 젊은이들', 5회 '고개 드는 순수음악', 6회 '활기 되찾는 영화계', 7회 '활기 되찾은 전통미술', 8회 '정치색 짙은 경극', 9회 '봄빛 감도는 무용계' 등이다.

35 이 조치는 1987년의 '6월항쟁'과 대통령 직선제로의 '헌법개정', 1988년의 '서울올림픽', 1989년의 '해외여행 자율화' 조치 등 냉전과 군사독재 시절에 상상하기 어려운 변화들이 실현되는 가운데 나온 것이었다.

한국에 상륙한 '중국 현대문학'

주요작가의 대표작 꾸준히 출간… 전집도 기획

최근 들어 '서해안시대' '북방정책'이란 말이 유행하는 것과 더불어 중국에 대한 관심이 높아지고 있다. 오랜 세월에 걸쳐 우리나라와 너무도 밀접한 관련을 맺어왔으면서도 49년 공산정권이 들어섬과 함께 단절된 양국관계가 새로운 전기를 맞고 있는 것이다. 그러나 중국에 대한 관심의 제고가 곧 중국이란 나라의 실체에 대한 객관적 지식의 증대로 이어지기에는 아직도 많은 '건너야 할 강'이 가로놓여 있는 것으로 보인다.

茅盾 老舍 巴金 古華

'子夜'란 새벽이 오기 직전 더욱 짙은 밤을 의미하는 것으로서, 이 작품은 30년대 중국

있다.

그런데 한가지 특이한 점은 이들 거물급

탁월하게 형상화하고 있다.

이처럼 중국 현대소설의 번역이 상당히 활

《중국현대문학전집》(중앙일보사)의 발간을 보도한 《출판저널》 1989년 1월호 기사

같은 탈혁명적 문학사조 사이에는 상당한 거리가 있지만, 그런 작품들이 같은 수용의 장(場)을 통해 뒤섞여 소개된 것도 이 시기 중국어권 문학 수용의 한 단면을 보여 준다. 다양한 이념적 배경을 초월하여, 중국대륙문학뿐 아니라 대만문학의 대표작까지 망라한 《중국현대문학전집》(중앙일보사)이 1989년에 전 20권으로 출간된 것은, 냉전이 한창이던 시기의 경직된 중국문학 인식에 비추어 가히 혁명적인 사건이라 할 만했다.

두 번째로, 1998년 일본 대중문화에 대한 문호가 열린 동시에, 2002년 민간단체에 의해 친일작가 명단이 발표되었는데,[36] 이런 변화는 일제강점기에 일본어로 쓰인 문학에 대한 발굴과 연구에 영향을 끼쳤다. 특히 친일작가 명단 발표는 탈식민의 이행 양상에 있어, 과거 군사정부 시절의 일본문화에 대한 무조건적인 차단과 큰 차이가 있었다. 그것은 곧 일제강점기 담론에 금기가 사라지고 있음을 의미했다. 즉, 친일 작품의 실체를 사실대로 밝힐 뿐 아니라, 그것을 단순히 '왜색'이라 치부해 무조

36 후자는 정부 정책에까지 영향을 끼쳐 2004년 '일제강점하 반민족행위 진상규명에 관한 특별법'이 제정되고, 2005년 '친일반민족행위 진상규명위원회'가 정부 주도로 발족하는 결실로 이어진다.

건 외면하지 않고 당시의 시대상을 반영하는 역사 문화 자료로서 객관적으로 인식하게 되었음을 말한다. 앞선 좌익 작가에 대한 해금 조치와 더불어 이러한 기류는 식민 시기에 좌익적 관점에서 일본어로 쓰인 대만문학의 번역 출판도 가능케 했다. 그 결과로 식민시기 대만의 일본어 작품 선집[37] 같은 책이 한국에서 출판되기에 이른다. 이는 한편으로 대만 내에서 일어난 정치적 변화, 그리고 그에 따른 대만 본토문학의 발굴 붐과도 밀접하게 연동된 것이라 할 수 있다. 동아시아에 불어닥친 탈냉전과 진정한 탈식민의 바람은 마침내 한국에서도 20세기 중국 양안 문학의 지도를 다시금 그리도록 했다.

37 송승석 편역, 《식민주의, 저항에서 협력으로—일제말 타이완 일본어 소설선》(역락, 2006).

4장 동아시아 초현실주의와 대만의 다큐멘터리 영화

'풍차시사(風車詩社)'는 대만 남부의 타이난(臺南)에서 1930년대에 결성된 시인들의 동인 집단이다. 식민 시기 지방 도시에서 활동한 이 지엽적이고도 생소한 시인 그룹은 2015년에 한 다큐멘터리 영화의 소재가 되면서 다시금 주목을 받았다. 특히나 이 시인들이 모더니스트였다는 점은 대만 사회에 큰 화제를 불러왔다. 그도 그럴 것이 지금까지 대만인들의 초기 대만문학을 향한 관심은 주로 대만의 상황을 비판적 시선으로 그려낸 리얼리즘 문학에 집중됐었기 때문이다.[1]

풍차시사를 소재로 한 〈일요일식 산보자(日曜日式散步者)〉(황야리[黃亞歷][2] 감독, 이하 〈일요일〉로 약칭)는 대만에서 다큐멘터리 장르치고는 이례적인 센세이션을 일으켰다. 이 영화는 소재뿐 아니라 형식에서도 파격성을 보여 주었다. 그것은 현장 탐방과 인터뷰 위주의 일반적인 역사 다큐멘터리 양식이 아니라, 에세이영화식의 실험적인 스타일로 만들어졌

---

1 이 장의 집필 중에 국립대만문학관을 통해 자료 수집을 도와주신 타이완대학 황메이어(黃美娥) 교수님께 감사드린다.

2 감독 황야리는 영상과 음향의 시적인 연계와 비 인과성 논리를 토대로 사물의 원초적 상태를 관조한 〈빛(光)〉(2004), 〈사물의 추적(物的追尋)〉(2008), 〈명명을 기다리는 사물(待以名之的事物)〉(2010) 등의 실험 영화를 발표해 왔는데, 〈일요일식 산보자〉는 그런 연장선에 있는 첫 번째 장편영화이다.

다. 이 영화가 특히 예술인과 지식인 사회에 던진 충격은, 영화가 극장을 넘어 다른 문화형태로써 지속해서 재창출된 점에서도 확인된다. 영화에 대한 각계의 통섭적인 반향은 한 역사 시대를 향한 갈망과 상상이 빚어낸 결과이기도 했다.

〈일요일식 산보자〉 포스터(〈方格子〉)

영화가 공개된 후, 우선 2016년 8월에 영화 내용을 모티프로 〈검은 파도(立黑吞浪者)〉라는 실험공연이 무대화되었다.[3] 이어 2019년과 2020년에 각각 이 영화에 관한 두꺼운 자료집과 연구서가 발간되었다.[4] 2019년에는 또 영화 제작 중의 필드 워크를 토대로 〈공시적인 별들—풍차시사의 초경계 예술 시대 특별전〉[5]이라는 대규모 기획전시회가 타이중의 국립대만미술관에서 열렸다. 한편 그사이 각처에서 좌담

3 〈일요일〉이 공개된 2016년 황야리 감독이 현장예술 단체, 실험극단, 음악·음향예술가, 무용가 등을 모아 소형 실험극 형식으로 두 차례 공연한 것을 말한다. 뤼쉐칭(呂學卿), 〈第15屆台新藝術獎視覺藝術獎—《立黑吞浪者》〉, 《ArtTouch》, 2017.6.12, https://artouch.com.

4 陳允元·黃亞歷 主編, 《일요일식 산보자—풍차시사와 그 시대(日曜日式散步者:風車詩社及其時代)》 I·II(臺北: 行人出版社, 2019.6)와 陳允元·黃亞歷 主編, 《공시적인 별들—《풍차시사》와 에스프리 누보의 초경계 유동(共時的星叢—《風車詩社》與新精神的跨界域流動)》(臺北: 原點出版社, 2020.12)을 말한다. 후자는 전시회 자료를 포함한 더 보완된 자료집으로서 풍차시사 작품 외에 대만의 근대문학과 미술, 그리고 일본과 유럽의 초현실주의 예술이 망라되었다.

5 〈共時的星叢—風車詩社跨界域藝術時代特展〉, 臺中國立臺灣美術館, 2019.6.29-9.15. 전시회 정보는 관련 도록인 黃舒屏 主編, 《共時的星叢—〈風車詩社〉與跨界域藝術時代》(臺中: 國立臺灣美術館, 2019)와 미술관 홈페이지(https://event.culture.tw) 참조.

회가 개최되었다. 이처럼 〈일요일〉은 연쇄적인 이벤트로 확장되어 개봉 이후 공연-전시-출판 등 여러 영역을 넘나들며 거듭 재창출되었다. 이 일련의 문화 활동은 대만 사람들에게 비단 식민 시기에 존재한 특정한 시인 집단만이 아니라, 그 시대 문화의 첨단성, 즉 자신들의 근대문화가 가진 세계와의 공시성을 재인식하는 계기를 제공했다. 그것은 대만이 가진 역사적 특수성의 자각, 그리고 자기 문화에 대한 재정립 추세와 떼어놓고 생각할 수 없다.

1 문학사 스토리텔링의 특징

풍차시사의 멤버로는 양츠창(楊熾昌), 리장루이(李張瑞), 린슈얼(林修二), 장량뎬(張良典) 등 4명의 대만 청년과, 도다 후사코(戶田房子), 기시 레이코(岸麗子), 시마모토 뎃페이(島元鐵平) 등[6] 3명의 일본인이 있다. 이들은 대만에 처음으로 초현실주의 시풍을 도입했다고 알려져 있는데, 이것은 그들의 이야기가 영화로까지 만들어지게 된 가장 중요한 계기였다. 이들의 간행물 《풍차(風車)》(또는 'Le Moulin')는 1933년 10월 창간호를 낸 후 이듬해까지 총 4호가 발행되었다. 이 잡지는 발행 횟수도 그렇지만, 매 호당 고작 75부만 유인물로 인쇄되어 그 자체로 큰 반향을 사기는 어려웠다. 그러나 1970년대 말 풍차시인들의 존재 가치가 재발견되는 결정적인 사료가 된다. 그 밖에 동인들이 개별적으로 신문에 기고한 글들은 유인물보다 광범위하게 유포될 수 있었기에 오히려 영향력이

6 양츠창(1908-1994)의 당시 필명은 '水蔭萍', 리장루이(1911-1952)의 필명은 '利野蒼', 린슈얼(1914-1944)의 본명은 린융슈(林永修), 장량뎬(1915-2014)의 필명은 '丘英二'이었으며, 마모토 뎃페이의 본명은 쇼카지 뎃페이(尚梶鐵平)였다. 이 글은 일반 연구 자료에서 더 많이 쓰이는 쪽을 사용했다.

더 컸다고 할 수 있다. 그런 글로는 대만 전도(全島)에 유통된 3대 관보 중 《대만 일일신보(臺灣日日新報)》와 《대만 신문(臺灣新聞)》, 그리고 지역에서 발행된 《타이난 신보(臺南新報)》에 기고한 것들을 들 수 있다. 그중에도 양츠창이 '문예란'의 대리 편집을 맡았던 후자에 그들의 글이 집중적으로 게재되었다.[7] 영화에 인용된 그들의 문학 텍스트 역시 《풍차》만이 아니라, 상술한 일간지를 포함해 타이베이와 도쿄의 다양한 잡지까지 망라됨으로써,[8] 지역과 경향을 넘나들며 나름대로 광역화되어 있던 그들의 활동상을 짐작해 볼 수 있게 한다.

1934년 《풍차》 제3호(대만문학관 소장). 현재 남아 있는 유일본이다.

영화의 첫 시퀀스는 바로 풍차시사 시인들이 등사기로 《풍차》의 유인물을 만들고 이를 소포로 포장하고 있는 재연극이다. 이어 사진관에서 양츠창, 리장루이, 장량뎬, 그리고 삽화가 후쿠이 게이이치(福井敬一) 등이 함께 찍은 단체 사진이 나타난다. 시인들이 찍힌 사진들은 영화에서 세부 이야기의 범주를 나타내 주며, 관객이 재연극의 디에게시스

7 陳允元, 〈現代主義的群聚感染—風車詩社的系譜〉, 《在地實驗〈檔案之眼—台灣前衛文化的國際視野〉專案》(臺灣科技藝術學會, 2020.6), 4쪽, https://archive.ncafroc.org.tw(臺灣科技藝術學會) 참조.

8 양츠창에 의하면 그는 일본의 《詩學》·《椎の木》·《神戸詩人》 등과 대만의 《媽祖》·《華麗島》·《文藝台灣》 등에 기고한 적이 있다. 楊熾昌, 〈《燃燒的臉頰》後記〉, 呂興昌 編, 葉笛 譯, 《水蔭萍作品集》(臺南: 臺南市立文化中心, 1995), 217쪽(원 발표는 《燃える頬》[1979.11]).

풍차시사의 단체 사진. 앞줄: 리장루이(좌), 후쿠이 게이이치(중), 오타 리이치(大田利一, 우). 뒷줄: 장량뎬(좌), 양츠창(우)(《聯合報》, 2022. 5. 15)

(diegesis) 공간에서 빠져나와 줄거리를 객관적 사실로써 바라보게 한다. 단체 사진에 등장한 양츠창과 리장루이, 장량뎬, 그리고 사진관 촬영 당시 도쿄에 유학 중이던 린슈얼까지 4명이 이 영화의 주인공이다.[9]

> 시란 무엇인가? 우리는 어떻게 대칭을 재단하고 조합하여 시로 만드는가? 그것은 시인의 에스프리의 비밀이다.[10]

---

9 나머지 일본 작가들은 인적 자료가 드물고 후반 이야기까지의 일관성에도 맞지 않아 영화에서 생략되었다.

10 楊熾昌, 〈燃燒的頭髮—爲了詩的祭典〉(《臺南新報》, 1934년 4월 8, 19일), 《日曜日式散步者—風車詩社及其時代》 제1권, 62쪽. 책에 실린 예디(葉笛)의 중국어 번역과 영화 속 일본어 인용(원제목은 〈燃焼える頭髮〉) 참조.

양츠창의 이 말은 서두에서부터 시인들의 지향점을 드러내는 동시에, 다른 한편으로 이야기가 출발하는 역사 시점을 명시한다. 즉 그들이 1920년대 중반 파리에서 일어난 '에스프리 누보(esprit nouveau, '새로운 정신'을 의미)' 운동을 의식하면서, 1934년의 시점에서 거의 동시대적으로 모더니즘 시를 창작하고 있었다는 것이다. 영화에는 유학 경험을 통한 시인들의 모더니즘 수용 경로도 분명하게 제시된다.[11] 양츠창과 리장루이가 유학한 시기를 전후하여 일본에서는 모더니즘의 물길을 반(反)서정으로 돌린 주지주의(主知主義) 경향의 하루야마 유키오(春山行夫)가 주창한 주지론과 일본 작가들의 초현실주의에 대한 기본적 이해에 영향을 끼친 니시와키 준자브로(西脇順三郎)의 초현실주의론이 연이어 대두하고 있었는데,[12] 이는 모두 양츠창과 리장루이에게 강렬한 영향을 끼쳤다. 뒤늦게 유학을 떠난 린슈얼은 더군다나 게이오대학에서 니시와키에게 직접 사사했기에 적지 않게 영향을 받았을 것으로 짐작할 수 있다. 영화에서 하루야마와 니시와키는 그들의 대표적인 텍스트를 통해서도 인용된다.

> 여기에 순수시가 있다. 뇌가 복숭아 빛깔의 유리처럼 변한다. 시는 또 뇌를 찢듯이 그처럼 파괴한다. 파괴된 뇌는 파괴된 향수병처럼 강렬한 향기가 난다.[13]

---

11 양츠창과 리장루이는 1930년에 차례로 일본 유학을 떠났다. 양츠창은 도쿄에서 고교 시험 낙방 후 방황하다 문화학원에서, 리장루이는 도쿄 농업대학에서 유학했고, 양츠창은 1931년 말, 리장루이는 1932년에 귀국한다. 짧은 기간이나마 그들은《시와 시론(詩と詩論)》의 중후반 시기를 도쿄에서 체험할 수 있었다.

12 陳允元,〈現代主義的群聚感染一風車詩社的系譜〉, 앞의 책, 5쪽.

13 西脇順三郎,〈序文〉,《馥郁タル火夫ヨ第一詩集》(東京: 大岡山書店, 1927). 여기에서는《日曜日式散步者一風車詩社及其時代》제2권(發自世界的傳播), 84쪽의 중국어 번역문과 영화 속 일본어 원문 참조.

인용된 글에 보이듯 니시와키가 정서를 배제한 이미지를 주장했다면, 하루야마의 시는 형식적인 전위성을 보여 준다. 영화 후반에 인용된 "하얀 산책길입니다/하얀 의자입니다/하얀 향수입니다/하얀 고양입니다/…하얀 소녀/하얀 소녀/하얀 소녀…"[14]라는 데서 나타나듯, 그의 시는 일본에서도 형식주의의 극단을 치달았다고 평가된 작품이다. 정서에 기반한 기존의 시적 질서를 파괴하고 주지적 시각으로 현대의 물상을 재조합하려 했던 '에스프리 누보'의 시형식은 양츠창과 리장루이에게 큰 자극이 되었다. 그들은 한편으로 하루야마가 1928년에 기타가와 후유히코(北川冬彦), 안자이 후유에(安西冬衛) 등 11명과 함께 창간한 잡지 《시와 시론(詩と詩論)》으로부터도 자연스레 영향을 받는다.[15] 이 잡지는 후일 니시와키뿐 아니라, 요코미쓰 리이치(横光利一), 기타조노 가쓰에(北園克衛), 호리 다쓰오(堀辰雄), 다키구치 슈조(滝口修造) 등 더 젊은 작가들의 동참까지 끌어내는데, 일본 모더니즘의 선구적 역할을 한 이 잡지의 참여 작가들은 사실상 〈일요일〉에서도 스토리텔링의 중요한 축이 된다. 일본 작가들의 계보는 영화에서 대만인 주인공들이 보인 전위의식의 원천과 그들의 독서 편력을 이해하는 데 필수 불가결한 맥락으로 제시된다.

양츠창과 리장루이는 주지를 중시하고 서정을 배척하며, 시를 현실에서 분리해 내려고 시도했다. 그들은 시를 일종의 언어 기호 예술이자 자율성을 띤 두뇌 속에서 사고하는 순수한 정신세계로 간주하고, 그것을 재단하고 재조합하는 기술에 착안하게 된다. 이는 그들이 당시 대만 신문학의 주류였던 리얼리즘 문학이나 서정시 시풍과 결정적으로 달

14 春山行夫, 〈ALBUM〉, 《植物の断面》(1929). 앞의 책, 100쪽과 영화 속 일본어 원문 참조.

15 《詩と詩論》과의 관계에 대한 양츠창의 회고는 〈《燃燒的臉頰》後記〉, 《水蔭萍作品集》, 218쪽 참조.

랐던 점이다.[16] 아래는 양츠창의 대표 시로서, 영화의 제목이 되기도 한 〈일요일식 산보자〉이다.

> 멈춰 있는 것을 보기 위해 나는 두 눈을 감는다…
> 꿈에 나타나는 기적을
> 회전하는 분홍색의 감미로움을…
> 봄날에 당황한 뇌가 꿈처럼—
> 부서진 기억에 호소한다.
>
> 푸른 기구가
> 표류하는 그늘에서 부단히 산보한다.
> 이 멍멍한 풍경에서…
> 유쾌한 사람은 껄껄 웃다 너무나 유쾌해진 나머지
> 그들의 웃음이 만들어 낸 무지개 꼴 공간에서 죄악을 끌고 지나간다.
>
> 그리고 나는 계속 걷고 있다
> 이 언덕에는 경기구(輕汽球)의 그림자만 가득하고, 나는 말 없이 걷는다…
> 한 번 소리를 지르면, 이 정신의 세계는 바깥의 세계를 깨워내리라!
>
> —원작 시의 일부, 영화 텍스트 전체 인용[17]

양츠창이 바라본 일요일의 풍경은 현대문명의 상징인 경기구처럼 생경하면서도 각각이 분절되어 있는데, 서정적 화자는 마치 부유하는 듯

---

16 陳允元, 〈現代主義的群聚感染一風車詩社的系譜〉, 앞의 책, 5쪽.

17 楊熾昌, 〈日曜日式散步者一把這些夢送給朋友S君〉, 《臺南新報》, 1933년 3월 12일. 이 시는《水蔭萍作品集》, 81-83쪽과 영화 속의 일본어 원문 참조.

유학 시절의 린슈얼(《藝術家》, 2016. 5)

이 낯선 물상 사이를 산보하면서 그것들을 새로운 상상력으로 재구성한다. 화자는 얼핏 보들레르의 '산책자(flâneur)'[18]를 연상케 하지만, 물상을 초현실적인 이미지로 구현했다는 점에서 한발 앞선 전위성을 내보인다. 그럼에도 양츠창의 시는 1920년대에 유럽에서 발생한 초현실주의의 본령에 내포된 저항적 발상과는 거리가 있었다. 그들의 시는 일본을 거쳐 다시 대만적인 상황에서 나온 것이기에 양 지역의 문맥에 따른 특수성이 가미되었기 때문이다. 그들의 현대문명 수용에는 경이의 시선이 섞여 있을 수밖에 없었고, 최첨단의 미학을 고향의 후진적인 풍토에 이식하려는 성마름도 노출되고 있었다.

이 영화의 또 다른 주인공인 린슈얼과 장량뎬은 양츠창이나 리장루이보다 조금 늦게 풍차시사에 합류하게 되지만, 선배들과 같은 성향으로 묶기에는 무리가 있다. 린슈얼의 경우, 그의 유학 시기는 전 시대의 극단적인 주지주의를 수정한 《사계(四季)》[19] 계통이 흥기하는 때였다. 그

18 보들레르가 산문시집 《파리의 우울》에 등장시킨 이 인물상은 후일 발터 벤야민(W. Benjamin) 같은 학자들에 의해 근대성·도시문화·자본주의 등을 분석하는 도구로 활용되었다.

19 1933년 호리 다쓰오가 창간, 이듬해 월간으로 재출발하여 1944년까지 81책을 낸 잡지를 말한다. 예술을 순수하게 유지하는 것을 목표로 하여, 1930년대 중반 서정시 부흥을 추진하는 기폭제가 되었다. 〈日本大百科全書〉의 '四季(詩雜誌)' 항목 참조(https://kotobank.jp).

래서 그는 초현실주의의 영향을 받기는 했지만 기행시나 서정시 등 변증법적으로 절충된 작품이 많았다. 영화 중반에 일본을 공간적 배경으로 전개되는 그의 행적에 관한 묘사에도, 부드럽고 감미로운 서정시가 많이 삽입되었다.

크림색 방에서
나는 크림색 꿈의 알을 조용히 부화하고 있다.
유리창에 얼룩말이 비친다.
언덕에 강아지풀의 은색 파도가 일렁인다.
붉은 지붕. 붉은 감. 하늘이 아득히 멀어져 간다.

—원작 시의 일부, 영화 텍스트 전체 인용[20]

이 시에서의 서정적 화자는 물상을 관조만 하는 양츠창의 시에서보다 더 친화적인 태도를 보이며 자신 안으로 그것을 받아들인다. 린슈얼의 서정적인 필치는 영화 속 일본 유학 시절을 낭만적으로 포장하고, 관객이 풍차시인들의 순문학에 대한 열정에 공감하면서 아련한 향수의 감정마저 느끼도록 한다.

이처럼 〈일요일〉은 풍차시사와, 그들을 둘러싼 서구나 일본의 많은 문학 콘텐츠를 열거하지만, 영화 전체로 볼 때 풍차시사 시인들이 자기 문학에 대한 주체성을 키워가며 자유롭게 시적 정취를 발산하는 줄거리는 1/3을 채우지 못한다. 총체적으로 보면 풍차시사의 시문학 자체보다 그들이 대만의 문단과 역사에서 겪은 질곡에 더 초점이 맞춰져 있다고 할 수 있다. 영화 초반에 이어지는 관객과의 문학적 소통은 어느 시점 이후 역사 쪽으로 무게 중심이 옮겨 간다. 그리고 그들이 겪는 시련

20 林修二, 〈日曜日〉, 《林修二集》(臺南: 臺南縣文化局, 2005), 80쪽. 1935년 9월 29일 창작, 《臺灣新聞》에 1935년 발표(게재일 미상).

은 대만문단 내에서 비체[21]로 취급되는 상황으로부터 시작된다.

풍차시사의 시인들은 타이난으로 돌아온 이후, 유학지 도쿄와 현격한 차이가 있는 식민지 지방 도시의 문화적 열악함과 마주해야 했다. 영화 속에서 리장루이는 수입 서양영화 한 편 제때에 볼 수 없는 자신들의 낙후한 도시를 "예술을 잊어버린 도시 타이난"[22]이라고 자조적으로 말한다. 이는 시대를 초월한《풍차》와 그들의 지역문화 사이에 존재한 감성적 거리를 나타낸다. 그러나 그들이 부딪힌 더 큰 난관은 당시 대만에 한창 흥기하고 있던 리얼리즘 문학으로부터의 질시였다. 타이난을 기반으로 하면서도 중앙 신문학 문단의 추세를 부단히 의식해야 했던 양츠창과 리장루이의 불편한 감정은 거듭 독백으로 표현된다.[23] 이런 장면에서는 신문학 운동에서의 주요 잡지들과 문학사적인 사건들, 그리고 양쿠이와 뤼허뤄 등 좌익 작가들의 사진이 하나하나 스쳐 지나간다.[24] 풍

---

21 비체(卑體, abject)는 후기구조주의에서 제기된 용어로서, 주체도 객체도 될 수 없는 아예 존재 자체가 지워진 존재를 뜻한다. 류지후이(劉紀蕙)는 〈前衛的推離與淨化〉(周英雄·劉紀蕙 主編,《書寫台灣一文學史, 後殖民, 後現代》, 臺北: 麥田出版社, 2000)에서 쥘리아 크리스테바(J. Kristeva)의 비체 개념을 차용, 대만 문학사에서 국가 상징 시스템을 유지하려는 강렬한 시도와 타자를 배척하는 오이디푸스적인 조직화와 정상화 증후군이 존재했으며, 이런 까닭에 양츠창이나 린헝타이(林亨泰) 같은 전위문학 작가들이 비체로서 타자화되어 왔다고 말한다. 이에 천윈위안(陳允元)은 〈尋找〈缺席〉的超現實主義者一日治時期台灣超現實主義詩系譜的追索與文學史再現〉(2013)에서 새로 발견된 사료들과 광복 이후의 모더니즘 명맥, 그리고 모더니즘의 정전화(正典化) 현상 등을 증거로 류지후이의 논리에 반박하기도 했다.

22 李張瑞, 〈作爲感想〉,《日曜日式散步者一風車詩社及其時代》 제1권(瞑想的火災), 95쪽. 원래는《風車》, 제3기(1934년 3월)에 수록.

23 예를 들면, "수이인(양츠창—인용자 주)의 시나 나의 시나 나라의 사람들로부터 에트랑제(외국인—인용자 주) 취급을 받고 있다. 우리에게도 주변 사람들이 쓰는 것처럼 불평등이나 반항심 같은 것이 없는 것이 아니다. 굳이 그것을 쓰지 않을 뿐이다. (…) 더 큰 문학이라는 견지에서 생각하면 우리의 문학 태도도 받아들여질 수 있다고 생각한다"와 같은 독백이 그렇다. 李張瑞, 〈詩人的貧血一這個島的文學〉,《日曜日式散步者一風車詩社及其時代》 제1권, 101쪽. 영화 속의 일본어 원문도 참조. 원 발표는《臺灣新聞》, 1935년 2월 7일.

24 대만문예연맹의 기관지《대만문예》(1934-1936), 양쿠이 등이 발간한《대만신문학》

차시사에 대한 좌익 작가들의 직접적인 비판은 전반부 스토리텔링의 부드럽고 완만한 기조에 드문드문 제동을 걸며 파열음 같은 역할을 한다.

> 아, 아름다운 장미의 시인들이여, 그대들이 숭상하는 시의 경계에는 혈액의 맥박도 심장의 맥박도 느껴지지 않는다. 그 속에서 느껴지는 것은 단지 그 말의 구성으로 장식된 비현실적인 미학의 장난감에 불과하다. 다시 말해 그 생생한 현실 삶에서 멀찌감치 떨어져 있는 것, 설마 시가 그런 것이란 말인가?[25]

이 글을 쓴 궈수이탄(郭水潭)은 타이난 교외의 염분지대(鹽分地帶)에서 활동한 좌익 계열 시인이다.[26] 그의 비판은 본래 낭만주의를 포함한 비리얼리즘 작가를 통틀어 겨냥한 것이었다. 영화의 문맥에서 이런 비판은 풍차시사가 정신적 타격을 받고 조금씩 좌절해 가게 만든다. 영화는 몇 번의 유사한 재연극 장면을 통해 그런 글이 실린 신문을 찢고 있는 인물의 동작을 보여 준다. 풍차시사는 넓게 포진한 좌익계 작가군에 둘러싸인 채 상당히 위축된 상황에서 모더니즘 문학을 고수했다. 그런 상황은 훗날 풍차시사가 오랫동안 조명되지 못한 채 묻혀버린 원인이기도 했다. 이어 식민지에 대한 황민화(皇民化)정책[27]이 가속화되자 풍차시

(1935-1937), 대만문예협회의 기간지 《선발부대》(1934-1935) 표지와 대만문예대회(1935.8.11) 사진 등이 함께 인용된다.

25 郭水潭, 〈寫在牆上〉, 《共時的星叢—《風車詩社》與新精神的跨界域流動》(臺北: 原點出版社, 2020). 51쪽. 원문은 《台灣新聞》, 1934년 4월 21일 '文藝欄'에 수록.

26 타이난 베이먼군(北門郡) 일대 연해 지역에서 1930년대에 활동한 문학단체. 농촌에 기반한 소박한 사실주의 문학을 구가한 시인들로, 우신룽(吳新榮), 궈수이탄 등 대표적인 시인 7인은 '북문칠자(北門七子)', 또는 '염분지대 시인'으로 불린다.

27 '황민화'란 단어가 처음 등장한 것은 1936년 9월경이었으며, 이후 일본의 침략 전쟁이 가열화되면서 대만인들에 대한 동화운동도 가속화되었다. 蔡錦堂, 〈日據時期台灣之宗教政策〉, 《台灣風物》 42卷 4期(1992.12), 117쪽 참조.

사가 겪는 시련은 또 다른 양상으로 치닫는다.

〈일요일〉은 문단 바깥의 대만 현대사를 크게 세 단계로 구분한다. 첫 번째는 영화 시작 부분부터 이어지는 식민 중기이고, 두 번째는 중일전쟁 발발 이후의 식민 말기이며, 세 번째는 일본의 항복선언 이후다. 이 세 단계는 각각 주사위를 던지는 장면으로 구분되는데, 이것만으로도 그들의 운명이 예측 불가능할 것임을 예상케 한다. 그런데 이는 교묘하게 설정된 시적 상징이기도 하다. 즉, 상징주의의 창시자 스테판 말라르메(S. Mallarmé)의 시구 "한 번의 주사위 던지기는 결코 우연을 폐기하지 못하리라"[28]에서 모티프를 따온 것이다. 이것은 말라르메가 인간에 대한 운명과 죽음의 관계를 파악해 내고, 존재의 정당한 가치를 되찾기 위해 한 말이었다. 〈일요일〉은 풍차시인들이 역사로부터 부여받은 불안한 운명과 파멸적인 최후를 암시하고 그들에게 실존적 의미를 부여하기 위해 말라르메의 주사위를 이미지로 표현했다.

역사 상황의 악화는 영화 중의 시 텍스트뿐 아니라, 인용된 예술자료들의 성격까지 일순간에 바꿔 버린다. 직전까지 이어진 사변적이고 난해한 초현실주의 그림과 사진, 그리고 전위적 영상물 대신 직설적인 전쟁화나 전쟁 영상, 뉴스 보도 등이 콜라주되면서, 시인들은 현실과 유리된 세계로부터 냉혹한 현실의 바닥으로 끌어내려진다. 하지만 그 역사 사건들이 시인들의 감성까지 속속들이 지배하는 것은 아니다. 이 영화 속의 개인들은 역사와 거리를 두거나 어긋나거나 하면서 서서히 운명 속으로 빨려 들어간다. 가령 대만에까지 아직 직접적인 전운이 드리우기 이전, 린슈얼의 베이징 답사 부분에서는 다음과 같은 독백이 등장한다.

---

28 스테판 말라르메, 〈주사위 던지기(Un Coup de Dés)〉. 김경란, 〈불멸의 언어, 소멸의 언어—말라르메의 글쓰기 풍경의 진화〉, 《불어불문학연구》(한국불어불문학회) 122(2020), 9쪽 참조.

> 나는 자금성에서 옛적의 성대한 조정 의식을 상상하고 영화(榮華)가 극에 달한 내정의 생활을 떠올렸다. 그러다 몇 번인가 뒤바뀐 역사의 혼돈을 헤아리던 나의 가슴에 가련한 '민중'이 떠올랐지만, 그 감상적인 생각이 침투하여 역사에 심취된 나의 꿈을 깨버리는 것이 싫어졌다. 예를 들어 한번은 낡은 성벽 옆에서 가련한 소년이 온몸이 가랑비에 젖은 채 검은 돼지와 양을 모는 것을 본 적이 있는데, 그 소년의 운명을 성벽 하나로 나뉘어 일찍이 존재했던 호화로운 삶과 굳이 비교할 필요가 있을까? 나는 알 수가 없다. 하지만 나는 그 정경을 그대로 사랑하련다. 정취가 넘치는 한 폭의 아름다운 그림으로서, 아름다운 한 편의 노래로서.[29]

서정적 필치가 한껏 발휘된 이 여행기에서, 린슈얼은 베이징의 풍경을 타자화된 낯선 세계로만 바라본다. 그것은 작가가 도쿄 한복판의 센소지(淺草寺)나 메이지 신궁 공원에서 느낀 친절하고 안온한 모습[30]과 확연히 구분되는 적나라한 세상이다. 베이징의 당시 시점이 일본군의 점령 치하라는 사실도 그다지 문제 되지 않는다. 영화 속에서 식민지인으로서의 갈등과 상처는 대만 사회 내부에서 일어날지언정, 식민 종주국과의 접촉으로 발생하지는 않는다. 양츠창이 도쿄에서 만난 미치(美智)라는 여성을 언급하는 글에서도, 그는 '남방에서 온 이방인' 이하의 차별적인 지위에 있지 않다.[31] 영화는 미학 표현 이상으로 식민 현실과 관

29 林修二, 〈槐樹的回憶〉, 《林修二集》, 302-305쪽. 인용된 영화상의 독백은 원문에서 짜깁기된 것이다. 원작은 1939년 10월 작. 린슈얼은 1939년 8월, 게이오대학의 모지즈키(望月) 지나연구기금회가 찬조한 여행단에 합류, 조선을 거쳐 중국의 둥베이·화베이·화둥·화난 등지를 고찰한 바 있다. 林政華, 〈日政時期詩人林修二及其作品研究〉, 《通識研究集刊》 第一期, 2002. 7쪽 참조.

30 린슈얼, 〈近隣〉의 서술 내용에 근거. 《林修二集》, 416쪽. 원문은 《臺南新報》, 1936년 4월 28일.

31 楊熾昌, 〈殘燭的火焰—回憶燒掉的作品及和女性的羅曼史〉, 《水蔭萍作品集》, 235쪽.

계를 맺지 않은 이 시인들의 청년다운 순수한 감성을 온전하게 인정해 주고자 한다.

물론 대만 섬까지 전쟁의 소용돌이로 빨려드는 태평양전쟁은 확실히 이전의 어떤 형국보다 심각해 보인다. 상황은 급격하게 나빠져, 이제껏 없던 암울함과 공포감이 화면에 가득하다. '황민문학'을 독려하는 목소리들, 지원병의 환송 모습을 담은 사진들, '대동아문학자대회'(1942)의 기록 필름, 여기에 설상가상으로 린슈얼의 요절 장면(1944)까지…, 이것들은 그들이 지금까지 경험한 피식민자로서의 체험 중에도 가장 감당하기 힘든 불가항력의 국면이었다. 그리고 이 어두운 터널의 출구에서 영화의 문맥상 밑도 끝도 없이 맞게 되는 광복은 그들에게 또 다른 차원의 시련을 예고한다.

1942년 1차 대동아문학자대회에 참석한 대만 대표들. 좌측부터 하마다 하야오(濱田準雄), 룽잉쭝, 니시카와 미쓰루(西川滿), 장원환(張文環)(wikimedia.org).

원문은 《紙魚》(1985.11)에 수록. 이 글에는 도쿄 여성의 현대적인 미와 그가 자주 간 제과점 '콜롬뱅'에서의 낭만적 에피소드도 언급된다.

리장루이의 간첩죄 심문 기록지(영화 〈일요일〉 장면)

〈일요일〉은 광복과 국민당 천도(遷都)라는 시대적 격변이 풍차시인들에게 초래한 정신적 압박을 우선 창작 언어의 변화로 제시한다. 광복 직전의 재연극 장면에서 린슈얼의 신혼집에는 '타이난 주(洲) 공인 국어가정'이라는 푯말이 박혀 있고, 곧이어 주인공들이 창씨개명을 하는 장면이 이어진다.[32] 하지만 광복이 되자 언어는 또 다른 긴장 국면을 불러온다. "서점의 책꽂이에 국민당이 쳐놓은 덫이 적지 않네"라며 양츠창이 리장루이에게 경고하는 신은 아이러니하게도 주인공들의 중국어 자

32 한자로 '臺南洲認定國語家庭'이라 쓰여있다. 대만에서는 1937년부터 국어=일본어라는 논리가 한층 고취되어, 취학 기회나 배급에서 우선권을 부여한다는 선전하에 '국어가정'이라는 제도가 등장했다. 야마구치 마모루(山口守), 〈記憶への旅(1)台湾〉, 《リベラシオン―人権研究ふくおか》 127(福岡: 福岡県人権研究所, 2007.9), 117쪽. 자료를 제공해 주신 야마구치 교수님께 감사드린다. 한편 대만에서의 창씨개명 정책은 1940년부터 실시되었다.

습 장면으로 이어진다. 책상 위에 놓인 중국어 회화 교재와《일중사전》의 책갈피가 바람에 흩날리는 모습이 클로즈업된다. 영화는 식민정부의 국어정책도 불편하게 바라보지만, 국민당의 국어정책은 더 날 선 눈빛으로 응시한다. 식민통치와 공포정치 사이에서 창작 언어를 횡단해야만 했던 이 본토 출신 작가들은 사실 누구보다 언어의 압박을 심하게 받은 세대였다.[33]

그런데 영화에서의 이런 장면들은 비단 언어 차원의 압박만이 아니라, 언어로 대표되는 본토인 신분이 2·28사건(1947)으로 그들에게 치명적인 결과까지 불러올 것임을 또한 암시한다. 이 영화에 나타나는바, 식민 시기에 대한 기억이 한국인들의 그것과 약간 달라 보이는 이유를 이해하려면 영화의 결말까지 봐야 한다. 광복은 주인공들에게 오히려 절명을 재촉하는 역설적인 상황을 강요한다. 영화의 결말로 가면 양츠창이 2·28사건에 가담한 혐의로 6개월 징역형을 받고, 리장루이는 간첩죄 누명을 쓰고 급기야 총살까지 당하는 등 상황은 파국으로 치닫는다. 가장 엄혹한 역사의 암흑기에서 〈일요일〉은 풍차시사의 절멸을 애도하며 스토리텔링을 마감한다.

영원한 것에 가치가 있다고 생각하는 인간이,
돌을 신뢰하고 묘비를 만드나니.
단명한 것이라도 꽃처럼 완전무결할 수 있다.[34]

---

33 대만의 한족 중 인구 70% 이상은 중국어의 민난(閩南)지역 방언에서 유래된 말(현재 대만에서 '대만어[臺語]'로 지칭)을 일상어로 써 왔다. 문장어로는 중국 대륙에서 언문일치 운동 이후 보편화된 백화문이 잡지에 사용된 적은 있으나 공식어가 아니었던 반면, 일본어 보급률은 조선에서보다 높았었다. 이 글에서 언급된 대만 신문학은 모두 일본어로 쓰인 것이다.

34 楊熾昌, 〈《燃燒的臉頰》後記〉,《水蔭萍作品集》, 219쪽. 원문은《燃える頬》(1979.11)에 수록.

에필로그로 삽입된 양츠창의 회고시는 순간적이나마 완전했던 아름다움의 가치를 통해 동료 시인들의 실존적 의미를 기린 것이다. 마지막 재연극에서 낙엽이 시냇물 속에서 돌멩이와 나뭇가지에 부딪히며 위태롭게 떠내려가는 모습은, 비록 그 역사는 흘러갔을지라도 시인들의 존재 의미는 영원할 것임을 상징하기에 더없이 적절해 보인다. 이어지는 아웃트로 시퀀스에서는, 그들의 가장 낭만적이었던 청춘 시절로 다시 플래시백 하는 듯이, 양츠창이 도쿄 시절에 보고 극찬했던 〈파리의 지붕 밑〉(1930)의 영화 주제곡이 활기차게 흐르면서 자막이 올라간다.

2 아카이브의 콜라주와 오브제 표현

〈일요일〉은 러닝 타임이 총 2시간 42분에 달하는 비교적 긴 영화이다. 수많은 시가 낭송과 텍스트로 나타나는 중에 이미지와 영상이 콜라주 형식으로 편집되어 있다. 인용된 방대한 아카이브 안에는 문학·회화·사진·영상, 그리고 음악과 음향 등 다양한 자료가 섞여 있다. 이것들을 어떻게 전시하여 주제와 연계 짓는가 하는 것은 이 영화를 이해하는 또 다른 열쇠이다.

먼저 시 작품을 보면 풍차시사 외에, 일본 모더니즘 계열의 시가 드문드문 등장하고 광복 직후의 대만 모더니즘 시도 결말 부분에 잠깐 나타난다. 서구 작품은 다다이즘과 초현실주의, 그리고 입체주의 계열의 시가 인용되는데,[35] 물론 일본에 소개되어 풍차시인들에게까지 영향을 끼

35 일본 작가로 다키구치 슈조, 안자이 후유에, 기타조노 가쓰에, 호리 다쓰오, 기타가와 후유히코, 미요시 다쓰지(三好達治) 등이, 대만 작가로 린헝타이와 룽잉쭝 등이 인용된다. 서구 작품으로는 장 콕토의 〈어린이 도둑(Les Voleurs d'enfants)〉과 〈비눗방울(La Bulle de Savon)〉, 폴 엘뤼아르(P. Eluard)의 〈파블로 피카소〉, 트리스탕 차라(T. Tzara)의 〈다다이스트 시는 어떻게 만드나〉, 막스 베버(M. Weber)의 〈눈의 순간(The Eye

친 것들이다. 영화는 문자이건 음성(낭송)이건 제시된 원작의 일본어 텍스트에 대한 중국어 자막은 제공한다. 하지만 작자와 제목까지는 표시하지 않기에, 사전 지식이 없는 한 각각의 작품은 영화의 문맥을 따라 나타났다 사라지는 익명의 시로써 인상을 남길 뿐이다. 심지어 어디가 끝인지, 전후가 서로 이어지는 것인지조차 알 수 없다. 이것은 다른 시각예술 작품도 제목이나 작가명이 없이 연쇄적인 영상으로 전시된다는 점에서 일관적이다. 이처럼 모호하며, 심지어 느닷없어 보이기까지 하는 스토리텔링은 이 영화만의 독특한 서술 형식을 이룬다. 이 시들은 분명 풍차시인과의 관계가 고증된 것들이다. 하지만 관객이 매 순간 서지 정보를 확인해야 한다면 도리어 몰입을 방해받을 수도 있었을 것이다.[36] 이 영화의 서술 전략은 시들이 텍스트보다 이미지로써 다가가게 하고, 그럼으로써 학술적이기보다 예술적인 울림이 영화 전반을 지배하도록 한다.

인용된 회화로는 우선 랴오지춘(廖濟春)을 비롯한 대만의 대표적인 근대 화가들의 작품을 꼽을 수 있다.[37] 이 그림들은 1933-1934년 사이 대만의 '국전'이랄 수 있는 '대전(臺展)'의 입선작들이다. 당시에 저널리즘이 대만 미술가를 차별한다고 지적한 리장루이의 평론문[38]에 대한 역사 자료로 본토인 화가들의 작품을 인용한 것이다. 하지만 이 그림들의 역

Moment)〉과 〈일기예보〉, 기욤 아폴리네르(G. Apollinaire)의 칼리그람 시 〈비가 오다(Il PLEUT)〉 등이 인용된다.

36 황야리 감독은 인터뷰에서 이런 서사법을 채택한 이유로, "다큐멘터리에는 응당 '미지(未知)'의 영역이 있어, 관객이 영화에서 그 미지를 보고 사고하며, 다큐멘터리가 더는 지식 전달자가 아니라 '진실'을 탐문하는 어떤 출발점이라는 것을 받아들이게 하는 데 있다"고 말한다. 謝璇, 〈專訪《日曜日式散步者》導演黃亞歷/詩與電影, 詩的電影〉(2016.3), https://punchline.asia.

37 궈바이촨(郭柏川), 쉬성지(許聲基), 천청보(陳澄波), 양싼랑(楊三郎)의 그림이 연이어 등장한다.

38 李張瑞, 〈作爲感想〉, 《日曜日式散步者—風車詩社及其時代》 제1권, 95쪽. 원문은 《風車》, 제3기(1934.3)에 수록.

할은 초현실주의와의 먼 관계만큼이나 미미하다. 대신 〈일요일〉이 초현실주의의 토착화 양상에 초점을 맞춘바, 민속이나 원주민 소재를 모더니즘으로 재현했다는 점에서 대만 거주 일본인 작가들이 오히려 더 비중 있게 인용된다. 식민 말기의 잡지 《민속 대만(民俗臺灣)》에서 삽화를 담당한 다테이시 데쓰오미(立石鐵臣)의 판화 연작, 그리고 원주민 그림으로 유명한 시오쓰키 도호(鹽月桃甫)의 유화가 대표적이다. 시오쓰키의 유화 장면에는 "술 마시고 노래하다 날이 밝았다. 토기의 음향과 토인의 입술에서 포에지(시를 가리킴—인용자 주)가 탄생된다"[39]라는 양츠창의 글처럼, 모더니스트의 시각으로 대만 풍토를 바라본 텍스트가 조합된다. 대만 음악가 장원예(江文也)와 일본 작곡가 구로자와 다카토모(黑澤隆朝)가 식민 시기에 채록한 원주민 민요가 그 배경음향으로 활용되는 것도 같은 이유에서이다.

서양의 회화는 비록 화가들이 풍차시사와 직접 교류한 사실은 없지만, 미래주의·입체파·표현주의·다다이즘·초현실주의로 이어지는 20세기 초반 현대미술의 계보를 통째로 옮겨온 듯 매우 광범위하게 인용된다. 특히 양츠창의 시 〈일요일식 산보자〉에 대한 배경으로써 조르조 데 키리코(G. de Chirico)의 유화 〈거리의 신비와 우울〉(1914)이 등장하는 것을 시작으로, 초현실주의의 대표작들을 긴 흐름으로 인용하는 장면은 시와 그림의 정서적 합일을 정점으로 이끌어 간다. 그중에도 양츠창 배역의 목소리로 다키구치 슈조의 연작시가 낭송되며 일련의 유화 작품이 배경으로 나타나는 부분은, 세계 초현실주의의 광역화된 자기장 안에서 풍차시사를 이해시키려는 상호텍스트적인[40] 의도를 가장 감각적으로 드러낸다.

39 楊熾昌, 〈土人的嘴唇〉, 《水蔭萍作品集》, 138쪽. 원문은 《風車》, 제3호(1934.3)에 수록.

40 상호텍스트성(intertextuality)은 1960년대 이래 쥘리아 크리스테바 등 탈구조주의자들에 의해 주창된바, 모든 텍스트가 다른 텍스트들과 직간접적으로 연결되어 있으며, 그 관계 속에서 의미가 생성되고 이해된다는 이론을 담은 개념이다. 이 이론에 의하건대, 텍스트들은 서로 고립되지 않고 그물망처럼 연결되어 있으며, 그 연결망 속에

시오쓰키 도호, 〈무지개〉(1936)(twmemory.org)

시계들은
호수에서 떠오른 양서류였다
지구의는 지금
심한 노스탤지어에 빠져 있고
역사적인 노을 속에서
인간은 서로 포옹을 한다
배고프고 겁 많은 참새떼가
가공할 20세기 물체의

서 텍스트의 의미가 더욱 풍부해질 수 있다.

큰 스펙타클 사이로 춤추며 내려앉는다.

— 원작 시의 일부, 영화 텍스트 중 부분 인용[41]

여기까지는 다키구치의 연작시 중 〈살바도르 달리〉를 인용한 것이다.[42] 달리의 그림 〈기억의 지속〉(1931)과 〈소름의 시작〉(1928)이 낭송과 함께 화면에 등장한다. 녹아서 흐물거리는 시계들과 달걀노른자 모양의 유동적인 형태가 기하학적 공간에 비현실적으로 혼합된 그림들은 타기구치의 시와 한 몸이 된 양 공감각적으로 초현실주의 미학을 보여 준다. 시와 그림의 전시가 끝난 다음에는 이 영화가 다큐멘터리라는 것을 확인시키려는 듯 재연극 속의 인물이 다키구치가 편찬한 일본어 화집 《달리(ダリ)》(1939)[43]를 들춰 보는 장면이 이어진다.

살바도르 달리, 〈소름의 시작〉(1928)(flickr.com)

그 밖에 이 영화는 일본적인 특징을 보여 주는 초현실주의 그림도 다량으로 인용한다. 대표적인 경우가 고가 하루에

41 瀧口修造, 〈七つの詩〉(《L'ÉCHANGE SURRÉALISTE》, ボン書店, 1936.10) 연작 중 제4편. 여기서는 영화 속의 자막을 번역해 인용.

42 상술한 부분에 이어, 이브 탕기(Y. Tanguy), 호안 미로(J. Miro), 르네 마그리트(R. Magritte)의 그림과 함께 화가 이름으로 제목이 달린 시들이 각각 부분 인용된다. 원래의 연작시에는 이외에도 화가 막스 에른스트, 파블로 피카소, 만 레이에 대한 시도 포함되어 있다.

43 《ダリ》, 西洋美術文庫 第24巻(東京: アトリヱ社), 1939.

고가 하루에, 〈바다〉(1929)(wikimedia.org)

(古賀春江)의 그림들이다. 가령 〈바다(海)〉(1929)에서는 수영복을 입고 다이빙 준비 자세를 한 여성의 앞으로 비행선과 잠수함이 배치되어 있다. 또 〈창밖의 화장(窓外の化粧)〉(1930)에서는 두 팔을 번쩍 든 여성이 마천루 위에서 낙하산과 송신탑을 바라보며 놀란 표정을 짓는다. 그림 속 시각요소 사이의 관계는 더는 유럽식의 광분한 듯한 관념이 아니라, 도시 일상사 중의 인체, 대자연, 그리고 기계 사이의 공영이라는 근대 문명의 특질이 내포된 일종의 이성주의적 가치를 표현한다.[44] 이것들은 일본문학의 초현실 상상에 나타나는 서구와의 차이를 시각적으로 드러낸 것이라고 할 수 있다. 그렇기에 또한 젊은 풍차시인들이 도쿄에서 느꼈을

44 孫松榮, 〈我們如何現代過一關於〈共時的星叢一《風車詩社》與跨界域藝術時代〉〉, 《共時的星叢一〈風車詩社〉與跨界域藝術時代》(2019), 51쪽.

경이로운 시선에 대한 배경으로도 썩 어울릴 수 있다.

이보다 더 극적인 것은 미기시 고타로(三岸好太郎)의 그림이 린슈얼의 인격이 이미지화된 페르소나처럼 등장한다는 점이다. 초현실주의적이면서도 서정적인 화풍, 게다가 그가 겨우 31세로 요절한 사실을 풍차 시인 중에도 가장 서정적이고 일찍 사망한 린슈얼의 이미지에 오버랩하려는 의도이다. 그래서 린슈얼의 부고(訃告) 장면에 이어지는 미기시의 유화 〈여수(旅愁)〉와 〈패각(貝殼)〉(둘 다 1934년경) 속의 조가비들은 레퀴엠처럼 들려오는 소프라노 세키야 노부코(関屋敦子)의 〈솔베이지의 노래〉와 함께 두 작가에 대한 애도를 실은 슬픈 오브제로서 다가온다. 조가비 그림의 인용은 또한 린슈얼이 좋아했던 장 콕토(J. Cocteau)의 시 〈귀(Mon oreille)〉에 나오는 '소라 껍데기'에서 착상된 것이기도 하다.[45]

미기시 고타로, 〈패각〉(1934년경)(wikimedia.org)

회화만큼 많이 인용되는 이미지는 사진 작품이다. 사진 역시 시대의 미학을 보여 주는 유럽과 일본의 작품들이 대량으로 인용된다. 거의 첫 부분부터 등장하는 프랑스 작가 외젠 앗제(E. Atget)는 잡지 《풍차》의 모티프였던 파리 '물랭루주'의 사진으로 유명한 사람이다. 1910년대 파리 도심을 소

45 관련된 시 구절은 "내 귀는 소라 껍데기/바닷소리를 그리워하네"이다. 이에 대해서는 가사이 히로유키(笠井裕之), 〈《日曜日の散歩者》に寄せる三つの主題〉, 《日殖時期現代文藝的共時與差異論壇專輯》(臺中: 國立臺灣美術館, 2020), 50-52쪽 참조.

고이시 기요시, 〈취한 꿈, 피로감〉(1936)(ameblo.jp)

재로 한 그의 연작은 영화 속에서 르네 클레르의 영화 〈파리의 지붕 밑〉을 인용하기 위한 복선으로 활용된다. 양츠창이 이 영화를 본 인상을 누차 서술한 바 있기에, 앗제의 사진들은 도쿄의 방황 시기 양츠창이 긴자(銀座)의 도심에서 느꼈을 경이로움을 연상시키는 대체품의 역할을 한다. 뿐만 아니라 앗제의 일본 버전이라 할 수 있는 모로오카 고지(師岡宏次), 구와바라 기네오(桑原甲子雄), 히야마 히로시(濱谷浩), 그리고 도쿄에서도 활동했던 대만 사진작가 덩난광(鄧南光) 등이 현대 도시와 도시인의 모습을 촬영한 작품들도 빈번하게 등장한다.

한편 나카야마 이와타(中山岩太), 호리노 마사오(堀野正雄), 고이시 기요시(小石清)처럼 보다 전위적인 '신흥사진(新興寫眞)'[46] 작가들, 그리고 후

46 신흥사진이란 1920년대 일본 사진계에 팽배했던 회화주의적 사진에서 벗어나, 사진 본연의 모습으로 돌아가고자 했던 사진 운동으로 사진의 객관성 혹은 기계성에 기반

루카와 나루토시(古川成俊)나 야스이 나카지(安井仲治) 등의 포토몽타주 작품도 인용된다. 전위적 사진들은 도시 경관의 충격과 속도감을 묘사한 신감각파의 요코미쓰 리이치나 신흥미술운동을 선도한 시인 간바라 다이(神原泰)의 텍스트 배경이 된다.[47] 여기에 매끄럽지 않고 잡음이 섞여 들어간 무조(無調)음악까지 곁들여져, 다양한 요소가 입체적으로 어우러진 '신감각'적인 화면이 연출된다.

인용된 다른 어떤 자료보다도 전위적인 것은 역시 동시대의 모더니즘 영상작품들이다. 그것들은 풍차시인들의 각별한 사랑을 받았던 장 콕토의 〈시인의 피〉(1932)와 〈오르페의 유언〉(1960)[48]을 비롯하여 초현실주의와 밀접하게 연관된 내력 있는 작품들이다.[49] 이 영화들은 앙드레 브르통(A. Breton)이 1924년에 발표한 초현실주의 선언을 영화적으로 실천한 것들이라는 점에서, 당시 초현실주의 운동의 전위적 진폭을 가장 감각적으로 설명하는 기능을 한다. 물론 이 모든 영화를 풍차시인들이 직접 보았다고 말하기는 어렵다. 이 영화들의 인용은 그런 점에서 '에세이영화'의 형식을 취하고 있는 〈일요일〉이 형식 방면의 선구자들에게

한 사진예술을 확립하고자 했던 사진의 새로운 흐름을 말한다. 강인혜, 〈호리노 마사오(堀野正雄)의 신흥사진(新興寫眞)과 조선〉, 《미술사와 시각문화》(미술사와 시각문화학회) 21권(2018.5), 105쪽 참조.

47 영화 속에서 요코미쓰 리이치는 〈머리 및 배(頭ならびに腹)〉(《無禮な街》, 文藝日本社, 1924)의 첫 부분이, 간바라 다이는 《未来派研究》에 게재된 〈真径一の街道〉의 시 일부가 인용된다.

48 〈오르페의 유언〉 중 화분의 꽃잎을 뜯어내는 장면을 좌우로 회전시켜 넣고, 그 앞에 똑같은 장면을 컬러로 찍어 역순으로 편집한 것을 콕토에 대한 오마주로 붙여 넣었다. 배경음악도 원래 영화의 것을 그대로 썼다.

49 부분 인용된 영상작품으로는 화가 페르낭 레제(F. Léger)와 감독 더들리 머피(D. Murphy)의 공동작 〈발레 메카니크(Le Ballet Mécanique)〉(1924), 발터 루트만(W. Ruttmann)의 〈베를린—대도시 교향악〉(1927), 지가 베르토프(D. Vertov)의 〈카메라를 든 사나이〉(1929), 루이스 부뉴엘(L. Buñuel)의 〈안달루시아의 개〉(1929), 한스 리히터(H. Richter)의 〈아침 식사 전의 유령(Vormittagsspuk)〉(1928), 그리고 일본 신감각파 영화연맹의 기누가사 데이노스케(衣笠貞之助)의 〈미친 한 페이지(狂った一頁)〉(1926) 등이 있다.

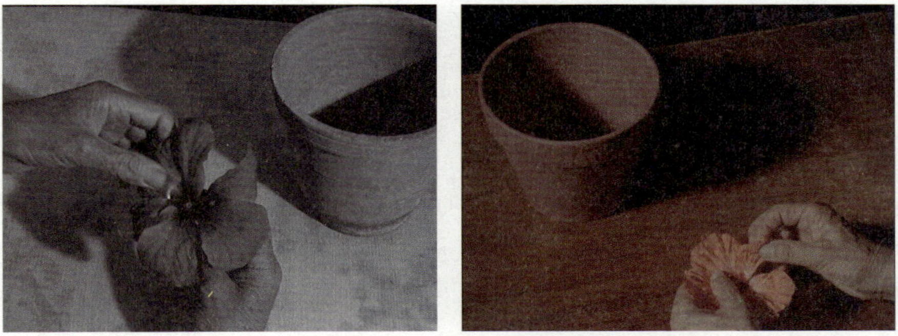

장 콕토의 영화 〈오르페의 유언〉에서 꽃을 뜯는 콕토의 손과 이를 컬러로 오마주한 〈일요일〉의 장면

바치는 헌사라고도 할 수 있다.[50]

다양한 자료들을 스토리텔링으로 엮어 내는 극적 장치로서, 〈일요일〉에는 또한 실사 재연극이 곳곳에 브리지(bridge) 드라마로 삽입되어 있다. 이 재연극들의 공통점은 인물의 얼굴이 프레임 밖으로 잘려 나가 배역이 누구인지 알아볼 수 없다는 것이다. 인물의 분별은 성우의 목소리를 통해 가능할 뿐이다. 또 프레임 대부분을 기울여 놓아 불안하면서도 비현실적인 느낌이 들도록 한다. 각각의 프레임은 정물화의 구도를 닮

50 1920년대의 다큐멘터리는 두 개의 뚜렷이 구별되는 계열로 분리될 조짐을 보였다. 하나는 오늘날 다큐멘터리의 기원과 전통으로 간주되고 있는 로버트 플래허티의 계열이며, 다른 하나는 프랑스 인상주의, 순수주의, 독일 절대주의, 소련의 몽타주 영화로 대표되는 아방가르드 영화의 계열이다. 이 두 계열 모두 극영화 중심주의에서 벗어나려 했다는 공통점이 있다. 특히 발터 루트만, 지가 베르토프, 요리스 이벤스(J. Ivens), 알베르토 카발칸티(A. Cavalcanti)와 같은 아방가르드 영화감독들은 다큐멘터리적인 접근 방법과 아방가르드적인 충동을 절충하는 방식으로 근대 대도시의 일상적인 리듬을 형상화했다. 이들의 작품은 대상의 표면적 현상을 기록하는 수준에 머물지 않고 그것을 관념적으로 표현했다는 점에서 에세이영화의 기원으로 평가받을 수 있다. 이도훈, 〈사유하는 영화, 에세이영화—에세이영화의 이론적 접근을 위한 시론〉, 《현대영화연구》(한양대학교 현대영화연구소) 제14권, 제2호(2018), 161-162쪽. 〈일요일〉은 주로 후자의 영화들을 인용했다. 영화에 인용된 한스 리히터는 1940년에 쓴 〈The Film Essay: A New type of documentary film〉에서 '에세이영화'라는 말을 처음으로 사용한 사람이기도 하다.

아 있기에, 얼굴 없이 비인격화된 몸체는 마치 정물화 안에서 돌아다니는 살아 있는 오브제처럼 보인다. 물론 상술한 주사위 신처럼 재연극에 다양한 방식으로 진짜 오브제가 활용되기도 한다.

사실 이 영화에서의 재연극은 프레임 안에 들어온 모든 물상을 오브제로 만들어 버린다 해도 과언이 아니다. 심지어 건축물조차 국부만이 클로즈업됨으로써, 경관이 아닌 오브제로서 존재감을 발산한다. 가령 타이난 교외 신화 옛 거리(新化老街) 동서절충형 상가건물의 조각 장식, 타이난 토지은행(土地銀行)의 석조 열주, 도쿄 니혼바시(日本橋)의 난간, 도쿄역 청사의 돔, 게이오대학 도서관의 파사드, 센소지의 불탑 등은 국부만이 정지영상으로 클로즈업된다. 이 건축물들은 그 자체로는 건축상의 초현실주의와 무관하며, 단지 인용된 문자나 음성 텍스트의 시공간을 질감으로 확인시키는 역할만 한다. 하지만 사진이나 영상자료보다 문학 내용과의 연상 효과가 떨어지는 이런 오브제들이 영화의 시적 분위기를 오히려 더 고조시킨다. 영화 속의 또 다른 오브제 신은 책을 촬영한 것들이다. 상술한 많은 작가와 작품은 재연극 속 책의 이미지와 연계되어 있다. 인물은 도서관 사서라고 해도 지나치지 않을 만큼 늘 책꽂이 앞에 서서 책을 뒤척이고 있다. 책을 촬영한 장면은 작가들의 독서 편력과 창작 연원에 대한 설득력 있는 방증이 된다.

반복되는 또 다른 장면은 식탁에 음식이 차려지는 것이다. 그 음식들은 작가들의 당시 생활환경을 고증하는 것이지만, 스토리텔링 측면에서는 그 이상의 역할도 한다. 일상의 오브제들은 현재 화면으로 보이지 않는 인간의 일상적 활동의 흔적을 암시한다. 그 활동이 화면 밖에 위치하는 상상 속의 세계라면, 화면 내의 세계는 지나간 시간과 지금 시간의 지속성을 보여 준다. 그런 의미에서 정물화 속 오브제들은 현재의 흔적이라 할 수 있다.[51] 이 영화가 열대 과일을 끊임없이 재연극 속에 등장시키는 것도 같은 이유에서이다. 그런데 그 용도는 예술작품이나 책을 보

얼굴이 없는 재연극의 인물들(영화 〈일요일〉 장면)

신화 옛 거리 건축의 국부(영화 〈일요일〉 장면)

여 주는 것과 약간의 차이가 있다. 음식물과 과일 같은 대만적인 물상들은 낯선 예술작품과 책들의 틈바구니에서 관객에게 기시감을 불러일으키며 이야기의 장소성을 부단히 환기한다.

〈일요일〉의 오브제들은 단지 정지 상태로 대상화되는 것만이 아니라 간단한 움직임을 통해 의미를 발산하도록 설정되기도 한다. 가령 초승달 모양의 조각 위에 공이 진자처럼 매달린 일종의 모빌 작품도 상술한 주사위 신처럼 세 번 등장하는데, 이것은 조각가 알베르토 자코메티(A. Giacometti)의 〈매달린 공〉(1931)을 모방한 것이다.[52] 주사위 신이 새로운

식탁에 차려지는 음식(영화 〈일요일〉 장면)

---

51 서정아, 〈〈돈〉의 오브제와 네덜란드 정물화 비교연구〉, 《현대영화연구》(한양대학교 현대영화연구소) 제15권, 제4호(2019), 129쪽.

52 예술평론가 제임스 로드(J. Lord)는 자코메티의 이 초현실주의 오브제 작품에 대해, "관능적인 암시가 강하게 느껴지지만, 동시에 뚜렷하지 않은 두 형태 사이의 모호한 관계로 인해 해석이 불안정하고, 결과적으로 막 발생하려는 순간이지만 한편 영원히 좌절된 어떤 사건에 대한 범상치 않은 느낌을 끊임없이 만들어 낸다"고 하며 작품에 내포된 이중성에 주목하기도 했다. 안소연, 〈초현실주의 오브제에 대한 정신분석학

자코메티 작품을 모방한 진자 조각상(영화 〈일요일〉 장면)

역사 단계의 발생을 지시한다면, 이 모빌은 각 단계에서의 인물의 심리를 설명한다. 즉, 평온한 유학 시절을 회고하는 부분에서 진자는 정지되어 있지만, 일본군의 진주만 기습 보도가 나올 때는 진자가 바삐 움직인다. 마지막으로 국민당의 백색테러 시기에 진자는 아예 떨어져 나가 버린다. 그 구도는 죽음을 상징하는 오브제를 통해 삶의 유한함을 드러내려 했던 17세기 네덜란드 정물화의 바니타스(vanitas) 주제를 떠올리게도 한다. 그러니까 영화의 시도는 가깝게는 오브제에 현대적인 의미를 부여했던 초현실주의로부터 영감을 얻은 것이지만, 그 기원은 또한 일상의 단면을 통해 인생의 섭리를 표상하려 했던 근세 시기 정물화까지 거

적 재조명—1930년대 자코메티의 초기작품을 중심으로〉, 《현대미술사연구》(현대미술사학회) 27(2010.6), 623쪽에서 재인용.

슬러 올라갈 수 있다.

오브제로 표현된 이 정물들은 단순한 사물이 아니라 인간의 시간에 대한 성찰과 존재에 대한 상상이 담기도록 관념적으로 승화된 것이다. 마치 하이데거가 예술의 본질이 무엇인가를 설명하기 위한 사례로 고흐의 구두 그림을 거론하면서, 미술기법과는 무관하게 고흐가 구두라는 '존재'를 매우 충실한 방식으로 묘사했다고 본 것과 같은 발상이다. 하이데거는 지각된 오브제를 넘어서 있는 존재란 무엇인지, 화가가 그것을 어떻게 가져와 형상화했는가를 궁구했다.[53] 〈일요일〉 속에서의 정물들은 존재의 성찰에서 한발 더 나아가 운명에 대한 자각과도 연계된다. 구겨지거나 찢어진 신문지, 트럼프의 패, 올라갈수록 가로대가 하나씩 떨어져 나가는 사다리, 다다미 위에서의 도미노 게임, 바둑판의 기이한 포석 등등은 각각 작은 설치미술처럼 나타나 다양한 방식으로 시간과 운명의 의미를 전달한다. 그것들은 지극히 일상적인 기물을 통해 우리가 그 사물 자체로서 좀처럼 감지해 내지 못하는 숨겨진 의미를 깨닫게 해 준다.

일반적으로 역사 시대를 다루는 재연 장면의 그럴듯함은 동시대를 배경으로 이미 존재하는 다른 픽션물들, 특히 많은 사극 영화들과의 상호텍스트적인 연관에 의해 생겨난다.[54] 이에 비해 〈일요일〉은 앞뒤에 배치된 아카이브 자료들이 재연극에 대해서 상호텍스트적인 작용을 한다고 볼 수 있다. 그 자료들 사이에서 재연극은 작품 전체에 사실성을 담보하게 하는 동시에, 관객이 사실의 인지를 넘어서 역사 상황에 대한 경험의 세계로 들어오도록 인도한다. 더구나 〈일요일〉이 해설이나 인터뷰 같은 보다 명료한 지식 정보를 생략한 채 온전히 인물의 대화와 음향효

---

53 하이데거, 《예술작품의 근원(Der Ursprung des Kunstwerks)》(1952). 여기에서는 이성훈, 〈반 고흐는 누구의 구두를 그린 것인가?—하이데거, 마이어 샤피로, 그리고 데리다〉, 《대동철학》(대동철학회) 45집(2008.12), 295쪽 참조.

54 홍석경, 〈다큐픽션 속 재연의 문제—'그럴듯함(verisimilitude)'과 '현실정합성(authenticity)' 사이의 혼종에 대한 연구〉, 《방송문화연구》 23권, 2호(2011), 120쪽.

과, 이미지와 영상, 그리고 최소화된 자막만으로 스토리텔링을 이어가기에, 재연극은 또한 관객에게 역사를 사색하게 하는 기능도 수행한다. 이것은 역사 다큐멘터리의 일반적인 지식 전달 문법에는 맞지 않을 수 있지만, 지식 정보에 구애됨 없이 시인들의 감각적인 역사를 그 자체로 받아들이게 하려는 예술적 전략을 오히려 충실하게 구현한다. 영화의 이런 형식은 인용된 어떤 자료보다도 풍차시사의 초현실주의적 상상을 효과적으로 전달한다.

3 공시성과 본토성 구현의 맥락

다큐멘터리 관습을 양식(mode)의 관점에서 여덟 가지로 정리한 빌 니콜스(B. Nichols)의 분류에 따르면, 〈일요일〉은 상술한 것처럼 주관적 표현 양식에 몰두했다는 점에서 '시적 양식(poetic mode)'에 가깝다. 이 작품을 에세이영화로 볼 이유가 그것이다. 그러나 역사와 소통하고 그 역사의식을 관객의 감성에 호소한다는 점에서는 '수행적 양식(performative mode)'의 측면도 보여 준다. 수행적 양식은 미학적 측면에서는 실험 영화나 아방가르드 영화의 영역에 접근하지만, 궁극적인 의미를 위해 역사 세계로 다시 관심을 돌리게 하는 재현과 연관된 표현의 차원을 강조한다는 점에서 시적 양식과 다르다.[55] 다양한 실험성이 구현되기는 했지만, 〈일요일〉을 관통하는 에피소드들은 결코 역사를 벗어나지 않는다. 그 역사 기술에서의 핵심은 대만 근대문화사의 시작 지점에 운동으로서의 집단적인 전위예술이 존재했다는 것, 그리고 그 운동이 세계문학과 공시적일 정도로 선진적인 면모를 갖추고 있었다는 것일 터이다.[56]

55 빌 니콜스, 《다큐멘터리 입문》, 이선화 옮김(한울아카데미, 2018), 210-215쪽 참조.
56 천원위안은 식민 시기 대만에서 풍차시사가 모더니즘 문학으로 가장 두드러진 사례

그렇다면 다시 역사로 돌아가, 이 영화가 현시하려는 공시성의 배경과 특징은 무엇인지, 나아가 그것이 대만의 본토성 구현이나 동아시아 맥락에서는 또 어떤 의미가 있는지 살펴볼 필요가 있을 것이다.

풍차시사의 문학 행적을 발굴하고 연구해 온 대만의 연구자 천윈위안에 따르면, 대만에 모더니즘 미학 사조가 처음으로 소개된 것은 1921년 일본인 노보리 쇼무(昇曙夢)가 러시아 문학을 소개한 것이었다.[57] 이후 필리포 마리네티(F. Marinetti)의 〈미래파 선언〉과 거의 동등한 수준으로 기계, 속도, 인쇄기술 응용 등에 대한 개념이 대만의 일간지를 통해 자못 심도 있게 논의되었다. 한편 유럽에서 미래파가 발생한(1909) 이후에야 다다이즘(1916)과 초현실주의(1924)가 나타났듯이, 대만에서도 초현실주의는 조금 늦게 소개되는데, 그 시발은 1929년 발표된 시카모토 겐이치로(塚本賢一郎)의 〈불란서 근대 시단에 있어서 초현실 시파에 관하여—다다로부터 초현실 시파에 이르는 경과의 보고〉에서였다.[58] 다다에서 초현실주의까지 프랑스 모더니즘을 훑으며 각 유파의 특징을 서술한 이 글은 원래 일본에서 발간된 《시와 시론》 창간호(1928)에 실린 것이다. 특히 이 글은 끝부분에 일본의 초현실주의 작가까지 언급했는

가 되는 이유로서, 첫 번째로 그들이 창작뿐 아니라 이론 전파의 의미가 있는 시론을 게재하여 방법론에 대해 고도로 자각한 문제의식을 보임으로써 '운동'의 성격을 담보했다는 점, 두 번째로 식민 시기 모더니즘 영향을 받은 본도인 작가 중에 오로지 이들만이 '집단'의 방식으로 존재했다는 점을 든다. 그들이 비록 중앙문단에 자리 잡을 정도로 규모가 크지는 않았지만, 집단으로 활동했다는 것 자체는 대만에서의 모더니즘 영향이 이미 우발적·산발적·개인적인 문학실천 차원에서 벗어나 있음을 설명한다는 것이다. 陳允元, 〈現代主義的群聚感染—風車詩社的系譜〉, 앞의 책, 1쪽 참조.

57 昇曙夢, 〈文藝に現はれた最近の露西亞〉, 《台灣日日新報》, 1921년 5월 20일. 여기에서는 陳允元, 〈共時與時差—在一九三〇年代的台灣/世界語境中談論〈台灣現代主義〉〉에서 재인용.

58 塚本賢一郎, 〈佛蘭西近代詩壇に於ける超現實詩派についてダダより超現實詩派に至る經過の報告〉, 《台灣日日新報》, 1929년 3월 4일. 이 글에서는 陳允元, 앞의 논문에서 재인용.

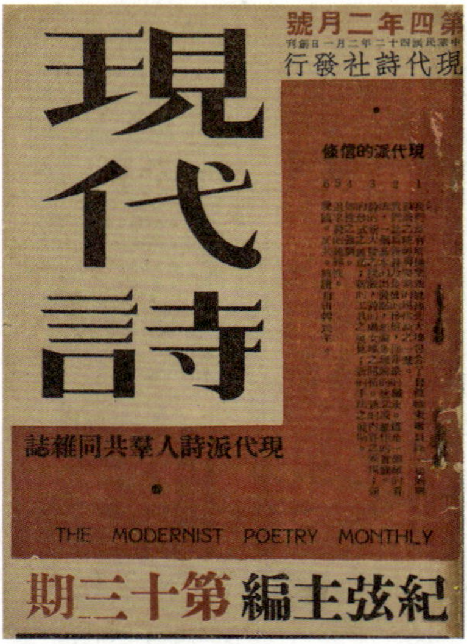

시 잡지 《현대시》 1956년 2월호(인터넷 사이트 〈許定銘文集〉)

데, 이로써 일본문단의 초현실주의 운동이 대만에 처음으로 소개된다. 초기 신문 자료들은 모더니즘의 세계 유동하에서 대만도 비교적 이른 시기에 그 영향권에 들어갔음을 보여 준다. 하지만 대부분이 일본인이 발표하거나 일본에 실린 글을 전재한 것이었기에, 대만 출신자들로 구성된 풍차시사의 등장은 대만의 모더니즘 수용에 있어서 하나의 이정표가 되는 사건일 수 있었다.

대만에서는 오랫동안 모더니즘의 뿌리를 두고 논쟁이 벌어져 왔다. 시인 지셴이 1953년에 《현대시(現代詩)》를 창간한 이후, 중국 대륙에서 넘어온 이른바 '외성인(外省人)' 출신 작가들이 주도한 1950-1960년대의 모더니즘 운동은 한동안 대만 모더니즘의 시원으로 인식되었다. 그들은 '주지'의 미학으로써 대만에 초현실주의적인 창작기법을 전파하며 동시대에 광범위한 지지를 받았다. 하지만 1960년대 말 이래, 대만 본토의 문학 계보에 대해서도 관심이 증가하면서, 린헝타이 등이 1943년 결성한 은방울회(銀鈴會)로부터 1964년에 창간된 《삿갓(笠)》으로 이어지는 섬 내부의 모더니즘 계보가 비로소 조명받게 되었다. 1970년대 말에 발견된 풍차시사 관련 문헌은, 거기에 더해 이 계보에 부재하던 식민 시기의 빈자리를 채우는 결정적인 근거가 되었다.[59] 그럼으로써 풍

59 천밍두이(陳明兌), 〈양츠창·풍차시사·일본 시조〉, 《타이완의 근대문학 3. 운동·제도·식민성》, 최말순 엮음, 장동천 외 옮김(소명출판, 2013), 60-61쪽 참조.

차시사의 발굴은 대륙에서 온 작가들이 전파한 모더니즘보다 시간적으로 훨씬 빠른 시원적 가치를 확보하게 해 주었다. 풍차시사는 대만 모더니즘 문학의 뿌리 찾기에서 그 존재 자체로 이미 상징적인 것이다.

풍차시사의 주요 활동기에 초점을 맞춘 〈일요일〉은 시인들이 그 시대의 첨단 사조를 받아들였을 뿐 아니라 직접 그 현장에서 활동했다는 사실을 강조한다. 예를 들어, 1936년 장 콕토가 일본을 방문했을 때 환송객 인파에 섞여 잠깐이지만 콕토와 접촉한 린슈얼의 일화[60]는 영화에서 시인들의 초국적 활동을 방증하는 핵심적인 에피소드이다. 같은 맥락에서 일본의 모더니즘 작가들과 접촉하고 일본 잡지에 기고한 사실도 의미 있게 다룬다. 이것은 물론 당시 일본문학의 세계성에 대한 동일시가 전제된 것이다. 그리하여 양츠창이 기타조노 가쓰에의 사인 증정본(1934)에 장서인을 붙인다든지, 린슈얼이 펼친 책에 온지 고시로(恩地孝四郎)의 친필 사인(1936)이 나타난다든지, 린슈얼이 니시와키 준자브로와 함께 갔던 피크닉 사진(1938)이 열거된다든지 하는 장면은 하나하나가 대만 작가들이 상상 이상으로 국제적이었음을 환기한다. 일본문단 내에서의 활동을 나타내는 흔적들, 가령 양츠창이 기고한 《시이노키(椎の木)》, 《고베 시인(神戸詩人)》, 《문예범론(文藝汎論)》 등도 표지와 기고 면도 어김없이 등장한다. 많은 에피소드를 관통하는 것은 풍차시인들이 당시 첨단을 구가한 일본 작가들과 접촉하고 문단 데뷔를 통해 그들로부터 인정을 받았기에 국제성이 부여될 수 있다는 논리일 터이다.

그렇다면 그런 공시성 안에서 식민 시기의 대만이라는 시공간의 작용, 즉 본토성은 또 어떻게 구현되는가? 영화는 초현실주의의 장력을 구심적인 방향으로도 바라보려 한다. 서구와 차이가 있는 대만의 수용 특징을 말하려면, 일본에서 수입된 만큼 일본에서의 수용 맥락도 필요

60 林修二, 〈白蝴蝶〉, 《林修二集》, 122쪽 참조. 원문은 1941년 2월 11일 창작.

하지만, 대만으로 건너온 이후의 양상, 즉 어떻게 대만 문화와 결합이 되고 식민지적 특징은 또 어떻게 굴절되어 나타나는지도 설명되어야 한다. 〈일요일〉은 초현실주의가 대만 문화와 만나는 양상을 몇 가지 예로써 보여 준다. 가령 현대성과 어울리지 않아 보이는 도교 사원, 마조(媽祖)[61] 축제, 생활풍습, 그리고 원주민 이미지 등을 오히려 초현실주의적인 문학 텍스트에 연계짓는 부분이 그러하다. 양츠창이 새로운 미학에 대한 의지를 '토인'(원주민 문화)이나 전통 축제(도교식 제례)에 내포된 감각과 열정에서 탐색하려 했음은 영화의 곳곳에서 언급된다.[62]

그런데 이 영화는 대만 초현실주의의 수용과 발화 주체를 피식민자와 식민자로 구분하지 않은 채, 외래 사조(초현실주의)와 장소(대만) 사이의 관계라는 포괄적 맥락으로써 바라보려 한다. 그러다 보니 식민 말기 부분으로 가면 오히려 니시카와 미쓰루(西川滿) 같은 대만 주재 일본인 작가들의 역할이 더 비중 있게 인용된다. 니시카와는 물론 식민 후기 대만문단에서 좌장급 작가였고, 그의 모더니즘적 성취도 간과할 수 없다. 그가 어느 대만 작가보다 대만의 민속에 관심이 많았던 것도 사실이다.[63] 하지만 본토성 구현이란 측면에서 그를 전적인 주체로 볼 수 있을지는 애매한 측면이 있다. 그런 장면들은 대만화된 모더니즘의 사례를 들기 위해 무리하게 인용한 듯이 본말이 전도된 것처럼 여겨지기도 한다. 물론 영화는 그가 식민자의 입장에서 자신의 대만 활동을 '남방문학'으로 내세워 일본 진출의 교두보로 삼았다든지,[64] '대동아문학자

61 마조는 바다의 여신으로 중국 대륙에서는 주로 동남부 해안지대에서 숭배되는데, 대만인들에게도 가장 중요한 수호신 중 하나이다.

62 楊熾昌, 〈檳榔子的音樂—吃鉈豆的詩〉, 《水蔭萍作品集》, 122쪽. 원문은 《臺南新報》, 1934년 2월 17일 자와 3월 6일 자에 수록.

63 영화에서는 지역 풍토를 초현실주의와 결합한 대표적인 작품으로 니시카와의 시집 《마조 축제(媽祖祭)》(1935)를 여러 번 등장시킨다. 시집 《연 따는 노래(採蓮花歌)》(1936)와 소설 〈적감기(赤嵌記)〉(1940), 이케다 도시오(池田敏雄)가 함께 쓴 《화려도 민화집(華麗島民話集)》(1942)도 같은 맥락으로 인용된다.

대회'에 대만 대표로 참석했다든지 하는 흔적들로 그의 행적에 대한 복잡한 시선을 드러내기는 한다. 니시카와처럼 영화 후반에 비중 있게 할애된 화가 시오쓰키의 경우도 마찬가지이다. 주로 원주민을 그려 '대만의 고갱'이라 불린 그는, 〈어머니(母)〉(1932) 같은 작품으로 식민정부의 원주민 정책을 우회적으로 비판하기도 했다. 그러나 영화 속에서 역사 맥락과 무관하게 등장하는 그의 원주민 그림들은 모더니즘에 의한 본토성 구현이라기보다는 모더니즘 기법을 따른 대상화된 이미지로 다가올 뿐이다.[65] 타히티에도 모더니즘 운동이 있었다면 고갱을 대표자로 내세울 수 있을까? 시오쓰키의 원시주의(primitivism)가 식민주의로부터 얼마나 자유로울지는 논란의 여지가 있다.

〈어머니〉 그림 앞의 시오쓰키 도호. 원작품은 실전되었다(《自由時報》, 2018. 3. 17).

64 영화에는, "저 프레데리크 미스트랄이 남프랑스의 빈촌에서 파리의 도시 문예를 능가하는 프로방스어로 주옥같은 노래를 팔아 드디어 웅장한 궁전에 비유될 만한 지위에 올랐고, (…) 우리는 응당 남해의 '화려도'에 있어 그 이름에 걸맞은 문예로 일본문학사에서 특별한 지위를 갖는 것이다."라며 '내지'문학에 대한 대만 일본어문학의 입지를 '남방문학'으로 설명한 그의 언급이 인용된다. 원문은 西川滿, 〈臺灣文藝界的展望〉, 《臺灣時報》, 제230호(1939.1)에 수록. 이 글에서는 陳允元·黃亞歷 主編, 〈共時的星叢—《風車詩社》與新精神的跨界域流動》, 78쪽에서 인용.

65 양츠창의 시 〈토인의 입술(土人的嘴唇)〉(1936)과 같이 등장하는 시오쓰키의 그림 중에 〈사용(サヨン)〉(1942)처럼 원주민의 전쟁 동원을 독려한 것이 포함된 사실도 그렇지만, 이미 지원병 모집이 시작된(1942) 식민 말기 시점에 새삼스레 원주민의 처지에 주목하는 듯한 시퀀스를 설정해 놓은 스토리텔링 자체도 모호한 측면이 있다.

이 영화는 사실 본토 작가의 작품 자체에 내재된 식민지적 굴절 양상에 대해서도 명확하게 언급하지 않는다. 작가가 아무리 순수 지향의 모더니즘만 일관했다 할지라도 작품 내면에 숨겨진 의미를 읽어 내는 것은 해석자의 몫이다. 그런데 풍차시사의 성립을 보여 주는 단계에서부터 그런 맥락이 생략되어 있다. 풍차시사의 발생 시점은 대만 사회를 진동시킨 우서사건이 발생한 지 3년이 채 안 된 때였다. 식민 시기 최대의 저항운동이자 최악의 원주민 학살사건이 가져다준 충격은 심지어 먼 조선의 일간지까지 연일 들썩일 정도였다. 풍차시사는 이 사건의 여진이 채 가시지 않은 와중에 식민 상황을 비판적으로 성찰한 대만 신문학운동이 숙성되던 자못 의미심장한 시공간에서 탄생했다. 하지만 영화는 그런 배경들이 풍차시인들의 모더니즘 표현 속에 어떻게 굴절되어 나타나는지는 말해 주지 않는다. 초현실주의 시대를 향한 낭만적 향수는 젊은 시인들의 내면 깊이 존재하고 있었을 시대적 고뇌까지 돌아보게 하지 않는다.

본토성의 구현과 관련하여 또 생각해 볼 문제는 〈일요일〉이 상대적으로 결여한, 대만과 일본을 제외한 다른 동아시아에 대한 상상이다. 대만문학이 그 시절에 유럽과 공시성을 띠고 있었다는 것도 주목할 만하지만, 같은 시기 동아시아에서는 상하이의 신감각파(新感覺派)와 경성의 구인회(九人會)도 활동하고 있었다. 물론 풍차시사가 일본에서 초현실주의를 직수입했음을 강조하려면, 횡적인 관계는 과감히 생략될 필요가 있었을 것이다. 또 대만에서는 일본어였지만, 상하이에서는 중국어가, 경성에서는 조선어가 창작 언어였다는 차이도 동일 선상의 비교를 어렵게 했을지 모르겠다. 그런데 상하이의 신감각파나 경성의 구인회 역시도 일본의 영향으로 모더니즘을 받아들였음을 상기할 필요가 있다. 그들도 일본의 신감각파를 참조하고 《시와 시론》을 학습했다. 더욱이 맨 먼저 일본에서 상하이로 신감각파 문학을 가져간 사람은 풍차

구인회의 대표 멤버인 이상(좌)과 박태원(가운데). 우측은 김소운(《연합뉴스》, 2022. 12. 21).

시사와 동향 사람인 타이난 출신의 류나어우(劉吶鷗)였다.[66] 당시에 제국 일본이 만들어 낸 '내지'와 '외지'의 구별은 식민지에서도 '선진'과 '후진'의 개념에 연동되었다. 양츠창이나 이상이나 모두 자신들의 문학과 '내지'의 선진문학을 서로 비교하면서, 식민지의 문학청년이 모름지기 '전진하지 않으면 바로 시의 자살'이라는 신념을 가지고 선진적인 문학을 추구해야 한다고 생각했다.[67] 어쩌면 상하이나 경성의 모더니스트들

---

66 중국의 신감각파는 1928년 류나어우가 창간한 《무궤열차(無軌列車)》(보름간)를 토대로 결성되어, 1932-1935년 사이에 스저춘(施蟄存)이 주간을 맡은 《현대(現代)》 잡지로 무대를 옮겨 가며 중국 최초로 완전한 모더니즘 양식의 소설을 구가했다. 그 외 멤버로 무스잉(穆時英)·예링펑(葉靈鳳)·헤이잉(黑嬰) 등이 있다.

67 김동희, 〈한계를 넘은 사람들—이상과 '풍차시사'를 중심으로(打破界線的人們—以李箱及〈風車詩社〉為中心)〉, 《共時的星叢—《風車詩社》與新精神的跨界域流動》, 28-29쪽 참

상하이 시절의 류나어우(《中國作家網》)

과 풍차시사와의 거리는 서구의 원조 초현실주의보다 훨씬 가까웠고 그들 사이를 교차하는 접점도 더 많았다고 할 수 있다. 그럼에도 영화가 이들을 전혀 언급하지 않은 것은 객관적인 역사보다 역사에 대한 해석의 차이에서 나왔다고 할 수 있는데, 그것은 또한 이 영화가 횡적인 동아시아적 공시성을 건너뛸 만큼 서구나 일본으로부터의 직접 수용 결과로 나타난 종적인 공시성에 집착하고 있음을 보여 준다.[68]

영화 속에서 '조선'은 두 번 언급된다. 그중 첫 번째는 린슈얼이 도쿄에 배송된 《대만문예》의 창간호를 뒤척일 때, "대만문학의 언어라고 하는 문제는 급선무라고 할 수 있다. 조선의 잡지는 조선어를 쓰고 있고 조선의 문단도 조선어로 성립되어 있지만, 일본어가 대만의 잡지에서 백화문(白話文)을 제압하고 있으니 도대체 어떻게 해야 좋을 것인가? 머지않아 대만의 백화문은 소멸되고 일본어만이 남지 않을까?"라는 제삼자의 음성이 들려오는 부분에서이다. 화자는 이어서 그렇기에 일본의 '지방주의' 문학을 목표로 매진해야 한다고 자조적으로 결론짓는다.[69] 일본인으로 짐작되는 화자의 진단

조. 원문은 중국어로 수록됨.

68 영화 이후의 전시회 자료나 연구서에는 류나어우와 조선의 시인 이상이 언급되었다. 앞에서 인용한 쑨숭룽(孫松榮)과 김동희의 글 참조.

69 이 독백의 내용은 《대만문예》 창간호(1934.11)의 게재문과 직접적인 관계가 없다. 니시카와와 더불어 대표적인 대만 주재 일본문학가였던 시마다 겐지(島田謹二)가 대만

과 조언에 주인공들이 어떻게 반응하는지는 나타나지 않는다. 다만 바로 이어지는 좌익 작가들의 대만문예대회(대만문예연맹이 1935년 8월에 개최) 사진, 그리고 대만 풍경을 그린 본토인 화가들의 그림으로 미루어 볼 때, 이 인용은 풍차시인들이 지녔던 지역 정체성에 대한 갈등과 초조함을 드러내려는 의도로 여겨진다. 자기만의 창작 언어를 가진 조선문단이 인용된 것이 그 이상의 용도는 아니다.

두 번째는 1936년 무용가 최승희가 대만에 순회공연을 다녀갔다는 소식을 접하는 장면에서이다. 이 대화를 나눌 때 인물의 손에 있던 사진이 바닥에 떨어지는데, 그것은 초청 주체인 대만문예연맹의 관계자들이 최승희와 찍은 단체 사진이다. 이 신의 의도는 당시 문단의 주요 이슈를 스케치하듯 훑어가되, 중앙문단에서 소외된 풍차시인들의 불안한 입지를 반영하려는 데 있다.[70] 여기에서도 조선은 문예사조로는 연결되지 않는 단지 먼 또 다른 식민지일 뿐이다.[71]

만의 '지방주의 문학'을 주창한 것은 1930년대 말이며, 그 연장선에서 1939년 대만문예가협회를 결성하고, 이듬해 1월 《문예대만》 창간호를 발간했다. 대만 본토인으로서 처음으로 황더스(黃得時)가 '지방문화'를 주창한 것도 황민화 말기인 1941년이어서, 영화 속의 독백은 여러 문장을 짜깁기해 놓은 것으로 보인다. 이에 관해 조언을 주신 요코하마 국립대학의 다루미 지에(垂水千恵) 명예교수님께 감사드린다.

70 영화 제작진은 최승희의 공연은 당시 문단의 중요 사건이었지만, 풍차시사에는 큰 의미가 없는 진영 너머의 사건이라고 판단했다. BIOS monthly, 〈時間不輕易繞路, 卻也從未善待過誰一專訪〈日曜日式散步者〉導演黃亞歷〉, 2016.10.7, https://www.biosmonthly.com.

71 이 영화가 역사 사건의 본질보다 객관화된 표상에 더 치중하는 경향은 베를린올림픽(1936)에 대한 묘사에서도 나타난다. 이 시퀀스에 콜라주되는 영상은 레니 리펜슈탈(L. Riefenstahl)의 올림픽 기록 필름 〈올림피아(Olympia)〉(1938) 중 하편에서 취한 다이빙 장면이다. 영화는 현장감을 더하기 위해 일본 수영 선수 마에하타 히데코(前畑秀子)가 금메달을 따는 순간, 아나운서가 흥분된 상태로 중계하는 실제 음성을 길게 삽입했다. 물론 〈올림피아〉 상편의 하이라이트인 손기정과 남승룡의 마라톤 경기 장면은 등장하지 않는다. 이 신에 조합된 시 텍스트는 무라노 시로(村野四郎)의 시 〈다이빙(飛込)〉인데, 이 시가 수록된 《체조시집(体操詩集)》 서문에서 작가 자신이 리펜슈탈로부터 영향을 받았다고 언급하므로 관련이 전혀 없는 것은 아니지만, 발표 시점이

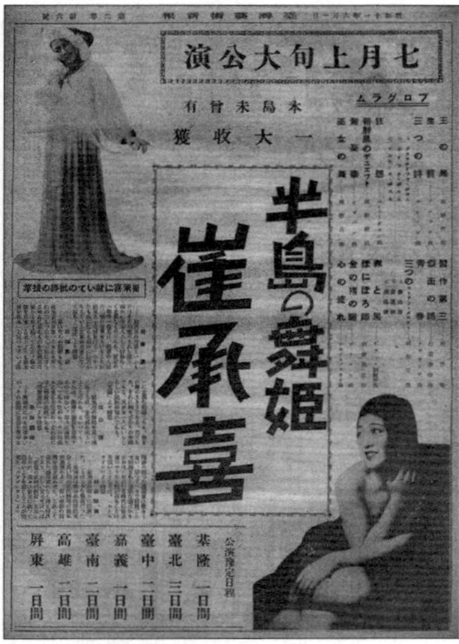

1936년 6월 1일 자 《대만예술신보(臺灣藝術新報)》에 실린 최승희의 순회공연 광고

대만과 일본을 제외한 동아시아의 관객이 〈일요일〉에서 느낄 더 큰 괴리감은 무엇보다 이 영화에 시종일관 일본어 음성만이 들린다는 점일 것이다.[72] 감독은 오늘날의 대만 관객이 최대한 시대적 거리감을 느끼도록 일본어 대화를 고수하고 일본의 거리에서 무작위로 녹음한 조음(噪音)을 효과음향으로 삽입했다고 한다.[73] 그런데 사실 식민지의 대만 사람이 제국의 언어인 일본어로 창작을 한다는 이 행위에 내포된 대

1939년이므로 올림픽 실황을 듣는 극 중 청자와는 상당한 시차가 있는 셈이다.

72 일본의 대만 문화 연구자 미키 나오타케는, 이 영화를 예술영화 버전의 〈비정성시(悲情城市)〉(1989)로 보는 사람도 있지만, 그보다 차라리 〈카노(KANO)〉(2014)로 보는 게 더 타당할 것이라고 말한다. 三木直大, 〈來自日本的歷史回聲—黃亞歷〈日曜日式散步者〉的省思〉(아래 인터넷 주소 참조. 원문은 〈台湾映画〈日曜日式散歩者〉(日曜日の散歩者)を語りなおす〉, 《東方》 441[2017년 11월호]). 식민 시기 대만의 고교 야구부가 일본인 코치를 만나면서 고시엔(甲子園) 결승전까지 출전하게 된다는 대만의 극영화 〈카노〉 역시 일본어 영화이다. 미키 교수는 같은 글에서 〈카노〉에서의 일본인 계몽자 핫타 요이치(八田與一)와 같은 역할이 〈일요일〉에서는 니시카와 미쓰루라며 "그 필요성에 의구심을 지울 수 없다"고 말한다(https://www.pubu.com.tw).

73 〈超越影像—聲音的無限可能—黃亞歷與謝仲其對談(上)〉, https://www.upmedia.mg.

만인으로서의 정체성 공백이야말로, 풍차시사 멤버들이 '초현실'의 예술성을 통해 채워 가고자 꿈꾸었던 것으로 볼 수 있다.[74] 이 점을 고려하면 더더욱 영화의 배역들이 가정 내에서뿐 아니라, 광복 이후에도 여전히 일본어로 소통하는 모습은 생경하게만 보인다. 〈일요일〉은 실험적인 이미지 언어로 호평을 받았지만, 정작 보이스오버 언어는 대만에서조차 논란이 된 바 있다. 그것은 한편으로 이 영화가 일본을 제외한 다른 동아시아 지역의 관객과 교감할 여지를 크게 제한한다.

다큐멘터리는 일반적으로 극영화와 달리 현실 세계를 있는 그대로 보여 주는 장르이다. 하지만 〈일요일〉처럼 역사 소재라면, 현재의 현실 속에 과거를 완벽하게 재현하기란 사실상 불가능하다. 〈일요일〉이 활용한 아카이브 자료와 재연극들은 풍차시사의 역사 흔적을 증명하기 위한 것이지만, 그들의 존재를 사실로 보이게 하는 것은 결국 영화 창작자의 주관성이기에 허구적인 작법은 불가피한 것이다. 물론 그것은 그 자체로 진짜와 닮아 보이려는 것이 아니라, 그것을 통해 총체적 진실에 다가가려는 수단으로서의 허구이다. 〈일요일〉은 진실과 허구가 야기하는 긴장감을 강화함으로써 역사를 다층적인 각도에서 응시하게 한다. 〈일요일〉의 지향성을 향한 이 글에서의 질의 역시도 역사 사실을 토대로 영화 창작자들이 설정한 허구의 관점과 관련될 것이며, 궁극적으로 이 작품이 다큐멘터리로서 지향하는 리얼리티가 무엇인가의 문제로 귀결될 것이다.

〈일요일〉은 대만의 역사를 새롭게 발굴하여 재해석하고자 하는 대만 사람들의 열망에 부응하는 하나의 가치 체계를 그려 보였다고 할 수 있다. 이 다큐멘터리의 본질적인 가치 지향점은 대만 사회의 변화와 그에 대한 대중의 염원을 논외로 하고 생각하기 어렵다. 이 영화가 전하는 역

74 김동희, 앞의 책, 34쪽.

사 스토리텔링은 그들의 '이야기에 대한 열망'을 충족시켰다.[75] 그것은 물론 식민 시기 역사를 바라보는 시선의 다양화, 식민 시기 문화의 국제성 내지는 공시성과 나아가 식민 네트워크의 문화적 작용에 대한 재해석, 본토성 발굴에 대한 열기와 그 인식의 다변화 등 많은 쟁점과 긴밀한 관계가 있을 것이다. 형식미의 혁신성 이상으로 이처럼 대만 사회의 변화라는 총체성이 반영되어 있기에, 〈일요일〉은 그 역사 재현에 있어 사실만큼이나 상상력도 중요한 작용을 한 영화라고 할 수 있다.

그러나 대만 바깥에서 바라볼 때 이 영화가 보여 준 역사관은 더 다양하게 해석될 수 있다. 근대문화 수용의 식민지적 굴절 양상이나 본토성 주체의 성격, 그리고 동아시아적인 보편성 문제 등은 더욱 그러할 것이다. 이 영화의 역사해석은 영화가 비록 탈경계의 방식을 추구했더라도, 대만 내부자의 시선을 여전히 중심에 두고 있음을 보여 준다. 만약 그 안에 어떤 것을 확대하거나 배제하려는 의도가 있었다면, 그것은 또한 세계 문화사와의 공시성 구축이라는 열망의 근저에서 대만 본토주의 또는 '대만 민족주의'가 작동한 결과일 것이다. 유사한 근대 체험 역사가 있지만, 그에 대한 현재적 시각은 다양할 수 있다는 점에서, 다큐멘터리 영화 〈일요일식 산보자〉는 동아시아의 다른 지역에도 많은 것을 시사하는 작품이다.

---

75 역사학자 김기봉은 '역사적 진실'이란 100% 사실이 아니라 "사실이라는 내용이 허구의 그릇에 담김으로써 의미 있게 소통되는 이야기"라고 하고, 최근 한국 사회에서 역사 신드롬이 끊이지 않는 이유가 '이야기에 대한 열망' 때문이라고 말한다. 김기봉, 《역사들이 속삭인다—팩션 열풍과 스토리텔링의 역사》(프로네시스, 2009), 7-22쪽 참조.

II 부

체험과 상상으로 유동하는 도시

5장 청계천과 후퉁, 박태원과 라오서 세태소설의 도시 고찰

근대의 도시는 인간의 생성과 파괴, 풍요와 빈곤, 행복과 불행의 이중적 욕망을 소재로 한 데 버무려져 창조된 공간이다. 이런 도시의 이야기를 담아내는 것이 바로 근대의 소설이다. 근대의 소설 속에서 도시는 이전과 다르게 소설의 전개와 분리해서 볼 수 없는 밀접한 관련을 띠게 되었다. 도시는 '자본주의 운동 및 계급관계의 수행 메커니즘을 가장 날카롭게 표현하는 구조이자 장'이거나, 기술적 아방가르드에 필적하는 '예술적 아방가르드가 그 양상을 드러내는 공간'으로서 근대소설 속에 나타났다.[1] 이러한 도시의 삶을 하나의 유기적인 전체로 바라보는 '도시소설'은 어떤 독특한 장소와 그 분위기로서의 도시에 관해 본질적인 관심을 가지기 마련이다. 도시의 사람들이 어떤 가치 기준을 가지고 살아가고 있는가, 또는 개인의 성격과 운명에 도시가 어떠한 영향을 끼치는가 하는 것은 하나의 도시소설에서 핵심적인 문제라고 할 수 있다. 벤야민의 말대로 도시 텍스트를 읽는 것은 도시 경관을 지적으로 면밀하게 검토하는 것이 아니라 우리의 도시에 대한 인식 속에 담겨 있는 환상, 희망의 과정, 꿈들을 탐구하는 일[2]이라고 했을 때, 문학에 나타난 공간의

1 이성욱, 《한국 근대문학과 도시문화》(문학과과학사, 2004), 19쪽 참조.
2 마이크 새비지·알랜 와드, 《자본주의 도시와 근대성》, 김왕배·박세운 옮김(한울,

탐구는 곧 그에 투영된 작가와 당대인들의 관념과 기대, 욕망과 꿈의 현장을 판독해 내는 것을 의미할 터이다.

박태원(1909-1987)과 라오서(老舍, 1899-1966)는 각각 한중 양국에서 근대 도시문학을 대표하는 작가들로 언급되어 왔다. 두 사람의 대표작인 장편 〈천변풍경〉[3]과 〈사세동당(四世同堂)〉[4]은 도시의 속성에 따라 생태적으로 살아가는 도시 서민들의 애환을 사실적으로 묘사하고 있다는 점에서 또한 '세태소설'로서의 특징을 보이기도 한다.[5] 세태소설은 사회

1996), 172쪽.

3 1936년 《조광》 2권 8호에서 10호까지 3회에 걸쳐 연재. 이듬해 '속 천변풍경'으로 다시 《조광》 3권 1호에서 9호까지 연재. 이후 수정을 거쳐 1938년 박문서관에서 단행본으로 출간되었다. 이 소설은 영어, 독일어, 일본어로 번역되었지만, 아직 중국어 번역본은 나오지 않았다.

4 원제는 '4대(代)가 한집에 함께 산다'는 뜻으로 중국인의 전통적인 염원이 담긴 말이다. 1부 〈공포와 당혹(惶惑)〉은 1944년 11월에서 이듬해 9월까지, 2부 〈구차한 삶(偷生)〉은 1945년 5월에서 12월까지, 미국에서 쓰인 3부 〈생활고(饑荒)〉는 앞의 20장(章)만이 1950년에 연재되었으며, 미연재분 13장은 후일 유실되었다. 그러다 작가가 1951년 영어로 출판한 축약본 《The Yellow Storm》을 작가 사후에 번역해 1983년 처음으로 중국어 완결본이 출판되었다. 영어 축약본은 번역가 아이다 프루잇(I. Pruitt)이 한자를 읽지 못해, 라오서가 중국어로 읽어주면 옆에서 영어로 번역해 타이핑하는 방식으로 집필되었다. 이 과정에서 라오서는 작업 속도를 내려고 종종 실제 원고보다 줄여서 읽곤 했다고 한다. 한편 출판사로 넘어간 뒤에도 또한 내용의 대강만 유지된 채 상당량이 삭제되었다. 기존의 중국어 완결본은 유실 부분을 이 영어 축약본으로 보완한 것이다. 그런데 2013년 프루잇의 번역 원고가 발견되어, 이를 토대로 2017년에 더 완전한 중국어 판본이 출판된다(〈《四世同堂》的"回譯"路〉, 《文摘報》 2016年 12月 1日 참조). 한국에서는 2016년에 〈사세동당〉의 번역본이 출판되었다.

5 이른바 '세태소설'은 세태와 인정과 풍속을 주로 다루는 소설이므로, 우리나라에서는 시정소설(市井小說), 혹은 풍속소설이라고 일컬어지며, 중국에서 역시 '세정소설(世情小說)' 혹은 '시정소설' 등 유사한 어휘로 언급된다. 이 소설 양식은 모든 시대에 타당한 인간적 진실을 나타내려는 것이 아니라 사회의 어떤 단계의 추이나 양상을 진실성 있게 그리는 것으로 만족한다. 작품 속에서 다루는 내용이 거의 과거 혹은 과거의 체험 또는 완료된 일이기 때문에, 여타의 소설형식에 비해 작중인물의 살아 있는 움직임이나 정신적 갈등 등이 존중되지 않는다. 〈천변풍경〉은 발표된 직후 세태소설 논쟁을 불러일으켰는데, 최재서 등이 그것을 리얼리즘이 확대된 형태로 본 반면, 임화는 "풍자시와 같이 작자 자신의 자태를 그렇게 똑똑이 내놓지 않고 단지 묘

자체보다 사회에 대한 작가의 관념을 예증해 가는 데 소설의 중심이 있고, 특정한 한 시기나 어떤 특수한 환경의 분위기와 같은, 또한 후세에 다분히 역사적 혹은 문화적 흥미를 끌어낼 수 있는 요소들이 중시되는 소설이다. 따라서 세태소설에서의 공간과 풍속은 단순히 소설의 배경이나 소재의 차원에 머물지 않는다.

1 세태소설 작법과 시각의 비교

〈사세동당〉과 〈천변풍경〉의 시공간적 배경이 되는 1930년대 중후반의 베이징과 서울은 일본의 점령 또는 식민통치에 억압당하는 고도(古都)이자, 전통적 삶의 조건을 근대적 산업문화에 내어 주고 밀려드는 자본주의 문물을 수용하는 동시에 그 병폐까지 한꺼번에 체험해야 하는 과도적인 도시였다. 라오서와 박태원은 그중에도 자기 도시의 서민 삶이 실존하는 특정한 공간을 각각 소설의 배경으로 삼았다. 베이징[6]의 성안을 그물처럼 연결하는 후퉁(胡同, 베이징의 골목을 이르는 말)과 경성의 도심을 남북으로 가르는 청계천변이 그곳이다.[7] 두 곳은 도읍 안에서도 구도심으

사되는 현실 그것을 통하여 독자에게 현실의 지저분함을 능히 전달할 수 있는 것"이라고 정의하고 "모래 알 같은 세부묘사의 집합에 불과"한 것으로 폄하하기도 했다. 林和, 〈世態小說論〉, 《文學의 論理》(學藝社, 1940), 353, 361쪽.

6 북벌전쟁이 끝나며 난징으로 수도가 옮겨진 이후라 소설에서는 '베이핑(北平)'으로 지칭된다.

7 문화유적의 경제적 가치가 중시되면서, 2000년대 이후 두 지역은 양국에서 커다란 문화적 이슈가 되었다. 주지하다시피 청계천은 2005년에 복원되었고, 후퉁의 경우에는 2008년 베이징올림픽 직전까지도 철거냐 복원이냐의 논란이 지속되었다. 베이징에는 1949년까지 크고 작은 후퉁 7천여 곳이 있었으나, 현재는 950곳 정도가 남아있으며, 이 중 전통적인 모습의 후퉁이라 할 만한 것은 430곳 정도라고 한다(〈北京內城最全胡同統計一街坊們，回家了〉, 《澎湃新聞》 2020年 6月 6日 참조). 1999년 준공된 핑안대가(平安大街) 공사 시, 후퉁을 헐어 내면서 보완책으로 전통 건축을 본뜬 상가를 신축

로서 전통이 도저하게 남아 있지만, 이미 무수한 변화의 조짐이 화석화된 일상을 위협하는 불안한 공존이 이어지고 있었다. 두 작가는 이 같은 격변기 수도의 변화된 삶, 즉 전통과 근대 문화가 교차하는 서민들의 불안정한 일상에 대한 섬세한 관찰로부터 문제의식을 품기 시작한다.

1950년대의 라오서(인터넷 사이트 〈caravanmagazine〉)

물론 후퉁과 청계천에서 벌어지는 일상사에 대한 두 작가의 시선에는 약간의 차이가 있다. 라오서는 민족적 생존의 위기에 처한 중국 민중의 공동체를 상징하는 것으로 후퉁 공간을 묘사한다. 그는 후퉁의 전통적 관념과 그에서 비롯된 정형화된 일상생활을 지켜내야 할 것과 버려야 할 것으로 판별함으로써 베이징의 도시문화에 대한 이중적 시각을 보여 준다.[8] 여기에는 도시 문제를 초월한 침략자에 대한 '항전(抗戰)'이라는 또 다른 절대적 가치가 판단의 기준으로 개입되기 때문이다. 박태원은 인물의 갈등과 고통의 원천을 직설적으로 이야기하기보다는 카메라를 들이대고 찍어내듯이 행동과 심리 사이를 오가며 매우 사실적으로 나열하는 가운데 도시민의 상처를 제시한다. 라오서가 역사적 상황과 결부된 실천적이고

했는데, 이에 대해서도 상당한 논란이 있었다.

8 작가의 이러한 판단은 전형적인 베이징 사람으로 묘사되는 루이쉬안(瑞宣)의 발화를 통해 제시된다. 그는 "문화란 마땅히 체로 걸러내듯이 선별되어야 한다. 걸러낸 다음에야 밑으로 빠진 것이 흙과 찌꺼기이고, 위에 남은 것이 진짜 금 알갱이임을 알 수 있다"고 말한다. 그러나 루이쉬안은 이처럼 판단의 주체로서 작가의 분신이 되는 동시에 또한 동일한 논리에서 비판의 대상이 되기도 한다. 인용문은 〈四世同堂一偸生〉 40장, 《老舍文集》 5권(人民文學出版社, 1983), 77쪽에서 발췌.

1930년대의 박태원(성북구립도서관 홈페이지)

윤리적인 의미에서 베이징의 삶을 인식하고자 했다면, 박태원의 경우에는 도시 인물군의 행동 양식에 대한 정교하면서도 절제된 관찰에 집착함으로써 서울이라는 도시 환경의 총체성을 밝혀내고자 했다.

따라서 〈천변풍경〉이 크게 청계천이라는 유기적인 매개하에 인물의 행위가 장별로 독립된 이야기로 서술되는 가운데 시간적 질서가 공간화되는 모더니즘적 소설 양식을 구현하고 있다면, 〈사세동당〉은 인물의 행위가 주제와 명확하게 관련되어 있으므로, 후퉁이라는 집합적 공간이 시간의 총체성이 드리운 그물 안에서 벗어나지 않음으로써 리얼리즘적 서술양식을 뚜렷하게 드러내고 있다. 그런 점에서 〈사세동당〉은 당대의 생활과 풍속의 양상이 관심의 초점이 되는 세태소설로서의 특성이 〈천변풍경〉만큼 명확하지 않아 보이기도 한다. 이 차이는 세태소설이라는 소설작법 또는 소설 유형의 관점에서 바라볼 때, 두 소설의 탄생 배경에 존재하는 상이함에서 비롯된 것이기도 하다.

1930년대의 한국문학은 1931년 만주사변 이후 더욱 강경해진 일제의 탄압으로 인해, 프로문학이 전성기를 이루었던 1920년대와 뚜렷하게 대비되는 양상을 보여 준다. 1930년대 문학의 특이성이란 1920년대의 기준으로 볼 때 사상적 측면보다 기법적 측면이 훨씬 다양하게 심화, 확대되는 것이었다. 즉 프로문학의 종말과 함께 '무엇을'보다는 '어떻게'라는 기교주의로 시와 소설이 다 같이 기울어진 것이다.[9] 결과적으로 문학은 이전의 내용 편향주의를 극복하기 위해 현실에 대한 새로운 안

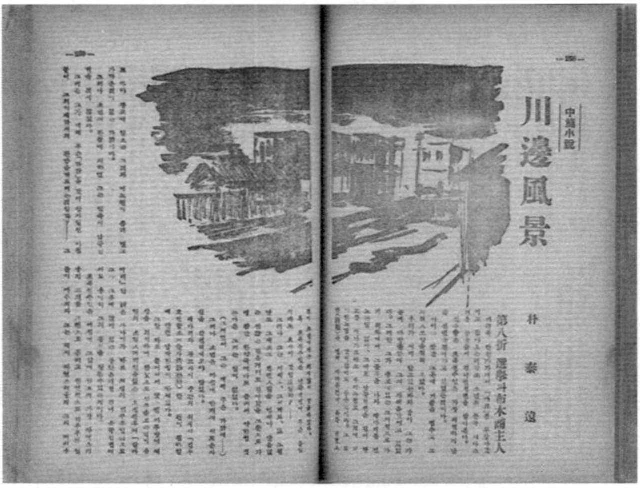

中篇小說

川邊風景

朴泰遠

1936년 잡지 《조광》에 연재된 〈천변풍경〉(서울특별시 공식 블로그 〈Seoul, My Soul〉)

목과 창작 기술의 변화에 대한 탐색을 적극적으로 시도하기에 이른다. 문학적 위기의 타개책으로 장편소설 장르가 주목받게 되면서 박태원의 소설들이 연재되었고, 이어서 임화의 〈세태소설론〉이 발표됨에 따라 장편소설 논의와 함께 세태소설의 핵심적인 논의도 시작되었다. 말하자면, 〈천변풍경〉은 1920년대의 이념적 소설 창작에서 벗어났거나 한발 물러선 경향으로서 세태소설 논의를 촉발한 문제작 중의 하나라 할 수 있겠는데, 〈천변풍경〉 이후 세태소설로 범주화될 수 있는 작품들이 연이어 발표된 것은 이러한 1930년대 문단의 총체적인 분위기와 무관하지 않다.[10]

한편 백화운동 이후의 중국소설에서도 루쉰의 초기 소설처럼 작품 전

9 김윤식, 《한국 근대 문예비평사 연구》(일지사, 1982), 495쪽.

10 대표적인 작품으로는 채만식의 〈탁류〉(1938), 유진오의 〈가을〉(1939), 김남천의 〈길 우에서〉(1939) 등을 들 수 있다.

반을 통해 뚜렷하게 주제의식을 드러내는 사상가적 유형의 작품에 대비되는 또 다른 소설이 1930년대에 등장하게 된다. 그중 마오둔(茅盾)과 라오서의 등장은 중국의 도시사회가 다양한 측면으로 소설에 들어오기 시작했음을 알리는 징표가 되었다. 이러한 소설적 경향은 한국과 마찬가지로 근대적 창작법이 도입된 이후, 소설의 장편화 노력과 더불어 나타난 것이었다. 사회구조에 관심을 두었던 마오둔과 대조적으로 라오서는 인물의 생활양식에 서사의 중점을 두었다. 인물의 생활양식이 소설의 구성에서 커다란 비중을 차지함에 따라, 작가 당대의 총체적인 문화적 양상과 작품에 밀접한 관련이 생기기 때문에, 혹자는 이러한 작가들을 전자의 사상형 작가와 대비시켜 '문화형 작가'라고 칭하기도 한다.[11]

이처럼 '세태'라는 소재의 문학적 수용은 도회를 떠나서 상상하기 어려운 것이다. 예컨대 최재서가 〈천변풍경〉을 일러 "도회의 일각(一角)에 움즉이고 있는 세태인정을 그렸"다고 평했듯이,[12] 세태소설은 당대 세태의 움직임에 초점을 맞추기 때문에 작가들이 처한 당대 도시의 문화적 양상에 대한 관심의 공간적 확장이 전제되지 않고서는 성립될 수 없는 것이다. 세태소설의 개념에 근거한바,[13] 사회적 변혁기를 바탕으로 한 인간들의 집합적 삶의 양태와 인간의 윤리적 일탈 행위 및 사고 행위를 결정하는 물질과 인물의 행동 양식은 농촌 생활보다는 도시의 군거(群居) 양상에서, 그중에도 전통 도시보다는 근대 도시에서 더 확연하게 드러나기 때문이다.

그러나 주지하다시피 중국에서 근대 도시와 더불어 새롭게 형성된

---

11 吳福輝, 《老舍小說一新舊市民與國民性批判》(中國現代文學館星期日義務講座實錄, 2004.4.4), http://www.china.org.cn에서 인용.

12 최재서, 〈리아리즘의 擴大와 深化〉, 《조선일보》, 1936년 11월 2-7일. 이후 1938년 자신의 평론집 《文學과 知性》(인문사, 1938)에 재수록.

13 박배식, 〈세태소설의 개념연구〉, 《선청어문》(서울대학교 국어교육과) 23(1995), 790쪽 참조.

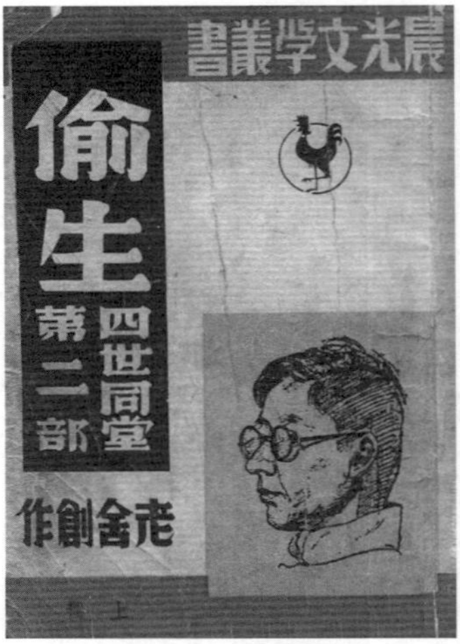

《사세동당》 제2권의 1946년 중국어 초판본의 표지(wikipedia.org)

1951년 영어판 압축본 《The Yellow Storm》의 표지(Z-Library)

시민사회의 전형은 전통적인 정치 중심지였던 베이징보다는 훨씬 더 산업화되고 상업화된 상하이에서 쉽게 발견될 수 있다. 라오서가 묘사하는 베이징의 시민사회는 그런 점에서 근대 도시사회의 특징적 면모에서는 비켜서 있다. 오히려 그는 전통적 시민사회의 외연 속에서 세태소설의 방법을 취했다고 할 수 있다. 송대(宋代) 이후 시민사회의 확대와 불가분의 관계를 지니며 발전해 온 중국의 전통소설은 '인정(人情)'이나 '시정(市井)' 등 서사의 주요한 모티프에 이미 세태소설의 요소를 다양하게 내포하고 있었다. 명청(明淸) 시기를 거치며 통속문학의 거대한 조류를 형성했던 전통소설은 근대적 출판 인프라가 형성된 19세기 말에서 20세기 초엽까지 창작과 수용 양면에서 모두 전성기를 맞게 된다. 발달한 유통망과 대중적 흡인력을 가지고 있던 소설의 번영기에 그에 대한 안티테제로서 5·4 신문학 운동이 또한 일어났다는 것은 라오서의 창작적 모티프를 살펴봄에 있어 매우 흥미로운 사실이다. 바로 라오서의 소설 창작이 변하지 않을 것 같은 전통적인 문화적 실체와 그것을 변혁시키고자 하는 문화운동 사이에서 변증법적으로 이루어진다는 점 때문이다.

라오서는 현대소설의 구조 속에 전통소설의 통속적 모티프를 차용하되, 전통소설과 판이한 작가의식을 펼쳐나간다. 예컨대, 그가 등단하기 이전에 이미 폭넓게 대중성을 확보한 원앙호접파 작가들이 전통소설이 구현한 시민문화의 통속성을 그대로 계승하고 있었다면, 라오서는 같은 시민사회 속에서 반대로 5·4운동의 신문화 정신을 표현하고자 했다. 라오서는 방법에서는 루쉰과 구별되지만, 주제에서는 루쉰과 마찬가지로 크게 민족 계몽이라는 사상적 범주 안에 있었던 것이다. 그가 시민사회 가운데에서도 중하층 서민들의 삶과, 이를 둘러싼 현실 관계가 그들에게 가하는 새로운 형태의 억압에 대해서 주목했다는 점은 시민사회를 소재로 한 같은 시기 통속소설과 크게 구분되는 점이다.

두 작가를 이렇게 대조해 보면, 박태원의 세태소설 창작은 이념적 불가항력에 따른 소재와 기법상의 선택이라는 측면이 강하고, 라오서의 그것은 역으로 관성적인 문화적 전통 속에서 새로운 이념을 제시하려는 경향이 두드러진다고 할 수 있다. 따라서 〈천변풍경〉에는 임화가 지적했듯이, 전형적인 근대소설의 구성요소인 플롯이 부재하다시피 한 반면, 〈사세동당〉에는 줄거리에 얽힌 인과관계의 질서가 비교적 분명하게 드러나게 되는 것이다. 그러나 주제 구현과 플롯 양상의 차이에도 불구하고, 두 작품에서는 모두 다양한 등장인물을 통해 도시 서민들의 집합적 삶의 양태에 대한 관찰과 사실적 묘사가 소설 서사의 핵심을 이루고 있다. 가장 가시적인 공통점은 두 소설에 당대 사회의 총체성을 드러내는 기제로서, 생활의 풍속들이 매우 풍부하게 등장한다는 것이다. 이처럼 다양하게 풍속의 세계를 기술하는 데에는 세태소설 창작이 의도하는 작가의식과 관련된 하나의 방법적 모색이 담겨있다. '세태'를 장편소설의 개조 문제에 있어 하나의 '풍속' 문제로 심화시켰던 평론가 김남천은 카프 정신의 잔영이 채 가시지 않은 1930년대에, 객관세계에 대한 정론적 인식, 즉 소시민 사회를 고발하는 작가의 '모랄'을 제시한다. 과학적 진리가 문학의 주체를 통해 창작물에 반영되는 과정에 작동하는 일종의 원리로서 모랄은 어원 안에 이미 관습과 풍속의 의미를 포괄하는 것이었다.[14]

> 풍속이란 사회적 관습과 긴밀한 관계를 갖고 있다. 그리고 사회적 습관, 습속은 사회의 생산기구에 기(基)한 인문생활의 각종의 양식에 의하여 종국적으로 결정을 본다. 이리하여 이것은 일방으로 제도를 발하는 동시에 타방으로 제도 습득감을 의미한다. 풍속, 습속은 생산관계의 양식에까지 현현되는 일종의 제도(예컨대 가족제도)를 말하는 동시에 다시 그 제도 내에서 배양된 인간의 의식인 제도 습득감(예컨대 가족적 감정, 가족적 윤리의식)까지를 지칭한다. 이렇게 성찰된 풍속이란 확실히 경제 현상도 정치 현상도 문화 현상도 아니고 이러한 사회의 물질적 구조상의 제 계단을 일괄한 하나의 공통적인 '사회현상'이라고 보지 않을 수 없을 것이다. 사회기구의 본질이 풍속에 이르러서 비로소 완전히 육체화 된 것을 알 수 있다.[15]

이러한 논리는 어떤 사회의 도덕적, 사상적 상황이나 인간들의 삶의 형태가 순전히 풍속으로 귀결되므로, 사회의 반영체로서 문학, 특히 소설은 풍속의 해부나 묘사에 이를 수밖에 없다는 것으로 요약될 수 있다. 이는 소설에 등장하는 풍속의 의미를 인정하는 것인 동시에 세계에 대한 인식 방법으로서 세태소설이 한 사회의 총체성을 드러내기에 적

14 라틴어 어원 'mores'에는 관습, 풍습, 성격 등의 의미가 포함된다.

15 김남천, 〈一身上眞理와 '모랄'―自己의 省察과 槪念의 主體化〉, 《조선일보》, 1938년 4월 22일.

합한 양식이 되기 위해 노력해야 한다는 것을 설명하는 것이다. 이것은 "환경과 성격의 '하아모니'가 본시 소설의 원망(願望)임에도 불구하고 작가들이 이런 조화를 단념한 데서"[16] 빚어진 현상이 세태소설이라고 비판적으로 생각했던 임화의 논의를 한 단계 미래지향적으로 진전시킨 것이다. 이 같은 논리가 1920년대 리얼리즘 정신의 연장선에서 나온 것이라는 점을 감안하더라도, 풍속에 대한 세부묘사와 사회적 총체성의 제시라는 상관된 시각 사이에서 어디에 중점을 두느냐에 따라 박태원과 라오서가 취한 세태소설 스타일의 분기점이 존재한다고 판단해 볼 수는 있다. 그렇지만 라오서와 박태원의 세태소설을 단순히 소설양식의 진화라는 잣대로 비교할 수는 없다. 왜냐하면, 다시 김남천의 논리를 따라 살펴볼 때, 소시민 사회에 대한 작가의 '모랄'이 두 소설에 공통적으로 분명하게 드러날 뿐만 아니라, 박태원이 형식미학을 위해 주제의식을 절제했다면, 라오서는 주제를 부각함으로써 형식미학을 약화시켰다는 점도 인정되어야 하기 때문이다.

도시 세태에 대한 관심이라는 유사한 모티프를 취한 두 소설은 마치 같은 스펙트럼에서 나오는 상이한 빛깔처럼 서로 다른 방식으로 각자의 의미를 독자에게 전달했다. 여기에서 작가가 처한 도시공간은 광대한 풍속의 전시장이자, 작가의 외적인 도덕적 시각과 내면적인 체험적 애증으로 해부되는, 전일성(integrity)마저 지닌 하나의 문화적 실체가 된다.

2 체험공간으로서의 후퉁과 청계천

〈사세동당〉과 〈천변풍경〉이 문학뿐 아니라 문화적인 측면에서 가치를

16 林和, 〈世態小說論〉, 《文學의 論理》(學藝社, 1940), 348-349쪽. 실제 저술 연도는 1938년 4월로 기록됨.

지니는 가장 큰 이유는 소설의 배경이 되는 공간 대부분이 작가의 현실 경험과 밀접한 관련이 있는 곳이라는 점에 있다. 베이징과 서울은 라오서와 박태원이 성인 시절 장기간 활동한 대도시일 뿐 아니라 각자의 출생지이기도 했다. 작가들의 체험공간이 그대로 소설 공간으로 옮겨졌기에, 유년기부터 자연스레 익숙해진 도시의 지식뿐 아니라 도시에 대한 감수성까지 생생하게 표현될 수 있었던 것이다. 이 점에서 베이징과 서울은 분석의 대상인 동시에 창작 주체의 정체성을 잉태시킨 문화적 모체이기도 했다. 그런데 후자의 특징은 두 소설이 일반적인 근대 도시소설과 구분되도록 하는 데 결정적인 영향을 끼친다.

〈사세동당〉의 주요 무대는 라오서의 출생지인 신제커우(新街口)의 샤오양취안(小羊圈, '양꼬리'라는 뜻) 후퉁이다. 라오서는 후퉁 안 8호에서 출생했다. 〈천변풍경〉의 주요 무대는 광교 일대를 중심으로 한 청계천변이다. 박태원은 광교 남서쪽, 현재의 다동에서 출생했다. 그러나 〈천변풍경〉의 무대가 청계천을 따라 횡으로 이어지는 천변의 서민 주거지와 광교에서 종로까지의 상업 거리 양편으로 국한되어 있는 데 비해, 〈사세동당〉은 베이징 전역으로 소설의 배경이 확장된다. 즉, 샤오양취안 후퉁을 중심으로 북으로 더성먼(德勝門) 밖, 동으로 스차하이(什刹海)를 거쳐 동즈먼(東直門)까지, 남으로는 왕푸징(王府井) 거리, 룽푸쓰(隆福寺), 둥안(東安) 시장을 거쳐 톈차오(天橋)까지 언급됨으로써 내외성(內外城)을 아우르는 옛 베이징 성(城) 전체가 무대가 된다고

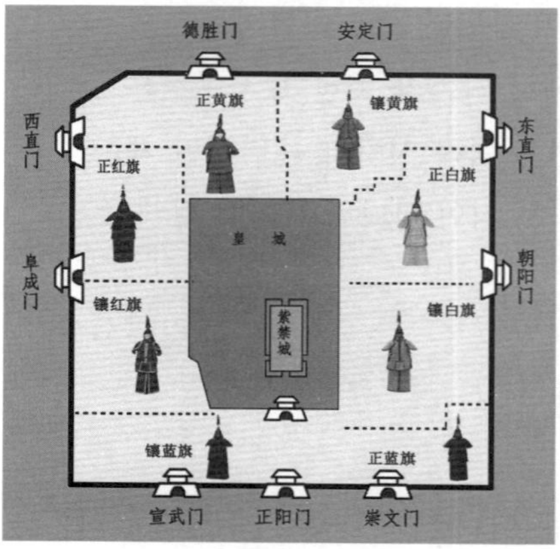

청대 베이징 내성(內城)의 팔기 거주 구역. 왼쪽 상단의 정홍기(正紅旗)가 라오서의 집안이 소속된 곳이다(베이징 고궁박물원).

라오서의 생가. 현재는 비개방 장소이다(저자 2005년 1월 촬영).

해도 과언이 아니다.

치 씨네(祁家) 사합원이 소재한 샤오양취안을 비롯하여, 가장 빈번하게 등장하는 후궈쓰(護國寺), 원대(元代) 토성(土城), 그리고 시즈먼(西直門) 밖 해자(護城河) 등 내성의 서북쪽 일대는 청대로부터 이어진 라오서의 만주족 가계(家系)와 밀접한 관련이 있는 공간이었다. 청대의 베이징은 팔기제(八旗制)에 따라 내성의 주민 거주지역이 8개 구역으로 나뉘게 되는데, 라오서의 집안이 속한 '정홍기(正紅旗)'의 구역은 바로 현재의 시청구(西城區)에 해당하는 황성(皇城)의 서북쪽 방향, 즉 라오서의 생가가 있는 곳이자 〈사세동당〉의 주요 배경과 일치한다.[17]

17 청대에 각 기(旗)의 만주족, 몽골족, 한족 군대는 규정된 각자의 지역으로 분할되었으며, 서로 섞여 살지 않았다. 만주 팔기의 각 주둔 구역은 황성과 연접한 사방에 분포되었으며, 한인(漢人) 팔기의 여덟 개 주둔지는 모두 황성과 먼 곳에 배치되었다. 侯

라오서가 만주인(旗人)의 후예로서 베이징을 바라보았다는 점은 작가의 도시 서술을 살핌에 있어 각별하게 유념해야 한다. 사실 청말(淸末) 시기까지 오면 만주인의 문화 자체가 베이징의 문화라고 해도 과언이 아닐 정도로 순수한 토착문화를 분별해 내기가 어렵게 된다. 청나라 이래 황성을 차지한 민족으로서 만주인들의 문화는 곧 베이징의 주류문화가 되었고, 주류문화로 정착되는 과정에서 한인의 문화가 빠르게 수용되었다. 이러한 까닭으로 라오서는 베이징의 문화를 자기 종족의 문화와 동일시하는 경향이 강했던 것으로 보인다. 〈사세동당〉이 〈천변풍경〉에 비해 전통문화에 더 주목하는 것은 바로 이러한 베이징의 특수한 문화적 속성 때문이다. 〈사세동당〉 속에서 작가는 만주인들의 취미 세계를 다음과 같이 그린다.

> 청대 말엽의 수십 년간, 만주인들은 어쩌면 한인들이 공급하는 쌀을 먹고, 한인들이 공급하는 은(은본위제의 화폐를 말함—인용자 주)을 쓰고 다닌다는 것 말고는 온종일, 아니 1년 내내 생활 속의 예술로 탕진해버리는 것만 같았다. 위로 왕후에서 아래로 병사에 이르기까지 그들은 모두 얼황(二黃, 창극 가락의 일종—인용자 주)을 부르거나, 현을 타거나, 다구(大鼓, 북을 치며 창을 하는 연희의 일종—인용자 주)를 하거나, 아니면 시조를 읊을 줄 안다. 그들은 관상용 물고기를 키우고, 새나 개를 키우고, 꽃을 키우고, 귀뚜라미로 내기 싸움을 할 줄 안다. 그들 가운데는, 심지어 썩 솜씨 있게 붓글씨를 쓰거나 산수를 치거나, 아니면 시사(詩詞)를 짓는 자도 있으며—훌륭하지는 못해도 그런대로 유머스럽고 듣기 좋게 구얼츠(鼓兒詞, 창의 일종—인용자 주)를 읊어대는 이도 있다. 그들의 소일거리는 곧 생활의 예술이 되었다.[18]

仁之 엮음, 《北京城市歷史地理》(北京燕山出版社, 2000), 151쪽 참조.

18 老舍, 〈四世同堂—惶惑〉, 《老舍全集》 4권(人民文學出版社, 1995), 260쪽.

후퉁의 입구. 1920년대 베이징의 장산(掌扇) 후퉁(北京市人民政府 홈페이지)

빛을 잃어가는 전통문화를 고집스럽게 지키며 살아가는 그들에게는 무엇보다 오랜 세월 동안 형성된 황성 주민으로서의 문화적 자존심이 있었는데, 그것은 그들의 삶을 지탱해 주는 불가결한 신념으로 자리했다. 따라서 소설 속에서 일본군의 베이징 점령은 중국문화에 대한 침략이자 동시에 만주족 문화 공동체의 붕괴를 의미하게 되는 것이다.

한편 가계와 관련한 계층적 특징 또한 소설 속에 분명하게 드러난다. 황성의 호위군이었던 부친의 직업에서 알 수 있듯, 관료지만 중하층 가정 출신이라는 계층적 입지는 후퉁의 일상을 작가가 적나라하게 이해하는 데 적지 않은 도움이 되었다. 특히 그것은 그가 후퉁 안의 경제를 대표하는 상인들의 세계를 핍진하게 묘사할 수 있었던 자양분이 되었다. 멸망해 가는 정부의 하급 군인이었던 부친의 수입도 그러려니와, 그나마 그가 태어난 이듬해인 1900년 8국 연합군의 베이징 공략 시 부친이 전사하는 불운까지 맞게 되어, 어린 라오서 가족의 궁핍한 생활은 유년기 내내 계속되었다. 그가 14세가 될 때까지 그런 삶이 이어진 곳이 바로 소설의 주요 무대인 샤오양취안이다.

작가 데뷔 후 라오서는 자기 소설 속에서 세 번이나 샤오양취안을 주요 무대로 등장시킨다. 첫 번째는 〈평범한 인물의 자술(小人物自述)〉(1937)이고, 두 번째가 〈사세동당〉이며, 세 번째는 작가의 마지막 작품이

된 〈정홍기 아래(正紅旗下)〉(미완, 1961-1962)이다. 마지막 작품은 자신의 가계에 관한 이야기로, 만주족 하급 군인들의 삶이 소재가 되었을 뿐 아니라 그 무대도 생가 일원으로 좁혀진다. 노년에 들면서 작가는 고향 베이징에 대한 감수성을 표현하려는 욕구가 더 절실해졌던 것 같다. 그런 점에서 베이징은 라오서가 자기 예술의 생명을 의탁했던 땅일 뿐 아니라, 더 확대해서 생각하면 그가 묘사하려 한 가장 중요한 인물이었던 셈이다. 그것은 다른 도시작가한테서는 보기 어려운, 한 작가와 그 대상이 만들어 낼 수 있는 가장 자연스럽고 단순한 심미적 관계를 이루었다.[19]

박태원의 가계도에서도 역시 가까운 선조들이 벼슬에 나갔더라도 권력의 핵심에 닿아 있지는 않았던 것으로 보인다. 더욱이 부친이 '공애당(共愛堂)'이란 약국을 운영했던 점이나, 그 거주지가 천변의 다옥정(茶屋町, 현재의 다동) 근처였다는 점 등으로 미루어, 그가 어린 시절부터 서울의 중인계층의 삶에 익숙해 있었을 것으로 보인다. 그런데 구한말 이후 한국의 근대화에 견인차 역할을 한 인물들이 대개 중인계층에서 나왔다는 점, 그리고 그의 가계에도 친인척 가운데 신식교육을 받은 사람이 다수였다는 사실을 감안할 때, 개화에 대한 그 집안의 자세가 어떠했을지는 미루어 짐작할 수 있다.[20] 이처럼 중인계층의 집안에서 출생하여 철저히 도시만을 호흡하면서 성장했을 뿐 아니라, 특별히 도시 경성에 밀려 들어온 자본주의 문물을 통해 문학의 길로 들어선 박태원이 동시대의 어느 작가보다 서구화와 새로운 문화에 대한 욕구가 강렬했던 것

19 趙園, 《北京一城與人》(北京大學出版社, 2002), 8쪽.

20 김상태, 《박태원—기교와 이데올로기》(한국학술정보, 2001), 14쪽 참조. 아버지 박용환은 약국을, 숙부인 박용남은 공애의원을 경영했다. 그런데 그의 숙부는 YMCA 촉탁 의사로 있으면서 윤치호 등 개화 지식인들과 상당한 친분이 있었고, 고모는 교사로서 이광수의 부인이었던 허영숙과 교분이 두터웠다. 그러나 이렇게 전문화되어 있으면서 개화적 성향을 지닌 중인계층의 성향과 그 자신의 문인이라는 직분 사이에는 한편 상당한 괴리가 있었던 것으로 보이는데, 그러한 괴리감이 잘 드러난 소설이 바로 자전적인 단편 〈소설가 구보씨의 일일〉이다.

박태원 생가 인근의 청계천. 광통교(광교)와 화평당 약방의 1953년 사진(〈청계천박물관〉 홈페이지)

은 결코 우연한 일이 아니다. 이뿐만 아니라 그의 도시적 감수성은 도쿄라는 대도시에 유학하면서 더욱 철저하게 감응된다. 이때 그는 단순히 언어를 매개로 하는 문학을 넘어서서 미술, 음악, 영화 등 현대적 감각으로 느낄 수 있는 다양한 예술과 접함으로써 문학의 조형성을 도시를 통해 구현해 낼 수 있었다.[21]

그러나 그렇다고 박태원이 도시의 밝은 면만을 따라간 것은 아니다. 경성의 도심을 묘사한 대표작 가운데 작가가 〈소설가 구보씨의 일일〉에서 도시 중심부에 대한 '나'의 체험공간을 보여 주었다면, 〈천변풍경〉에서는 도시 주변부의 생태학적 삶을 관찰자의 시선으로 기록한다. 그는 작품 대부분에서 도시의 부정적 측면, 즉 유혹과 향락이 난무하고 무기력함과 좌절, 그리고 소외의식이 팽배한 도시공간의 그늘로 관심을 확장한다.

21 이강언, 〈박태원 소설의 도시와 도시 인식〉, 《우리말글》 24집(2002), 289쪽.

청계천은 본래 북악과 인왕산에서 시작하여 서울 시내 중심부를 뚫고 동쪽으로 흘러 한강으로 들어가는 내를 가리켰다. 장마철마다 홍수가 졌기 때문에 조선조 때부터 준설공사가 이어졌던 곳으로, 양쪽 천변은 주로 서민계층의 주거공간으로 이용되었다. 그런데 박태원이 살았던 시절에 청계천은 이중적인 의미를 지니고 있었다. 그것은 우선 조선조부터 전통적으로 남촌과 북촌의 경계였던 이곳이 일제강점기에 일본인들에게 상권을 따라 분할 통치되면서, 진고개 일대의 본정통(本町通)에 근거한 일본인 상권과, 종로통 일대를 중심으로 한 조선인 상권이 대립하는 곳으로 변모하기 때문이다. 말하자면 청계천의 서민 거주지는 두 개의 대조적인 번화가 사이에 낀 도심 속의 변경과도 같았던 곳이다. 다음으로, 소설에서 알 수 있듯이 천변 사람 중에는 약국 주인이나 포목점의 중절모 신사처럼 도시적 삶에 안정적으로 편입된 중산층으로부터, 농촌의 삶을 버리고 빈털터리로 상경한 카페의 여급들이나 남의 집 드난살이를 할 수밖에 없는 극빈층에 이르기까지 다양한 계층이 한 데 섞여 있었다. 상반된 삶의 방식은 소설 속에서 서로 모순되는 문화구조를 만들어 낸다. 예를 들면, 가난과 남편으로부터 학대라는 이중의 생활고에 떠밀린 만돌 어멈이 끝내 드난살이에서 쫓겨나 주인집을 떠나는 장면은 피서철이라 자식들을 원산에 해수욕 보내고 본업보다 관철동의 젊은 첩 때문에 전전긍긍하는 민 주사 등의 행태와 극명한 대조를 이룬다.

> 질화로가 나오고, 이불 보따리가 나오고, 귤 궤짝이나 그러한 데다 반자지 조각을 발라서 만든, 그따위 상자가 서너 개가 나오고, 쪽이 떨어진 방칫돌이 나오고, 그리고 명색이 이삿짐이라고 조그만 구루마에 절반도 차지 않은 채 그들의 세간이라고는 그것으로 전부였다.[22]

22 朴泰遠,《川邊風景》(博文書館, 1938), 235-236쪽.

앞에서 세태소설의 작가적 '모랄'에 대해 언급했거니와, 〈천변풍경〉은 박태원이 모더니즘에서 리얼리즘으로 기울어가며 작가 개인적으로는 앞 시기에 비해 기법보다는 소재가 더 무게를 지니게 되는 전환점이 된 작품이다.[23] 그런데 가능한 있는 그대로를 전달하려는 의도로 쓰인 3인칭 소설에서 그의 시점은 오히려 편집자적 전지 시점을 취하고 있다. 즉, 작가는 인물의 마음까지 읽어 가면서 마치 인물의 모든 심리와 행위를 주재하고 수시로 논평을 가하는 듯한 모습을 취하는 것이다. 이 소설의 시점은 서술의 객관성을 지향하는 리얼리즘에서의 보편적인 전지적 시점과는 상당한 차이가 있다. 이뿐 아니라 강화된 서술자의 역할로 인해 마치 전통소설의 서술체를 재현해 놓은 것 같은 인상마저 준다. 즉, 보이지 않는 누군가가 방안에 들어와 인물들의 속내를 알아채고 일일이 행위에 간섭하고 그것을 독자에게 시시콜콜하게 알리고 있는 듯한 상황이 1절에서 50절까지의 에피소드를 일관한다.[24] 뚜렷한 플롯이 보이지 않는 미궁 속에서 절대적인 악인도 선인도 없는, 오로지 생존 자체가 목적이 되는 평민들의 이야기가 손으로 만져질 듯이 독립된 장마다 하나하나씩 재현되고 있는 것이다.

그러나 인물들에 이처럼 가능한 가까운 거리로 다가가면서도 서술자는 어느 누구에게도 치우치지 않는 관찰자의 위치를 고수한다. 이것은 〈천변풍경〉이 해체적 구조를 취하면서 리얼리티를 확보할 수 있었던 원인이라 할 것인데, 이런 모순적인 서술 방법이 가능했던 까닭은 무엇보

---

23 김상태, 《박태원—기교와 이데올로기》(한국학술정보, 2001), 84-85쪽 참조.

24 조건상은 능청스러울 만큼 시치미를 떼며 휘갑을 치거나 미주알고주알 캐고 따지며 늘어놓는 박태원식의 서술 방법을 트리비얼리즘(trivialism)으로 정의하고, 자칫하면 말장난 같은 인상을 줄 수 있는 것을 인물과 문체와 사건 등이 빚어내고 있는 분위기에 잘 혼융되어 성공적인 효과를 얻고 있는데, 그것은 부정적인 상황에 대한 반어적인 야유와 조롱이거나 주 인물의 액션에 대한 동정과 비호로 작용한다고 말한다. 조건상, 〈박태원 소설 연구〉, 《대동 문화연구》 26집(1991), 209-211쪽 참조.

다 작가가 자기 삶 속에서 묘사 대상의 성격에 대해 매우 정확하게 파악하고 있었기 때문이다.

3 도시문화 비판과 도시 인식

5·4운동에서 경험했듯이 중국의 근대정신이 촉발된 거점으로서 베이징은 더는 전통문화의 보루일 수만은 없었다. 사회 전반의 문화운동이 되었던 5·4운동은 근대정신의 확산에 도시공간이 얼마나 절대적인 역할을 할 수 있는지를 보여 주었다. 그러는 한편 중국의 작가들은 근대 도시로의 변혁 과정에서 또한 전혀 새롭고 낯선 서술대상과 조우해야 했다. 그들이 종전에 가졌던 문화적 기억과 미학적 자원, 그리고 현실의 경험, 그러니까 전통적인 농경문화에서 파생된 심미의식, 즉 자연에 대한 미의식, 도덕적이고 이성적인 정신, 윤리적 공리주의 등등은 현대 도시 앞에서 현실적인 의미를 잃게 되었다.[25]

근대성은 진보와 환희, 꿈과 희망을 가져다 줄지 모르지만, 그 이면에는 두려움과 우울함, 좌절까지 동시에 전해 주는 야누스적인 측면을 가지고 있다. 자본주의 사회는 활기찬 건설, 개발, 풍요, 대규모의 생산과 소비 등 거대한 근대화의 물결에 휩싸였지만 그 와중에 탈인간화, 범죄, 오염, 혼잡, 불평등, 소외 등 근대화의 이면에 숨겨진 갈등도 첨예하게 표출되었다. 도시는 바로 그와 같은 근대사회의 서로 다른 측면들이 가장 선명하고 구체적으로 드러나는 장소였다.[26] 새로운 도시문명에 삶이 지배당하게 되면서 중국에서도 도시에 대한 정신적 귀속을 거부하는 많은 표박자들이 생겨났으며, 이러한 정신적 방랑은 작가들에게도 도

25 李俊國, 《中國現代都市小說硏究》(中國社會科學出版社, 2004), 3쪽.
26 마이크 새비지·알랜 와드, 앞의 책, 6쪽.

1920년대 더성먼의 전루(箭樓). 라오서 생가 인근에 있어 〈사세동당〉에도 여러번 등장한다(《澎湃新聞》, 2018. 12. 24).

시공간을 상징하는 하나의 문화 기호로 자리잡히게 된다. 그런데 라오서의 베이징 취재 소설이 갖는 특징 중 하나는 이러한 보편적인 도시공간의 방랑의식이 대상 공간과의 관계에서 오히려 분명하게 드러나지 않는다는 점이다.

라오서는 베이징의 '탄창걸(壇墻根兒, 베이징의 여러 제단과 성벽 주변을 이름)' 사람들의 삶에 대한 세밀한 풍속도 속에 침략군의 폭압에 직면한 서민계층 사회의 내부 변화를 덧칠한다. 그런데 작가는 인간관계의 파괴와 개인적 심성의 변질을 초래한 것이 비단 전쟁 때문만이 아니라 베이징에 내재된 문화적 속성에서도 기인한다는, 더 근원적인 시각으로 병인을 궁구한다. 라오서가 자기 소설을 통해 현시하고자 했던 베이징의 문화적 양상은 초기작부터 중국과 서양, 신과 구, 진보와 보수라는 대립각에서 드러나는 '민족성'에 크게 좌우된다. 그의 5·4 정신에 대한 열광과 영국 체류 경험은 이러한 창작 의도를 뒷받침하는 기제가 되었다. 〈장 씨의 철학(老張的哲學)〉(1926), 〈자오 씨 가라사대(趙子曰)〉(1926), 〈마 씨 부자(二馬)〉(1929) 등 1920년대의 작품으로부터, 좀더 치밀해진 〈이혼(離婚)〉(1933), 〈낙타샹쯔(駱駝祥子)〉(1936)에 이르기까지 민족성 문제는 그와 관련된 전통 도시문화에 대한 비판과 함께 지속해서 다루어진다. 이뿐만 아니라, 이 소설들에서는 작가의 계몽적 윤리관에 따라 재단된 긍정·부정 양극단의 인물들이 거의 예외 없이 번갈아 등장한다. 그런데 중일전쟁이 발발한 1930년대 말엽부터 이러한 상황에 다소의 변화가 생긴다. 즉, 종전처럼 민족성 문제와 관련하여 자기 문화를 지속해서 비판하긴 하지만, 그 비판 속에 모종의 연민이 내포된다는 점이다. 그의 민족문화를 향한 관심은 복합적인 성격을 지니게 되었다. 라오서에게 베이징 문화는 "너무 익어서 썩어버린"[27] 것인 동시에, "걸어가는 군졸이나 노점상조차도 저마다 풍모가 있는"[28] 자기 정체성이 뚜렷한 것이기 때문이었다.

> 어떤 문화 속에서 살아가는 사람이 그 문화가 어떤 것인지 말할 수 있다고 할 수는 없다. 마치 물속의 물고기가 물 바깥으로 튀어나와 그것이 어떤 물인지 똑똑히 볼 수 없듯이.[29]

라오서는 베이징과 베이징 사람의 관계를 물과 물고기의 그것으로 보았다. 물론 자신도 베이징 사람임을 자각하기에 때때로 그는 의식적으로 물 밖으로 나가서 베이징을 살펴보고자 시도한다. 그러나 베이징에 대한 라오서의 관찰자로서의 시선은 이내 동조자의 그것으로 변화하거나 경우에 따라는 양자의 길항작용 사이에 있게 된다. 거기에는 하나의 긴장관계가 형성되는데, 그 긴장이란 다름 아닌 향토적 중국, 즉 체험적이고 감성적인 중국과 현대 중국, 즉 이성적인 중국 사이의 긴장이며, 향토적 정서와 신문화의 이상 사이의 긴장이다.[30] 이러한 긴장 속에는 전통문화에 대한 회의와 애착이 복잡하게 뒤섞여 있다.

낯선 근대문화, 즉 주요하게는 '근대'로 무장한 열강의 세력과 충돌하

---

27 老舍, 〈四世同堂一惶惑〉, 《老舍全集》 4권, 302쪽.
28 위의 책, 67쪽.
29 위의 책, 98쪽.
30 趙園, 앞의 책, 12쪽.

는 베이징이 문화적 해체의 위기에 직면해 있음은 소설의 여기저기에서 발견된다. 물론 더 심각한 위기를 맞게 되는 쪽은 근대적 베이징이 아니라 향토적 베이징, 즉 베이징의 전통문화들이다. 예를 들면 가족의 성격이나 배경이 되는 가옥구조부터 문제가 된다. 사실 전통적인 베이징의 대가족 구조를 보여 주고 있는 치(祁) 씨네 가정은 바진의 〈격류 삼부작(激流三部曲)〉(1933-1940년 발표)이나 루링(路翎)의 〈부호의 자식들(財主底兒女們)〉(1940년대 창작, 1985년 발표)에 등장하는 '집'과 달리 전형적이지 않다. 이 집에는 앞의 두 소설에서처럼 가족의 통치자로서 절대적인 권위를 지닌 봉건적 가부장이 존재하지 않을뿐더러—가장으로서 치 씨 노인은 억압자라기보다는 구시대를 상징하는 풍자의 대상이다—심지어 그들이 주거하는 사합원(四合院)조차 전형적인 형식을 충족시키지 못한다.

> 첸(錢) 씨네와 치(祁) 씨네 중간의 3호는 치 노인에게는 눈엣가시였다. 치 씨네 집이 수리되기 전부터 3호는 샤오양취안 후통에서 가장 체면을 갖춘 집이었다. 설사 치 씨네가 집을 수리했다고는 하나, 그 격에서는 아직 3호의 근사한 격식을 따라잡을 수 없었다. 첫째, 3호의 문밖에는 늙은 회화나무 아래 영벽(影壁)이 있어 희고 검은 부분이 선명하게 칠해져 있고, 그 중앙에는 길이와 높이가 각기 두자(尺) 가량이나 되는 크고 붉은 복(福)자가 그려 있었다. 영벽이 있는 집은 치 씨네는 물론이고 온 골목에 아무도 없지 않은가! 둘째, 대문으로 따지더라도 3호는 용마루 끝이 날렵하게 올라간 솟을대문이지만 치 씨네는 그저 담장에 이어진 간이식 문일 따름이다. 셋째, 3호는 법도에 맞게 지어진 사합원답게 마당에는 온통 네모난 벽돌이 깔려 있다. 넷째, 3호는 여름이 되면 반드시 6호의 류(劉) 서방을 시켜 뜨락에 새 자리로 만든 차양을 설치하지만, 치 씨네의 피서란 그저 두 그루 대추나무가 만들어 내는 옹색한 그늘이 전부였다. 그러니 치 씨 영감이 어찌 질투를 하지 않겠는가![31]

베이징의 전통 민가인 사합원은 중국의 고전적인 가정윤리를 형상화한 구조물이다. 고대 중국의 우주관과 정치철학이 고도의 통일성을 지향해 왔듯이, 집은 고전적 패러다임을 생활로 실천하기 위한 작은 우주라 할 수 있으며, 그렇기에 중국인들은 건축의 형식에도 일일이 전통적 세계관을 반영하고자 했던 것이다.[32] 치 씨네 가정이 크게 베이징이라는 공간에 조응되는 주요 인물군에 해당한다면—물론 가족 구성원 중에는 정·반면의 인물이 공존한다—'3호'는 일본군에 협력함으로써 작가의 도덕적 기준과 정반대의 길을 가는 관샤오허(冠曉荷)의 집이다. 즉 가장 전통적인 인물로 묘사되는 치 노인 대신, 외세에 영합하는 졸부 같은 인물이 오히려 전형적인 베이징식 저택을 차지하고 있다는 전도된 양상은 전통적 질서의 교란을 암시하는 것이다. 불완전한 사합원은 전통형 가정의 몰락에 대한 예언으로서, 또한 인물들의 이상이 현실에서는 허상에 불과하다는 풍자의 대상으로 서술된다. 현실에 대한 인물들의 허망한 꿈이 더욱 생생하게 드러나는 것은 바로 외압에 대한 대처 양상이다.

> 문화가 숙성하다 못해 썩어 문드러질 때, 사람들은 마비라도 된 듯 이 세상이 놀라 자빠질 일이나 자극을 한 편으로 밀어내고, 먹고 마시고 싸고 하는 자질구레한 일에만 몰두한다.[33]

라오서는 〈사세동당〉의 서두에서 이미 "천하가 어떻게 되든지 우리 베이핑 사람들은 절대로 예절을 잊지 않을 것이다"[34]고 하며 주인공 루이쉬안(瑞宣)의 입을 통해 베이징 사람들의 생활 태도를 비판한다. 치 씨

---

31 老舍, 앞의 책, 17쪽.

32 李軍, 《"家"的寓言》(北京: 作家出版社, 1996), 19쪽 이하 참조.

33 老舍, 〈四世同堂一惶惑〉, 《老舍全集》 4권, 302쪽.

34 위의 책, 66쪽.

1937년 8월 13일 베이징 시내로 들어서는 일본군(wikipedia.org)

네 장남으로 교사인 루이쉬안은 노년기에 접어든 듯한 베이징의 문화에 불만을 느끼며 민족의 위기를 걱정하고, 심지어 타인에게 전장에 나갈 것을 권하기까지 한다. 그럼에도 정작 자기 자신은 베이징의 전통적 생활 관념에서 벗어나지 못하는 인물이다. 이와 비교해 볼 때, 작가가 중국문화의 진정한 힘이 존재한다고 여긴 인물은 치 씨네 사람들이 아니라—비분을 실천으로 옮기는 셋째 루이취안(瑞全)을 예외로 한다면—첸모인(錢默吟) 같은 인물이다. 시인인 첸모인은 전쟁 이전에는 전형적인 전통 인텔리였으나, 가족에 닥친 절체절명의 위기를 겪으면서 커다란 충격을 받게 되고, 결국 전통문화에 근거한 자기의 소양을 하나의 민족적 에너지로 승화시킨다. 그런데 그처럼 성인군자 같은 인물이라면 베이징 문화의 정수로는 여겨질지언정, 결코 변화하는 현실 베이징의 상징이 될 수는 없다. 오히려 근대적 인텔리 계층과 베이징의 토박이 형상이 절묘하게 결합된 루이쉬안의 형상이야말로 작가가 생각하는 베이징 사람들의 복잡한 성격을 더 뚜렷하게 보여 준다고 할 수 있다. 작가는 베이징이 함락당한 근본적인 원인을 베이징 사람들의 구태의연한 현실관에서 찾고자 했다. 때문에 작가는 그다지 극적일 것이 없는 매우 심상한 생활 속에서 베이징의 문화 양상을 취재한다. 그것은 소설 전반을 통해 베이징이라는 전통 도시가 벗어버리지 못하는 보편적인 매너리즘으로 나타난다. 그러나 현실에 대한 나태함과 수동성에 비판적 태도를 취하면서도, 베이징 사람들의 특수성에 대해서 작가는 또한 어쩔 수 없이 동일시함으로써 베이징의 문화적 양면성을 동시에 끌어안고자 했다.

베이징 후퉁에서의 문화충돌 양상이 항전이라는 민족적인 위기상황에서도 여전히 신구 문화 관념의 수직적인 대립으로 나타난다면, 경성의 천변에서 벌어지는 도시의 풍요와 욕망에 대한 개인들의 투쟁은 상대적으로 세대갈등이 두드러지지 않은 평행적인 구도로 펼쳐진다. 이는 각 도시의 외형과 그 영향으로 형성된 생활 관념과도 관계가 있다. 베이징과 서울은 둘 다 과거의 도성이었지만, 사실 〈사세동당〉과 〈천변풍경〉에 드러난 도시의 모습에는 구조적인 차이가 존재한다. 과거에 전통 도시로서 '한양'은 베이징과 외형상 유사한 점이 많았다. 그중에도 도시를 둘러싼 거대한 성벽은 봉건 도시를 구획하는 주요한 특징 중 하나였다. 성곽은 도시를 폐쇄적으로 만들고 지켜내는 봉건사회의 단적인 흔적이다. 때문에 근대화 이후, 성곽의 해체는 바로 '도성'이라는 봉건적인 도읍이 '도시'라는 근대적 실체로 변모하기 위한 행위인 동시에 공간이 지닌 권위의 해체 작업이기도 한 것이었다.[35] 1900년 숭례문 양측으로 시작하여, 전찻길에 장애가 될 수 있는 서울의 성곽은 1920년대 말

35 김진송, 《현대성의 형성—서울에 딴스홀을 허하라》(현실문화연구, 1999), 248쪽 참조.

1915년 철거되기 이전의 서대문, 즉 돈의문(敦義門)과 전차길(인터넷 사이트 〈brunchstory〉)

엽까지 여지없이 헐려 나갔다.[36] 반면에 동시대의 베이징은 사뭇 다른 분위기를 띠고 있었다. 베이징의 푸런대학(輔仁大學) 교수로 있던 주요섭이 1937년 경성의 잡지에 기고한 글을 보면, 그는 베이징의 3다(多) 요소로 여전히 나무와 인력거, 그리고 담장을 꼽고 있다.

> 북평(北平)은 담장의 도시이다. 골목, 골목, 골목—골목의 도시인 북평은 담장, 담장, 담장의 도시이다. 담장도 요만조만의 담장이 아니라 세길 네길 씩 높이 올리고 기와지붕까지 얌전히 올린 담장의 나열에 놀라

36 한양도성은 1900년 7월 숭례문(남대문) 북쪽 성벽의 철거가 시작되었고, 이후 개화파와 대한제국을 좌지우지한 일제에 의해 '경성 일대 도시 계획'이라는 명목하에 숭례문과 흥인지문(동대문)조차 교통에 장애가 된다는 이유로 철거 혹은 이전이 추진된 바 있다(황평우, 〈기념과 기록을 분명히 해야 한다〉[민족문제연구소, 2004.12.24], www.minjok.or.kr 참조).

지 않을 수 없는 일이다. (…) 중국인의 사택(舍宅)은 웬만한 성(城) 못지 않은 담장으로 둘려 막혀 있는 것이다. 그러나 이 높은 담장들이 이곳 생활의 고즈넉하고 아늑한 맛을 돕는 한 중대한 요인이 된다고 말할 수 있다. 사실 이 사람들의 한 가정은 이 성(城)이오 궁(宮)이라 할 수 있는 것이다.[37]

주요섭은 일반적인 근대 도시와 다른 특유의 분위기 때문에, 베이징을 '도회(都會)'란 말로 지칭하지 않고 그냥 '곳'이라고 표현한다. 그는 그 베이징다움을 형성하는 시각적 요인 중 하나로 성벽을 포함한 수많은 담장을 꼽았는데, 이것은 라오서의 잠재의식 안에 살아 있는 베이징의 원형적인 모습이기도 했다. 성곽은 여전히 생활 정서에 영향을 끼치는 중요한 구조물이었기에, 라오서는 〈사세동당〉에서 "베이핑의 오래되고 무용한 성벽은, 비록 쓸모는 없더라도 그것 덕분에 안전한 느낌이 들게 한다"[38]고 언급한다. 이러한 베이징에 도시구조 재편이 이루어진 것은 1950년대에 들어서였으며, 적어도 〈사세동당〉이 집필되던 시기에는 전통 도시의 외형이 거의 원형대로 유지되고 있었다.[39] 이렇게 볼 때

37 주요섭, 〈북경잡감—이국 수상〉, 《白光》, 제6집(1937.6), 35쪽. 인용 내용은 오늘날 맞춤법에 따라 수정한 것임.

38 老舍, 〈四世同堂—饑荒〉, 《老舍全集》 6권, 67쪽.

39 1950-1960년대까지 대대적으로 진행된 도시 정비 프로젝트에 따라 베이징 시내의 성곽은 자금성과 부속 관문을 제외하고 차례로 헐려진다. 이후 청대에 개축된 내·외성의 경계는 부분적으로 남은 해자를 제외하고 외형을 거의 찾아볼 수 없게 된다. 그러나 라오서가 〈사세동당〉을 쓴 1940년대까지 베이징은 일부의 파손 외에 외형상 청대의 윤곽을 그대로 지닌 전통 도시로서의 면모가 더 뚜렷했다. 인구 면에서는 청대 전성기에 77만여 명이었던 것이 이미 민국 시기 들어 최대 151만여 명으로 두 배 이상 증가하여, 점차 산업도시로서의 기능이 증가되고 있었음을 알 수 있다. 베이징성의 철거 과정에 대해서는 王軍, 《城記》; 인구문제에 관해서는 侯仁之 엮음, 《北京城市歷史地理》(北京燕山出版社, 2000), 296쪽 참조. 한편 베이징시는 올림픽 개최를 앞두고, 옛 베이징성의 남측 중앙문인 융딩먼(永定門, 1957년 철거)을 2004년에 복원하기도 했다.

1930년대의 서울은 전통과의 단절, 혹은 근대 도시로의 편입이 베이징보다 훨씬 앞서 진행된 상태였다고 할 수 있다.

또 하나 주목되는 점은 전술했듯이, 1930년대라는 시점에서 서울의 작가들에게 도시화가 갖는 의미가 베이징의 그것과 적지 않은 차이를 보인다는 사실이다. 1920년대 한국문학에서 도시공간이 자본가와 노동자의 첨예한 대립공간으로 설정되었던 것과 달리, 사실상 1930년대 도시문학은 일본 자본주의 체제의 식민지 지배를 인정하지 않고는 전개될 수 없었다.[40] 따라서 〈천변풍경〉에는 〈사세동당〉과 달리 근대 도시의 현존을 기정사실로 여기며, 도시인의 우울한 삶이라는, 더 현실적인 문제로 관심을 확장하게 되었던 것이다.

해체된 옛 도성은 전기와 철로의 가설을 시작으로 산업과 상업의 기지로 탈바꿈되고, 급속한 인구의 유입이 이루어진다. 서울이 이 같은 근대 도시로서 외형적 탈바꿈을 하게 되는 것이 일제강점기인 1930-1940년대였는데, 이 당시 인구는 1935년을 기점으로 40만, 이후 6, 7년 후에는 100만에 육박함으로써 적어도 외형적으로는 대도시의 규모를 갖추게 된다.

> 자정이나 되어 천변에는 행인이 드물다. 이따금 기생을 태운 인력거가 지나고, 술 취한 이의 비틀걸음이 주위의 정적을 깨뜨릴 뿐, 이미 늦은 길거리에, 집집이 문들은 굳게 잠겨 있다. 다만, 광교 모퉁이, 종로 은방 이층에, 수일 전에 새로 생긴 동아 구락부라는 다맛집과 마지막 손님을

---

40 이 같은 1930년대의 문학 현상에 대해서, 김우종은 문학의 기교면에서 한 차원 높인 것이었으나 프로문학에 대한 이론적인 투쟁과 그 승리로 대두된 문학이 아니라, 일제 탄압으로 카프가 강제 해체된 뒤 그 빈터를 거저 물려받은 문학이요, 호신책으로써 가장 적당한 현실도피의 문학, 역사부재적인 문학의 성격으로 규정지으면서 주조(主潮)의 공백, 각개의 분산 활동, 순수문학의 전성 등을 당시 문학의 양상으로 거론한다. 김우종, 《한국문학사》(성문각, 1989), 232-243쪽 참조.

보내고 난 뒤, 점 안을 치우기에 바쁜 이발소와, 그리고 때를 만난 평화 카페가 잠자지 않고 있을 뿐으로, 더욱이 한약국 집 함석 빈지는 외등 하나 달지 않은 처마 밑에 우중충하고 또 언짢게 쓸쓸하다.[41]

〈천변풍경〉에 묘사된 한밤의 풍경 속에는 여러 가지 근대적 생활방식이 다양하게 혼재하고 있다. 인력거와 은방, 다맛집(당구장), 이발소, 카페, 외등(가로등) 등은 당시에는 근대적 물질문명을 상징하는 것들이었다. 도시의 급격한 성장은 농촌으로부터의 이주민은 물론이고 도시에서 나고 자란 사람에게도 일종의 경이로 다가왔다. 나날이 바뀌어 가는 도시의 모습은 이전과 전혀 다른 새로운 경험을 강요했다. 1930년대의 경성은 일본의 조선에 대한 식민지 자본주의화가 급속하게 이행되면서 외형적으로 자본주의화에 따른 신문물이 정신없이 생겨나고 있었다. 이는 또한 도시 경성이 중심과 주변부, 그리고 표면과 이면이 서로 다른 양극화 현상으로 나아가게 되는 계기가 되기도 했다.[42] 이제 막 시골서 상경한 소년의 눈에 비친 서울의 모습은 더욱 충격적일 수밖에 없다.

전차도 전차려니와, 웬 자동차며 자전거가 그렇게 쉴 새 없이 뒤를 이어서 달리느냐. 어디 '장'이선 듯도 싶지 않건만, 사람은 또 웬 사람이 그리 거리에 넘치게 들끓느냐, 이층, 삼층, 사층…… 웬 집들이 이리 높고, 또 그 위에는 무슨 간판이 그리 유난스리도 많이 걸려 있느냐, 시골서, '영리하다', '똑똑하다', 바로 별명이 비슷이 불려 온 소년으로도, 어느 틈엔가, 제풀에 딱 벌려진 제 입을 어쩌는 수 없이, 마분지 조각으로 고깔을 만들어 쓰고, 무엇인지 종이 조각을 돌리고 있는 사나이 모양에도, 그의 눈은, 쉽사리 놀라고, 수많은 짓대잡이 아이놈들의 앞장을 서

41 박태원, 앞의 책, 119쪽.

42 이강언, 《박태원 소설의 도시와 도시 인식》, 《우리말글》 24집(2002), 293쪽.

서, 몽당 수염 난 이가 신나게 부는 날라리 소리에도, 어린이의 마음은 걷잡을 수 없게 들떴다.[43]

그럼에도 소년에게 서울이라는 낯선 대도시에서의 삶은 이제까지 살아 왔던 환경과 단절하고 전혀 새로운 모험의 세계로 들어가게 되었음을 의미한다. 머지않아 도래한 소년의 변화에 대해서 작가는, "'사람의 새끼는 서울로—'라는 말은 어쩌면 진언일지도 모른다. 원래 타고 나온 천성이 그렇기도 했겠지만, 도회의 감화란 실로 무서운 것인 듯싶어, 서울에 올라온 지 반년이 채 못 되어, 그렇게도 어리고 또 순진하던 열네 살짜리 소년 창수는 이미 이만큼이나 자라고, 또 '영리'하여진 것이다"[44]라고 말한다. 도시는 순진한 시골 소년 창수에게조차 이악스러운 생존의 본능을 발동시킨다. 도시의 경제적 상업화와 사회적 평등화는 문화적으로 개체화, 속물화되는 개인의 이기적 욕망을 집단생활 속에서 탄생시켰다. 이것은 근대 도시사회가 내포하고 있는 근대성의 본질에서 비롯된 것이기도 하다. 근대성의 역설 중 한 형태는 그것이 기회와 안정 사이에서 선택을 지속해서 강요한다는 점이다. 자본주의적 경제 형태는 지속적인 혹은 개인적 연대로 사람들을 묶어 놓지 않는다. 그러나 동시에 그와 같은 변화와 발전은 일상적인 관계를 통해 성취된 안정성을 위협한다. 기회를 증대시키는 힘은 사회적 통제를 어렵게 만들고 다른 사람들에게 동일한 자유를 부여함으로써 점차로 개인들의 행동을 예측하거나 신뢰하기 어렵게 만들면서, 결국 계획과 희망도 깨지기 쉽게 만든다.[45] 자기 삶에 대한 불안정한 미래 속에서 생존을 도모해야 하는 상황은 천변 인물들의 도시 주변부 삶을 가장 특징적으로 보여 주는 것이다.

---

43 박태원, 앞의 책, 46쪽.

44 위의 책, 259쪽.

45 마이크 새비지·알랜 와드, 앞의 책, 242쪽.

이 도회에서의 패잔자는 좀 더 남의 마음에 애닯흠을 주는 일 없이 무심한 이의 눈에는 참말, 어데 볼일이라도 보러 가는 사람같이, 그곳에서 얼마 안 되는 작은 광교 차부에서 강화행 자동차를 탔다. 천변에서 일어나는 온갖 일에 관찰을 게을리하지 않는 이발소 소년이, 용하게도 마악, 그들의 이미 오래전에 팔린 집을 나오는 일행을 발견하고 그래 이발소 안의 모든 사람이 그것을 알았을 뿐으로, 그들이 남 부끄럽다 해서, 고개나마 변변이 못 들고 빠른 걸음걸이로 천변을 걸어 나가, 그대로 큰길로 사라지는 뒷모양이라도 흘깃 본 이는 몇 명이 못 된다. 얼마 있다, 원래의 신전은 술집으로 변하고, 또 그들의 살던 집에는 좀 더 있다, 하숙옥 간판이 걸렸다.[46]

도시에서의 실패는 곧 도시로부터의 추방을 의미한다. 서울살이에 실패하고 시골로 낙향하는 신전(신발가게) 집의 이삿날, 삶의 패자에게 더 냉혹하기만 한 서울의 거리 모습이 을씨년스럽게 펼쳐진다. 이와 반대로 서울은 부를 축적하고 안정적 생활을 누리는 이들에게 더없이 자유로운 공간이 된다. 민 주사나 종로 은방 주인, 한약국 집 주인, 포목점 주인 같은 이들에게 서울은 달성된 욕망을 과시하면서 누릴 수 있는 곳이다. 이들은 소설 속에서 하나같이 부정한 연애나 밀수 등에 연루되어 있다. 도시의 풍요와 욕망을 무한정 확장하고자 그 속에 빠져 허우적대는 인간 세태의 모습은 천변의 또 다른 삶의 단면으로 그려진다. 청계천은 그런 의미에서 또한 소설 속에서 도시가 지닌 부정적 속성이 폐기되어 흘러가는 거대한 배출구로 환유된다.

소임을 마치고 두 깍정이 놈이 줄을 타고 개천에 올라왔을 때, 물은 개

46 박태원, 앞의 책, 78쪽.

천 벽에 가 뚫려있는 토관 구멍에까지 올라왔고 사나운 물결 위에 차차 크고 작은 널판 조각이며, 오리목 토막이며, 낡은 밀짚 벙거지며, 그러한 것들이 떠내려오기 시작했다. (…) 깨어진 쪽박이 내려오고, 떨어진 중절모가 내려오고 귤 궤짝이 내려오고 생철통이 내려왔다.[47]

장마라 물이 불어난 청계천을 따라 상류에서 내려오는 잡동사니를 살피랴 건지랴 구경꾼들로 천변이 왁자하다. 그 구경꾼들은 떠내려오는 잡동사니처럼 도시의 한복판을 가로지르는 서울의 오탁함 속에서 때 묻고 부패한 삶의 환경에 정처 없이 휘둘려 사는 도시의 서민들이다.

이런 모습과 대조적으로 전통적인 서울의 정서를 대변하는 계층은 주로 중년 여성들에게 있다. 한약국 집 안잠자기를 하는 귀돌어멈이나 삯바느질로 생계를 꾸려나가는 이쁜이네, 카페 여급인 하나꼬의 모친, 학수고대 곗돈 받는 날만을 기다리는 점룡이네 등은 전형적인 서민층 기성세대의 모습을 보여 준다. 그러나 이들은 서울의 가쁜 숨결을 따라잡기에는 너무나 낙후된 의식을 소유한 것으로 그려진다. 만약에 작가가 조금이라도 서울이라는 도시의 미래를 암시할 요량으로 소설을 구성했다면, 그 주인공은 응당 신생하는 세대에 맞춰졌을 것이다. 카페의 여급들이나 이발소 소년 재봉이—이 소설은 사실 재봉이의 시각에 담긴 천변 풍경의 스케치라 해도 과언이 아니다—그리고 한약국 집 점원이 된 창수, 철 따라 다른 장사에 나서는 점룡이 등이 그들이다. 이들에게는 현실적, 타산적 관점에서 실현 가능한 서울에서의 꿈이 있다. 그러나 작가는 이 꿈의 행불행에 대한 가치판단을 유보한다. 사실 소년들의 호기심 이상으로 작가 당대의 지식인들이 일제강점하 서울이라는 도시에 대해 뚜렷한 전망을 품고 있지 않았을 수도 있으며, 역설적으로 그것이

47 위의 책, 249-250쪽.

수표교 인근의 빨래터. 《천편풍경》의 제1절부터가 제목이 〈빨래터〉이다(《한국일보》, 2023. 9. 25).

작가에 의해 도시화에 대한 불확실함으로 상징되었을지도 모른다.

도시의 비정함과 대조적으로, 고향인 서울에 대한 작가의 연민은 미약하나마 소설의 여러 군데서 발견된다. 서울 토박이 '경알이' 작가로서 박태원은 '타자'들의 서울이 산업화되는 것과 상관없이, 휴머니티가 살아 있는 공동체로서 '자기'들만의 삶의 희열을 찾아내고자 했다. 이점은 라오서가 〈사세동당〉을 통해 꿈꾸는 이상과도 유사하다. 사실 그 당시의 서울도 베이징이 그랬던 것처럼, 마천루의 도시인 뉴욕과 같은 첨단의 현대 도시는 아니었다. 개천가에서 그대로 아낙들이 빨래를 하고, 그 인근에서는 동저고리 바람의 청년들이 윷판을 벌이고, 널판자 문을 단 다락집들이 늘어서 있고, 장작 실은 마차가 지나다니는 소설 속의 서울을 구미의 대도시와 동등하게 비교할 수는 없다. 그럼에도 한편에서는 분명 에스컬레이터가 작동되는 백화점이 있고 전차와 버스가 운행하고 전화와 같은 현대문명의 이기가 생활 속에 들어와 있으므로, 분명 그곳이 새로운 도시적 군거를 이루고 있다고 할 수는 있을 것이다. 그러나 백화점의 고객처럼 "하루하루를 평온 무사하게 보낼 수 있었던 사람, 얼마간이라도 행복을 스스로 느낄 수 있었던 사람"이 아닌, "불행하다거나, 슬프다거나 그러한 사람들"[48]의 도시적 삶이란 도시라는 바다에 떠 있는 섬처럼, 자기들이 이전에 살았던 시골의 삶과 큰 차이가 없는 것이라고 해야 할 것이다. 그들에게는 전형적인 도시 생활의 일부라 할 수 있는 개인만의 삶이 원천적으로 불가능했다.

'평화카페' 여급들의 삶은 바로 그런 것 중의 하나이다. 박태원의 소설 속에서 서민 세계에서 벌어지고 있는 빈궁의 참상은 단골 메뉴나 다름이 없는데, 그중에도 카페의 여급은 거의 빠지지 않는다. 예컨대 〈성탄제〉, 〈비량〉, 〈길은 어둡고〉 등에 등장하는 여급들은 〈천변풍경〉에서처럼 대부분 생활고의 희생물로서, 가족을 부양하기 위해 그 길을 걷는 가련한 여인들이다. 〈천변풍경〉 50절 중에는 무려 12절에 걸쳐 카페 여급에 관한 이야기가 등장한다. 이 여급들의 세계란, 그 시대의 다른 도시소설에서처럼 "이국정서로 분위기를 낸 실내 디자인" 아래 "모던한 차림"을 하고 시중을 드는, 심지어 "성적서비스"도 마다하지 않는[49] 사치와 퇴폐와 부도덕의 상징이 아니다. 그것은 생활고에 밀린 여인들이 어쩔 수 없이 빠져드는 수난과 희생의 상징으로서, 비정한 이기(利己)의 세계가 아니라 흐뭇한 인정의 세계로 다루어진다는 점에서 작가가 추구하는 휴머니즘의 정체를 보여 준다. 작가는 도시의 인간에게는 비정함만이 존재하는 것이 아니라, 내면 깊숙한 곳에 휴머니티 또한 여전히 살아 있으며 그것은 도시 생활의 작은 희망이 될 수 있음을 암시한다.

이처럼 라오서와 박태원이 세태소설 속에서 그려내고자 했던 베이징과 서울은 작가와 실제 공간 사이의 특수한 관계에 크게 영향을 받았다. 전술한 대로 박태원은 근대 도시로의 편입이 상당히 진행된 서울의 공

48 위의 책, 326쪽.
49 김진송, 앞의 책, 260쪽.

간적 변화와 그 결과로 나타난 삶의 양상 속에서 도시를 탐색했다. 반면에 라오서는 도시의 얼굴을 전통 속에서 찾고자 했다. 라오서가 거듭 시도한바, 전통적인 베이징 문화에 대한 비판은 5·4 신문화운동 이후에 폭넓게 공감을 산 전통문화 비판 열풍의 연장선에서 나온 것이다. 베이징의 문화를 전체 중국문화에 대한 상징으로 사용할 때, 라오서에게는 오늘날과 같이 관조적으로 장단점을 분석할 여유가 존재하지 않았다. 그것은 작가에게 이성과 감성상의 충돌을 초래하게 했으며, 이는 작품에서 애매한 형태로 표현되기도 했다. 라오서는 샤오양취안의 한 이웃의 입을 빌려 치 씨네 사람들을 이렇게 평한다.

> 치 씨네 4세대를 보고 있자면, 그에게는 그들이 아주 이상한 가족이라는 생각이 들었다. 우선 그들은 모두가 중국 사람임이 틀림없는데도 그렇게 복잡하고, 그렇게 변화무쌍했다. 가장 신기한 것은 서로 제각각인 사람들이 한집 안에 살면서, 그런대로 화목한 편이라는 점, 그러함에도 모두가 무언가 변화하려고 하면, 또한 무슨 커다란 힘이 그들을 변화시키더라도 분열이나 해체의 지경까지 가지 않게 한다는 점이다. 이 신기한 집에서는 마치 모든 사람이 자기 시대에만 충실한 것 같지만 그렇다고 남의 시대를 격렬하게 거부하는 것도 아니다. 그들은 각기 다른 시대를 한 덩어리로 반죽한다. 마치 많은 약재를 써서 환약 한 알을 만들어 내듯이. 그들은 역사에 순응하는 것 같기도, 또한 역사에 저항하는 것 같기도 하다. 그들은 작기 저마다 문화가 있지만, 서로 관용하고, 서로 양해하는 것이다. 그들은 앞으로 나가는 것 같기도 하고 또한 뒤로 후퇴하는 것 같기도 하다.[50]

50 老舍, 〈四世同堂一偸生〉, 《老舍全集》 5권(人民文學出版社, 1995), 216쪽.

베이징 문화의 복합적 성격을 '반죽'된 '환약'에 비유한 서술은 민족성 비판의 입장을 분명하게 취했던 자신의 초기 작품과 비교해도 퇴보한 것이라 할 수 있다. 작가는 적어도 베이징 사람들의 정체성에 한해서는 이처럼 이성과 감성 사이를 왔다 갔다 하는 불확정적인 시선으로 서술한다. 이 점에서 그에게는 '베이징'이 '중국'과 대등한 개념이 될 수 없다. 이성과 감성 사이에 형성된 그의 심미적 패러독스는, 마치 성질이 한결같던 어떤 것이 변화를 앞둔 막바지 시점에 다다랐음을 목도하면서 생겨난 것처럼, 다른 도시문학에서 보기 어려운 만가적(輓歌的) 정서마저 느껴지게 한다. 그는 도시를 주인공으로 내세우면서도, 작가 당대에 어느 정도 현실화된 근대적 공간과 생활양식에 대한 인물들의 인식과 정서를 부각하지 않음으로써, 도시문학이 가져야 할 당대 도시의 시간적 의미가 결여되는 결과를 가져왔다. 라오서에게 베이징은 현실보다 관념으로서의 의미가 더 지배적이었던 것이다.

도시적 생활양식을 드러내는 도시성(urbanism)[51] 가운데, 도시 생태적 양상에 상당하는 다양한 삶의 형태에 집중하기는 라오서와 큰 차이가 없지만, 박태원의 소설에서는 인물들이 이합집산하는 내용의 인과관계가 근대 도시의 총체성을 반영하는 중요한 지표가 된다. 즉, 소설에서 암시되듯이 사회계층의 새로운 분화는 도시공간의 재편성과 맥을 같이 하는 것이고, 이는 1930년대 일제강점기의 경성이라는 공간에 모순적인 사회구조가 형성되어 있음을 의미하는 것이다. 이러한 도시의 구조적 모순은 크건 작건 인물들에게 정신적 혹은 물질적인 상처를 입히게 되며, 작가는 이러한 도시적 삶의 양태를 병리적 또는 생태적으로 인식

51 워스(Louis Wirth)는 〈생활양식으로서의 도시성〉(1938)에서 도시를 "사회적으로 이질적인 개인들이 비교적 크고 높은 밀도를 가지고 상당히 영속적으로 생존하는 생활양식"으로 정의하고, 도시가 크고 조밀하며 이질적이기 때문에 도시생활이 고립과 사회적 해체를 드러낸다고 했다. 마이크 새비지·알랜 와드, 앞의 책, 127쪽.

했다. 그렇지만 그의 소설도 또한 암암리에 전통적 정서에 의존하는 경향을 보이는 것이 사실이다. 예컨대 엽색 행각을 일삼던 은방 주인이 감옥에 가고 불쌍한 과부 금순이는 손 주사와 결혼하게 되는 등 권선징악적 정서에서 완전히 탈피하지 못하는 점이 그렇다. 이뿐만 아니라 인물의 불행의 원인을 모호하게 처리하거나 설사 밝혀지더라도 당자의 무능이나 방탕의 후과로 귀결시키는 경우도 적지 않다. 이러한 점에서는 외형적으로 객관적 서술을 지향하고 있지만, 박태원도 라오서처럼 수도의 서민 사회에 대한 냉철한 비판에 앞서 인간적 정서에서 완전히 자유롭지는 못했다는 사실을 알 수 있다.

무엇보다 소설이 나온 시점에서 80-90년이나 떨어져 있는 오늘날 두 편이 진가를 발휘하는 부분은 그것들이 세태소설적 면모를 뚜렷이 드러내는 소품들의 보고라는 점, 즉 두 소설이 근대적 도시화 과정에 있는 베이징과 서울의 세태 풍속을 너무나도 생생하게 담은 기록화라는 점에 있다. 라오서는 작품 속에서 베이징 방언을 풍부하게 활용했다. 가령 치 씨 노인은 일본군이 베이징에 침입했다는 소식을 듣고서, "8국 연합군도 못 한 걸 고작 일본놈 몇이서 무슨 재주로 할 수 있겠누?"라며 대수롭지 않게 넘긴다. 이 말은 의미상 베이징 토박이 특유의 배짱을 드러냄과 동시에, '재주'나 '수완'을 뜻하는 베이징 방언 '뻘(蹦儿[bèngr])'로 인해[52] 청각적인 사실감까지 전해 준다." 라오서는 베이징 성의 일생 생활과 풍속을 '통속(俗)'적이고 '구어(白)'적인 언어의 세계로 펼쳐 보였는데, 그런 이유로 훗날 '징웨이(京味)'라고 하는, 베이징 특유의 분위기가 담긴 문학 장르의 창시자로 추앙받았다.[53]

---

52 "八國都不行，單是幾個日本小鬼還能有什麼蹦兒？", 老舍, 〈四世同堂: 惶惑〉, 《老舍全集》 4권, 6쪽.

53 '징웨이'는 베이징의 고유한 문화적 특색, 분위기, 정서, 생활방식 등을 지칭하는 개념인데, 문학에서는 1980년대에 이런 특징이 강한 작품을 범주화한 장르 개념으로 정착되었고, 그 시조로서 라오서의 소설들이 소환되었다.

물론 경알이 작가인 박태원의 서울 토박이 언어도 그에 못지않다. 역사소설가 박종화는 1939년 1월에 쓴 〈천변풍경〉에 대한 평론에서, 박태원이 도쿄 유학 출신의 모더니즘 작가인 줄만 알았는데, 이 작품 하나로 "순수한 경알이 문학을 세워놓았다 해도 과언이 아닐" 정도로 대단한 성과를 냈다고 말한다. 그는 또한 바로 그 점에서 박태원이 대춘원(大春園, 즉 이광수)을 능가하고 서울 중류 가정의 풍파에 능숙한 염상섭을 물리칠 수 있다고 추켜세운다.[54] 이처럼 두 작품은 모두 해박하고 감칠맛 나는 언어의 활용으로 지금은 사라진 당시의 생활사를 더욱 생생하게 기록해 놓았다. 또한 그럼으로써 방대한 분량의 토박이 어휘들이 영구히 보존되도록 했다.

54 박종화, 〈一日一人—《川邊風景》을 읽고〉, 《每日申報》, 1939년 1월 26일.

6장 마천루의 등장과 상하이 문학의 도시 조감도

이상이 쓴 단편소설 〈날개〉에서 주인공은 몇 시간쯤 도심을 헤맨 끝에 자신이 미쓰코시(三越) 백화점의 5층 옥상에 있음을 깨닫는다.

> 나는 또 오탁의 거리를 내려다보았다. 거기서는 피곤한 생활이 똑 금붕어 지느러미처럼 흐늑흐늑 허우적거렸다. 눈에 보이지 않는 끈적끈적한 줄에 엉켜서 헤어나지들을 못한다. 나는 피로와 공복 때문에 무너져 들어가는 몸뚱이를 끌고 그 오탁의 거리 속으로 섞여 가지 않는 수도 없다 생각하였다.[1]

주인공은 마치 자신이 옥상 정원의 어항 속 금붕어가 된 양, 그가 바라본 거리가 자신을 구속하고 정신적으로 피폐하게 만들지만, 벗어나려 해도 벗어날 수 없는 거대한 구조임을 절망적으로 깨닫는다. 그런데 그가 도시의 속성을 깨닫는 위치가 옥상이라는 점은 자못 흥미롭다. 소설의 끝에 등장하는 유명한 구절, "날자, 날자, 한 번만 더 날자꾸나"라는 독백도 사실상 물리적으로 고층에 있었기에 생길 수 있는 충동이다.[2] 마치 공중

1 《조광》 1936년 9월호에 발표.

2 이 말이 투신자살을 암시한 것인지는 논란의 여지가 있지만, 설사 지상에 내려와 거

미쓰코시 경성점에 있던 옥상 정원(《시사뉴스》, 2017. 3. 9)

에 떠서 보는 듯한 탁 트인 조망 때문에, 당시 경성에서는 백화점의 옥상 정원이 큰 인기를 끌었다. 곧이어 미쓰코시보다 더 높은 화신백화점(1937년 준공, 총 7층)과 반도호텔(1938년 준공, 총 8층)도 등장하게 되는데, 이는 분명 문인들에게도 적지 않은 시각적 충격이 되었을 것이다. 그런 점에서 당시에 비교조차 할 수 없는 마천루의 도시가 바로 상하이였다.

마천루에 대한 상하이 작가들의 시선을 오늘날 우리는 어떻게 해석해야 할까? 1930년대에 마천루는 분명 누구에게라도 도시 상하이를 대표할 경관으로 부상하고 있었다. 문화연구의 관점에서 '경관(spectacle)'이라는 이 용어는 그 시대의 정치적, 이데올로기적 관계성을 찾아내려는 의지가 담긴 말이다. 오늘날 경관은 미적 감상과 판별 기준을 넘어 결코 가치 중립적일 수 없는, 지배와 권력의 관계성을 그 속에 품고 있는

리를 걷다가 한 말일지라도 바로 전 옥상에 올라갔던 경험과 틀림없이 관련이 있다고 할 수 있다.

하나의 몸처럼 인식되고 있다.[3] 왜냐하면, 작가들이 가진 집단적 기억이 도시의 정체성과 이미지를 만들어 내는 바탕이 되고 이에 더해 도시가 가진 역사적, 문화적 맥락이 충분히 고려될 때 비로소 도시의 경관에 대한 인문학적 사유가 가능해지기 때문이다. 중국 작가들의 마천루에 대한 인식도 도시경관에 대한 그들의 인문학적 사유와 동일한 맥락에서 해석해야 할 것이다. 이 글에서는 1930년대를 전후한 도시문화 환경 중에서도 마천루의 등장이 상하이 작가들의 문학세계에 어떤 영향을 끼쳤는지, 가치판단과 묘사 시각의 측면으로 살펴보고자 한다.

1 이미지로서 마천루의 의미

문학 작품들에 대한 본격적인 이야기를 하기 전에, 먼저 영화 한 편을 통해 문제의식을 제기해 보자. 1937년에 상하이에서 제작된 〈거리의 천사(馬路天使)〉(위안무즈[袁牧之] 감독)라는 영화가 있다. 영화가 시작되면 인트로 자막과 함께 번화한 상하이 도심의 풍경이 펼쳐진다. 갖가지 네온사인 간판이 등장한 뒤, 도심 경마장 주변의 둥팡호텔(東方飯店), 화안(華安)보험, 무어 감리교회, 그리고 와이탄(外灘, 상하이 번드)에 서 있던 영국 외교관 해리 파크스(H. S. Parks) 동상, 세관 시계탑, 홍콩-상하이 은행(匯豊銀行) 문 앞의 쌍사자상. 또 더 멀리 프랑스 조계[4]에 있던 프랑스공원과 성 니콜라스 정교회 성당, 그리고 다시 와이탄 북쪽과 이어진 쑤저우허(蘇州河) 연변의 우정총국(郵政總局)과 가든브리지(外白渡橋), 그 밖에도

3 장희권, 〈근대도시의 공간과 사유방식〉, 《뷔히너와 현대문학》(한국 뷔히너학회) 32(2009), 209쪽.

4 조계(租界)는 중국에서 아편전쟁 이후 열강이 강제로 임대하여 치외법권을 인정받은 구역을 말한다. 상하이에는 영국, 미국, 그리고 프랑스 조계가 설치되었으나, 이중 영국 조계와 미국 조계는 1863년 '공공 조계'로 합쳐져 이후 영국의 주도로 운영되었다.

영화 〈거리의 천사〉 속의 메트로폴 호텔 세트

이름도 알 수 없는 댄스홀과 허공에 뜬 듯 수많은 가로등 불이 콜라주 화면으로 이어진다. 현란하고도 변화무쌍한 도시의 형상들을 하나로 묶는 제유(提喩)의 이미지는 다음 신에서 불현듯 나타난다.

인트로 자막이 끝나고 잠시 어두워졌다가 다시 화면을 채우는 것은 아르데코(art déco) 스타일의 마천루이다. 이 미니어처 세트는 1935년 공공 조계에 개장한 14층짜리 메트로폴 호텔(都城飯店)을 모방한 것이다. 카메라가 하얀 빌딩 세트를 위에서 아래로 훑은 뒤, 이윽고 어두운 지하층이 나타나면서, '상하이의 지하층'이라는 자막이 다시 불쑥 등장한다. 이 자막은 다음 장면에 이어질 내용을 설명하는 것인데, 대조되는 마천루의 이미지로 인해 그 의미가 더 분명해진다.

영화의 중반과 후반에서도 마천루의 제유법은 반복된다. '지하층' 주인공들이 자신들의 억울함을 풀어 줄 구원자를 찾고자 난생처음 찾아간 변호사 사무실은 초현대식 마천루에 있다. 창밖을 내다본 한 친구가 다른 친구에게 말한다 "저것 좀 봐. 우린 이미 구름 속에 있잖아?" 그러나 경이감에 젖는 것도 잠시, 무일푼인 그들은 일말의 동정도 얻지 못한 채 매몰차게 쫓겨난다. 마지막에 암흑세력으로부터 칼부림까지 당한 그들은, 의사를 부를 돈도 없어 결국 속수무책으로 동료의 죽음을 맞는다.

이어서 첫 장면과 반대로 카메라의 초점이 미니어처 마천루를 거꾸로 더듬으며 지상층으로 상승할 때, 영화의 끝을 알리는 '완(完)'이란 자막과 함께 마천루의 소임도 끝이 난다.

영화 속에서 감독 위안무즈가 마천루 이미지를 통해 보여 주려는 것은, '지하층'의 빈자들과 이분법적으로 대비되는 부자들의 세계이다. 영화는 도시의 발달과 부의 상징으로 나타난 마천루를 타자화함으로써, 대도시의 계급문제를 부각하려 했다. 현대적인 초고층 빌딩이 상징적인 이미지로 활용된 것은 1930년대 상하이 리얼리즘 영화의 달라진 사회 시각을 대변한다. 당시 영화 창작자들에게는 인물의 현대화된 감정을 당면한 사회문제와 연결할 수 있는 새로운 이미지가 필요했다. 그 시절에 상하이의 도심에 정신없이 들어서기 시작한 마천루들은 마치 팜 파탈의 이미지처럼, 고혹적이면서 거만한 도시의 아이콘이 되기에 안성맞춤이었다.

영화 속에서 이처럼 마천루에 특별한 상징성이 부여된 것은, 사실 〈메트로폴리스〉(1927)나 〈킹콩〉(1933)에서 그랬듯이 어느 정도는 세계적인 유행이 반영된 것이다.[5] 당시에 영화의 배경으로 마천루가 등장할 만한 비서구권의 장소로서 상하이는 거의 유일한 도시였다. 그럼에도 중국 감독이 표현하려는 마천루의 상징성은 서구영화의 그것과 분명한 차이가 있었다. 당시 조계 경제가 열강의 자본에 장악된 사실은 차치하고, 상하이 극장 중 80% 이상이 할리우드 영화에 잠식당한 불균형한 상황만을 가지고도 내포된 의미를 충분히 짐작해 볼 수 있다. 상하이의 민족영화에 등장하는 마천루는 그 자체로 이미 관객에게 계급모순뿐 아니라 민족모순까지 한꺼번에 드러내는 이중적 기표가 될 수 있었다.

---

5 독일 영화 〈메트로폴리스(Metropolis)〉는 마천루로 가득한 지상의 메트로폴리스와 지하의 노동자 도시를 대비시킨다. 미국 영화 〈킹콩(King Kong)〉은 원시와 대립되는 문명의 상징으로 1931년 준공된 뉴욕의 랜드마크 엠파이어스테이트 빌딩을 주요한 배경으로 등장시켰다.

그러나 마천루는 어쨌든 도시의 현대성에 대한 상징이었기에 신문물을 대하는 새로운 시선도 만들어 냈다. 도시는 기술복제를 가능하게 하는 현대적 기술이 만들어 낸 새로운 환경이다. 예술작품을 감상할 때뿐만 아니라, 도시라는 새로운 환경에서 인간이 지각 대상인 도시적 풍경을 대하는 방식에 어떠한 변화가 있었는가의 문제는 바로 벤야민의《기술복제시대의 예술작품》과《아케이드 프로젝트》를 연결해 주는 핵심적 모티프로 작동한다. 다양한 도시공간들은 역사적 시간을 동반한 채 순간적으로 '산책자'의 눈앞에서 펼쳐지면서 멀어졌다 다시 가까워지는 과정을 반복하게 되고, 산책자는 이를 인상학적 관점에서 사유해 나간다.《아케이드 프로젝트》의 편집자 서문에 "이미지는 정지 상태의 변증법이다"[6]라며 밝히고 있듯이, 벤야민의 도시문화 분석에서는 산책자의 눈에 들어온 도시의 이미지 자체가 매우 중요한 의미를 지닌다.

벤야민이 언급한바 19세기 파리라는 도시공간의 산책자 역할을 동아시아의 메트로폴리스 상하이로 치환해 보면 어떠할까? 발생학적으로 파리와 같을 수 없는 중국의 산책자 작가들에게 파리의 상징인 아케이드 대신 꿈의 실현에 대한 약속으로 상상된 상하이의 이미지는 무엇이었을까? 이러한 질문에 답하기 위해서는 우선 도시 건설의 구성과 성격에 대한 문화지리학적 고증을 거칠 필요가 있다.

2 상하이의 번영과 마천루의 등장

대략 1927년을 전후로 해서 베이징의 많은 작가가 군벌 정부의 정치 탄압과 국민당의 북벌 전쟁을 피해 남하하여 상하이에 운집한다. 그들은

6 발터 벤야민,《아케이드 프로젝트》, 조형준 옮김(새물결, 2005), 57쪽.

다양한 지역에서 온 상이한 성향의 작가들과 교류하면서, 상하이에 새로운 둥지를 틀게 되었다. 그리고 서로 다른 입장과 취향에도 불구하고. 하나의 도시공간 안에서 신문화운동의 풍성한 성과를 만들어 내기에 이른다. 중국 현대문화의 '황금기'로 일컬어지는 이 시기는 일본이 전면전을 도발하는 1937년까지 10여 년 동안 이어졌다. 이 시기는 또한 상하이 조계의 경제가 최고의 활황을 누릴 뿐 아니라, 도심의 스카이라인이 완성되는 때였다.

1920-1930년대에 마천루는 도시 상하이가 현대화와 번영의 정점에 이른 산물에 상당했다. 이 시기에 불어닥친 개항 이래 미증유의 재건축 바람은 상하이 도심의 물질적 구성, 즉 건축의 재료와 양식에서 신속하게 서구의 현대 건축 조류를 따라잡도록 했다. 유럽의 복고주의 양식에서 탈피해 고층과 고밀도를 추구하는 모더니즘 건축이 날로 증가하여, 동아시아 최대 도시로서의 명실상부한 면모를 만들어 갔다. 상하이의 현대 도시다운 풍경은 바로 이 시기에 마지막으로 조성되었는데, 작가들에게 이는 또한 이전과 전혀 다른 인문적인 경관의 탄생을 의미하는 것이었다. 상하이는 개항 초기에 '십리양장(十里洋場)'[7]이 그랬던 것처럼 또 한 번 중국인들의 놀라움을 샀고, 신세대 상하이 작가들의 상상과 창작욕을 자극했다.[8]

이 당시 상하이의 마천루는 주로 관용건물이 아닌 상용건물이었다. 유럽의 고전주의를 빌어 온 이전의 관용건물이 수평적인 장엄미를 통해 권위를 강조했다면, 상용건물은 그와 반대로 수직적인 압도감을 통해 자본의 힘을 과시하려 했다. 마침 서구세계에 유행하던 현대적인 아르데코 양식은 마천루의 새로운 양식으로서 적극 수용되었다.[9] 당시에

7 당시에 상하이 조계는 '10리에 걸친 서양인 세상'이라는 비유적인 말로 불렸다.

8 李今,《海派小說與現代都市文化》(合肥: 安徽教育出版社, 2000), 16쪽.

9 1915년경에 시작되어 2차 세계대전 직전까지 유행한 아르데코 양식은 모던 디자인

현대식 건축을 주도한 세력은 공공 조계의 영국과 미국, 프랑스 조계의 프랑스, 그리고 20세기 들어서 상하이에 진출한 신흥 열강 일본이었다. 이들은 경쟁적으로 상하이에 근대건축을 이식했는데, 마천루는 유럽식 주택 단지로써 도시개발을 추구한 프랑스 조계보다는, 기업들의 각축장으로서 상업자본이 집약된 공공 조계에 편중하여 들어섰다. 점차 영토 확장보다 자본 증식에 전력한 영국은 상하이 조계에서 건축을 통해 그들이 보유한 식민자본의 힘을 과시하고자 했으며, 신흥 열강 미국은 시시각각 고층빌딩이 솟고 있던 뉴욕의 첨단 건축기술을 상하이에 이식하려 했다. 한편 모국으로부터 멀리 떨어진 이역의 도시로 사업 기반을 옮겨온 많은 구미의 기업가들도 그들 나름대로 마천루라는 자본의 표상을 통해 모국에 대한 콤플렉스를 심리적으로 보상받고자 했다. 이같이 해서 상하이의 마천루는 유난히 공공 조계에 집중적으로 들어선다.

물론 공공 조계의 마천루 열풍은 열강의 공간 수요와 그들의 건축 사조에만 기인한 것이 아니라 공공 조계 내부의 산업구조 변화와도 밀접한 관련이 있었다. 우선 1차 세계대전 동안 화교를 포함한 중국인의 민족자본도 대규모 건설에 투자할 만큼 급성장하게 되었는데, 그중 상당수가 조계의 경제적 호황에 편승하여 상하이로 몰려들었다. 한편 이 시기에 가장 중요한 투자국으로 부상한 미국과 일본은 상하이 외국자본의 흐름을 좌우할 정도로 전에 없이 적극적인 투자에 나선다. 이러한 변화는 1920-1930년대의 상하이 경제에 유례없는 호황을 가져왔다.

이 상업화·일반화되어 가는 전환점에 존재했다. 19세기까지 유럽에서 도시의 변화는 지연적 속박에서 벗어나지 못했던 것에 반해, "아르데코 시대에는 도시의 변화함 자체가 상품의 성격을 띠면서 부유하게 된다. 그곳에 가득 넘치는 물품들은 도시 개성에 고정된 것이 아니라. 도시를 떠나서도 존재했다." 스즈키 히로유키, 《서양 근·현대 건축의 역사》, 우동선 옮김(시공사, 2003). 220-221쪽 참조. 조계 시절 상하이의 아르데코는 이 도시가 서양 열강의 점유지이면서, 동시에 첨단의 현대성을 구가하고 있다는 인상을 주었다.

1935년에 폐지되기 전까지 은본위제가 유지된 것도 결과적으로 대공황의 악영향을 피해 가도록 했다. 초고속으로 성장하는 도시의 경제는 부동산 사업을 발전시켰고, 지가의 급속한 상승을 초래했다. 공공 조계의 투자 중에 부동산 개발에 자본이 몰린 것도 이 시기이다.[10] 부동산 사업의 폭증은 또한 공부국(工部局)[11]의 정책 전환에서도 비롯된다. 1925년을 기점으로, 상하이 공부국은 조계지 바깥으로 연결되는 도로 확장 사업을 포기했다. 이로써 조계의 평면적인 확장이 사실상 중단되고, 투자자들의 관심도 교외의 개발보다 조계 내의 재건축 사업으로 쏠리게 된다.

1913년 12월, 상하이에 도착한 조선 작가 이광수는 "상해 중에 제일 화려한" 난징로(南京路)를 처음 가보고서, "좌우에 늘어선 사오 층, 칠팔 층 벽돌 양관(洋館)"이 마치 자신들이 "천인(千仞) 좁은 벼랑 밑에서 갈 길을 몰라 북적거리는 듯"[12]하게 했다고 말한다. 그는 길 양편의 높다란 건물을 보고 대경실색을 했지만, 사실 본격적인 마천루의 시대는 아직 시작도 하지 않은 때였다. 그때 상하이에서 가장 높은 건물은 여전히 도시의 서남쪽 외곽에 있던 룽화쓰(龍華寺)의 41m짜리 7층 목탑이었다. 그러나 1916년에 홍콩에 본사를 둔 '파머 앤 터너사(共和洋行)'의 설계로 와이탄에 룽화쓰 탑보다 높은 6층의 유니온빌딩[13]이 재건축된 후, 그 기록은 부단히 경신된다. 그러다 10여 년 뒤인 1929년 9월, 상하이에서도 가장 지가가 높은 난징로와 와이탄의 교차점에 13층 사순빌딩이 신축됨으로써, 10층 이상 고층건물의 시대가 시작된다. 이 해에 사순그룹은

---

10 대표적인 사람이 사순빌딩(현재의 화평호텔[和平飯店] 북쪽 건물)의 건설에 투자한 유대인 사업가 빅터 사순(V. Sassoon) 같은 사람이다. 상하이에서 가장 큰 부동산 재벌이었던 그는 중일전쟁 발발 이전까지 상하이에만 무려 1,500여 건의 부동산을 소유하고 있었다.

11 조계 경영을 위해 관련국 기업인으로 구성된 이사회. 실질적으로는 치안을 포함한 조계 정부의 역할을 했다.

12 이광수, 〈上海서〉, 《青春》, 제3호(1914.12), 106쪽.

13 렌허빌딩(聯合大廈) 또는 유리은행(有利銀行)으로도 호칭. 본채는 6층이나 그 위에 다시 타워가 얹혔다.

또 프랑스 조계의 마르시에로에도 14층 캐세이맨션[14]을 준공했다. 이후 10년간 상하이에는 10층 이상 마천루가 31채나 세워지는데, 이것은 중국의 기타 도시에 산재한 빌딩들의 합산을 훌쩍 넘어서는 수치였다. 이 중에도 1933-1935년 사이에만 15채가 건설되었는데, 특히 1934년 8월에는 21층의 브로드웨이맨션[15]이 북쑤저우허로(北蘇州河路)에 낙성됨으로써, 20층 이상 초고층의 시대가 열린다. 그러나 조계 시절, 건물 높이를 향한 치열한 경쟁에서 최후의 승자는 식민자본이 아니라 중국의 민족자본이었다. 1934년 12월 5일, 중국인 소유의 4개 중앙은행 연합체로 구성된 '사행저축회(四行儲蓄會)'가 투자한 22층 파크호텔이 마침내 징안쓰로(靜安寺路) 170호에 그 위용을 드러낸 것이다.[16]

> 대형호텔, 8층, 9층, 13층, 22층의 높다란 서양식 빌딩은. 멀리서 보아야 비로소 눈에 들어온다.
>
> 대형호텔의 내부는 호화롭고 편안하며. 어떤 면에서 행동의 자유가 있다.
>
> 저 일상의 많은 사람이 거치고 있는 근로와 노고, 첨예하게 싸우고 있는 세계는, 대형호텔의 도어에서 저지당하고, 그 안은 또 다른 세계인 것만 같다.
>
> 널찍널찍한 룸, 대리석의 벽과 바닥. 역사적이고 시대적인 가구—식당은 조지 시대 스타일, 침실은 루이 14세 시대 스타일—두툼한 양탄자, 부드러운 침대. 여기에서라면, 여행객은 안정과 휴식을 얻을 수 있으리라, 만약 그가 잠시 외부세계와 접촉할 필요가 없다면![17]

---

14 마르시에로의 현재 명칭은 '마오밍로(茂名路)'이며, 캐세이맨션의 중국식 명칭은 '화마오 아파트(華懋公寓)'로 현재의 진장호텔(錦江飯店)이다.

15 현재는 '상하이 빌딩(上海大廈)'으로 호칭됨.

16 〈誰是申城第一高樓?〉, 《新民晚報》, 2007년 9월 23일. '징안쓰로'는 현재의 난징서로(南京西路)이며, 파크호텔은 '궈지호텔(國際飯店)'이 되었다.

고층호텔은 상하이의 작가들에게 분명 낯선 대상이었지만, 극작가 홍선(洪深)이 말한 것처럼 또한 지금까지 경험하지 못했던 '안정과 휴식'을 경험할 수 있는 곳이었다. 인용문 속에 '22층'이란 말이 언급되듯이, 홍선이 현대적 호텔에 관한 산문을 쓴 동기는 분명 1934년 파크호텔의 개장에 있었다. 당시 최대의 월간 화보지 《양우(良友)》에 실린 일련의 기사를 보아도, 그해 12월 22층 호텔의 개장이 준공 이전부터 이미 상하이의 문화계를 자극한 일대 사건이었음을 알 수 있다.[18]

《양우》 1934년 2월호의 기사. "도시의 자극"이란 제하에 하이힐 신은 여성과 영화 〈킹콩〉, 경마클럽, 22층 파크호텔 사진을 함께 실었다.

1930년대에 상하이의 작가와 예술가들은 비록 정치가나 기업가만큼 부유하지는 않았지만, 그런 고급호텔을 드나드는 것에서 완전히 소외된 빈곤층도 아니었다.[19]

17 洪深, 〈大飯店—上海地方生活素描之三(대형호텔—상하이 지방생활 소묘 3)〉, 《良友》 1935년 11월호(第111期).

18 1934년 2, 4, 5, 6월호에 상하이 경관의 변화상에 대한 화보가 집중적으로 실린 것은 파크호텔의 개장과 무관하다고 보기 어렵다.

19 1935년 2월 18일, 상하이 각계 인사가 파크호텔 2층에서 공연차 소련을 방문하게 된 경극 배우 메이란팡(梅蘭芳)을 환송하는 연회를 개최했다. 참석 인사에는 소련 대사관 관계자 및 정계와 외교계, 금융계 인사 외에 영화·연극인이 포함되었다(http://info.meadin.com). 또한 陳丹燕(《上海的風花雪月》[作家出版社, 2002])에 따르면, 최고급 사교 공간이었던 사순빌딩의 캐세이호텔은 채플린이나 버나드 쇼 등 외국 명사를 만나기

3 욕망과 풍자의 대상이 된 마천루

도심의 고층화는 비단 눈요기에 그친 것이 아니라 작가들의 일상생활에서부터 영향을 끼쳤다. 그중 작품과 가장 직접적인 관계가 있던 것은 작가들의 주거지였다. 상하이 작가들의 주거상황은 베이징에서보다 훨씬 다양해졌다. 예컨대, 사오쉰메이(邵洵美)처럼 자산가 집안의 자제들은 프랑스 조계의 정원까지 딸린 호화로운 주택에 살았다. 이보다는 못 하지만 그래도 고급스럽다고 할 중산층 주택에 산 작가도 적지 않다. 동서 절충형의 스쿠먼(石庫門) 주택에 살았던 쉬즈모(徐志摩)나, 테라스형 주택에 살았던 스저춘(施蟄存)과 류나어우 등이 그러했다. 마천루의 시대에 나타난 더 흥미로운 형태는 고층 아파트이다. 1920년대 후반으로 들어서면서 도심 확장과 지가 상승, 그리고 건축기술의 발달에 따라 고층 아파트가 각광받게 된다. 아파트 건설 붐은 주로 양 조계의 신개발지를 중심으로 확산되는데,[20] 샤워 시설과 엘리베이터까지 갖춘 고층의 신축 아파트들은 비싼 임대료의 고급 주거지로 여겨졌다. 그리하여 1940년대로 가면, 심지어 아파트 거주자로서의 정체성을 느끼며 아파트의 일상 삶에 주목한 장아이링(張愛玲) 같은 작가가 나오기도 한다.

> "나는 바람을 타고 가보고 싶으나, 달나라의 대궐은 너무 높아서 추위를 못 이길까 두려울 따름이네"라는 시 구절을 읽을 때, 어쩌면 아파트 상층에 사는 주민이라면 대다수가 모골이 송연해질 것이다. 집은 높을수록 춥기 때문이다. (…) 항상 알 수 없는 것은, 6층에서는 거리에서 발생한 소음이 바로 귓가에서 나는 듯이 너무나 선명하게 들린다는 점이

위해 루쉰, 쑹칭링(宋慶齡, 쑨원의 아내) 등이 내방하기도 했다.

20 주로 현재의 징안구(靜安區), 루완구(盧灣區), 쉬후이구(徐匯區) 지역 일대에 편중하여 건설되었다. 薛順生·婁承浩 편저, 《老上海經典公寓》(同濟大學出版社, 2005) 참조.

다. 마치 사람이 나이가 들어 어린 시절과 점점 멀어질수록, 그때의 자질구레한 기억이 오히려 점점 또렷하고 분명해지듯이 말이다.[21]

장아이링이 수필 〈아파트 생활의 재미(公寓生活記趣)〉에서 털어놓는 아파트만의 불편함은 어떤 작가들에게는 생각할 수도 없는 사치스러운 걱정거리였다. 장아이링과 대조적으로, 1926년 발발한 북벌전쟁을 피해 상하이로 전입한 작가 중 대다수는 자기들의 경제적 처지에 맞춰 훨씬 열악한 주거지를 선택해야 했다. 가령 공공 조계 북단 훙커우(虹口)의 일본인 타운과 가까운, 비교적 저렴한 집단주택 단지에는 좌익 작가들이 모여 살았다. 별다른 연고도 없이 무작정 상하이로 넘어온 그들에게 허락된 공간은 그나마도 대부분 '정자간(亭子間)'이라 불리던 창문도 없는 쪽방이었다. 주거지의 상황만으로도, 그런 좌익 작가의 시선 속에서 상하이가 당면한 더 절박한 문제는 민족모순보다 계급모순이었을 것임을 어렵지 않게 짐작할 수 있다. 일상생활에까지 영향을 끼친 경제적 차등은 도시의 삶에 대한 시각의 차이를 만들어 내기에 충분했다. 물론 그들의 거주상황도 슬럼가를 못 벗어나는 진짜 하류층의 생활과 상당한 거리가 있기는 했다.[22] 어쨌든, 그들에게 마천루는 자신들의 일상과 매우 동떨어진 것이었기에, 종종 부도덕과 불평등의 상징으로 묘사되었다.

---

21 張愛玲, 《張愛玲文集》 第四卷(安徽文藝出版社, 1996), 36-37쪽. 첫 발표는 1943년 12월 《天地》, 월간 第3期. 작품 서두에 인용된 시 "我欲乘風歸去, 又恐瓊樓玉宇, 高處不勝寒"은 송나라 소식(蘇軾)의 사(詞) 《水調歌頭·明月幾時有》에서 따온 것이다.

22 답사한 바에 의하면, 조계의 좌익문인 중에도 상대적으로 고급 주택에 살았던 이들이 있다. 마오둔과 루쉰이 중산층 이상을 위한 다루신춘(大陸新村)에 살았던 것은 물론이고, 정전둬(鄭振鐸) 또한 가오유로(高郵路)의 정원식 저택에 살았다. 그 밖에 궈모뤄·취추바이·천왕다오(陳望道)·예성타오 등은 일본인 타운과 인접한 둬룬로(多倫路)에 모여 살았다. 비록 이들의 주거지는 루쉰의 집보다 한 등급 낮았지만, 같은 길에 국민당 최고위급 인사들인 쿵샹시(孔祥熙)·바이충시(白崇禧)·탕언바이(湯恩伯)의 저택도 소재했기에, 빈민가도 아님을 알 수 있다.

장아이링이 1940년대에 살았던 에든버러아파트(常德公寓). 집 앞의 창더로(常德路)는 당시에 하트 로드(Hart Road)라 불렸다(엽서사진. 《澎湃新聞》, 2020. 3. 20).

중국어에서 '마천루'의 문자 그대로의 의미는 하늘에 닿는 신기한 빌딩이다. 산업자본주의 발전의 표상으로서, 이 마천루들은 상하이의 경관에 침입한 가장 지독한 외래품 중 하나였다. 왜냐하면 이것들은 구도심지역의 평범한 중국집(일반적으로 2-3층 정도의 높이였다)을 내려다볼 뿐만 아니라, 중국의 건축 미학과 큰 충돌을 빚었기 때문이다. 중국 건축물은 결코 높이를 추구하지 않았다. 특히 일상생활을 영위하는 주택의 경우가 그러했다. 이런 까닭에, 마천루는 대단한 반향을 일으켰다. 만화, 스케치와 영화에서 마천루는 늘 상류층과 하류층 부자와 빈자로 상징되는 사회경제적 불평등의 증거가 되었다.[23]

문화학자 리어우판(李歐梵)이 지적하고 있듯이 중국인의 시각에 침입한 가장 지독한 수입품은 작가와 예술가들에게 우선 시각적인 충격으

23 리어우판, 《상하이모던》, 장동천 외 옮김(고려대학교출판부, 2007), 47-48쪽.

로부터 사회경제적 불평등을 상징하기에 충분했다. 마천루는 특히나 좌익문학에서는 도덕적 정당성에 반하는 기표가 되기 알맞은 표적이었다. 〈한밤중(子夜)〉(1933)에서 마오둔은 먼저 전통문화 관념과의 충돌로부터 마천루의 생경한 이미지를 묘사하기 시작한다. 마오둔은 주인공인 실업가 우쑨푸(吳蓀甫)의 부친이자 무기력한 구식 인물의 대표자로서 우 씨 영감(吳老太爺)의 눈에 비친 매우 극단적인 상하이의 경관을 묘사한다.

> 자동차가 미친 듯이 앞을 향해 질주했다. 우 씨 영감은 앞을 쳐다봤다. 맙소사! 빛을 뿜어내는 수백 개의 창문 구멍은 마치 희번덕거리는 수백 개의 괴상한 눈알 같고, 치솟는 듯 올라간 푸른 마천루는, 산을 늘어놓은 듯 바다를 세워놓은 듯 우 씨 영감의 눈앞으로 밀려왔다가, 순식간에 사라지곤 하는 것이었다.[24]

우 씨 영감의 시선을 통해 드러나는 상하이의 형상은 색채와 몽환, 그리고 마성으로 가득 찬 그로테스크한 세계에 다름 아니다.[25] 이어서 우 씨 영감이 도심을 통과하는 과정이 상세하게 묘사되는데, 그에게 그것은 터무니없이 길게만 느껴지는 악몽과도 같은 시간이다. 시골에서 막 올라온 우 씨 영감은 승용차라는 희한한 물건에 탑승하여, 부두로부터 북쑤저우허로-가든브리지-난징로와 허난로(河南路)의 교차점-시짱로(西藏路)-징안쓰로로 이어지는 노정을 거쳐 기업가 아들의 서양식 저택에 도착한다. 이는 사실상 공공 조계 번화가의 주요 축선에 해당하는데, 달리는 자동차의 속도로 인물의 시선에 들어오는 건축물들은 하나의 연쇄적인 이미지를 만들어 낸다. 이 소설에서 마천루는 자동차와 더불어 과거-농촌-전통에 대비되어, 현재-도시-근대(모던)를 상징하는 더할 나

24 茅盾, 《子夜》(人民文學出版社, 2006), 9쪽.
25 陳曉三, 《文學中的巴黎與上海》(廣西師範大學出版社, 2006), 169쪽.

위 없는 제유의 이미지가 된다.

그렇지만 작가가 변화한 도심의 이미지를 통해 궁극적으로 대비하고자 한 것은 아버지 세대의 그것과는 또 다른 세계이다. 〈한밤중〉의 전반에 걸쳐 서술되듯이 상하이는 발달한 자본주의의 메카이자 도시의 노동자 문제가 가장 빈번하게 발생하는 곳이기도 했다. 바로 이 노동자들의 세상으로서 상하이의 공장지대였던 자베이(閘北)와 훙커우(虹口)는 화려한 조계와 대비되는 소설의 또 다른 주요 무대가 된다. 그 공간들을 배경으로 최대 규모의 노동자 시위였던 1925년의 5·30운동은 〈한밤중〉뿐 아니라, 다른 좌익 작가들의 상하이 서사에서도 중요한 문맥을 차지한다. 딩링(丁玲)이 1932년에 쓴 산문 〈5월(五月)〉에서도, 작가는 오월에 부는 바람의 유동하는 시선을 통해, 중국 전역에 만연한 사회문제들을 드러낸다. 특히 상하이가 처한 현실은, 와이탄이라는 공간에 병존하는 상반된 이미지로 묘사된다. 그 한편에 부두노동자들의 힘겨운 삶이 있다면, 다른 한편으로 다음과 같은 풍경이 펼쳐진다.

> 이것은 도시의 밤, 식민지의 밤, 5월의 밤이다.
>
> 달콤한 미풍은 바다에서 불어와, 일렁이는 수면을 건넌다. 강변의 마천루에는 깃발들이 펄럭인다. 삼색기들, 성조기들, 일장기들, 그리고 대영제국의 깃발들이.
>
> 이 바람은, 소금기 섞인 찝찔한 맛의 이 바람은, 취한 이국 선원의 나팔바지 가랑이 사이에서 나부낀다. 그들은 바에서 댄스홀에서 방금 나와, 고요한 아스팔트 길에서 비틀비틀 큰 걸음으로 흐느적거리며 배로 돌아간다.[26]

---

26 丁玲, 《丁玲選集·第三集》(成都: 四川人民出版社, 1984).

딩링의 작품에서 '깃발들이 펄럭이는' 곳은 와이탄의 북쪽 기슭에 늘어선 영사관들을 가리킨다. 이것들은 다른 상업용 마천루와 군집을 이루어, 작품 속에서 열강과 매판 자본의 결탁에 상응하는 굴욕의 표상이 된다. 이는 1930년대 좌익 작가들의 마천루에 대한 전형적인 인식을 대표하는 것이라 할 수 있다. 그렇다고 비좌익 작가들의 작품이라 해서 마천루가 긍정적으로 묘사되는 것은 아니다. 그들도 나름대로 마천루와 그것이 대변하는 도시의 환락에 대해서 불편한 심기를 드러낸다. 시인이자 출판가였던 사오쉰메이는 1920년대에 다음과 같은 시를 남긴다.

아. 나는 지금 7층의 옥상에 서 있다.
위에는 더 오를 수 없는 창공.
아래는 자동차, 전선, 경마클럽

무대 앞에는 매춘부의 뒷모습.
아, 이것이 바로 도시의 정신,
아, 이것이 바로 상하이의 영혼

—〈상하이의 영혼(上海的靈魂)〉 부분 인용[27]

사오쉰메이는 상하이라는 현대 도시를 물질화된 세계이자 육욕이 넘치는 타락한 세상으로 묘사한다. 마천루에서 도심을 내려다보는 그의 시선은, 마치 자신이 도시에 대한 도덕적 심판자라도 된 양 약간은 위압적인 태도를 드러낸다. 그는 마지막 행에서 끝내 도시를 '무덤'으로 은유하여, 작가들이 발달한 도시문화를 보고 느꼈을 충격과 자의식의 변화, 그리고 가치판단에 이르는 일련의 과정을 압축해 낸다. 작가는 다른

27 원문은 1928년 5월 金星書店에서 출판된 《꽃 같은 죄악(花一般的罪惡)》에 수록. 여기에서는 邵洵美, 《花一般的罪惡—詩歌卷》(上海書店出版社, 2008), 40쪽에서 인용.

글에서도 번듯한 사무용 빌딩에서 나와 채 5분도 안 되는 거리에 남자들이 국수 한 사발과 목숨을 바꾸고, 여자들이 간식비밖에 안 되는 돈을 벌고자 몸을 팔아야 하는 상반된 세계가 도시에 존재함을 한탄했다.[28] 1930년대에 등장한 모더니즘 계열의 시들 역시 유사한 특징을 나타낸다. 1934년 잡지 《현대(現代)》에 실린 아래의 시에서는 자아의 분열을 마천루의 낯설음으로 표현해 낸다.

> 21층 옥상 꼭대기에 녹아있는
> 가을밤의 하늘은
> 검푸른 우울을 드러낸다.
>
> 여기에서도 낯익은 눈과 마주칠 수 있을까?
> 가로등의 행렬이,
> 공간 관념을 교란하는
> 세로와 가로의 엇갈림 안으로 가라앉는다.
>
> 낙엽도 제 나름의 쓸쓸한 맛이 있으련만
> 가로수의 가을은,
> 방랑자의 감흥조차 거부한다.
> 소음, 소음, 소음
> 소음으로 가득한 낯선 적막이여.
>
> —쭝즈(宗植), 〈처음 도시로 와서(初到都市)〉 부분 인용[29]

---

28 邵洵美, 〈大都會的光暗面〉, 《不能說慌的職業—邵洵美作品系列·隨筆卷》(上海書店出版社, 2008), 76쪽.

29 宗植, 〈初到都市〉, 《現代》, 5卷 5期(1934.9), 802쪽.

경마장 주변의 야경. 오른쪽이 22층 파크호텔이고 왼쪽이 쉬츠가 시에서 묘사한 상하이 경마클럽이다(virtualshanghai.net).

이 시에서 서정적 주인공이 공간과 나누는 시적 대화는 감정의 불일치로 점철될 뿐이다. 마천루는 마치 도시가 가진 원죄에 대한 거대한 기표처럼 등장한다. 좌익 작가들이 계급적 적대감을 표현하기 위해서였다면, 모더니스트 시인들은 그들 나름대로 전원적 삶의 인간미에 반하는 도시문화의 삭막함을 보여 주기 위해 마천루의 이미지를 활용했다. 그들의 마천루에 대한 비판적 인식은 도시 토박이의 정서에서 나온 것이 아니라, 대부분 도시 바깥에서 온 이방인으로서의 이질감과 소외의식에서 비롯된 것이다. 위의 시에 빗대어 말하자면, 감흥을 퇴색시키는 주체가 도시공간인 것만 같지만, 사실 어느 정도는 그것을 의식적으로 거부하는 시인 자신이기도 했던 것이다.

그렇지만 마천루는 문학의 소재로서 분명 특별한 대상이었다. 스무살이 갓 넘은 신출내기 시인이었던 쉬츠(徐遲)는 1933년 세 번째로 신축된 상하이 경마클럽(마사회) 건물에 박힌 시계탑을 보고, 아래와 같이 그것을 도시의 '보름달'에 비유한다.

로마자로 쓰인
I II III IV V VI VII VIII IX X XI XII
12개의 별이 하나의 톱니바퀴를 에워싸고 있다.

매일 밤 뜨는 보름달은, 입체이면서 평면인 유기체.
마천루 타워에 붙어 있는 보름달,
또 다른 마천루에서 내려다보는 도시의 보름달.

시침 같은 사람들,
분침 같은 그림자가,
이따금 도시 보름달의 표면을 쳐다보고,

도시 보름달에 떠오른 이치를 깨닫는다.
시간의 구분이, 밝은 달이
가로등과 시계와 함께 있음을 깨닫는다.

—〈도시의 보름달(都會的滿月)〉 전문[30]

저장(浙江)의 시골에서 방금 상하이로 온 그에게 대도시의 모든 것은 경이로움 자체였다. 전통 시에서 나그네의 애수를 대변하던 보름달이 여기에서는 맥락이 전혀 상반되게 바쁜 일상을 주재하는 시계로 뒤바뀌어 있다. 그는 비록 기계문명에 의한 도시 생활의 각박한 메커니즘과 인간의 소외를 풍자하지만, 도시적 일상성에 대한 호기심도 감추지 않

---

30 徐遲,〈都會的滿月〉,《現代》, 第5卷 1期(1934.5), 186쪽.

는다. 마천루는 도시 경험이 없는 작가들에게 분명 매력적인 소재였다. 그러한 호기심은 도시를 바라보는 방식, 즉 문자 그대로 시선의 변화를 가져오기도 한다.

문학적 묘사에 있어서 도시는 분명 새로운 방법으로 관찰되고 있었다. 그중 하나는 시각의 고도(高度)와 관련이 있다. 1930년대에 들어서면, 지표에서의 시선과는 구분되는, 공중에서 내려다보는 듯한 보다 역동적인 부감(俯瞰)의 시각과 구도가 문학 작품 속에 빈번하게 등장하기에 이른다. 이는 또한 마천루의 등장과 밀접한 관계가 있다고 할 수 있다.

4 고층의 생활과 묘사 시각의 변화

중국의 오랜 문학 전통 안에서 부감의 시각 자체가 새로울 것은 없다. 특히 높은 곳에 세워진 누각에서 조망되는 이미지는 유구한 세월 동안 시인들에게 애용되었다. 당나라 시인 진자앙(陳子昂)은 〈유주대에 올라(登幽州臺歌)〉에서 이렇게 말한다. “앞으로는 옛사람이 보이지 않고/뒤로도 올 사람이 보이지 않네./천지의 끝없음을 생각하니/홀로 슬픔에 젖어 눈물 떨구네”.[31] 시의 화자는 높은 곳에 올랐을 때 존재의 외로움을 체험하고 내면의 쓸쓸한 서정을 발산한다. 공간을 매개로 일어난 실의와 비분, 그리고 고독의 감정은 시 전반의 정서를 지배한다. 누각이나 봉우리처럼 높은 곳에서 촉발되는 이러한 감정은 중국의 전통시가에서 ‘고람(高覽)’ 혹은 ‘등고망원(登高望遠)’이라고 하는 독특한 미학적 경지를 만들어 냈다. 높은 위치에 오른 시인들이 망망한 공간을 바라보며 떠올린 것은 시간의 유한성과 인간의 왜소함이었다.

31 시의 원문은 다음과 같다. 前不見古人/後不見來者/念天地之悠悠/獨愴然而涕下.

그러나 현대판 누각에서 바라본 도시의 세계는 판이한 미감을 생성할 수밖에 없다. 문학에서의 현대성(modernity)은 소재와 내용의 변화뿐 아니라 미감의 전환까지 수반하는 것이었다. 상하이의 마천루는 중국의 작가들에게 전통적인 '고람' 미학과 전혀 다른 새로운 문학적 시야를 제공했다.

> 5층 건물의 어느 방안에서 그는 난간에 기대어 창밖을 바라보았다. 땅거미가 내린 허공은 온통 움직이는 붉은 빛으로 뒤덮여 있었고, 그 아래로 등불의 바다가 펼쳐져 있었다. 높고 낮은 건물들이 마치 바다 밑의 모래펄처럼 단지 어슴푸레한 실루엣만을 드러내며, 그의 눈앞에 켜켜이 쌓여 있는 것이었다. 가까운 곳의 가로등 불빛이 환한 거리는 마치 거대한 동맥처럼 이 대도시의 중앙을 관통하여 끝도 없이 어두운 허공을 향해 곧게 뻗어 있었다. 그 사이를 누비는 반딧불이 같은 자동차들은 라이트를 급하게 깜빡거리며 오고 갔다. 그곳의 교차하는 광선들이 한 무리 개미 떼와 같은 생물을 비춘다. 그것은 방금 극장에서 빠져나오기 시작한 사람들인 듯했다.[32]

창밖으로 도심을 내려다보고 있는 류나어우 소설 속 주인공의 감정은 '시간의 유한성'이나 '인간의 왜소함' 같은 것과는 거리가 멀다. 그가 보고 있는 것은 도시의 빛과 속도이다. 그리고 빛과 속도가 버무려내는 도시의 총체적인 유동성이다. 그 유동성은 고층에서 주시 되었기에 작품 속에 공간에 대한 새로운 감각을 덧붙여 주었다.

중국의 1930년대는 속도와 함께 고도에서도 과학 기술의 발전이 추구되던 시기였다. 항공기술과 지리학, 인쇄술 등의 발달은 문학 창작에 다양한 측면의 시각적인 영감을 제공했다. 그것은 1932년 류나어우가

32 劉吶鷗, 〈風景〉, 《都市風景線》(浙江文藝出版社, 2004), 9쪽. 원작은 1930년에 출판됨.

절친한 문우인 다이왕수(戴望舒)에게 보낸 편지에서, '비행'을 소재로 시를 쓸 것을 권하는 부분으로도 짐작된다.[33] 이 시기에 중국에서도 바야흐로 항공여행이 시작되고 있었다. 그 시대 항공문화의 단면은 심지어 시인 쉬즈모가 1931년에 항공사고로 사망했다는 사실에서도 엿볼 수 있다. 항공교통이 매력적이긴 하지만 아직 안전성을 담보할 수 없던 시절, 구간별 무착륙 횡단에 관한 기사가 연일 신문과 잡지를 장식했다.[34] 당시 가장 큰 화보 잡지였던 《양우》

〈풍경〉이 수록된 류나어우의 유일한 소설집 《도시풍경선》 초판(1930). 프랑스어 단어 'scène(풍경)'과 세 줄기의 라이트를 아르데코 스타일로 디자인했다(flickr.com).

---

33 편지에서 그는 이렇게 말한다. "항공관념이 보편화되면서, 비행에 관한 많은 시가 나타났네. 나는 자네가 이 새로운 영역에 관심을 가져주길 바라네. 새로운 공간과 새로운 시선은 우리에게 새로운 환상의식과 정감을 부여할 것이네"(劉吶鷗, 〈致戴望舒〉, 孔令境 編, 《現代作家書簡》[花城出版社, 1982년 판], 186쪽). 당시 류나어우는 영화 촬영에 몰두하고 있었는데, 다큐멘터리 필름 〈도쿄 편(東京卷)〉과 〈광둥 편(廣東卷)〉에서 그가 취한 소재는 대부분 '속도감'이 있는 물상, 예를 들면, 비행기, 자동차, 기차, 기선, 탱크, 장갑차 등 새로운 시대의 첨단 기기들이었다. 이는 물론 그의 초기 소설의 특징과 관련된다.

34 상하이의 민항 사업은 1929년에 시작되었다. 당시 국민당 정부 교통부는 5월에 하오룽항공노선(滬蓉航空線, '滬蓉'은 상하이-청두[成都] 간) 관리처를 설립하고, 7월 8일 난징 노선을 운행하게 했다. 이로써 난징의 부호들이 항공편으로 상하이에 가는 것이 가능해졌다. 곧이어 중·미 합작의 중국항공공사와 중·독 합작의 어우야(歐亞)항공공사가 상하이에서 창립되어, 상하이-청두, 상하이-광저우(廣州) 상하이-베이징 노선을 신설했다. 상하이 서남부의 룽화 비행장은 두 항공사의 기반 공항이자 역무 기지였으며, 당시 중국에서 가장 시설이 양호한 민영 비행장이었다(胥同慶, 《影像史記》[廣州: 南方日報出版社, 2005] 참조).

를 보면, 1929년 9월호의 〈베이징-상하이 항공 첫 여객 수송(京滬航空首次戴客)〉이란 기사를 시작으로, 비행기술 관련 기사와 항공사 광고가 연이어 실린다. 같은 해 10월호에는 난징에서 출발한 진마호(金馬號) 비행기가 공중에서 찍은 상하이의 난징로, 룽화 등지의 항공사진도 실리는데, 이런 사진은 전쟁 시기에도 잡지들이 선호한 이미지 중 하나였다.

이와 더불어 작가들의 시야를 확장한 또 다른 이기(利器)는 현대식 지도였다. 이 시기에 중국인에 의해 현대식 지도가 출판되기 시작하는데, 그중에서 지리학사에 한 획을 그었다고 할 만한 지도는 1933년 상하이의 신보사(申報社)에서 발행된 〈중화민국 신지도(中華民國新地圖)〉였다. 일부러 일본에서 인쇄해 올 정도로 심혈을 기울인 이 지도는 서양인들이 제작한 과거의 어느 지도보다도 더 정교하게 지리정보를 제공했다. 이보다 더 대중화된 지도로서 1934년에 선을 보인 〈중국분성도(中國分省圖)〉는 불과 5년 뒤에 무려 제10판이 나올 정도로 관심을 받았다.[35] 항공산업과 지도 제작기술의 발전은 작가들이 부감의 시야를 새롭게 발견하도록 했다. 이런 부감 시야가 활용된 사례는 아무래도 당시 가장 실험적이었던 신감각파들에게서 쉽게 발견된다.

> 테이블 아래에는 두 줄기 방파제가 있고, 망사 스타킹을 통해서, 나는 물고기 뱃살 같은 하얀 대지를 보았다. 방파제 끝에는 검은 입의 섬세한 흰 갈매기 두 마리가 졸면서 그 조용한 해변에서, 초여름의 꿈에 푹 빠져 있다.
>
> 두 방파제의 사이는 지형으로 볼 때, 삼각형의 충적평원일 것이다. 바다와 가까운 곳은 틀림없이 중요한 항구, 즉 큰 개항장일 것이다. 그게 아니라면, 왜 그렇게 멋진 방파제를 만들었겠는가? 대도시의 야경

35 중화교육문화기금이사회가 발간하고 상무인서관(商務印書館)이 출판한 이 지도는 교육용으로 배포되어 더 빨리 일반화되었다.

은 정말 사랑스럽다 — 방파제 위의 저녁놀, 부둣가의 파도 소리, 큰 배가 입항할 때의 웅장한 자태, 뱃머리의 물보라, 그리고 좁은 양안의 높은 건축물들을 생각해 보라![36]

소설 속의 지도는 개항장의 항구 풍경이자 또한 여성의 몸에 대한 메타포이다. 서술자는 지도를 더듬어 가듯이, 지리적으로 형상화된 여성의 몸을 종횡과 고저를 넘나들며 자유롭게 관찰한다. 작가가 그리는 지도는 사실상 비행기 위에서의 부감, 즉 항공 촬영의 구도를 응용한 것이다. 은유의 보조관념으로 취한 이미지들은 상하이 황푸강(黃浦江) 포구의 실제 지형과 건축물에 그대로 대입된다. 부유하는 시선은 서사 구조를 공간화한다. 소설형식의 공간화는 무스잉, 류나어우, 헤이잉 등 신감각파들의 소설에서 고르게 등장한다. 이와 같은 소설형식의 공간화는 본질적으로 연속적인 방향성이 있어야 하는 전통적인 소설 서사 규범에는 역행하는 것이다. 심지어 그것은 시간적 순서에 따르는 단어 배열의 연속성과도 모순된다.[37]

신감각파 작가들은 해체와 재연결의 방법을 당시에 유행하던 영화에서 찾았다. 그들은 영화의 편집기술, 즉 몽타주 기법을 과감하게 소설에 도입했다. 카메라의 이동에 따라 숏에서 숏으로 넘어가며 이미지들을 유기적으로 연계하는 영화의 파노라마 기법이 이야기를 공간화하기에 편리했기 때문이다. 헤이잉의 단편 〈상하이 소나타〉 같은 작품에서는 마치 서술자가 고정된 관찰 지점을 벗어나 댄스홀 안팎을 날아다니는 것만 같다. 이때 서술자는 손에 무비 카메라를 들고 있는 듯한 태도

---

36 穆時英, 〈Craven"A"〉, 嚴家炎 編選, 《新感覺派小說選》(人民文學出版社, 2009), 210-211쪽.

37 李今, 〈新感覺派和二三十年代好萊塢電影〉, 《都市文化與中國當代文學》(人民文學出版社, 2005), 45쪽.

를 취한다.

> Ambassador(댄스홀의 이름—인용자 주)의 눈동자는 충혈되어 있다. 문 앞에 한 대의 승용차가 멎자, 한 쌍의 남녀가 튀어나와 팔짱을 끼고는, 문을 젖히면서 안으로 들어가 버린다. 승용차 한 대가 또 다가온다.
>
> 재즈의 멜로디, 쿠바의 연가(戀歌), 그렇게나 많은 남녀가 춤을 춘다. 술 냄새, 연기 냄새가 진동하며, 여인의 몸에서 흘러나온 냄새와 섞인다. 은행 사장은 정부(情婦)의 가느다란 허리를 껴안고, 낭만적인 척 댄서에게 다가가 작고 새하얀 얼굴의 뺨을 꼬집는다. 이쪽 구석의 한 무리 대학생들은 그저 희희낙락이다. 정신 차리지 않으면 와이셔츠에 블랙커피를 흘릴 것이다. 뚱뚱하고, 뾰족하고, 삼각형, 아니면 깡마른 수백 개의 희희덕대는 얼굴이여. 눈동자, 댄서의 눈동자는 고혹적이다. 눈동자, 눈동자가…… 쏟아진다. 똑 남방에서 나는 자두 씨 모양이다. 사람들의 머리 위로, 푸른 보석이, 가늘고 길게 건너편에서 이쪽으로 넘어온다. 푸른빛을 발산하면서, 상하이 사투리, 광둥 사투리, 러시아어가 오고 가지만…… 귓가에 바짝 대고 지껄여야만 똑똑히 알아들을 수 있다.[38]

헤이잉의 댄스홀 풍경에 대한 묘사는 고정된 축선을 따라 순차적으로 전개되는 것이 아니라, 동떨어진 여러 이미지를 편집해 놓은 일종의 파노라마 형태를 이루고 있다. 그러나 분절된 사물들의 개별 이미지가 재조합되면서 하나의 또 다른 공간 이미지가 모습을 드러낸다. 이 같은 수법은 특히 밀폐된 공간 내부의 분위기를 생동감 있게 전달할 수 있었다.

부감의 시선은 고층건물 내부에 한정되지 않고 더 넓은 옥외 장소로

38 黑嬰, 〈上海的sonata〉, 伍仁 編, 《中國現代頹廢小說》(西北大學出版社, 1996), 643쪽.

옮겨지기도 했다. 더욱이 장편소설의 시대로 접어들면서 마천루는 개별적인 건축물이 아니라 하나의 군체 이미지로서 도시소설의 특별한 배경이 된다. 당시 조계지 내에서, 마천루의 집합체를 이루면서 부감 시야를 만들어 내기에 어느 곳보다 적합한 장소는 두말할 것도 없이 와이탄과 경마장 같은 도심의 개활지였다. 두 장소는 많은 문학 속에서 상하이의 도시 상상과 관련된 함축적인 기호가 된다. 그러나 두 장소가 갖는 문화적 속성의 차이에 따라, 공간의 이미지가 만들어 내는 메타포에도 적잖은 차이가 나타난다.

5 부감 구도의 확장—와이탄과 경마장의 메타포

가든브리지에서 에드워드7세로[39]에 이르는 황푸강변 와이탄의 건물 30여 채는 1940년대까지 부단히 재건축되어, 공공 조계에서 가장 높고 화려한 마천루의 집합체를 이루었다. 와이탄의 개발은 중국 남방에 유력한 항구를 선점하려 했던 영국 정부가 군사적 목적으로 시작했지만, 조계의 마지막 시절이자 최전성기였던 1930년대에 이르면, 와이탄의 마천루들은 오히려 기업가들에 장악된다.[40] 무엇보다 와이탄은 공공 조계에서도 자본이 가장 집중된 곳이었다. 외국계 은행뿐 아니라, '중국',

39 현재는 옌안동로(延安東路)로 개명되었으며, 공공 조계와 프랑스 조계의 경계가 되었던 길이다. 서울의 청계천처럼 황푸강으로 흘러드는 지천인 '양징방(洋涇浜)' 위에 복개 공사로 만들어졌다.

40 상하이 와이탄의 정부 지정 보호 건축물 1호인 아세아 석유공사에서 30호인 영국영사관까지의 용도를 살펴보면, 제일 먼저 지어진 영국 영사관과 중국 정부기관인 윤선초상총국(輪船招商總局)과 상하이 세관을 제외하면, 은행 10개소, 양행(상사) 3개소, 보험 2개소, 호텔(맨션) 2개소, 외국인클럽 2개소, 그 밖에 언론사, 전보국, 선박회사, 전기회사, 석유회사, 광업회사가 각각 1개소씩을 차지하고 있었다(1917년 기준). 薛理勇, 《外灘的歷史和建築》(上海社會科學院出版社, 2002), 267쪽 참조.

'교통', '중앙', '통상' 은행 등 당시 중국의 대형 은행들도 이곳에 사무용 빌딩을 사들였다. 그런 점에서 와이탄은 이국적인 표상으로서만이 아니라, 건축물의 기능적 속성을 통해서도 상하이의 성격을 집약해서 드러내는 곳이었다. 그래서 중국 안팎을 불문하고 그 시절에 나온 많은 상하이 서사 속에서 작가들은 약속이라도 한 듯이 와이탄으로부터 서술을 시작하곤 했다. 마오둔의 장편소설 〈한밤중〉 역시 그러하다. 작가는 소설의 시작 부분에서 마치 훑어 내리는 듯이 쑤저우허와 와이탄 일원을 서술하는 동안 경관의 현대적인 특성을 강조한다.

> 태양이 막 지평선 아래로 가라앉았다. 부드러운 바람이 얼굴을 제법 간질였다. 쑤저우허의 탁한 물빛이 푸르른 금빛으로 바뀌어 가볍게 천천히 서쪽으로 흘러갔다. 황푸강의 저녁 파도는 어쩐 일인지 일찌감치 차올라, 이제는 쑤저우허 양 기슭에 정박한 갖가지 배들을 높다랗게 떠올려 배 바닥이 부두 면보다도 반 척쯤이나 더 높아져 있었다. 바람이 퍼블릭가든(外灘公園)의 악대에 불어오면, 콩 볶는 듯한 드럼 소리만 도드라져 사람을 흥분시켰다. 저녁노을은 안개를 끼고 가든브리지의 높이 솟은 철골 구조물을 뒤덮고, 전차가 지나갈 때면, 철골 구조물에 가로 걸린 전차선이 때때로 푸른 불꽃을 일으킨다. 다리 위에서 동쪽을 바라보면 푸둥(浦東)에 자리 잡은 양식 호텔이 마치 거대한 괴수처럼 어스름 속에 웅크리고 앉아 있고 수없이 많은, 작은 눈동자 같은 불빛이 보인다. 서쪽(와이탄 쪽—인용자 주)을 향해 바라보며 사람을 섬뜩하게 만드는 것은 양식건물 옥상에 높직이 달린, 이상하리만치 거대한 네온 광고판이다. 그것들은 불처럼 빨간빛과 인갈이 푸른 화염을 발산한다. Light. Heat. Power여![41]

---

41 茅盾, 〈子夜〉, 앞의 책, 3쪽.

브로드웨이맨션에서 내려다본 1940년의 가든브리지와 퍼블릭가든, 그리고 와이탄. 가든브리지 아래의 하천이 쑤저우허이며 왼쪽 황푸강 건너편이 푸둥이다(virtualshanghai.net).

마오둔이 묘사하는 이 웅장한 경관은 오늘날에는 21층 상하이빌딩[42]에서 비슷하게 조망할 수 있다. 특히 그는 쑤저우허, 황푸강, 퍼블릭가든(外灘公園), 가든브리지, 푸둥 등 실제 세부 장소명을 열거함으로써 자신이 감각적으로 묘사한 경관이 허구가 아님을 나타낸다. 〈한밤중〉에서 마오둔은 종종 도시를 대규모의 건축 군락이나 넓은 시야의 공간으로 묘사했다. 이 인용문에 나타난바, 요란하지만 왠지 불편해 보이는 와이탄과 건너편 푸둥의 정경은 소설의 주인공 우쑨푸가 앞으로 맞닥뜨릴 복잡한 운명에 대한 탁월한 은유이다. 그런데 자세히 보면, 비록 장소명은 나타나지만, 건축물의 개별적인 성격은 드러나 있지 않다. 그것들이 마치 나타났다 그냥 사라지는 무의미한 기호처럼 묘사된 것은 다분히 작가가 의도한 것이다. 마오둔이 주목한 것은 그 자신이 말했듯이,[43] 도시에서 벌어지는 '소비와 향락'이 아니라, 도시적 삶의 토대가 되는 '생산관계'였다. 그의 관심은 도회적 생활을 표상하는 개별 구조물에 있지 않았다. 그래서 이야기가 더 진행되면, 자본가의 응접실, 기계 소리로 시끄러운 공장, 왁자지껄한 증권 거래소 등이 훨씬 빈번하게 등장한다.

그럼에도 불구하고 마오둔은 대서사의 시작점에서, 드넓은 공간을 유기적으로 재조직한 매우 독특한 상하이 조감을 만들어 냈다. 마오둔의 시선은 가든브리지 북쪽을 기점으로, 쑤저우허 어귀에서 퍼블릭가든을 거쳐 푸둥 쪽으로 수평선을 따라 이동해 간다. 그는 전체적으로 마천루에서 내려다본 듯한 시각을 통해 도시경관을 하나의 광활한 삼각형 구도로 그려냈다. 훗날 이것은 상하이 조계의 전성기에 관한 문학적 표현 중에서 가장 대표적인 것이 되었다.

와이탄이 장편 〈한밤중〉의 서두에서 '거대 서사'를 여는 배역을 맡았

42 조계 시절의 명칭은 브로드웨이맨션. 이 빌딩은 〈한밤중〉이 발표된 이후인 1934년 준공되었다.

43 茅盾, 〈都市文學〉, 《申報月刊》, 第2卷 第5期(1933.5) 참조.

다면, 경마장은 이와 대조적으로 '소 서사'의 배경으로 더 많이 활용된다. 류나어우 같은 신감각파 작가들에게 경마장은 그 자체로 도시의 신화를 만들어 내기에 적합한 곳이었다. 〈두 명의 시간 불감증자(兩個時間的不感症者)〉에서 보이듯이, 경마는 "욕망의 화폐를 교환하는" 경제 활동 가운데 가장 자극적인 것이기 때문이었다.[44]

> 해맑은 오후.
>
> 둘둘 말려서 떠가는 두 덩이 흰 구름이, 반짝이는 땀방울을 흘리며 고층건물들이 빚어낸 맞은편 봉우리들 위에 멈춰 있다. 멀리 이 도시의 외곽을 바라보다가 아래로 눈을 돌려 광대한 푸른 초원 위에 높다랗게 솟아오른 관중석을 내려다본다. 그때 일찌감치 한탕주의로 달아오른 사람들은 개미탑처럼 한 덩어리로 엉켜 있다. 긴장을 실망으로 바꾼 종잇조각이 누군가에게 발기발기 찢겨 시멘트 바닥에 가득 뿌려져 있다. (…) 먼지·가래·소리 없는 눈물, 그리고 말똥 냄새가 우울한 허공에 흩날려, 사람들의 결의와 긴장·실망·낙담·놀람·기쁨과 뒤섞여 어떤 포화상태의 분위기를 만들어 낸다. 그렇지만 너무나 도도한 Union Jack은 아랑곳도 하지 않고 청명한 하늘에서 바람을 따라 주홍빛 미소를 날리고 있다. There, they are off!(저기에서 그들이 출발한다!—인용자 주) 여덟 필의 엄선된 명마가 앞으로 질주하면서 1마일 코스의 오늘 마지막 경기가 시작된다.[45]

류나어우는 경마장에서 일어나는 일상의 사건 하나하나를 매우 소소

---

44 Yomi Braester, *Modern Chinese Literature*(1995. Spring), 42쪽, 리어우판, 《상하이모던》, 장동천 외 옮김(고려대학교출판부, 2007), 78쪽에서 재인용.

45 劉吶鷗, 〈兩個時間的不感症者〉, 《都市風景線》(百花文藝出版社, 1930년 초판의 2005년 영인본), 91-92쪽.

1934년의 경마장 일대. 무스잉이 〈상하이 폭스트롯〉을 쓸 당시, 파크호텔(경마장 왼쪽 경계의 22층 건물)과 상하이 마사회 신사옥(경마장 아래쪽 경계의 종탑건물)은 아직 준공되지 않았다(virtualshanghai.net).

한 지경까지 인물의 심리와 연결한다. 부감 시야로 언급할 때 더 주목할 만한 것은 경마장 스탠드에서 조망되는 구조물들의 성격과 그것들이 문학에 수용된 결과이다. 위 인용문에 묘사된 상하이 경마장은 1862년 처음 조성된 이후, 공공 조계로 중국인 난민의 유입이 증가함에 따른 도심 확장과 지가 상승의 결과로, 두 번이나 옮긴 끝에 조성된 세 번째 경마장이었다. 처음 조성될 때 공공 조계의 서쪽 언저리에 자리했던 경마장은, 후일 공공 조계가 이보다 훨씬 서쪽의 징안쓰 사원까지 확장되면서 공공 조계를 동서로 가르는 중심에 자리하게 된다. 이뿐 아니라 경마장 남쪽은 징안쓰로와 더불어 상하이의 동서단을 관통하는 가장 큰 도로인 에드워드7세로에 연접해 있었고, 경마장 메인스탠드에서 마주 보이는 시짱로는 공공 조계에서도 가장 번화한 상업도로들과 교차되며 경마장을 와이탄과 동서로 연결해 주었다.[46]

방사선 같은 교통망 덕분에 삭막한 도심과 대비되는 광활한 이 초지는 역설적으로 도심을 상징하는 아이콘이 되었다. 그것은 비단 지리적 위치뿐 아니라 레이스 외곽에 들어선 마천루와 근대식 건축물들로 인해 형성된 것이기도 했다. 경마장을 향해서 환형 구조를 이룬 것은 극장·호텔·교회·아파트·백화점·유락장·양식당 등 즐비하게 늘어선 현대식 시설들이었다.[47] 이 일대에서는 경제 활동이 왕성하게 돌아갔을 뿐 아니라, 여행가와 호사가를 위한 오락거리 역시 와이탄 쪽보다 풍성하게 제공되었다.[48] 이 같은 번화한 풍경은 상하이 서사 안에서 경마장이 더더욱 특별한 의미를 띠도록 했다.

무스잉의 단편소설 〈상하이 폭스트롯〉에서도 도시를 관조하는 장소로서 경마장이 작가의 도시 서사에서 얼마나 중요한 역할을 하는가를 알 수 있다. 그는 마치 경마장 스탠드에서 카메라를 돌리는 듯이, 파노라마 수법으로 경마장 일원을 작품에 담아낸다.

Neonlight가 색깔 있는 손가락으로 푸른 먹빛 같은 밤하늘에 글씨를

---

46 이 길들은 마차가 다니는 신작로라는 의미로 '마로(馬路)'라 불리며 일련번호가 붙여졌다. 즉, 南京路(大馬路), 九江路(二馬路), 漢口路(三馬路), 福州路(四馬路), 廣東路(五馬路) 등이 그것이다.

47 구체적인 면모를 보면 징안쓰로(현재의 南京西路) 초입의 그랜드극장(大光明大戲院), 파크호텔(1934, 22층), 외국인 YMCA(西僑青年會大樓, 현재의 體育大廈, 1928, 11층), 차이나 유나이티드 아파트(華安保險公司, 현재의 金門酒店, 1926, 9층), 시짱로 쪽의 다신백화점(大新百貨公司, 현재의 第一百貨, 1936, 10층), 뉴월드 유락장(新世界娛樂場, 현재는 철거됨. 남쪽 건물은 1915년, 북쪽 건물은 1918년 준공), 무어기념교회(慕爾堂, 현재의 木恩堂, 1929), 일품향(一品香) 양식당(현재의 래플즈시티 자리, 1883), 다중화호텔(大中華飯店, 현재는 아파트로 개조, 1927), 둥팡호텔(현재의 工人文化宮, 1929, 7층), 위안둥호텔(遠東飯店, 1934), 에드워드7세로에 연접한 프랑스 조계의 그레이트월드 유락장(大世界娛樂場, 1917), 난킹극장(南京大戲院, 현재의 상하이 콘서트홀[上海音樂廳], 1930) 등이다.

48 鄭逸梅(《上海通》[新編, 1940])의 통계에 따르면, 1930년대 말엽에 소규모를 제외하고 1등급에서 3등급까지 상하이의 댄스홀은 모두 26개가 존재했는데, 시짱로와 난징로를 중심으로 한 중앙 오락구 지역은 그중 18개 업소, 즉 69%를 차지하고 있었다. 樓家軍, 《上海城市娛樂研究》(文匯出版社, 2008), 198쪽.

쓴다. 영국 신사 하나가 앞에 서서 붉은 연미복을 입고 지팡이를 든 채, 그토록 씩씩하게 걸음을 떼고 있다. 발밑에는 이렇게 씌어 있다. "Johnny Walker: Still Going Strong".[49] 길가의 작은 초지에는 부동산 회사의 유토피아가 펼쳐지고, 위쪽의 럭키스트라이크(담배 상표—인용자 주) 광고판의 미국인이 쳐다보고 있다. 마치 이렇게 말하는 듯하다. "유감스럽게도 이건 소인국의 유토피아군. 저 풀밭은 내 한쪽 발을 내려놓을 수조차 없잖아?" (…)

경마장 지붕에는 풍향계의 금마(金馬)가 붉은 달을 향해 네 발굽을 뻗고 있다. 저 드넓은 초지의 사방에 널린 조명의 바다에서, 죄악의 파도가 넘실댄다. 무어교회는 어둠 속에서 무릎을 꿇고, 저들 지옥에 떨어진 남녀를 위해 기도한다. 그레이트월드의 첨탑은 참회를 거부한 채 교만하게 이 고지식한 목사를 쳐다보고 있다. 둥그런 불빛을 발산하면서.[50]

무스잉은 마치 무비 카메라로 훑어가듯이 일정한 지점에서 목도한 경관을 연쇄적으로 묘사하고 있다. 그는 특히 허공에 뜬 채로 관찰하는 것 같은 서술자를 배치한다. 이뿐만 아니라 그러한 전지적 서술자를 '조니워커'와 '럭키스트라이크'의 광고판에 그려진 거인 형상 인물로 대체해 버리는 초현실적인 수법을 쓴다. 그로 인해 중국인들의 도시는 일순간 거대한 서양인 형상으로부터 관찰당하는 대상이 되어버린다. 균형감을 파괴하고 현실을 뛰어넘는 설정은 정신을 차릴 수 없는 도시의 변화를 목도하며, 불안과 초조함으로 가득해진 현대 중국인의 내면 심리를

49 삽화가 톰 브라운(Tom Browne)의 디자인으로 1909년부터 쓰인 '조니워커' 위스키 광고의 원래 카피는 'Born 1820-still going strong(1820년에 탄생해, 여전히 힘차게 가는 중)'이었다.

50 穆時英, 〈上海的狐步舞〉, 嚴家炎 編選, 《新感覺派小說選》(人民文學出版社, 2009), 148쪽.

성공적으로 드러낸다.

여기에서 구조물들의 이미지는 전체가 하나의 환형 구조를 이루어 소설의 시각적 환상성을 증가시킨다. 하지만 건축물의 집합적 이미지는 이어지는 한밤의 살인사건과 부호의 사치스러운 일상, 밤의 환락, 공사장 인부의 압사, 청년의 실연 등 소설 속에 등장하는 복잡다기한 현실의 인간사 속으로 이내 배합되어 버린다. 양자 사이에서 의미의 매개가 되는 것은 경마장 주변의 구조물들이 지닌 성격이다. 일확천금의 사행심이 이글대는 경마장과 서양 자본의 침입을 상징하는 양주와 양담배 광고판,[51] 그리고 조계 권력의 비호를 받는 갱 조직[靑幇]의 본거지이자 아편굴이었던 그레이트월드 유락장이 함께 있다. 그것들이 또 아이러니하게도 성스러운 무어기념교회와 함께 배치됨으로써, 욕망과 허위의식이라는 인간의 양면성에 대한 효과적인 메타포가 된다.

무스잉이 환상적으로 구성해낸 경마장 일원의 풍경은 거의 모든 것이 실제 경관에 근거한 것이다. 그래서 부감 구도와 거인 이미지가 소설에 환상의 외피를 입혀놓았지만, 경관의 실재는 이야기를 현실로 끌어내린다. 마오둔의 와이탄 묘사에서 세부 건축에 대한 설명이 배제된 것과 달리, 무스잉의 경마장 묘사에서는 건축물 각각의 성격이 구체적으로 드러나 있다. 그것들이 당시 상하이의 독자들에게 부여하는 은유의 작용은 작품의 독해에서 특별한 의미를 지닌다. 사실 이 소설의 주제는 소설의 시작부터 등장하는 "상하이, 지옥 위에 세워진 천당이여!"라는 선언에서 이미 드러난다. 댄스홀을 내세운 제목만 보면 무스잉이 도시의 화려함에 도취해 있는 것만 같지만, 그 역시도 겉모습 뒤에 존재한 어두운 그늘에 더 관심이 있었던 것이다.

하지만 무스잉은 〈상하이 폭스트롯〉을 포함해서 야심 차게 기획

51 '럭키스트라이크' 담배를 생산한 '브리티시 아메리칸 토바코(英美煙草公司)'는 1937년 이전까지 중국 궐련 시장의 70% 이상을 장악하고 있었다.

중국 신감각파 작가 무스잉(《文匯報》, 2019. 4. 26)

한 장편소설 〈중국 1931년(中國一九三一)〉을 끝내 완성하지 못했다. 도시 역사의 급작스러운 변화, 그리고 그가 감내해야 했던 정치적 운명은 더 많은 관찰과 사유의 시간을 그에게 허락하지 않았다. 중일전쟁이 발발하자 잠시 홍콩으로 떠났던 그는 1939년 돌연 상하이로 돌아와 왕징웨이(汪精衛) 친일 괴뢰정부의 기관지인 《국민신문(國民新聞)》과 《중화일보(中華日報)》를 주재하며 반민족적인 언론 활동에 가담한다. 그리고 이듬해 초여름, 그는 인력거를 타고 퇴근하다 저격범에 암살되어 생을 마감하게 되는데, 그때 겨우 28세였다. 누구보다 자유롭고 전위적인 삶을 살았던 그에게 있어, 한순간의 정치적 오판은 하나뿐인 목숨을 앗아갔고, 훗날의 문학적 평판에도 치명적인 결과를 남겼다.

1930년대 중국 작가들에 의한 도시 서사의 운명도 어쩌면 무스잉의 짧고도 위태로웠던 생애와 매우 닮아 있다고 할 것이다. 무스잉처럼 괴뢰정부에 협력했다가 역시 암살로 짧은 생을 마감한 류나어우는 〈두 명의 시간 불감증자〉에서, “이 도시에서는 모든 것이 찰나적이고 편의적이다”라고 말한다.[52] 이 말은 마치 그들과 상하이 관계의 종말에 대한 복선처럼 들린다. 그들과 도시경관의 만남도 그처럼 찰나적이고 불안정한 것이었기 때문이다. 상하이의 근대 작가들이 체험한 도시 발달의 진

52 劉吶鷗, 〈兩個時間的不感症者〉, 嚴家炎 編選, 《新感覺派小說選》(人民文學出版社, 2009), 13쪽.

정한 전성기는 사실 불과 10여 년에 불과했다. 1937년 두 번째 포격 이후 일본군에 포위당한 '외로운 섬[孤島]'의 형국이 되었다가, 1941년 끝내 '함락[淪陷]'의 지경까지 치달으면서 도시의 발전은 정체되기 시작했다. 상하이의 외국자본은 본국으로 철수되었고 기업가들은 상하이를 떠났다. 국민당이 조계 북쪽에서 야심 차게 추진한 '상하이 특별시 프로젝트'도 일본군의 폭격으로 물거품이 되었다. 일본의 패전 후 도래한 내전 시기에도 국민당은 상하이 경제를 회복시키지 못했다. 주지하다시피 상하이를 '해방'했다는 사회주의 정부 역시 개혁개방 이전까지 거의 방치에 가까울 정도로 상하이 개발을 외면했다.

상하이 역사의 특수성으로 말미암아, 과거 상하이의 작가들이 도시의 변화를 문학적으로 충분히 수용해 성숙시킬 여유를 갖기란 쉽지 않았다. 도시의 '산책자'로서 공간에 대한 완숙한 미의식을 보여 주기에 상하이의 작가들이 경험한 마천루의 시대는 그들에게 너무나 낯설고 짧았다. 하물며 그 시절의 신기록들이 무색하게 정신없이 초고층빌딩이 올라가고 있는 오늘날의 상하이와 견주어 보면, 1930년대 작가들의 도시 탐색은 겨우 문만 두드려 본 것에 불과했다고 치부될지도 모른다. 하지만 그들의 소박한 실험이 비록 짧고 거칠었을지라도, 그것은 중국의 문학적 현대성이 공간과의 관계를 통해 드러낸 결의 다양성을 확인시켜 주는 간과할 수 없는 흔적이다. 더 시야를 넓혀보면, 그 흔적은 또한 중국 작가에게만 국한되는 것이 아니다. 상하이에 '마도(魔都)'라는 별칭을 부여한 무라마쓰 쇼후(村松梢風)를 비롯해, 요코미쓰 리이치나 다케다 다이준(武田泰淳) 같은 일본 작가에게도, 김광주나 주요섭, 그리고 피천득 같은 한국 작가에게도, 도시 상하이는 청년 작가들을 품어 문학의 전위를 만들어 내게 한 특별한 공간이었다.[53] 국제도시 상하이는 동아시아

---

53 무라마쓰의 산문집 《魔都》(1924)가 출판된 후, 이 말은 일본에서 상하이의 대명사로 굳어졌다. 도시 상하이는 요코미쓰 리이치의 소설 〈상하이(上海)〉(1932)와 다케

작가들에게도 광범위하게 영향을 끼쳤다.

다 다이준의 '상하이의 것(上海もの)' 시리즈(〈가을의 동상(秋の銅像)〉[1946] 외)에도 결정적인 저술 동기와 영감을 제공했다. 또 주요섭의 소설 〈인력거군〉(1925)과 〈살인〉(1925), 그리고 김광주의 〈남경로(南京路)의 창공〉(1935)과 〈북평(北平)에서 온 영감〉(1936) 등도 마찬가지로 상하이의 공간을 배제하고 상상할 수 없는 작품들이다.

7장 수필작가 피천득의 상하이 인연

일제강점기에 적잖은 조선의 청년들이 상하이로 유학을 떠났다. 그들은 상하이에서 서구열강의 영향을 농후하게 받은 조계의 도시문화와 접촉하게 되었다. 조계의 현란한 도시문화는 단박에 조선인 유학생들의 눈과 마음을 사로잡았다. 그렇지만 그들은 동시에 당시 조계에 일상화된 적나라한 치부를 보아내기도 했다. 상하이의 조선 유학생들이 조계를 보고 받은 인상은 그 시절 조선의 신문이나 잡지를 통해 어렵지 않게 확인해 볼 수 있다. 그들 중 일부가 이미 대학생 신분일 때부터 취재 기사나 문학작품을 모국에 투고했기 때문이다. 일찍부터 문학창작으로 두각을 나타낸 소설가 현진건과 주요섭, 시인 주요한, 그리고 연극인 이해랑 등은 이처럼 상하이에서 유학한 경험이 있는 사람들이다. 그런데 매우 공교롭게도 그들은 모두 후장대학을 다녔다.[1]

산문작가 피천득(1910-2007)도 그중의 한 사람이다. 피천득의 수필은 풍부한 서정성과 유머, 그리고 군더더기 없는 함축적인 문장으로 인해,

1 이 글의 원문은 나의 은사인 허세욱 교수님의 1주기 추모 특집 논문으로 발표되었다. 피천득 선생과 허 교수님은 생전에 산문 문단의 선후배로서 각별한 사이였다. 한편 이 글을 쓰기 전인 2010년 나는 상하이 이공대학(전신은 후장대학)을 답사차 방문한 바 있는데, 당시 초면임에도 따뜻한 환대와 함께 자료까지 제공해 주신 이 대학 자료관(檔案館)의 관장 장화밍(章華明) 선생께도 감사드린다.

젊은 시절의 피천득(《연합뉴스》, 2017. 4. 28)

오랫동안 수필 창작의 모델이 되어 왔다. 한국인 대부분이 초·중·고교 교과서에 고르게 실린 수 편의 작품을 통해 그와 처음으로 만나곤 한다. 그중에는 중국 유학 시절에 겪은 일화를 기록한 것도 있다.[2] 피천득의 중국 체험 소재 수필은 절대량으로 치면 그리 많지는 않지만, 전체 작품 세계를 통찰하는 데 있어 그냥 지나칠 수 없는 비중을 지닌다. 그것들은 또한 여행자로서 상하이를 관찰한 많은 기록과 분명히 구분되는 특징을 보인다. 그렇지만 이 작품들에 대한 학계나 교육현장의 관심은 지금까지 텍스트 자체에만 집중되었지, 창작의 구체적인 배경에까지는 미치지 못해 왔다. 이는 길긴 짧건 상하이를 거쳐 간 일본 작가들에 대해서, 일본 국내는 물론이고 중국에서조차 대단한 관심을 보이는 것에 비추어 아쉬운 점이라고 하지 않을 수 없다. 피천득이 상하이의 후장대학에서 유학한 사실은 한국에도 제법 알려져 있기는 하다. 그러나 정작 그의 상하이 체험과 작품의 상관성에 대해서는 지금까지 거의 조명되지 않았다.

피천득이 상하이에 머문 시기는 상술한 다른 한국 작가들보다 약간 늦어서, 상하이에 조계가 존재한 마지막 시기에 해당한다. 그것은 곧 그의 조계 체험 안에 한 도시의 번영과 몰락의 역사가 뒤섞여 있음을 의미한다. 그렇지만 수필로 표현된 그의 조계 체험에는 역사와 무관한 그만의 독창적인 개성도 강하게 나타난다. 그는 하루아침에 전쟁터가 되어

2 시기와 교과서별로 드나듦이 있기는 하지만, 상하이 소재 작품으로는 〈은전 한 닢〉과 〈황포탄의 추석〉이 가장 많이 실려 있다.

버린 상하이에서 오히려 타자로서의 고독감을 느꼈으며, 귀국해서는 또 그 혼란스러운 시절에 대한 향수의식을 감추지 않았다.

1 창작 생애와 상하이 체험

작가로서 피천득의 생애는 1930년 《신동아》에 〈서정소곡〉, 〈파이프〉 등 자연과 동심이 소박하게 녹아있는 시들을 발표하면서 시작된다. 1947년에 발표된 그의 첫 시집 《서정시집》은 동시 시집이었다. 산문으로는 1932년 《동광》 잡지에 〈눈보라 치는 밤의 추억〉을 발표한 것이 데뷔작이다. 피천득은 1940년대 이후 점차 시보다는 산문작가로서의 입지를 굳히게 된다. 1950년대 말부터 발표된 《금아시문선(琴兒詩文選)》(1959)과 《산호와 진주》(1969)는 시와 수필이 함께 수록되어 있다. 1910년생으로 97세를 산 그는 과작(寡作)의 작가였다. 현재까지 전해지는 그의 수필은 1960년대까지 창작된 것이다. 1970년대 이후로도 《수필》(1976), 《금아문선》(1980), 《인연》(1996) 등이 출판되었지만, 사실상 수록 작품이 대동소이하며, 총 편수도 81편에 불과하다. 1960년대 말엽에 쓴 그의 대표 수필 〈인연〉은 수필로서는 마지막 작품 중의 하나였던 셈이다.[3]

피천득의 대표 수필집인 《인연》[4]은 시어를 조탁한 듯한 유려한 글쓰기로 정평이 나 있다. 해변에서 주운 조가비들을 '산호와 진주'로 생각하는 마음으로 썼다고 스스로 말했듯이,[5] 엄격한 창작 태도를 지닌 그는

3 산문 창작 외에 피천득은 한국 영문학 연구의 1세대 학자라고 할 수 있는데, 일제강점기에 이미 서울 중앙고등학원 교사를 거쳐 경성제국대학 교수가 되었고, 1945년 해방 이후로도 줄곧 서울대학교 사범대학의 영어교육과 교수로 재직했다. 대학에 재직 중 그는 셰익스피어 소네트 시집 등 수십 편의 영문학 작품을 번역하기도 했다.

4 수필작품집으로는 드물게 영어, 러시아어, 일본어 등 외국어로 번역 출판되기도 했다.

《금아시문선》(1959)의 표지. 난초 그림은 운보 김기창, 제목 글씨는 원곡 김기승의 작품이다.

설령 심상한 소재라도 함부로 쓰지 않았다. 그만큼 그의 수필은 높은 완성도를 보여 준다. 이런 그가 1950년대 이후 한국의 문학교육, 나아가서 수필 문단에 끼친 영향은 적지 않다. 중국어권의 작가를 예로 설명하자면, 산문 〈아버지의 뒷모습(背影)〉이 한국의 교과서에까지 실렸던 주쯔칭(朱自淸)을 그와 비견할 수 있을 것이다. 빼어난 언어 조탁으로 이름난 주쯔칭의 〈연못의 달빛(荷塘月色)〉도 범 중국어권에서 피천득의 〈인연〉처럼 교과서적인 작품이 되었다. 두 사람의 성취는 각자의 유구한 언어 전통을 매우 절묘하게 현대적인 미감과 결합했다는 데 있다. 그만큼 양 언어권의 산문 문학에서 그들의 성과는 절대적인 지위를 갖는다. 피천득은 수필이 "청자연적"이며, "난이요, 학이요, 청초하고 몸맵시 날렵한 여인이다"[6]라고 정의했는데, 이는 서정 수필에 국한된 것임에도 오랫동안 한국에서 산문 창작 전반을 아우르는 당위론적인 비유로 받아들여졌다. 그의 문체는 너무나 빼어난 나머지, 도리어 이후 한국 산문의 영역이 서정 수필로 좁아지는 결과를 낳기도 했다. 이런 피천득이 문학 수업을 받고 작가로서의 여정을 시작한 곳이 바로 상하이였다.

피천득의 상하이행은 앞에서 잠깐 언급했듯이, 당시 조선이 일본의 식

5 피천득, 〈서문〉, 《인연—피천득 문학전집 제1권》(샘터, 2008), 7쪽.
6 피천득, 〈수필〉, 《인연》, 15쪽,

민지였다는 점과, 상하이가 서양 열강의 조계지였던 상황에 크게 기인한다. 조선의 지식인 청년들에게 상하이는 우선 독립운동을 위해 가는 곳이었다. 열강의 영사관이 모여 있었기 때문에 외교활동을 펼치기에 수월했을 뿐만 아니라, 여러 나라에서 온 외국인과 소통할 수 있고, 동시에 조계지 내의 치외법권으로 인해 일본의 감시망을 피하기도 용이했다. 그들에게 상하이가 특별한 의미를 띠게 된 더 결정적인 이유는, 대한민국 임시정부가 1919년부터 1932년까지 이 도시에 위치해 있었기 때문이다. 임시정부가 상하이에서 활동하던 이 시기 동안 조선인 커뮤니티 역시 활성화되었는데, 당시 임시정부는 교민들의 정신적인 지주였을 뿐 아니라 미약하나마 교민을 보호하는 국가 기구 역할도 수행했다.[7]

상하이는 또한 유학을 위해 가는 곳이었다. 1920년대까지 조선에는 근대식 고등교육기관이 많지 않았고, 조선 청년들은 그나마 일본인과 차별을 당해야 했다. 돈이 있는 청년들은 아예 일본으로 유학을 떠났고, 일본으로 유학 갈 처지가 못 되는 청년 중에도 간혹가다 선교사 단체 등의 후원을 받아 미국이나 유럽으로 떠나는 경우가 있었다. 상하이는 바로 미국이나 유럽행의 중간 기착지가 될 수 있는 곳이었다. 당시 상하이에는 후쟝대학처럼 교회재단이 설립한 대학들이 많았다. 이 대학들은 북벌전쟁이 완료된 1928년 이후 국민당의 영향력이 미치기 전까지, 대부분 영어나 프랑스어 등 외국어로 수업을 진행했다. 이러한 점은 상하이를 중간 기착지로 생각한 유학 지망 청년들에게 오히려 좋은 조건이 될 수 있었다.[8] 상하이를 도약대로 삼아 미국까지 유학을 떠난 대표적인

---

7 상하이의 조선인 유이민사회의 형성 과정을 1910년 국권 피탈 이전의 첫 번째 시기, 이후 1932년 1월 '상하이사변'까지의 두 번째 시기, 그리고 1932년 이후 해방까지의 세 번째 시기로 구분할 때, 특히 1919년 3·1운동으로 대거 망명객이 발생한 때부터 1932년 윤봉길 의거까지의 시기와 겹쳐지는 두 번째 시기는 독립운동이 가장 왕성하게 진행된 시기였다. 표언복, 〈일제하 상해 지역 소설 연구〉, 《어문연구》 41호 (2003), 295-296쪽 참조.

예로는, 상술한 후장대학 유학생 중 졸업 후 스탠퍼드대학으로 다시 유학을 떠난 주요섭을 들 수 있다.

피천득의 회고에 의하건대, 상하이행의 결정과 정착 과정은 위의 두 가지 이유에서 파생된 개인적인 인연이 동기가 되고 영향을 끼쳤다. 첫 번째로 그의 유학은 대한민국 임시정부의 인맥과 상당한 관련이 있었다. 우선 그가 제일고보 시절부터 인연을 맺은 당시 조선문단의 거두 이광수와의 교유가 동기가 되었다. 주지하다시피, 작가로서 이광수의 명성은 일제강점기 조선에서 절대적이었다. 그는 1919년에서 1921년까지 상하이에 머물며 《독립신문》의 주간을 맡는 등 임시정부의 문화사업에도 참여한 적이 있다. 제일고보 시절부터 이광수와 알고 지낸 피천득은 그의 박학다식함에 매료되어 있었다. 그런데 해외 유학을 결심한 피천득에게 이광수는 그 시절 대다수가 선택하던 도쿄 대신 상하이행을 권했다.[9]

또 다른 임시정부 인사도 영향을 끼쳤다. 피천득은 서울을 떠나기 전부터 한편으로 흠모하던 도산 안창호를 만나리라는 기대 때문에도 상하이 유학을 꿈꾸었다. 안창호는 미국에서 돌아와 당시 임시정부의 요인으로서 상하이에서 교육사업과 사회활동에 헌신하고 있었다. 상하이에 간 뒤 피천득은 마침내 안창호의 집을 들락거리며 정신적인 훈도를 받게 되었고, 그 인연으로 안창호가 운영하던 한국인 민족운동 단체인

---

8 후장대학은 상하이의 대표적인 미션스쿨이었지만, 1928년 류잔언(劉湛恩)이 최초의 중국인 총장으로 부임하면서 민족적인 성격이 강화된다. 上海市楊浦區檔案局, 《楊浦百年史話》(上海科學技術文獻出版社, 2006), 109-110쪽.

9 인터뷰 기사 〈민족사의 전개와 초기 영문학—피천득 선생을 찾아서〉, 《영미문학연구》(1997), 315쪽. 물론 피천득은 춘원 이광수를 몹시 존경했지만, 일제 말기 춘원의 변절에 대한 비판적인 생각도 숨기지 않았다. 피천득은 〈춘원〉(《인연》)에서, "그는 산을 좋아하였다. 여생을 산에서 보내셨더라면 얼마나 좋았을까. 그는 안타깝게도 크나큰 과오를 범하였었다. 1937년 감옥에서 세상을 떠났더라면 얼마나 다행한 일이었을까"라고 회고하며 춘원의 불명예를 안타까워했다.

후장대학의 본관 건물인 쓰옌탕(思晏堂, 예이츠 홀, 1908.《澎湃新聞》, 2024. 3. 20)과 쓰멍탕(思孟堂, 멜로스 홀, 1920. 2010년 저자 촬영) 건물. 이 고딕식 건축군은 피천득의 재학 당시에도 존재하던 건물들이다.

흥사단에도 가입한다. 안창호가 어린 피천득의 마음을 사로잡은 것은 그가 유능한 지도자이면서도 권위적이지 않다는 점 때문이었다. 그래서 피천득은 훗날 도산의 품성에 대해 "숭고하다 하기에는 너무나 친근감을 주고, 근엄하다 하기에는 너무 인자하였다"라고 평했다.[10] 안창호와의 교감은 피천득의 상하이 시절을 관통하는 정서 세계에 적지 않게 영향을 주었다.

유학 생활 중에 피천득은 문학으로 인생의 방향을 바꾸게 한 또 다른 중요한 인연을 만난다. 그는 자기보다 선배들이었던 작가 주요한(당시에는 동아일보 기자)과 그 아우로서 역시 작가인 주요섭 형제를 알게 되는데, 이들 모두는 후쟝대학의 졸업생이었다. 피천득의 상하이 유학에 정신적 지주가 된 것이 이광수와 안창호였다면, 유학 생활에 직접적으로 도움을 준 이는 8살 나이가 많은 주요섭이었다. 피천득은 제일고보에 재학 중이던 1927년 17세 때 상하이에 첫발을 내디딘다. 처음에 그는 공공 조계의 행정부인 공부국(工部局)이 직영하던 토머스 핸버리 학교(漢壁禮男童公學, Thomas Hanbury Public School)에서 수학한 뒤, 1929년 상하이 후쟝대학 예과 상업경영학과에 입학한다. 그러나 전공이 적성에 맞지 않아 1931년 영문학과로 본과를 옮기게 되는데, 이로부터 그는 정식으로 문학전공에 입문한다. 이후 그는 또한 주요섭과 나이를 초월한 문학적 지기가 된다.[11] 그는 푸런대학(輔仁大學)으로 근무지를 옮긴 주요섭을 좇아, 베이징까지 찾아가 밤늦도록 조지프 콘래드 이야기를 나눈 적도 있다.

1927년에 후쟝대학을 졸업한 주요섭은 대학 재학 시절에는 경향파 소설을 썼다. 1925년에 발표된 〈인력거꾼〉, 〈살인〉, 〈첫사랑 값〉 등 빈

10 피천득, 〈도산〉, 《인연》, 166쪽.

11 주요섭과의 인연에 대해서는 피천득이 주요섭의 사망 시 발표한 추모 글 〈주요섭의 문학과 생애〉(《동아일보》, 1972년 11월 16일) 참조.

곤층의 비참한 삶을 묘사한 소설이 그것들이다. 이에 대한 피천득의 인식은 '인도주의에 입각한 작품'이라고 생각하는 정도였다. 하지만 피천득이 상하이에 머물 때 주요섭은 이미 초기의 경향파 성향을 버리고 낭만주의적 감성이 담긴 소설을 쓰고 있었으며, 동시를 창작하던 피천득과 오히려 정서상의 유대를 더 강화할 수 있었다. 주요섭이 푸런대학 재직 시절인 1935년 잡지 《조광》에 발표한 낭만주의 소설 〈사랑손님과 어머니〉는 다름 아닌 피천득과 그 홀어머니의 이야기를 모티프로 한 것이었다.[12]

우치야마 서점과 서점 주인 우치야마 간조(內山完造, 맨 왼쪽에 서 있는 사람)(uchiyama-shoten.co.jp)

그 당시 상하이는 수많은 중국 작가들이 북벌전쟁을 피해 밀려 들어와, 베이징을 제치고 중국 신문학 창작의 중추가 되어 있었다. 주지하다시피 1930년대 중국 좌익문학의 발전은 상하이를 배제하고 상상할 수 없으며, 모더니즘 창작이 가장 왕성했던 곳도 상하이였다. 하지만 피천득이 상하이의 중국 작가들과 교유했다는 기록은 발견하기 어렵다. 아직 학생 신분인 그로서는 중국의 기성작가를 찾아다닐 여유가 없었을 것이다. 다만 훗날의 인터뷰에서 그가 '북쓰촨로(北四川路, 현재는 쓰촨북로)'에 있던 루쉰의 단골 우치야마 서점을 알고 있었고, 그때 루쉰을 찾아보지 못한 것은 '몹시 안타까운 일'이라고 한 것으로 보아, 당시 중국

12 피천득, 〈여심〉, 《인연》 참조.

문단의 상황에 대해서 전혀 모르고 있지는 않았으리라 추측해 볼 수 있다.[13] 또 〈오월〉에는 다음과 같은 언급이 나온다.

> 스물한 살이 나였던 오월. 불현듯 밤차를 타고 피서지에 간 일이 있다. 해변가에 엎어져 있는 보트. 덧문이 닫혀 있는 별장들. 그러나 시월같이 쓸쓸하지는 않았다. 가까이 보이는 섬들이 생생한 색이었다.
>
> 得了愛情痛苦
> 失了愛情痛苦
>
> 젊어서 죽은 시인의 이 글귀를 모래 위에 써 놓고 나는 죽지 않고 돌아왔다.[14]

5월의 신록을 보며 젊은 날을 회상한 이 글에서 그는 한 중국 시인을 은연중에 기리고 있다. 어쩌면 그가 신록을 떠올린 것도 시인이 요절했다는 사실 때문이었을 테다. 비록 시인이 누구인지는 밝히지 않았지만, 피천득이 만 '스물한 살'이던 1931년 늦가을에 항공사고로 사망한 쉬즈모가 아닐까 추측해 볼 수 있다. 쉬즈모 역시 1915년부터 1년 남짓 후장대학을 다닌 적이 있다. 그러나 이와 무관하게 당시 중국에서 그의 사고사 소식은 요즘으로 치면 최정상급 스타의 사망에 맞먹는 빅뉴스였다. 여기에서도 어렴풋하게 피천득의 중국문단에 대한 인지 정도를 짐작해 볼 수 있다. 하지만 그가 기억해 낸 시구는 쉬즈모의 실제 시와 정확히 일치하는 부분이 없다.

중간에 전란 때문에 경성으로 몇 차례 피신을 오는 등 우여곡절을 겪

---

13 〈민족사의 전개와 초기 영문학—피천득 선생을 찾아서〉, 앞의 책, 320쪽. 수필 〈그날〉에서는 루쉰의 산문 〈아버지의 병(父親的病)〉을 직접 인용하기도 했다.

14 피천득, 〈오월〉, 《인연》, 35쪽. 중국어 부분은 '사랑을 알고 고통스러웠고', '사랑을 잃고 고통스러웠네'라는 뜻임.

은 끝에 피천득은 1937년 후장대학을 졸업한다.[15] 피천득의 많지 않은 작품 중 상하이를 다룬 것은 크게 다음과 같다. 먼저 작품 전체가 상하이를 소재로 한 것으로 〈황포탄의 추석〉, 〈유순이〉, 〈은전 한 닢〉 등 수필 3편과 〈1930년 상하이〉라는 시 1편이 있다. 상하이에 대한 부분적인 기술이 포함된 것으로는, 〈낙서〉(처음으로 상하이에서 양복을 산 일화), 〈도산〉(안창호를 흠모하여 상하이로 떠난 사연), 〈서영이 대학에 가다〉(후장대학 시절 동료 여학생들에 대한 회상), 〈여심(餘心)〉(주요섭과 상하이에서의 만남), 〈토요일〉(후장대학 기숙사 생활의 기억), 〈오월〉(유학 시절 해변에 갔던 추억) 등 6편이 있다. 이것은 그가 과작의 작가임을 감안한다면, 결코 무시할 수 없는 분량이라고 할 수 있다. 이 중에서 〈황포탄의 추석〉과 〈1930년 상하이〉를 제외한 나머지 작품은 한국에 돌아와서 쓴 것으로 보인다.

2 상하이 모티프와 기억의 낭만화

피천득은 정형적인 수필(formal essay)이 아니라 비형식적이고 일상적인 수필(familiar essay), 즉 19세기 영국의 수필가 찰스 램(C. Lamb)의 작품과 유사한 내용의 서정적인 수필을 썼다.[16] 따라서 그의 수필은 서구 고전 수필의 또 다른 영역인 철학적, 혹은 사상적 주제가 배제된 채, 우아하고 아름다운 삶의 편린을 담는 것으로 한정되어 있다. 자신의 글에서 찰

---

15 피천득은 후장대학 졸업장을 평생 간직하고 있었지만, 상하이 이공대학(구 후장대학)에서 펴낸 '후장대학 졸업생 명부'에는 1925년 난의 주요한과 1927년의 주요섭은 보이지만, 피천득의 이름은 어떻게 된 일인지 기재되어 있지 않다. 다만 1937년 영문과 졸업자 명단에서 그가 동급생으로 '루충페이'라고 언급한 '루중페이(盧忠佩)'라는 여성의 이름은 확인된다. 王立誠, 《滬江大學簡史》(上海理工大學, 2006) 참조.

16 이태동, 〈작은 것이 지닌 아름다움의 발견—피천득의 수필 세계〉, 《실험과 도전, 식민지의 심연》(민음사, 2010), 193쪽,

스 램에 대한 존경을 직접 피력한 적도 있지만, 그의 수필은 찰스 램보다도 더 절제되고 시적인 여백의 맛이 있다. 피천득의 조계에 대한 시선 또한 일관된 이러한 문체를 떠나 상상하기 어렵다. 절제된 시적인 정서와 문체는 그의 조계 상상에 격조를 더한 반면, 또한 현실 인식을 제한하는 작용을 하기도 했다. 그의 상하이 상상은 다음과 같은 몇 가지의 측면으로 나누어 살펴볼 수 있다.

2.1 이국취미와 향수의식

상하이의 도시 이미지는 젊은 피천득에게 농후한 이국취미로 다가갔다. 그런데 피천득의 이국취미는 한편《인연》의 작품 전체를 관통하는 절제된 민족 미학과 동전의 양면처럼 한데 얽혀 있는 것이기도 하다. 그는 서구식 고전문화에 대한 상찬을 아끼지 않으면서도, 이와 대척점에 있는 한국식 전통 정서가 담긴 절제의 미학을 포기한 적도 없다. 그의 수필이 지닌 독창적인 감성은 이 같은 이국취미와 민족 정서의 변증법적인 관계 맺기에서 출발한다고 해도 과언이 아니다. 그러는 한편 그는 대중의 눈높이에 맞도록 고급문화를 일반화하려 했고, 세련된 낭만주의적 감성을 통해 독자와 교감하고자 했다. 그래서 그의 작품 속에서 이국취미는 항상 낭만주의적 감성을 수반하며, 상하이 상상에서는 여기에다 향수의식까지 보태어진다.

피천득이 첫발을 내디딘 1920년대 말엽의 상하이는 이미 동아시아에서 가장 서구화된 도시였다. 이 시기에 불어닥친 개항 이후 미증유의 재건축 바람은 동아시아 최대 도시로서 상하이의 명실상부한 면모를 만들어 갔다.[17] 외국인은 물론이고, 중국의 다른 지방에서 온 사람에게조차 정신없고 낯선 현대 도시는 타자로서의 정체성을 인지시키기 충분한 공

17 졸고, 〈마천루의 출현과 문학적 수용—1930년대 상하이 작가의 도시 조감〉,《중국어문논총》45집, 193쪽.

와이탄의 퍼블릭가든(virtualshanghai.net)

간이었다. 피천득의 상하이 상상도 발달된 근대 도시를 바라보는 타자의 시선을 통해 시작된다. 그러한 시선은 당시 중국 작가들의 작품에서도 동일하게 나타나던 것이다. 그 시절 조계는 상하이에 대한 문학 상상의 표적이 되었고, 많은 작가가 새로운 도시 경관의 표현에 열중했다.[18] 마치 정형화된 이국취미가 담긴 식민지의 그림엽서처럼, 그 당시의 상하이 서사는 중국인과 외국인을 막론하고 하나같이 공공 조계 번화가의 이미지를 특징적인 표상으로 내세우곤 했다.

그림엽서 풍의 이미지는 피천득의 수필에도 똑같이 배경으로 등장한다. 그러나 그는 정형화된 이미지를 한 번 더 압축하여, 절제미가 깃든 서정적 세계로 재구성한다. 수필 〈황포탄의 추석〉은 중국 작가들에 견주어도 손색이 없을 정도로 조계 공간을 매우 특징적이고 감성적으로 그려낸 문장이다.

18 李永東, 〈租界文化體驗對現代小說創作的影響〉, 《江海學刊》(江蘇省社會科學院, 2007.1). 200쪽.

월병(月餠)과 노주(老酒), 호금(胡琴)을 배에 싣고 황포강(黃浦江) 달 놀이를 떠난 그룹도 있고, 파크 호텔이나 일품향(一品香)에서 중추절(仲秋節) 파티를 연 학생들도 있었다. 도무장(跳舞場)으로 몰려간 패도 있었다. 텅 빈 식당에서 저녁을 먹고 방에 돌아와 책을 읽으려 하였으나, 마음이 가라앉지 않았다. 어디를 가겠다는 계획도 없이 버스를 탄 것은 밥 아홉 시가 지나서였다. 가든 브리지 앞에서 내려서는 영화 구경이라도 갈까 하다가 황포탄 공원(黃浦灘公園)으로 발을 옮겼다.

빈 벤치가 별로 없었으나 공원은 고요하였다. 명절이라서 그런지 중국 사람들은 눈에 뜨이지 않았다. 이 밤뿐 아니라 이 공원에 많이 오는 사람들은 유태인, 백계(白系) 노서아 사람, 서반아 사람, 인도인들이다. 실직자, 망명객 같은 대개가 불우한 사람들이다. 갑갑한 정자간(亭子間)에서 나온 사람들이다.[19]

명절에 집에 돌아갈 수 없는 작가의 처지는 이미 그 자체로 향수에 대한 분명한 메타포가 된다. 향수의식과 대조를 이루는 것은 서구화된 도시의 실제 풍경들이다. 22층 파크호텔이나 일품향 양식집, 상하이 와이탄(황포탄)의 상징 가든브리지 철교와, 신고전주의 풍으로 새로 지어진 해관(세관)의 시계탑 건물 등 작가의 시선에 들어온 와이탄 일원의 풍경은 그 시절 상하이 서사에 단골로 등장하는 랜드마크들이다. 예컨대 중국의 대표적인 좌익 작가 마오둔도 장편 〈한밤중〉(1933)에서 이와 유사하게 와이탄의 마천루를 훑어가며 소설의 서막을 연 적이 있다. 그런데 중국 작가들과 달리 피천득은 거기에서 조선인으로서의 중첩된 이국취미를 체험한다. 그는 이국인 중국에 있으면서, 또한 중국 안의 또 다

19 피천득, 〈황포탄의 추석〉, 《인연》, 91-92쪽. 이 작품은 1938년 《동아일보》에 '묵은 일기'라는 제목으로 처음 발표되었다. 이로써, 이 글이 그가 상하이 유학 중에 쓴 것임을 알 수 있다.

른 이국에 있는 것이다. 그래서 작가의 시선에 들어온 경관은 분명 중국 땅이지만, 중국적인 이미지가 거의 나타나지 않는다. 작가는 마침 명절을 맞은 퍼블릭가든(황포탄공원)에 중국인의 발길이 끊어졌다고 묘사함으로써, '중국 안의 이국'이 발산하는 중첩된 이국취미를 더욱 부각한다.

그곳은 또한 공간 자체의 화려함과 대비되는, 영화관에 갈 돈이 없고, 고급 요리점이나 댄스홀의 파티에 초대받지 못한 소외된 자들의 공간이기도 하다. 그 소외된 자들은 유대인과 백계 러시아인, 스페인 사람, 인도인 그리고 작가와 같은 조선인들이다. 당시의 상하이는 서구인들에게 일확천금의 욕망을 현실로 만들어 주는 '모험가들의 낙원'이라 여겨졌다. 상하이는 구미와 일본의 수많은 실업가를 끌어들였지만, 반면 경제적 혹은 정치적인 이유로 귀국할 수 없는 사람들로 넘쳐나는 국제적인 피난처이기도 했다.[20] 인용된 '정자간'은 서민주택 안에서도 가장 임대료가 저렴한 쪽방을 가리키는 말인데, 그로써 소외된 자들의 신분 특징을 은유한 것이다.

도시 상하이의 계급적 모순은 당장 작가가 속해 있는 대학생 사회에서부터 이미 현실화되어 있었다. 그 당시 영화관과 댄스홀 같은 조계의 유락시설에 대한 유력한 소비계층 중 하나가 대학생들이었다. 그러하기에 작가가 명절날 공원의 낙오자들을 언급한 것은 자신이 속한 대학생 사회의 빈부격차로 인한 모순을 빗댄 것이기도 했다.[21] 그러나 사실

20 모국의 환난으로 인해 망명자 성격을 띠고 상하이로 피신한 외국인을 살펴보면, 유대인이 3만여 명, 백계 러시아 유민이 2만여 명, 그리고 조선인도 최고 8천여 명이나 거주했음을 알 수 있다. 물론 이들이 모두 순수한 망명객 신분이었던 것은 아니다. 조선인 거주민의 성격도 1932년 윤봉길의 의거를 전후하여 크게 달라진다. 《上海通誌》(www.stong.gov.cn) 참조.

21 가치관의 전환과 정치적 불안은 그 당시 대학생 사회에 염세주의와 허무주의가 만연하게 했는데, 그러한 증거로 1932년 1·28 공습 이후 학교 당국의 통제가 느슨해진 틈을 타 대학생들의 도시문화 탐닉 현상이 오히려 증가된 사실을 들 수 있다. 정문상, 〈일상생활을 통해 본 1930년대 상해 학생사회〉, 《중국근현대사연구》 제21집(2004.3),

피천득은 상하이의 소비생활에서 전적으로 소외된 계층인 것만은 아니었다. 그는 〈여심〉에서, 주요섭과 함께 YWCA의 식당이나 다른 중국 음식점에 갔던 일을, 그리고 주말이면 같이 영화를 보러 갔던 일을 회고했다. 또 〈토요일〉에서도 유학 시절 토요일 오후만 되면 음식점, 영화관, 카페 등지로 쏘다니던 일을 술회한다.[22] 그가 퍼블릭가든에서 느낀 고독감은 순전히 그날이 마침 추석이었기에 생긴 것이다. 명절날 오갈 데 없는 유학생으로서 느낀 고독감은 공간에서 느낀 이국취미를 소외의식으로 전환한다. 이럴 때 그에게 이미 익숙해진 조계의 구조물들은 '나'의 고독감을 더욱 입체화하는 매개가 된다.

하지만 작가는 그 같은 고독감을 금세 낭만으로 포장된 낙관주의로 전환한다. 그것은 또한 같은 상하이 와이탄에서 목격할 수 있는 황푸강의 선박들로 인해 촉발된 것이다.

> 누런 황포 강물도 달빛을 받아 서울 한강 같다. 선창(船窓)마다 찬란하게 불을 켜고 입항하는 화륜선(火輪船)들이 있다. 문명을 싣고 오는 귀한 사절과도 같다. '브라스 밴드'를 연주하며 출항하는 호화선도 있다. 저 배가 고국에서 오는 배가 아닌가, 저 배는 그리로 가는 배가 아닌가 하는 사람도 있을 것이다. 같은 달을 쳐다보면서 그들은 바이칼 호반으로, 갠지즈 강변으로, 마드리드 거리에 제작기 흩어져서 기억을 밟고 있을지도 모른다. 친구와 작별하던 가을 짙은 카페, 달밤을 달리던 마차, 목숨을 걸고 몰래 넘던 국경. 그리고 나 같은 사람이 또 하나 있었다면 영창에 비친 소나무 그림자를 회상하였을 것이다. 과거는 언제나

85-88쪽 참조.

22 그는 심지어, "영화 구경하고 저녁 사 먹을 돈만 있으면 걱정 안 하고 살아도 된다"는 주요섭의 말을 떠올리기도 했다. 피천득, 〈여심〉(172-173쪽)·〈토요일〉(242쪽), 두 편 다 앞의 책 《인연》에 수록.

행복이요, 고향은 어디나 낙원이다. 해관(海關) 시계가 자정을 알려도 벤치에서 일어나려는 사람은 없었다.[23]

배는 상상 속에서 작가를 고향으로 인도한다. 그것은 이국적인 경관 속에서 오히려 고향을 꿈꾸게 하는 매개체가 되는 것이다. 작가의 낭만적인 상상은 상하이라는 현실 공간에서 벗어나, 한층 더 이국적인 바이칼 호반, 갠지스 강변, 마드리드 거리 등 세계 각지로 상상의 거리를 넓혀 간다. 그리고 다양한 세계의 장소들은 "친구와 작별하던 가을 짙은 카페, 달밤을 달리던 마차, 목숨을 걸고 몰래 넘던 국경" 등 이향(離鄕)의 사연이 깃든 다양한 지점들을 거쳐 다시 상하이로 귀납된다. 이러한 상상은 국제도시 상하이가 지닌 코스모폴리타닉한 특성에서 비롯된 것으로, 동아시아 최대의 교역 항구가 아니라면 떠올리기 어려운 정경이다.

와이탄에서 유일하게 차임벨이 장착되어 있던 상하이 세관의 시계탑(virtualshanghai.net)

이어서, 확장된 상상의 정점에 마침내 고향의 이미지가 나타난다. 그 고향이란 '영창에 비친 소나무 그림자'라는 함축적인 이미지로 시각화된다. 이것은 상술한 바대로 그의 이국취미에 항상 따라붙는 민족적인 정서가 빚어낸 것이다. 그의 이국취미는 민족적 정서와의 결합을 통해

23 피천득, 〈황포탄의 추석〉, 《인연》, 91-92쪽.

비로소 향수의식으로 전환된다. 그렇기에 현실로의 소환 명령 같은 세관 시계탑의 청각적인 자극[24]마저 여기에서는 오히려 향수의 몽상을 더 평온하게 침잠시킬 따름이다. 피천득은 마치 한 편의 시를 짓듯이, 절제되고 상징화된 언어들을 통해, 국제도시 상하이의 번화함과 그 이면에 가려진 상흔, 그리고 거기에서 배태된 향수의식을 군더더기 없이 표현했다.

2.2 현실 문제를 여과하는 풍자와 유머의 시선

〈토요일〉에서 작가가 말했듯이, 미국 침례교회가 설립한 후장대학은 평일에는 거의 자유시간이 주어지지 않았다.[25] 그런 점에서 학생 신분인 피천득이 경험한 조계는 매우 제한적이었을 것으로 추측된다. 하지만 그 역시 조계 곳곳의 현실 문제를 완전히 모른 척하지만은 않는다. 대신 그는 자신의 비판적 시각을 유머를 동반한 풍자로 표현했다. 영국의 산문작가 찰스 램에 관한 글에서 그는 다음과 같이 자신의 인생관을 피력한다.

> 나는 그저 평범하되 정서가 섬세한 사람을 좋아한다. 동정을 주는 데 인색하지 않고 작은 인연을 소중히 여기는 사람, 곧잘 수줍어하고 겁 많은 사람, 순진한 사람, 아련한 애수와 미소 같은 유머를 지닌 그런 사

---

24 1927년 12월에 두 번째로 신축된 세관 건물에 설치된 것을 말한다. 당시만 해도 이 시계는 15분마다 영국식의 웨스트민스터 쿼터스(Westminster Quarters)를 울렸다. 그러나 이 멜로디는 문화대혁명 시절 마오쩌둥 찬양가인 〈동방홍(東方紅)〉으로 바뀐 뒤 그대로 오늘에 이르고 있다.

25 그 당시 대학들은 대부분 조계의 외곽에 자리 잡고 있었으며, 게다가 대학 당국은 기숙사를 엄격히 관리하고 학생들의 교외 거주를 제한하는 등 인위적인 장벽을 마련함으로써, 학생들의 교내외 활동을 통제하고자 했다. 하루의 일과 중 유일하게 교외 출입이 허가된 시간은 저녁 식사 후 한두 시간 정도였다. 그나마도 후장대학 같은 경우에는 교칙에 어긋난 행동을 했을 때 즉각 학적을 박탈할 정도로 학생들의 행동을 엄격하게 제한했다. 그러나 이러한 통제와 규제도 토요일 오후만큼은 예외였다. 정문상, 〈일상생활을 통해 본 1930년대 상해 학생사회〉, 앞의 책, 82쪽.

람에게 매력을 느낀다.[26]

그의 인생관에 비추어 볼 때, 조계에 대한 그의 도덕적 판단은 학습이나 경험보다 본성적인 휴머니즘에 바탕을 둔 것이며, 이는 작품 속에도 고스란히 내면화되어 나타났다. 마치 비범함 때문이 아니라 평범하고 진실한 인간적인 면모로 인해 안창호를 존경했던 것처럼, 그의 사회문제를 보는 시선 속에서도 휴머니즘적 태도는 일관되게 나타난다. 그는 직설적인 비판 대신 불편한 심정을 역설의 유머로 바꾸는 풍자적 시선을 택한다. 수필 〈은전 한 닢〉과 단시 〈1930년 상하이〉에는 조계의 빈곤층에 대한 그러한 풍자적 시선이 잘 나타나 있다.

〈은전 한 닢〉에서는 은전 한 닢을 손에 넣은 조계지의 늙은 거지가 고리대금 업소[錢莊]를 찾아가 그것이 진짜인지 가짜인지를 확인한다. 이를 목격한 '나'는 어쩐지 거지의 손에 은전은 어울리지 않는다고 여기고, "누가 그렇게 많이 도와줍디까?"하고 묻는다. 그러자 거지는 행여 은전을 빼앗길세라 감추며, 한푼 두푼 잔돈[角錢]을 모아 마침내 은화[大洋錢]를 손에 넣기까지 들인 각고의 노력을 울먹거리며 들려준다. 왜 그렇게 은전에 집착하는지 궁금해진 '나'는 그렇게까지 할 필요가 있었느냐고 묻는다. 문장의 맨 마지막을 장식하는 거지의 대답은 약간 의외여서 잔잔한 파문이 이는 듯한 반전을 이룬다. "이 돈 한 개가 갖고 싶었습니다."[27] 작가가 마지막 말에 대한 설명을 따로 달지 않음으로써, 오히려 여운은 깊어지고 더 많은 의미를 내포하게 된다.

그 당시 조계 도시 상하이가 안고 있는 심각한 사회문제 중 하나는 끝없이 밀려드는 난민과 그에 대한 무기력한 대처였다. 중국 각지가 전화에 휩싸이게 되자, 조계는 오히려 굴욕적인 치외법권 때문에 역설적으

26 피천득, 〈찰스 램〉, 《인연》, 191쪽.
27 피천득, 《산호와 진주》(일조각, 1980), 248-250쪽 참조.

로 가장 안전한 피난처가 된다. 그리하여 전쟁의 마수가 조계 바로 코앞까지 뻗쳐 온 1932년 일본의 1차 상하이 공습 이후, 조계 안에는 첨단의 마천루와 슬럼가가 공존하는 기형적인 풍경이 증가하게 되었다.[28] 부랑인의 급증은 누구라도 지나치기 힘든 일상적인 사회문제였다. 〈은전 한 닢〉은 그런 상하이의 그늘을 압축적으로 보여 준 것이다. 그러나 이 글을 단순히 사회현실을 비판한 것이라고만 말한다면, 그 또한 완전히 옳은 것은 아니다. 작가는 현실 비판을 하나의 철학적인 문제로 승화시킨다. 여기에는 도시의 빈부격차에 대한 비판의 차원을 넘어서는, 희망을 향한 인간의 치열한 노고에 대한 찬송이 내포되어 있다. 피천득은 '요란한' 열정보다는 '참되고 심원한' 인생의 가치를 찾고자 했다. 그는 평범한 속에 깃든 비범함을 보여 주려 했고 작은 것의 가치를 재발견하고자 했다.

〈은전 한 닢〉의 상징인 결말은 피천득 수필의 주요한 특징 중 하나를 보여 준다. 묘사 대상과 일정한 거리를 두고 관조한 뒤, 그것을 자신의 감각에 맞게 말끔하게 다듬어 내는 방식은 그가 시인으로서 창작을 시작했다는 사실과 밀접한 연관이 있다. 2연으로 된 짧은 시 〈1930년 상하이〉의 전문을 보면 〈은전 한 닢〉과 동일한 맥락의 시선이 발견된다.

겨울날 아침에
입었던 꽈스(褂子)를 전당 잡혀
따빙(大餠)을 사먹는 쿠리(苦力)가 있다.
알라 뚱시(東西)[29] 치롱 속에
넝마같이 팔려 버릴

28 특히 중일전쟁 초기 최대 격전으로 상하이 일원에서 벌어진 1937년 '8·13 전투' 이후 난민 수가 급증했는데, 통계를 보면 최고 70만 명에 달하기도 했다. 高橋孝助·古廐忠夫, 《上海史》(東京: 東方書店, 1998), 204쪽.

29 상하이 방언인 이 말에 대해, 작가가 직접 '넝마장수(알라—외치는 소리, 뚱시—물건)'라고 주석을 달았다. 〈낙서〉에도 이 말이 나온다. '치롱'은 바구니를 말한다.

어린아이가 둘
한 아이가
나를 보고 웃는다.[30]

시 속에 내포된 상하이의 현실은 참담하기만 하다. 그곳은 옷을 전당 잡혀야만 끼니를 이을 수 있는 날품팔이 노동자와 생계를 위해 아이를 팔 수밖에 없는 어머니가 넘쳐나는 곳이다. 하지만 작가는 현실의 모순에 대한 직설적인 설명을 피하고 인물의 이미지만으로 내면의 의미를 전달하고자 한다. 여기에서도 마찬가지로 부조리함에 대한 역설의 유머가 읽히는데, 이는 그의 작품에서는 흔치 않은 블랙 유머에 가깝다. 이 시의 주제는 마지막 두 행에 압축되어 있다고 할 수 있다. 특히 마지막 줄을 장식하는 영아의 미소는 현실의 비정함을 반어적으로 드러낸다. 하지만 그럼에도 그의 일관된 문학 정서를 고려한다면, 그 '미소'는 분노를 나타낸다기보다는 실낱같은 희망을 암시하는 것으로 읽힐 수 있다. 작가는 "유머는 가엾은 인간의 행동을 눈물 어린 눈으로 바라볼 때 얻어지는 것이다. 그러므로 유머에는 애수가 깃드는 때도 있다"라고 했는데,[31] 이 시는 작가의 화두에 대한 더없이 정확한 방증이 아닐까 한다. 이 시는 2001년에 발간된 전집에서야 비로소 세상에 발표되었다. 지금까지 피천득에 대한 독자들의 고정관념을 생각할 때, 이 시의 가치는 작지 않다고 하겠다.

피천득은 유학 중에 1932년의 1·28 상하이사변을 체험했다. 그의 유학 생활은 일본군의 이 1차 상하이 공습으로 전환점을 맞는다. 대규모의 공습을 체험하고 정신적인 충격을 받은 그는 이후로 잠시 학업을 접고 귀국하여 금강산 일대의 사찰을 돌며 한동안 방황을 하기도 했다. 아직 상하이를 떠나기 전인 1932년에 발생한 일본군의 자베이(閘北) 지구

30 시 전문 인용. 《생명—피천득 문학 전집 제2권》(샘터, 2001), 77쪽.
31 피천득, 〈유머의 기능〉, 《인연》, 264쪽.

1932년 1월 28일 일본군에 공습당하고 있는 자베이 지역(《澎湃新聞》, 2023. 1. 28)

폭격에 대한 기억을 그는 아래와 같이 묘사한다.

말이 채 끝나기도 전에 전화는 끊겼다. 암만 되불러도 나오지를 않으니 전선 줄이 끊어졌나 보다. 나는 어두운 강가로 나왔다. 멀리서 대포 소리가 들려온다.

이따금 기관총의 이를 가는 소리도 들린다. 갑북 쪽을 바라보니 볼케이노 터지는 남양의 하늘보다도 더 붉다. 그리고 쉬일 새 없이 번개 같은 불이 퍼졌다 스러진다.

캠퍼스를 돌아다니다가 마음을 진정시키려고 방으로 들어갔다. 겨울 방학이므로 학생들은 다 집에 돌아가고, 나하고 남양에서 온 사람 몇만이 기숙사에 남아 있었다. 이불을 쓰고 드러누웠다. 여전히 대포 소리, 폭탄 떨어지는 소리가 들려온다. 여러 번 몸을 뒤채도 잠은 들어지지 않았다. 아까 전화로 들은 그의 음성이 나를 괴롭게 하기 시작했다. 그가 지금 총에 맞아서 쓰러지는 것 같기도 하고 불붙는 병원에서

1937년 8월 일본군의 2차 상하이 공습 시 자베이를 탈출, 가든브리지를 건너 조계 쪽으로 가는 중국인 피난민. 1932년 1월 28일에도 똑같은 상황이 벌어졌었다(wikimedia.org).

어쩔 줄 몰라 애통하는 양이 눈앞에 보이는 듯하였다.[32]

일본군의 상하이 공습은 그에게 씻을 수 없는 공포감을 가져다주었다. 그가 경험한 심리적 공포는 인용문 다음의 글에서, 시내의 병원으로 지인의 안부를 확인하러 가는 도중에 마주치는 도심의 연속적인 풍경화를 통해 다시 한번 생생하게 묘사된다. 당시의 폭격은 주로 중국인들의 공장이 몰려 있던 자베이에 집중되었기에, 피천득이 재학 중인 조계 동북쪽의 후장대학 캠퍼스는 비껴갔다. 하지만 그 강도나 거리로 볼 때 결코 강 건너 불구경쯤으로 여길 상황은 아니었다. 폭격의 여파로 도시 전체가 온종일 술렁거렸다.

글에 의하건대, 작가는 후장대학 교문을 출발하여, 먼저 가든브리지

32 피천득, 〈유순이〉, 《인연》, 158쪽.

까지 갔다가, 다시 쑤저우허 천변을 따라 서쪽으로 더 내려가, 쓰촨로교(四川路橋) 다리 앞에서 북쓰촨로 쪽으로 방향을 바꾼다. 지인의 근무지인 병원으로 가는 길이 폭격을 맞은 자베이에서 가까웠기에, 그는 피란 나오는 엄청난 인파와 맞닥뜨린다. 이 노정 내내 그는 비행기, 탱크, 피난민, 미군, 방색(바리케이드), 일본군, 총소리, 비명 소리, 부상병, 적십자 자동차, 기관총 소리로 뒤엉킨 아수라장을 목격한다. 〈은전 한 닢〉에서 방관자적 입장으로 다룬 상하이의 사회문제가 여기에서는 자신의 생존을 좌우하는 직접적인 위협이 된다. 이뿐만이 아니라 바로 그 순간에 추석날 퍼블릭가든에서 느꼈던 것처럼, 상하이의 타자라는 정체성을 다시 한번 깨닫는다. 무장한 일본군한테서만이 아니라, 일본인으로 오인될까 봐 중국인 피난민으로부터도 살기를 느꼈기 때문이다. 공습은 작가의 정체성 인식을 통해 이중의 공포감을 만들어 냈다.

그러나 피천득 문장 특유의 서정적 필치는 여기에서도 유감없이 발휘된다. 그는 자기가 목도한 것을 평면적으로 나열하는 데 그치지 않고, 소설적인 의식의 흐름 기법을 수필에 과감하게 도입한다. 서술상의 변용은 묘사에서 감성이 상황을 압도하는 효과를 자아낸다. 폭격 직후의 아수라장을 지나가는 '나'의 행적은 마치 여러 개의 컷과 신이 숨 쉴 틈 없이 연속되는 전쟁영화의 시퀀스 하나를 통째로 옮겨 놓은 것만 같다. 그러나 그와 동시에 참혹함에 대한 기억은 영화 장면 같은 묘사 사이에 삽입된 다양한 비유들로 인해, 약간의 서정성과 낭만성이 덧붙여져 그 무게가 감해진다. 폭격이 진행 중인 자베이의 하늘은 화산이 폭발하는 동남아 어느 곳의 하늘에 비유되고, 피난민의 행렬은 "사람이 황포강 물결같이 흐른다. 푸른 옷 입은 사람들의 푸른 물결!"이라는 시적인 수사로 묘사된다. 그가 좌우명처럼 여긴 '온아우미(溫雅優美)',[33] 즉 조금 떨

33 피천득, 〈수필〉, 《인연》, 16쪽.

어진 거리에서 삶을 심미안으로 재성찰해 보는 '마음의 여유'가 공포의 현실을 문학적 상상으로 바꾸어 버린 것이다. 그런데 그날의 일들이 마음속에 깊이 각인된 것은 참혹하고 가공할 기억을 능가하는 또 다른 '아름다운' 인연이 있었기 때문이다.

2.3 기억과 여성 상상

피천득이 십수 년이 지나 전쟁의 공포를 다시금 떠올린 결정적인 이유는, 전쟁의 현실과는 상반되는 낭만적인 추억 때문이다. 위의 글 〈유순이〉의 전반부에 삽입된 에피소드를 보면, 그는 유학 중에 우연히 작은 병을 얻어 프랑스 조계의 서쪽, 쉬자후이(徐家滙)에 있던 요양원에 입원했다가, 뜻밖에도 '유순'이라는 한국인 간호사를 알게 된 적이 있다.[34] 그때의 일은 병원에서 먹은 '오렌지 주스'와 마멀레이드를 바른 '토스트'처럼 그에게 감미로운 기억으로 남아 있다. 그녀와의 만남만으로 병원은 '별장'이 되고, '간호부들의 아침 찬미 소리'도 병상의 고적함을 말끔히 없애 주었다. 공습이 있은 다음 날, 안부가 걱정되어 피천득이 아침 일찍 찾아 나선 지인이 바로 이 여성이었다.

북쓰촨로의 '클리닉'에서 결국 성사된 유순과의 해후는 방금까지 그를 짓눌렀던 전쟁의 공포를 순식간에 사라지게 한다. 피천득이 유순에게서 무엇보다 감동한 것은 이 와중에도 변함없는 자기 직무에 대한 의연함이었다. 이 휴머니즘적 체험은 그를 이방인에 둘러싸인 고독의 터널로부터 벗어나게 해 준다. 그 희열은 단순히 이역에서 동포를 만난 반가움, 혹은 이성에 대한 연정 이상의 감정이다.

피천득에게서 여성들과의 일화는 수필의 다양한 소재를 서정성으로

34 그때 몸이 아픈 피천득을 요양원에 입원시켜 주고 여러 번 병문안까지 와 준 사람은 다름 아닌 안창호였다. 〈민족사의 전개와 초시 영문학—피천득 선생을 찾아서〉, 앞의 책, 321쪽.

회귀시키는 중요한 모티프가 된다. 그가 회고록에서 밝히듯이, 그의 여성관은 10세에 작고한 어머니에 대한 강렬한 기억에서 연장된 것이고, 또한 막내딸 '서영이'와의 현재적 삶과 궤도를 같이하는 것이다.

> 나는 엄마 같은 애인이 갖고 싶었다. 엄마 같은 아내를 얻고 싶었다. 이제 와서는 서영이가 아빠의 엄마 같은 여성이 되기를 바랄 뿐이다.[35]

특히 어머니와 막내딸에 관한 글에서 반복적으로 드러나는 정서적 집착은 크게 두 가지로 설명될 수 있다. 첫 번째는 모성애에 대한 신뢰와 정서적 의존이다. 상하이 서사 중 대표적인 작품이 바로 〈유순이〉인데, 유순은 어머니를 대신하는 이미지로서 각별한 의미를 지닌다. 그녀는 친절한 태도뿐 아니라, 그녀의 안부를 물으러 아수라장을 뚫고 온 작가에게, "고맙지만 책임으로나 인정으로나 환자를 버리고 갈 수는 없다"는 의연한 태도를 보임으로써, 숭고미의 대상이 되기까지 한다.[36] 유순이 베푼 친절은 그에게는 먼 기억 속 어머니의 모성애가 재현된 것이나 다름없다.

작가의 어머니에 대한 사랑은 본능적인 휴머니즘에서 촉발된 것이다. 그의 어머니를 향한 마음은 자식의 도리에서 나온 것이라기보다, 인간 자체에 대한 원초적인 사랑에 가까운 것이다. 수필 〈그날〉에서 작가는, 멀리 요양을 가 있는 어머니가 위중하다는 소식을 듣고 한달음에 평양으로 간다. 역마차를 타고 가는 동안, 조바심으로 가득한 여정과 운명하는 어머니의 모습이 오버랩된다. 그리고는 방금 운명한 어머니의 얼

---

35 피천득, 〈엄마〉, 《인연》, 112쪽.

36 상하이사변 이후 잠시 귀국한 그는 마음의 스승인 이광수가 소설의 여주인공 이름을 짓지 못해 고민하는 것을 보고 '유순'이라는 이름을 제안하기도 했다. 〈민족사의 전개와 초시 영문학—피천득 선생을 찾아서〉, 앞의 책, 321쪽.

굴과 맞닥뜨린 자신의 모습을 영화 〈엄마 찾아 삼만리〉 속 주인공의 순정한 슬픔에 비유한다. 그런데 이 50년 전의 기억은 또한 루쉰의 산문 〈아버지의 병환(父親的病)〉을 읽다가 환기된 것이다. 작가가 인용한 루쉰의 글은 다음과 같다.

> 연(衍) 부인은 경문 사른 재를 종이에 싸서 아버지 손에 쥐여드리며 나보고 "아버지" 하고 불러드리라고 재촉하였다. "아버지는 이제 숨을 거두실 거다. 어서!" 했다. 나는 "아버지! 아버지!" 소릴 내서 불렀다.
> "더 크게, 어서!"
> "아버지! 아버지!"
> 평온하던 아버지의 얼굴은 긴장되고 눈이 약간 움직이며 괴로워했다.
> "아 어서 또, 빨리!"
> 나는 "아버지!" 또 계속해 불렀다. 최후의 숨을 거두실 때까지.
> 지금도 오히려 그때의 목소리가 들린다. 그 소리가 들릴 때마다 나는 문득 그것이 내가 아버지에 대한 최대의 잘못이었던 것을 깨달는다.[37]

주지하다시피 이 유명한 문장은, 루쉰이 아버지의 병을 더 악화시킨 중국의 낡은 관습과 전근대적 사고방식을 비판하기 위해 쓴 것이다. 하지만 피천득이 루쉰의 문장을 인용한 것은 봉건적 악습의 폐해에 공분해서가 아니라, 루쉰이 체험했던 아버지와의 마지막 순간조차 자신은 어머니와 가질 수 없었다는 밑 모를 슬픔의 감정 때문이었다. 순수하지만 짧게 끝난 어머니와의 인연은 감성의 원천이 되어, 작가의 작품 속에

37 피천득, 〈그날〉, 《인연》, 100쪽.

서 평생 지울 수 없는 화두가 된다.

두 번째는 여성을 통한 인간의 순수미 탐색과 그에 대한 모성애적 교감이다. 가장 널리 알려진 수필인 〈인연〉을 관통하는 정서가 바로 그러하다. 〈인연〉에서 작가는 열일곱 나이에 도쿄에 머무를 때 하숙집의 어린 딸 아사코와 잠시 나눈 플라토닉한 사랑에 대해 기술했다. 이것은 피천득의 수필에 묘사된 가장 전형적인 이성과의 교감 방식이며, 이전에도 이미 수많은 '아사코'들이 등장했었다고 할 수 있다. 딸 서영이에 대한 많은 글도 같은 맥락에서 쓰인 것이다. 이 부류의 수필 속에는 작가가 말했듯이, 아이들이 자는 것을 바라보면서 마음의 평화를 느끼는 것[38]과 같은 대상에 대한 따뜻한 관조의 시선이 등장한다. 그러한 감성은 이성을 바라보는 시각이 아니라, 오히려 '엄마 노릇', 즉 모성애적 관점에서 나온 것이라고 해야 할 것이다. 이것은 앞서 언급한 모성애를 희구하는 수동적 감정이 반대로 그것을 베풀려는 능동적 감성으로 바뀐 것이라고 할 수 있다.

상하이의 '아사코'는 후장대학 영문과의 여자 동기생들로 묘사된다. 여기에서도 마찬가지로 여성의 순수미에 대한 관조의 시선이 나타난다. 〈서영이, 대학에 가다〉를 보면 작가는 대학생으로 성장한 딸을 지켜보면서 자연스럽게 자신의 유학 시절 기억을 불러낸다. 문장 중의 후장대학 '코에드'(남녀공학의 여학생을 가리키는 말)들에 대한 묘사 역시 철저하게 낭만주의적인 수사로 점철된다. '백만 불짜리 다리'라는 별명을 지닌 춤 잘 추는 'M', '아기 낳기 싫어서 독신으로 살겠다던' 'S', '미친 집시'라는 별명을 얻은 'Y', 그리고 '눈이 맑고 시원한' '메리 루'라는 등으로 묘사하는 식이다.[39] 피천득은 심지어 노년에 일간지와 가진 인터뷰에서도 자신이 연모했다는 동급생 '메리 루'(루중페이를 말함)에 대해 언급한 적

38 피천득, 〈서영이와 난영이〉, 《인연》, 129쪽.
39 피천득, 〈서영이 대학에 가다〉, 《인연》, 121쪽.

이 있는데, 그때 이미 그는 90이 넘은 나이였다.[40]

그가 사거하기 직전까지도 이런 감정을 유지할 수 있었던 것은, 사랑이 존재했다는 과거의 사실보다 사랑의 흔적을 기억하는 관념적이고 추상적인 현재의 정서를 더 중요하게 생각했기 때문이다. 그가 20년 전의 상하이 '코에드'를 떠올린 것도 실은 "문득 라디오에서 '상해, 북서풍 4미터, 비가 내리고 천이백 밀리바, 기온은 20도'라고 하는 기상 개황"을 듣고서였다.[41] 그가 이 글을 쓰던 때는 냉전 시대였기에 중국에 들어갈 수 없었다. 현실에서의 지리적 단절은 그에게 상하이 시절을 더더욱 관념화시킨다. 그녀들은 과거의 다른 공간에 있기에 아름다울 수가 있는 것이다. 그런 점에서 그의 수필 속 여성들도 기억의 낭만적 서술을 위해 현재로 불러들인 관념화된 여성들이라고 할 수 있다.

피천득이 수필 속에서 예찬한 여성의 아름다움은 그 시절에 일반적이던 남성 주체의 보수적 시선으로 대상화되는 산물이 아니었다. 또한, 육체적 성징에서 나오는 관능미를 뜻하는 것도 아니다. 그가 여성의 아름다움에 탐닉했던 것은 사실 성별을 초월하는 문제였다. 그는 수필 속에서 남녀 구분을 떠난 생명의 아름다움과 인간의 존엄성, 그리고 도덕적 순수함을 탐색하고자 했고, 그것을 기억 속 여성의 인격 안에서 발견해 내려 했던 것이다. 그러나 이러한 탐색은 불가분하게 개인화, 관념화되는 특징을 지닐 수밖에 없다. 왜냐하면 피천득의 여성관은 인식보다 정감에 의해 형성된 것이고, 사회적 사건이 아닌 일상의 체험에서 비롯된 것이었으며, 또한 작품 속에서 작가가 기억의 낭만화를 통해 그것을 부단히 감성적으로 포장하고자 했기 때문이다.

40 〈'첫사랑' 찾아 중국 다녀온 95세 피천득 선생〉, 《조선일보》, 2005년 5월 21일.
41 피천득, 〈서영이 대학에 가다〉, 《인연》, 122쪽.

3 상하이 상상의 미덕과 한계

피천득의 수필은 다양한 소재로 구성되어 있지만, 시점으로 보면 과거에 대한 회상이라는 하나의 큰 범주로 묶일 수 있다. 그는 다음과 같이 자기의 인생 철학을 말한다.

> 과거를 역력하게 회상할 수 있는 사람은 참으로 장수를 하는 사람이며, 그 생활이 아름답고 화려하였다면 그는 비록 가난하더라도 유복한 사람이다.
>
> 예전을 추억하지 못하는 사람은 그의 생애가 찬란하였다 하더라도 감추어 둔 보물의 세목(細目)과 장소를 잊어버린 사람과 같다. 그리고 기계와 같이 하루하루를 살아 온 사람은 그가 팔순을 살았다 하더라도 단명한 사람이다. 우리가 제한된 생리적 수명을 가지고 오래 살고 부유하게 사는 방법은 아름다운 인연을 맺으며 나날이 착한 일을 하고, 때로 살아 온 자기 과거를 다시 사는 데 있는가 한다.[42]

과거는 그의 산문 창작에서 부단히 소재를 길어낸 마르지 않는 샘이었다. 과거는 피천득의 수필 속에 다양한 기억의 편린을 만들어 냈다. 과거로부터 기억을 이끌어 내는 동기가 된 것은 그가 사람들과 맺은 많은 인연이다. 그는 인연의 끈을 놓지 않기 위해 반복적으로 기억을 불러냈다. 심지어 그는 막내딸이 유학을 떠난 뒤에도 딸과의 기억을 붙잡고자 딸의 인형에게 날마다 잠자리를 마련해 줄 정도였다. 피천득의 수필 속에 묘사된 상하이 역시 이런 그의 기억 속 인연에 대한 기록 중의 한 부분이다. 그를 상하이로 인도한 것은 이광수와 안창호와의 인연 덕분

42 피천득, 〈장수〉, 《인연》, 90쪽.

이었고, 그가 상하이에 안착하게 된 것은 주요섭 형제와의 인연 덕분이었다. 그로 하여금 상하이를 더 정서적으로 회상하게 만든 것도 또한 간호사 유순 덕분이었다. 상하이에서의 갖가지 인연은 작가의 과거를 더 풍요롭게 했고, 작가가 인생의 철학을 형성해 가는 거울이 돼 주었다. 비록 작가가 마주친 조계에는 냉혹하고 비참한 현실이 엄존하고 있었지만, 그는 현실의 적나라한 기억을 초월적인 시선으로 여과한 뒤 낭만적으로 수식하고자 했다. 이러한 피천득의 상하이 상상에는 또한 그 나름의 미덕과 한계가 동시에 존재한다.

피천득의 서정적 수필은 광복 이후 억압과 궁핍에 지친 한국 국민들에게 정신적인 휴식처를 제공했다. 그의 작품은 복잡한 인생의 문제를 생활의 친근한 소재로 전환하여 인생의 진리를 효과적으로 전달함으로써 독자들에게 환영받을 수 있었다. 이런 까닭에 무엇보다 그가 현대수필의 대중화에 기여한 점을 부인하기 어렵다. 그는 개인의 기억과 일상적인 소재만으로 충분히 훌륭한 수필 창작이 될 수 있음을 입증해 보였다. 피천득은 상하이를 회고한 문장에서도, 혼란스러운 난리통 속에서 오히려 인성의 아름다움을 발견하여 서정적으로 재구성해 냈다. 그러한 절제된 지각과 세련된 미감은 아무에게서나 나올 수 있는 것이 아니다.

하지만 그의 수필에는 또한 어쩔 수 없이 소시민적 휴머니즘의 색채가 진하게 배어있다. 피천득은 귀족 수필을 쓴다고 비판을 받을지언정, 전통 중산층의 후예로서 함양된 절제의 미학과, 서양의 고전 작품에서 흡수한 낭만주의적 교양, 그리고 개인사에서 비롯된 천진한 동심의 세계에서 일평생 벗어나려 하지 않았다. 전술했다시피, 전쟁 체험에 관한 기술에서조차 그는 개인의 감정을 더 중시했다. 1932년 6월, 피천득이 흠모한 안창호는 4월에 일어난 윤봉길의 의거에 연루되어 일본 경찰에 체포, 조선으로 압송된다. 더 훗날 피천득은 안창호가 끝내 해방을 못 보고 영면했을 때, 자신이 "일경(日警)의 감시가 무서"워 장례에도 참례

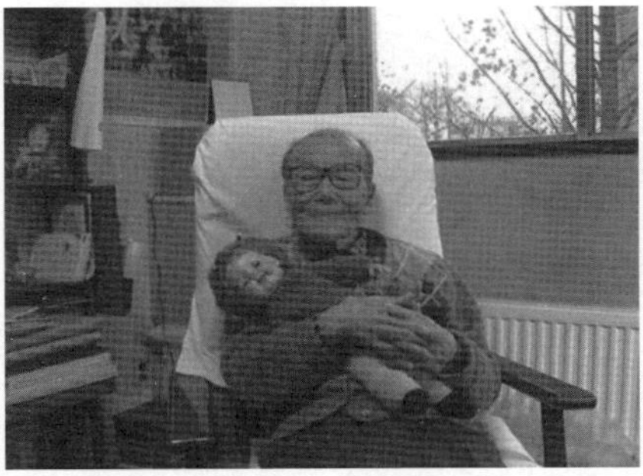

딸의 인형을 안고 있는 만년(2003년)의 피천득(《오마이뉴스》, 2007. 5. 28)

치 못한 것이 예수를 모른다고 한 베드로보다도 부끄러운 일이라고 통탄했다. 하지만 그러면서도 그는 유학 시절 안창호의 그러한 빈자리를, "작은 화단에는 그가 가꾸던 여름꽃들이 주인의 비운도 모르고 피어 있었다"라며 특유의 감상적인 어조로 회고한다.[43] 그는 그 이상으로 현실에 들어가려 하지 않았다. 그리하여 그의 작품 속에서는 개인의 고독이나 타인과의 지극히 개인적인 교감만이 서술의 중심이 되고, 빈곤과 전쟁 같은 사회적 현실은 부차적인 요소가 된다. 결과적으로 사회적 현실은 그의 수필 속에서 추억과 향수를 장식하는 배경이나 소품이 되고 만다. '사소한 일상 경험과 인연'이라는 피천득 수필의 빛나는 특징은, 상하이 소재 수필에서도 역사로서의 상하이가 배제되고 개인 주변에 존재한 일상으로서의 상하이만 남는 결과를 초래했다고 볼 수 있다.

그의 상하이 관련 수필들은 대부분 인생의 성숙기에 회고식으로 서술되었다. 그리하여 비록 회고의 대상 시기는 청춘기이지만, 글을 지배하는 정서는 청년다운 것이 아니라 초월과 달관이 배어있는 중년의 정서에 가깝다. 그는 정형화된 자신의 문체를 벗어나서까지 상하이를 상상하려 하지는 않았다. 이 점에서 보면 그는 과거 그 자체로 상하이를 서술했다기보다, 현재 시점의 기억 연작을 위해 잠시 그것을 불러들였다고 할 수 있을 것이다. 어쩌면 개인적 기억과 연계되지 않는 과거의

43 피천득, 〈도산〉, 《인연》, 166쪽.

역사는 애초부터 그에게 큰 의미가 없는 것이었다고 하겠다. 그가 뛰어난 문학적 역량에 비해 지나치게 적은 작품만을 남긴 사실이 더 안타까운 것은, 다양한 창작의 외연을 보여 주지 않았다는 점에서도 기인한다.

8장 전후의 서울과 타이베이, 김승옥과 바이셴융 소설의 시공간

하나의 문학작품은 유사한 장르들과 상호관계성을 가질 뿐 아니라 작품 밖의 현실·시대·작가 등과 관련이 있을 수밖에 없다. 전자는 작가가 살아가는 시대의 언어관습이나 통사구조, 장르 사이의 넘나듦 등 일종의 상호텍스트성을 말하는 것이고, 후자는 텍스트에 내재된 외적인 현실과의 구조적 유사성(homology)으로 이해될 수 있다.[1] 그런데 후자의 경우, 실제 현실과 작가에 의해 재구성된 미학적 현실 사이의 관계가 그리 단순하지만은 않다. 그 현실은 작품 속에서 체험을 직접 반영하거나, 또는 상상력을 유발하는 최소한의 동기로 활용되거나, 아니면 무의식을 통해 완전히 변형되거나 하는 등 다양하게 나타날 수 있기 때문이다. 그럼에도 현실과 작품의 미적 구조 사이의 관계를 밝히고자 한다면, 어느 쪽이건 작가의 체험이 가장 중요한 분석의 근거가 될 수밖에 없다. 문학작품 속에 나타나는 시간과 공간 역시 작가가 체험한 어떤 특정한 시간과 장소가 변용되고 굴절되어 만들어지는 것이다. 작가가 시간과 공간을 서술한다는 것은 작가에게는 내면화된 체험을 담아내는 작업이며, 반대로 작품에 있어서는 체험의 내면화 과정이라고 말할 수 있을 것이다.

1 한원균, 〈문학과 공간—그 이론적 모색〉, 《한국문학 공간과 문화콘텐츠》(청동거울, 2005), 18쪽.

대만 작가 바이셴융(白先勇, 1937-)과 김승옥(1941-)의 소설은 비록 대만과 한국의 역사적 특수성에 따른 차이가 존재하기는 하지만, 전체적으로 전통적 유가 사회에서 벗어나, 전쟁과 이념의 상처로 얼룩지고 농촌이 해체되어 급속하게 도시로 편입되는, 동아시아의 보편적인 근대화 체험 안에서 탄생하고 수용된 작품이라고 할 수 있다. 바이셴융의 〈타이베이 사람들(臺北人)〉은 1949년 중국 대륙의 공산화를 전후하여 대륙으로부터 밀려 나온 세대들의 상실감을 통해 1960년대의 대만 사회를 감성적으로 묘사한 작품이다. 이 소설은 대만에서 오랫동안 정전의 지위를 누려왔을 뿐 아니라, 개혁개방 이후 중국 대륙 쪽에서도 정전으로 추앙받아 왔다. 한편 김승옥의 단편소설 〈서울 1964년 겨울〉은 1960년대식의 소시민 사회를 밀도 있게 묘사함으로써, 한국소설의 신기원을 이룩했다고 평가되어 왔다. 이 작품은 발표 당시 낯선 형식과 문체로 논란이 있기도 했지만, 〈타이베이 사람들〉이 대만에서 그랬던 것처럼 오랫동안 한국문학의 정전으로 굳어져 왔다. 이 두 소설이 정전적 지위를 확보한 것은 물론 1960년대라는 역사적 시간뿐 아니라, 타이베이와 서울이라는 수도(首都) 공간을 배경으로 한다는 사실과도 무관하지 않다. 타이베이와 서울은 각각 작가 당대의 도시가 띠고 있는 사회적 정서를 압축적으로 보여 주는 가장 강렬한 기호이기 때문이다. 이처럼 두 소설이 분명한 시공간성을 드러내는 동시에 양국에서 정전적 지위를 지닌다는 점은 이 장에서 특히 주목해 서술할 부분이다.[2]

1971년 《타이베이 사람들》 출판 무렵의 바이셴융(〈策智庫網〉)

1 두 작품의 정전적 특성과 의미

앞에서 언급한 것처럼, 바이셴융의 소설 〈타이베이 사람들〉은 1949년 국민당 정부의 남하와 함께 대만으로 밀려 나온 대륙 출신 인물들을 소재로 한 소설이다. 14편의 단편소설로 구성된 이 연작소설의 주인공으로는 하인이나 작부, 국숫집 주인 같은 하층민도 있지만, 주로 과거 대륙 시절에 국민당 군대나 정부에 몸담았던 장성·요인·지식인 그리고 그들과 밀접한 관계가 있는 화류계 사람들이 더 큰 비중을 차지한다. 즉, 이 소설에서는 과거 어느 시기에 중산층 이상의 삶을 경험했던 사람들의 이야기가 중심을 이룬다. 따라서 소설의 서사도 대부분 피난지로 밀려난, 곧 대륙에서 '쫓겨난' 인물들의 과거에 대한 회한으로 채워진다. 인물들은 대륙 시절에 대한 기억에 의존하여 과거의 시간을 대만의 현실 삶 속에 응집시킨다. 그들은 비록 타이베이에 거주하지만, 정신은 여전히 대륙에 머물고 있기에 대륙에서의 지나간 삶은 그들에게는 정체성을 표상하는 토템과도 같다. 반대로 그들에게 현재라는 시간 속의 대만이라는 공간은 정서적으로는 없는 것이나 마찬가지이다. 이런 점 때문에 〈타이베이 사람들〉은 발표 이후 대만의 본토 정체성을 중시하는 논자들로부터 혹독한 비판을 받았고 '귀족소설'이라는 비아냥거림을 듣기까지 했다.[3]

하지만 소설의 탄생 배경에 존재하는 역사성을 고려한다면, 작가의 구상 의도는 더 거시적인 차원에 있었다고 할 수 있다. 작가 바이셴융은 이 소설을 쓰게 된 동기를 떠나온 고향 대륙에서 일어난 문화대혁명

---

2 김승옥의 첫 작품집 《서울 1964년 겨울》(창우사)에는 모두 11편이 수록되어 있지만, 각 편의 내용적인 유기성이 《타이베이 사람들》만큼 강하지는 않다.

3 〈타이베이 사람들〉에 대한 비판론에 대해서는 彭瑞金, 《臺灣新文學運動四十年》(臺北: 爾雅出版社, 1995) 참조.

의 충격에서 비롯됐다고 했다.[4] 대륙의 재난은 작가에게 '문명의 궤멸(文明毁滅)'이라는 충격으로 다가왔는데, 이에 대한 감지는 시대의 격변과 역사적 전환에 대한 예민한 신경에서 비롯된 것이다. 그 동기의 배경은 마치 1차 세계대전의 참혹함을 경험한 T.S. 엘리엇과 제임스 조이스(J. Joyce)가 문명의 파괴를 통탄하며 이를 모더니즘적 저항 표현으로 풀어낸 것과 비슷한 상황이었다. 바이셴융이 '타이베이 사람들'을 통해 그려낸 끝 모를 쓸쓸함은 단순히 개인적 감수성의 차원이 아니라 바로 그 같은 시대를 가로지르는 역사적 격변에 대한 반응으로 나타난 것이다. 그래서 허망하게 '대륙 수복(反攻大陸)'을 외치던 시대의 상실감과 낯설고 격리된 도시 타이베이의 공간적 황량함은 소설 속에서 시공간을 채우는 기본적인 정서가 된다. 시간의 상실감과 공간의 황량함은 소설의 인물들에게 실존의 의미를 환기하고 또 강화한다. 소설에서 전개되는 그 시절 일상의 다양한 풍경들은 물론 작가 개인의 체험에서 나온 것이지만, 이처럼 그것들이 발산하는 강렬한 시대의식으로 인해 보편적인 공감을 얻게 되었다.

바이셴융의 《타이베이 사람들》 1971년 초판본

1964년에서 1970년 사이에 발표된 〈타이베이 사람들〉은 발표 이후 얼마 지나지 않아 대만의 독보적인 소설 정전이 되었다. 그 위력은 이후로도 오랫동안 유효했다. 새천년을 맞는 기념으로 1998년 대만의 《연합

4 臺灣《聯合報》, 1999년 3월 15일, '文化'판.

보(聯合報)》가 주최한 '30대 정전[經典三十]' 선발에서 이 소설은 가장 높은 점수를 받았다. 또 2004년 베이징에서 거행된 '베이징 문학 축제[北京文學節]'에서도 '베이징 사람들이 가장 선호하는 중국어 작가'로 바이셴융이 선정되었다. 2011년 타이완대학에서 진행한 '타이완대학 명저 읽기 프로젝트(臺大經典閱讀計畫)' 활동을 보면, 여기에서도 이 작품이 여전히 현대소설 가운데 반드시 읽어야 할 정전으로 취급되고 있음이 확인된다.[5] 특히 이제까지 문언문의 비중이 높았던 대만의 고등학교 국어 교육에서, 바이셴융 소설은 백화문 정전으로서 대학입시에서의 중요성이 오히려 더 강조되고 있다.[6] 이 작품은 한국어를 포함한 7개국 이상의 외국어로 번역되어, 외국에서도 가장 지명도가 높은 대만소설 중의 하나가 되었다.

한편, 김승옥의 단편소설 〈서울 1964년 겨울〉은 1965년 6월 《사상계》 월간에 발표되어 그해 한국의 권위 있는 문학상 중 하나인 동인문학상을 수상했다. 이 작품은 1950년대의 전쟁 문학이 갖는 엄격한 교훈주의에서 벗어나 삶의 실상을 개인주의적 관점에서 깨닫는 과정을 일인칭 주인공 시점으로 형상화한 소설이다. 〈서울 1964년 겨울〉은 분단에서 전쟁, 그리고 4·19혁명의 실패로 이어지는 한국의 정치사회적 좌

5 목록 중 소설류에 선택된 대만 작품은 다음과 같다. 바이셴융의 〈타이베이 사람들〉, 황춘밍(黃春明)의 〈징(鑼)〉, 왕전허(王禎和)의 〈혼수로 받은 수레(嫁妝一牛車)〉, 장아이링의 〈반생의 인연(半生緣)〉, 천잉전(陳映真)의 〈장군족(將軍族)〉, 우줘류의 〈아시아의 고아〉, 왕원싱(王文興)의 〈아버지를 찾습니다(家變)〉, 치덩성(七等生)의 〈내가 사랑한 검은 눈동자(我愛黑眼珠)〉, 리앙(李昂)의 〈살부(殺夫)〉, 장구이(姜貴)의 〈회오리바람(旋風)〉. '타이완대학 명저 읽기 프로젝트'에서 선택된 나머지 중국어 소설은 〈아큐정전〉(루쉰), 〈함락된 도시가 맺어 준 사랑(傾城之戀)〉(장아이링), 〈변방 마을(邊城)〉(선충원[沈從文]), 〈위성(圍城)〉(첸종수[錢鍾書]), 〈천룡팔부(天龍八部)〉(진융[金庸]) 등이다. http://chinesereading.blog.ntu.edu.tw 참조.

6 〈國文拚高分多讀白先勇, 張愛玲〉, 《聯合報》, 2011년 2월 8일 참조. 현재 대만의 고등학교 어문교과서 5종 중 바이셴융의 작품은 4종에 수록되어 있다. 楊晉龍, 〈論教育·學術與文學行銷〉, 周慶華 主編, 《語文産業》 BOD版(國立臺東大學, 2010), 13쪽 참조.

절을 배경으로 한다. 그러나 작가는 그러한 사회문제를 직접 다루기보다는 그 결과로 나타난 인간 사회의 교감 형식, 즉 개체와 개체 사이의 인간관계를 통해 우회적으로 묘사한다.

단편소설집 《서울 1964년 겨울》(1966)에 실린 김승옥 사진

25세의 구청 직원인 '나'와 성이 '안'인 대학원생, 그리고 가난뱅이임이 분명한 삼십 오륙 세가량의 '사내'가 포장마차 안에서 우연히 만난다. 이들은 "안형 파리를 사랑하십니까?", "김형 꿈틀거리는 것을 사랑하십니까"하는 따위의 의미 없는 대화를 주고받는다. 30대의 사내는 전날 죽은 아내의 시신을 4천원을 받고 병원에 팔고 온 터였다. 사내의 제안에 따라 그들은 그 돈으로 술을 마시고 밤거리를 쏘다닌다. 그들은 통행금지 전까지 정해진 시간 내에 돈을 탕진하려고 거리를 배회하게 되는데, 결국 그 사내는 못다 쓴 아내의 시신 값을 불이 난 건물 속에 던져버린다. 그리고 셋은 여관에 들어 각각 딴 방에서 하룻밤을 보낸다. 30대의 사내는 그다음 날 자살체로 발견되고 나머지 둘은 아무 일도 없다는 듯이 각각 헤어진다. 현실에서 소외된 고독한 세 인물은 서로 무심히 만나고 헤어지는 단순한 사건을 통해 각자 나름의 개별성을 확인할 뿐, 아무런 사회적 연대성도 느끼지 못한다.

이 소설은 한국소설이 향토적인 가족공동체를 기반으로 한 인정주의로부터 개인주의로 변모해 가는 경향을 보이면서, 새로운 인간형의 제시를 통해 한국소설이 개인적 존재 상황으로의 변모가 가능함을 입증했다는 점에서 높이 평가되고 있다. 1961년 출판된 최인훈의 〈광장〉

《서울 1964년 겨울》 1966년 창우사 초판본

이 이데올로기의 허구적 도식을 깬 문제작이었다면, 1965년 발표된 김승옥의 첫 단편소설집 《서울 1964년 겨울》은 문단에 '감수성 혁명'을 일으킨 동시에, 공동체의 구속에서 벗어난 자유로운 개인을 발견한 첫 작품이라고 평가되었다. 한국 문학사에서 근대적 주체에 대한 자각과 자본주의적 일상성을 향한 관심이 새로운 감수성과 만나는 시기가 1960년대였는데, 그 서막을 연 것이 바로 김승옥의 문학이었다.

〈타이베이 사람들〉과 마찬가지로 김승옥의 작품 역시 한국에서는 정전적인 지위를 지닌다. 그의 작품은 작가가 등단한 이듬해부터 한국에서 출판된 문학전집에 빠지는 적이 없었는데, 그중에도 〈서울 1964년 겨울〉은 단편 〈무진기행〉과 함께 가장 많이 수록되는 작품이다.[7] 이 작품이 정전으로 받아들여진 또 다른 원인은 1987년 시작된 5차 교육과정 이래 한국의 고등학교 문학 교과서에 반복적으로 수록되었다는 사실과도 관계가 있다.[8] 그의 작품은 발표 당시에는 작가 지망생들에게 영향을 끼치는 정도였지만, 곧이어 문학전집과 교과서를 통해 대중들에게까지 1960년대를 상징하는 정전 작

7 이정숙, 〈김승옥 소설의 소통양상 연구〉(석사학위논문, 서울대학교, 2004).

8 1987-1992년 사이 실시된 한국의 5차 교육과정 중 김승옥의 작품이 처음 도입된 상황을 보면, 〈서울 1964년 겨울〉이 동아출판사의 《문학》 교과서에 처음으로 실렸고, 〈무진기행〉은 진명출판사 교재에 실린 〈내 누이의 이야기〉 본문 뒤에 함께 읽을 작품으로 언급되어 있다.

바이셴융의 대륙 시절, 난징 저택에서 1946년에 찍은 가족사진. 국민당 군대의 최고위 장성이었던 부친 바이충시(白崇禧)의 존재는 소설에 여러모로 영향을 끼쳤다. 앞줄 맨 왼쪽에 서 있는 어린이가 바이셴융이다(《生活週刊》, 2012. 7. 3).

품으로 받아들여졌다. 이 작품 역시 중국어·영어·러시아어·일본어 등 다양한 언어로 번역되어, 해외에서도 일정 정도 한국을 대표하는 문학 정전 역할을 하고 있다고 할 수 있다.

정전이란 절대적 권위를 가진 종교 경전에서 비롯된 개념이다. 이것이 문학에서는 읽을 만한 가치가 있는 고전으로 그 뜻이 넓혀졌고, 최근에는 보편적 가치가 인정된 작품들을 총체적으로 지칭하게 될 정도로 의미가 확장되었다. 문학상의 정전이 구성되는 원리는 대략 세 가지로 설명된다. 첫 번째는 정전 자체가 지닌 속성과 힘이 사람들로 하여금 그것을 선택하게 한다는 것이며, 다른 하나는 권력과 문화적 헤게모니를 가진 집단이 그들의 헤게모니를 정당화하기 위한 이념적 형식으로 그것을 선택한다는 것이다. 마지막으로 사람들의 의도와 직접적인 관계없이 더 광범한 문화의 운동 법칙에 의해 구성된다는 견해가 있다.[9] 하지만 종교 경전이 아닌 문학 정전은 영원불변의 권위를 갖는 것이 아니라 현실사회의 변화에 따라 새롭게 정해질 수 있다. 여기에는 '선택과 배제'의 원칙이 작용하고, 또한 '경쟁과 타협'의 논리가 작동한다. 이처럼 정전의 성립 배경에 권력과 문화의 함수관계가 자리하고 있기에, 정전화건 아니면 탈정전화건, 그것은 종종 '시류'에 영향을 받으며, 한 시대의 문학은 그 시대 문학으로서의 숙명이 있기 마련이다. 그것은 더 확장해 생각하면, 사실 동서고금을 막론하고 불변하는 이치였다. 중국 남조 시대의 문학평론가 유협(劉勰)도 5세기 말에 이미, "문학 풍격의 변화는 세상의 풍속에 감염되고, 문단의 흥성함과 쇠미함은 시대의 변천에 연계된다"[10]고 간파한 바 있다.

이러한 정전의 형성 원리로 볼 때, 두 작품이 정전화 되는 과정이 발표 및 전파 시점의 정치적 상황과 전혀 관계가 없다고 말할 수는 없다. 우선 〈타이베이 사람들〉은 대만으로의 천도 이후 대만의 정치와 문화를 장악한 대륙 출신자들(이른바 '외성족군[外省族群]')의 문화적 정체성을 표현하는 데 편중되어 있으며, 대륙의 개혁개방 이후로는 또한 양안통일(兩岸統一)의 당위성을 감성적으로 입증하는 작품으로 인식되기도 했다. 한편 〈서울 1964년 겨울〉은 비록 현실사회에 대한 좌절감이라는 형식으로 저항적 정서가 나타나기는 하지만, 군사정권 시대에도 금서가 된 적은 없다. 소설의 주인공들은 시대에 맞서는 치열한 생활인으로서의 태도가 아니라 어찌 보면 체제순응적이고 소시민적인 방관자의 시선을 일관하고 있어, 사실상 별다른 정치적 제한을 받지 않고 읽힐 수 있었다. 두 작품의 수용 배경에 존재하는 이러한 정치적 의미는 1970년대

---

9 송무, 《영문학에 대한 반성》(민음사, 1997), 344쪽.

10 "知文變染乎世情, 興廢系乎時序"(《文心彫龍·時序第四十五》). 유협, 《문심조룡》, 성기옥 옮김(지식을만드는지식, 2010), 289쪽 참조.

이후 대만과 한국 양 지역에 불기 시작한 민족주의·민주화 운동의 조류 속에서 재확인되고 때로 비판받기도 했다.

그러나 어쨌든 〈타이베이 사람들〉과 〈서울 1964년 겨울〉이 묘사하는 시대는 이미 금석지감이 들 정도로 현재의 독자들과 감각적으로 멀리 떨어져 있다. 그런 까닭에 또한 암울하고 폐쇄적이던 시절에 두 작품을 따라다닌 정치적 혐의는 사실상 탈각되고, 오히려 더 객관적인 평가를 받을 수 있게 된 점도 인정하지 않을 수 없다. 이제 더 중요한 것은 작품에 묘사된 시공간의 특수성보다 작가들이 그것을 바라보는 방식의 보편성이라고 해야 할 것이다. 중국 평단의 정의를 잠시 인용하자면, 그들도 진정한 문학 정전은 일정한 정도에서 가치관과 미학관의 시대적 제한을 초월할 수 있어야 하며, 그것은 또한 역사적 척도와 미학적 기준에서 일정한 보편성을 드러내고, 깨달음을 줄 수 있으며 많이 읽어도 새로움이 있는, 권위를 갖춘 모델로서의 작품이어야 한다[11]고 말한다. 이러한 논리로 볼 때에도 두 작품이 시공을 초월하여 읽히고 또한 부단히 재해석되고 있다는 점은, 이 작품들에 내재한 정전으로서의 역량을 다시금 생각하게 한다. 두 작품이 가진 정전적 역량은 작품에 내재된 시간과 공간에 대한 작가들의 의식과 분명한 관련이 있다.

2 소설적 크로노토프와 관념화된 시공간

〈타이베이 사람들〉과 〈서울 1964년 겨울〉은 작가가 소설을 쓰는 시점의 현재와 과거가 긴밀하게 연계되어 있는 작품이다. 시간의 연계성으로 인해 두 소설이 제목에 내세운 타이베이와 서울은 비로소 분명

---

11 陳定家, 〈文學的經典化與去經典化〉, 《中國社會科學學術前沿(2006-2007)》, 인터넷판(社會科學文獻出版社).

한 역사성을 가진 상징적인 공간이 된다. 두 소설에서 공간은 시간성을 배제하고 생각할 수 없는 특별한 공간이다. 바흐친(M. Bakhtin)은 소설 속의 시간과 공간의 관계를 양자가 유기적으로 결합한 크로노토프(Chronotope)라는 개념으로 설명한 바 있다.

> 문학예술 속의 크로노토프에서는 공간적 지표와 시간적 지표가 용의주도하게 짜인 구체적 전체로서 융합된다. 말하자면 시간은 부피가 생기고 살이 붙어 예술적으로 가시화되고, 공간 또한 시간과 플롯과 역사의 움직임들로 채워지고 그러한 움직임들에 대해 반응하게 된다. 이러한 두 지표 간의 융합과 축의 교차가 예술적 크로노토프를 특징짓는 것이다.[12]

소설 속에서는 작은 사건 중에 시공간이 결합하는 것으로부터 동시대 현실의 역사적 사건과 구체화된 공간으로 확장이 되면서 이야기가 동시대 현실의 구조에 '접촉'해 나간다. 이때 시간과 공간이 나누는 관계가 바로 바흐친이 말한 크로노토프이다. 바흐친이 크로노토프를 통해 강조하는 것은 소설이 추구하는 동시대 현실의 포착이다. 그러나 그 현실은 어느 한 시각에서 총체적으로 시간과 공간 전체를 인식할 수 없으므로, 크로노토프는 주체의 처지와 시각에 따라 다를 수밖에 없다.[13] 곧 시간과 공간의 결합으로 읽어 내는 현실은 작품에 따라 다양해지기 마련이다. 여기에서 유동적이고 미완결인 현재에 가능한 가까이 다가가고자 하는 노력은 작품 속에서 '유동적이고 미완결인 동시대성'을 구현하는 것이다.

---

12 미하일 바흐찐, 〈소설 속의 시간과 크로노토프의 형식—역사적 시학을 위한 소고〉, 《장편소설과 민중언어》(창작과비평사, 1988), 261쪽.

13 이강은, 《미하일 바흐친과 폴리포니야》(역락, 2011), 72쪽.

〈타이베이 사람들〉과 〈서울 1964년 겨울〉은 타이베이와 서울이라는 도시공간을 통해 크게 1960년대 대만과 한국이라는 확장된 시공간의 크로노토프를 구현한다. 《타이베이 사람들》 속에서 작가는 14편의 단편들을 통해 같은 시간대에 타이베이를 근간으로 살아가는 대륙 출신 '추방된 사람들'[14]의 삶을 탐색한다. 단편들 속의 인물들에는, 비록 살아가는 양태는 저마다 다르지만, 공통된 정서와 감각이 나타난다. 각 단편의 에피소드가 만들어 내는 개별적인 크로노토프들은 작품집 전체의 중심적인 크로노토프를 향한 구심력을 형성한다. 〈타이베이 사람들〉을 번역한 허세욱은 냉전 시대의 끝자락에 쓴 역자 후기에서 이러한 의미를 다음과 같이 정리한다.

> 백선용은 미국에서 자칭 '방축자(放逐者)'라고 하였다. 말하자면 《초사(楚辭)》를 썼던 굴원(屈原)처럼 이지(異地)에 방축된 유랑인임을 항상 괴롭게 되씹고 있다. 구대륙이 함락된 뒤 수백만의 낭민(浪民)이 머무는 대북을 역사의 외로운 징검다리로 본 것이다. 그래서 그는 그 징검다리의 확실한 증인이 되고자 했다.[15]

대만 유학 시절부터 바이셴융과 구면이었던 허세욱은 한국에 처음으로 〈타이베이 사람들〉을 소개한 사람이다.[16] 허세욱은, 바이셴융이 전

14 그들은 한 지역에서 밀려났고 밀려 나온 곳으로 돌아갈 수도 없지만, 새롭게 정착한 곳에서 오히려 권력층이 된 사람도 있다는 점에서 '피난자'라 하기 어렵고 또한 민족적·문화적으로 연계된 지역으로 밀려났다는 점에서 '디아스포라'로 보기도 어렵다.

15 《중국현대문학전집 16—반하류사회·대북사람들》, 허세욱 옮김(중앙일보사, 1989), 394쪽. 〈타이베이 사람들〉은 허세욱이 번역해 1975년 처음으로 한국에서 출판되었다. 이 판본은 '(삼성판)세계현대문학전집'의 제79권으로 〈반하류사회〉 외에 〈아큐정전〉(루쉰)까지 한 데 묶여 간행되었다.

16 바이셴융은 1979년 미국에서 쓴 산문 〈밍싱 카페(明星咖啡館)〉에서 20여 년 전 허세욱을 처음 만난 날과 1978년 한글판 《타이베이 사람들》을 허세욱으로부터 직접 받은

통을 존중하며, 인정받는 백화문 실력을 갖춘 데다, 급변하는 중국 현대사를 몸소 목격했기 때문에, 그야말로 소설 내용의 가장 적절한 증인이라고 전제한다. 이어 소설 속 주인공들을 '방축된'(추방된) 사람들이라고 정의하며, 그들의 정신세계를 옛날 초나라의 방랑시인 굴원이 지녔던 정서에 연결한다. 시공간 의식의 측면에서 말할 때, 여기에서 언급된 '추방'의식이야말로 소설 속 이야기들의 진정한 출발점이라고 할 수 있다. 〈타이베이 사람들〉 속 인물들에 공통된 '추방된 사람들'로서의 정체성은 그들이 현실의 같은 시공간대를 살아가면서도, 또한 똑같이 시간과 공간으로부터 소외되어 있음을 보여 준다. 소설 속의 인물들은 정체성을 가진 시공간과 육체가 존재하는 현재의 시공간이 분리된 특이한 상황에 있다. 따라서 이야기의 크로노토프 역시 현재의 시공간과 과거의 시공간이 앞뒤에 차례로 출현하거나 서로 뒤섞이는 방식으로 묘사된다.

> 바람이 지나가자, 화(華) 부인은 국화의 맑은 향기 속에서 코를 찌르는 꽃 썩는 비린내를 맡았다. 가슴속이 가볍게 고동쳤다. 그녀는 아직 기억하고 있었다. 그 며칠 동안 그의 방안에도 이런 이상한 비린내가 가득 차 있었다. 그녀는 그의 침대 곁에 서서 의사가 고무호스를 그의 목에 끼우고, 부어서 검게 빛나는 암 덩어리로부터 밤낮없이 고름을 빼내는 것을 보고 있었고, 그 곁에는 밥공기만 한 흰 국화 세 가지가 꽂혀 있었다. 그녀가 직접 정원에서 꺾어다 놓은 것이었다. 정원에는 '눈덩이(一捧雪)'라는 이름의 국화가 백여 그루나 있었는데, 그것들은 치샤산(棲霞山)에서 옮겨 심은 이름난 품종이었다. 그해 가을, 사람들은 일본놈들을 쫓아내니 양청(陽澄) 호수의 게마저 살이 찼다고 말했다. 난징성

날을 추억으로 회상하기도 했다. 타이베이의 유서 깊은 밍싱 카페는 바이셴융이 〈타이베이 사람들〉을 쓴 곳이기도 하다.

> (南京城)의 국화들도 유난히 무성하게 피었다. 그가 군대를 이끌고 난징성에 입성할 때, 거리로 나온 늙은이들은 남녀를 막론하고 울다가 웃다가 하며 연신 눈물을 훔쳐냈었다. 온 성안에 폭죽 소리가 가득 차 귀가 먹을 정도였다. 그녀도 웃으면서 허리를 굽히며 그에게 말했다. "어서 오세요, 장군님, 군대를 이끌고 개선하셨군요——"[17]

〈가을 생각(秋思)〉에서 화 부인의 감정은 세 개의 시공간대로 표현된다. 인용문에 보이듯이 첫 번째는 과거를 회상하고 있는 현재 타이베이의 시간이며, 두 번째는 남편을 마지막으로 보내던 약간 지나간 타이베이의 시간, 세 번째는 가장 과거인 대륙 난징에서의 시간이다. 상이한 시공간의 병치는 인물의 감정에 시대감으로 가득한 강렬한 역사성을 부여한다. 그 시간대의 사이사이에 국민당의 항일전쟁과 내전에서의 패배, 그리고 대만 천도라는 역사적 사건이 배경으로 자리한다. 인물에게 기억되는 그 시간은 또한 공간에 대한 기억과 분리되어 존재할 수 없는 것들이다.

이런 방법이 더 극적으로 표현된 것은 〈유원경몽(遊園驚夢)〉 편이다. 타이베이의 고급 주택가인 톈무(天母)의 두(杜) 씨네 저택에서 파티가 벌어진다. 손님들은 대부분 대륙 시절에 창극 극단과 화류계를 누비던 중년 여성들이거나, 그녀들과 과거에 인연이 얽힌 전직 국민당 장성과 참모 장교들이다. 소설의 주인공인 은퇴한 창극 배우 첸(錢) 부인은, 여전히 영화의 끝자락을 누리고 사는 옛 동료들 속에서 마치 동떨어진 섬과 같은 자신의 처지를 자각한다. 작품 전체의 시공간은 저녁 파티에 한정되어 있지만, 작가는 첸 부인의 의식의 흐름 안으로 다양한 시공간을 불러들인다. 대륙에서 배우로서의 절정기에 국민당 군 장성의 후처로 영화를 누렸던 첸 부인에게 남편 없이 시골에 사는 대만의 현실은 다중적

17 〈秋思〉, 《臺北人》(臺北: 爾雅出版社, 2002), 228쪽.

연극 〈유원경몽〉(바이셴융 각색)의 1982년 초연 사진. 훗날 할리우드에서 더 유명해진 배우 루옌(盧燕)이 첸 부인 역으로 열연 중이다(《光華》, 1982. 9).

인 적막감을 부여한다. 가장 결정적인 것은 창극인으로서의 생명이 끝났다는 사실이다. 파티에 참석한 귀빈들로부터 창을 해 달라는 간곡한 요청을 받은 그녀는 마침내 정신적인 공황에 빠진다. 불현듯 엄습한 취기 속에서 그녀는 이제까지 경험하지 않았던 환각을 체험하게 되는데, 그녀의 의식세계 속으로 난징 시절의 화류계와 남편의 인맥을 통해 벌어진 질투와 치정, 불륜의 과거가 한꺼번에 밀려든다. 현재와 과거의 엇갈림을 통해 구현되는 크로노토프는 작품의 실존적인 주제를 더 도드라지게 한다.

바이셴융이 시공간을 상실한 사람들을 그리고 있음에 반해, 김승옥의 소설들에서는 현실의 힘에 눌려 자아를 상실해 가는 인간의 모습이 더 뚜렷하게 나타난다. 그의 소설에 묘사되는 인간은 사회와 변증법적

《동아일보》 1962년 12월 13일 자에 실린 서울의 선술집 풍경

인 관계를 갖지 못하고 대립적인 관계에 위치하려는 경향을 나타낸다. 인물들이 일상 속에서 꿈꾸었던 낭만주의가 현실의 벽에 부딪혀 좌절되는 것은 소설의 주요한 모티프이다.

> 1964년 겨울을 서울에서 지냈던 사람이라면 누구나 알고 있겠지만, 밤이 되면 거리에 나타나는 선술집 —— 오뎅과 군 참새와 세 가지 종류의 술 등을 팔고 있고, 얼어붙은 거리를 휩쓸며 부는 차가운 바람이 펄럭거리게 하는 포장을 들치고 안으로 들어서게 되어 있고, 그 안에 들어서면 카바이드 불의 길쭉한 불꽃이 바람에 흔들리고 있고, 염색한 군용 잠바를 입고 있는 중년 사내가 술을 따르고 안주를 구워 주고 있는 그러한 선술집에서, 그날 밤, 우리 세 사람은 우연히 만났다.[18]

인용문에서 알 수 있듯, 〈서울 1964년 겨울〉에서 구청의 병사계 직원인 '나'와 성이 '안(安)'인 대학원생, 그리고 성조차 알 수 없는 30대 남자 세 사람이 우연히 만나게 되는 곳은 선술집이라는 공간이다. 선술집이라는 특수성 때문에 세 사람의 만남은 일상을 초월한 특별한 모습을 띠게 된다. 그들은 '파리'나 '꿈틀거림' 등에 관한 의미 없는 이야기를 주고받지만, 이것은 체제에 순응해서 거짓 현실을 살아가는 현대인들에게 자유의 추억을 상징하는 것이다.[19] 〈타이베이 사람들〉의 구심적 구성과 대조적으로 〈서울 1964년 겨울〉의 크로노토프는 원심적인 구도를 보여 준다. 즉 이 작품에서는 한 공간에서 바깥 공간으로 나가려는 운동이 반복해서 발생한다. 소설 속에서 '파리'와 '꿈틀거림'으로 시작된 욕망의 대화는 서울의 도심에 대한 시시콜콜한 대화로 이어지고, 마침내 인물들을 선술집 밖으로 나가 자정까지 정해진 시간 속에서 서울 거리를 활보하는 밤의 '산책자'로 변신하게 만든다.

"평화시장 앞에서 줄지어 선 가로등 중에서 동쪽으로부터 여덟 번째 등은 불이 켜져 있지 않습니다……." 나는 그가 좀 어리둥절해 하는 것을 보자 더욱 신이 나서 얘기를 계속했다. "…… 그리고 화신 백화점 육 층의 창들 중에서는 그중 세 개에서만 불빛이 나오고 있었습니다……."

그러자 이번엔 내가 어리둥절해질 사태가 벌어졌다. 안의 얼굴에 놀라운 기쁨이 발하기 시작했기 때문이다.

그가 빠른 말씨로 얘기하기 시작했다.

"서대문 버스 정류장에는 사람이 서른두 명 있는데 그중 여자가 열

---

18 김승옥, 《서울 1964년 겨울》(창우사, 1966), 253쪽.

19 강운석, 〈김승옥 소설에 내재된 현대성의 3가지 층위〉, 《배달말》(배달말학회) 제30권(2002), 187쪽.

일곱 명이고 어린애는 다섯 명, 젊은이는 스물한 명, 노인이 여섯 명입니다."[20]

남들이 주목하지 않는 소소한 지식을 자랑하는 것은, 서울이라는 일상의 공간에서 무의미해진 자신의 위치를 되찾기 위한 가벼운 몸부림이다. 그래서 〈타이베이 사람들〉에서 인물들이 현재의 공간에서 소외되듯이, 〈서울 1964년 겨울〉은 실존의 상실을 표현하기 위해 인물을 익명화시키는 수법을 쓴다. 도시공간으로부터의 소외는 김승옥 작품의 일관된 주제이기도 했다. 바이셴융의 소설이 작가의 개인적인 체험이기보다 주로 부모 세대의 그것에 초점을 맞추고 있는 데 반해, 김승옥의 소설은 자기 세대의 성장통을 다룬 성장소설(story of initiation) 수법을 통해 공간에 대한 대립과정을 묘사한다. 그러한 성장소설 가운데 〈서울 1964년 겨울〉과 〈역사(力士)〉 등은 시골 청년의 서울 입문기를 통해 성장소설 구도를 특화한 형태라고 할 수 있다.

배경은 전혀 다르지만, 바이셴융과 김승옥의 소설은 공통적으로 이주자들의 심리 변화에 주목한 셈이다. 인물들에게 실존적 상실감이 나타나는 근본 원인은 사실 생소한 곳으로 생활 터전이 옮겨졌기 때문이다. 바이셴융의 소설 속 인물들은 대륙에서 대만으로의 이주로 인해 정신적 방황을 겪게 되고, 김승옥의 인물들은 시골에서 서울로 상경한 뒤 상실감에 빠진다. 그러나 전술한 것처럼 두 소설에 묘사되는 인물들은 계급적으로 차이가 있고, 사회적인 동기 자체도 같지 않으며 실존성을 회복하는 방법도 다르다.

바이셴융의 대륙계 이주민들이 회귀를 희망하지만 돌아갈 수 없는 상황임에 반해, 김승옥의 이향민(離鄕民)들은 이주의 자의성은 있었을지

20 〈서울 1964년 겨울〉, 앞의 책, 259쪽.

언정 되돌아갈 지점 자체가 모호하게 나타난다. 바이셴융의 인물들은 하나같이 대륙 시절을 그리워하는 반면, 김승옥의 인물들에게는 서울살이의 좌절감을 대체할 따뜻한 고향이 존재하지 않는다. 김승옥의 또 다른 대표작 〈무진기행〉에서 도시의 소외로부터의 불안과 초조에 대한 대안으로 주인공이 선택한 것은 고향 무진으로의 회귀이다. 그러나 보통의 고향이라면 지친 심신을 위로해 주는 정신적인 휴식처로 묘사되겠지만, 여기에서의 고향은 부모도 형제도, 자기 집도 없는 안식의 근거가 거세된 공간인 점에서 낯선 도시와 조금도 다를 것이 없다. 이처럼 바이셴융의 인물들이 특정한 시공간에 대한 분명한 지향성이 있는 것에 반해, 김승옥의 인물들은 시공간으로부터 정체성을 거부당한 더욱 현대화된 인물들이라 할 수 있다. 도시에서 자기 정체성을 상실한 주인공이 끊임없이 그것을 찾기 위해 탐색을 반복하는 것은 그의 소설에서 중요한 모티프가 된다.

그럼에도 〈서울 1964년 겨울〉의 인물들에게 존재하는 일말의 물리적인 회귀의 가능성은 〈타이베이 사람들〉에게는 정서적인 세계에서만 존재할 뿐이다. 이 같은 공간의 관념성은 신분에 상관없이 소설 속의 인물들을 비애의 상황으로 몰아간다. 이 소설의 다양한 에피소드에 나타나는 비극적 결말은 시공간의 비현존성, 즉 관념화와 밀접한 관련이 있다. 물론 〈서울 1964년 겨울〉의 인물들도 정신적으로는 이와 크게 다르지 않다. 1964년 겨울이라는 시간과 서울이라는 공간, 그리고 서울 안에 존재하는 많은 하위 공간들이 구체적으로 언급되지만, 시공간에 융화되지 못한 인물들에게는 이 또한 관념적인 존재일 뿐이다. 이렇게 해서 두 소설에는 '1960년대'의 '타이베이'와 '서울'이라는 명시적인 시공간이 설정되어 있지만, 인물들은 과거의 시공간을 열망하거나 거부하거나 어느 쪽이든 현재의 시공간에 녹아들지 못함으로써 명시적 시공간은 인물들의 심리 속에서 분해되어 추상화·관념화되는 과정을 거친다. 이것은 또한 두 소설의 크로노토프에 내포된 역사성을 만들어 내는 핵심적인 요소라고 할 수 있다.

3 정전화와 시공간 의식의 작용

T.S. 엘리엇은 〈황무지〉의 서시로 기획한 〈게론티온(Gerontion)〉(1920)에서, "생각해보라/역사가 많은 교활한 통로와 술책의 회랑(回廊)과 출구를 가졌고 귓속말로 야망을 속삭여 우리를 기만하고,/가지가지 허영으로써 우리를 이끄는 것을"[21]이라고 말했다. 엘리엇은 이 시 속에서 20세기 현대인들의 무기력감과 공허감, 목적의식의 부재를 통렬하게 비판했다. 그는 운명으로서의 역사를 믿지 말고, 우리 자신이 직접 역사에서 능동적으로 인식과 감정을 키울 것을 강조한다. 왜냐하면 인간은 역사 속에서 끊임없이 재해석되는 존재이기 때문이다. 이는 곧 시간에 대한 인식의 문제를 말하는 것이다. 문학작품을 통해 드러나는 시간 의식은 작가가 지닌 세계관과 밀접한 관련성을 지니고 있다. 시간 의식은 문학작품의 주제뿐 아니라, 작가의 역사의식과 존재의식을 잘 드러내는 의식지향을 표현한다. 소설의 작가가 체험의 세계를 문학작품으로 옮길 때, 개인적 체험을 넘어서는 보편적 공감을 얻어 내기 위해서는 작품의 시간적 의미에 대한 작가의 치열한 고민이 요구된다.

한편 작가는 공간의식을 형상화하기 위해 작품 속에 많은 장치를 마련한다. 일반적인 공간이 아닌 특정한 지역을 무대로 구현하는 문학적 장소성(place identity)의 경우, 그것은 그 지역의 역사나 문화적 에토스와 밀접한 관계를 갖는다. 이것은 작품의 주제의식 측면에서 세 가지 경

21 《T.S. 엘리엇 전집》, 이창배 옮김(민음사, 1988), 38쪽.

향을 지닌다고 할 수 있다. 첫째, 작가의 개인적 경험이 강하게 드러나면서 실존적인 물음을 범주화하는 경우, 둘째, 동시대적인 문제를 내포하면서 현실적인 반향을 갖는 경우, 셋째, 시간과 역사와 이념의 문제를 제기하는 경우가 그런 것이다.[22] 이로써 보건대 〈타이베이 사람들〉과 〈서울 1964년 겨울〉은 첫 번째와 두 번째, 즉 작가의 체험을 농후하게 드러내면서 동시대에 대한 문제의식을 품고 있는 형태를 띤다고 할 수 있다. 문학적 장소성을 구현하기 위해서는 어느 쪽이든 공간 속에 시대적인 의미가 내포되어야 하며, 독자는 공간에 깃든 알레고리를 통해 장소를 통한 문학적 상상에 동참하게 된다.

작품에 내재된 시공간 의식은 독자의 수용을 통해서 다시 새로운 차원으로 전이된다. 앞서 〈타이베이 사람들〉과 〈서울 1964년 겨울〉의 작품에 내재된 크로노토프를 살펴보았는데, 우리가 현실을 바라보고 인식하고 표현할 때, 공간적 현상을 그 움직임의 과정에서 시간 예술의 형상으로 재현해 내는 것이 바로 크로노토프라 한다면, 정전으로 취급되는 문학 텍스트는 기타의 다른 작품들보다 더 활발하게 독자와 교감함으로써 새로운 크로노토프를 만들어 내게 된다. 그러한 교감은 크로노토프를 제안한 바흐친이 '대화의 장'이라 설명한 것이다. 독자는 작품 속에 재현된 사건과 그 사건에 접해있는 작품 내의 작가를 인식하면서 자기식으로 작가에 대해 생각하고 그 형상을 스스로 구축해 나갈 수도 있다. 그리하여 작품은 작품 내의 폐쇄된 체계에만 머무는 것이 아니라 작품 바깥의 작가와 시대, 독자까지 포함하는 시공간으로 이어지면서, 확장된 크로노토프로서의 생명력을 가지는 것이다. 이것은 앞서 언급한 작품의 내적인 시공간과는 다른 의미에서 작품의 평가와 수용에 영향을 미치는 외적인 시공간을 의미한다.

---

22 한원균, 〈문학과 공간 그 이론적 모색〉, 《한국문학 공간과 문화콘텐츠》(청동거울, 2005), 28쪽.

〈타이베이 사람들〉과 〈서울 1964년 겨울〉 속에 그려진 타이베이와 서울은 1960년대라는 시간을 기억하는 사람들에게는 각별한 공간일 수 있다. 그러나 이 작품들이 정전의 지위를 누리는 것은 또한 직접적인 체험이 없더라도 누구나 공감할 수 있는 보편적인 공간으로서의 의미를 지니기 때문이다. 보편적인 공간으로서의 의미란, 고뇌하는 삶의 어떤 순간들을 증거하는 내면적 형식을 말한다. 그런 점에서 타이베이와 서울은 체험의 대상이자, 상상력의 공간이고, 시대적인 반향을 내포하는 정신적 공간이 된다고 할 수 있다.

> 리주(驪珠)와 위신(俞欣)이 골목에 다다랐을 때, 신이둥촌(信義東村)의 골목 한가운데에서 이삼십 명이 둘러서서 폭죽을 터뜨리고 있었다. 류씨네 꼬마 류잉(劉英)이 땅에 쪼그리고 앉아 커다란 로켓포에 점화를 하자, 은빛 불빛이 사람 키보다 높이 솟구쳐 올랐다. 까르르 웃음 짓는 천진난만한 얼굴이 반사되어 환하게 빛났다. 시끌벅적한 환호성 속에, 꼬마들은 앞서거니 뒤서거니 자기들의 폭죽에 불을 붙였다. 여기저기서 빛줄기가 캄캄한 하늘을 가르고 솟구쳤다. 사방의 폭죽 소리는 갈수록 드높았고, 그믐밤은 벌써 꼭지까지 저물어버렸다. 이제 또 새로운 한 해가 여기 타이베이시에 강림하고 있는 것이다.[23]

인용된 작품에서의 인물들은 과거 국민당 군대의 중하층 병사였던 사람들과 그 군속들이다. 대륙에서 긴 전쟁을 치렀으나 결국 대만으로 쫓겨 나와 '쥐안춘(眷村)'[24]이라고 불리던 임시캠프에 집단 거주하는 사

23 〈歲除〉, 《臺北人》, 앞의 책, 113쪽.

24 쥐안춘이란 1949년 국민당 정부를 따라 대만에 온 이른바 '외성인'들의 집단거주지를 말한다. 본토 수복 이전의 임시 주거지로 국민당 정부가 마련한 곳으로서, 특히 하급 군인과 그 가족들이 거주했다. 지역의 본성인(本省人, 즉 대만 섬 출신자)들과 거의 교류가 없는 폐쇄적인 삶으로 인해 쥐안춘은 대만의 특수한 사회문화적 공간이 되었다.

대만의 쥐안춘 풍경(1): 신주(新竹) 시 '쥐안춘 박물관'에 전시된 1950년대의 결혼식 사진(2019년 저자 촬영)

대만의 쥐안춘 풍경(2): 타이베이 완화(萬華) 지구 청년공원 부근 커난가(克難街) 주변의 1960년대 모습. 쥐안춘 20-30개가 붙어서 대만 최대의 쥐안춘 취락을 형성했었다(《CTWANT》, 2022. 2. 5).

람들에게도 새해는 특별한 의미를 지닌다. 바이셴융은 〈타이베이 사람들〉 속에서 각 편의 인물들이 하나의 커다란 공간범주 안에서 암흑의 시간대를 지나는 통과의례의 과정을 거치도록 설정해 놓았다. 이 과정을 통해서 작가는 좌절에 빠진 인물이 충돌하든지 적응하든지 새로운 삶과 항상 어떤 식으로든 맞닥뜨리게 한다. 〈타이베이 사람들〉의 인물들은 비록 대륙의 번화한 시절에 대한 그리움에서 벗어나지 못하지만, 작가는 그들의 정서 세계 속에 부재하는 현실의 타이베이란 공간이 소설의 결말에서 결국 그들과 만날 수밖에 없음을 암시한다. 의식의 흐름 속에서 분절되어 있던 현실 공간이, 인물이 의식의 세계에서 현실로 빠져나와 더욱 피폐해져 있을 때 역으로 인물에게 한 가닥 숨 쉴 틈을 제공하게 하는 것이다. 이럴 때 공간은 단순한 묘사의 무대에서 시간의 의미가 더해진 역사적인 공간으로 승화되며, 피난지 타이베이는 비로소 독자로부터 새로운 정체성을 부여받게 된다. 대륙 출신자들의 공간에 대한 부적응을 다루긴 했지만, 바이셴융 자신이—그는 정확하게는 대만 이주 1.5세대에 해당한다—작품 속에서 보인 역사에 대한 정서는 확실히 기성세대와 같지 않았고, 이는 그의 장소 관념에도 일정 부분 영향을 미쳤다. 그의 그런 정서는 한편으로 1960년대에 그들 세대가 모더니즘 문학을 일구어 낸 바탕이었고, 또한 후배 예술가들이 '쥐안춘 문학(眷村文學)', 내지는 '쥐안춘 영화(眷村電影)'[25]를 본격적으로 창작하게 한 마중물이 되었다.

---

25 쥐안춘 문학은 쥐안춘을 배경으로 1970년대에 등장했으며, 그 핵심 작가는 1949년 피난 세대의 자녀들, 즉 1.5세대 혹은 2세대 외성인 작가들이었다. 전쟁, 반공, 향수의 정서에 지배된 부모 세대와 달랐던 그들은 이 터전을 바탕으로 장소에 대한 새로운 시각을 만들어 냈다. 각지의 쥐안춘은 1980년대부터 1990년대까지 철거되는데, 이 시기는 역설적으로 쥐안춘 문학의 전성기였다. 〈타이베이 사람들〉은 쥐안춘 문학의 효시로 일컬어지기도 한다. 한편 이것이 영화 운동과 만나면서 나온 것이 '쥐안춘 영화'인데, 1980년대에 쏟아져나온 뉴 웨이브 영화[新電影] 중 상당수는 쥐안춘을 배경으로 한다.

〈타이베이 사람들〉에서 인물들을 정신적 혼돈으로 몰아가는 것이 잃어버린 시간, 즉 시차의 문제라면, 〈서울 1964년 겨울〉에서는 현재의 자본주의적 일상성 자체가 비판의 대상이 된다. 〈서울 1964년 겨울〉에서 묘사되는 이야기는 자본주의적 일상을 살아가는 인간들의 내면적 풍경을 상징한다. 다시 말해서 〈타이베이 사람들〉이 어떤 계층의 역사적 체험의 특수성에 주목했다면, 〈서울 1964년 겨울〉은 인물들의 개별적 체험들의 보편성을 통해 문제의식을 제기한다. 〈서울 1964년 겨울〉에서, 여관에서 하룻밤을 보낸 김과 안이 30대 사나이의 자살을 목도하고 헤어지며 나누는 말은 다음과 같다.

> "난 그 양반이 죽으리라는 짐작도 못했으니까요. 씨팔 것, 약을 호주머니에 넣고 다녔던 모양이군요."
>
> 안은 눈을 맞고 있는 어느 앙상한 가로수 밑에서 멈췄다. 나도 그를 따라가서 멈췄다. 그가 이상하다는 얼굴로 나에게 물었다.
>
> "김형, 우리는 분명히 스물다섯 살짜리죠?"
>
> "난 분명히 그렇습니다."
>
> "나도 그건 분명합니다." 그는 고개를 한번 기웃했다.
>
> "두려워집니다."
>
> "뭐가요?" 내가 물었다.
>
> "그 뭔가가, 그러니까……." 그가 한숨 같은 음성으로 말했다. "우리가 너무 늙어 버린 것 같지 않습니까?"
>
> "우린 이제 겨우 스물다섯 살입니다." 나는 말했다.
>
> "하여튼……"하고 그가 내게 손을 내밀며 말했다.
>
> "자, 여기서 헤어집시다. 재미 많이 보세요." 하고 나도 그의 손을 잡으며 말했다.[26]

"우리가 너무 늙어버린 것 같지 않습니까?"라는 말은 도시적 인간관계에 대한 무감각과 관성화를 의미하는 것이다. 자아를 향한 통과의례에서 살아남은 주인공들은 이처럼 도시와의 대결에서 비켜서서 타협해 버리는 극단적인 소시민성을 보여 준다. 반면 자살한 익명의 30대 남자는 도시의 잔혹함에 의해 철저하게 파멸해 간 희생양이다. 고립된 인물들로 가득 찬 서울이라는 공간은 공동체가 해체되고 급속도로 개인화되어가는 현대 도시로 묘사될 뿐이다. 도시의 낯선 변화는 죽음이 지척에서 발생해도 무덤덤하게 바라보고, 심지어 그 죽음을 상품화하는 이해할 수 없는 비인간성으로 나타난다. 또 일시적이고 파편적일 뿐인 생경한 인간관계로도 나타나며, 타인의 고통에 대해서도 냉소와 무관심이 일상화되는 갑갑한 태도로 나타나기도 한다. 그러나 작가가 궁극적으로 드러내고자 하는 것은 그러한 새로운 도시적 병폐가 곪아 터져 나온 더 깊은 근원에 있다고 할 것이다.

좀 더 현실적으로 말하자면, 이들이 경험하는 개별적 체험들의 보편성도 역사에서 벗어나 있지는 않다. 전쟁 이후 밑도 끝도 없는 청춘의 정신적 공백, 그리고 산업화 과정에서 나타나기 시작한 전통적인 가치관과 공동체 의식의 붕괴, 일상 공간의 도시화에서 드러나는 물질적·외형적 가치의 우선시와 인간성의 상실 등이 바로 그런 것들일 터이다. 이는 상술한 대로, 역사가 인간을 집 없는 존재로 만들고, 삶의 기반과 정체성을 무너뜨렸다고 엘리엇이 비판한 지경과 상통하는 점이 있다. 물론 엘리엇은 독자에게 그 상실을 딛고 새로운 질서와 의미를 창조할 것을 주문했다. 〈서울 1964년 겨울〉의 독자도 처음에는 소설의 인물을 따라 어둡고 긴 터널 같은 시공간 속으로 영문도 알 수 없이 서서히 빨려 들어간다. 그러나 이윽고 역사가 부여한 불편하지만 부정할 수도 없는

26 〈서울 1964년 겨울〉, 앞의 책, 281-282쪽.

대만으로 철수하기 위해 배에 오르는 국민당 군대. 〈타이베이 사람들〉 속 인물들의 '추방의식'을 만들어 낸 역사이다(sina.cn).

보편적인 본질을 깨달을 때, 독자는 비로소 인물의 방황에 연민을 갖게 된다. 그럼에도 인물들의 미래가 상대적으로 더 불안정하고 모호하다는 점에서, 〈서울 1964년 겨울〉은 〈타이베이 사람들〉보다 열린 결말을 지향하며, 모더니즘적인 특질을 더 선명하게 드러낸다고 할 수 있다.

1960년대의 대만과 한국은 전쟁의 상흔이 채 아물지 않은 상황에서, 본격적인 근대사회로의 이행이 진행되고 있었다. 1950년대부터 시행된 강력한 반공정책에 따른 문화 억압이 여전히 작동하고 있었지만, 한편으로 전제적 통치 이데올로기의 틈새에서 개인들의 목소리가 조금씩 싹을 틔우고 있었다. 대만의 1960년대는 또한 국민당 정부 천도 직후의 혼란과 궁핍에서 벗어나 경제적 도약이 가시화되는 시기였다. 미국의 지원 아래 국민당 정부는 '공업에 의한 농업 대체', '저임금의 주문자 생산' 정책을 추진했고, 수출이 호조 일로에 이름으로써 경제성장과 물가 안정이라는 두 마리의 토끼를 잡을 수 있었다. 그렇지만 국가 경제의 성

4·19혁명 시 동대문 앞의 고대생 시위대. 청년의식의 탄생과 좌절을 보여 준 4·19는 <서울 1964년 겨울>의 시대적 모티프가 되었다(고려대 디지털아카이브).

장이 곧 개인의 자유로 연결된 것은 아니었다. 1960년대 중반에 들어서서 비록 '대륙 수복'의 '국시'는 포기되었지만, 그 기조가 합리화한 강압적인 정책들은 한동안 사라지지 않고 사회 전반에 견고하게 영향력을 끼쳤다. 소설 <타이베이 사람들>이 표현하는 상실감과 황량함은 물론 직접적으로는 실향 또는 전통과의 단절 때문이지만, 경제성장의 갈채에 가려진 계엄령 치하의 억압과 상처, 그리고 미래에 대한 불안 등도 복합적으로 스며들어 있었다.

한편 한국의 1960년대는 6·25전쟁 이후 1950년대의 재건 국면을 지나 산업화 초기 단계로 접어든 시기였다. 이 시기에 1950년대까지의 농업 중심 산업구조가 제2차 산업으로 급격히 전환되고, 농촌에서 도시로의 대규모 인구이동이 시작되었다. 정치적으로 1960년의 4·19혁명은 이승만 정부의 독재정치를 무너뜨렸지만, 1961년 5·16쿠데타를 통해 박정희의 군사정권이 들어섬으로써 혁명의 이상은 좌절되었다. 하지만 4·19혁명은 시민의식의 성장을 가져왔고 문학예술에도 깊은 영향을 끼쳤다. 1960년대 한국문단이 보여 준 '참여문학'에의 열의나 전통의 문제, 리얼리즘의 문제 등에 대한 새로운 관심, 또는 낡은 권위주의에 대한 도전은 모두 4·19혁명과 그것을 이룩한 젊은 지식층의 각성에서 나온 것이다.[27] 이 시기 들어서 비로소 제기된 억압된 자유의 문제와 산업화에 따른 개인의 자각과 소외의 문제는 〈서울 1964년 겨울〉의 중요한 모티프가 되었다.

〈타이베이 사람들〉과 〈서울 1964년 겨울〉은 창작의 모티프에서부터 역사적 맥락과 불가분의 관계를 갖는 작품들이다. 그러하기에 만약 두 작품에서 중요한 의미를 띠는 시간적 배경과 그와 연계된 장소 감각을 간과한다면, 작품의 역사의식은 현저히 축소된다고 할 수 있다. 더구나 정전으로서의 영향력은 작가와 독자가 역사 인식을 공유하고 있을 때 더 증가한다. 문화적 기억으로서의 정전은, 독자와 사회가 알고 있는 보편적인 역사 인식 속에서 발생할 수 있다. 여기에서의 '기억'은 개인의 기억이 아닌 사회적 기억을 의미하는 것이고, 집단의 기억은 그 집단 구성원들과 다른 집단을 구별 짓는 정체성을 형성한다.[28] 〈타이베이 사람들〉에서의 이주 '외성인'들과 〈서울 1964년 겨울〉의 좌절하는 소시민 청년상은 한 시대와 공간에 대한 집단적 기억이 만들어 낸 형상이라 할 수 있다. 이때 1960년대라는 시간대와 타이베이와 서울이라는 공간은 역사에 대한 독자들의 보편적 인식을 전승하고 만들어 내는 문화적 대상물이 된다. 이 시간과 공간은 문화적 기억에 관여하는 동시에 독자의

27 백낙청, 〈시민문학론〉, 《창작과비평》, 1969년 여름호 참조.

28 알박스(Maurice Halbwachs)의 언급. 양호환, 〈집단기억 역사의식 역사교육〉, 《역사교육》(역사교육연구회) 제109집(2009), 1-4쪽에서 재인용.

역사 인식을 구체화한다.

문학 정전으로서의 〈타이베이 사람들〉과 〈서울 1964년 겨울〉을 통해 환기된 집단적 기억 속의 시간과 공간은 또한 문학교육을 통해서 형성된 것이기도 하다. 동아시아가 체험한 격변의 현대사와 근대화 과정은 전통 시대의 정전과는 다른 새로운 의미의 정전을 필요로 했다. 그리하여 교육과 문화 제도를 통해서 지식의 형태로 이전과는 다른 문학 정서가 제공되었으며, 제도 안으로 채택된 문학 정전들은 독자들의 문학 정서 형성에 적지 않은 영향을 끼치게 되었다. 물론 문학 정서를 체험한 결과가 독자마다 같을 수는 없다. 하지만 그 문학 정서 자체는 독서교육과 밀접한 관련이 있는 것이다. 마찬가지로 독자들의 시간과 공간에 대한 예술적 인식 역시 자유롭게 상상되는 것이 아니라, 학습된 문학 정서와 불가분의 관계 속에서 형성된 것이라 할 수 있다. 〈타이베이 사람들〉과 〈서울 1964년 겨울〉의 시공간성에 대한 독자들의 문학 정서 역시 그러한 학습 과정을 통해 형성된 것이다. 두 작품의 독자 대중은 문학교육과 더불어 자신들의 집단적인 기억을 통해 작품 속의 시공간에 융화될 수 있었다. 그리고 독자들의 그러한 수용 과정을 통해 〈타이베이 사람들〉과 〈서울 1964년 겨울〉에는 또한 새로운 역사성이 더해지게 되었다.

총체적으로 말하자면, 바이셴융의 소설 〈타이베이 사람들〉은 대륙에서 대만으로 피난 나온 이민자들의 삶을 통한 실존의식 속에서 1960년대 대만 사회에 가득한 상실감을 표현했다. 〈서울 1964년 겨울〉은 시골에서 서울로 상경한 젊은이들의 자아와 시공간 사이의 대립과 좌절 양상을 통해 한국 사회의 시대적 허무감을 묘사했다. 두 소설의 창작과 수용 과정에서 나타나는 시공간의 역할은 크게 내적인 부분과 외적인 부분으로 나누어 볼 수 있다. 우선 내적 구성면에서, 두 소설은 시간과 공간의 관계로 표현되는 소설의 크로노토프를 인물과 시공간의 엇갈림을 통해 관념화된 시공간 속에서 발생하는 실존의 문제와 연결시켰다. 다음으로, 창작 외적인 수용 측면에서 작가들이 체험하고 재구성해 낸 시공간은 독자의 기억을 불러내는 동시에, 체험의 한계를 넘어서는 보편적인 정서를 형성함으로써, 1960년대의 대만과 한국 사회에 대한 작가적 시대의식을 탄생하게 했다. 요컨대, 작가들의 시공간 의식은 독자들의 보편적인 공명을 사며 새로 확장된 크로노토프를 형성함으로써, 두 소설의 정전화에 적극적으로 작용했다고 할 수 있다.

III 부

장소와 시간을 횡단한 정념

9장 상하이 여배우 롼링위와 조선의 초국적 교섭

뜻밖에 지구 반대편인 우루과이에서 필름이 발견되어 더욱 화제가 된 〈연애와 의무(戀愛與義務)〉(1931)라는 오래된 중국영화가 있다. 이 영화는 몇 해 전 대만에서 리마스터링됨으로써 또 한 번 주목을 받았다.[1] 덕분에 일반 대중들이 무성영화 시대의 전설적인 여배우 롼링위(阮玲玉)의 섬세한 연기에 한 발 더 가까이 다가갈 수 있게 되었다. 롼링위는 생전에 29편의 영화에 출연했지만, 현존하는 필름은 9편에 불과하므로[2] 이 영화의 복원은 그만큼 가치가 있다. 그런데 영화의 남성 주연인 진옌, 곧 김염은 잘 알려진 것처럼 한국 출신이기에, 이 발굴은 한국 영화사에도 남다른 의미가 있다. 김염과 롼링위는 오늘날에도 여전히 중국을 대표하는 남녀 연기자로 추앙받고 있다.[3]

---

1 이 필름은 우루과이의 화교가 대만에 기증한 필름 더미에서 발견되었으며, 사실상 현존 유일본이다. 대만의 국가영화센터(國家電影中心)에서 리마스터링한 영상은 한국에서도 2016년 영상자료원이 상영한 바 있으며, 2022년 중국 대륙에서 블루레이 디스크로 출시되었다.

2 9편의 필름은 〈戀愛與義務〉(1931), 〈桃花泣血記〉(1931), 〈一剪梅〉(1931), 〈小玩意〉(1933), 〈歸來〉(1934), 〈再會吧, 上海〉(1934), 〈神女〉(1934), 〈新女性〉(1935), 〈國風〉(1935) 등이다. 黎煜, 〈斷臂之美一阮玲玉殘片《再會吧, 上海》價值新考〉, 《歷史探問》, 2010年 第6期, 119쪽 참조.

3 '중국영화 연기 예술 학회(中國電影表演藝術學會)'가 2005년 중국영화 탄생 100주년

상하이 영화계의 상황은 신문·잡지를 통해 일제강점기 조선에도 알려졌다. 당시 매체의 문장들을 보면, 번영한 상하이 영화계는 분명 조선 영화계에 또 다른 참조가 되고 있었다. 1930년대가 되자, 상하이의 리얼리즘 영화 운동이 발생하자마자 곧바로 전해졌을 정도로 보도가 전문화되는데, 그중에는 롼링위에 대한 기사도 등장한다. 그녀와 관련한 조선 매체의 영화 담론에서 대상이나 주체가 된 조선인들은 직접 상하이에 들어가 활동한 영화인들과 중국 체류 경험이 있던 지식인들이었다. 조선인 영화인들의 활동은 중국에서도 연일 매체의 주목을 받을 정도로 화제가 되었다. 그들 중 배우 김염은 롼링위와 공동 주연을 하면서 나란히 중국 최고의 스타로 부상했다. 또 연기자이자 감독이던 정기탁도 롼링위와 수 편의 작업을 함께 했는데, 그중 〈상해여 잘 있거라(再會吧, 上海)〉는 조선과 중국 양쪽에서 개봉되는 쾌거를 거둔다. 한편 중국 특파원을 지낸 정래동은 중국의 신문학만큼 새로운 영화 운동에 관심을 보였으며 롼링위에 대한 주목할 만한 기사문을 발표했다.

한중 영화인들의 이러한 초국적 교섭의 역사는 냉전이 끝나고 중국과 수교한 이후에 재조명되었다. 우선 2000년대 초반에 김염에 대한 서적과 TV 다큐멘터리가 나오기 시작해, 이른바 '상해파 조선 영화인'[4]에 대한 발굴이 이어졌다. 최근에는 그중 대표적 인물인 정기탁에 관한 연

을 기념해 100인의 전문가 투표로 진행한 역대 남녀 배우 10인 선정 행사에서 두 사람은 나란히 1위를 차지했다. 김염의 프로필을 다룬 오늘날의 모든 중국 자료는 그를 '한국'의 '서울' 출신으로 표기한다.

4 '상해파 조선 영화인'으로 김수남은 정기탁, 전창근, 이경손, 한창섭, 김일송(정일송)을 꼽았다(〈상해파 조선 영화인—정기탁의 작품세계론 고찰〉, 《영화연구》 52호[2012], 83쪽). 안태근은 여기에다 이미 중국에 와 있던 최채, 김명수, 남국월, 그리고 작가 김광주를 포함하며, 1928-1934년 사이의 영화 13편을 성과로 언급한다(〈[안태근의 영화100년사] 일제강점기 상해파 한국 영화인들〉, 《인디포커스》[웹진], 2022.1). 김염은 '상해파 조선 영화인'과 접촉한 사실은 있지만, 당시 조선 경내의 영화계와 직접 연계되지 않아, 일반적으로 이 범주에 포함하지 않는다.

구가 한국뿐 아니라 중국에서도 활발하게 진행 중이다. 한편 롼링위에 있어서는, 홍콩 관진펑(關錦鵬) 감독의 다큐멘터리 형식을 더한 극영화 〈완령옥〉(1992)이 개봉된 것이 한국에서 그녀가 다시 알려지는 계기가 되었다. 그러나 이 영화는 아쉽게도 롼링위와 조선인 영화인 사이의 교섭 역사를 거의 간과해버렸으며, 롼링위에 대한 이후의 연구들도 그 이상으로 이 사실을 다루지 않았다.

1 롼링위의 전성기 영화와 배우 김염의 역할

〈연애와 의무〉는 상하이의 신예 롄화(聯華)영화사가 1930년 출범과 함께 내세운 '국산영화 부흥(國片複興)' 운동의 대표적인 성과였다. 대강의 줄거리는 이러하다. 대갓집 딸 양나이판(楊乃凡, 롼링위 분)은 길에서 마주친 가난한 대학생 리쭈이(李祖義, 김염 분)와 서로 첫눈에 반한다. 그러나 나이판은 부모가 정해 준 대로 결혼하게 되고, 두 자녀를 낳고도 바람을 피우는 남편과 건조한 부부생활을 영위한다. 나이판은 우연한 계기로 쭈이와 다시 만난 뒤, 결국 야반도주를 감행한다. 하지만 두 사람은 주위로부터 따가운 눈총을 받고 생활도 갈수록 곤궁해진다. 설상가상으로 번번이 취업에 실패하다 폐인이 되어 가던 쭈이마저 병마로 세상을 뜬 뒤, 나이판은 쭈이와의 사이에서 낳은 딸 핑얼(平兒)을 홀로 어렵게 키운다. 혼기가 된 핑얼은 부잣집 아들과 사귀지만, 어머니의 불명예스러운 과거가 알려지며 그녀의 미래에도 암운이 드리워진다. 나이판은 결국 자식의 행복을 위해 전남편에게—그는 아내의 가출을 계기로 과거를 뉘우치고 좋은 아버지가 되어있었다—속죄의 편지와 함께 딸을 맡긴 뒤 세상과 하직한다.

시놉시스만 보면 1920년대식 통속극을 답습한 것 같지만, 이 영화는

〈연애와 의무〉에서 여학생으로 분한 롼링위(wikimedia.org)

여러 측면에서 '국산영화 부흥'에 호응하는 윤리와 감성 측면의 혁신을 보여 준다. 사장인 뤄밍유(羅明佑) 등 롄화의 창업자들은 국산영화가 시대와 긴밀하게 결합함으로써, 관객의 감성에 부합함과 동시에 사회생활의 개조를 선도해야 한다고 주창했다. 그들의 혁신 운동에는 폭넓은 차원의 대중계몽 의식과 자각적인 민족의식이 스며들어 있었다. 방법적인 면에서도 그들은 기존 영화 서사의 소시민적인 잔재와 할리우드를 답습한 서구화 경향을 극복하고자 했다. 이에 따라 〈연애와 의무〉는 제목에서처럼 두 개의 중요한 화두를 던진다. 그중 하나인 '연애'는 1919년 5·4 신문화운동이 시작된 이래 지식인들에게 여성해방과 연계된 계몽적 실천의 문제로 여겨져 온 것이다. 대중적인 차원에서도 그것은 선망하는 근대적인 생활 형식으로 정착되고 있었다. 이 시기 청년들의 자유

연애에 대한 열망은 서양 소설 〈춘희〉가 부단히 재출판되고 영화화된 사실에서도 잘 나타난다.[5]

그런데 이 영화가 진짜 절묘한 점은 그와 대척점에 있는 '의무'의 문제를 다루는 방식에 있었다. 영화 속에서 야반도주하는 연인들은 누가 보더라도 당시 지식인 사회를 풍미한 입센의 희곡 〈인형의 집〉에서의 노라와, 루쉰의 소설 〈애도(傷逝)〉에서의 지식인 연인들을 연상할 수 있었다. 가출한 노라가 부딪칠 가장 큰 문제는 경제권의 부재라고 한 루쉰의 언급[6]에서 나이판과 쭈이의 처지도 크게 다를 바가 없었다. 그러나 〈애도〉에서 주인공 쥐안성(涓生)이 삶에 지친 끝에 함께 가출한 연인을 버리고 자신의 길을 간 것과 달리, 〈연애와 의무〉의 쭈이는 연애 이상으로 의무의 중요성을 자각하며 상처받은 반려자를 위해 죽어가는 순간까지 분투한다. 한편 자식을 버리고 사랑을 선택한 나이판도 자신의 과오로 초래된 비극을 자식에게 대물림하지 않으려고 온갖 애를 쓴다. 그녀의 불행한 결말은 비록 보수적인 관객들로부터 인과응보라고 여겨졌겠지만—인과응보는 중국의 초기 영화로부터 다양한 형식으로 부단히 나타나던 모티프였다[7]—그녀가 분투하고 희생하는 모습은 또한 주체의 각성과 성장 과정으로 관객에게 보일 수 있었다.[8] 이 영화가 제시하는 연애와 의무 사이의 균형적 시각은 1920년대의 연애영화들과 구분되는 지점이며, 이 영화만의 계몽적 가치가 빛을 발하는 부분이었다.[9]

---

5 전은경은 한중일 3국에서 모두 〈춘희〉가 성행한 것을 "근대적 사랑을 서양의 연애 과정을 통해서 배우고자 했"기 때문이라고 말한다. 〈근대 계몽기 번역문학과 독자층 연구—춘희 번역을 둘러싼 한·중·일 독자 경향 비교〉, 《우리말글》(우리말글학회) 56(2012.12), 25쪽.

6 鲁迅, 〈娜拉走後怎樣〉, 《鲁迅全集》 第一卷(北京: 人民文學出版社, 1981), 162쪽.

7 張真, 《銀幕艷史》(上海書店出版社, 2012), 248쪽.

8 王大可, 〈從新修複的《戀愛與義務》重探1930年代早期電影的多義性〉, 《中南大學學報(社會科學版)》 第22卷 第3期(2016.6), 194쪽.

9 영화의 원작은 중국에 있던 폴란드 작가 스테파니 로젠-화(S. Rosen-Hoa)의 작품이다.

롼링위는 이 영화에서 학생부터 노인까지 다양한 연령대를 표현할 뿐 아니라, 전남편 소생의 딸 역할로 1인 2역까지 소화해 낸다. 그녀는 관객이 주인공의 인생 굴곡을 따라가며 감정을 이입한 끝에 마침내 인간의 도리에 공감하게 되는 일련의 과정에서, 절절한 연기를 통해 소임을 완수한다. 그녀의 연기는 5·4의 신문학 텍스트가 지식인 투의 문체만으로 거둘 수 없던 대중적이고 감성적인 차원의 계몽 효과를 입증해 보였다. 그러나 영화를 더 참신하게 만든 또 다른 동력은 김염에서도 비롯된다. 영화의 흥행은 도덕적인 교훈만으로 성취될 수 없었다. 등교하던 나이판과 쭈이가 서로 마주치는 영화 초반의 신은 그 점에서 자못 인상적인 부분이다. 두 사람이 감정의 실랑이를 벌일 때 단속적으로 나타나는 김염의 환한 미소와 롼링위의 설레는 자태는 영화의 분위기를 한껏 낭만적인 환상으로 끌고 간다. 뒤를 힐끔거리며 종종걸음치는 롼링위를 김염이 따라가는 이 장면에서 부완창(卜萬蒼) 감독의 노련한 롱테이크 기법은 김염의 스타성을 유감없이 드러낸다.[10] 이 영화가 보여 주는 연애의 감성은 과거의 영화들보다 훨씬 젊어지고 섬세해졌는데, 그것은 주연 배우들의 새로운 이미지에서도 기인했다.

영화의 이념이나 기술적인 요소를 차치하고 말할 때, 롄화가 출범 직후 곧바로 국산영화 시장을 선점할 수 있었던 것은 스타시스템의 효과적인 운영 덕분이었다. 그들에게는 기존의 영화 서사에서와 다르게 근대적인 윤리를 젊은 세대의 감성으로 표현해 줄 새로운 배우들이 필요했다. 롼링위와 김염의 조합은 회사의 간판 상품이나 다름없었다. 그들

중국어판의 서문은 유명한 교육자 차이위안페이가 썼는데, 그는 '교육'을 중시했다는 점에서 이 작품을 긍정했다. 그는 이 소설의 주제가 자유연애의 고통에 있으며, 그것은 필연코 "부모가 자녀를 교육해야 하는 의무의 문제로 귀결된다"고 말한다. 蔡元培, 〈戀愛與義務序〉, 《新銀星》, 1931年 第4卷 29-30期, 70쪽.

10 許珍, 〈中國與朝鮮半島電影交流史研究(1896-1953)〉(박사학위논문, 東北師範大學, 2017), 72쪽.

이 처음으로 짝을 이룬 〈야초한화(野草閑花)〉(1930, 쑨위[孫瑜] 감독)는 도시 지식인과 시골 아가씨의 사랑을 그린 것이다. 모티프는 〈춘희〉에서 따 왔지만,[11] 신분의 차이를 극복하고 해피엔딩을 맞는 낭만적인 이야기이다. 〈연애와 의무〉 다음으로 나온 〈도화읍혈기(桃花泣血記)〉(1931, 부완창 감독) 역시 인물 구성은 〈야초한화〉와 비슷하지만, 결말은 〈연애와 의무〉 식의 비극으로 끝이 난다. 〈야초한화〉가 도시의 서구화된 삶의 방식을 부각하여 다소 관념적으로 주제를 풀어 갔다면, 〈도화읍혈기〉는 농촌을 배경으로 관객에게 더 익숙한 전통적 감성에 호소한다. 그 덕에 이 영화는 멀리 대만에까지 보내져 큰 환영을 받았다.[12] 영화 속의 복사꽃 이미지는 〈시경·주남(詩經·周南)〉 편에서 상호텍스트적으로 빌어 온 것인데, 롄화의 탈서구화 시도는 현대적 스타일에 의한 민족영화의 가능성을 열어 주었다.

김염의 등장은 영화계의 세대교체를 각인하는 측면에서 어쩌면 롼링위보다 더 효과적이었다. 그는 균형을 이룬 체격과 활달하면서도 순박한 자연미로 중국영화에 '새로운 유형의 남자 주인공 상'을 탄생시켰다. 그의 육체적 조건은 도시의 학생 역을 맡기에 더없이 적합했다. 단정하고 성실해 보이는 김염의 이미지는 과거 국산영화의 전형적인 남성 주인공이던 "능청스럽고" "건달기가 다분한 도령"들과 확연히 달랐다.[13] 그의 홍보에는 할리우드 스타도 동원된다. 롄화는 비록 탈서구화를 내세웠지만, 할리우드는 여전히 무시할 수 없는 상업적인 모델이었다. 그들은 "발렌티노(R. Valentino)를 닮은 배우"라며 김염을 선전했다. 잘생기

11 孫瑜, 〈導演野草閑花的感想〉, 《影戲雜誌》(1930.1), 54쪽.

12 대만의 영화상들은 1932년 이 영화를 수입할 당시 동명의 현지어 가요도 취입해 영화 홍보에 활용했는데, 가요 〈도화읍혈기〉는 훗날 대만 현대 대중가요의 효시로 여겨졌다.

13 孫瑜, 《銀海泛舟—回憶我的一生》(上海: 上海文藝出版社, 1987). 許珍, 앞의 논문, 61쪽에서 재인용.

루돌프 발렌티노(wikimedia.org)

김염(wikimedia.org)

고 이국적인 이탈리아 출신 스타의 차용은 김염의 고유 이미지를 강화했고, 양자 사이에 초문화적인 상호텍스트 관계를 구축했다.[14] 김염의 새로운 스타일은 전통적인 남녀 관계를 전도시키기도 한다. 〈일전매(一剪梅)〉(1931)[15]에서 김염은 중국영화로는 보기 드물게 여주인공(린추추[林楚楚] 분. 롼링위는 김염과 남매 사이로 나온다)에게 주시당하며 대상화되는 남성 배역으로 등장한다.[16] 전통적인 젠더 관계에 균열을 내며 여성을 욕망의 주체로 바꿔 버린 것은 김염의 시각화된 남성 이미지였다. 하지만 김염의 이미지가 너무 현대적이어서 〈도화읍혈기〉에서는 오히려 극

14 郭沫杉, 〈重構電影皇帝一金焰20世紀30年代的明星〉, 《當代電影》, 2022年 第10期, 122-123쪽 참조. 1926년 발렌티노가 돌연사했을 때 중국에서는 한때 '발렌티노 열풍'이 일었다. 그의 이미지는 그만큼 상업적인 가치가 있었다.

15 '一剪梅'는 '매화 한 가지'란 뜻으로, 원래는 송사(宋詞)의 사패(詞牌) 이름이다. 주방언(周邦彥) 사의 구절 "매화 한가지가 만 개의 모습으로 아리땁네(一剪梅花萬樣嬌)"에서 비롯된 것이다.

16 齊仙姑, 〈互文性的時代鏡片一對《一剪梅》的再解讀〉, 《北京電影學院學報》 2014年 5期 참조.

중 상황과 부조화되어 설익은 연기가 더 도드라져 보이기도 했다.[17]

롼링위와 김염 조합의 성공 덕에 롄화는 일약 밍싱(明星)·톈이(天一)와 더불어 3대 영화사로 도약한다.[18] 관객들은 두 사람을 통해 배우와 극중 인물이 명실상부하게 현대화된 것을 처음으로 마주할 수 있었다. 이것은 롼링위의 연기 이력에서 매우 중요한 도약대였다. 롄화로 오기 전 이미 12편의 영화에 출연했지만, 롼링위는 사실상 아직 정상급 배우가 아니었다. 〈야초한화〉에서 그녀는 비로소 선한 주인공을 하고 싶었던 해묵은 숙원을 풀게 되며,[19] 과거의 '요부 전담 배우'라는 이미지에서 벗어나, 자신의 연기 일생 중 첫 번째의 정점을 찍게 된다.[20] 롼링위의 연기 성장은 무명 시절부터 다양한 배역을 전전한 덕분이기도 하지만, 새로 입사한 영화사의 제작 방향과 젊고 의식 있는 감독들, 그리고 무엇보다 김염과의 협업과 긴밀한 관련이 있다. 롼링위는 동료로서 김염의 성품에 감화되었고, 영화계에서는 자신이 선배임에도 오히려 무대 경험이 풍부한 김염에게 가르침을 받았다.[21] 롼링위는 김염과 함께 총 7편의 영화를 촬영했는데, 그중 1931년까지의 상술한 5편이 이미지 변신을 꾀한 과도기 작품이라면, 1933년 이후 제작된 2편은 전성기를 연 작품들이라

---

17 영화 평론가 위안칭펑(袁慶豐)은 극의 주인공이 원래 치졸하게 보여야 하는 인물이라 그나마 미성숙한 연기가 은폐될 수 있었다고 평했다. 〈《桃花泣血記》: 模式的遺存和新信息的些許植入—1930年代初期的中國舊市民電影樣本讀解之一〉, 《浙江傳媒學院學報》 2009年 第3期, 30쪽.

18 逸曼, 〈金焰銀壇登龍記〉, 《現像》, 1935年 8期, 32쪽을 보면, "김염 선생은 확실히 국산영화 건설과 부흥의 유능한 일등 공신이다"라고 말한다.

19 沈寂, 《一代影星阮玲玉》(上海書店出版社, 1999), 112쪽. 1927년 〈이름뿐인 부부(掛名的夫妻)〉로 데뷔한 롼링위는 밍싱영화사와 다중화바이허영화사 시절의 영화뿐 아니라, 롄화에서 처음 출연한 〈고도춘몽(故都春夢)〉에서도 주인공을 괴롭히는 악역을 맡았다.

20 石川, 〈複活的神女: 阮玲玉的銀幕人生與當代意義—爲紀念阮玲玉誕辰100周年而作〉, 《當代電影》, 2010年 4期, 25쪽.

21 沈寂, 앞의 책, 107쪽. 〈야초한화〉에서의 극 중 무대극 준비를 위해 김염은 롼링위에게 직접 기타를 가르치기도 했다고 한다.

할 수 있다.[22]

20대의 톈한(〈騰迅網〉)

이 두 시기 사이에 중국에는 일본의 만주 침공(1931년의 9·28 사변)과 1차 상하이 공습(1932년의 1·28 사변)이라는 엄중한 역사 사건이 일어났다. 전 중국을 뒤흔든 두 사건은 영화계의 사회의식에도 영향을 끼친다. 그런데 김염에게는 그 이전에 이미 의식 있는 배우로서의 소양을 키워준 또 다른 인맥이 있었다. 십 대 후반에 무일푼으로 상하이에 온 김염은 처음에 잡일을 전전하다 난톈극단(南田社)에 들어간다. 그는 중국 신극운동의 가장 영향력 있는 리더인 톈한(田漢)의 지도하에 〈카르멘〉과 〈살로메〉에서 연기력을 닦는다. 더 훗날 김염은 한때 정정추(鄭正秋)의 조수였던 인연으로, 이 영화계 원로의 주선 덕에 쑨위 감독에게 발탁되어 마침내 영화 스타가 된다. 하지만 그와 톈한과의 관계는 영화계로 다시 이어진다. 1932년의 공습으로 거처를 잃은 톈한은 한동안 김염의 영화사 관사에 머문 적이 있었는데, 그가 김염에게 온 팬레터를 보고 영감을 얻은 작품이 바로 〈세 모던걸(三個摩登女性)〉(1933)이다. 남성 주인공인 배우 장위(張榆)는 김염을 의식해 창조된 인물이었다. 이후 1935년 톈한의 구속 시 가장 활발하게 구명 활동을 펼친 연기자가 바로 김염이었을 정도로, 톈한의 영향은 뿌리 깊었고 그만큼 김염의 사회의식을 폭넓게 변

22 롼링위가 김염과 출연한 영화로는, 〈野草閑花〉(1930, 쑨위—이하 감독명), 〈戀愛與義務〉(1930, 부완창), 〈桃花泣血記〉(1931, 부완창), 〈一剪梅〉(1931, 부완창), 〈續故都春夢〉(1931, 부완창), 〈三個摩登女性〉(1933, 부완창), 〈城市之夜〉(1933, 페이무[費穆]) 등 7편이 있다.

〈세 모던걸〉에서 연기하는 김염과 롼링위(인터넷 사이트 〈快懂百科〉)

화시켰다.[23]

김염의 의식 변화는 그가 1932년 7월 상·하편으로 잡지에 발표한 〈영화계 입문 이래의 자기 총 비판〉[24]이란 글에서 잘 나타난다. 그는 여기에서 자기 영화에 대해 자아비판을 하며 사회 투쟁에 참여하는 배우가 되겠다는 결의를 다진다. 이 글에서 김염은 롄화에서 연기한 〈야초

23 김염과 톈한의 관계는 김염의 전 부인인 배우 왕런메이(王人美)가 구술한 《我的成名與不幸—王人美回憶錄》(北京: 團結出版社, 2007), 115-118, 122쪽 참조. 톈한의 회고록 《影事追懷錄》(中國電影出版社, 1981), 14쪽 이하도 참조. 톈한은 영화 〈풍운의 자녀들(風雲兒女)〉(1935)의 대본도 썼는데, 이 영화에 삽입된 주제곡(톈한 작사, 녜얼[聶耳] 작곡)인 〈의용군 행진곡〉은 훗날 중국의 국가가 되었다. 왕런메이의 회고에 따르면, 그는 왕런메이와 녜얼, 그리고 김염과 함께 종종 상하이 교외의 전장이나 야전 병원을 위문차 방문하곤 했다고 한다.

24 〈入電影界以來的自己總批判〉의 상편은 《電影藝術》, 1932年 第一卷 第一期(7월 8일 자)에, 하편은 第三期(7월 22일 자)에 발표되었다.

한화〉, 〈연애와 의무〉, 〈일전매〉 세 편을 자평하면서 영화 속 계급인식의 한계를 스스로 고발한다. 주목할 점은 영화가 지향할 이상적인 관객도 제시한다는 것이다. 그는 〈연애와 의무〉 개봉 후 자신에게 "영화 황제"라는 면류관이 씌워졌지만, 자신의 관객이 "마님이나 아씨들"이 아니길 바란다고 말한다.[25] 이처럼 특정 관객층을 거론한 것은, 그가 당시에 어떤 이미지로 환영받았는지, 그리고 그 한계를 어떻게 자각했는지를 입증하는 것이다. 그는 용모가 아니라 사회적인 역할을 하는 연기자로 재탄생할 것임을 아래와 같이 선언한다.

> 정확하고 엄격하게 배우를 비평하고자 한다면, 우리는 사상과 기교를 분리할 수 없다. 왜냐하면, 관객은 절대로 어떤 영화의 기교가 좋다고 해서 그의 잘못된 사상까지 용서치는 않기 때문이다.[26]

김염의 선언이 반영된 첫 영화는 〈세 모던걸〉이었다. 이 작품은 1·28 당시의 시설 파괴로 크게 손실을 당한 영화계가 얼마간의 공백기를 거친 뒤 나온 것인데, 영화계에는 그 어느 때보다 저항적 분위기가 팽배해 있었다. 시나리오를 쓴 톈한은 세 여성 주인공 중 '배우의 극성팬'과 '사교계의 꽃'이 겉모습뿐인 모던걸이라면, 동맹파업에 참여하며 주체적인 노동자의 길을 가는 전화 교환수 천수전(陳淑貞)이야말로 진정한 모던걸이라고 묘사한다. 천수전의 자각과 투쟁은 극 중에서 남성 주인공인 장위를 변혁시키고, 극장 밖에서는 이 작품을 롄화영화사 최초의 본

---

25 부완창 감독은 "〈일전매〉는 흥행에 성공했고, 아씨와 마님들이 대단히 좋아했지만, 지식인과 학생들은 분분히 나를 비난했다……"고 말한 적이 있다. 沙基, 〈中國電影藝人訪問記—《母性之光》導演卜萬蒼〉, 《申報》, 1933年 9月 12-15日. 김염의 언급 중 "면류관"은 1932년 상하이의 《電聲日報》(5월 1일 자 기사)가 개최한 남녀 배우 인기투표에서 그가 남배우로 1위를 해 '영화 황제'로 불린 것을 말한다.

26 金焰, 〈入電影界以來的自己總批判〉. 앞의 《電影藝術》, 1932年 第一卷 第一期 참조.

격적인 좌익영화가 되게 했다.[27] 천수전 역은 최종적으로 롼링위로 낙점된다. 하지만 부완창 감독은 애초에 롼링위를 염두에 두지 않았다. 롼링위의 대중적인 이미지는 여전히 개혁적인 배역과 어울리지 않았기 때문이다. 롼링위가 김염이 전해 준 대본을 읽고, 모든 손실을 본인이 감수하겠다고 하면서까지 이 역할을 맡으려 매달렸다는 이야기는 유명한 일화이다.[28] 그녀는 자신의 연기가 나아갈 방향을 이제 분명히 자각하고 있었다. 하지만 롼링위는 촬영이 시작된 후에도 이 극이 톈한의 작품이란 사실을 전혀 알지 못했다.

사실 당시에 이런 영화를 만든다는 것은 여전히 대단한 도전이자 모험이었다. 〈세 모던걸〉이 개봉되기 직전인 1933년 2월 좌련(좌익작가연맹) 산하의 영화인들이 상하이에서 '중국영화문화협회(中國電影文化協會)'를 발족하면서 좌익의 '신흥 영화 운동'이 본격적으로 가동된다. 31명의 집행위원 중에는 톈한과 김염도 포함되어 있었다. 한편 국민당 정부는 이보다 몇 년 앞선 1930년 7월, '영화연극심사위원회(電影戲劇審查委員會)'를 조직하고 같은 해 11월에 〈영화심사법(電影檢查法)〉을 반포한다.[29] 그들이 겨냥한 주요 저촉대상이 '국가모독(辱華)', '음란성(肉感)', 그리고 '좌익(左翼)'이었기에, '신흥 영화 운동'은 출범부터 관방의 주시를 받았다. 당시에는 좌익영화를 향한 공공연한 테러도 일어났는데, 대표적인 사례가 1933년 11월 '남의사(藍衣社)'라는 국민당 계열 폭력배들이 이화(藝華)영화사에 들어가 난동을 부린 사건이었다. 그들은 상하이 시내 각

27 '신흥 영화 운동' 이전에 밍싱영화사에서 출품한 청부가오(程步高) 감독의 〈광류(狂流)〉(1932)도 좌익영화로 분류되는데, 대본을 쓴 딩이즈(丁一之)는 극작가 샤옌(夏衍)이었다.

28 상술한 선지의 전기뿐 아니라, 청지화(程季華)가 쓴 〈阮玲玉五十週年祭〉(《電影藝術》, 1985年 3期, 55쪽)에서도 똑같이 언급된다.

29 王曉臣, 〈民國電影檢查的主題與問題1932-1937—以辱華, 左翼, 肉感爲重點〉(싱가포르: 박사학위논문, 南洋理工大學, 2018), 8쪽.

영화관에 경고장을 보내 톈한, 샤옌, 부완창, 후핑(胡萍), 김염이 관여한 영화를 상영하면 폭력으로 대응하겠다고 협박까지 한다.[30] 영화사가인 선지(沈寂)에 따르면, 롼링위는 경고장에 나열된 이름에서 〈세 모던걸〉의 대본 작가가 톈한임을 비로소 알았다고 한다.[31] 톈한은 작가 이름으로 본명을 밝힐 수 없는 처지였다.

김염은 당시 검열위원회가 문제시한 여러 편에서 주연을 맡았지만, 위협에 담대하게 대응하여 롼링위를 안심시켰고, 롼링위도 그럼으로써 자신의 선택을 확신할 수 있었다고 전해진다. 후일 정기탁이 메가폰을 잡은 〈상해여 잘 있거라〉(1934)에 롼링위가 출연을 결심했을 때도 김염에 대한 신뢰가 큰 작용을 했다. 작가 톈한과 감독 부완창, 그리고 배우 김염의 삼자 결합은 〈세 모던걸〉 이후 〈모성의 빛(母性之光)〉(1933)에서 한 번 더 빛을 발한다. 부완창의 말에 따르면, 이 시기는 새롭게 나타난 관객층의 지지로 이념적인 강도가 셀수록 오히려 상업적인 반향이 좋은 시기였다.[32] 이러한 새 기류의 시작점에서 사상적으로 낙인찍힌 톈한의 작품을 영화화하도록 부완창을 설득한 사람은 바로 김염이었다. 영화사가인 리처드 메이어(R. Meyer)의 말처럼, 롼링위가 사회의 병폐를 묘사하면서도 멜로드라마 형식으로 국민당의 검열을 피할 수 있는 영화의 잠재력을 깨닫게 된 데는 김염의 공이 적지 않았다.[33]

김염은 떠돌이 출신 배우라고만 말할 수 없는 범상치 않은 가계를 등에 업고 있었다. 이미 한국에 잘 알려진 것처럼[34] 그는 독립운동가 김필

---

30 王人美, 앞의 책, 117쪽. 여배우 후핑 역시 '난톈극단' 출신으로 톈한의 열렬한 추종자였다.

31 沈寂, 앞의 책, 147쪽.

32 부완창은 〈세 모던걸〉에 3만, 〈모성의 빛〉에 3만 이상의 '새로운 관객'이 들었다며, 영화의 새로운 이념성이 흥행에 긍정적 영향을 끼친 것으로 평가했다. 沙基, 앞의 글, 《申報》, 1933年 9月 24日.

33 Richard Meyer, *Jin Yan: The Rudolph Valentino of Shanghai*(Hong Kong University Press, 2009), 2쪽.

순의 3남으로, 만주로 피신하는 아버지를 따라 2살 때 중국으로 건너갔다. 부친의 가계를 채운 독립운동가 인맥[35]은 당연히 김염의 민족의식에 영향을 끼쳤을 터이다. 그가 후일 〈대로(大路)〉(1934), 〈하늘을 찌를 기세(壯志淩雲)〉(1936) 등의 저항영화에 출연하고, 점령된 상하이를 떠나 후방에서 〈끝없는 창공(長空萬里)〉(1940) 같은 본격적인 항일영화에 참여한 것도 그런 배경과 무관치 않을 것이다.[36] 당시 롄화영화사가 조선인에 대한 나쁜 평판 때문에, 혹은 일본의 감시를 피하고자 그가 조선인임을 숨겼다는 증언[37]은 사실이 아니다. 그가 조선인이란 사실은 영화배우로 데뷔한 이후 중국뿐 아니라 조선에서도 매체를 통해 알려졌다.[38] 롼링위 역시 〈야초한화〉에 발탁되던 시기에 이미 쑨위 감독과 동료들을 통해 김염의 배경을 인지했다고 한다.[39] 김염 자신부터 조선인임을 드러내는 정도를 넘어서, 조선인 영화인들을 공공연하게 후원했다. 이는 특히 정기탁과의 관계에서 잘 나타나는데, 그를 롄화에 소개했고, 그가 감독

---

34 김염의 가족사는 후손인 박규원이 쓴 《상하이 올드 데이스—독립 운동가의 아들로 태어나 중국의 영화 황제가 된 김염의 불꽃 같은 삶》(민음사, 2003)에서 상세히 소개되었다.

35 부친 외에도 첫째 고모가 독립운동가 서병호의 아내, 둘째 고모 김순애가 임시정부에서 활동한 김규식의 아내이며, 셋째 고모 김필례는 YMCA의 설립자로서 재중 작곡가 정율성의 둘째 외숙모이기도 하다. 박규원의 앞의 책과 이종한의 《정율성평전》(지식산업사, 2006) 참조.

36 그의 선택은 부완창과도 대조된다. 부완창은 1937년까지 항일 민족영화를 만들었지만, 일본이 점령한 1941년 이후로도 상하이에 잔류해 일본과 합작한 중화영화사(中華電影聯合股份有限公司, 약칭 '華影')에 참여했다. 그는 내전 시기에 홍콩으로 떠난다.

37 스즈키 쓰네카쓰(鈴木常勝)는 저서 《상해의 조선인 영화황제》(실천문학사, 1996, 109쪽)에서 영화사가 선지의 구술을 빌어 이렇게 언급했다. 그런데 이 말은 선지가 롼링위의 전기 《一代影星阮玲玉》에서 한 언급과도 모순되며, 롄화의 잡지들이 정기탁의 조선인 신분을 오히려 홍보에 활용한 것을 보아도 맞지 않음을 알 수 있다.

38 대표적으로 《조선중앙일보》 1933년 9월 16일 자 기사 〈中國映畵界에 同胞가 大活躍 全國中俳優人氣投票에 朝鮮靑年이 當選〉에 그의 인기투표 소식이 실렸고, 1938년 《京城日報》에도 조·중 영화교류의 사례로 김염이 대서특필된 바 있다.

39 沈寂, 앞의 책, 107쪽.

한 〈출로(出路)〉에 같은 극단 출신의 유명 배우 정쥔리(鄭君里)를 소개했으며, 〈상해여 잘 있거라〉에 롼링위가 주연을 맡도록 주선했다. 그는 또한 1932년 윤봉길 의거 이후 난징으로 옮겨간 임시정부를 찾아가 김구에게 자금을 기부한 적도 있고, 안중근의 아우인 독립투사 안공근을 모델로 〈영웅의 피눈물(英雄血淚)〉이라는 시나리오에 착수하기도 했다.[40] 이처럼 김염은 적어도 작품 외적인 면에서는, 조선의 현실을 중국영화계에 연계하려는 초국적 의지를 보였으며, 이는 롼링위에게까지 간접적으로 영향을 끼쳤다고 할 수 있다. 하지만 영화 작품 안에서 조선인 정체성이 드러나는 경우는 찾기 어려우며, 그가 조선 경내의 영화인들과 가진 직접적인 연계도 전무하다. 그의 배우로서의 성공은 전적으로 중국영화계 안에서 이룬 성취라고 할 수 있다.

1934년 《전성》 잡지의 표지를 장식한 '8대 여배우'. 앞줄에 왼쪽부터 위안메이윈(袁美雲), 천옌옌(陳燕燕), 왕런메이, 뒷줄에 예추신(葉秋心), 리밍후이(黎明暉), 후뎨, 롼링위, 쉬라이(徐來).

롼링위의 김염과의 상호 관계에서 마지막으로 언급해야 할 것은 잡지의 역할이다. 상술한 것처럼 롼링위의 성공은 김염과의 조합에 크게 기인하지만, 그것을 이념적인 진보성이나 좌경화 같은 사회의식의 영향으로만 단정할 수는 없다. 1932년 5월 1일, 상하이의 《전성일보(電聲日報)》가 인기 배우를 선발한 행사에서 김염은 남배우 1위로 '영화 황제'

40 王燕虹, 〈"影帝"金焰的前塵舊事〉, 《書屋》, 2006年 12期, 35쪽. 이 대본은 중일전쟁의 발발로 영화화되지는 못했다. 許珍의 박사학위논문, 75쪽도 참조.

가 되었지만, 전체 순위를 보면 롼링위가 김염보다 높은 2위에 올라 있고, 1위는 여전히 독보적인 아성의 여배우 후뎨(胡蝶)였다. 여성 스타에 대한 대중적 열광은 영화의 진보화 추세와 다른 차원으로 영화문화를 확산시키고 있었다. 1930년대에 들어 제작 시스템의 변화에 수반해 영화 홍보가 체계화되었을 때, 특히 급격하게 늘어난 영화잡지들은 여성 연기자들의 입지를 넓히는 새로운 홍보 형식으로 자리잡히게 된다.[41] 매체를 통한 새로운 전략은 롼링위의 성공을 견인한 또 다른 동인이었으며, 김염과의 조합이 부상한 것도 그 결과로써 나타난 것 중 하나였다. 반면에 언론매체는 언제든 여배우에게 위협적인 존재로 돌변할 수 있었는데, 그녀들이 반(反)언론적이라 여겨지는 순간 그것은 더 치명적일 수 있었다. 불행하게도 롼링위의 후기작들은 언론매체를 적으로 만들 소지가 많았다. 전남편의 금전 요구와 새 남편의 폭력에 시달리던 롼링위는, 설상가상으로 자신의 사생활을 폭로한 언론에 환멸을 느낀 끝에 3월 8일 여성의 날 새벽 자살로 짧은 생을 마감한다.

2 롼링위와 상하이 영화계에 대한 조선 매체의 인식

롼링위의 활약상은 조선의 매체에서도 기삿거리였다. 조선의 신문·잡지에서 중국영화 소식은 〈삼국지〉 영화들로부터 시작된다. 그중 가장 이른 기록은 1926년 우미관에서의 상영 기록이다.[42] 당시 기사들에 의하면, 1929년 한 해에만도 꽤 여러 편의 〈삼국지〉 관련 영화가 들어왔

41 丁亞平, 〈一代人的愛與怕: 阮玲玉—默片史上的天才演員(上)〉, 《傳記文學》, 2017年 5期, 91쪽.

42 《조선일보》 1926년 6월 5일 자 기사 〈純中國劇三國演義一連環計(全四卷) 六月七日부터 優美舘에 上映〉 참조.

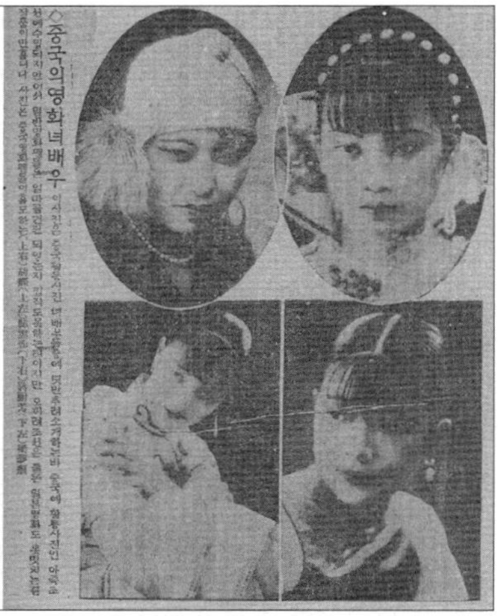

조선일보 1929년 1월 23일 자에 실린 기사 〈중국의 영화 여배우〉. 윗줄 오른쪽부터 시계방향으로 후데, 장나이팡(蔣耐芳), 량멍헌(梁夢痕), 한윈전(韓雲珍). 1920년대의 대표 배우들을 소개했다.

고, 〈서유기〉 관련 영화도 수입된 것으로 보인다.[43] 1927에서 1929년 사이에 중국 극장가에서는 사극과 신괴[44] 영화가 풍미하고 있었다. 그 기세는 조선에 수출될 정도로 왕성했지만, 조선에서의 평가는 그리 긍정적이지 않았고 영향력도 지속적이지 못했다.[45] 그러나 한편으로 도시 상하이를 향한 관심의 연장선에서 영화계의 동정을 다룬 기사도 등장하기 시작한다. 그 도시의 빠른 성장세만큼이나 한 도시에 영화사가 90개나 존재한다는 사실은[46] 조선인들에게 경이로움으로 다가왔다. 상하이

43 《동아일보》 1929년 6월 1일 자 기사 〈三國誌映畫 朝鮮에 輸入—藝術文化協會映畫部서 不遠間 市內에 上映할 듯〉, 《조선일보》 1930년 3월 26일 자 기사 〈中國의 映畫界(三)〉, 《京城日報》 1930년 5월 9일 자 기사 〈支那映畫をみる'三國誌'について〉 등에 중국영화 개봉 사실이 언급된다.

44 중국의 영화 장르 중 '신괴(神怪)' 영화란 '신괴 소설'에서 비롯된 말로, 전설 속의 신선이나 괴물을 소재로 한 일종의 판타지물을 가리키는데, 〈서유기(西遊記)〉가 대표적이다.

45 《조선일보》 1927년 11월 30일 자 기사 〈'중국영화(中國映畵)' '춘희(椿姬)'〉를 보면, "아죽 우리나라에는 중국 순회 극단 배우들이 활영한 三國結 가튼 그러한 유치한 영화밧게는 소개되지 안 헛스나"라며 중국 사극 영화를 낮게 평가한다.

46 《中外日報》 1927년 4월 23일 자 기사 〈中國映畫界 撮影所九十〉 참조. 중국에서 같은 해에 편찬된 《중화 영화업 연감(中華影業年鑒)》에 따르면, 실제로는 이보다 훨씬 많아

의 여배우에 대한 가십도 나타난다. 가령 이경손 감독, 정기탁 주연의 〈춘희〉(1928)가 제작될 때는 같은 소재의 중국 각색 영화도 호기심의 대상이 된다. 《조선일보》는 1927년 11월에 주연인 후뎨의 사진과 함께 중국판 〈춘희〉[47]를 소개했는데, 이는 후뎨가 조선의 매체에 처음 소개된 것이었다. 이후 후뎨는 조선의 매체에 가장 자주 오르내리는 여배우가 된다.[48] 그러나 총체적으로 조선의 저널리즘에서 본격적으로 영화 담론이 나타나는 것은 1930년대가 되어서였다. 이 시기는 전술한 것처럼 중국의 국산영화가 혁신을 꾀한 시기였기에, 그것을 바라보는 조선에서의 시각에도 필연적으로 변화가 나타난다.

1930년 벽두에 《조선일보》에 실린 이필우의 4회 연재 기사 〈중국의 영화계—상해를 중심으로〉[49]와 박누월이 쓴 3회 연재 기사 〈중국의 영화계〉[50]는 중국의 영화계를 비교적 체계적으로 소개한 최초의 기사라고 할 만했다. 전자는 촬영 조건과 촬영소 현황, 그리고 배우들과 극장 환경을 상세히 다루었고, 후자는 영화 인프라와 영화 검열, 그리고 1920년대의 주요 배우들을 소개했다. 그중 이필우의 글에서 조선 매체 최초로 롼링위가 언급된다. 이필우는 기사문 중에 다중화바이허영화사(大中華百合影片公司)를 언급하고, 여기에 정기탁이 활동 중이며 롼링위가 촬영조에 합류해 있음을 소개한다. 이필우는 정기탁과 한동안 상하이에서 함께 일한 적이 있기에 체험을 바탕으로 생생한 정보를 전할 수 있었

상하이에만 142개소의 영화사가 있었다고 한다. 李清, 《中國電影文學改編史》(北京: 中國電影出版社, 2014), 46쪽에서 재인용.

47 이 중국어판 '춘희' 영화는 1927년 출품된 〈新茶花〉(리핑첸[李萍倩]·왕푸칭[汪福慶] 감독)이다.

48 《동아일보》 1928년 12월 26일 자 기사 〈사진은 椿姬의 胡蝶孃〉와 《조선일보》 1929년 1월 23일 자 기사 〈중국의 영화 녀배우〉, 그리고 《조선중앙일보》 1933년 12월 12일 자 기사 〈中國 映畵界의 女王 胡蝶〉에도 후뎨의 사진이 실렸다.

49 《조선일보》, 1930년 1월 21, 22, 23, 24일.

50 《조선일보》, 1930년 3월 22, 25, 26일.

다. '상해파 조선 영화인'들은 중국에서뿐만이 아니라, 고국의 매체에서도 한중교류의 질적 수준을 한 차원 격상시켰다. 하지만 아직 배우로서의 입지가 불안정했던 롼링위는 이필우에게 짧은 언급 이상으로 주목할 스타는 아니었다.

정기탁과 여러 작품을 함께 했음에도, 롼링위가 조선에 본격적으로 알려진 것은 다중화바이허 시절이 아니라 1930년 롄화로 옮겨 온 뒤였다. 물론 그것은 상술한 것처럼 롼링위가 새 영화사로 옮겨 와 선한 역할의 주연을 맡으면서 비로소 매체의 주목을 받게 된 현지의 상황과도 관련된다. 1931년 2월 8일 자 《조선일보》에 〈야초한화〉의 스틸 컷이 실린 것이[51] 롼링위에 대한 첫 기사였다. 이 사진과 함께 보내졌을 기사가 이틀 후에 또 실린다. 이 글은 1930년대에 중국문학 번역가이자 이론가로서 가장 왕성하게 활동한 신예 작가 정래동이 보내온 것이었다. 그는 베이징에서 〈야초한화〉를 몇 번이나 벼른 끝에 보고 나서 아래와 같이 감회를 말한다.

> 이 영화의 특색을 들자면 전부가 구미화(歐美化)한 것일 것이다. 이 영화에서 움직이는 사람은 중국 사람이 아니요 이 영화의 배경은 중국 아닌 상해(上海)이다. 상해의 움직이는 것은 중국인이 움직이는 것이 아니요, 중국의 기계가 돌아가는 것이 아니요, 영사막(映寫幕)에서 움직이는 배우의 동작의 동작이며 표정이다. 이 영화가 환영받은 것도 중국의 구미화를 찬미한 것에 불과하다. (…) 나는 여기서 구미화하는 시비를 가리려 하지 않는다. 그러나 영화만은 서양 사람과 같이 구간(軀幹)이 크고 활발하고 남성적이고 어느 점까지 야수적 만행(蠻行)이 있어야 볼맛이 나고 재미스럽고 관객의 흥을 일으키는 것이 사실이다.[52]

51 《조선일보》 1931년 2월 8일 자 기사 〈中國映畵《野草閑花》의 一場面〉 참조.
52 《조선일보》, 1931년 2월 10일. 여기에서는 〈中國 映畵의 新傾向〉, 《정래동전집 II 평

1920년대 말 민궈대학 재학 시절의 정래동(《정래동전집 II》)

이 글에서 정래동이 영화가 환영받은 원인으로서 특화한 것은 전례 없는 '구미화', 즉 서구화이다. 그가 평범한 관객, 특히 조선 독자의 눈높이로 전달하려는 영화의 특징이 서구화에 있었다는 사실은 흥미롭게 바라볼 부분이다. 전술한 것처럼, 롄화의 '국산영화 부흥' 운동의 전략 중 하나는 전통 서사 영화와 구분되는 새로운 주제와 감성을 구현하는 데 있었고, 김염과 롼링위는 그 결과로써 창조된 새로운 유형의 청년상을 대표했다. 이 기사로 보건대, 롄화의 변혁 결과는 조선에까지 전해짐으로써 상하이 영화계에 대한 기존의 관념 위에 새로운 기호를 덧붙여 주었다. 중국영화는 이제 조선에서도 서구영화(더 정확하게는 미국영화)와의 상호텍스트적인 이해 속에서 받아들여지기 시작한 것이다.[53] 그러나 〈야초한화〉는 조선에서 개봉되지는 못했다.

이 당시에 조선의 영화 평론에서 새롭게 나타난 현상 중 하나는 영화인뿐 아니라 문학 작가들도 영화 담론의 영역으로 들어왔다는 점이다. 이것은 그만큼 영화에 대한 시각이 달라졌음을 뜻했다. 가령, 상술한 정

론편》(금강출판사, 1971), 230쪽에서 인용.

53 이는 1920년대에 이미 조선 개봉 영화의 8-9할을 미국영화가 점령한 사실과도 관계가 있다. 김소희, 〈일제시대 영화의 수용과 전개 과정〉, 《한국학보》 20권 2호(일지사, 1994), 248쪽 참조.

래동뿐 아니라, 심훈이나 김태준 같은 작가도 영화 관련 글을 기고했다. 심훈은 〈조선 영화인 언파레드〉(1931)에서, "선구적 영화예술가로서 시대의 첨단을 걷는다느니 보담 빈궁과 질곡의 첨단을 걷고 있는 우리 조선의 영화인인지라, 한 동지의 촌철(寸鐵)쯤으로" 삼고자 글을 쓴다고 겸손하게 말했지만, 영화계에 대한 그의 지적인 지평은 이미 대단히 총체적인 수준이었다. 이 글에서 그는 상하이에서 활동한 이경손(감독—이하 괄호 안 내용은 심훈의 분류), 이필우(촬영기사), 정기탁(남배우), 전창근(남배우), 김일송(여배우)에 대해서도 각각 성과를 언급했는데, 그럼으로써 그들의 중국 경력도 조선 영화의 연장선에서 평가하는 초국적 인식을 드러낸다.[54] 또 작가이자 중국문학 연구자인 김태준도 〈담담(談談) 중국영화〉(1931)[55]라는 글에서 매우 상세하게 중국의 영화계를 소개한다. 그의 회고는 1930년 초의 베이징 체류 경험에 근거한 것이어서, 밍싱과 톈이, 다중허바이허의 3대 영화사가 고루 언급되지만, 롄화는 등장하지 않는다. 좌익계 작가였던 그는 1925년 '대동맹 파업'(5·30운동)의 영향을 받은 휴머니즘 성향에 관심을 보인 반면, 이후 범람한 오락영화 풍토는 신랄하게 비판한다.

일제강점기 조선에서의 상하이 영화 보도 중 가장 화젯거리였던 것은 단연 1935년 3월 롼링위가 자살한 소식이라 하겠다. 어찌 보면 롼링위는 이 사건 이후 조선에서 새롭게 발견되었다고 할 수 있다. 우선 《매

54 심훈, 《동광》, 제23호(1931.7). 심훈 역시 중국 체류 경험자였다. 그는 1920년 중국으로 가서 베이징, 상하이, 난징을 거쳐 항저우에서 1921년 즈장대학(之江大學)에 다니다 1923년 중반 귀국한 경험이 있다. 하상일, 〈심훈의 상해시절과 〈동방의 애인〉〉, 《국학연구》(한국국학진흥원) 제36집(2018.7), 517쪽. 글 제목의 '언파레드'는 '온 퍼레이드(on parade)'라는 말로, 연극공연 후 관객의 커튼콜에 배우들이 한 줄로 도열하는 것을 말한다.

55 천태산인(김태준), 《신흥》, 제5호(1931.7). 저자는 이 글의 마지막에는 베이징에서 본 〈목란종군(木蘭從軍)〉 이야기를 길게 삽입했는데, 이는 조선에 수입된 1939년 판이 아니라, 1928년의 무성영화 버전(허우야오[侯曜] 감독)이다.

急速度로 發達하는 中國映畵界의 現狀

—特히 訃音을 傳하는 阮玲玉과 關聯하야—

(下)

丁來東

《조선중앙일보》 1935년 4월 16일 자에 정래동이 발표한 추모 글과 롼링위 사진

일신보》가 사망한 지 채 1주일도 안 되어, 사건의 발단이라 여겨진 롼링위의 사생활까지 상세하게 보도하고, 《조선중앙일보》도 15일과 25일 두 차례에 걸쳐 사망 소식과 장례식 동정을 비교적 길게 전한다. 이 연장선에서 나온 기사 중 주목할 것은, 다음 달 《조선중앙일보》에 상하 편으로 정래동이 기고한 〈급속도로 발달하는 중국영화계의 현상(現狀)〉이란 글이다. 이 기사는 당시 조선 매체의 롼링위에 관한 언급 중 가장 총체적이고 심층적인 시각을 보여 준다. 정래동은 우선 당시로부터 몇 년간 중국영화의 변화상을 일목요연하게 제시한다.[56]

최근 십 수년래 중국 사회 각 방면의 발달은 그 내란외환(內亂外患)에도

56 정래동, 〈急速度로 發達하는 中國映畵界의 現狀〉 上·下, 《朝鮮中央日報》, 1935년 4월 14, 16일.

불구하고 참으로 놀라울만한 정도일 것이다. 중국의 영화계도 역시 이 예에서 버서나지 안나니 5,6년전 영화와 5,6년래의 영화를 비교하야 본다면 참으로 천양(天壤)의 차가 업지 안타. 봉건적 영화기술에서 근대식 영화기술로 전환할 지음에 혜성가티 나타난 여배우가 곳 최근에 그 사망을 전하는 완령옥(阮玲玉)이다.[57]

정래동은 기존의 신화나 '서유기' 부류의 전통 서사만으로는 할리우드와 경쟁할 수 없으며, 관객의 기호도 달라져 있음을 직시한다. 그런 때에 "호기를 포착"한 영화사가 바로 롄화이고, "과거 중국 전래의 도덕 부녀의 태도, 행동, 습관"을 벗어버리고 "구미의 습관, 예의를 중국 은막에서 표연(表演)한 첫 여배우가 곧 완령옥"이라는 것이다. 그는 롼링위의 구체적인 성공 요인을 시대에 맞춘 서구화된 양식의 연기로 평가한다. 그래서 "김염과 완령옥 등 남녀 배우는 중국인으로서 혹은 중국에 잇는 동양인으로서 가장 적절하게 서양 배우의 장점을 모방한 데서 더 많는 환영을 밧앗든 것이다"라고 말한다. 그냥 '중국인'이 아니라 '중국에 잇는 동양인'이라고 표현한 것은 물론 김염이 동포임을 의식했기 때문이다. 그는 롼링위의 인기를 조선인 김염과의 동반적인 이미지 변신에 기인한 것으로 설명한다. 정래동은 중국영화계의 개혁 분위기와 롄화영화사의 혁신, 그리고 개혁 풍토에 성공적으로 적응한 롼링위와 김염 등 신인 배우들의 역량을 비교적 객관적으로 평가했다.

정래동의 인식은 롼링위의 연기 변신을 끌어낸 중국 예술계의 문맥을 직시하고, 이를 다시 조선의 문화적 문맥과 대조한 데서 나온 것이다. 이는 그가 불과 3년 전 베이징으로부터 대중잡지인 《별건곤》에 후뎨와 장쉐량(張學良)의 염문설을 전하던 태도와 큰 차이가 있었다.[58] 〈급

57 정래동, 앞의 기사, 상편.

58 北平 丁來東, 〈中國映畵界의 明星 胡蝶孃을 휘도는 風說〉, 《別乾坤》, 제48호(1932.2.1),

속도로 발달하는 중국영화계의 현상〉을 발표할 때 그는 이미 귀국한 상태였는데, 중국영화계를 대하는 시각은 더 객관적이고 진지해져 있었다.[59] 반면에 그의 관찰 대상은 자연히 1·28 사변 이전의 계몽적인 영화에 국한될 수밖에 없었다. 그는 롄화의 영화를 평하면서, 이 회사가 "완전히 근대화하야 도시의 학생층, 지식층, 자산층(資産層)의 첨단을 표연하거나 그러치 안흐면 선진 청년으로 도시의 증오에서 농촌으로 돌아가는 등등을 주요 주제로"[60] 한다고 말하는데, 이는 그가 동시대에 전개된 좌익 중심의 '신흥 영화 운동'까지는 인지하지 못했음을 말해 준다. 그럼에도 그는 여배우를 기생이나 카페 마담과 동등한 화류계 인물로 간주하던 당대의 인식에서 벗어나,[61] 롼링위를 예술의 주체로 바라보고 사회적 문맥 속에서 영향력을 평가했다.

한 가지 더 흥미로운 점은 그가 하편에서 롼링위의 용모를 평가한 부분이다. 그는 롼링위의 도시적인 이미지를 상대적으로 더 '전통적'이고 '귀족적'이라고 여긴 후뎨의 그것과 비교한다. 그는 롼링위가 "시골 처녀로 변장"할 때 "야인(野人)과 가튼 활발"함이 있으며, "요조(窈窕)한 고대(古代)"의 미인답지는 않지만, "은막에 나타난 그의 얼골은 현대 미인으로서 충분한 자격을 가지고 잇다"고 말한다. 용모에 대해서 지나치리만치 세세하게 평가한 것은, 여배우를 연기로서만이 아니라 성적 매력의 측면으로도 독자들에게 이해시키려 했기 때문이다. 여기에는 당연히

28-29쪽. 상하이 영화계를 뒤흔든 이 스캔들은 원앙호접파 소설의 저작권을 놓고 영화사 사이에 일어난 소송 과정에서 나온 모함이었음이 후일 밝혀진다.

59 그는 1924년 가을부터 1932년 5월까지 약 8년간 베이징에 체류했다. 송인재, 〈1920, 30년대 한국 지식인의 중국 신문화운동 수용—양건식, 정래동, 김태준의 경우〉, 《동아시아문화연구》(한양대 동아시아문화연구소) 제63집(2015.11), 83쪽.

60 정래동, 〈急速度로 發達하는 中國映畵界의 現狀〉 下.

61 《삼천리》 1936년 4월호의 좌담회 기록 〈女高出身인 인테리 妓生·女優·女給 座談會〉를 보면, 조선에서는 여전히 여배우를 댄서, 기생, 카페 마담과 동일 선상에서 대하고 있음을 알 수 있다.

조선인의 미감에서 나온 감식안이 작동하고 있었다고 하겠다. 그런데 그는 중국영화의 사회적 영향력에 주목했음에도, 또한 영화계를 문단보다 하위의 문화집단으로 보는 시선을 넌지시 비치기도 한다. 그래서 이 글의 결말에서 롼링위의 장례식에 많은 이가 모였다는 소식을 듣고, 이를 "근대 도시의 넌센스"라고 풍자적으로 표현한다.

롼링위의 사망은 여러 측면으로 조선에서 화제가 되었다. 정래동과 동 시기에 중국 신문학 번역에서 쌍벽을 이루고 있던 김광주는 1935년 중국에서 《동아일보》에 〈강남하야산필(江南夏夜散筆)—고향 벗에게 보내는 난상(亂想)(2)〉[62]이란 글을 기고한다. 그는 중국에서 서점에 갔다가 롼링위 관련 서적이 넘쳐나는 걸 보고, 여배우의 자살 사건을 빙자해 영리를 도모하는 상혼을 개탄했다. 그는 자신이 비록 영화를 본 적은 없지만, 롼링위가 "비교적 지식분자요, 진보적 여우(女優)"라며 전해 들은 인상을 말한다. 그렇지만 그녀의 죽음에 대한 출판계의 반응을 황색 저널리즘이라 여기고 작가가 체포되거나 총살되어도 눈 하나 깜짝하지 않는 부조리한 현실과 동일시한다. 이는 글 속에 적어놓았듯이 그가 자신이 숭모하던 극작가 톈한이 투옥됐다는 소식을 들었기 때문이다.

김광주는 사실 1930년대에 상하이에서 발간되던 《신보(晨報)》의 문화면 〈매일전영(每日電影)〉에 수차례 영화 이론을 발표했고, 상무인서관에서 《영화분장법(電影化裝法)》(1937)이란 책을 낸 이력까지 있는 영화통이었다.[63] 중국 신문에 〈조선영화예술운동사(朝鮮影藝運動史)〉(《晨報》, 1934.9.5-11. 총 7회)를 연재한 사실로도 알 수 있듯, 그는 영화 평론 면에서 한중 영화교류에 이바지한 바가 적지 않았다. 그는 또 '상해파 조선영화인'인 이경손이나 전창근과 절친한 사이였으며 젊은 중국 감독들

---

62 《동아일보》, 1935년 8월 7일.

63 김광주의 영화론에 대해서는 최세훈, 〈1930년대 김광주 영화평론 연구—상해 《신보·매일전영》을 중심으로〉(박사학위논문, 연세대학교, 2018.12) 참조.

과도 꽤 안면이 있었다. 하지만 그는 공교롭게도 롼잉위의 영화를 한 편도 본 적이 없고, 김염에 대해서도 영화는 본 적이 있지만, 개인적인 관계는 없었던 것으로 보인다.[64] 그는 비록 영화에 대해 상당한 식견이 있었지만, 롼링위의 사망과 결부된 그의 저널리즘 비판은 한편으로 대중스타를 문단과 동떨어진 듯이 여긴 데서 기인한다. 그런데 그가 놓친 역설적인 사실은, 자신이 존경한 톈한이 배우 김염과 절친한 관계였고, 톈한이 쓴 시나리오를 통해 "진보적 여우"로 등극한 당사자가 바로 롼링위였다는 점이다.

그 외에 서원덕이 1936년 3월에 《조선일보》에 3회에 걸쳐 연재한 〈장족으로 진보되는 중국의 영화예술〉도 주목할 만하다.[65] 이 글 역시 일제강점기 상하이 영화에 대한 보도 중 상당히 총체적인 기사 중 하나이다. 이 글은 상편의 끝에서, "근래의 경향으로는 영화는 예술을 통해서 '프로레타리아'적 구성을 향하고 잇고 감독이나 배우 제군(諸君)도 현저히 진실해저서 정(正)히 중국영화의 혁명기라는 감이 잇다. 그리고 이러한 경향의 배후에는 중국영화의 가장 정당한 '못토'로서의 '민족부흥'의 정신이 흐르고 잇"다고 말한다. 문장의 어조로 볼 때, 중국영화의 좌경화와 사회적 역할 증대에 대한 서원덕의 인식은 앞에 인용한 정래동의 글보다 확실히 진전되어 있었다. 이 글의 중편에서는 또한 "연화(聯華)에서는 작년의 상반기는 완령옥도 잇슨 관계로 매우 '레아리스틱' 작품을 만히 제작하엿스나 하반기부터 정부의 간섭으로 인해서 정부의 어용 영화를 제작하고 잇다"고 말한다. 서원덕은 좌익의 '신흥 영화 운

---

64 그는 다만 김염의 출연작 〈대로〉를 보고 영화평을 발표한 적이 있고(金光洲, 〈孫瑜先生的〈大路〉評一〉, 《晨報·每日電影》, 1935년 1월 6일), 1965년에 쓴 회상기에서, 톈한의 연출작 〈카르멘〉을 회고하며 "우리나라 명우(名優) 김염의 모습도 길이 감명 깊다"고 말한 적은 있다(김광주, 〈상해 시절 회상기〉 상, 《세대》 1965년 12월호, 268쪽).

65 서원덕, 〈長足으로 進步되는 中國의 映畵藝術〉, 《조선일보》, 1936년 3월 6, 7, 8일 자 참조.

동'이 국민당에 의해 좌절된 것과 롼링위가 일찍이 진보 영화에서 발휘한 역량을 동시대적으로 명확하게 포착해 냈다.[66]

이 외에 1937년 7월《조선일보》에 세 차례 연재된〈중국영화계의 근황〉[67]도 중국영화의 기원에서 현황, 제작 환경, 감독과 배우진 등에 대해 상술하게 전한다. 익명의 저자는 중국영화의 발전 가능성을 내다보며 그것이 조선에도 참조가 되기를 희망한다. 이 같은 조선 언론의 중국영화계에 대한 관심은 상호텍스트 행위를 통해 민족 상생을 모색한다는 점에서, 미국이나 일본 영화를 향한 시각에서와 다른 초국적인 열망이 담긴 것이었다.〈중국 영화계의 근황〉에서는 롼링위가 이미 사망했기 때문에 "제일 유명했던" 배우라고만 언급하는데, 이는 사실상 일제강점기 조선 매체에 롼링위가 등장한 마지막 보도였다.

조선과 중국의 영화교류와 관련하여 추가로 언급할 만한 기사는 일본어로 발간되던《경성일보》[68] 1938년 4월 6일 자에 실린 기사〈일·지 영화, 연극, 문학의 교섭(상)〉이다.[69] 이 기사는 원래의 작성 의도에도 불구하고 일제강점기 한중 영화 교류사 중 관건이 되는 사건을 집약해 놓은 꽤 통찰력 있는 글이다. 글은 조선과 중국 영화인들의 협력 결과로서〈양자강〉(1931),〈상해여 잘 있거라〉같은 작품과 정기탁 등 조선인 영화인들의 상하이 활약을 언급한 뒤, 마지막으로 배우 김염을 다루었다. 그때까지 조선 매체의 어떤 기사도 한·중 영화교류를 이처럼 일괄해서 정리한 경우는 없었다. 김염을 상세히 소개한 점도 이례적이며, 전신사진이 첨부된 것도 처음이었다. 그런데 제목이 '일본'과 '지나'의 '교섭'이듯이, 중편의

66《삼천리》1936년 4월호에 실린〈南京 上海의 映畵運動〉도 비슷한 내용으로, 비록 저자가 익명으로 되어 있지만, 롼링위와 김염에 대한 동일한 언급이 있어 역시 서원덕의 문장으로 보인다.

67〈中國映畵界의 近況〉,《조선일보》, 1937년 7월 3, 4, 6일 자 참조.

68《京城日報》는 1907년부터 일본어 전용으로 발간되던 총독부 기관지였다.

69 辛島 驍,〈日支映畵·演劇·文學の交涉(上)〉,《京城日報》, 1938년 4월 6일 참조.

《경성일보》 1938년 4월 6일 자에 실린 김염의 전신사진

'연극 편'과 하편의 '문학 편'에서는 중국과의 교류 주체를 모두 일본인 예술가들로 한정해 기술한다. 이에 반해 영화 편에서는 대조적으로 조선인들만이 언급되었다. 이는 조선인 영화인들의 중국 활동을 초국적 행위로 간주한다는 뜻이며, 동시에 상하이의 점령지에서 점령 정부의 비호하에 이루어진 협업이 있기 전까지,[70] 일본인들에게는 그러한 민간 차원의 영화교류가 전무했음을 의미한다. 하지만 어쨌든 일본인 저자가[71] 중일전쟁 중에 작성한 이 기사의 취지는 '일지협력(日支協力)', 즉 점령지로서의 '지나(중국)'와 식민지를 포함한 일본제국 사이의 일체감을 독려하는 데 있었다. 따라서 이 글은 비록 김염을 '중국의 게리 쿠퍼'라고 추켜세우지만, 그의 출신 배경에 대해서는 독립운동가 가계가 아닌 '조선 귀족' 출신이라고 애매하게 밝힌다.

70 만주에서 1937년에 설립된 만영(滿映, 만주영화협회)과, 상하이 점령 이후 1942년 설립된 중련(中聯, 中華聯合制片股份有限公司), 그리고 이것이 확장된 형태로 1943년 출범한 화영(華影, 中華電影聯合股份有限公司)이 그런 형태였다. 상하이에서는 잔류 중국 영화인들도 대거 합류했다.

71 저자인 가라시마 다케시(辛島驍)는 중국문학 전공 학자로서, 태평양전쟁 중인 1942년에 '경성공업전문학교'로 개명한 연희전문학교의 교장을 잠시 지냈던 인물이다.

3 롼링위와 정기탁의 공동 작업

롼링위와 조선의 관계로서 언급할 수 있는 또 다른 지류는 김염과 별개로 중국에서 활약한 '상해파 조선 영화인'들과 그녀가 함께한 역사이다. 롼링위의 개인사로 볼 때 이것은 김염과의 협업보다 더 이전으로 소급되는데, '상해파 조선 영화인' 가운데 가장 관계가 깊었던 사람으로는 단연 정기탁을 꼽을 수 있다. 조선에서 이미 〈봉황의 면류관〉, 〈춘희〉 등 6편의 영화에 연기자나 스태프로 참여했던 정기탁은 1928년 여름 김일송, 한창섭 등과 상하이에 도착한다. 곧이어 임시정부에서 활동하던 여운형의 소개로 다중화바이허영화사에 들어간다.[72] 이 회사는 1920년대까지 밍싱, 톈이와 함께 상하이의 3대 영화사로 군림했었다. 그러나 재정 상황이 악화되자, 경쟁사보다 빨리 영화를 제작하기 위해 1928년 무렵 세 개의 팀 체제를 마련, 팀 간 경쟁을 통한 양산 체제를 구축한다.[73] 그 세 팀 중 주서위쥐(朱瘦菊)가 이끄는 '화합조(華合組)'에 정기탁이 배속된다. 다른 한편으로 회사는 연기자 양성소를 통해 초기 영화계의 주요한 연기자 그룹을 배출하는데, 밍싱에서 홀대받던 롼링위도 1929년에 이 그룹에 영입된다.[74] 연수가 끝난 뒤 롼링위가 배속된 곳이 바로 정기탁이 소속된 촬영조였다. 이후 정기탁과 롼링위는 1년 남짓한 기간을 한 회사에서 작업하게 된다.

---

72 여운형이 소개했다는 사실은 조선 쪽 자료로 〈조선 영화인 언파레드〉(심훈, 《동광》, 1931년 7월호)와 〈海外에 빗나는 朝鮮女俳優艶史〉(《만국부인》, 1932년 10월호) 뿐 아니라, 중국 쪽의 기사문 〈鄭基鐸〉(高麗通, 《聯華畫報》, 1934年 第3卷 第6期)에도 똑같이 언급되어 있다. 한편 김염도 난톈극단에 가기 전 17세에 다중화바이허영화사에 들어가 〈王氏四俠〉(1927) 등에 출연했는데, 이때는 아직 무명에 가까울 때였다. 麗沙, 〈金焰落伍記〉, 《萬影》, 1935年 5期, 3쪽 참조.

73 酈蘇元·胡菊彬, 《中國無聲電影史》(中國電影出版社, 1996), 195쪽 참조.

74 董茜, 〈"歐化語言"的本土性轉喻—對大中華百合影片公司運營機制的一種考察〉, 《湖北美術學院學報》 2023年 2期, 70쪽.

1920년대 말엽의 김일송, 정기탁 배우 부부(한국영화 100년사 연구회)

다중화바이허에서 정기탁이 참여한 영화는 안중근의 의거를 소재로 한 〈애국혼〉(1928, 감독)을 시작으로 총 11편이며, 그중 6편을 롼링위와 함께 했다.[75] 롼링위가 정기탁과 함께 작업한 영화는, 〈진주관(珍珠冠)〉(주서우쥐 감독, 정기탁 주연), 〈정욕보감(情欲寶鑑)〉(리핑첸[李萍倩] 감독 또는 정기탁 감독[?]·주연),[76] 〈은막의 꽃(銀幕之花)〉(정기탁 감독·주연), 〈대파구룡산(大破九龍山)〉·〈화소구룡산(火燒九龍山)〉(두 편 모두 주서우쥐 감독, 정기탁 주연), 〈재난 후 홀로 남은 기러기(劫後孤鴻)〉(리핑첸 감독, 정기탁 주연)로 모두 1929년 한 해에 만들어졌다. 그러나 두 사람의 인연은 회사가 이해 말에 내부 갈등으로 폐업하고 롄화에 병합되면서 일단 끝이 난다. 여섯 편의 영화들은 안타깝게도 오늘날 단 한 편도 필름이 남아 있지 않다.

다중화바이허에서 롼링위를 발탁하고 육성한 사람은 주서우쥐였다. 괴짜 외국 청년 정기탁의 재능을 알아본 이도 그였다.[77] 주서우쥐

75 許珍, 앞의 책, 40쪽 참조. 롼링위가 출연하지 않은 정기탁의 영화에는 〈애국혼〉(1928, 정기탁 감독·주연, 전창근 각색·조연), 〈삼웅탈미(三雄奪美)〉(1928, 정기탁 감독·주연, 김일송 주연), 〈화굴강도(火窟鋼刀)》(1928, 정기탁 감독, 전창근 각색, 김일송 주연), 〈여해적(女海盜)〉(1929, 정기탁 감독·각색·주연, 김일송 주연), 〈흑의기사(黑衣騎士)〉(1929, 정기탁 감독·각색·주연, 전창근·김일송 주연) 등 5편이 있다(괄호 안에는 조선인 출연자만 표기). 거의 모든 작품에 이름이 보이는 여배우 김일송은 당시에 정기탁의 아내였다(김일송의 이력은 잡지 《만국부인(萬國婦人)》, 1932년 10월 제1호 참조). 중국 잡지 《電影月報》 1928년 제7기에도 〈애국혼〉을 홍보한 글로서 〈이 영화의 남녀주인공 정기탁군과 일송 여사를 소개한다(介紹本片男女主角鄭基鐸君, 一松女士)〉가 게재되어 있다.

76 리핑첸이 감독이라고 많이 알려있지만, 《電影月報》, 1929년 11-12期 합본, 15쪽에 실린 〈情欲寶鑑〉 포스터에는 감독이 정기탁으로 표시되어 있다.

중국 잡지에 남은 정기탁의 흔적(1): 《신은성(新銀星)》 잡지(1928년 3기)의 〈애국혼〉 관련 기사

는 회사의 공동 책임자이자 대표 감독이었으며, 시나리오 작가로도 회사의 오락영화들을 지배했다. 이 시기 정기탁과 롼링위가 출연한 영화도 〈재난 후 홀로 남은 기러기〉를 제외하면, 모두 주서우쥐가 감독하거나 시나리오에 관여한 것이다. 그는 원래 1920년대를 풍미한 통속소설가 그룹 원앙호접파의 대표 작가였는데, 일찍이 상하이 세력가들의 비사를 담은 이른바 '흑막소설'로서 〈헐포조(歇浦潮)〉[78]를 연재하여 센세이션을 일으킨 바 있다. 그는 영화에서도 소설적 구상을 옮겨온 '흑막영

77 정기탁의 소탈한 행색은 당시 중국 잡지에서도 화젯거리였다. 〈大家驚喜的事鄭基鐸煥然一新(모두가 놀란 일—정기탁이 면모를 일신하다)〉, 《聯華畫報》, 1933年 第2卷 第7期 참조.

중국 잡지에 남은 정기탁의 흔적(2): 《전영월보》 잡지(1929년 11-12기 합본)의 〈정욕보감〉 광고. 롼링위가 주연한 이 영화의 광고에는 감독이 정기탁으로 되어 있다.

화'를 구사했다. 그런 영향으로 이 시기 정기탁이 참여한 영화들에는 양복 입은 건달 청년, 사교계의 팜 파탈(〈정욕보감〉), 타락하는 여배우(〈은막의 꽃〉), 무공을 다투는 여협(〈대파구룡산〉, 〈화소구룡산〉) 등 자극적이고 비현실적인 배역이 많았다. 그럼에도 이 영화들은 기울어가는 회사를 살리지 못했을 뿐 아니라, 롼링위에게도 "요염하고 독살스러운 연기를 잘한다"는 조롱 섞인 평판을 듣게 했다.[79] 영화학자 선지는 롼링위의 전기에서, 그녀가 이런 영화에 반복적으로 출연함으로써 밍싱에서 퇴사한 것을 후회할 정도였다고 서술한다.[80]

---

78 소설 제목에서 '헐포(歇浦, 셰푸)'는 '황셰푸(黃歇浦)', 즉 상하이 조계에 인접한 황푸강을 가리킨다. 따라서 제목의 뜻은 '황푸강의 물결'인데, 이는 곧 조계의 세태에 대한 비유어이다.

79 孫瑜, 《大路之歌》(台灣: 遠流出版社, 1990), 89쪽, 石川, 앞의 논문, 25쪽에서 재인용.

80 沈寂, 앞의 책, 88쪽.

유아기부터 중국에서 성장해 중국어에 능통했던 김염과 달리, 별다른 준비 없이 상하이에 온 정기탁에게는 중국어도 큰 문제였다. 촬영 현장에서 의사소통이 안 되어, 후일 롄화로 옮긴 뒤에도 회사에서 '고려통(高麗通)'이라는 통역자를 따로 물색해서 붙여 주었다고 한다.[81] 그나마 발성 연기가 필요 없는 무성영화 시대였기에 언어 부담이 상대적으로 적을 수 있었다. 불리한 조건에도 불구하고 그가 고용된 것은 고국에서의 영화계 경력과 특유의 예술적 감각, 그리고 치열한 노력에 기인한다. 중국에서의 첫 작품인 〈애국혼〉이 성공한 것도 그의 지속적인 기용에 견인차가 되었다. 하지만 또 다른 문제도 있었다. 그가 다중화바이허에서 영화를 만들 무렵은 사극과 신괴 영화의 시대여서, 외국인으로서 전통적인 감성에 적응하는 것이 쉽지 않았다. 이러한 감성의 차이는 유일하게 남아 있는 그의 영화 〈상해여 잘 있거라〉에서도 다양한 모습으로 나타난다. 그는 사실상 첫 영화인 〈애국혼〉에서와 같은 반향을 이 회사에서 다시 얻지 못했다. 이 시기 그와 롼링위의 공동 작업에 대해서는 잡지에 실린 단신 기사들로 상상할 수 있을 뿐이다. 다만 중국의 연구자가 "롼링위가 롄화로 옮긴 뒤 물 만난 듯 연기 예술을 펼친 것"은 이 시기 "정기탁과 커플이 되어 기예를 연마한 덕"으로 봐야 한다고 평했듯이,[82] 정기탁의 역할을 그냥 지나치기는 어렵다. 롼링위가 훗날 감독 정기탁과의 합작을 다시금 받아들인 데는 분명 그만한 이유가 있었을 것이다.

다중화바이허영화사가 해체된 1930년 이후 정기탁의 행적에 대해서는 기록이 많지 않지만, 당시 신문 기사에 따르면 상하이를 떠나 도쿄에 있는 신코키네마(新興キネマ, 1931년 설립)에서도 잠시 일했던 것으로 여겨진다. 그러나 크게 성공하지 못하고 1933년 그는 다시 상하이로 돌아

81 〈鄭基鐸假口於人〉,《電影月刊》, 1933年 第25期, 20쪽.
82 黎煜, 앞의 글, 125쪽.

〈상해여 잘 있거라〉의 중국 신문 개봉 광고. 정 감독의 이름이 아호인 '운파'로 되어 있다(《百度百科》).

온다. 그가 새로 배속된 곳은 롄화영화사의 제2 스튜디오였다. 그가 롄화에 들어간 것은 흔히 김염이 주선한 덕이라고만 알려져 있는데, 당시 잡지를 보면 스튜디오 책임자였던 루한장(陸涵章)도 그를 추천했다고 한다.[83] 루한장이 왕년에 다중화바이허에서 제작을 총괄했던 인물임을 감안하면, 정기탁이 롄화에 들어간 것은 그 자신의 이전 중국 성과도 어느 정도 반영된 결과로 볼 수 있다.

그 무렵 중국영화계에는 전술했듯이 진보화 바람이 다방면으로 영향을 미치고 있었다. 이 추세에 맞춰 정기탁이 롄화에서 맡은 첫 작품은 〈출로(出路)〉(1933, 시나리오 선푸[沈浮])였는데, 영화의 크랭크인 소식은 조선에까지 알려졌다.[84] 그러나 이 영화는 정기탁의 상하이 복귀에 동력이 된 동시에 상처도 남겨주었다. 총체적으로 볼 때 이 영화는 좌익영화까지는 아니었다. 그런데도 당시 검열위원회는 영화 결말에 주인공이 1·28 사변 시 항일전에 나서는 것을 문제 삼았다. 전년도 6월에 일본과

83 高麗通, 〈鄭基鐸〉, 《聯華畫報》, 1934年 第3卷 第6期. 루한장은 〈들장미(野玫瑰)〉(1932), 〈작은 장난감(小玩意)〉(1933), 〈스포츠 퀸(體育皇后)〉(1934), 〈어광곡(漁光曲)〉(1934) 등을 연이어 성공시킨 영향력 있는 인사였다. 그는 정기탁이 롄화에 입사하기 직전에 김염과도 이 회사에서 〈은하수의 두 별(銀漢雙星)〉(1931)을 함께 작업했었다.

84 《조선중앙일보》, 1933년 9월 16일. 정기탁의 〈출로〉가 크랭크인되었다는 뉴스가 김염의 인기투표 등극 소식과 함께 실려 있다.

서둘러 정전협정을 맺은 국민당은 당시에 일본을 자극할 수 있는 영화를 금지하고 있었다.[85] 하물며 이 협정 직전인 4월 29일 상하이에서 일어난 윤봉길의 의거로 조선인 교민사회에 대한 일본의 감시는 더 심해져 가던 터였다. 결국 영화의 내용은 서북 지역으로 개간하러 떠나는 것으로 수정되고 제목도 '광명의 길(光明之路)'로 바뀐다. 강화된 상하이의 검열 체계는 이후로도 정기탁을 계속 압박했다.[86] 정치적으로 그가 그처럼 위축된 와중에 다시 착수한 영화가 바로 롼링위를 주연으로 내세운 〈상해여 잘 있거라〉였다. 롼링위는 이미 상당한 주가를 올리고 있었기에, 그녀의 출연에 대해서는 회사 내에서 반대가 많았다고 한다.[87] 그때 다시 매개자 역할을 한 이가 김염이었는데, 그의 영향력은 우려를 불식하고 정기탁과 완령옥의 재결합을 성사시켰다.

이 영화는 정기탁이 직접 각본을 쓰고 감독을 맡았다. 줄거리는 반복되는 재난을 견디다 못해 변방의 소읍에서 살길을 찾아 무작정 상하이로 온 한 여교사의 비참한 운명에 관한 것이다. 그녀가 불가피하게 선택한 상하이는 악으로 넘쳐나는 대도시로서 자본계급의 타락으로 들끓고, 배금주의자들이 횡행하며, 사치스럽고 음탕한 삶이 질펀하게 널린 곳이다. 그런 환경 속에서 여주인공 바이루(白露)는 정조를 빼앗기고 아기마저 병마로 잃는다. 곡절 많은 여정 속에서, 바이루는 순진한 시골 아가씨, 능욕당하는 약자, 빈민가의 서민, 댄서, 그리고 모성애 가득한 어머니 등 다양한 정체성을 거치는데, 롼링위는 여러 환경에서의 인물 심리

85 Jay Leyda, *Dianying, Electric Shadows*(MIT Press, 1972), 88쪽, Richard Meyer, 앞의 책, 37쪽에서 재인용.

86 〈애국혼〉의 제목도 원래는 '안중근'이었으나 국민당을 통한 일본의 압박으로 명칭이 변경되었다고 한다. 김수남, 앞의 논문, 84쪽.

87 1933-1935년의 연기자 개런티를 보면, 최고액을 받은 선두의 3인이 후뎨, 롼링위, 김염이었다. 후뎨는 당시 밍싱영화사 소속이었다. 閆凱蕾, 〈明星級別系統定位之下1933-1935年電影產業機制的良性運轉〉, 《電影藝術》, 2014年 第1期, 130쪽.

상하이를 떠나기 전, 기르던 새를 풀어 주는 바이루(롼링위 분). 능욕당한 그녀의 정신적 순결을 상징하는 백합꽃도 앞쪽에 배치되어 있다(영화 〈상해여 잘 있거라〉 장면).

를 두루 안정적으로 소화해 냈다. 상하이에서 개봉된 직후에 평론가 루펑신(陸逢新)은 이 영화가 롼링위의 재능을 마음껏 펼치게 한 작품으로, 관객이 이 영화를 통해 롼링위를 더욱 잘 이해할 수 있게 되었다고 극찬했다.[88] 롼링위의 절제된 연기는 이전과 확실한 차이가 있었다. 롄화 초기의 계몽적 멜로영화를 거쳐 1933년 이후 '신흥 영화 운동'에 동참한 이래 영화적 리얼리즘에 적응한 그녀의 연기는 이미 절정을 향해 가고 있었다.

〈상해여 잘 있거라〉는 분명 롄화가 전략 상품으로 내세운 작품 중의 하나였다.[89] 그럼에도 이 영화는 또한 신구관념의 충돌과 진보적 저항을

88 陸逢新, 〈阮玲玉的悲劇—《再會吧, 上海》裡演出〉, 《聯華畫報》, 1934年 20期, 2-3쪽.
89 당시 롄화에서 매주 발간한 영화잡지 《聯華畫報》에는 1934년에만 15회 이상 《再會

중시하던 당시 영화계의 주류 경향과는 다소 거리가 있었다. 바이루는 번번이 고통을 내면화한다. 그녀는 저항을 행동으로 나타내지 않을 뿐 아니라, 자신을 도와주려 하는 선원 황한슈(黃漢秀)에게조차 자존심 때문에 구원의 손길을 청하지 못한다. 악한인 의사 류광후이(劉光輝)를 단죄하는 결정적인 장면이 없다는 점도 바이루의 무기력함을 더 부각했다. 그는 단지 남편의 사악함을 뒤늦게 깨달은 아내로부터 "사회의 마귀, 국가의 해충!"이라고 비난을 받을 뿐이다. 그래서 지쳐버린 바이루가 결국 삶의 터전인 도시를 떠난다는 설정은 더더욱 도피에 가까워 보였다. 이것은 당시 좌익계 평론가들로부터 비난을 샀다. 가령 탕나(唐娜)는 이 영화가 단순히 도시 자체를 악의 대상으로 설정했다는 점, 바이루가 피해자임에도 오히려 무저항으로 일관하게 했다는 점을 문제시했다.[90] 또 다른 평자는 이 영화가 "감상주의적 설교"에 빠져 있으며, 심지어 그것이 "망국의 징조"라고까지 혹평했다.[91]

이런 반응의 원인이 단순히 감독이 새로운 진보 영화 추세에 적응하지 못했거나, 구식 멜로영화의 관성을 버리지 못한 탓이라고 말하기는 어렵다. 바이루가 거치는 다양한 신분은 당시 현실과 영화에서 흔히 보이던 하층민의 전형적인 모습이었다. 그러나 정기탁은 그것들을 현실 비판을 위한 상투적인 이미지가 아니라, 극한까지 치닫는 개인의 복잡한 심리 상태를 통해, 현실 환경이 인간의 정서와 정감에 끼친 곤경으로 표현해내고자 했다.[92] 여기에는 정기탁이 당대의 유행 사조에 연연치 않고 반영하려 했던 경계인으로서의 고뇌가 담겨 있었다. 영화의 제목도 그러하듯이, 주인공의 처지에는 영화의 유토피아를 찾아 떠돌다 좌절을

吧, 上海》 관련 사진과 글이 실려 있다. 全國報刊索引(CNBKSY) 사이트 참조.

90 唐娜, 〈再會吧, 上海!〉, 《映畫》, 1934年 18期, 416-417쪽.

91 君幹, 〈再會吧, 上海〉, 《三楚週刊》, 1934年 1期, 5-6쪽.

92 武彥清, 〈《再會吧, 上海》與在滬朝鮮影人鄭基鐸〉, 《電影文學》, 2021年 第13期, 119쪽.

거듭해 온 정기탁 자신의 디아스포라 심리도 투영되어 있었다. 사실 영화의 사회의식으로 따지자면, 영화 속에서 바이루는 이미 교사로서 지닌 교양과 공공의식을 충분히 드러낸다. 가령 상하이로 가던 배가 침몰할 때, 승객들에게 무거운 짐을 버리라고 앞장서 호소하는 모습은 관객들에게 깊은 인상을 남겼다.[93] 그런 그녀조차 무너뜨릴 만큼 냉혹한 대도시의 현실과 무기력한 여성의 지위를 직시한 정기탁의 현실 감각은 배역의 전형적인 저항 행위 여부만으로 판단될 수 없다. 어쩌면 남성과의 관계에서 지나칠 정도로 소극적인 바이루의 행위 양식은 조선영화의 여주인공에 더 가까운 초국적인 것이었다고 할 수 있다. 게다가 정기탁에게는 바이루의 운명 자체가 이미 희망을 상실한 조국에 대한 알레고리였을 것이다.

롼링위에 있어서도 이 영화의 출연 경력을 퇴보적이라고 말하기는 어렵다.[94] 그녀는 당시에 가장 진보적인 여배우라는 공적인 이미지가 있었지만, 사적으로는 남성들의 학대와 협박에서 한시도 벗어나지 못한 사회의 최약자였다. 롼링위와 〈도시의 밤(城市之夜)〉(1933), 〈인생(人生)〉(1934)을 함께 작업한 감독 페이무(費穆)는 롼링위를 추모한 글에서, "롼링위는 자신이 주연한 영화에서 분명 타인들보다 많은 걸 얻었다. 의심의 여지 없이 자기 작품을 통해 자기 생각에 깊이 영향을 받았을 것이다. 그래서 그녀는 더더욱 자기 삶의 모순을 발견할 수 있었다"고 말한다.[95] 그녀에게 연기와 현실 사이의 이율배반은 더할 나위 없는 고통이었다. 그래서 어떤 식으로든 저항하고 분투하는 롼사오(阮嫂, 〈신녀[神女]〉,

93 陸逢新, 앞의 글, 2쪽 참조. 현재 남은 필름에서는 안타깝게도 이 부분이 유실되어 있다.
94 정기탁이 감독한 〈출로〉의 주연배우였던 정권리는 〈롼링위와 그녀의 연기 예술(阮玲玉和她的表演藝術)〉(《中國電影》, 1957年 第2期, 33쪽)에서 이 작품을 롼링위의 출연작 중 '옥의 티(敗筆)'라고 말했다. 하지만 이러한 평가는 '반우파투쟁'이 한창 진행 중일 때 나온 것임이 감안되어야 한다.
95 費穆, 〈阮玲玉之死〉, 《藝聲》, 1936年 第二卷 第二期. 사이트 https://ldy.library.sh.cn 참조.

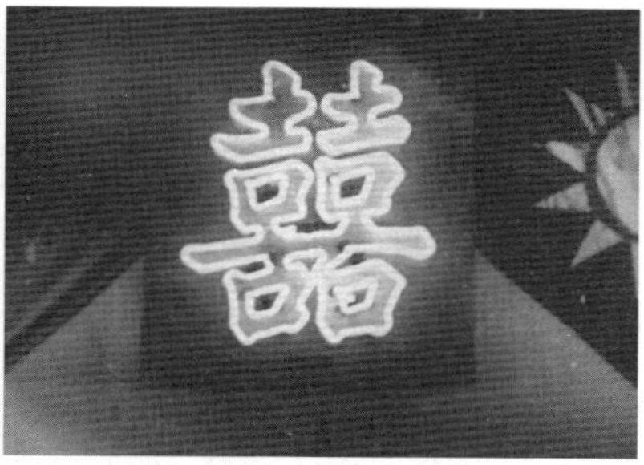

형식의 실험(1): 건축물 상층부와 전차 전깃줄을 담은 표현주의적 틸트숏(영화 〈상해여 잘 있거라〉 장면)
형식의 실험(2): 쌍희자 오브제(영화 〈상해여 잘 있거라〉 장면)

1934)나 웨이밍(韋明, 〈신여성[新女性]〉, 1935)과 달리, 사회악의 포위에서 벗어나지 못하는 수동적인 바이루의 처지는 사적인 차원의 롼링위에게 오히려 공감될 여지가 많았다. 영화 속에서 정조를 잃은 바이루가 누군가에게 손가락질을 당하고 있다는 환각에 시달리듯이, 현실의 롼링위도 똑같이 주위로부터 그런 시선을 받고 있다는 망상에서 벗어나지 못했다. 이러한 까닭에 그녀는 자신의 어떤 영화에서보다 탁월하게 비애감을 표현했다. 사실 1934년의 시점에도 배우 롼링위를 명실상부한 진보적 인사로 보는 것은 온당치 않다. 비록 그녀는 대중적으로 김염보다 인기가 있었지만, 당시에 여배우가 감당해야 할 시대적 제한은 남배우보다 훨씬 많았다. 정기탁이나 롼링위의 영화 외적인 배경까지 주목되면서, 최근에 이 영화는 개봉 당시의 경직된 평가에서 벗어나 감춰졌던 부분들이 새롭게 조명되고 있다.[96]

정기탁이 경계인으로서 동시대 중국영화의 관례에서 벗어나 비교적 자유롭게 영화를 만들려 했던 점은 형식적인 면에서도 나타난다. 가령, 그의 영화 중에는 한자 유희나 '골계'(滑稽, 익살) 행위를 통한 중국식 연

96 대표적인 논문으로 앞서 인용한 黎煜, 〈斷臂之美一阮玲玉殘片《再會吧, 上海》價值新考〉과 武彦清, 〈《再會吧, 上海》與在滬朝鮮影人鄭基鐸〉를 들 수 있다.

형식의 실험(3): 악인의 성격을 드러내는 초현실주의적 구도(영화 〈상해여 잘 있거라〉 장면)
형식의 실험(4): 역광으로 실루엣을 살린 야외 신(영화 〈상해여 잘 있거라〉 장면)

출법이 거의 등장하지 않는다. 당시 중국영화를 보면, 조금 뒤인 1937년에 나온 〈십자로(十字街頭)〉나 〈거리의 천사〉 같은 작품들도, 더 무거운 좌익 성향의 주제를 담고 있음에도 서사 중 도처에서 문자나 익살에 의한 중국식 유머가 감초 같은 역할을 한다. 1920년대 통속영화의 희극적 요소는 1930년대의 좌익영화도 완전히 거부할 수 없는 일종의 민족화된 어트랙션(attraction)이었다. 정기탁의 영화는 그 대신 대화 장면 사이마다 삽입한 유려한 미장센으로 관객의 눈길을 사로잡는다.

정기탁은 영화 속에서 다양한 형식적인 실험을 보여 주었다. 그는 1920년대에 등장한 초현실주의와 독일 표현주의에 영향을 받은 듯 세련된 영화기법을 구사한다. 가령 한 화면에 여러 얼굴의 표정을 동시에 띄워 주인공의 잠재의식을 표현한다든지, 악인의 얼굴을 빛과 어둠이 극명하게 대비되도록 로우앵글숏으로 처리한 것 등은 초현실주의의 흔적이랄 수 있다. 또 도시를 특징적으로 나타내기 위해, 마천루의 상층부에 둘러싸인 전차 전선을 기울어지게 틸트숏으로 포착한 부분은 방향감각의 상실 또는 불안감을 나타낼 때 쓰이던 독일 표현주의의 수법이다. 게다가 그는 곳곳에서 상징적인 오브제를 통해서도 초현실주의적인 언어를 구사한다. 가령 자신을 능멸한 양의사 류광후이의 결혼식에 바이루가 어쩔 수 없이 신부 측 들러리를 서게 되었을 때 클로즈업되는 결혼식장의 쌍희(囍)자 네온사인 간판은 바이루의 상반된 심리를 효과적으로 전달한다. 야외 풀숲에서는 인물이 배경과 하나의 풍경이 되도록 유려하게 그려냈으며, 화면 구도에서도 종종 주요 피사체를 한쪽으로 치우치게 배치함으로써 공간 감각을 풍부하게 했다. 그것들은 인상적인 몽타주 기법을 통해서 또한 세련된 편집 미학으로 나타난다.

영화 속의 시대를 앞서간 시도들은 훗날 홍콩 감독 왕자웨이(王家衛)의 영화에 의상 패션과 도시공간 구현, 시각 조형, 촬영 구도 등 다양한 면으로 영향을 끼쳤다. 왕자웨이는 2008년 상하이 영화제에 참석 중 가진 인터뷰에서, 자신이 1980년 중국영화자료관(中國電影資料館)의 옛 필름 중에서 〈상해여 잘 있거라〉를 본 인상을 이렇게 회고했다.

> 시작하자마자 어두운 신이었어요. 여성 주인공의 배경으로 뒤쪽에 길 하나가 있고, 무궤 전차 한 대가 화면을 가로지르면서 그 공간의 힘을 느끼게 해 줬죠. 도시와 사람의 관계가 아주 탁월해 보였어요. 때로는 공간이 바로 영화의 주인공이죠.[97]

그는 더 최근의 인터뷰에서도 패션과 시각적 표현의 측면에서 서양영화에 견줄 만한 동양영화로, 롼링위의 출연작 가운데 〈신녀〉와 함께 이 영화를 꼽은 바 있다.[98] 〈상해여 잘 있거라〉가 보여 준 이 같은 완숙한 형식미는 또한 정기탁이 다중화바이허 시절에 큰 반향을 얻어 낸 〈애국혼〉이 어떠한 수준이었을지를 가늠케 한다.[99] 정기탁의 형식적인

---

97 〈上海國際電影節主席講壇: 陳丹青熱捧王家衛〉, 《京華時報》, 2008년 6월 17일. 여기에서는 https://ent.sina.com.cn에서 인용. 1958년생인 왕 감독은 1963년 홍콩으로 이주하기까지 상하이에서 유년기를 보냈다.

98 葛格, 〈世間獨此一份!王家衛的心水片單〉, 2017.7.18, https://news.qq.com.

99 영화 작품의 형식미 분석은 한국영상자료원이 제공하는 VOD 영상을 참조했다.

《매일신보》 1935년 11월 28일 자에 실린 정기탁 소식과 〈상해여 잘 있거라〉 스틸 컷 사진

실험은 그의 영화를 덜 중국적인 대신 더 엄숙해 보이게 했고, 그만큼 지역과 시간을 초월한 보편적 감성에 더 다가가게 했다.

한편 조선에서는 1935년 11월 이후 이 영화의 개봉 소식이 신문에 등장하기 시작한다.[100] 특히 영화의 시놉시스가 상세하게 소개되기도 했는데, 그 문체는 마치 무성영화 시대에 조선에서 인기를 끌었던 변사의 해설을 방불케 한다. 수입 외국영화로서 이 영화를 대한 조선에서는, 영화를 더 흥미진진하게 만든 것이 줄거리의 기복 그 자체였다. 한 기사를 보면, 영화의 줄거리를 나열하기에 앞서 소개 배경을 다음과 같이 설명하고 있다.

> 정기탁군은 일즉이 중국영화계에서 이채(異彩)를 이루든 명 감독인데 금번 자기의 감독작품인 『잘잇거라 상해여』를 안고 고국으로 돌아왓다. 때마츰 조선의 영화계도 새싹이 트려는 때라 군(君)의 작품을 물론 반가히 마저 주리라고 안다. 동 영화의 주연배우는 완영옥(阮鈴玉)이다. 완영옥은 중국의 유일한 인기 여우(女優)로 요 전자(前者) 자살하야 죽

100 《매일신보》, 1935년 11월 28일; 《조선일보》, 1935년 12월 3일 참조.

엇는데 그 점으로써도 동 영화는 상당한 인기를 끌지 안할까 한다.[101]

여기에는 조선 출신의 영화인이 상하이에 진출해 영화를 만들었다는 자부심이 뚜렷이 묻어난다. 그 역량을 입증하는 가장 가시적인 증거는 물론 '완영옥'이 주연이라는 사실이었다. 비록 이 이전에 롼링위의 영화는 단 한 편도 조선에서 개봉된 적이 없지만, 적어도 이 기사를 작성하는 당사자에게 '완영옥'이란 어휘는 이미 영화의 아우라를 증명하는 왕관과 같은 것이었다.

그런데 전술한 일부 부정적 평가를 차치하더라도, 중국에서 이 영화의 정치적 운명은 또한 〈출로〉처럼 순탄치 않았다. 상술했듯이 영화 중에서 주인공 바이루를 시종 능멸하고 괴롭히는 악인은 양의사이다. 그 중에는 감기에 걸린 바이루를 의사가 치료실에서 마취시켜 겁탈하는 신도 등장하는데, 이에 대해 당시 의사단체가 성명서를 내고[102] 영화사를 고소한다. 한술 더 떠, 특종 잡기에 혈안이 된 신문들도 "신식 의술과 사회 특집호" 같은 자극적인 머리기사를 내걸고, 영화가 양의사들을 모욕했다는 터무니없는 논리를 펼친다.[103] 곧이어 영화사에 조기 종영과 감독 처벌을 촉구하는 항의가 빗발친다. 겁이 난 회사는 즉각 문제시된 장면을 삭제하고, 신문에 사과문을 냈다. 이 영화는 롼링위가 이후에 주연한 〈여신〉과 〈신여성〉에 비해 사회성이 강하지 않았지만, 그럼에도 다른 영화들처럼 그녀가 중압감 끝에 극단적 선택까지 가게 되는 간접적인 원인이 되었다. 한편 거듭되는 검열과 황색 언론으로부터의 이중적인 압박은 정기탁에게 상하이에 대한 환멸감을 가중시켰다. 그는

101 〈鄭基鐸 監督의 『잘잇거라 上海』 梗槪〉, 《조선일보》, 1935년 12월 3일.

102 劉國祥, 〈來件一爲"再會吧!上海!"影片惡意宣傳誹謗醫師事呈上海市醫師公會文〉, 《新醫藥雜誌》, 1934年 10期, 102-104쪽.

103 沈寂, 앞의 책, 163쪽.

피소 사건을 계기로 1934년 상하이 생활을 아예 접고 귀국한다. 그나마 그가 필름을 가지고 귀국한 덕분에 〈상해여 잘 있거라〉의 조선 개봉이 성사될 수 있었다.[104] 정기탁은 귀국 후 해양 영화를 구상했지만, 사고사를 당하면서 실현되지 못했다.

이처럼 롼링위는 일제강점기 중에 조선인과 가장 많이 협업한 중국의 주연급 배우였다. 그녀의 29편 영화 중 조선인이 비중 있게 참여한 영화는 무려 14편에 달한다. 조선인 영화인들은 다양한 차원으로 그녀와 교섭을 했다. 상술했듯이 초기 연기자 단계에서는 정기탁의 역할이 있었고, 진보적 연기자로서 주체적인 역량을 발휘하기까지는 김염의 작용이 적지 않았다. 1932년 이전에 임시정부가 (여운형을 통해) 매개 역할을 한 점도 간과할 수 없다. 그녀에 대한 조선 매체의 보도 역시 비교적 동시대적이면서 일종의 연대감마저 띠고 있었다. 롼링위와 조선인 영화인들 사이의 교섭과 그녀에 대한 조선 매체의 보도는 우연한 것이 아니라, 양 지역의 특수한 영화사적 맥락 속에서 의지적으로 이루어진 결과였다.

하지만 롼링위와 조선인 영화인들 사이의 협력은 어쨌든 1929년에서 1934년까지 5년여로 짧게 끝났고, 조선 매체에서의 관심도 1937년을 기점으로 더는 계속되지 않았다. 상술한 것처럼 롼링위는 1935년에 자살로 생을 마감했고, 정기탁은 1934년 귀국 후 별다른 활동이 없다가 1937년경 불의의 익사 사고를 당했다고 전해진다. 김염은 롼링위 사후에도 중국에서 계속 영화에 출연했지만, 끝내 귀국하지 못한다. '상해파 조선 영화인' 중에서 해방 이후에도 한국에서 창작을 이어 간 인물은 전창근뿐이었다. 작품의 상영은 더더욱 드물었다. 김염의 영화는 해방 이전에 단 한 편도 고국에서 개봉되지 못했고, '상해파 조선 영화인'

104 《조선중앙일보》, 1936년 6월 2일. 〈상해여 잘 있거라〉 우미관 개봉 광고 참조.

들의 중국 출품작도 직접 가져온 두 편만이 개봉되었을 뿐이다.[105] 그나마 김염과 롼링위가 협업한 영화 3편이 오늘날까지 전해지고, 롼링위가 출연한 정기탁 감독의 〈상해여 잘 있거라〉가 불완전하게나마 보존된 덕에,[106] 양측 영화인들의 열정적인 협력의 순간을 어렴풋이 짐작해 볼 수 있을 따름이다.

제반 여건을 고려할 때, 〈상해여 잘 있거라〉는 일제강점기 영화 중 한중 영화인이 참여하고 양 지역에서 모두 개봉되었으며 현재까지 필름이 남아 있는 유일한 영화로서, 동 시기 한중 합작 성과 중 가장 가치 있는 유산이라고 할 수 있다. 이 영화는 비록 중국 제일의 성격파 여배우를 기용해 중국 영화사가 제작한 중국영화지만, 나운규에 비견할 조선 최고의 영화인이 감독하고, 조선 출신 중국 최고의 남배우가 후원한 흔치 않은 협업을 배경으로 한다. 이후의 쇠락과 격절을 생각하면, 영화 안팎의 화려한 인적 구성은 더더욱 당시의 초국적 교류가 결코 우연하거나 가벼운 것이 아니었음을 말해 준다.

양자 사이의 교섭은 다른 한편으로 양 지역의 매체를 통해서 더 확장적인 초국가적 효과를 냈다. 상술했듯이 당시 중국의 매체들은 김염과 정기탁의 조선인 정체성을 인지한 가운데 그들의 활동에 관심을 보였다. 심지어 1928년 정기탁의 〈애국혼〉이 나왔을 때, 상하이의 대다수 언론은 정기탁을 가리켜 기꺼이 "한국 배우(韓國明星)"라는 호칭을 쓰기까지 한다.[107] 중국 매체들이 이러한 태도를 보일 때, 조선의 언론들도 그

105 〈상해여 잘 있거라〉 외에 다른 하나는 이경손이 감독하고 전창근 등이 출연한 〈양자강〉(1931, 고성[孤星]영화사)이다. 이 영화는 조선 최초로 번역 자막을 활용했다고 하지만 필름은 남아 있지 않다. 喬寧, 〈"上海派"電影人全昌根的民族主義電影風格成因探究〉, 《電影文學》, 2021年 第15期, 89쪽 참조.

106 〈상해여 잘 있거라〉는 총 11권의 릴 중 앞 3개가 실전되고, 남은 8권도 전체의 앞뒤가 잘려있다. 黎煜, 앞의 논문, 119쪽 참조.

107 홍웨이(紅薇)가 정기탁과 김일송 부부를 소개한 〈介紹本片男女主角鄭基鐸君,一松女士〉(《電影月報》, 1928年 第7期)에 "한국 영화배우(韓國電影明星)"라 표현하고, 《申報》

들 나름대로 두 사람의 중국 활동을 조선인의 성취, 나아가 조선 영화계의 해외 진출 성과로 인식했다. 물론 롼링위를 향한 조선 언론의 관심도 상하이에서 활동한 조선인 영화인들에 대한 자부심을 떠나서 상상하기 어렵다. 중국으로 건너간 조선인 영화인들의 활약은 당시 한중 양 지역에서 분명한 초국가적 행위로 인지되었으며, 그러한 인식은 롼링위와의 협업 계기와 결과 모두에 공히 영향을 끼쳤다. 이 합작은 단지 영화계 차원에만 머물지 않고 양국의 언론매체에 의해서도 공공성이 부여되고 있었기에, 결과적으로 쌍방의 영화 관객뿐 아니라 신문·잡지의 독자도 초국적 합작을 만들어 내는 데에 간접적인 영향을 끼쳤다고 할 수 있다. 롼링위가 조선인 영화인들과 교섭한 역사는 다양한 맥락으로 그 의미가 재평가될 필요가 있다.

1928년 10월 19일 자에도 "한국 배우의 위대한 작품(韓國明星之偉大作品)"이란 기사가 보이며, 잡지 《羅賓漢》 1928년 11월 19일 자에 훠피리(火霹靂)가 쓴 기사도 '한국 배우 정기탁의 내력(韓國明星鄭基鐸之來歷)'이라 되어 있다.

10장 리샹란의 만주 영화가 투사한 제국의 허상

1932-1945년 사이 중국의 북동부에 있었던 '만주국'은 중국인들에게 절대 잊혀서는 안 되는 치욕의 역사이다. 그럼에도 같은 이유로 한동안 그것은 다시 들추기가 꺼려지는 존재였다. 중국에서 '둥베이(東北)'라 불리는 만주는 알고 보면 신중국이 출범한 항일투쟁의 성지이기도 하다. 그러나 중앙과의 관계 바깥의 만주, 특히 만주국(중국에서는 '괴뢰'라는 의미를 덧붙여 '위만주국[僞滿洲國]'이라 호칭) 치하의 만주는 제국주의의 희생양인 동시에 중원의 진보적 문화 역량이 미치지 못한 변방으로서, 문화사 서술에서 마치 지워진 공간처럼 취급되어 온 점도 없지 않다.

이러한 만주국에 대해서 정작 침략국이었던 일본에서는 최근 식민지배 시대에 대한 노스탤지어 열풍을 타고 어느 때보다 다 각도로 그 면모가 조명되고 있다. 근대 전환기를 향한 노스탤지어는 소비자본주의 시대의 도래 이후 한국이나 중국에서도 새로울 것은 없다. 그러나 식민지배 역사에 대한 새로운 관심이 일본의 우경화 추세와 무관하지 않다면, 그것은 충분히 경계의 시선을 살 만하다. 그러하기에 중국에서도 한동안 덮어 두었던 만주국 담론이 새삼스레 '뜨거운 감자' 같은 화두가 되어 다시 달아오르고 있다.

같은 시기에 피식민 경험을 강요받은 한국의 경우, 과거 제국주의 시대를 향한 일본열도 내의 담론에는 민감할 수밖에 없지만, 그럼에도 만주국은 기억과 망각의 진자운동 사이에 그림자처럼 존재할 뿐이다. 만주는 한때 단순히 한반도의 접경지역이라는 것 이상의 의미가 있는 곳이었다. 적잖은 조선인이 식민통치자들이 날조해낸 만주의 허상에 환호했고, 그만큼 많은 사람이 살길을 찾아 만주로 떠나갔다. 그러나 조선인의 만주 지역과 관련한 역사는 한국의 해방 이후 망국민으로서의 수난과 독립을 향한 투쟁, 그리고 험난한 개척 이민사 이외에 거의 조명되지 않았다. 우리는 당시에 만주의 허상을 통해 실제로 무엇을 느꼈을까? 만주의 허상은 또 어떻게 우리에게 중국에 대한 상상으로 전환되었던가?

만주에 대한 허상을 만들어 동아시아의 피식민자들에게 적극적으로 전파했던 곳 중의 하나가 1937년 만주국에 설립된 주식회사 만주영화협회(이하 '만영'으로 약칭)였다. 그리고 만영을 상징하는 배우이자 가수 리샹란(李香蘭)은 짧은 동안이나마 조선에서도 반향을 일으켰다. 이런 사실이 한국에서는 이제 낯선 역사가 되어 버렸다. 리샹란이 만영에서 찍은 영화 중에도 멜로드라마 〈백란의 노래(百蘭の歌)〉(1939), 〈지나의 밤(支那の夜)〉(1940), 〈열사의 맹서(熱砂の誓ひ)〉(1940) 세 편은 모두가 중국을 배경으로 하며, 흔히 '대륙 3부작'이라 일컬어진다. 이 장에서는 이 영화들에 나타나는바, '리샹란'이라는 스타 이미지를 통해 식민자들이 식민 네트워크에 투사하려 했던 제국주의 허상의 성격을 몇 가지 측면에서 이야기해 보고자 한다.

1 동아시아 식민공간과 리샹란의 영화

1972년 3월 어느 날, 중년의 한 일본 여성이 주한 일본대사관의 참사관인 남편을 만나기 위해 한국을 찾는다. 이튿날 한국의 주요 일간지는 그녀의 방한 소식을 단신으로 보도했다.[1] 한때 동아시아 일대를 누비며 대단한 인기를 구가했던 그녀는 은막을 떠난 지 오래되었어도, 일본에서는 여전히 대중적인 환호를 받는 사회 명사였다. 그렇지만 한국에서의 그녀에 대한 기억은 불가사의와 배신감으로 얽힌 것이었고, 그마저도 일본의 패전 후 빠르게 잊혀갔다. 1945년 이후 오랫동안 그녀는 다시 한국을 방문할 수 없었다.

데뷔 초기의 리샹란(인터넷 사이트 〈天下老照片〉)

그녀는 일본 이름이 야마구치 요시코(山口淑子, 1920-2014), 다름 아닌 만영의 전설적인 스타 리샹란이었다. 1938년의 〈허니문 익스프레스(蜜月快車)〉를 시작으로, 만주국이 패망하고 만영이 철수하기 직전인 1944년까지, 만영의 전속 연기자로서 그녀는 20여 편의 극영화에 출연했다.[2] 데뷔한 지 얼마 되지 않은 그녀가 일본군에 점령된 중국의 만주지역뿐 아니라 베이징과 상하이, 그리고 조선을 거쳐 바다 건너 일본열도와 대만에서까지 짧은 시간 안에 인기를 얻게 된 것이 그 당시에는 매우 보기 드문 현상이었다.[3]

1 《조선일보》, 1972년 3월 12일 참조.

2 1938년에서 1945년까지 리샹란이 주연으로 출연한 영화는 다음과 같다(영화 제목은 일본어판에 따름. 괄호 안은 제작사와 발표연도). 〈蜜月快車〉(滿映, 1938), 〈私の鶯〉(滿映·東寶, 1938), 〈白蘭の歌〉(전·후편, 東寶, 1939), 〈富貴春夢〉(滿映, 1939), 〈冤魂復仇〉(滿映, 1939), 〈東遊記〉(滿映·東寶, 1940), 〈支那の夜〉(전·후편, 東寶·中華電影, 1940), 〈エノケンの孫悟空〉(전·후편, 東寶, 1940), 〈熱砂の誓ひ〉(東寶·中華電影, 1940), 〈美しき犧牲〉(또는 鐵血慧心. 滿映, 1941), 〈蘇州の夜〉(松竹大船, 1941), 〈迎春花〉(滿映, 1942), 〈黃河〉(滿映, 1942), 〈戰ひの街〉(松竹大船, 1943), 〈サヨンの鐘〉(松竹·臺灣總督府·滿映, 1943), 〈誓ひの合唱〉(滿映·東寶, 1943), 〈野戰軍樂隊〉(松竹, 1944).

3 리샹란의 동아시아 각국의 영향 관계에 대해서는 四方田犬彦 編, 《李香蘭と東アジア》(東京: 東京大學出版會, 2001) 참조.

중일전쟁 발발로부터 태평양전쟁 종식까지의 동아시아 문화지형 안에서, 그처럼 초지역적으로 반향을 일으킨 여성 예술인은 할리우드의 여배우를 제외하고, 조선의 무용가 최승희를 겨우 꼽을 수 있을 정도였다. 상하이에도 후뎨나 저우쉬안(周璇)처럼 리샹란보다 지명도가 높은 여성 연기자들이 있었으나, 해외에서 그녀들의 명성은 소수의 화교 지역으로 한정되었고, 그나마도 중일전쟁 이후로는 더 뜸해진다. 조선에서도 상하이 영화는 초기의 삼국지 영화를 제외하면, 전쟁 이후 중일합작 배급망으로 극히 일부만 전해졌기에, 그들이 인지될 가능성은 거의 없었다.[4] 반대로 고구레 미치요(木暮實千代)나 하라 세쓰코(原節子)처럼 열도 바깥으로 진출한 일본 연기자도 있었지만, 그들은 상하이의 관객까지 사로잡지는 못했다.[5] 그 밖에 상하이의 무도장에서는 '마누엘라(Manuela)'라는 전설적인 일본인 무희 와다 다에코(和田妙子)[6]가 활동했으나, 그녀의 전설은 미디어 스타들의 위력에 견줄 정도는 아니었다.

이에 반해 리샹란은 영화에서뿐 아니라, 대중음악을 통해서도 동아시아 각지에서 커다란 반향을 불러일으켰다. 그녀의 독창회는 도쿄·상

4 상하이 영화계나 배우들의 소식은 1930년대 이래 조선의 신문과 잡지에 종종 보도되었지만, 실제 수입은 배급망 미비로 초기의 삼국지 영화를 제외하면 많지 않았던 것으로 보인다. 다만 중일전쟁 이후 일본 배급망을 통해 〈목란종군(木蘭從軍)〉(1939)이 들어왔다거나, 〈춘희(茶花女)〉(1938) 같은 옛 상하이 영화들이 해방 직후에 뒤늦게 개봉된 사례는 있다.

5 고구레 미치요는 1942년 만영 영화 〈영춘화〉·〈개전의 밤(開戰の夜)〉 등 3편에 출연했고, 하라 세쓰코는 1943년 조선인들과 합작한 영화 〈망루의 결사대〉에 출연했다. 하라 세쓰코가 주연한 〈새로운 땅(新しき土)〉(1937)은 일본과 같은 추축국이던 독일과 합작해 만주국을 찬양한 영화였는데, 상하이 훙커우(虹口)의 둥허(東和) 극장 개봉 시 중국인들의 항의가 빗발치자 조계 정부가 보안요원을 배치하기도 했다(《동아일보》, 1937년 6월 6일). 당시 일본 배우들이 군국주의 네트워크를 타고 초지역적으로 알려진 예는 적지 않지만, 대중적인 인기를 얻는 데는 한계가 있었다.

6 대전 출신의 와다 다에코는 진남포에서 여학교를 다니던 중, 17세에 쇼치쿠(松竹)영화사의 악극부(SKD)의 1기생으로 들어가며 예인 생활을 시작했다. 1938년 이후 상하이에서 댄서로 명성을 얻어, 전후에 '일본 재즈의 어머니'라 불리기도 했다.

하이·경성·타이베이 등 동아시아의 주요 도시에서 성황리에 치러졌다.[7] 특히 1941년 도쿄에서 있었던 '노래하는 리샹란(歌う李香蘭)' 공연과 1945년 상하이의 '야래향 환상곡(夜來香幻想曲)' 공연은 큰 반향과 함께 많은 일화를 남겼다. 그녀는 자신이 출연한 영화가 각처에서 개봉될 때마다 직접 시사회에 참여하는 치밀한 전략을 보여주기도 했다. 그녀의 이런 경력은 '이동하는 스타'의 이미지를 만들어 냈다.[8] 그것은 지리적, 공간적인 이동에 국한된 말이 아니라, 그녀가 영화 안팎에서 하나의 아이덴티티에서 또 다른 아이덴티티로 부단히 변신하는 배우였음을 의미하는 말이기도 하다.

대기 줄이 극장의 '7바퀴 반'이었다는 일화로 유명한 1941년 도쿄 공연의 인파(getarchive.net)

연기자로서 리샹란은 타고난 재능과 풍부한 교양을 지니고 있었다. 남만주철도주식회사(이하 '만철'로 약칭)의 우순(撫順) 지사에 재직하던 그

7 대만의 리샹란 독창회는 1941년 1월에 치러졌다. 지룽(基隆), 타이베이, 신주, 타이중, 자이(嘉義), 타이난, 가오슝(高雄) 등 대만의 주요 도시를 순회한 이 공연은 가는 곳마다 매진을 기록하였다. 리샹란은 순회 도중 육군병원을 방문해 황군(皇軍)을 위문하기도 했다. 그녀는 대만 순회 일정을 마치고 일본을 거쳐 만주로 돌아가기 전, 조선에서도 순회 독창회를 개최한다. 조선 일정은 부산, 대구, 경성, 원산, 함흥, 평양, 진남포, 그리고 서북 각처 등이 포함되었다. 부산에서는 한 노부부가 그녀의 숙소로 찾아와 그녀가 어렸을 때 자신들이 잃어버린 딸이라고 주장하기도 했는데, 이런 일은 대만에서도 있었다. 葉龍彦, 《日治時期臺灣電影史》(臺北: 玉山社, 1998), 304쪽; 무호동, 〈풍속시평-인기〉, 《조광》, 1941년 9월호, 37쪽; 〈이향란 회견기〉, 《삼천리》, 1941년 4월호 등 참조.

8 鷲谷 花, 〈李香蘭, 日劇に現る―歌ふ大東亞共榮圈〉, 《李香蘭と東アジア》, 41-42쪽.

1945년 6월 상하이에서 개최된 '야래향 환상곡' 독창회에서 공연 중인 리샹란(《簡讀攝影》, 2017. 10. 18)

녀의 부친은 중국어에 관심이 많아, 한때 회사에서 중국어 교사를 맡기도 했다. 부모의 교육 덕분에 리샹란은 어려서부터 일본어와 중국어에 모두 익숙하게 되었다. 후일 톈진(天津)과 베이징의 중국인 양부 집에서 기숙하게 되면서는 중국인과 구분이 되지 않을 정도로 중국어에 능통하게 되었다. 그녀의 연기 인생에서 더욱 중요한 것은 결핵을 치료하기 위해 시작한 성악이었다.[9] 연기자가 될 무렵 그녀의 소프라노 발성은 이미 상당한 수준에 도달해 있었다. 그녀의 이러한 조건과 재능은 신흥 영화사인 만영의 요구에 들어맞았다.

만영은 만주국과 만철이 각각 절반씩 출자해서 설립된 기구였다. 1906년 창립한 만철과 영화의 인연은 이미 1923년에 설립된 '만철 영화반'에서 시작된다. 아쿠타카와 고조(芥川光藏)가 이끈 만철 영화반은 비록 아마추어 수준의 기록 필름을 찍었지만, 〈비경 열하(祕境熱河)〉(1936)와 같은 수작을 남기기도 했다. 그러다 만주국 수립(1932) 이후인 1933년 5월 관동군 참모인 고바야시 다카시(小林隆)에 의해 처음으로 '만주국 영화 기구 설립안'이 제시되고, 1937년 8월 '주식회사 만주영

9 러시아와 가까운 만주 일대에는 당시 혁명을 피해 넘어온 백계 러시아 음악가가 많이 살고 있었다. 이것은 만영의 문화사업에도 영향을 끼치게 되는데, 만영을 재정비한 아마카스는 신징 방송국을 매개로 신징 음악단이라는 관영 교향악단을 조직하기까지 한다. 고바야시 히데오, 《만철—일본제국의 싱크탱크》, 임성모 옮김(산처럼, 2004), 198-199쪽 참조. 리샹란의 성악 발성은 러시아 음악인들을 기용해 제작한 그녀의 초기 영화 〈나의 휘파람새(私の鶯)〉(1938)에서도 확인된다.

화협회'가 정식으로 출범하기에 이른다.[10] 만영은 영화의 제작과 발행, 그리고 상영까지 관리한 전문적인 영화 기구였다. 1939년 만주국의 막후 실력자인 아마카스 마사히코(甘粕正彦)가 이사장으로 부임한 이후, 만영은 대대적인 기구 정비에 들어가는 동시에 제작 규모를 확장한다. 그들은 만영에서 제작되는 영화를 크게 '오민(娛民)'과 '계민(啓民)' 그리고 '시사'의 3대 영역으로 구분했다. 그중 '계민' 영화는 이른바 '문화영화'라고 하는, 프로파간다를 직설적으로 제시한 국책영화들이다. 만영 초기인 1937년에 쏟아져 나온, 〈협화의 청년(協和青年)〉, 〈낙토는 빛난다(樂土輝輝)〉 등의 다큐멘터리가 여기에 속한다. 만영은 창립에서 1945년 문을 닫기까지 189편의 다큐멘터리 영화를 제작했다.[11] 이런 영화 속에서 중국인들의 민족운동과 항일활동이 폄하, 적대시되고, 일본의 식민통치는 필연적이고 낙관적인 것으로 묘사되었다.

그러나 국책을 계도할 목적으로 만든 기록 필름은 시장에서의 영향력이 크지 않았다.[12] 그들은 딱딱하고 고압적인 선전 보도 필름만으로는 식민지 관중에게 설득력을 지닐 수 없다는 사실을 알게 되었다. 내지와 식민지(또는 점령지) 사이의 일체감을 고취하기 위해서는 더 유연한 영화 장르가 필요했다. 만영은 관객에게 쉽게 다가갈 수 있는 오락영화를 제

---

10 위의 책, 192-193쪽.

11 만영에서 제작된 영화 중 상당수는 필름이 종전 시 소련으로 옮겨졌으나, 1994년 300여 롤의 필름이 러시아 국립영상자료관으로부터 일본으로 환수되었다. 이중에는 리샹란의 멜로드라마 〈영춘화〉(1942)도 포함되어 있었다. 《滿洲の記錄―滿映フィルムに映された滿洲》(東京: 集英社, 1995), 246쪽 참조.

12 통계에 따르면, 1935년 만주국 경내인 다롄(大連), 신징, 펑톈(奉天, 현재의 瀋陽), 우순(撫順), 하얼빈(哈爾濱) 등지에 분산된 극장들의 경영 상황을 보면, 일본인이 42개소, 중국인이 13개소, 그 밖의 외국인이 14개소였다. 여기에 1936년에 일본인의 4개소와 중국인의 3개소가 각각 증가했다. 또 다른 통계에 의하면, 1934-1935년 사이, 만주국 홍보처가 심의한 영화 가운데, 중국영화는 308편, 일본영화는 123편이지만 미국영화는 무려 825편에 달한다. 그 밖에 소련영화가 14편, 유럽영화가 92편, 기타 국가의 영화가 2편이었다. 胡昶·古泉, 《滿洲國策電影面面觀》(北京: 中華書局, 1990), 7-13쪽.

만영 필름에 등장하던 회사 로고(《百度百科》)

작하는 쪽으로 전략을 수정한다. 이에 연기자 훈련소를 개소하여 총 3기에 걸쳐 강습반을 운영하고, 그 밖에도 개별적으로 연기자들을 발탁했다. 이것은 짧은 시간 내에 만영 수하의 연기자 그룹을 만들어 냈다.[13] 만영의 의도는 이후 제작된 총 108편에 달하는 드라마 영화를 통해서 어느 정도 성공적으로 실현된 것으로 보인다.

이미 상당한 역사를 가진 일본열도의 멜로드라마는 만영의 오락영화에 중요한 모델이 되었다. 그 공식을 따르자면, 멜로드라마의 극적인 효과를 높이기 위해서 무엇보다 선정적인 용모를 가진 여배우가 필요했다. 그렇게 해서 1938년 6월 리샹란은 만영의 특약 연기자로 발탁된다. 예술적인 각도에서 바라볼 때, 리샹란의 연기는 주목할 만한 수준은 아니었다. 데뷔하자마자 멜로드라마의 주인공으로 발탁된 그녀에게는 내면의 연기를 보여 줄 만한 역량이 미처 갖춰지지 않았다. 그녀의 연기는 다만 촬영 현장에서 감독의 지시에 따라 즉흥적으로 움직이는 것에 불과했다. 그럼에도 유년 시절부터 쌓인 교양과 천부적인 용모, 특히 고혹적인 표정은 관중들에게 "이국적이면서도 동양적인 신비감"을 전해 줄 수 있었다.[14] 그런데 만영에 의해 일본인 신분이 비밀에 부쳐짐으로써, 그녀는 스크린 바깥에서도 '리샹란'이라 불리는 만주 출신의 중국인 여성을 가장해야 했다.[15] 식민지 처녀로 둔갑한 그녀는 영화 안에서도 특

13 위의 책, 42쪽.
14 위의 책, 51쪽 참조.
15 그녀는 1941년 도쿄 공연 시 경찰서에 '기예증(技藝證)'을 제출하면서 일본인이란 사

별한 배역을 연기해야만 했다. 멜로드라마에서 그녀는 이국적이고 신비로운 식민지 처녀의 이미지를 통해, 식민지의 관객에게 식민공간에 대한 환상을 품게 한 동시에, 제국의 비상시국에 어떻게 내지에 협력해야 하는지를 계도했다. 그리하여 그녀는 '일만친선(日滿親善)'의 아이돌로서, 일제의 동아시아 문화침략에서 상징적인 아이콘이 되었다.

2 표상으로서의 대륙과 식민지의 중국 상상

리샹란이 지역과 국가의 경계를 초월하여 동아시아의 스타가 된 배후에는, 동아시아 각지의 일본 식민공간에 대한 인식의 변화가 존재하고 있었다. 물론 그 변화는 일본 군국주의 정부가 문화계와 결탁하여 기획하고 부추긴 것이었다. 중국 침략을 주도한 군국주의 정부는 일본 및 기존 식민지와 새로운 점령지 사이의 일체감을 도모하고, 기타 인접국에 침략의 정당성을 선전하기 위해 다양한 측면의 문화사업을 추진한다. 그 결과 중 하나가 바로 만주라는 변방으로부터 리샹란을 초국가적 네트워크로 호명해낸 것이다. 이는 일본의 영화사나 연예 기획사와의 공조 없이 성사될 수 없는 일이었다. 만영에서 찍은 데뷔작이 일본에서 성공한 이후, 리샹란은 일본 영화사들로부터도 주목을 받게 되었다. 그녀의 영화는 대부분 만영 내지는 중국 점령지의 중일 합작 영화사가 일본의 메이저 영화사와 협력하는 방식으로 제작되었다.

실이 알려졌고(〈소식통—李香蘭이는 日本人〉, 《매일신보》, 1941년 2월 15일), 조선 잡지(《삼천리》, 1941년 4월호)에서도 국적을 묻는 조선 여배우 이신재의 질문에 "山口淑子라는 本名을 보드래두 어디 사람인 걸 알잖아요"하고 분명하게 답한다. 그러나 1945년의 상하이 공연 때는, 중국 여기자의 힐난을 받고서 중국인으로서 만영의 치욕스런 영화에 출연한 것을 사죄하기도 한다. 그녀가 중국인이다, 일본인이다, 심지어 조선인이다 하는 소문은 그녀가 일본으로 강제 출국당하는 1945년까지 사라지지 않았다.

대륙 3부작을 살펴보기 위해서는 먼저 만주에서 제작된 그녀의 초기작 3편이 왜 '대륙' 3부작이라 불렸는지에 주목할 필요가 있다. 당시 일본에서 '대륙'이라는 명명이 일본의 '대륙 진출' 즉, 중국 침략과 관련되어 있다는 사실이 새삼스러울 것은 없다. 그것은 우선 1931년 일본이 일으킨 만주사변과 1932년의 만주국 건국, 1932년과 1937년에 도발한 1·2차 상하이사변, 그리고 1937년 7월에 시작된 중일전쟁 등에 기인한다. 다른 한편으로 영화계 내부의 변화로 볼 때, 이 '대륙영화'란 말은 총체적으로 일본열도 전체가 '대동아전쟁(태평양전쟁)'의 분위기로 휘말려 들던 1941년경 제기된 '국민영화'라는 대표적인 국책영화 슬로건이 나오기까지 영화계가 변천하는 과정에서 제기된 말이기도 했다. 비록 그 구체적인 개념이 확정적이었던 것은 아니지만, 영화사적인 맥락에서 언급되는 '대륙영화'라고 하는 것은 일반적으로 일본의 국내 영화사가 중국 대륙을 소재 혹은 배경으로 제작한 영화를 가리킨다. 그러나 더 광의의 개념으로서 '대륙영화'라고 하는 문맥 안에는, 일본인들이 중국에 설치하거나, 중국인들과 합자한 세 개의 영화사 즉, '만영', '중화영화사(中華電影)', '화북영화사(華北電影)'가 제작한 작품이 포함되기도 했다. 그래서 당시 일본의 영화 전문지에 의해 창설된 '대륙영화란'에 의하면, 때로는 중국인들이 중심이 된 영화(주로 '중화영화사'가 제작한 작품)도 마치 대륙영화의 하나인 것처럼 싣고 있었다.[16]

그 가운데 리샹란의 대륙 3부작은 가장 전형적인 '대륙영화'로 통칭되었다. 리샹란과 대륙영화는 "지금까지의 대륙영화는 리샹란·하세가와 가즈오(長谷川一夫) 커플과 그 아류에 한정되어 있다"[17]는 말이 나올

16 晏妮, 〈'大東亞映畫'への階段一'大陸映畫'試論〉, 岩本憲児 編, 《映畫と'大東亞共榮圈'》(東京: 森話社, 2004), 132쪽. 중화영화사는 일본인들이 주도하여 합작 형태로 출발했지만, 제작진과 배우는 거의 중국인이었다.

17 하세가와 가즈오는 대륙 3부작에서 리샹란의 상대역을 맡은 남성 배우이다. 인용된 말은 〈中日合作映畫の將來〉, 《映畫評論》(1942.4), 앞의 책, 141쪽에서 재인용. 이 기사

'대륙영화'의 모델이 된 〈아세아의 처녀〉(National Film Archive of Japan)

정도로 밀접한 관련이 있었다. 그러나 리샹란의 대륙 3부작에 관련한 '대륙'이라는 명명은 1930년대 후반, 일본에서 유행한 여성영화의 멜로드라마 형식을 취하면서도, 영화의 한 요소로서 또는 개별 인물로 표현된 것으로 보이는 '대륙'(여성)의 표상을 연장해서 말한 것에 불과했다. 즉 실제 영화 속에서 '대륙'의 의미는 내지와 타자화된 이국적인 식민지(또는 점령지)로서의 중국을 지시하는 것 이상이 아니었다. 일본의 극영화에서 '대륙영화'의 유행을 불러온 〈아세아의 처녀(亞細亞の娘)〉(1938)[18]

는 대동아 영화정책을 논하는 현지에서의 좌담회 기록이다.

18 일본의 신코키네마가 일본 육군과 해군, 그리고 왕징웨이 괴뢰정부의 협찬을 받아 제작한 이 영화는 친일 성향 가정의 중국 여성과 그녀를 사랑하는 일본 신문기자 사이에서 전개되는 이야기를 담아내어, 이후 유행하게 되는 대륙영화 멜로드라마의 원형이 되었다.

가 그랬던 것처럼, 리샹란의 세 작품에서도 '대륙'은 대륙 로케이션에 의해 실현된 풍경으로서의 '대륙'과, 젊은 여성으로 압축된 정신적인 '대륙'만을 표상하고 있다. 그것은 복잡한 모순을 안고 있는 현실의 중국대륙이 아니라 낭만적인 환상으로 가득한 복지의 땅으로 관객에게 제시되었다. 이같이 일본 대중문화에서 일어난 '대륙' 열풍은 식민지에서의 중국 인식에도 어느 정도 영향을 끼쳤다.

당시 중국에 대한 관념 변화는 식민지의 매체에서도 그 동향이 잘 나타난다. 조선에서 발간된 유명 잡지 《삼천리》 1940년 6월호에도 '신지나(新支那) 문학 특집'이라는 주목할 만한 특집이 실린다. '신지나'는 일본의 관할하에 들어간 점령된 중국 영토를 말한다. 수록된 작품들은 목록만으로도 나름대로 당시 중국의 유명 작가들을 두루 망라하려 했음을 알려 준다.[19] 번역자들의 명성 또한 그에 못지않아, 박영희, 김학주, 박태원, 최정희, 박계주 등 당시 조선의 문장 대가들이 대거 참여했다. 중국어를 전혀 모르는 조선의 대표 문인들이 일본어 번역문의 한글 중역(重譯)에 동원된 것이다. 같은 잡지 1941년 4월호에는 또한 '상해 현지 특집'이라는 35쪽이나 되는 또 다른 특집이 실린다.[20] 이 글들은 일본에 완전히 점령된 상하이의 정치와 문화 상황, 그리고 중국 내 조선인의 사

19 빙신의 시 〈哀詞〉, 궈모뤄의 시 〈黃浦江口〉, 쉬즈모의 시 〈偶然〉, 그 밖에 궈모뤄의 부인 사토 도미코(佐藤富子)가 쓴 〈나의 男便 郭沫若〉, 인터뷰 기사 〈周作人 방문기〉 외에, 소설에서는 린위탕의 〈北京好日〉, 샤오쥔(蕭軍)의 〈사랑하는 까닭에(원제: 爲了愛的緣故)〉, 링수화(凌叔華)의 〈花之寺〉 등이 실렸다. 또한 같은 잡지 1941년 12월호에도 박순천이 베이징에서 투고한 〈(支那女流作家)冰心·丁玲의 作品〉이란 평문이 실렸다. 이에 대해서는 졸고, 〈日據末期韓國期刊登載中國現代文學漢語譯文的背景及特點—以《三千里》月刊爲中心〉, 《중국어문논총》(중국어문연구회) 제43집(2009.12) 참조.

20 수록된 글을 살펴보면, 〈日·支 제휴와 支那의 富源〉, 〈上海 朝鮮人의 實情〉, 중국인이 쓴 〈朝鮮視察記〉, 일본인이 쓴 〈事變과 支那 民族性〉, 그리고 특파 기자가 쓴 〈上海滬江大學 教授 趙東善 訪問記〉, 상하이와 우한 현지의 조선인이 투고한 〈中支文化의 諸團體〉, 〈漢口의 朝鮮人 現狀〉, 그리고 《上海時報社》 총경리가 보낸 〈中支의 朝鮮人 諸問題〉 등이었다.

정 등을 비교적 상세하게 기록하고 있다. 시대의 음영은 두 특집의 서두에서부터 분명하게 드러난다. '신지나 문학 특집'을 장식한 첫 번째 글은 당시 괴뢰 난징 정부의 수장인 왕징웨이의 친일시(詩) 〈신중국의 건국가(建國歌)〉였고, '상해 현지특집'의 첫 면에는 "황군이 점거한 이래, 치안이 점차 회복되어 가서, 지금은 동아 신질서의 건설 면에 있어 중대한 역할을 하고 있는 '대상해(大上海)'의 전모(全貌)"라고 쓰여 있다. 이미 '동아 신질서의 건설'이란 언급이 출현한 것으로 보건대, 이 특집은 조선영화가 1940년 이후 '대동아 신질서' 체제에 따른 보다 강경한 제재를 받게 된 것과 같은 정치적 맥락에서 추진된 것이었다.

조선 경내에서 그처럼 중국에 관심이 일어난 것은, 불과 수년 전에 발생한 '만보산(萬寶山) 사건' 당시와 비교했을 때, 매우 대조적이라고 하지 않을 수 없다. 1931년 7월 중국의 지린성(吉林省) 완바오산 일대에서 일어난 이 사건은 수로 공사를 둘러싸고 발생한 조선 농민과 중국 농민 사이의 분규를 말한다.[21] '만보산 사건' 이후 조선 신문의 선정적인 보도는 조선 경내의 배화(排華) 감정을 더욱 부채질했다. 그러나 경성에서의 파문이 잦아들기도 전에, 일본 식민정부는 이미 조선인의 만주이민을 장려하기 위해 만주와 조선 사이의 친화 전략을 꾀하고 있었다. 만주를 점령은 했지만, 일본인의 이민율이 저조하자 일제는 조선 농민의 만주이민을 국책으로 추진했다. 일본 제국주의자들이 발호한 기만적인 국제주의의 망상 아래, 만주는 점차 조선인의 상상 안에서 개간을 기다리

21 이 분규는 애초에 간단하게 해결될 수 있었지만, 일본 경찰의 개입 이후 사건이 더욱 복잡해 졌고, 《경성일보》 등 당시 조선의 주요 일간지들까지 이 사건에 가세해 확대 보도를 하면서, 조선 경내에서 배화 감정이 팽창하는 사태에 이르게 된다. 급기야 화교를 구타하거나 심지어 살해하기까지 하는 사건이 일어나자, 경성의 신문사들은 사태를 진정하기 위해 부랴부랴 기사 서술의 논점을 바꾼다. 사건이 이처럼 확대된 데는 조선인의 민족주의적 감정을 만주 통치에 악용하려는 일제의 기만적인 전략과 당시 조선 신문사들의 상업주의적 경쟁심리가 크게 작용하였다. 김려실, 〈인터/내셔널리즘과 만주〉, 《상허학보》 제13집(2004.8), 395-399쪽 참조.

1932년 만주국 건국 당시 홍보 포스터. 이른바 일, 몽(蒙), 만(滿), 선(鮮), 한(漢)의 오족협화 슬로건을 표현했다(나고야시 박물관).

는 황무지, 찬란한 미래가 담보된 복지의 땅으로 변신하고 있었다. 만주는 이미 조선의 피식민자들에게 고난의 현실에서 벗어날 수 있는 약속의 땅처럼 여겨지게 된 것이다.[22] 이뿐만 아니라 식민교육을 통해서도, 조선인들은 일제가 구상한 이른바 '대동아공영권'이라는 새로운 국제질서 속에서 일본의 '내지'와 연계되는 지역으로서 초국가적인 공간으로 만주를 상상하기 시작한다. 일제가 제창한 오족협화(五族協和)라는 '공영(共榮)'의 논리 하에서, 조선인의 만주에 대한 관념은 이처럼 수년 전의

22 1931년 만주사변 이후 조선인의 만주 이주는 크게 성격이 바뀌었다. 즉, 1927-1930년 말에 이르는 3년간 이민자 수는 4만 8,839명이 증가해, 연평균 이민자가 1만 6,279명이었던 데 비해, 1933-1936년 말에는 연평균 7만 1,462명으로 증가하고, 1945년에 이르면 무려 200만 명에 달하게 된다. 다음 백과, 〈만주 이주〉 항목, https://enc.daum.net/encyclopedia.

양상과 사뭇 달라지기 시작했다.[23]

만주와 만영 관련 소식이 조선 신문에 심심찮게 보도되는 가운데, 1939년 이후로는 리샹란의 근황도 등장한다. 그녀의 일거수일투족은 조선의 사설 간행물들이 즐겨 다루는 가십거리가 되었다. 기대에 부응이라도 하는 듯이, 리샹란의 조선에 대한 언급도 칭찬 일색이다. 조선 기자와의 어느 인터뷰에서 리샹란은 조선의 자연과 풍속, 의복이 얼마나 아름다운지 부단히 상찬한다. 이뿐만 아니라

《조선일보》 1939년 9월 10일 자에 실린 사진 "아담(雅談)—만영의 스타 이향란 양"

그녀는 자기가 최승희의 무용에 반했으며 그녀와 영화를 함께 찍고 싶다고 말한다. 그녀는 또한 조선 영화인들의 이름을 일일이 거명하며, 자신과 그들과의 우정, 그리고 자신의 조선영화에 대한 지식을 과시한다. 심지어 그녀는 경성의 기생으로부터 받은 특별한 팬레터를 소개하기까지 한다. 마지막으로 기자가 결혼 상대로 어떤 남성을 원하느냐는 질문에, 그녀는 "남성으로서의 자격만 있으면 어느 민족이든 좋와요. 더욱 조선 남자로부터는 봉천(奉天) 있을 때에 열렬히 프로포즈를 당한 일까지 있고 하니까요"라고 대답한다.[24] 이는 매우 개방적인 태도처럼 보이지만 사실 당시 만주에서 적극적으로 선양되던 '오족협화'의 프로파간

23 '오족'은 조선인, 만주인, 한인, 몽골인, 야마토인(일본인)이었으며, 경우에 따라 그 안에 조선인 대신 러시아인을 포함하는 경우도 있었다. '오족협화'는 실질적인 공영이 아니라 사실상 소수 인구에 불과한 일본 개척민의 만주 정착을 위한 기만책이었다.

24 이태우 취재, 〈이향란의 예술과 사생활—조선을 동경하는 그 마음도 아릿다워라〉, 《조광》, 1940년 4월호, 188-194쪽.

《조광》 1940년 4월호에 실린 한복을 입은 리샹란

다를 그대로 되풀이한 것이다. 그 당시의 기사들은 조선 독자가 더욱 리샹란에 공감할 수 있도록 예의 특별한 시각자료들을 제공하는데, 심지어 그녀가 한복을 입고 있는 사진까지 게재된다. 인쇄 매체 속의 사진들은 영화 속 리샹란의 환상적인 이미지를 현실로 매개하여 조선의 독자들에게 친밀감을 더하게 했다.

이 무렵 식민지 조선의 영화문화는 커다란 변화를 겪게 된다. 1940년 조선총독부는 '조선영화령'을 반포하게 되는데, 이는 영화의 제작과 발행, 배급을 철저하게 통제하는 조치로서, 영화산업 허가제, 영화 제작자 및 영화 예술인 등록제, 극본 사전 검열제, 외국영화 상영 제한, 문화영화 상영 강제, 오후 2시 이전 영화관람 금지 등등의 부칙을 포함하고 있었다. 조선인이 영화를 제작하려면 일련의 전제를 반드시 따라야 했는데, 그 전제란 영화가 응당 생활을 지도하는 일종의 '생활독본(生活讀本)'이 되어야 하며, 나아가 국가의 큰 이상을 위해 전개하는 성전(聖戰)의 무기가 되어야 한다는 것이었다. 따라서 '내선일체'의 국책을 담지 않은 영화는 엄두조차 낼 수 없고, 심지어 조선인들만 출연하는 영화에도 일률적으로 일본어 전용이 강제되었다. 이러한 영화계의 새로운 국면은 당시에 이름하여 '영화의 신체제'라 불렸다. 반면에 '내선일체'의 국책을 충실하게 따른 새로운 영화들은 총독부의 지원을 받으며 일본열도와 만주 등지로 '수출'되기까지 했다.[25] 조선 영화령은 경성부 내에서 극장을 운영하던 조선의 기업인들에게도 심각한 타격이 되었다. 그 결과는 일본 영화사가 운영하는 극장 체인이 경성부 내에 눈에 띄게 증가하기 시작한 점에서 확인된다.[26] 1943년 경성에서 영업 중인 17개의 영화관 중 조선인이 경영하는 곳은 화신극장 단 한 곳에 불과했다.

리샹란의 영화는 이처럼 조선인들의 영화제작과 극장업이 극도로 위축되고 경색되었을 때 조선에 들어온다. 만영이 일본에서의 감수를 거쳐 처음으로 수출한 〈원혼복구〉가 1939년 12월에 개봉된 이래, 일본 패전 직전의 마지막 영화 〈야전군악대〉가 1945년 1월에 개봉되기까지, 리샹란이 주연한 거의 모든 영화가 한반도에서 상영되었다. 그녀의 영화

25 〈조선영화문화와 신체제 특집〉(《삼천리》, 1941년 6월호)과 이준식, 〈일제 파시즘기 선전 영화와 전쟁 동원 이데올로기〉(《동방학지》[연세대학교 국학연구원] 124호[2004]) 참조.

26 동보극장, 약초극장(스카라극장의 전신), 성보극장, 동보중앙극장 등은 일본의 도호(東寶)영화사가 경영했다. 명치좌, 대륙극장(단성사가 개명, 이 시기 일본인 소유), 성남영화극장 등은 쇼치쿠(松竹)영화사가 경영했다. 그 밖에 니카쓰(日活)영화사가 희락관(喜樂館)을, 신코(新興)영화사가 경성극장을 운영했다. 일본인이 경영하는 극장에서 '내선일체' 영화의 방영은 당연시되었고, 조선의 민족문화는 점차 스크린에서 배제되었다. 김려실, 《투사하는 제국, 투영하는 식민지》(삼인출판사, 2006), 269쪽.

27 리상란 영화의 경성 개봉 상황은 아래의 표와 같다.

영화 제목	개봉 시기	경성의 개봉 극장
원혼복구(冤魂復仇)	1939. 12	대륙극장(구 단성사)
백란의 노래(白蘭の歌)	1939. 12	약초극장(若草劇場, 해방 후 스카라극장)
동유기(東遊記)	1940. 2	약초극장
지나의 밤(支那の夜)	1940. 6	약초극장
손오공(エノケンの孫悟空)	1940. 11	약초극장
아름다운 희생(美しき犧牲)	1941. 2	명치좌(明治座, 현 명동예술극장)
열사의 맹서(熱砂の誓ひ)	1941. 4	낭화관(浪花館, 해방 후 명동극장)
소주의 밤(蘇州の夜)	1941. 12	명치좌
영춘화(迎春花)	1942. 6	대륙극장
전쟁의 거리(戰ひの街)	1943. 3	명치좌, 약초극장 동시 개봉
사용의 종(サヨンの鐘)	1943. 7	명치좌, 약초극장, 경성극장 등 동시 개봉(10월, 대륙극장에서 재개봉)
맹서의 합창(誓ひの合唱)	1943. 9	명치좌, 약초극장 동시 개봉
야전군악대(野戰軍樂隊)	1945. 1	명치좌, 성보극장(城寶劇場, 해방 후 국도극장) 동시 개봉

는 경성의 주요 극장에서 한 해 2, 3편씩 꾸준히 개봉되었다.[27] 당시 대표적인 일본어 신문인《경성일보》와《조선신문》을 보면, 그녀가 출연한 영화와 관련 음반 광고가 1945년 초까지 지속해서 실려 있음이 확인된다. 반면 한글 신문인《조선일보》와《동아일보》는 1940년 8월에 강제 폐간되었기 때문에, 그녀에 관한 기사도 〈지나의 밤〉까지로 한정된다.

조선에서의 인기에 힘입어, 조선의 영화 제작자들도 그녀가 출연하는 만영과의 합작영화를 추진했다.[28] 하지만 리샹란의 조선영화 출연은 1941년 조선군(당시 조선 주재 일본군) 보도부가 제작한 극영화 〈그대와 나(君と僕)〉(허영 감독)에 와서야 실현된다. 〈그대와 나〉는 조선 청년의 지원병 입대를 독려하기 위해 제작한 대표적인 '내선일체 총력 영화'였다. 리샹란은 '만주의 소녀'라는 이름도 없는 조연을 맡기 위해 이 영화에 동원된다. 영화 줄거리상으로는 부여의 백마강이 배경이지만,《삼천리》 잡지에 실린 촬영일지를 보면, 리샹란은 상하이에서 출발하여, 일본 지바(千葉)현 도네강(利根川)에서 진행된 촬영에 잠시 합류한 듯하다.[29] 이 영화는 니카쓰(日活), 도호, 쇼치쿠에서 간판 배우들이 총출동하는 등 제국 정부의 대대적인 지원을 받으며 제작되었다. 그러나 상대적으로 리샹란은 영화의 이름값을 높이고자 만영을 대표해 이미지를 잠깐 빌려주는 역할을 하는 데 그친다. 이 작품은 오늘날 24분짜리 필름이 남아있을 뿐인데, 사공으로 출연한 가수 김정구가 〈낙화 삼천(落花三千)〉을 부르고, 이어 나룻배에 탄 남자 주인공(조선인 일본군) 역의 김영길이 우리 민요 〈양산도〉를 부르자, 리샹란이 강변에서 이 노래를 따라 부르는 장

28 만주를 배경으로 조선인들의 이민사를 다룬 친일영화 〈복지만리(福地萬里)〉(만영과 고려영화협회 합작, 1940)이 성공하자, '고영'의 대표 이창용은 1940년 5월 리샹란에게 그녀가 조선에 와서 〈복지만리〉의 후속작을 함께 제작할 것을 요청했지만, 실현되지는 못했다. 〈서울에 온 李香蘭〉,《조선일보》, 1940년 5월 11일 참조.

29 김소영, 〈朝鮮軍製作·志願兵映畵 〈그대와 나〉의 內地撮影日記〉,《삼천리》, 1941년 12월호와《삼천리》 1941년 9월호에 실린 좌담회 기사 참조.

영화 〈그대와 나〉에서 민요 〈양산도〉를 우리말로 따라 부르는 리샹란과, 인사를 건네는 조선인 주인공(김영길 분). 오른쪽 표시판에 '부여 백마강'이라고 한글로 적혀 있지만, 이 신은 실제로는 일본에서 촬영되었다.

면이 확인된다.[30]

리샹란은 1944년 조선에서 제작된 국책영화 〈병정님〉(방한준 감독)에도 병사들 앞에서 위문 공연을 하는 모습으로 잠깐 등장한다. 용산의 조선 육군(일본군) 훈련소에서 야외 촬영된 이 신에서 그녀는 〈베이징의 자장가〉를 부른다. 고작 이 짧은 신뿐인 그녀의 뜬금없는 출연은, 국책영화에 그나마 볼거리를 만들어 내기 위해 조·일·만의 유명 예술인을 총출동시킨 신에서 보인다. 그녀는 조선 성악가 마금희, 일본 성악가 히라마 분주(平間文壽), 조선 바이올린 연주자 계정식, 그리고 조선 무용수 조택원의 공연에 이어 위문 공연 시퀀스의 맨 마지막에 등장한다.[31] 사실

---

30 이 영화는 시나리오(번역본은 《해방 전[1940-1945] 상영 시나리오집》[2004, 평민사] 참조)만 있고 필름은 오랫동안 분실된 것으로 여겨져 왔지만, 2009년 4월 필름의 20%(총 24분) 정도가 발견되어 서울의 한국영상자료원과 도쿄의 국립 필름센터 등에서 공개되었다. 渡辺直紀, 〈李香蘭映画の植民地朝鮮·台湾における受容〉, 《武蔵大學人文學會雜誌》 第48巻 第2號(2017.3), 89-90쪽.

31 이 영화는 2006년 중국영화자료관에서 발견되었다. 리샹란이 부른 일본노래 〈베이징의 자장가(北京の子守唄)〉(1941, 고가 마사오[古賀政男] 작곡)에서 가사 첫머리의 "붉은 지붕 금색 지붕, 꿈의 성채"는 자금성을 뜻하는데, 이는 중국 점령지를 향수의 대상으로서 낭만적으로 표현한 것이다. 히라마 분주가 부른 〈이 길(この道)〉과 계정식

그녀는 영화가 주목적이 아니라, 조선군 보도부의 요청으로 약초(若草) 가극단과 합동으로 꾸려진 군대 위문 공연차 방문하면서, 카메오로 출연한 것이었다.[32]

일본의 식민지였던 대만에서의 리샹란에 대한 반향 역시 조선과 크게 다르지 않다. 첫 상영작인 〈백란의 노래〉가 영화 애호가들만의 주목을 받았던 것에 비해, 1940년 2월 타이베이의 국제관에서 개봉된 〈지나의 밤〉은 폭넓게 관객을 불러들였다. 영화의 주제곡 또한 극장 밖에서 크게 유행했다. 이미 '황민화' 시국으로 접어든 대만에서 그녀가 중국인이냐 일본인이냐 하는 것은 사실상 문제 되지 않았다.[33] 1941년 1월 대만 순회공연을 가진 리샹란은 1943년 두 번째로 대만을 방문하여 만영과 쇼치쿠, 그리고 대만총독부가 연합 제작한 영화 〈사용의 종(サヨンの鐘)〉에 주연으로 출연한다.

〈사용의 종〉의 줄거리는 1938년 일제 치하 타이베이주(州) 쑤아오군(蘇澳郡)의 원주민 거주지[34]에서 발생한 실제 사건에 근거한다. 타이야족 소녀 사용은 입대하기 위해 귀국하는 일본인 교사를 전송하러 가다가 실족사하는 변을 당한다. 사용의 이 '의로운' 행위를 선양하기 위해, 대만 총독이 그 지역에 복숭아 모양의 구리 종을 보냈는데, 이것이 바로 대만에서는 꽤 유명해진 '사용의 종'이다. 지방신문에 단신으로 실렸던

이 연주한 〈해변의 노래(浜邊の歌)〉도 모두 향수를 표현한 곡들이다.

32 황군 위문차 조선 방문 소식은 〈歌ふ李香蘭, 朝鮮軍を慰問〉, 《京城日報》, 1944년 3월 25일 자 기사 참조. 조선에서 제작한 두 영화는 리샹란의 다른 수입영화들보다도 더 대대적으로 상영이 장려되었다. 〈그대와 나〉는 1941년 11월에 경성의 명치좌와 성보(城寶)극장을 비롯, 부산, 평양, 함흥에서 동시 개봉되었고, 1944년 6월에 개봉된 〈병정님〉은 경성에서만도 성보, 대륙, 약초, 명치좌, 중앙(해방 후 중앙극장), 경성(해방 후 서울극장) 등 여러 곳에서 동시 개봉되었다.

33 葉龍彦, 《日治時期臺灣電影史》, 303쪽.

34 현재의 이란현(宜蘭縣) 난아오향(南澳鄉)의 타이야(泰雅)족 마을 리유헝서(利有亨社)를 가리킨다.

《경성일보》 1943년 7월 18일 자에 실린 〈사용의 종〉 광고

원주민 소녀의 실족사 소식은 후일 확대 보도되어, 총독부의 성공적인 원주민 정책[理蕃政策]을 입증하는 성공적인 사례로서 선전되기에 이른다. 사용의 일화는 식민 시기 대만에서 이른바 '기미가요 소년'[35] 이야기와 더불어 나란히 황민화정책의 선전모델로 공고해진다. 사용의 '미담'에 대한 일련의 선전 활동 중 대미를 장식한 결정판이 바로 영화 〈사용의 종〉이었다.

영화 〈사용의 종〉의 로케이션은 난터우(南投)현에 있는 원주민 마을 우서에서 진행되었다. 무대가 실제 사건 발생지인 이란(宜蘭)현에서 우서 마을로 바뀐 것은 촬영의 편의성보다는 또 다른 의도가 있었기 때문이다. 우서는 1930년 일본의 원주민 통치에 반발하는 대만 사상 최대의 항일운동이 시디크족에 의해 발생한 곳이다. 즉, 저항운동의 의미를 희석하고 식민정부의 원주민 정책을 미화하고자, 일부러 항일운동을 진압한 현장에서 촬영을 진행한 것이다.[36] 이 영화는 이뿐 아니라 원주민들

35 이른바 '기미가요 소년(대만에서는 '國歌少年'으로 지칭)'은 1935년 대만의 신주(新竹)에서 발생한 대지진 중 조난을 당한 소년 잔더쿤(詹德坤)을 가리킨다. 이 소년은 결국 사망했는데, 임종 직전에 큰 소리로 일본 국가를 부른 것이 알려지면서, 대만총독부에 의해 황민 교육의 모델로서 대대적으로 선전되었다.

36 영화 속에서 지원병 모집에 자원하는 원주민 청년의 이름도 우서의 저항운동을 이끈

〈영원한 향기〉의 일본어판 포스터. 리샹란 옆의 천윈창은 이 시기 상하이의 톱스타였다(getarchive.net).

의 실제 생활 풍습을 크게 왜곡하기도 했다. 이 영화는 조선에서도 총독부의 장려하에 1943년 7월과 10월 두 차례나 여러 극장에서 일제히 개봉된다.

만주에서 촬영된 멜로드라마들이 그래도 낭만적인 사랑 이야기가 중심이었다면, 리샹란이 출연한 조선과 대만영화들은 노골적으로 지원병을 독려하는 훨씬 강도 높은 군국주의의 메시지를 담아낸다. 일본의 도발을 '성전'으로 미화하고, 군국주의의 지침에 협력할 것을 직설적으로 제기한다. 이러한 차이는 만주와 기타 식민지 간에 정책이 달라서가 아니라, 만영 초기와 같은 영리 추구가 대폭 축소되었기 때문이다. 즉, 시기적으로 1941년 이후 영화계에 대한 전시체제의 영향이 전반적으로 더 강화된 점이 작용한 것이다. 사실상 〈영춘화(迎春化)〉(1942) 이후의 리샹란 영화는 대중들에게 완전한 프로파간다로 여겨질 만한 것들이었다.

한편 리샹란은 상하이에서도 영화를 찍었는데, 그 유일한 영화가 바로 〈영원한 향기(萬世流芳)〉(부완창·마쉬웨이방[馬徐維邦]·주스린[朱石麟] 공동감독, 1943)이다. 일본의 상하이 점령 시기에 일본인이 경영한 중화영화사와 만영이 합작한 이 영화는 아편전쟁의 영웅인 린쩌쉬(林則序)를 에워싸고 전개되는 사랑과 모험을 그렸다. 제작 목적은 당연히 중국의 민

추장의 이름을 의도적으로 따서 '모나'라고 붙여졌다. 洪雅文, 〈戰時下の台灣映畫〈サヨンの鐘〉〉, 岩本憲兒 編, 《映畫と〈大東亞共榮圈〉》, 195쪽.

족 영웅에 대한 찬양이 아니라, 일본과 적대 관계였던 영국을 잔혹한 침략 국가로 인식시키는 데 있었다. 관객의 심금을 울린 주인공도 린쩌쉬보다는 극 중의 세 여성 인물, 즉 침착하고 의연한 장징셴(張靜嫻, 천윈창[陳雲裳] 분), 도량이 넓은 린쩌쉬의 아내 정위핑(鄭玉屏, 위안메이윈[袁美雲] 분), 그리고 리샹란이 연기한 아름답고도 용감한 펑구(鳳姑) 쪽이었다. 영화 제목 '영원한 향기'가 상징하는 인물도 린쩌쉬가 아니라 영국군과 싸우다 장렬히 숨지는 장징셴으로 여기게끔 유도된다. 여성 주인공들의 감성적인 줄거리는 사실 실제 역사와 무관한 극적 설정이었다. 하지만 일본 측의 애초 의도와 달리, 이 영화는 영국에 대한 반감보다 오히려 항일 정서를 자극하는 역효과를 냈다. 이 영화는 기본적으로 중국인들이 만들었다 할 수 있지만, 일본 측의 기획 의도로 인해 후일 중국에서 논란의 대상이 되었다.[37]

3 멜로드라마와 이국주의가 전파한 허상

멜로드라마는 "인간의 원초적 감성이라는 토양에, 보편적 선악론의 뿌리를 내리고, 감상과 선정의 잎에서 광합성 된 재미와 감동이라는 열매가 맺는" 생명력 있는 장르이다. 그러나 멜로드라마의 등장인물은 대개 유형적이라는 결론에 도달한다. 남녀 주인공은 순진 가련형이고, 악한은 인면수심의 비인간적 괴물이다. 플롯은 음모와 폭력으로 점철돼 있

37 일본 점령하에서 발간된 《상하이 영화계(上海影壇)》 1944년 2월호는 이 영화를 '최우수 영화'로 선정했지만, 1963년 청지화(程季華)의 《중국영화발전사(中國電影發展史)》에서는 "중국 인민의 애국주의라는 숭고한 정서를 악용, 이른바 '영미 침략주의의 죄악 청산'이란 명목하에 애국지사 린쩌쉬의 형상을 왜곡했고, 반역사주의 관점으로 가득하다"고 혹평한다. 傅葆石·劉輝, 〈淪陷區電影中的'鴉片戰爭'〉, 《二十一世紀雙月刊》 2008年12月號(홍콩: 中文大學中國文化研究所), 66쪽.

고, 그 개연성은 극적 효과와 연민의 정을 고취하기 위해 희생된다.[38] 따라서 멜로드라마는 권선징악이라는 형식적인 틀을 견지하며, 선악이 뚜렷한 배역들은 관중의 감정에 기대어, 갖가지 독특한 상황을 통해 관중에게 분노와 동정을 얻어 낸다. 리샹란의 멜로드라마 역시 식민정부의 관제 윤리를 충실하게 구현하는 가운데, 여느 멜로드라마처럼 선과 악의 이분법으로 전형화된 인물을 축선으로 사건의 갈등이 일어난다. 관중의 몰입을 유발한 것은 당연히 메시지가 아니라 줄거리의 기복에 있었다. 그리고 줄거리의 반복되는 상투성을 보완한 것은 주연 배우의 호소력 있는 표정과 영화 속 주인공의 순결한 감정이었다. 여기에 이국주의적 풍경과 낭만적인 음악이 더해진다.

낯선 이국의 경치와 현상을 통해 정감을 움직이는 이국주의적 동경은 현대적인 퇴폐와 절망의 사조가 가져온 것이다. 이국주의는 현실에서 도피하려는 경향이 있기에, 종종 낭만주의와 결합하곤 한다. 이것은 또한 식민주의자들이 영화를 통해 통치의 당위성을 보여 주기 위해 필연적으로 끌어들이는 방법이자 과정이기도 했다. 근대 식민주의는 구조사적으로 기술될 수 있는 지배 관계일 뿐 아니라, 동시에 이러한 관계에 대한 특별한 해석이라고 할 때, 그 관계의 핵심에는 특정한 의식 태도가 존재한다.[39] 식민주체의 문화적 우월성을 입증해 보이기 위해서는, 피식민 문화를 타자화시키는 특별한 전략이 필요하기 때문이다. 대륙 3부작은 '대륙'으로 대체된 중국을 '내지'로부터 타자화시키기 위해, 이국적인 풍경과 이국적인 여주인공을 내세운다. 이 여성 주인공이 멜로드라마적 감성과 이국주의를 발산하는 결정적인 역할을 하도록 설정됨은 부연할 필요가 없겠다.

38 김진식, 〈야누스의 얼굴—멜로드라마의 실상〉, 《한국연극학》(한국연극학회) 3권(1989.1), 216-218쪽.
39 위르겐 오스터함멜, 《식민주의》, 박은영·이유재 옮김(역사비평사, 2005), 32쪽.

〈백란의 노래〉에서의 하세가와 가즈오와 리샹란(getarchive.net)

대륙 3부작의 줄거리는 대략 이러하다. 첫 번째 영화인 〈백란의 노래〉(1939)에서 만철의 기술자인 마쓰무라 고키치(松村康吉)는 만주 토호의 딸 리쉐샹(李雪香)을 연모한다. 그러나 공산주의자인 쉐샹의 사촌오빠는 두 사람의 결합에 반대한다. 이즈음 마쓰무라의 집안이 거액의 채무로 파산하게 되자, 마쓰무라는 사직을 하고 동생 부부와 함께 개척촌으로 이주한다. 마쓰무라와의 연락이 두절되자, 쉐샹은 그를 찾아 홀로 무작정 개척촌으로 나섰다가 마쓰무라 동생의 아내를 보고 그가 결혼한 줄 오해한다. 쉐샹은 일본인에게 기만을 당했다고 생각하고 사촌오빠의 권유를 받아들여 항일군에 가입한다. 그러나 쉐샹이 마쓰무라로부터 답장을 받지 못한 것은, 그들의 결합을 막으려고 오빠가 편지를 전해주지 않았기 때문이다. 곧이어 루거우차오(蘆溝橋) 사변이 터지고 중일간의 전면전 상황이 벌어진다. 마쓰무라의 변심이 오해였음을 뒤늦게

〈백란의 노래〉에 등장하는 펑톈의 쓰핑가(四平街, 현재의 중가[中街]) 옛 사진(《遼寧日報》, 2020. 10. 28)

안 쉐샹은 철도건설 현장에서 일하던 마쓰무라에게 홍군 유격대의 철도 기습 '음모'를 알리고 속죄한다. 두 사람은 홍군의 기습에 맞선 총격전에서 차례로 죽음을 맞음으로써 영원히 하나가 된다.

두 번째 영화인 〈지나의 밤〉(1940)에서는 상하이로 무대가 옮겨진다. 일본 화물선의 선원인 하세 데쓰오(長谷哲夫)는 술집에서 위기에 빠진 중국 아가씨 구이란(桂蘭)을 구해낸 뒤 첫눈에 반한다. 일본군의 공습에 양친을 잃은 구이란은 일본인에 대해 적개심이 있었지만, 하세의 품성을 보고 점차 그를 받아들여 백년가약을 맺는다. 하세가 처음 맞닥뜨린 구이란의 이미지, 즉 '구조가 필요한 흉한 여성'[40]은 일본인 시각에서의 중국에 대한 메타포이기도 했다. 그럼에도 잘못 전달된 남편의 부음과 아내의 좌절, 그리고 생환한 남편과의 극적인 상봉에 이르기까지 결혼

40 Peter B. High, *The Imperial Screen: Japanese Film Culture in the Fifteen Years' War, 1931-1945*(University of Wisconsin Press, 2003), 278쪽.

〈지나의 밤〉: 쑤저우의 후추탑(虎丘塔)(getarchive.net)

후에도 반복되는 애정의 우여곡절은 리샹란의 어느 작품보다 이 영화를 순수한 멜로물로 보이게 했다.[41] 3부작의 마지막 영화인 〈열사의 맹서〉(1940)는 베이징이 무대가 된다. 이 영화에서는 일본인 토목기사와, 일본에서 성악을 배우고 귀국한 중국 여성 사이의 사랑 이야기가 줄거리의 축선이다. 이 영화에서도 주인공들의 연정은, 터진 제방을 필사적으로 막아내는 영화의 마지막 장면이 보여 주는 것처럼, 점령자와 피점령자 사이의 친화와 협력이라는 큰 주제에서 벗어나지 않는다.

41 극 중에 하세가 구이란의 뺨을 때리는 장면이 나오는데, 일본의 멜로드라마에서 흔히 등장하는 이 장면은, 이런 갈등을 계기로 오히려 구이란이 하세를 진정으로 이해하고 사랑하게 된다는 설정에서 만들어진 것이었다. 그러나 중국 관중에게는 모욕감을 느끼게 했다. 영화 제목의 '지나'라는 말 또한 경멸의 뜻이 내포된 것으로 받아들여졌다. 그래서 중국에서 개봉될 때는 '上海之夜'란 제목으로 개봉되었고, 전후에 재개봉될 때에는 '蘇州之夜'로 바뀌게 된다.

〈열사의 맹서〉: 베이징의 톈탄(天壇)(頭瓣電影)

대륙 3부작의 세 영화는 모두 리샹란과, 일본의 가부키 배우인 하세가와 가즈오가 주연을 맡았다. 일본의 유명배우와 중국 신인 여배우의 결합은 일본 남성과 식민지 여성 사이의 전형적인 상호관계와 작용을 만들어 냈다. 극 중 플롯에 대한 배역의 역할은 한결같이 상투적이다. 남성 주인공은 현명하며 정도를 걸어가는 일본인이다. 그의 반려가 되는 식민지(또는 점령지) 여성은 의존적이며, 결정적으로 한 두 번의 잘못된 선택으로 우여곡절을 자초하게 되지만, 결국 잘못을 깨닫고 정도로 돌아가 남성과 합일된다. 이 구도는 필경 식민지 관객에게 일본 내지와 식민지의 관계에 대한 알레고리로서 받아들여졌을 것이다.

일본인 남성과 식민지의 중국인 여성 사이의 로맨스라는 진부한 설정은 기본적으로 만영만의 아이디어가 아니라, 당시 일본의 메이저 영화사들이 국책의 기조를 따르면서 일본 관객의 기호를 타협적으로 취한 데서 비롯된 것이다. 그러나 관객에게는 환영받았을지 모르지만, 평단으로부터는 다양한 반향을 불러왔다. '일만친선'이라는 국책을 충실히 따랐다는 반응이 있는가 하면, '혈통의 순수성' 문제를 두고 논란이 일기도 했다.[42] 그럼에도 이처럼 전형화된 멜로드라마는 '대동아 신질

42 갖가지 언설 공간에 던져진 '대륙영화'의 멜로드라마는 국책에 부응하려는 의도로 제작된 것이지만, '일중친선'을 도모하는 의미에 있어서 긍정적 면과, 일본인의 혈통

서' 체제하에 영화정책이 완전히 바뀌기까지 일본 영화사의 한 시기를 풍미한다. 곧이어 전쟁이 태평양까지 확대된 1941년을 기점으로, 멜로드라마적 요소는 축소되기 시작한다. 리샹란의 영화 중에서 예를 들자면, 만영이 단독으로 제작한 〈영춘화〉(1942)의 경우, 일본인과 만주인 가정의 우정이 전면에 등장하는 반면, 이전과 같은 선정적인 러브스토리는 절제된다. 이 영화는 국책영화가 변화된 환경에 맞춰 진화한 예라고 할 수 있다. 즉, 표면상으로는 언어와 지역을 초월한 인간애를 가장하고 있지만, 내부적으로는 더 적극적으로 '협화'의 국책을 종용하는 영화라고 할 수 있다. 이 영화는 사실 만주국의 건국 10주년을 기념하기 위해 제작된 것이었다.

리샹란이 중국에서 출연한 영화들은 사실 매우 빈약한 서사구조를 띠고 있었으며, 그나마도 판박이처럼 매 편 반복됨으로써, 관객에게 특별한 영화적 긴장감을 부여했을 것 같지는 않다. 적어도 중국 바깥의 관객에게 이야기 자체보다 더 풍성하게 감성적 색채를 드러낸 것은 무엇보다 영화의 배경과 분위기였다. 〈백란의 노래〉에 등장하는바, 라마교 사원으로 고풍스러운 러허(熱河)의 피서산장과 서양식 건축이 즐비한 펑톈의 번화가, 〈지나의 밤〉에 나오는 상하이 도심의 야경과 장난(江南)의 아기자기한 운하 풍경, 〈열사의 맹서〉를 장식한 베이징의 웅장한 황실 유적 등등은 하나같이 이국적인 분위기가 줄거리를 압도한다. 이에 더해 적지 않은 대중가요가 삽입됨으로써, 이국적인 풍광은 더욱 감성을 자극했다.

리샹란의 영화는 대부분 영화제작과 삽입곡의 레코드 취입이 거의 동시에 이루어졌다. 삽입곡 대부분은 리샹란 자신이 직접 취입을 했

의 순결을 오염시킨다는 부정적인 측면을 동시에 지니고 있었기 때문에, 결국 관객의 지지와 세론의 비난이라고 하는 상반된 결과를 불러일으켰다. 晏妮, 〈'大東亞映畫'への階段一'大陸映畫'試論〉, 앞의 책, 144쪽.

다.[43] 극장 안에서는 배역과의 감성적 일치를 꾀하고, 극장 바깥에서도 관객이 주연 배우의 노래를 들을 수 있게 함으로써, 엇비슷한 일련의 영화들 속에서 일관된 스타의 이미지를 만들어 내고자 한 것이다. 이는 중국이나 일본뿐 아니라 조선에서도 마찬가지였다.[44] 그 삽입곡의 가사 또한 매우 낭만적이고 이국적인 내용을 담고 있다. 1940년대에 유행한 그녀의 대표적인 영화 주제가 〈소주야곡(蘇州夜曲)〉(〈지나의 밤〉 삽입곡)의 가사를 보면 아래와 같이 사뭇 서정적인 내용을 담고 있다.

> 당신의 가슴에 안기어 듣는/꿈의 뱃노래, 새들의 노래/수향(水鄕) 쑤저우의 꽃 지는 봄/애석하여 버드나무가 흐느껴 우네.
>
> 머리에 꽂을까, 입을 맞춰볼까/당신이 꺾어 준 복사꽃/눈물을 머금누나, 아련한 달빛에/종이 울립니다, 한산쓰 사원에(1, 3절만 인용).

단조로 끝나는 이 노래의 멜로디는 중국적이라기보다 일본의 전통 가락에 가깝다. 물가의 버드나무와 복사꽃, 쑤저우의 정원, 그리고 한산쓰(寒山寺)의 종소리도 비록 중국의 물상이지만, 일본의 전통 미감에도

---

43 그 당시 일본의 레코드 회사는 '중국' 가수 리샹란과 일본 가수 와타나베 하마코(渡邊はま子)를 거의 같은 곡으로 동시에 활동하게 했다. 저작권이 없던 시대에 이런 기획은 드물지 않았는데, 중국풍의 노래로 인기가 있던 와타나베가 리샹란에 대한 일본 팬들의 수요를 충족시키는 역할을 한 점도 있지만, 와타나베의 히트곡을 리샹란이 영화에 끌어들인 경우도 적지 않다. 〈백란의 노래〉에서는 작곡가와 레코드사의 관계 때문에 주제곡인 〈사랑하는 저 별(いとしあの星)〉은 와타나베가 취입했지만, 영화 속에 삽입된 중국노래 〈언제 님이 오시나(何日君再來)〉와 일본노래 〈황성의 달(荒城の月)〉는 리샹란이 직접 불렀다.

44 당시 경성에서 발간되는 일본어 신문의 광고를 보면, 일본계 콜롬비아레코드사가 〈백란의 노래〉(1939), 〈지나의 밤〉(1939), 〈열사의 맹서〉(1940), 〈영춘화〉(1941), 〈사용의 종〉(1941) 등의 음반을 영화 개봉 직전에 발매해 영화 홍보에까지 활용했음을 알 수 있다.

《경성일보》 1939년 8월 8일 자에 실린 〈지나의 밤〉 레코드 광고. 와타나베 하마코가 취입한 버전이다.

조응되는 이미지이다. 이에 비해 같은 영화에 삽입된 〈지나의 밤〉은 '정크', '호궁(胡弓)', '랜턴[紅燈]' 등의 가사뿐 아니라 중국의 타악기를 활용한 멜로디로 이국적인 느낌이 더 농후하게 풍겨 나온다.[45] 이 노래는 여자 주인공이 신혼 초야에 부르는 것이고, 주인공들이 함께 배에 타고 떠나는 영화 끝 장면에도 합창곡으로 나오기 때문에, 매우 낙관적인 것으로 들리게 된다.

일본인들의 중국에 대한 이국주의적 정서를 대변하는 이런 노래는 더 근본적으로 그 당시 일본의 공연극장을 지배했던 '향토'와 '타향살이'의 정서가 혼합된 것이다. 리샹란이 일본의 극장에서 성공할 수 있었던 것은 바로 노스탤지어를 원하는 관중의 심리와 '중국인'이라는 이국적인 배우(가수)의 이미지가 상호작용을 일으켰기 때문이었다.[46] 그것은 또한 그 당시 대중음악계에서 영화의 '대륙' 열풍과 유사하게 일어난 중국풍 가요의 유행 안에서 이루어진 것이었다. 사실 영화 〈지나의 밤〉조차도 1938년 와타나베 하마코(渡邊はま子)가 취입한 〈지나의 밤〉이 이듬해까지 크게 유행한 것을 계기로 기획된 것이었다.[47] 음악은 관중의 감

45 1, 2절의 가사는 이러하다. 지나의 밤 지나의 밤이여/항구의 불빛 뜬 보라색의 저녁에/오르는 정크라는 꿈의 배/아아 잊을 수 없는 호궁의 소리/지나의 밤 꿈의 밤이여//지나의 밤 지나의 밤이여/버들 창에 랜턴 등불 흔들리고/빨간 새장 지나 아가씨/아아 안타까운 사랑의 노래/지나의 밤 꿈의 밤이여.

46 鷲谷 花, 〈李香蘭, 日劇に現る―歌ふ大東亞共榮圈〉, 《李香蘭と東アジア》, 46쪽.

성에 호소하는 측면에서 오히려 영상보다 더 탁월하게 메시지를 포장하는 효과가 있었다. 그러나 이국취미와 향수의식의 결합은 전쟁의 상황이 엄중해지면서 더 직설적으로 정치적인 본색을 드러내기도 한다. 뒤이어 제작된 〈열사의 맹서〉에 삽입된 노래를 보면 아래와 같다.

> 꽃피는 베이징이 점등되는 시간/나는야 꿈꾸는 지나의 아가씨/부용꽃 하나둘 그대 기다리는 창가에 피면/꽃잎은 아홉 개라도 소망은 단 하나.
>
> 당신은 일본(日の本)의 벚꽃 남자/나는 고향의 백합꽃/꽃은 다르지만, 마음은 하나/기다리는 것은 아시아의 꽃 피는 아침.
>
> 다홍색 수련, 바람에 살랑거리고/그대 검은 머리의 향기, 바람에 실려 오네/사랑의 작은 배, 꿈꾸는 두 사람/파도여 날라다오, 행복이 깃든 나라로.[48]

이 노래에는 일본과 식민지의 관계에 대한 알레고리가 앞의 곡들보다 분명하게 드러난다. "당신"은 "일본의 벚꽃 남자"이고, "나"는 "고향의 백합꽃"이란 설정은, 리샹란 영화의 대륙 3부작이 보여 주는 남녀 주인공의 위치, 즉 내지(일본) 대 외지(식민지 또는 점령지) 사이의 위계 관

47 〈지나의 밤〉이 제작되던 1939년에만도 마쓰시마 우타코(松島詩子)의 〈가든브리지의 달(ガーデンブリッジの月)〉, 쇼지 다로(東海林太郎)의 〈상하이의 거리에서(上海の街角で)〉, 하야시 이사오(林伊佐緒)의 〈상하이 익스프레스(上海超特急)〉, 미치야코(美ち奴)의 〈안개 낀 푸저우로[福州路](霧の四馬路)〉 등이 연이어 발표되었다. 이때는 일본군이 중국에서 승전을 거듭하며 상하이 조계를 완전히 포위하고 있을 때였는데, 중국을 이국적으로 묘사한 노래들은 1940년에도 계속 유행했다. 일본 웹사이트 〈尋夢老上海〉(http://camel-st.hp.infoseek.co.jp) 참조.

48 노래의 제목은 〈붉은 수련(赤い睡蓮)〉 외에 〈건설의 노래(建設の歌)〉라고도 불렸다.

계를 단적으로 압축하는 말이다. 일본에 대해서도 그냥 일본이 아니라, "히노모토(日の本)", 즉 한자 낱자의 의미가 강조된 미칭(美稱)을 썼다. 이는 "아시아의 꽃 피는 아침", 즉 '대동아공영권'이라는 군국주의적 이상의 주체로서 일본을 미화하는 것이며, 따라서 식민지의 협력을 당연시하려는 의도와 연결되는 것이다. 대륙 3부작이 낭만적인 표상의 이면에서 국책을 독려한다는 점은 이처럼 삽입곡의 의미를 통해서도 확인할 수 있다.

리샹란은 국책영화와 황군 위문 공연에 거듭 동원되며 심리적 갈등을 겪은 끝에 1944년 만영을 사직한 뒤, 신징으로 돌아가지 않고 상하이에 머문다. 1945년 일본의 항복과 함께 만주국이 패망하고, 중국 전역에 걸쳐 '한간(漢奸, 즉 매국노의 의미)' 척결 운동이 일어났을 때, 그녀는 중국인 신분으로서 '한간죄'로 체포되어 군사 법정에 서게 된다. 그 당시 그렇게 재판을 받고 처형된 또 다른 유명한 인물이 리샹란과도 친분이 있던 청 황실의 후예 가와시마 요시코(川島芳子)였다. 그러나 리샹란은 가까스로 야마구치 가계의 호적을 입수해 일본인임을 입증받아 무죄 판정을 받고 1946년 2월 귀국길에 오른다. 1948년 이후 그녀는 일본과 홍콩, 그리고 할리우드 등지에서 야마구치 요시코, 리샹란, 그리고 셜리 야마구치란 이름으로 몇 편의 영화를 더 찍었다. 그러다 1958년 외교관인 오타카 히로시(大鷹弘)과 결혼하면서 완전히 영화계를 떠난다. 1974년에는 자민당 참의원에 당선되어, 1980, 1986년 두 차례 연임에 성공한다. 그녀가 의원 신분이던 1975년 자민당 방문단의 일원으로 북한에 들어가 김일성을 만난 일화도 유명하다.[49] 그 밖에도 그녀는 환경

49 김일성은 리샹란과 배석한 자리에서 "백두산의 항일 유격대 시절"에, 그녀의 "사진과 영화를 본 적이 있다"고 하고, 자기들도 "즐거운 일이 필요하고 음악이 필요했다"고 말했다. 이것으로도 그녀의 당시 인기가 어느 정도였는지 짐작할 수 있다. 山口淑子,《李香蘭自傳一戰爭·和平與歌》, 陳鵬仁 옮김(臺北: 臺灣商務印書館, 2005), 175쪽.

보호성 정무차관, 참의원 '오키나와 및 북방문제 사무 특별위원회' 위원장, 참의원 외무위원회 위원장, 자민당 여성국장 등을 지냈다. 만년에 그녀는 전쟁 중 자신의 군국주의 협력 행위에 대해 참회하는 글을 발표하고, 일본 수상에게 야스쿠니 신사에 참배하지 말 것과 위안부 문제에 대해 사과하도록 권고하기도 했다.

영화와 무대 공연, 그리고 레코드를 통한 리샹란의 이미지는 한때 일본과 동아시아의 식민지, 그리고 중국 대륙을 연결하는 광대한 네트워크로 확산되었다. 초지역적인 문화 망을 동아시아에 구획하고 이를 장악하려 한 것은 일본의 군국주의였다. 리샹란의 전설적인 형상은 일본의 중국 침략과 함께 부상되었고, 전시 상황에 편승한 일본 영화사와 연예 기업의 사업 전략에 의해 빚어지고 부풀려졌다. 일제 치하의 만주는 그녀의 영화를 통해 일본과 식민지의 관객에게 허상처럼 비현실적으로 투사되었다. 조선의 관객들은 그녀의 영화 속에서 가공된 중국 또는 그런 '대륙'과 서로 혼합된 만주를 바라보게 되었다. 그녀의 영화는 식민지 관객에게 제국의 영토 공간으로서 만주를 재인식하도록 독려했다.

그럼에도 리샹란의 이미지는 분명 식민지 관객의 감성을 강렬하게 자극했을 것으로 보인다. 국권의 상실과 무관하게 여전히 전통적인 관념이 강했던 1940년대 조선이라는 시공간에서 그녀의 영화를 보는 관객의 시각이 오늘날과 같았을 리 없다. 보수적인 사회 분위기가 무겁게 남아있던 그 시절의 조선 관객에게 '리코란(리샹란)의 영화'는 계도 목적의 영화라기보다 오히려 선정적인 연애 영화로 취급되었다.[50] 무엇보다 리샹란의 이미지가 영화의 프로파간다를 가리며 젊은 관객을 끌어모으는 결정적인 역할을 했을 것은 두말할 필요가 없다. 식민지의 관객과 리샹란의 관계는, 배우의 매력이 너무 강해서 이데올로기적으로 반대 역

---

50 이런 반향은 나의 작고하신 고모님의 기억에 따른 것이다. 그분은 1924년생으로 리샹란의 영화가 수입되던 시기에 고등여학교와 사범학교 학생이셨다.

할을 하고 있음에도 불구하고 관객을 압도하게 만드는 경우였다고 할 것이다. 그것은 루이스 자네티(L. Giannetti)가 말한 것처럼, 〈귀여운 여인(Pretty Woman)〉에서 줄리아 로버츠가 너무나 자연스럽고 카리스마적이어서, 관객으로 하여금 그 인물이 성차별주의의 희생양이라는 사실을 거의 잊게 만드는 것과 같은 이치였던 셈이다.[51]

리샹란은 영화에서건 사진 속에서건, 도발적이기보다는 수동적으로 대상화된 포즈를 취한다. 한복을 입은 사진에서도 그녀는 당시 일본인들이 제작한 사진엽서 속 조선 기생의 이미지와 별반 차이가 없어 보인다. 그녀는 식민지 여성으로 객체화된 이국적이고 낭만적인 이미지를 연기해내는 데 성공했다. 그녀의 이미지는 배후의 군국주의를 은폐한 채, 식민지 관객들에게 또 다른 피식민자의 이미지로서 환영을 받았다. 식민지의 관객들은 어쩌면 그녀의 이미지에서 동정과 연민의 동일시를 통해 감정의 카타르시스를 경험했을지 모른다. 그들은 귀에 싹이 나도록 들어 온 메시지를 한쪽 귀로 흘려보내는 대신, 환상적인 영상미와 감미로운 음악에 빠져들며 현실의 우울함을 잊고자 했을 것이다. 양면성을 가진 매우 드라마틱한 리샹란의 신화는, 그렇게 해서 동아시아 최악의 시간대에 명멸한 스타 중에도 매우 드물게 초국적인 반향을 끌어냈다. 그리고 오늘날, 존재를 기억하는 동아시아인들에게 그녀는 한 시대의 모순적 풍경을 환기하는 아이콘으로 각인되었다.

---

51 루이스 자네티, 《영화의 이해》, 김진해 옮김(현암사, 2004), 408-409쪽.

11장 홍콩 '스잔나' 영화의 한국 신드롬과 문학 변용

2018년 말 한 유선방송이 단막극 〈진추하가 돌아왔다〉를 방영했다.[1] 스토리는 한 20년 전쯤 어떤 40대 가장이 추억 속의 여배우를 향한 이른바 '덕질'을 통해 생의 의미를 되찾는다는 내용이다. 그런데 그 감성적 욕망 대상이 왜 하필 30년이나 지난 홍콩영화의 스타일까? 이런 풍경이 6·25전쟁 이후 출생한 베이비 붐 세대에게는 사실 그리 낯선 것이 아니다. 이 드라마의 배경에는 한국의 1970년대를 관통하는 '스잔나' 열풍, 즉 냉전의 공포와 강압 통치로 사회 전반이 위축되었던 시기, 특정 영화들에 대한 청년 세대의 하위문화 정동(subculture affect)이 자리한다. 정동은 사람들이 누군가와 이어져 있거나 그렇지 않거나, 혹은 결속이 되어 있거나 그것이 부재하거나 한 것처럼, 어딘가에 소속됨과 같은 사회적 관계 속에서 발생하는 것으로, 개인에게 국한된 것이 아니라 집단적인 마음의 상태를 말한다.[2] 이 장에서 다루고자 하는 특정 세대의 영화에 대한 열광과 향수 역시 그러한 사회적 문맥을 배제하고 생각하기 어렵다.

1 tvN의 이 드라마는 신예 극작가를 발굴하기 위해 해마다 연말에 기획하는 단막극 시리즈 프로그램 '드라마 스테이지'의 한 꼭지로 방영되었다.

2 서경원, 〈죽음의례의 문화적 기억과 정동의 배치〉, 《사회사상과 문화》(동양사회사상학회) 24권, 4호(2021), 41쪽.

《동아일보》 1970년 9월 28일 자에 실린 영화 〈스잔나〉 신문 광고. "세계에서 가장 슬픈 영화"임을 내세운다.

'스잔나' 열풍을 만들어 낸 홍콩의 멜로영화 〈스잔나(珊珊)〉(1967)와 〈사랑의 스잔나(秋霞)〉(1976)는 일찍이 한국에서 흥행에 성공하며 화제가 되었던 작품이다. 이뿐만 아니라 이 영화들은 50여 년이 지난 오늘날까지도 베이비 붐 세대에게 여전히 노스탤지어의 아이템으로 향유되고 있다.[3] 그들이 인터넷 문화와 만난 뒤, 주연 배우를 향한 팬카페가 생겨났고, 영화를 회고하는 블로그와 동영상 공유 플랫폼의 콘텐츠도 부지기수로 늘어났다. 다른 한편으로, 일반인들의 이런 움직임이 나타나기 훨씬 이전부터 두 영화는 전문 작가들에 의해 엄숙문학 텍스트에 인용됨으로써 문학적 기호로도 다양하게 활용된 바 있다. 어느 쪽이든 이것은 한국에 수입된 많은 중국어권 영화 중에도 매우 이례적인 경우라고 할 수 있다.

3 옛 허리우드극장 자리에서 운영 중인 '실버영화관'에 따르면, 이 극장의 고객을 대상으로 조사한 '가장 기억에 남는 영화'도 〈스잔나〉였다고 한다. 《매일경제》 2018년 12월 14일 자 인터뷰 기사 참조.

1 '스잔나' 영화의 반향과 그 배경

우선 본격적인 이야기로 들어가기 전에 이 영화들의 한국 반향에 관한 객관적 수치를 확인해 보자. 〈스잔나〉는 1970년 8월 한국에서 개봉되어 40만여 명의 관객을 동원했는데, 이것은 그해의 모든 영화 중 최고의 흥행 기록이었다.[4] '한중합작' 형식으로 개봉된 〈사랑의 스잔나〉 또한 1976년 8월 개봉 이후 171,239명의 관객을 동원, 그해 국산영화 최고의 흥행 기록을 세운다.[5] 그런데 이 관객 수치들은 서울의 개봉관만을 셈한 것이라, 재개봉관과 지방의 극장까지 포함하면 실제 영화를 본 관객 수는 이보다 몇 배는 더 될 것으로 짐작된다.[6] 〈스잔나〉의 경우, 비록 대만에서도 개봉연도(1969)에 10대 흥행영화 안에 들긴 했지만, 한국에서의 이런 반향은 이후 영화가 만들어진 홍콩에서 회자될 정도로 이례적인 것이었다.[7]

이 영화들의 예술적 평가에는 각각 약간의 명암이 있다. 리징(李菁)이 주연한 〈스잔나〉는 제14회 아시아영화제에서 최우수영화로 선정되었듯이 쇼브라더스사에 기대 이상의 결실을 얻게 해 준 효자 영화였다. 〈사랑의 스잔나〉 역시 천추샤(陳秋霞)가 대만의 제14회 금마장(金馬獎)영

4 《매일경제》의 1971년 1월 26일 자 기사는 〈스잔나〉가 "관객 40만을 동원, 흥행의 신기원을 수립"했다고 보도한다. 또 《조선일보》 1970년 12월 26일 자 기사 〈香港女優 리칭양 來韓〉에서도 "리칭은 흥행 부진의 70년 영화계서 서울 개봉 관객 40만 명 이상을 동원한 '스잔나'로 일약 유명해졌었다"라고 소개한다.

5 한국영화데이터베이스(KMDb) 외 모든 자료의 수치가 한 자릿수까지 동일하다. 1976년은 한국영화가 사상 최악의 불황기를 맞은 해여서 이 수치가 절대적으로 높은 것은 아니다.

6 〈스잔나〉가 부산의 두 극장에서 동시 개봉해 32일간 14만 명을 동원하는 성공을 거두자, 경남과 경북의 극장들이 필름을 두고 쟁탈전을 벌인 사태가 부산일보에 대서 특필되기도 했다. 〈스잔나 필름 争奪戰〉, 《부산일보》, 1970년 12월 12일 참조.

7 蔡瀾, 《蔡瀾的緣》(香港: 天地圖書有限公司, 1986), 205쪽; 邱淑婷, 《港日影人口述歷史—化敵為友》(香港大學出版社, 2012), 25-26쪽 외 참조.

《조선일보》 1976년 8월 14일 자에 실린 영화 〈사랑의 스잔나〉 신문 광고. 극장 앞에 몰린 관객 사진을 활용했다.

화제에서 여우주연상을 받는 등 예상 밖의 선전을 한 영화였다. 아직 홍콩과 대만에 영화적 작가주의(Film d'auteur)가 도래하기 이전이긴 하지만, 이 영화들이 중국어권 영화제에서 거둔 성과는 나쁘지 않았다. 그런데 영화사의 전속 배우로서 줄곧 사극에만 출연해 오던 리징은 이 영화가 처음으로 도전한 현대물이었고, 천추샤 역시 이 영화가 사실상의 데뷔작이었다. 천추샤는 게다가 금마장 여우상의 역대 최연소 수상자였다. 주연 배우의 경력으로만 보자면, 당시 영화제들의 평가는 다소 후한 감이 없지 않았다. 반면에 훗날 평론가들의 시선은 그리 관대한 편이 아니다. 가령 홍콩의 영화평론가 푸펑(蒲鋒)은 〈스잔나〉가 "많은 우연의 일치에 의존해 스토리를 끌어가며 억지로 미사여구와 감정을 남발"했다고 혹평했고, 대만의 영화평론가 원텐샹(聞天祥)도 〈사랑의 스잔나〉에 "짜 맞춘 듯한 줄거리"와 "연기상의 유치함"이 보인다고 폄하했다.[8] 한

8 蒲鋒, 〈獨闖邵氏辨公室的野姑娘—悼李菁〉, 《明報》, 2018년 2월 27일; 聞天祥, 〈在黑暗交會時互放的光亮—徐志摩, 陳秋霞, 鄧麗君的偶然及海韻〉, 《過影—1992-2011台灣電影總論》(新北: 書林, 2012), 97쪽.

국 평론계의 시선도 훗날 정성일의 혹평에서 알 수 있듯이 냉랭하기는 마찬가지였다.[9] 줄곧 그저 그런 통속영화로 취급되던 〈사랑의 스잔나〉는 2013년이 되어서야 비로소 영화진흥위원회로부터 그나마 '예술 영화'로 공식 인정을 받을 수 있었는데,[10] 이 심사결과는 물론 팬들의 향수가 반영된 덕분이라 할 수 있다.

영화에 대한 평가와 상관없이, 주연 배우들이 이 영화들 속에서 보여 준 스타성은 분명 영화에 대한 열렬한 반응을 견인해 낸 주요한 동력이라고 할 만했다. 적어도 1980년대 말 홍콩영화가 한국에서 할리우드 영화에 비견하는 경쟁력을 갖기 전까지, 그녀들은 중국어권의 어떤 여성 배우보다 인지도가 높았다. 홍콩 멜로영화에 대한 이런 반향은 그때까지 한국에서는 드문 일이었다. 한국에서 홍콩영화는 1960년대 말엽에 비로소 부상하는데, 이는 멜로가 아닌 무협영화를 통해서였다. 쇼브라더스사가 1966년에 초대형 스튜디오인 '무비 타운'을 만들고, 남성 관객을 겨냥한 검객 영화로 방향을 튼 것은 한국 수출에도 전환점이 되었다. 한국 흥행의 포문을 연 홍콩영화는 1967년 출시한 〈방랑의 결투(大醉俠)〉(후진취안[胡金銓] 감독)이다. 이듬해인 1968년 동시에 수입된 장처(張徹) 감독의 〈의리의 사나이 외팔이(獨臂刀)〉, 〈3인의 협객(邊城三俠)〉, 〈심야의 결투(金燕子)〉는 총 관객이 무려 65만 명이나 되었다.[11] 그

---

9 그는 "허리우드극장의 프로그램들은 항상 실망스러웠다. 나는 이 청춘영화들로부터 단 한 번도 감동을 받지 못했다. 거의 그 절정은 아비와 진추하 주연의 〈사랑의 스잔나〉였다. 나는 그걸 보고 나오면서 즉각적으로 리칭의 〈스잔나〉를 떠올리며 이건 사기라고 중얼거렸다. 차라리 변두리 극장을 전전하면서 보던 홍콩영화들이 훨씬 내 심장을 뛰게 만들었다"고 말한다(정성일, 〈99원 분식과 허리우드극장〉, 《영화천국》, 21[2011.10.6]). "변두리 극장"의 홍콩영화는 무협영화를 말한다.

10 한국영화진흥위원회, 〈2013년 7월 예술영화인정 심사결과 공지〉, https://www.kofic.or.kr 참조.

11 이영재, 〈'외팔이'의 도래, 1960년대 후반의 무협 붐〉, 2021.6.30, https://www.kmdb.or.kr(《한국영화데이터베이스》).

'한중합작'의 성공 사례가 된 〈달기〉(1964)(《중앙일보》, 2020. 1. 7)

럼에도 쇼브라더스의 또 다른 전략 장르였던 멜로나 뮤지컬 영화는 한국에 거의 알려지지 않았다. 1960년대 멜로 비극 영화의 대표작으로 홍콩에서 선풍적인 인기를 끈 〈끝없는 사랑(不了情)〉(1961)이나, 전통가극인 황매조(黃梅調) 형식을 빌린 뮤지컬로서 동남아 시장에서 천문학적인 수입을 거둔 〈양산백과 축영대(梁山伯與祝英台)〉(1963)는 한국에 개봉조차 되지 않았다. 〈스잔나〉의 한국 개봉은 어떤 면에서 선례가 없는 모험이었고, 그렇기에 홍콩과 대만에서의 성공 검증을 거쳐 3년 뒤에나 수입될 수 있었다.[12]

한편, 1950년대부터 한국과 홍콩 영화계 사이에 간헐적으로 시도되어 온 한중합작의 형식은[13] 1970년대 들어 더 특이한 양상을 띠게 된다. 이 시기에 TV의 보급으로 극장의 관객 수가 감소한 데다, 1972년 박정희 정부가 반포한 '10월 유신'의 영향으로 영화 검열이 강화되는 등, 영화산업이 침체기에 빠진다. 이에 대한 유화책으로 정부는 1966년부터

12 1966년 리칭은 신필름과 쇼브라더스가 합작한 영화를 촬영하고자 한국을 방문한 적이 있는데, 이 역시 〈철면황제(鐵頭皇帝)〉(1967)라는 검객 영화를 위한 것이었다. 劉晴, 〈李菁的銀色十年〉, 《銀幕千秋一七位紅星的真實故事》(臺北: 七十年代出版公司, 1972), 209쪽.

13 한중합작은 1958년 《이국정원》으로 시작되었는데, 신필름이 쇼브라더스와 함께 제작한 신영균·린다이(林黛) 주연의 《달기》(1964, 15만 명 관람)처럼 성공을 거둔 전례가 있다.

시작된 스크린 쿼터제를 더 확대해, 1973년부터는 아예 외국영화 상영이 연간 상영 일수의 3분의 2를 넘지 못하도록 제한한다.[14] 하지만 이 조치는 한편으로 규제를 피해 합작의 외피만 빌린 '위장합작' 영화를 양산하도록 한다.[15] 〈사랑의 스잔나〉가 바로 그 전형적인 경우였는데, 이 영화도 제작 전반을 홍콩 측에서 수행했다는 점에서 사실상 외국영화나 다름없었지만 한국영화로 상영 허가를 받았다.[16] 위장합작이 훗날 한국영화의 어두운 역사로 인식된 점은 이 영화의 평가에도 부정적인 영향을 끼쳤다.

그런데 당시 제작된 위장합작영화는 대부분 무술영화였지,[17] 〈사랑의 스잔나〉 같은 멜로영화가 아니었다. 그렇기에 상업적으로 볼 때, 더 안전한 선택이었을 무술영화를 제쳐두고 멜로영화로 합작이 결정된 것은, 앞서 수입되어 대성공을 거둔 〈스잔나〉의 경험 없이는 설명하기 어렵다. 이런 맥락은 나중에 나온 〈사랑의 스잔나〉에 대한 오해를 불러일으킨다. 즉, 두 영화가 주연 배우나 감독도 다르고 둘의 탄생 사이에 9년이란 시차가 있음에도 불구하고, 당시 관객들이 마치 〈사랑의 스잔나〉가 〈스잔나〉의 속편인 것처럼 여기게 된 것이다.

내용상 공통점이 많은 것은 사실이다. 첫 번째로, 인물 구성이 유사했다. 자식에게 유난히 자상한 상류층 부모와 그 자양분으로 부족함 없이

---

14 한국민족문화대백과사전, '스크린 쿼터' 항목, https://encykorea.aks.ac.kr.

15 안태근, 《한국 합작영화 100년사》(스토리하우스, 2017) 참조. 이 책에 의하건대, 1980년대까지 123편이나 제작되었다.

16 이 영화는 한국 배우가 참여하고 신의 일부를 한국에서 로케이션했으며, 한국 개봉 시에 김정용 감독 등 한국인 스태프의 명단이 크레디트에 올려졌다. 그러나 중국어판 크레디트에는 한국 감독과 스탭들의 이름이 삭제되어 있다. 역시 합작으로 제작된 이 영화의 후속편 〈추하 내사랑(第二道彩虹)〉의 경우, 〈한국영화데이터베이스〉에 의하면 태현실과 백윤식이 출연한 것으로 되어 있으나, 최근 리마스터링된 중국어판에는 심지어 그들이 출연한 시퀀스 자체가 통편집되어 있다.

17 류경철, 〈위장합작영화의 재이해를 위한 제언—한-홍 합작 무술영화를 중심으로〉, 《중국학논총》(고려대 중국학연구소) 제38집(2012.11), 294-295쪽.

〈사랑의 스잔나〉의 한 장면. 불치병은 두 영화 모두에서 관건적인 모티프였다(한국영화데이터베이스).

자기 개성대로 성장해 가는 자매가 각각 등장한다. 치정 관계가 발생하는 대상도 아버지의 인맥과 연관된 상류층 자제들이다. 두 번째로 갈등 구조가 닮아 있었다. 영화 초반에 주인공(《스잔나》) 또는 동생(《사랑의 스잔나》)이 반항아로서 끊임없이 언니를 질투하며 괴롭힌다. 더 결정적인 공통점은 주인공들이 불치병에 걸려 있다는 것, 그리고 그 사실이 밝혀짐에 따라 반항아들의 행동이 빠르게 속죄 모드로 전환된다는 점이다. 주인공들은 자기 병을 우연히 엿들어 알게 되고, 그들이 식구들 모르게 여생을 마무리하는 과정에서 예기치 않은 오해들이 발생한다. 그래서 주인공의 죽음이 그 자체로는 비극적이지만, 오해가 풀리고 가족이 화합한다는 점에서 해피엔딩 같은 안도감을 전해 주는 점도 비슷했다.

1960년대 초반의 허멍화 감독(imdb.com)

두 영화가 자매편처럼 오인된 데에는 우리말 제목도 한몫했다. 두 영화의 원제목은 모두 극 중 인물의 이름에서 따온 것이다. 〈스잔나〉는 원제목 '산산(珊珊)'의 영어 제목인 'Susanna'를 음역한 것이다. 그러나 배우의 이름이기도 한 '추샤(秋霞)'가 원제목인 〈사랑의 스잔나〉는, 배우의 영어 이름이 들어간 영어 제목 'Chelsia My Love'에서 인물의 이름을 '스잔나'로 바꿔 넣은 것이었다. 그러니까 엄밀하게 말하면 〈사랑의 스잔나〉는 '스잔나'와는 아무런 관련이 없었다. 〈사랑의 스잔나〉 이후, 같은 감독과 주요 배역으로 제작된 진짜 속편 〈두 번째 무지개(第二道彩虹)〉(1977)의 우리말 제목은 '추하 내 사랑'이었는데, '스잔나'를 다시 쓰지 않은 것은 이미 주연 배우의 지명도가 그 이상으로 높아졌기 때문이었다. 이런 이유로 〈사랑의 스잔나〉가 〈스잔나〉의 '아류작'이란 인식은 더더욱 굳어진다.

하지만 아류작이라 하기에는 두 영화 사이의 차이점이 적지 않다. 우선 창작의 측면에서 볼 때, 감독의 성향과 표현 스타일이 같지 않았다. 〈스잔나〉를 감독한 허멍화(何夢華)와 〈사랑의 스잔나〉의 쑹춘서우(宋存壽)는 둘 다 중국 대륙 출신이고 쇼브라더스사에서 일한 경력이 있으며 연배도 비슷했다. 그런데 허 감독이 줄곧 쇼브라더스의 작품 성향을 대표했다면, 1963년 이후 대만으로 무대를 옮긴 쑹 감독은 대만식 멜로영화의 대표 주자가 된다. 스튜디오 장면이 많은 〈스잔나〉에는 쇼브라더스 풍의 연극적 연기나 괴기영화식의 성격 표현이 아직 남아있다. 물론 더 나중에 제작된 까닭도 있지만, 골든하베스트에서 만들어진 〈사랑의 스잔나〉는 실경에서 촬영되었고 절제된 감성 표현을 추구하며, 극적 기복보다 스토리텔링에 더 집중한 측면이 있다. 쑹 감독에게, 대만 소설가 충야오(瓊瑤)의 작품을 각색한 〈정원 깊은 곳(庭院深深)〉(1971)과 〈창밖(窗外)〉(1973, 린칭샤[林青霞]의 데뷔작)이라는 전작 멜로영화가 있다는 사실까지 상기한다면, 두 영화는 더더욱 뿌리 자체가 다름을 알 수 있다.

대만으로 옮겨올 무렵의 쑹춘서우 감독(臺灣影視聽數位博物館)

관객의 수용 측면에서도 구성이나 장치상으로 다른 점이 존재했다. 〈스잔나〉에서는 주인공이 시한부란 사실이 드러나는 것이 극적 전환의 계기가 될 만큼 비중이 크다. 반면에 주인공의 지병을 관객에게 처음부터 밝히고 시작하는 〈사랑의 스잔나〉에서는 주인공 자신이 병을 자각하는 순간이 덜 충격적이다. 전자에서는 시한부란 사실이 인물의 성격을 선하게 바꿔 버리지만, 후자에서는 주인공이 시종일관 선하게 등장하기 때문이기도 하다. 따라서 관객이 시한부 모티프에서 받을 인상은 전자 쪽이 훨씬 강했다고 할 수 있다. 또한 전자는 일부이긴 하나 극 중 인물이 스토리와 연계된 가사를 노래하는 뮤지컬 형식으로 음악을 활용한다. 반면, 후자는 '음악영화'라고 할 정도로 많은 곡이 등장하지만, 거의 스토리와 연계 없이 단지 주인공의 재능을 드러내는 삽입곡 형태로 그것들을 활용한다. 그래서 마치 뮤직비디오 같은 영상 속에서 주연 배우

신성일과 리칭이 주연한 '한중합작' 영화 〈리칭의 여선생〉 포스터. '리칭의'란 말이 강조되었다(한국영화데이터베이스).

는 극 중 인물보다 가수로서의 이미지가 더 선명하게 부각되었다. 이런 점들은 두 영화에 대한 한국 관객의 감수성에도 차이를 만들어 냈다.

어쨌든 〈스잔나〉의 대단한 성공과 두 영화에 대한 연계적 인식은 한국에서만 통용되는 이국적인 수사들을 유행시킨다. 우선 〈스잔나〉의 성공 이후 같은 배우가 주연한 홍콩산, 또는 한중합작 형태의 영화들이 줄지어 개봉되는데, 〈리칭의 더 러브(玉女親情)〉(1970), 〈리칭의 위험한 레슨(女校春色)〉(1970), 〈리칭의 여선생(女先生)〉(1972, 한중합작), 〈리칭의 흑야광주(黑夜光珠)〉(1974, 한중합작)에서처럼, 하나 같이 우리말 제목 앞에 '리칭의'란 수식어가 붙는다. 배우 이름의 표기도 더빙언어인 '국어'(國語, 즉 대륙식 표준어)로는 '리징'이라야 정확하지만, 어감상 더 이국적인 영어식 이름(광둥어 발음을 옮긴) '리칭'으로 고착된다.[18] 〈사랑의 스잔나〉까지 성공한 이후, '스잔나'란 말은 이보다 더 빈번하게 통속문화 시장에서 모방이 된다. 가령 〈스잔나의 체험〉(1986) 같은 영화가 등장하는가 하면, '스잔나'란 이름이 들어간 통속 연애소설도 속속 나타난다.[19] 이것은 이 글이 이

18 〈스잔나〉 이전에 개봉된 〈철면황제〉(1967) 광고에는 리징의 이름이 한자로 표시되어 있다. 반면 〈철수무정(鐵手無情)〉은 1969년 작이지만, 〈스잔나〉보다 늦은 1971년에 개봉됨으로써 광고에 한글로 '리칭'이 덧붙여졌다.

19 〈사랑의 스잔나〉 개봉 직후 편찬된 《문예연감》(한국문화예술진흥원, 1977), 450쪽을 보면, "덤핑 서적에 부채질하는 것은 정체불명의 작가군"이라고 비판하고 한재룡의 대

하에서 다룰 엄숙문학 차원에서의 인용과는 다르게, 인기에 영합하여 영화의 구도나 이미지를 그대로 베낀 것만을 말하는 것이다.

아류작의 느낌을 내는 것이 유리하다고 영화사가 판단했을 정도로, 두 영화의 개봉 시점 사이에 한국에서는 어떤 특별한 감정선이 관객들을 사로잡으며 외화 상영 극장의 분위기를 압도하고 있었다. 다만 수입 홍콩영화에서만큼은 이런 분위기와 거리가 있는 또 다른 기호도의 변화가 이 무렵 나타났다. 즉, 1970년대로 접어들며 지금까지 홍콩영화를 대표했던 쇼브라더스사의 영향력이 줄어들고, 리샤오룽(李小龍) 열풍과 함께 골든하베스트사의 영화들이 청년 세대의 환호를 받게 된다.[20] 열광의 대상이 종전의 검협(劍俠) 영화에서 이제 현대화된 쿵후 영화로 바뀐 것이다. 그러나 다른 외화들을 보면, 한국 극장가의 1970년대는 전반적으로 감성이 풍부한 영화가 지배한 시대였는데, 영화사들은 이 코드에 의존해 영화 소비를 부추겼다. 이런 영화들 속에서 주인공의 사망이나 절망적인 장애는 흥행을 좌우하는 중요한 요소였다. 가령 백혈병 걸린 여주인공의 이야기로서, 〈스잔나〉보다 한 해 늦게 개봉해 서울에서만 관객 24만 명을 동원한 〈러브스토리〉는 절대적인 영향을 끼쳤다. 곧이어 엇비슷한 비극성 멜로물이 줄줄이 개봉되는데,[21] 심지어 〈선샤인〉(1976년 개봉) 같은 영화는 2년 뒤 재개봉될 때도 11만 명을 동원했고,

---

중소설 〈사랑의 스잔나〉를 예로 언급한다. 이후로도 〈사랑의 스잔나〉(박인하, 1992)처럼 영화 제목을 그대로 딴 대중소설은 지속적으로 등장했다.

20 리샤오룽 영화의 반향을 보면, 〈정무문〉(1973.7)이 서울 개봉관 기준(이하 동일) 31만 7천 명, 〈용쟁호투〉(1973.12)가 23만 명, 〈맹룡과강〉(1974.10)이 18만 명, 〈사망유희〉(1978.5)가 28만 명 등이었다.

21 주요 작품으로 〈선샤인〉(1976.1, 18만 명), 〈저 하늘에 태양이〉(1976.4, 10만 명), 〈라스트 콘서트〉(1976.8, 19만 8천 명), 〈세븐 어론〉(1977.7, 9만 2천 명), 〈휠링 러브〉(1978, 19만 4천 명), 〈챔프〉(1979.9, 42만 명), 〈사랑이 머무는 곳에〉(1979.6), 〈예스터데이〉(1980.10, 16만 명) 등이 있다. 관객 수 통계는 복수의 인터넷 자료를 참조하였기에 다소의 오차가 있을 수 있다.

영화 〈스잔나〉 속 산산의 기도 장면

〈내 모든 것을 다 주어도〉(1957년 작, 1977년 재개봉 시 25만 명)처럼 오래된 새드무비까지 다시 소환될 정도였다. 바로 이 유행의 기원에 〈스잔나〉의 성공이 존재하며, 그것은 또한 〈사랑의 스잔나〉가 탄생하게 된 배경이기도 했다.

그만그만한 영화들이 반복적으로 개봉되는 풍토는 물론 비판을 받을 만했다.[22] 그러나 젊은 연인의 죽음이라는 파토스에 한국 관객이 그처럼 열광한 원인을 영화사나 극장의 전략 때문으로만 보기는 어렵다. 최혜실은 이런 현상에 대해 상투성(cliché)으로만 보지 말고, 보편성(archetype)에 의해 집단 무의식을 건드릴 때 감동하게 되는 문화의 원형성에 주목하라고 말한다.[23] 가령 비극적 스토리의 연결고리로서 단골처럼 등장하는 '비'의 모티프도 그중 하나이다. 〈스잔나〉에도 비 오는 밤중에 산산이 비를 흠뻑 맞으며 남자친구 즈젠(志堅)에게 자기 병을 털어놓는 장면

22 극작가 이반의 단막극 〈F線上의 아리아〉에서는 인물의 대화 중 질 낮은 통속영화의 예로 〈스잔나〉를 거론한다. 김흥우 엮음, 《轉換期의 戲曲—韓國前衛的戲曲의 集成》(문명사, 1974), 183쪽. 문화평론가 이영미도 《한국인의 자화상 드라마》(생각의 나무, 2008) 15쪽에서 한국 드라마의 작위적 설정의 기원으로 〈사랑의 스잔나〉와, 위에서 언급한 할리우드산 비극 영화들을 예시한다.

23 최혜실, 《한류 드라마의 스토리텔링》(새문사, 2007), 28-29쪽.

〈어린 사무엘〉 그림의 복사판. 보통 그림 한쪽에 '오늘도 무사히'라고 적혀 있었다(《매일신문》, 2020. 9. 21).

이 등장한다. 소년 소녀 사이의 위태로운 연애를 위기로 악화시키는 비는 적어도 한국인에게는 그 정념의 원천이 황순원의 단편소설 〈소나기〉에 있다고 해도 과언이 아니다.[24] 이뿐만이 아니다. 〈스잔나〉에는 산산이 창밖의 오동나무에서 떨어지는 낙엽을 보고 절망하는 장면도 등장하는데, 이 역시 교과서에 수록되었던 오 헨리의 〈마지막 잎새〉를 연상시키는 것이었다. 또 부모가 그토록 염원하는 남동생의 출산 때까지만 살게 해 달라고 산산이 무릎 꿇고 하늘에 기도하는 장면도, 그 시절 밀레의 〈만종〉처럼 어디에서나 복사판으로 볼 수 있었던 조슈아 레이놀즈의 그림 〈어린 사무엘(The Infant Samuel)〉의 기도하는 소녀를 떠올리게 했다. 〈스잔나〉가 촉발하는 정념들은 여러 면에서 분명 한국인의 원형적 파토스를 자극할 만한 것이었다.

그런데 이처럼 비극적 정념의 몇 가지 원천만으로 그 시대 청년들이 이 영화들에 열광한 이유가 완전히 설명되지는 않는다. 유독 이 영화들이 오래도록 노스탤지어의 대상이 된 데에는 또 다른 실체적 요인들이 존재한다고 해야 할 것이다. 그 반향이 집단적이고 또한 일상성과 깊은 관계가 있다는 측면에서, 그것은 개인적인 정서(emotion)의 문제가 아니라 더 능동적이고 역동적인 속성을 가진 정동(affect)의 개념으로 해석될 필요가 있다. 이하에서는 두 영화의 영향 양상을 당시 청년문화와의 관계를 통해, 하위문화 주체의 정동이란 시각에서 이야기해 보기로 한다.

24 이 소설은 1952년 발표되어, 1960년부터 중학교를 시작으로 국어 교과서에 수록되었다.

2 소녀의 요절과 저가 극장의 하위문화 정동

두 영화의 개봉을 사이에 두고 한국에서는 새로운 청년문화가 등장했는데, 이는 영화의 수용 방식에 직간접적인 영향을 미쳤다. 1960년대 후반 경제성장이 본격화되면서, 고급 인력에 대한 사회적 수요가 커지고, 6·25전쟁 이후 베이비 붐 세대가 성장하면서 학령인구도 급격하게 늘어나 전체적으로 교육받은 청년 세대가 갑자기 증가하는 현상을 불러왔다. 그 결과 1960년 약 10만 명이었던 대학생 수는 1970년 약 19만 2천 명, 1975년에는 약 28만 명으로 급증한다. 고등학생 수도 1965년에 약 45만 명이던 것이 1975년에 약 100만 명까지 증가했다.[25] 이것은 청년 세대가 한국 사회의 영향력 있는 문화적 주체로 부상하고 있으며, 이들이 1960년대까지 종속되었던 기성문화에서 벗어나 소비문화를 선도하는 새로운 주체가 됨을 의미했다. 보편적이고 지배적인 문화와 구분되는 하위문화로서의 청년문화도 이 시기에 본격적으로 등장하기 시작하는데, 그 본질적 특성은 서구에서의 그것과 차이가 있었다.

20세기 중엽 영미권에서 제기된 '청년문화'라는 실체는 주로 노동계급 청소년들의 일탈적 혹은 저항적 하위문화(subculture)로써 조명되었다. 청년들의 저항문화가 폭발한 1960년대에 그것은 베트남 전쟁과 인종 차별에 대한 반대, 그리고 히피 운동처럼 기성 사회의 지배적 가치와 문화를 거부하는 운동으로 확장되는데, 기성의 지배문화에 저항한다는 측면에서 대항문화(counter culture)로 불리기도 했다.[26] 물론 한국에서 청년문화가 사회 변혁에까지 영향을 끼치는 대항문화로서 만개한 것은

25 대학생 수는 〈대교연 통계〉 3호(대학교육연구소, 2013.4.11), http://khei.re.kr; 고등학생 수는 〈연도별 고등학교 수 및 학생 수 추이〉, 《KESS 교육통계서비스》(한국교육개발원), https://kess.kedi.re.kr 참조.

26 김창남, 《대중문화의 이해》(한울아카데미, 2022), 173-174쪽.

放送街의 새苦悶

大麻草파문 이어 퇴패風 된서리 이후

歌手고갈

重量級 태반 사라져

윤항기

남진

옥희

장미화

쇼프로 製作 타격

PD手帖엔 온통 붉은줄

女歌手엔 몸짓·衣裳간섭

대마초 파동을 '가수 고갈'로 표현한 1976년 2월 26일 자 《경향신문》 보도

1980년대 이후이다. 1970년대만 해도 대학의 분위기를 주도한 것은 여전히 낭만적인 엘리트 의식과 감성적인 자유주의였다. 그런 점에서 대중음악 평론가 김창남은 이 시기의 청년문화를 저항문화보다는 '차이의 문화'로 보기도 한다.[27] 부모 세대가 전통문화의 영향이 강하고 일제강점기에 일본식 교육을 받은 사람들이었던 것에 반해, 이 시기의 청년 세대는 서구 대중문화에 대한 강렬한 지향과 동경을 드러냈다. 가령, 이 시기 청년문화를 상징하는 것은 통기타 음악과 생맥주, 청바지, 장발 등이었는데, 그것은 소극적이나마 이전 세대와 자신들을 분리하는 기제가 될 수 있었다. 하지만 1970년대의 문화계는 전시대와 마찬가지로 여전히 정치적인 억압으로부터 자유롭지 못했다. 1972년 유신체제가 발표되면서 대중가요도 희생양이 되었는데, 통기타 문화에서 나온 많은 곡이 '퇴폐문화 금지', '외래문화 추방'이라는 명분으로 금지곡이 된다.[28]

27 위의 책, 196쪽.

28 대표적인 예로, 1974년 대중가수 신중현의 밴드가 발표한 1집 디스크는 10만 장을

엎친 데 덮친 격으로 1975년 말 대마초 파동에 한국 최고의 스타들이 연루되면서, 청년들의 환호를 받던 곡들이 일거에 사라지는 전환점을 맞는다.[29] 정부의 대중문화 억압 정책으로 1970년대의 청년문화는 시작부터 최소한 외형적으로는 심하게 위축되는 양상을 보인다.

1970년대의 벽두에 〈스잔나〉가 환영받은 것은 이처럼 때마침 움트기 시작한 청년들의 하위문화적 갈망과 관련이 있다고 할 수 있다. 물론 1960년대에도 〈맨발의 청춘〉(1964), 〈학사주점〉(1964) 같은 청춘 소재 영화들이 있었다. 그러나 이 영화들은 청년들의 감성을 담아내기보다는, 신분 차이로 인한 사랑의 비극과 벗어날 수 없는 빈곤 등 부조리한 현실을 고발함으로써, 오히려 성인들의 고민에 대한 알레고리로 기능했다. 청춘의 감성 표현은 청춘 소재와 또 다른 문제였다. 〈스잔나〉는 한편 기성의 성인 취향 멜로영화와도 분명한 차이가 있었다. 이때까지 한국에서의 멜로영화는 〈미워도 다시 한번〉(1968)처럼 주부층을 겨냥한 최루성 영화가 많았다. 1970년대 초반을 풍미한 멜로영화는 또한 〈별들의 고향〉(1974), 〈영자의 전성시대〉(1975)처럼 호스티스를 소재로 한 성인 취향 영화로 채워졌다. 홍콩에서도 상황은 한국과 비슷했는데, 〈미워도 다시 한번〉과 유사하게 신파적 정조를 띤 대표적인 영화가 바로 사랑에 실패한 여가수의 시한부 인생을 다룬 〈끝없는 사랑〉이었다. 이 영화의 성공에 고무된 쇼브라더스는 이후에도 〈백조의 노래(垂死天鵝)〉(1967), 〈봄 누에(春蠶)〉(1969) 같이 불치병 소재를 다룬 최루성의 성인 취향 멜로영화를 연이어 내놓는다. 허명화 감독 자신이 〈스잔나〉를 만들 때 〈끝없는 사랑〉을 오마주했다고 밝힌바,[30] 〈스잔나〉의 기본 구도에도

돌파하는 기록을 세웠지만, 이중 다수의 곡이 바로 이듬해에 금지곡이 되었다.

29 1970년대 대중가요의 역사에 대해서는, 주창윤, 〈1975년 전후 한국 당대문화의 지형과 형성과정〉, 《한국언론학보》(한국언론학회) 51집, 4호(2007), 5-31쪽 참조.

30 허명화는 〈스잔나〉가, 사회적으로 성공한 여성이 뇌종양 진단을 받고 삶을 정리한다는 〈사랑의 승리(Dark Victory)〉(1939, 에드먼드 골딩 감독)와 〈끝없는 사랑〉(타오친[陶秦]

비극적 사랑 영화의 모델이 된 〈끝없는 사랑〉(香港電影資料館)

이 영화의 흔적은 뚜렷이 남아있다. 그럼에도 〈스잔나〉의 표현 방식은 세대를 건너뛰었다고 할 만큼 트렌디했다.[31] 순종적임에도 불구하고 시종일관 핍박과 오해를 받다 종국에는 비극적 상황까지 몰리는 기존 멜로영화의 여주인공들과 산산은 사뭇 달랐다. 그녀는 들쑥날쑥한 사춘기적 성격을 주체하지 못할 뿐 아니라, 기성세대에 대한 반항도 서슴지 않으며, 연애에서도 결코 수동적인 태도를 보이지 않는다. 산산의 성격 자체가 이미 청년다운 자유분방함과 순수지향적인 가치관을 보여 주는 것이었다.

감독)을 오마주한 것이라고 말한 바 있다. 柏士范(Stefan Borsos), 〈俠義的父女—初論何夢華的通俗劇武俠片〉, 《Hkinema》(香港電影評論學會), 季刊 第2號(2008.3), 28쪽.

31 아직 '트렌디 드라마'란 개념이 그 원조인 일본에서도 나오지 않았지만, "패션잡지에서 나온듯한 세련된 젊은이들, 혼자 살긴 너무 넓게 느껴지는 고급 아파트, 최첨단 인기 스폿, 우연의 연속, 의외의 전개와 결말, 정신없이 바뀌는 스토리" 등 현대 트렌디 드라마의 전형적 요소는 이 영화들에도 나타난다. 임미주, 〈1990년대 한국 트렌디 드라마와 일본이라는 시차(時差/視差)—KBS2TV 드라마 〈느낌〉을 중심으로〉, 《현대소설연구》 제87호(2022.9), 137쪽 참조.

이런 신세대적인 주인공의 죽음은, 청년 세대에게 비극적 감정을 고양함과 동시에 죽음 자체를 반항의 굴절된 형태로써 바라보게 했다. 죽음에 대한 직면은 산산의 성격을 바꿀 뿐 아니라 그녀에게 '희망'이란 존재를 깨닫게 한다. 그래서 많은 기억 텍스트에서 〈스잔나〉를 본 한국의 베이비 붐 세대들은 영화 중 가장 감성적으로 이입된 순간이 주인공이 불치병에 걸려 고상하게 숨져 가는 장면이었다고 말한다. 게다가 그 상황이 심지어 선망의 대상으로까지 여겨졌다고 한다. 선망은 곧 모방 심리에서 나온 것인데, 들뢰즈(G. Deleuze)의 말을 빌리자면, 모방은 "타자를 향하는 자기 변화"라는 의미에서 "탈영토화의 주된 양상 중 하나"이다.[32] 영화 속 소녀 주인공의 요절은 어떤 면에서, 제약으로 가득 찬 일상에서 탈영토화하고자 하는 청년 관객의 욕망을 대리 분출하는 신화였다. 그 욕망의 시선 속에서 영화의 핍진성 따위는 애초부터 의미가 없는 것이었다. 그들은 실제로는 자기들과 동떨어진 영화적 상황을 하나의 이국적 판타지로써 수용하고, 상상의 세계 속에서 자기 방식대로 그 상황과 교감하며 그들만의 재영토화를 꿈꾸었다. 직관적이고 즉흥적인 감정이 극장 안에서 분출되는 그 순간에 작동되던 것이 바로 고급문화를 대할 때와 또 다른 하위문화 주체로서의 정동이었다. 영화적 상황이 얼마나 이치에 맞는지, 예술적으로 얼마나 정제된 것인지는 문제 될 게 없었다. 그 정동의 세계는 부모의 훈도나 제도 교육이라는 이데아 바깥에 있는 것이며, 어른들의 간섭 없이 자기들만이 독차지할 수 있는 것이었다.[33]

---

32 질 들뢰즈·펠릭스 가타리, 《카프카—소수적인 문학을 위하여》, 이진경 옮김(동문선, 2001), 38-39쪽.

33 들뢰즈는 스피노자의 정동 개념에 대한 강의에서, 관념(idea)과 정동(affect)을 구별한다. 여기에서 그는 관념이 무엇인가를 재현하는 사유의 양식이라면, 정동은 비재현적인 사유양식이라고 정의 내린다. 왜냐하면 정동은 행동 능력이 마주치는 대상에 대해 변이해 가면서 발생하기 때문에 관념의 사유 방식처럼 객관적 실재성을 갖거나

그런데 훗날의 기억 텍스트 속에 유독 '스잔나' 영화들이 많이 소환되는 이유는 또 다른 면으로도 생각해 봐야 한다. 당시에 극장은 현실보다 트랜스내셔널한 공간이었지만, 그럼에도 사실상 오늘날보다 무겁게 내셔널한 감정에 지배되고 있었다. 그 시대의 청년 세대에게는 내셔널리즘의 다양한 형태 중 하나로서 냉전 의식이 삶의 규범으로 내면화된 것과 더불어, 탈식민 의식도 대물림되어 강렬하게 존재했다. 무협이나 쿵후영화를 통한 홍콩의 폭력 서사가 이 시기에 유행한 것도 아시아적 신체를 통한 대리만족의 욕망과 밀접한 관련이 있다.[34] 따라서 '스잔나' 영화들을 향한 영화적 정동에서도 구미의 선진국을 대할 때와 구별되는 아시아적 동일성이 어느 정도 상호작용을 일으켰다고 할 수 있다. 그러한 청년 세대가 영화 선진국과의 실질적 수준 차이를 수긍한 채 하위문화적 행위로써 이 영화들을 감상할 때, 영화에 대한 기대치는 서구영화와 다르기 마련이었다. 게다가 이 영화들이 예상 밖으로 보여 준 감화력은 그들이 역사와 정치가 부여한 선험적인 심리적 중압감에서 벗어나 더더욱 거리낌 없이 이 수입품들을 수용하고 즐기게 했다. 한편 시간이 더 흐른 뒤, 그 경험의 희소성은 어떤 할리우드 영화보다 더 깊이 이 영화들을 기억 속에 각인시켰다. 같은 이유에서, 훗날의 문학적 인용에서 이 영화들이 갖는 의미도 내포된 예술적 가치로서가 아니라, 이 영화들이 많은 개인에게 향수의 대상이 됨으로써 어떤 문화적 현상을 만들어 냈다는 데 있다.

'차이의 문화'라는 측면에서, 〈스잔나〉와 〈사랑의 스잔나〉는 당시 한국의 청년들도 애호할 만한 새로운 대중문화 요소들까지 갖추고 있었

재현적인 방식으로 작동하지 않기 때문이다. 들뢰즈의 정동 이론은 바로 이러한 '변이의 체계'에 주목한다. 질 들뢰즈, 〈정동이란 무엇인가?〉, 《비물질노동과 다중》, 서창현 외 옮김(갈무리, 2005), 23-24쪽 참조.

34 이영재, 〈중공업 하이모던 시대의 아시아적 신체—1970년대 한국에서의 홍콩영화의 수용〉, 《여성문학연구》(한국여성문학학회) 30호(2013.12), 177쪽 참조.

정훈희가 한국어 번안곡을 취입한 〈스잔나〉 디스크의 재킷(1970)

〈사랑의 스잔나〉 삽입곡들이 담긴 천추샤의 독집 재킷(1976)

다. 대표적으로 영화음악을 들 수 있는데, 이 영화들은 한국에 수입된 기존의 어떤 홍콩영화보다 음악적 정취가 농후했다. 음악은 기성세대와 구별되는 세대 감각이 활발히 드러나는 것 중 하나로, 청년 세대의 집단적 정체성을 형성시키며 영화적 정동에서 중요한 몫을 수행하는 장치이다.[35] 〈스잔나〉에는 주제곡 〈바람 따라 돌아가리(隨風歸去)〉와 댄스곡풍의 〈청춘무곡(青春舞曲)〉이 삽입되어 한국에서도 인기를 얻었다.[36] 그러나 한국 청년 세대의 새로운 서구식 음악 취향에 더 부합한 것은 〈사

35 오영숙, 〈1970년대 한국영화의 청년표상과 정동정치〉, 《한국극예술연구》(한국극예술학회) 71호(2021.3), 127-128쪽 참조.

36 실제 노래는 징팅(静婷)의 목소리로 취입했다. 앞의 두 곡은 정훈희와 문주란, 유미리 등이 1970년에 〈스잔나〉·〈청춘무곡〉 등 같은 제목으로 각각 출시했다. 〈청춘무곡〉은 신장(新疆) 지방의 민요를 댄스곡으로 편곡한 것이고, 한국 번안곡에서 아예 〈스잔나〉로 제목이 바뀐 〈바람 따라 돌아가리〉는 1960년대 쇼브라더스사의 전속 작곡가로 〈끝없는 사랑〉(1961)의 주제곡도 작곡한 왕푸링(王福齡)의 곡이었다. 성인 취향의 이 곡들은 세대를 초월하면서까지 인기를 얻지는 못했는데, 반면 아메리칸 팝에 가까운 〈One Summer Night〉은 훨씬 장르 경계가 유연하고 시대성이 약한 음악이었다. 자문해 주신 고려대 학부대학 류경선 교수께 감사드린다.

랑의 스잔나〉였다. 이 영화에는 마침 대만과 홍콩에서도 흥기하고 있던 통기타 문화, 즉 '캠퍼스 포크송(校園民歌)' 운동[37]의 유행 코드가 다방면으로 활용되었다. 전년도 홍콩의 음악대회에서 두각을 나타낸 천추샤가 주인공으로 발탁된 이유도 그 때문이었다.[38] 이 영화에는 그녀가 작곡, 연주, 노래까지 두루 재능을 발휘한 많은 곡이 삽입되었다. 그중 〈One Summer Night〉, 〈Graduation Tears〉, 그리고 〈우연(偶然)〉, 〈생명의 빛(生命之光)〉 등이 좋은 반응을 얻었는데, 특히 한국에서는 영어 노래가 더 각광을 받았다. 청년 세대에게 익숙한 팝송으로 받아들여졌기 때문이다. 〈사랑의 스잔나〉는 그 한국 개봉 시점이 마침 전년도에 발생한 '대마초 파동'으로 젊은 가수들이 대거 사라진 공백기였기에, 더더욱 음악 면에서 주목받을 수 있었다. 게다가 1970년대는 '소리의 시대'라 할 정도로 라디오 음악이 청년 세대를 사로잡은 시기였다. 1971년부터는 FM 방송도 시작되는데, 깨끗하고 선명한 음질에 어울리는 천추샤의 노래는 라디오에서도 크게 환영받았다.[39]

---

37 캠퍼스 포크송 운동은 1970년대 대만의 대학가를 중심으로 확산하여, 1980, 1990년대 음반 시장에서 주류가 되었던 노래 운동이다. 1960년대부터의 아마추어 곡에 기원하지만, 정치적으로 1971년 유엔 탈퇴 이후 대만의 외교적 고립이 확산의 기폭제가 되어, 기존에 유행한 팝송 대신 '우리들의 노래를 부르자'는 슬로건이 등장했다. 이 운동의 주요한 정서인 '향토'와 '방랑'은 홍콩의 대중가요에도 영향을 미쳤다(馮應謙, 〈年代記憶—未完的香港民歌簡史〉, 《視覺傳播研究》 第1輯[中國傳媒大學出版社, 2021.5], 82쪽). 이 시기만 해도 '우리들'의 개념은 서양과 대비되는 중국어권 전체를 의미하는 것이어서, 양안 구분 없이 중국어 문학작품이 두루 가사로 쓰였는데, 쉬즈모의 시는 18수나 노래로 만들어졌다(陳徵蔚, 〈詩與歌的傾城之戀〉, 《吹鼓吹詩論壇》[台灣詩學季刊雜誌社, 2017], 41쪽). 천추샤는 '캠퍼스 포크송'이 상업화되는 시점에 활동한 싱어송라이터로서, 자작곡 중 〈우연〉(1976)과 〈지난 시절(往事)〉(1982)이 '캠퍼스 포크송'의 대표곡으로 여겨진다.

38 천추샤는 1975년 홍콩 음악대회에서 피아노와 작곡 분야에서 모두 최우수상을 수상하며 영국 로열음악대학이 부여하는 피아노 8급 자격을 획득했는데, 이는 쑹 감독이 그를 발탁한 가장 큰 이유였다. 陳飛寶, 《台灣電影史話》(中國電影出版社, 2008), 237쪽.

39 강은주, 〈'아시아의 오드리 햅번' 진추하는 누구?〉, 《한국일보》, 2019년 9월 20일.

지난여름 이 거리에 가장 많이 울려 퍼진 노래는 단연 아비와 진추하의 〈원 썸머 나잇〉이었다. 그리고 가을에는 이글스의 〈호텔 캘리포니아〉였다. 종로는 한국 노래보다 팝송이었다.[40]

작가 윤태영은 자전적 소설에서 1976년 무렵에 대학입시 학원을 다니는 주인공의 정서 세계를 유행하는 팝송으로 표현한다. 현재의 기억에 소환된 과거 시점의 액자 이야기 속에서 〈원 썸머 나잇〉이 여름을 상징하는 곡일 수 있는 이유는, 이 곡이 현재에도 여전히 소설 작가의 세대에게 "목소리만으로도 소름 끼치는 향수를 제공"하기[41] 때문이다. 마치 크리스마스 캐럴이 연말 시즌에 대한 문화기호로서 부단히 감성을 자극하듯이, 이 노래는 베이비 붐 세대의 영화에 대한 그리움의 정동에서도 핵심을 차지한다.[42] 〈사랑의 스잔나〉는 '아류작'의 혐의에도 불구하고 음악적 참신함을 통해 청년 세대만의 정동을 촉발했는데, 이는 또한 무협물이나 리샤오룽식의 액션 영화가 제공하기 어려운 점이었다.

한편 두 영화는 어쨌든 외국어 영화였으므로, 영화의 본래 의도가 한국 관객에게 간과된 점도 존재했다. 특히 〈스잔나〉는 원래 중국 전통문학의 정서가 뚜렷하게 구현된 영화였다. 가령 산산의 담임선생이 읽어주는 시는 남당(南唐)의 후주(後主) 이욱(李煜)의 사(詞) 〈상견환(相見歡)〉이었으며,[43] 떨어지는 오동잎을 보며 쓸쓸함이 느껴진다는 주제곡의 가사

40 윤태영, 《오래된 생각—윤태영 장편소설》(위즈덤하우스, 2017), 67쪽.

41 조한우, 〈사랑의 스잔나, 1976〉, 《Break News》, 2004년 6월 8일.

42 이 노래는 2002년 MBC 라디오에서 네티즌을 상대로 한 '한국인이 좋아하는 팝송 베스트 100' 설문 조사에서 68위를 차지한 바 있다(김기덕, 《한국인이 좋아하는 팝송 베스트 100》[삼호ETM, 2002]). 이 곡은 또 박정현(2001), 심수봉(2003) 등 중량급 가수들이 리메이크했고, 드라마 《유혹》(SBS, 20부작, 2014)의 OST로도 삽입되었다. 한국에서의 인기에 힘입어, 천추샤는 2006년 한국 가수들과 협업한 디스크 〈One Summer Night〉을 내기도 했다. 〈Graduation Tears〉도 이선희가 1988년에 리메이크한 바 있다.

43 "어여쁜 볼에 연지 눈물, 서로 붙잡고 취해보지만, 언제나 만나리오? 실로 인생의 긴

도 중국인이라면 누가 들어도 만당(晩唐) 시대의 쓸쓸한 시적 정서를 떠올릴 만한 것이다.[44] 극중극인 〈홍루몽〉에서 임대옥(林黛玉)으로 분한 산산이 대옥의 임종 때 부르는 〈대옥이 시구[詩句]를 태우다(黛玉焚稿)〉는 이 영화의 문학 상상 중에서도 절정이라 할 만했다. 곳곳에서 나타나는 문학적 정서는 사실 모두가 산산의 요절이라는 비극적 결말의 복선으로 삽입된 것이다. 이에 비해 〈사랑의 스잔나〉에는 전통문학적 정서가 거의 나타나지 않는데, 이것은 전술한 것처럼 영화사와 감독의 차이에 기인한 것이다.[45] 다만 천추샤가 중국의 현대 시인 쉬즈모의 시에 곡을 붙인 〈우연(偶然)〉은 중국어권에서 화제가 되기도 했다. 영화평론가 원톈샹도 이 곡이 영화 내용에 대한 "감동적인 주석(注釋)이 되었다"고 극찬했다.[46]

영화 〈스잔나〉 속에서 〈홍루몽〉의 여주인공 임대옥을 연기하는 산산(리징 분)

한은 강물이 동으로 길게 흐름과 같은 것을(胭脂淚, 相留醉, 幾時重? 自是人生長恨水長東)"이란 구절이 인용된다.

44 전형준은 이 가사 중의 '黃葉滿階秋意濃'을 남송(南宋) 시인 화악(華岳)의 시 〈유감(有感)〉 중의 '西風吹夢夜寒悄, 黃葉滿階秋意深'에서 가져온 것으로 보았다. 성민엽, 〈홍콩영화 《스잔나》의 주제가 가사에 대하여〉, https://contents.premium.naver.com.

45 〈스잔나〉에 전통문학이 활용된 것은, 넓게 보면 1960년대에 이른바 '국어'라는 대륙식 표준어로 영화언어를 표준화하고, 중국 전통문화를 적극적으로 수용했던 쇼브라더스의 전략과 관련된다. 영화사학자인 푸바오스(傅葆石, Poshek Fu)는 "쇼브라더스가 그들의 영화 속에서 구축한 문화 중국은 글로벌 중국 관중의 향수 콤플렉스와 민족 정서를 불러일으켰고, 성공적으로 대중화(大中華)라는 집단의식을 구축했다"고 말한다. 傅葆石·劉輝, 《香港的'中國'一邵氏電影》(香港: 牛津大學出版社, 2011), 17쪽.

46 聞天詳, 앞의 책, 97쪽. 그 밖에 두 연인이 한국의 호텔 카페에 있을 때 가곡 〈봄 처녀〉가 흘러나오는데, 가사는 이은상의 시였지만 시의 의미는 스토리와 큰 연관성이 없다.

그러나 이런 사실들이 한국 관객에게는 사실상 거의 의미가 없는 것이었다. 〈스잔나〉의 경우에도 한국의 회고 글 중 영화 속의 문학을 거론한 것은 훗날 《홍루몽 전집》을 공역한 중문학자 고민희의 글이 유일하다시피 하다.[47] 두 영화는 훗날 한국의 많은 문학에 인용되었지만, 정작 영화 속의 문학적 장치들은 음악만큼 한국 관객에게 인지되지 못했다.

두 영화가 한국 청년들에게 불러일으킨 문화적 정동을 사회적 문맥으로 확장해서 생각해 보면, 또한 그것이 세대 전체의 특징뿐 아니라 그 세대 내부의 계층적 구성에서도 영향을 받았음을 알 수 있다. 당시 청년 문화는 대학 밖에서도 그 역동성이 팽창하고 있었다. 이 무렵 제조업 기반의 경제개발로 도시에 광대한 노동시장이 형성되었고, 농어촌 지역으로부터 청소년층을 급속하게 빨아들이고 있었다. 노동자인 이들이 도시를 경험하는 방식은 대학생들과 전혀 달랐다.[48] 특히 도시 노동자 집단에서 10-24세 사이의 여성층이 지배적이었고, 여성 노동자 중 절반 이상이 농어촌 출신이었던 정황을 고려하면,[49] 이농 출신의 젊은 여성 노동자들이 도시의 청년 하위문화 성격에 얼마나 영향을 끼쳤을지 짐작해 볼 수 있다.

두 영화가 모두 개봉된 허리우드극장은 서울의 개봉관 중에서도 상대적으로 수입가가 낮은 영화를 상영하던 곳이다. 물론 더 많은 청년 세대는 이보다 더 저렴한 재개봉관을 찾았을 것이다. 1970년대 개봉관과 재개봉관의 관객 취향은 분명한 차이가 있었다. 무협이나 액션 영화는

47 고민희는 고등학교 때 이 영화를 보고 〈홍루몽〉의 존재를 처음 알게 되었으며, 이후 "우연이 필연이 되었다"고 언급한다. 고민희, 〈인간에 집중한 휴머니즘 소설 작가 조설근은 중국의 셰익스피어〉, 《주간조선》, 2012년 5월 11일.

48 김예란, 〈탈주와 모방—1970년대 청년문화의 감각과 정동 실천〉, 《언론과 사회》(사단법인 언론과 사회) 제24권, 제3호(2016.8), 184쪽.

49 이정구, 〈노동자의 생활주거공간—1970, 80년대 영등포지역 근로자들의 주거공간에 대한 연구〉, 이종구 외, 《1960-70년대 노동자의 생활세계와 정체성》(한울아카데미, 2005), 175-190쪽 참조.

개봉관보다 재개봉관에서 더 인기가 있었다. 비교적 교육 수준이 높은 개봉관 관객들은 내용 있고 질적으로 우수한 영화를 선호하는 반면, 상대적으로 교육 수준과 소득이 낮은 재개봉관 관객집단은 내용이나 질보다는 오락성을 기준으로 액션 무협 영화를 선호했다.[50] 하지만 청년층 관객으로만 생각하면, 이런 구별은 다소 복잡하게 적용될 수 있다. 왜냐하면 청년노동자보다 교육 수준이 높은 대학생뿐 아니라 그들보다 어린 중고등학생들까지도 종종 재개봉관 영화에 열광했기 때문이다. 당시의 저가극장에는 연령과 계층을 막론하고 청년층을 모아들이는 하위문화만의 마력이 존재하고 있었다. 다만 그들 각 집단이 공감한 구체적인 대상은 서로 다를 수 있고, 또 '스잔나' 영화들 각각에 대한 반응도 같지 않았다. 이러한 차이는 이후 노스탤지어로서 두 영화를 호명하는 방식에도 차이를 만들어 냈다. 특히 두 영화가 문학작품에 인용될 때는, 영화의 수용 정황에 존재한 계층적 특성이 더 세밀하고 중층적으로 영향을 끼쳤다.

3 영화적 정동의 문학적 확장

'스잔나' 영화들에 대한 한국문학에서의 인용은, 물론 개인 체험과 직접 연관되는 수필 속에서 가장 많이 발견된다. 그러나 더 광범위하게는 시와 소설, 심지어 희곡과 시나리오에까지도 인용된 사례가 있다. 그것들은 비록 영화 개봉 시점과의 시간적 거리, 그리고 작가의 성별이나 문화적 배경에 따라 인용 의도나 방식에서 약간씩 차이가 있기는 하지만, 대략 아래와 같이 세 가지 유형으로 정리해 볼 수 있다. 이것은 두 영화로

50 주창윤, 〈1975년 전후 한국 당대문화의 지형과 형성과정〉, 앞의 책, 14쪽.

인해 촉발된 정동의 다양한 결을 보여 주는 것이기도 하다.

첫 번째는 영화의 유행 자체를 하나의 현상으로 다룬 것들이다. 즉, 시대를 지시하거나 사회적 일상을 생생하게 표현하기 위해, 영화 제목이나 주연 배우의 이름을 기표로 활용한 경우이다. 가령 극작가 조효송은 그의 희곡에서 극 중 인물이 최신 유행을 인지하는 지표로서 “시한부 인생”을 다룬 “리칭” 영화를 인용한다.[51] 오성찬의 소설이나 한수산의 산문에서처럼 시대적 분위기를 라디오나 레코드에서 들려오는 ‘스잔나’ 영화들의 음악으로 표현한 경우도 있다.[52] 또 영화의 관람 행위가 인물의 신분을 설명해 주는 사례도 있다. 가령 서종택의 소설 속에서 〈사랑의 스잔나〉 관람은 “자장면 곱빼기”와 옷 가게의 “반액 대매출” 같은 단어와 뒤섞여, 주인공의 문화적 계층성을 드러낸다.[53] 서병욱의 산문에서는[54] 군 복무 시절 부대 근처 식당의 주인집 딸을 “한창 인기 있었던 〈스잔나〉라는 영화의 주인공 리칭”에 비유하는데, “리칭”이란 말은 그 어의의 감수성 안에 이 영화의 관객으로서 병사였던 화자의 신분이 더해진 것이었다. 더 많은 문학 텍스트에서 ‘스잔나’ 영화는 빈곤한 청년들의 숨통을 틔워주며 남녀 사이를 이어 주는 매개로 인용되기도 한다.[55]

시대에 대한 기표로 활용한 것은 같지만, 뉴스 대본처럼 감정 이입을 절제하고 매우 묘사적으로 전시되는 시대의 전경 속에 영화 제목을 콜라주한 예로 소설가 은희경의 두 작품을 들 수 있다.

---

51 조효송, 〈사람을 죽여드립니다〉, 《현대문학》, 1974년 8월호, 261-262쪽.

52 오성찬, 〈내사랑 癌〉, 《현대문학》, 1974년 12월호, 148쪽; 한수산, 《젊은 나그네—韓水山 산문모음집》(과학과 인간사, 1978), 100쪽.

53 서종택, 〈바람꽃〉, 《현대문학》, 1977년 12월호, 144쪽.

54 서병욱, 〈우짜겄노, 살아보는 수밖에〉, 《현대문학》, 1986년 10월호, 70쪽.

55 대표적인 경우로, 박승일의 단막극 〈어떤 지각〉(《월간시문학》, 1984년 7월호, 144쪽), 박희섭의 장편소설 《축제의 언덕》(다차원북스, 2015, 284쪽) 등이 있다.

송금희의 둘째 여동생이 K예식장에서 결혼식을 올렸고 K극장 옆에 새로 S극장이 생겨 〈섬머타임 킬러〉 〈쿼바디스〉 〈스잔나〉 같은 새로운 영화들을 줄줄이 상영했다. 아스팔트 포장이 되고 K대교가 생겨나 영우로서도 도로포장과 교량공사를 구경하느라 바빴던 한 해였다.[56]

월남패망? 그것은 〈사랑의 스잔나〉를 보러 극장에 갔다가 대한 뉴스에서 보았던 지도와 함께 떠오르는 단어이다. 음산한 음악을 배경으로 월남 지도가 점점 붉은색으로 물들어가다가 완전히 핏빛으로 뒤덮이고 마지막에 '멸공!'이라는 비스듬하고 깨어진 입체글자가 화면을 가득 채웠던 것이다.[57]

작가는 냉소적 시선을 통해 1970년대 한국사회의 중요 사건과 사고들을 소설 속에 등장시킨다. 그 안에서 인물들은 '마이너리거'에서 벗어나 '메이저리거'가 되려 하지만, 점차 목적의식을 상실하고 그저 그런 속물이 되어 갈 뿐이다. 〈스잔나〉와 〈사랑의 스잔나〉는 시대를 압축한 풍경 속에 삽입되어, 시대에 대한 중층적인 감성을 자아낸다. 그 풍경 가운데 '반공'과 '국토개발'이라는 1970년대 한국사회의 양대 통치 슬로건이 영화들의 이미지 아래로 격류처럼 가로지르고 있다.

두 번째로는 영화 내용을 가난에 대한 기억과 병치시킨 것들이다. 이 경우에는 단순히 시대적 배경으로 영화를 인용한 문장보다 영화 속 인물에 대한 강렬한 동일시가 나타나기에, '시한부 소녀'에 대한 환상도 더 강조적으로 묘사되었다. 여기에서는 공통적으로 인물의 계급적 정체성에 대한 자각이 나타나는데, 이는 전술한 대로 두 영화의 관객이 주로 저가 극장을 드나드는 계층이었다는 점과 관계가 있다. 한국 노동운동

56 은희경, 《비밀과 거짓말》(문학동네, 2005), 119쪽.
57 은희경, 《마이너리그—은희경 장편소설》(창작과비평사, 2001), 33쪽.

청계피복노조 시절의 전태일(전태일재단)

의 전설이 된 전태일이 분신하기 직전 마지막으로 본 영화가 〈스잔나〉였다는 증언도 그런 관계를 더 설득력 있게 해 준다. 노동운동가 안재성은 전태일의 마지막 순간을 지킨 김영문의 회고를 이렇게 전한다.

> 같은 현장에서 일하는 미싱 보조 두 처녀와 함께 종로 낙원극장에서 홍콩 영화 〈스잔나〉를 보았다. 홍콩 여배우 리칭이 시한부 생명을 살다가 죽는 비련의 주인공으로 나오는, 무척이나 슬픈 영화였다. 극장에서 나와 동대문스케이트장 근처 조그만 맥줏집에서 술을 나누며 이야기를 나누는데 깊은 가을 오동잎이 떨어지는 풍경 속에 주인공이 죽어가는 장면이 소재가 되었다.[58]

어떤 청년 세대에게는, 발전주의가 지배한 그 시대가 벗어날 수 없는

58 안재성, 《청계, 내 청춘—청계 피복 노조의 빛 나는 기억》(돌베개, 2007), 52-53쪽. '낙원극장'은 낙원상가에 있던 허리우드극장을 착각한 것이다.

사회경제적 조건에서 임계점까지 노동력을 소진하며 살아야 했던 힘겨운 시간대였다. 그들이 젊은 시절에 바라본 〈스잔나〉의 여주인공은 다른 세상을 사는 공주 같았지만, 그녀가 불치병을 앓는다는 사실은 또한 그들의 궁핍한 현실과 동일시될 수 있는 것이었다. 산산의 극 중 병명은 원래 뇌종양이지만, 더 뒤에 개봉한 〈러브스토리〉의 영향으로, 훗날 '백혈병'으로 잘못 인지된다.[59] 이런 집단적 착각은 후일 시한부 인생을 사는 기억 속의 소녀에게 신비감을 부여했다. 그 시대 서민들의 일반적인 통념에 의하면 백혈병은 불치병 중에도 부자들이나 걸리는 병으로 여겨졌기 때문이다. 현실성과 비현실성이 교차하면서 생겨난 영화적 상상은, 이상과 좌절이 공존하는 1970년대 한국 청춘이 필요로 했던 일종의 정서적인 통과제의였다. 중년이 된 그들의 과거에 대한 그리움의 정동에는 영화 자체가 부여한 정서만이 아니라 자신들이 겪어야 했던 지난한 개인사도 함께 버무려져 있다. 이런 정황을 보여 주는 대표적인 텍스트는 이순원의 장편소설 〈스물셋 그리고 마흔여섯〉이다.

> 백혈병이라는 게 뭔지도 모르면서 그런 병에 걸려 있는, 수척하고도 하얀 얼굴의 비련의 공주 같은 모습으로 내 자신을 꿈꾸기도 했다. 홍콩의 여배우, 리칭의 스잔나라는 영화를 본 영향 때문인지도 모른다. 산업체 부설학교를 다니던 때의 일이었다. 모두는 아니지만 모두 그만그만한 처지였던 내 주변의 친구들 절반 이상이 리칭을 꿈꾸고 스잔나를 꿈꾸고, 우리 마음의 또 다른 환상처럼 아름다운 병으로 백혈병을 꿈꾸었다.

---

59 '백혈병' 모티프는 같은 시기 일본에서도 큰 인기를 얻었다. 대표적인 예로 TBS가 방영한 〈붉은 의혹(赤い疑惑)〉(1975.10-1976.4)이 있다. 이 드라마도 〈러브 스토리〉의 영향을 받은 것으로 보이는데, 당시 백혈병 모티프에 대한 동아시아 멜로물의 반응에 대해서는 더 보완적인 연구가 요구된다. 제보해 주신 요코하마 국립대학 다루미 지에(垂水千惠) 명예교수님께 감사드린다.

그 무렵 이미 어떤 이별을 예감하고 시작했던 승호오빠에 대한 연모도 그 꿈을 이상한 쪽으로 키우게 만들었을 것이다. 마음 안에 연모는 이미 자랐어도 어차피 다가가지 못할 남자였다. 그런 승호오빠에 대해 내가 꿈꿀 수 있는 자리가 오빠로부터 한없는 안타까움과 한없는 연민을 받을 수 있는 리칭과 스잔나와 백혈병이 함께하는 자리였던 것이다. 그러나 그 영화도 우리는 시내의 개봉관에서 보지 못하고, 공장에서 조금 떨어진 동시 상영관에서 저마다 비슷한 옷을 입고 저마다 비슷한 공장에 다니는 우리 또래의 남자들이 휘휘 불어 대는 휘파람 속에 다른 영화와 함께 보았다.[60]

소설의 줄거리는, 딸이 사촌오빠와 근친상간한 사실을 알게 된 엄마가 딸의 비밀을 지켜주고 상처를 다독이는 가운데, 자신의 묻어 두었던 과거를 털어놓으며 딸과 소통하게 된다는 내용이다. 소설 속에서 엄마의 착한 비밀은 딸에게만 누설되고, 딸 역시 엄마의 비밀을 소중하게 지켜줌으로써 엄마의 세계에 동참한다. 이순원의 소설 속의 인물들은 "하나같이 봉인된 기억을 갖고 있"으며, 따라서 삶에서 "모방의 욕구는 많은 부분 과거의 기억 속에서 에너지를 얻는다."[61] 지병이 생겨 뒤늦게 병원을 찾은 엄마는, 병원 같은 데는 "부잣집 딸이 아름답게도 백혈병을 앓으며 리칭의 스잔나처럼 누워 있는 덴 줄 알았"다고 말한다.[62] 그녀가 기억 속 청춘의 상징으로서 간직한 것은 바로 청년기에 보았던 〈스잔나〉이며, 그 중심에 백혈병에 걸려 죽어가는 소녀의 이미지가 있다. 〈스잔나〉의 이미지가 마침내 엄마의 기억 밖으로 꺼내질 때, 그것은 그녀를 다시금 딸과 연결해 주는 가교가 된다.

60 이순원, 《스물셋 그리고 마흔여섯》(이가서, 2004), 196쪽.
61 권정현, 〈이순원 소설의 크로노토프 연구〉(박사학위논문, 고려대학교, 2019.6), 60쪽.
62 이순원, 앞의 책, 233쪽.

소설가 신경숙이 수필에서 두 영화를 호명하는 방식도 이와 마찬가지이다. 자전적 소설 〈외딴 방〉의 주인공처럼 작가는 실제로 "서울로 떠나와 구로공단의 여공이 되면서 도시의 '하층민'이라는 '모순 속으로 들어가'는 당시 수많은 십대 소녀들의 궤적을 따라 밟게 된다".[63] 작가에 따르면 그때 상경해서 처음 본 영화가 바로 〈사랑의 스잔나〉였다고 한다. 그래서 '스잔나' 영화에 대한 작가의 기억도 빈민 체험과 떼어놓고 생각하기 어렵다. 그러나 기억 텍스트 속에서 두 영화는 오히려 아름답게 승화된 추억으로 등장한다. 신경숙은 수필 속에서 초등학교 때 체육교사가 해 주었던 〈스잔나〉 이야기와, 〈사랑의 스잔나〉를 관람한 자신의 실제 경험을 뒤섞어가며 술회한다.

> 선생님의 이야기보다 진짜 영화가 덜 슬펐다. 어쩌면 이미 슬픔을 준비하고 갔기 때문에 눈물이 나오지 않았는지도 모른다. 학교 시절은 이미 지나가 버렸고, 여름방학이면 고향에 내려가 한없이 철길을 걸어 다니던 시간도, 처음으로 보는 사물에 대한 호기심도, 친구를 갖고 싶어 편지를 쓰던 밤 시간도 나를 통과해 가버렸다. 만약 내가 〈사랑의 스잔나〉를 다시 보게 된다면 나는 이제 웃으면서 보고 있을지도 모른다. 처음 그 선생님께 이야기로 들었을 때 내가 슬퍼하며 울 수 있었던 건 그것이 첫 감정이었기 때문일 것이다. 한번 슬퍼하고 나서 영화관 갔을 땐 덜 슬펐듯 다시 본다면 웃고 있을 것이다. 처음 맞이하는 것들을 하나씩 지나오면서 내 얼굴에선 표정이 사라졌다. 시간이 흘러갔다. 많은 것들이 그 시간 속으로 스쳐 지나갔다.[64]

---

63 김예란, 앞의 글, 202쪽.
64 신경숙, 〈지금은 다시 오지 않는다〉, 《아름다운 그늘—신경숙 산문집》(문학동네, 1995), 294-295쪽.

신경숙의 문학을 지배하는 가장 큰 정동이 바로 노스탤지어이기에, 시간은 늘 그의 서술 속에서 관건이 되는 작용을 한다. 평론가 남진우는 신경숙의 소설이 "항상 읽는 사람의 내면에 아스라한 향수를 불러일으키며", "지나온 한 시절의 깊고도 내밀한 어둠 속에서 스쳐 지나갔던 풍경"을 재생시킨다고 말한다.[65] 아스라한 향수를 빚어내는 과거 속 소품 중의 하나가 바로 '스잔나' 영화들이었다. 이러한 정경은 시골서 함께 자란 친구를 서울서 우연히 만나 밤이 새도록 〈사랑의 스잔나〉 이야기를 반복해서 나누고, 친구가 부르는 천추샤의 노래를 따라 불렀다고 회고하는 또 다른 글에서도 되풀이된다.[66]

세 번째는 팬덤 문화의 원형적인 형태로서, 노스탤지어의 중심에 여배우의 이미지를 위치시키거나, 더 나아가 그것을 도시문화에 대한 만평으로 확장한 경우이다.[67] 이런 인용 방식은 특히 〈사랑의 스잔나〉와 관련해서 주로 나타난다. 어떤 작품은 단순한 노스탤지어로서의 기표를 넘어서, 영화의 요소들을 문학창작 안에 적극적으로 활용하는 양상을 보이기도 한다. 이것은 존 피스크(J. Fiske)가 말한 것처럼, 팬 문화가 본질적으로 지니는 생산성(fan productivity)에 기인한 것이다.[68]

---

65 남진우, 〈우물의 어둠에서 백로의 숲까지〉, 《외딴 방 2》(문학동네, 1995), 283-284쪽.

66 신경숙, 〈내 친구의 집은 어디인가〉, 《자거라, 네 슬픔아》(현대문학, 2003), 107쪽.

67 팬덤 문화의 문학적 활용은 더 나중에 한국에서 인기를 얻은 장궈룽(張國榮)에 대한 반향에서도 엿보이는데, 김경욱의 소설 《장국영이 죽었다고?》(문학과지성사, 2005) 같은 예가 있다. 하지만 장궈룽의 시대는 이미 한국에서 홍콩영화가 할리우드 영화를 능가하게 되었고, 열광한 세대도 다르기에 그 인용 배경에 많은 차이가 있다고 할 수 있다.

68 피스크는 팬 문화의 생산성을 기호학적 생산성, 언술적 생산성, 텍스트 생산성으로 분류하여 언급한다. 그의 논의에 따르면 팬들은 문화상품의 소비와 관련하여, 의미, 소통, 작품 등을 만들어 내는 문화생산자이기도 하다. John Fiske, *The Cultural Econimy of Fandom*(1992), 홍종윤, 《팬덤 문화》(커뮤니케이션북스, 2014), 2-4쪽에서 재인용.

> 70년대 남자 고등학생 자취방에서 가장 환영받은 초상의 주인공은 올리비아 허시였다. 영화 〈로미오와 줄리엣〉의 여주인공. 긴 머리에 영리해 보이는 이 소녀는 한때 〈사랑의 스잔나〉의 여주인공인 홍콩 배우 진추하와 때 묻은 자취방 벽을 놓고 치열한 영토분쟁을 벌였다.[69]

자기 "사춘기의 들창이며 코드"[70]였다고 고백할 정도로 소설가 성석제에게 천추샤는 소년 시절의 절대 우상이었다. 작가는 천추샤의 이미지를 1960년대 할리우드의 청춘스타 중에도 불가침의 아성이었던 〈로미오와 줄리엣〉(1968)의 여주인공과 같은 반열로 추켜세운다. 또 화가이자 수필가인 사석원도 1970년대를 "검은색"에 비유하고, "교복도 검었고 승용차도 검었고", 정치적 현실도 온통 새카맸다고 진단하지만, 동시에 "당대를 풍미했던 홍콩 배우 진추하"의 "세상의 소년들을 숨 멎게 했던 눈동자도 검었다"라고 말한다.[71] 팬의 입장으로 소환되는 노스탤지어는 백혈병 소녀를 동경하는 고달픈 청춘들의 그것에서 멀리 떨어져 있다. 그들의 작품에서 청춘시대는 무거운 그늘로서가 아니라 낭만적이고 경쾌한 추억으로 되살아난다.

작품 속에 〈사랑의 스잔나〉를 가장 적극적으로 활용한 이는 시인이자 영화감독인 유하이다. 그는 이 영화에 대한 상상을 '세운상가'라고 하는, 도시의 한 시대가 압축된 듯한 장소를 통해 마치 만화경을 보는 것처럼 공간화한다. 대표적인 것이 바로 그의 시집 《세운상가 키드의 사랑》이다.

69 성석제, 《말 못 하는 사람》(문학동네, 2019), 73쪽.
70 성석제, 〈스크린 속의 나의 연인—'사랑의 스잔나'의 진추하〉, 《한겨레신문》, 2005년 1월 4일.
71 사석원, 〈연가 十三 장충동·아현동—검디검은 시절의 청춘이 있던 곳〉, 《사석원의 서울연가—기억 속 서울의 풍경과 사람을 말하고 그리다》(샘터, 2013), 168쪽.

한순간 수줍게 라디오를 스쳐 가던 그녀
그와 함께 진추하를 듣고 싶어요, 그 작은
라디오의 나라 가득히 드넓은 한여름 밤과
무수한 잔별들이 두근두근 흘러들어 오고 난
그녀의 흩날리는 단발머리를 따라 새벽녘의 샛별까지……
그렇게, 열다섯 살의 떨림 속에 살던 나와 그녀는
영영 사라져버렸다, 트랜지스터 라디오에
건전지처럼 업혀 있던 그 풋사랑의 70년대도,
퇴락한 진추하의 노래를 따라
붉은 노을의 어디쯤을 걸어가고 있으리.[72]

인용된 시 〈진추하, 라디오의 나날〉은 오롯이 천추샤 개인에게 바치는 시라 해도 과언이 아니다. 작가에게서 리샤오룽과 천추샤로 대변되는 홍콩 스타를 향한 열망은 청년 시대 기억의 핵심적인 위치를 차지한다. 신경숙과 비교했을 때, 그가 〈사랑의 스잔나〉를 호명하는 방식은 과거 자체만이 아니라, 한국의 경제구조가 생산 중심에서 소비 중심으로 그 무게 중심이 옮겨갈 때, 사람들이 가졌던 세대적인 정서를 경유한다는 점에서 차이가 있다. 평론가 박혜경의 말처럼 "이 세대의 정서는 이미 70년대적 대중문화의 정서 그 자체는 아니다." 그것은 "90년대적 첨단 소비문화의 세계를 거쳐, 시인이 돌리는 추억의 영사기를 통해 끊임없이 낡고 희미한 흑백 필름의 화면으로 되살아나는, 아득한 회상의 아우라에 둘러싸인 정서이다".[73] 작가의 시 속에서 천추샤는 개인적인 우상인 동시에, "목이 쉰 야외전축", "포르노의 여왕 세카", "비틀즈의 해

72 유하, 〈진추하, 라디오의 나날〉, 《세운상가 키드의 사랑》(문학과지성사, 1995), 100쪽(부분 인용).
73 박혜경, 《세기말의 서정성—90년대 시의 내면 풍경》(문학과지성사, 1999), 47쪽.

적판" 등과 병치되어, "모든 금지된 것들을 열망하며" 세운상가를 "서성였"[74]던 세대를 기리는 풍속화 속의 인물이 된다. 유하는 과거의 우상에 대한 기억을 소비문화가 중심이 된 세대 앞에 펼쳐 보임으로써, 그것을 현재의 도시문화에 대한 제유로 삼고자 했다.

유하가 시도한 노스탤지어의 변용이 잘 드러나는 또 다른 텍스트는 그가 직접 시나리오를 쓰고 감독한 영화 〈말죽거리 잔혹사〉(2004)이다. 유하는 한 영화잡지와의 인터뷰에서, "나는 음악을 들으면서 시나리오를 쓴다. 〈말죽거리 잔혹사〉 때도 천추샤의 노래를 들으면서 현수 캐릭터를 구상했"다고 했는데,[75] 이는 그가 자기 영화 속에 〈사랑의 스잔나〉의 문화기호를 얼마나 내면화하려 애썼는지를 잘 보여 준다.[76] 〈말죽거리 잔혹사〉는 1970년대 서울의 어느 신개발 지역 고등학교에서 벌어지는 폭력과 우정, 그리고 연애를 그린 청춘 영화이다. 교실 안의 폭력은 감독의 개인 체험에 근거한 것이지만, 또한 1970년대의 정치 상황에 대한 알레고리이기도 하다. 폭력이 난무한 세상으로부터 주인공 현수를 정신적으로 탈출시키는 치유제는 다름 아닌 리샤오룽과 천추샤였다. 유하는 시뿐 아니라 영화를 통해서도 '스잔나' 노스탤지어에 또 다른 색깔을 입혔다.

〈스잔나〉와 〈사랑의 스잔나〉는 전술한 것처럼 주류 바깥의 영화, 심지어 B급 영화의 대명사처럼 여겨지기까지 했다. 그러나 수용의 차원으로만 보면, 이 영화들이 한국의 영화문화에 끼친 영향은 동시대의 무협영화 못지않았다고 할 수 있다. 이 영화들에 열광한 6·25전쟁 이후의 베이비 붐 세대는 미국식 교육을 받고 청년 시기에 서구식 문화에 경도

74 유하, 〈세운상가 키드의 사랑 1〉, 앞의 책, 92쪽.

75 인터뷰 기사 〈비열한 거리—유하〉, 《Film 2.0》, 2006년 7월호, 36쪽.

76 그 정점은 물론 주인공 현수가 보낸 사연이 라디오에 소개될 때, 천추샤가 부른 〈One Summer Night〉이 배경음악으로 들려오는 장면이다.

영화 〈말죽거리 잔혹사〉의 한 장면

되었던 세대이다. 이 세대가 감각이나 취향, 그리고 가치 체계에서 부모 세대와 구분될 것은 당연하다. 하지만 그들은 또한 냉전에 따른 비서방 진영과의 단절, 독재 통치의 삼엄한 검열, 그리고 일본 대중문화의 무조건적인 수입 금지 등 매우 폐쇄적인 문화환경에서 청년 시대를 보냈다. 게다가 누군가는 문화적 향유와 거리가 먼 노동 현장에 있어야 했고, 중고등학교는 또 그곳들대로 학생 개인의 극장 출입을 불허하는 곳까지 있었다. 전방위적으로 닫혀버린 환경에서 청년문화가 영화라는 넓은 바다와 만날 여지는 대단히 제한적이었다.

반면, 이 열악함이야말로 '스잔나' 영화들 같은 비주류 텍스트에 오히려 반대급부로서의 기회를 제공했다고 할 수 있다. 두 영화가 상영된 저가 극장은 바야흐로 청년들의 금지된 욕망이 분출되는 탈주의 공간이었다. 더욱이 때마침 TV 방송의 성장으로 중년 관객이 안방극장으로 들어가 버리면서, 역으로 영화가 청년문화의 본령이 되고 극장은 젊은이들의 전용 공간이 되었다.[77] 이러한 극장의 속성은 청년 세대에게 독특한 하위문화 정동을 불러일으켰으며, 훗날 할리우드의 주류 영화와 다른 차원으로 노스탤지어를 자아냈다. 영화평론가 정성일은 '스잔나' 영화들을 혹평하면서도, "나는 내 또래의 세대들과 함께 나눌 만한 청춘 영화의 명단을 가지고 있지 않다"라고 고백했는데,[78] 이것은 평론 차원의 가치와 무관하게 그 영화들에 대한 특별한 정동이 자기 세대에 존재함을 인정하는 것이다.

오늘날 베이비 붐 세대들이 인터넷을 통해 생산하는 '스잔나' 콘텐츠들은 어쩌면 그들이 과거 기성문화에 대항했듯이, 마찬가지로 젊은 세대에게 그들만의 자기 변론적인 담론을 전하고픈 열망을 충족해 주는 것일지도 모르겠다. 그들은 두 영화의 잔상이 섞여 있는 일상의 기억에 의해, 그리고 거기에서 비롯된 자기식의 감성을 통해, 현재의 문화 주도 세대인 청년들에게 말을 걸며 소통하려 한다. '스잔나' 영화는 이제 실버 극장에서나 상영되는 퇴물이 되었고,[79] 문학적 인용 역시 더는 새로울 것이 없다. 그럼에도 한 세대의 향수가 사라지지 않는 한, '스잔나' 이야기를 나누려는 기억 서술의 장(場)은 인터넷이든 어디든 계속 남아 있게 될 것이다.

77 강영희, 〈10월 유신, 청년문화, 사회성 멜로드라마—《별들의 고향》과 《어제 내린 비》를 중심으로〉, 《여성과 사회》, 3호(창작과비평사, 1992), 227-228쪽.

78 정성일, 〈99원 분식과 허리우드극장〉, 앞의 잡지 참조.

79 〈사랑의 스잔나〉는 2024년 1월 디지털 리마스터링 버전으로 한국 주요 도시의 멀티플렉스 극장에서 재개봉되기도 했다.

12장 중국의 문혁 시기 북한영화 수용과 세기말의 잔영

노벨상 수상 작가인 소설가 모옌(莫言)은 2017년 12월 '영화평론주간' 행사의 기조연설에서, 10여 년 전 프랑스 신문의 요청으로 글을 쓰려고 1972년에 관람한 북한영화를 다시 보았던 감회를 다음과 같이 회고한다.

> 저는 다시 음반 가게 몇 곳을 전전한 끝에 〈꽃 파는 처녀〉의 VCD를 구입했습니다. 생각해 보면 벌써 30년이 다 되어갑니다. 당시에 저는 청년이었지만 이제는 성숙한 중년이 되었습니다. 게다가 그동안 동서고금을 막론하고 그렇게나 많은 영화를 보았는데 설마 〈꽃 파는 처녀〉 정도에 또 눈물이 날까 싶었죠. 글 속에 디테일을 인용하려면 정확하게 봐야 했기에 저는 컴퓨터로 〈꽃 파는 처녀〉를 보기로 했습니다. 이번에 볼 때도 최루성 장면마다 예외 없이 눈물이 쏟아졌습니다. 이렇게 단순한 줄거리에 내가 왜 눈물을 터뜨리는 걸까? 저는 그 지주 때문에 어린 애가 펄펄 끓는 산삼탕에 눈을 데는 대목이 실제로는 일어날 리 없다는 걸 너무나 잘 알면서도 거기에 흥분하고 있었습니다. 이 영화에는 저의 청춘시절이 들어 있습니다. 영화를 볼 때 저는 눈으로 영화의 줄거리를 따라가면서 다른 한편으로 굶주린 배를 움켜쥐고 읍내로 달려가던 정경을 상상하고, 고작 영화 한 편을 보기 위해 기꺼이 밥을 거르던 우리

영화 〈꽃 파는 처녀〉에서 꽃분이 역을 연기하는 홍영희

의 그때 그런 젊음과 추구를 떠올렸습니다. 그래서 저는 이런 영화를 보는 것은 사실상 우리가 자신들의 청춘 시절을 돌이켜보는 것이라고 생각합니다.[1]

모옌은 한 영화에 대한 청년 시절의 감동을 궁핍함 속에서도 식지 않은 그 시대의 열정과 함께 기억으로부터 동시에 소환한다. 이 글에서 할 이야기와 관련하여 흥미로운 점은, 작가가 아름답게 기억하는 그 시간대가 다름 아닌 문혁 시기라는 점이고, 게다가 감동했다는 영화도 북한 영화라는 사실이다. 모옌이 고백한 북한영화에 대한 인상은 문혁의 엄

1 〈莫言—《芳華》看得我淚流滿面, 電影裏有我的青春〉, 《鳳凰文化》(2017.12). 여기에서는 '中國作家網'(http://www.chinawriter.com.cn)에서 재인용.

혹한 상황이 당시 중국 청년들에게 초래한 정서의 황폐화로 인해 반사적으로 더 깊게 각인된 측면이 있었을 것이다. 그런데 그 기억은 단지 개인적인 차원에서 우연히 생긴 것이 아니다. 모옌의 언급은 문혁 시기에 북한영화가 중국에 가장 많이 수입되었다는 실제 사실과, 그럼으로써 북한영화에 대한 어떤 집단적 감성이 광범위하게 형성되었다는 점과 분명한 관련이 있다.

1 중국의 북한영화 수용 양상

주지하다시피 북한은 신중국 성립 이후 등장한 중국영화 속에서 한동안 가장 중요한 맹방이었다. 그런 관계를 단적으로 나타내는 영화 장르는 전쟁물이었다. 6·25전쟁을 소재로 한 영화는 문혁 이전의 전쟁영화 중 1/3을 차지할 정도로 한 시대를 풍미했다. 대표적으로 〈상감령(上甘嶺)〉(1956), 〈영웅의 자녀들(英雄兒女)〉(1964) 등은 중국 전쟁영화 중에도 고전이 되다시피 했다. 한편 굳건한 상호관계를 기반으로 1952년부터 북한영화도 중국에 들어오기 시작한다. 중궈촨메이대학(中國傳媒大學) 위안칭펑(袁慶豐) 교수에 의하면, 제목이 확인되는 북한으로부터의 수입영화는 세기말까지 모두 97편에 달한다. 이를 시기별로 분류해 보면, 1950년대가 13편, 1960년대가 37편, 1970년대가 30편, 1980년대가 15편이며, 1990-1992년 사이에 2편이 수입되었다.[2] 이 수치 가운데 특히나 문혁 시기에 북한영화가 대량으로 들어왔다는 점은 대단히 흥미롭다. 위안 교수의 또 다른 최근 논문에 따르면 문혁 기간(1966-1976)만 볼 때, 국산 극영화 제작이 겨우 67편에 불과했던 데 반해 상영된 외국

2 袁慶豐, 〈20世紀六七十年代朝鮮電影在中國大陸傳播的文化機制—以《看不見的戰線》爲例〉, 《燕趙學術》(石家莊: 河北師範大學文學院, 2014.4), 83쪽.

영화는 100여 편으로 오히려 수입 영화가 더 많았고, 그중 북한영화는 25편으로 1/4을 차지한다.[3] 이것은 북한영화가 문혁 시기에 일단 양적인 측면에서 어느 시기보다 중국 관중에 많이 노출되었음을 시사한다.

6·25전쟁 참전을 소재로 한 중국영화 〈상감령〉(《人民網》)

당시 중국은 영화창작이 극도로 침체되는 때였지만, 상대적으로 북한은 이론과 창작 양면으로 영화예술이 가장 융성해지는 시기였다. 이 시기는 정치적으로 김일성이 주체사상을 통해 유일 체제를 확립하는 시기, 김정일이 후계자로 인정받는 시기인 동시에, 북한 문학예술이 사회주의적 사실주의에서 '주체 사실주의'로 넘어가는 시기와 겹쳐 있다.[4] 한편 어느 때보다 예술창작에 정부의 역량을 투여했기에 완성도 면에서 북한 영화사상 최고의 걸작이라고 일컬어지는 영화들이 쏟아지고 있었다.

문혁을 전후로 중국에 소개된 북한영화들은 소재에 따라 크게 세 유형으로 분류될 수 있다. 첫 번째는 전쟁 소재 영화로, 대부분 6·25전쟁을 묘사한 것이다. 이런 영화로는 〈남강 마을의 여성들(南江村的婦女們)〉(1964년 수입 개봉), 〈한 간호원에 대한 이야기(一個護士的故事)〉(1971년 수입

3 袁慶豐·嚴玲, 〈文化嵌入與社會回響—1949-2019年外國電影在中國的傳播〉, 《現代傳播》(北京: 中國傳媒大學, 2020.10), 78쪽.

4 정영권, 〈북한영화의 역사와 미학—1945년부터 현재에 이르기까지〉, 《시네21》, 2018.6.27, www.cine21.com.

개봉)가 대표적이다. 두 번째는 노동당의 지도력을 찬양하는 것으로서, 노동당이 주도한 혁명 투쟁사나 노동당의 활약으로 일어난 인민들의 변화상을 묘사한 것들이다. 이 중 북한 정부 수립 이전 인민들의 비참한 역사를 그린 것으로 〈꽃 파는 처녀(賣花姑娘)〉(1972년 수입 개봉), 〈영원한 전사(永生的戰士)〉(1973년 수입 개봉)가 있고, 집권 후 인민들의 변화된 삶을 그린 것으로는 〈꽃 피는 마을(鮮花盛開的村莊)〉(1970년 작, 1971년 수입 개봉), 〈사과 딸 때(摘蘋果的時候)〉(1971년 수입 개봉) 등이 있다. 세 번째는 일종의 스파이 영화들로서, 〈보이지 않는 전선(看不見的戰線)〉(1965년 작, 1970년 수입 개봉) , 〈숨길 수 없는 정체(原形畢露)〉(1970년 작, 1973년 수입 개봉), 〈압연공들(軋鋼工人)〉(1972년 작, 1973년 수입 개봉), 〈금희와 은희의 운명(金姬和銀姬的命運)〉(1974년 작, 1975년 수입 개봉) 등이 있다.[5]

적아(敵我)가 뚜렷한 이분법적인 플롯, 정형화된 인물 묘사, 분명한 메시지 등 당시 북한영화가 구사한 직설적인 영화문법은 이미 프로파간다 영화에 익숙한 중국의 관객들이 쉽게 받아들일 수 있는 것이었다. 그 절대화된 구도 속에서 미국과 일본, 그리고 남한은 항상 온갖 악행을 일삼는 불구대천의 원수로 등장했다. 전편 모두가 창춘스튜디오(長春電影制片廠)를 거쳐 중국어 더빙이 입혀진 수입 북한영화에서, 특히나 남한 사람들은 늘 "僞政權(괴뢰정권)", "僞治安軍(괴뢰치안군)", "僞警察(괴뢰경찰)"와 같이 "僞(위, 즉 '괴뢰'라는 뜻)"라는 단어가 접두어로 붙여져[6] 중국인들에게 절대적 악 세력의 끄나풀로 기호화되었다. 반면 새로운 정치세력인 노동당의 영도 덕분에 소외되었던 하층민이 계급적 상승을 하게 된다거나, 인민의 행복이 궁극적으로 최고 지도자의 영도력에서 비롯된다는 식으로 집정부의 역량과 도덕성을 찬양하는 내용도 중국과

5 영화 분류에 대해서는 袁慶豐, 〈20世紀六七十年代朝鮮電影在中國大陸傳播的文化機制—以《看不見的戰線》爲例〉, 앞의 책, 83-84쪽 참조.

6 袁慶豐, 앞의 책, 85쪽.

'만영'의 설비를 접수해 한때 중국 3대 영화 스튜디오로서 성황을 누린 '창잉'(長影, 창춘스튜디오). 현재는 영화 박물관이다(sohu.com).

별반 다르지 않았다. 이런 점들은 가장 경직된 문혁 시기에도 북한영화들이 중국의 관방으로부터 정치적 승인을 얻어내는 주요한 요인이었다.

하지만 중국 관중이 북한영화를 받아들이는 방식이 반드시 정부의 의도대로만 되었던 것은 아니다. 북한영화가 중국의 한 세대에게 오늘날까지 노스탤지어의 대상이 되는 까닭은 정부의 수입 의도와 상당한 차이가 있는 관중 나름의 영화에 대한 독법과 감각이 존재했기 때문이다. 이에는 특히 중국영화와 차이가 있는 다양한 미시 서사의 작용이 적지 않았다. 물론 그런 미시 서사도 겉으로 보면 대부분 정부의 수입 목적에 부합하는 역할을 하는 것 같았다. 즉, 중국의 관객들은 당과 국가라는 공동체를 위해 헌신하는 북한 주민들과 도덕적 유대를 가질 수 있었고, 건설의 열기가 넘치는 평양의 거리를 보고 국가의 미래를 꿈꾸었으며, 깔끔하고 정연한 평양 아파트의 실내를 보면서 사회주의 체제의 우월성을 확인했다. 그런데 그 공감대는 사실은 이면에 존재한 더 인간적인 모습이 일으킨 결과이기도 했다. 예를 들어 중국의 관중들은 영화 속 빨래를 하는 아낙의 모습에서 자신들의 일상에 결여된 서정적 정취를 느끼고, 가사에 대한 여성과 남성의 역할 차이를 보며 이국주의적인 느낌을 갖는 동시에 혁명 이전 시기의 풍속을 추억할 수 있었다. 특히 북한영화에 묘사된 여성들의 한결같이 온화한 자태는 여성의 사회 진출과 더불어 남녀평등 의식이 빠르게 확산되던 중국의 현실 상황과 대조되어, 남성 관객들에게 보수적인 양성 관계를 향한 잠재적 욕망을 자극하기도 했다. 북한영화가 그려낸 이러한 일상에 대한 스케치는 거대서사를 통한 정치적 연대감과 별개로 훗날 이 영화들을 향한 한 세대 중국인들의 노스탤지어를 만들어 내는 데 적지 않은 역할을 한다.

2 영화 서사와 장치상의 차이

중국 관객을 매료시킨 북한영화의 미시 서사는 북한영화만의 스타일을 구성하는 더 구조적이고 내면화된 원리를 통해 만들어진 것이다. 당시 북한영화에는 중국영화와 분명한 차이가 있는 영화 서사와 장치들이 존재했다. 이하에서는 그 중에도 눈에 띄는 주요한 차이를 크게 인물 형상화 측면에서의 신파극 요소, 인물관계에서의 화해적 구도, 그리고 음악적 연상 효과라는 측면으로 나누어 살펴보고자 한다.

영화 서사의 방식으로서 동아시아에 존재한 '신파극'[7]은 서구적 개념에 따라 '통속극'의 하나로 규정될 수 있지만, 이 글의 이야기와 관련하여 감성을 강하게 자극하는 특정한 유형의 극이라는 면에서는 더 좁은 개념으로 '최루극'에 해당한다고 해야 할 것이다. 신파극이 일본에서 탄

7 일본에서 메이지 시대에 탄생한 이 극은, 구파 연극과 구분하기 위해 당대의 신극을 가리키는 용어였지만, 시대를 거치면서, 특히 조선이나 대만 같은 식민지에서는 연극의 특별한 종류 또는 서사 특징을 일컫는 말로 확대되었다. 대만의 신파극에 대해서는 石婉舜, 〈殖民地版新派劇的創成—'臺灣正劇'的美學與政治〉, 《戲劇學刊》 12期(臺北: 國立臺北藝術大學戲劇學院, 2010.7) 참조.

생한 배경과, 조선과 대만 등 식민지에 영향을 끼치게 된 경위에 대한 긴 설명은 여기에서 생략하기로 한다.[8] 다만 한반도에서 일제강점 초기부터 일본의 영향으로 유행한 신파소설에 공통적으로 나타나는 서사상의 특징을 정리해 보면 다음과 같다. 대체로 여성들이 주인공이며, 이야기의 내용 역시 독자의 감정 기복을 촉발하는 인정과 의리, 연정 등을 바탕으로 하고, 선악 간의 대비를 극명하게 하여 권선징악적인 주제를 구현하고, 개인적인 문제(신분 차이가 있는 결혼, 신분 상승 욕구, 부부·고부간 또는 형제자매간의 갈등)와 돈을 결부시킨다.[9] 끝없이 괴로움을 당하면서도 결말의 반전이 일어나기까지 전통적인 관념에 속박되어 운명적으로 고난을 받아들이는 여성 주인공의 형상은 신파조 줄거리에 필수적인 것이었다.

북한영화들 속에서 인물의 불행은 물론 개인 차원을 벗어난 국가 또는 계급적 차원에서 발생한다. 하지만 기본적인 서사의 골격은 전통적인 신파극에서 크게 변하지 않았다. 예를 들어 〈꽃 파는 처녀〉의 주인공 꽃분이는 병든 어머니를 살리려고 온갖 노력을 다하지만, 그녀에게 닥치는 모든 고난은 결말에 반전이 닥치기까지 작은 희망조차 보이지 않는다. 사라졌던 오빠가 마지막에 김일성의 유격대 대원이 되어 나타나기 전까지, 꽃분이의 이야기는 전통적인 신파극의 전개 공식에서 크게 벗어나지 않는다. 〈금희와 은희의 운명〉의 신파극 원리는 영화 시작부터 바로 작동한다. 금희와 은희 쌍둥이는 아버지의 죽음과 함께 각각 가난한 어민과 장차 화가가 될 대학생에게 맡겨진다. 이로써 두 사람은 남과 북으로 갈라져 전혀 다른 운명에 놓이게 되는데, 남한에서 살게 된

8 1912-1915년 사이에 조중환에 의해 번역되어, 조선의 일간지에 게재된 일본 신파소설의 번역본 〈불여귀〉, 〈장한몽〉, 〈쌍옥루〉는 조선의 신소설 확립 단계에 적지 않은 영향을 끼쳤다. 강소희, 〈1910년대 번안소설의 '국민' 만들기—《쌍옥루》, 《장한몽》을 중심으로〉, 《어문논총》(전남대학교 한국어문학연구소) 23집(2012.8), 2쪽 참조.

9 서정남, 〈신파적 서사 양식의 유입과 전개, 그리고 남북한 영화에서의 계승에 관한 연구〉, 《한국학논집》(계명대학교 한국학연구원) 제34집(2007.6), 149쪽.

은희의 비참한 삶은 시종일관 북쪽 금희의 풍요롭고 영광스러운 삶과 대조된다. 운명관에 기초한 이러한 비극적 정서는 당시 중국영화에서는 상상하기 힘든 것이었다.

북한영화의 여주인공들이 결말에 이르기까지 거듭되는 고난의 순간에 보여 주는 무력감과 자학적인 고통은 관객에게 동정과 눈물을 지속해서 자아냈다. 인물의 행동과 대사와 이를 묘사하는 여러 기법은 결국 관객들에게 인식적 통찰보다 먼저 정서적으로 반응하도록 유도하게 된다.[10] 중국인들이 〈꽃 파는 처녀〉를 눈물 없이 볼 수 없는 영화로 기억하는 것은 이런 이유 때문이다. 꽃분이나 은희는 중국의 건국 초기에 사회주의 영화의 모델로 추앙된 '홍색정전(紅色經典)' 속의 여성 인물들과는 상당한 거리가 있었다. 〈백모녀(白毛女)〉(1950)의 시얼(喜兒)이나 〈홍색낭자군(紅色娘子軍)〉(1962)의 충화(瓊花)도 꽃분이 못지않은 고난을 겪지만, 그녀들의 궁극적인 정체성은 남성들과 대등한 행동능력으로 가시화된다. 따라서 시얼과 충화가 지주나 관료로부터 능욕당하는 과정이 관객에게 유발하는 감정은 분노이지 슬픔이 아니다. 영화가 끝날 때, 관객은 무산계급 승리의 희열, 혹은 복수의 쾌감을 느낄지언정 비애를 통한 감정의 정화를 체험하게 되지는 않는다.[11]

신파극 요소와 유사하게 중국 관객을 매료시킨 북한영화만의 또 다른 서사 특징은 최루작용과 정반대 지점에 있는 가족적이면서 화해로운 웃음의 코드와 관련된다. 북한영화의 낙관적인 메시지는 항상 인간관계의 원만함을 통해 표현되었다. 대표적으로 〈꽃 피는 마을〉(1970)과 〈사과 딸 때〉(1971) 등 협동농장을 소재로 한 영화들을 꼽을 수 있다. 중

10 서정남, 앞의 책, 172쪽.

11 같은 맥락에서 리이밍(李一鳴)은 문혁 시기에 북한영화의 작용으로 인해, "중국 관객이 마침내 감정의 배설 또는 인성 본연의 것을 체험할 기회를 갖게 되었다"고까지 말한다. 〈以情動人的朝鮮電影〉, 《大眾電影》, 2007年 第16期(上海: 中國電影家協會), 46쪽.

'홍색정전'을 영화화한 〈홍색 낭자군〉. 여성해방 주제를 항일투쟁 역사와 결합했다(〈文匯網〉, 2020. 8. 6).

국 관객에게는 영화 속에 나타나는 북한 농촌의 현대화된 풍경(설사 영화적 허구에 머물지라도)도 볼거리였겠지만, 북한 주민의 인간관계는 더욱 이채롭게 보일 수 있었다. 주인공들의 농후한 인정미와 숭고한 도덕적 품격은 인간의 선량한 본성을 환기하게 만드는 청량한 자극제였다. 같은 맥락에서 한 가지 더 주목할 사실은 중국영화와 달리, 주인공들도 때로 처음에는 '낙후된' 부정적 인물로 등장한다는 점이었다. 가령 중국영화에서는 〈리솽솽(李雙雙)〉(1962)에서의 대장 아내 같은 부정적 역할이 대개 조연에만 머물렀던 반면, 북한영화에서는 이런 인물들이 오히려 주인공으로서 적극적으로 형상화되었다.[12] 이는 갈등을 대하는 시각과 인간관계의 조정방식이 달랐기 때문이다.

12 趙小青, 〈東方影像中的女性一中、日、朝、韓銀幕女性形象創作及其特征〉(北京: 박사학위논문, 中國藝術研究院, 2003.12), 35쪽.

영화 〈사과 딸 때〉의 중국어 팸플릿(sohu.com)

〈꽃 피는 마을〉을 보면 협동농장 산하 작업반끼리 노동경쟁을 벌이는 와중에도 주인공 병기는 게으른 습관을 고치지 못하며, 병기의 부친 역시 부지런은 하지만 집체의식을 이해하지 못하고 과거 소농경작 시대의 관습을 버리지 못한다. 줄거리의 핵심은 군대에서 돌아온 형 병철과 민청조직의 청년지도자들이 교육 사업에 매진한 끝에, 병기 부자를 비롯한 낙후된 마을 사람들이 개과천선하여 '선진사상'을 받아들이도록 한다는 것이다. 이들이 부정적 인물과의 갈등을 해소하고 그들을 변화시키는 과정은 험악한 비판 투쟁이 아니라, 인간적이고 훈훈한 설득과 조정의 장면들로 묘사된다. 이와 마찬가지로 〈사과 딸 때〉의 주인공 정옥과 사과농장의 자매들 역시 어떠한 갈등적 상황에서도 상대에 대한 존중심을 잃지 않고 인간관계를 손상하려 하지 않는 높은 도덕적 품성을 보여 준다. 이러한 순결한 인간관계는 문혁 시기 극단적인 계급투쟁으로 인신공격이 일상화되고 인간관계가 삭막해진 중국인들의 현실 삶과 선명하게 대비되었다.[13]

13 李一鳴, 〈以情動人的朝鮮電影〉, 앞의 책, 47쪽.

감정의 정화를 촉발하는 주목할 만한 영화적 장치는 또한 거듭 들려오는 서정적인 음악들이었다. 일반적으로 영화음악은 보는 관객들로 하여금 상상력을 제공하고 리듬감을 부여함으로써 미처 영상을 통해 표현하지 못한 부분까지도 끌어내는 힘을 가지고 있다.[14] 1970년대의 북한영화는 특히 유난스러울 정도로 영화음악에 공을 들였는데, 대표적으로 〈꽃 파는 처녀〉(1972)의 주제곡 〈꽃 파는 처녀〉와 〈금희와 은희의 운명〉에 삽입된 자장가 〈아버지의 축복〉, 그리고 〈꽃 피는 마을〉(1970)의 주제곡 〈꽃 피는 일터〉 같은 것들이 있다. 이 시기 북한영화의 삽입 음악은 대부분 서사 내부에 삽입된 '소스 음악'보다는 관객에게만 들리는 '스코어 음악'의 형태로 활용되었다.[15] 이 음악들은 관객의 정서를 자극하는 측면에서 소스 음악보다 훨씬 강렬한 영향을 미쳤으며, 또한 영화의 주제나 줄거리의 서사성을 표현하는 표제음악(program music) 형태를 띰으로써, 훗날 중국 관객에게 영화를 대신하는 기호가 되어 영화와 동반하여 노스탤지어를 자극하는 매개가 된다.

북한음악에 있어 1970년대는 주체음악의 일원화 시기로 간주할 수 있다. 광복 이후 북한의 민족음악은 자율화 시기와 주체화 시기를 거치며 변화의 길을 걸어오다가, 1970년대에 들어서면서 그동안 다른 한편에서 역시 꾸준히 변화되어 온 양악과 합류하여 '주체음악 일원화시대'를 열어 놓았다.[16] 이에 민족 악기에 양악기를 전면적으로 배합해 '복종'시켰다는 '배합 관현악'이 〈꽃 파는 처녀〉를 위시한 가극에 적극적으로 도입되고 영화의 주제음악으로까지 이어진다. 〈꽃 피는 일터〉의 경우에는 3박자를 취하여 전통 민요조와 배합했는데, 이 곡은 중국의 딱딱

14 강효욱, 〈영화음악이 영상에 미치는 효과—영화 〈인생은 아름다워(Life is beautiful)〉를 중심으로〉, 《문화와융합》(한국문화융합학회) 39집(2017.2), 26쪽.

15 강효욱, 위의 책, 28쪽 참조.

16 남희철, 〈북한 민족음악의 변천과정에 대한 고찰—8·15광복으로부터 1970년대까지를 중심으로〉, 《통일인문학》(건국대학교 인문학연구원) 제64집(2015.12), 320쪽.

한 혁명가 스타일과 달리 선율이 경쾌하고 역동성이 뛰어나 중국 관객에게 긍정적이고 낙관적인 느낌을 전해 주었다.[17] 경쾌하고 편안한 음악은 영화의 어떤 요소보다 관객이 주인공들의 밝은 미래를 확신하게 해 주었다. 한편 북한영화가 가장 주목받은 1970년대 초반의 문혁 후기, 두 번에 걸친 북한 공연단의 대규모 방중 공연도 큰 인기를 얻으며 영화와 연계된 다중적인 반향을 이끌어 냈다.[18]

물론 동 시기에 중국에서 제작된 한반도 소재 영화에도 지역을 특징화한 음악을 사용한 유사한 예는 있다. 하지만 여기에서의 한반도의 지역성을 지시하는 음악적 기호들은 1970년대의 북한영화들에서보다 훨씬 전통적이었다. 대표적인 예로 혁명 음악극의 공연실황을 촬영한 〈동방홍(東方紅)〉(1965)과 모범극(樣板戲) 공연실황을 담은 〈백호부대를 기습하다(奇襲白虎團)〉(1972)를 들 수 있다.[19] 이 작품들에서 한반도와의 관련

17 於潔, 〈六七十年代朝鮮電影歌曲對中國民眾音樂審美的影響〉, 《民族音樂》 2013年 6期(大連: 遼寧師範大學音樂學院, 2013.12), 11쪽.

18 베이징 지역을 예로 들면, 문혁 기간 중 100인 이상으로 구성된 해외악단이 방문 공연을 한 예는 북한 공연단을 제외하고 런던 필하모니 오케스트라(119명), 오스트리아 빈교향악단(139명), 미국 필라델피아교향악단(130명, 이상 모두 1973년 1회씩)뿐이었다. 이와 대조적으로 북한 공연단은 1971년 9월 평양민족가극단 350명이 베이징 등 8개 도시를 방문해 가극 〈피바다〉를 공연하는 동안, 54회 공연에 관객 21만 명을 모았고, 1973년 5월에 만수대예술단 211명은 베이징 등 5개 도시를 방문했는데, 베이징에서만 13회 공연에 1만 3천 명을 모았다. 이 공연의 주 레퍼토리는 이미 영화로 센세이션을 일으킨 〈꽃파는 처녀〉였다. 北京市地方誌編纂委員會編著, 《北京誌·文化藝術卷·音樂誌·舞蹈誌·雜技誌》(北京: 北京出版社, 2002.10), 196-197, 201-202쪽, 譚君, 〈文革時期北京民眾的娛樂生活〉(北京: 석사학위논문, 首都師範大學, 2013.5), 75쪽에서 재인용.

19 전자에는 소수민족별 가무가 등장하는 마지막의 긴 시퀀스에서, 조선족 무용가 최미선 일행이 추는 장구춤이 등장한다. 이 무용은 6·25전쟁 중인 1950년 베이징에 무용강습소를 열었던 무용가 최승희로부터 전수된 것이다(리애순, 《최승희 무용예술연구—20세기 예술문화와의 관련 속에서》[국학자료원, 2002] 참조). 또 후자에는 북한에 두 번째로 넘어온 중국 측 '지원군'을 환영하는 북한 민중들의 군무가 등장하는데, 그 배경 음악 역시 새로운 북한 음악이 아니라 일제강점기인 1936년에 나온 '신민요' 〈조선팔경가〉(선우일선 창)를 관현악으로 편곡한 것이다. 최승희와 선우일선은 광복 이후 모두 북한행을 선택했다.

모범극 영화 <백호부대를 기습하다>에서의 '조선 무용' 장면. <조선팔경가>가 배경음악으로 등장한다.

성을 나타내기 위한 음악적 선택은 중국인들이 상상하는 조선족의 민속문화 혹은 6·25전쟁 시점의 감각에서 크게 벗어나지 않는다. 그러나 1970년대 북한영화의 음악은 중국영화에 차용된 전통적인 곡들과 이미 상당한 차이가 있는 것으로, 당시 중국의 청년 관객에게 이국적인 맛에 더해 현대적인 서정성을 전해 줄 수 있는 것이었다. 그들은 더욱이 모범극의 자극적인 타악기 반주와 군가풍의 혁명가에 이미 신물이 나 있던 세대였다.

3 세기말 전후 문혁 소재 영화 속의 북한영화

이 글의 맨 앞에서 모옌의 회고를 통해 확인했듯이, 북한영화는 문혁 시기에 하방을 체험한 지식청년(이하 '지청'으로 약칭) 세대에게 한 시대의 기억을 환기하는 각별한 존재였다. 북한영화의 향수에 세대 차이가 있는 것은 중국에서의 관객 반응과 관련이 있다. 사실 문혁 이전의 이른바 '17년 시기'(1949-1966) 때만 해도 북한영화는 그 정도로 열광적인 반향을 얻진 못했다. 그것은 앞에서 말한 대로 문혁에 대한 반작용에 힘입은 바가 적지 않다. 그래서 모두가 문혁에 지쳐 있을 때, "〈꽃 파는 처녀〉의 돌연한 등장은 한산하던 영화관에 벌떼 같이 관중을 모아들이"며 폭발적인 관심을 이끌어 낸다. 이 영화는 베이징에서만 총 5,847회 상영되어 무려 6,060,500명의 관중을 동원했는데 "이는 건국 이래 베이징에서 외국영화가 세운 최고 기록이었다."[20] "한 세대의 중국인 모두에게 평생 잊히지 않을"[21] 이 영화가 세운 대기록은 거의 사반세기가 지나 세기말을 전후해 발표된 문혁 소재 영화에까지 흔적을 남긴다.

이하에서 언급할 문혁 소재 중국영화들은 그냥 북한을 소재로 한 것이 아니라 특별히 북한의 '영화'에 한정하여, 그것도 상술한 것처럼 그 영화들이 한때 중국에서 일으킨 신드롬을 재현해 놓은 것들이다. 이 영화들이 재현한 북한 이미지는 '중조우의(中朝友誼)' 정신에 입각한 일반적인 북한 소재 영화들[22]에서와 사뭇 다른 양상을 띤다. 이 영화들은 북

20 陳播主編, 《中國電影編年記事·發行放映卷》 上(中央文献出版社, 2005), 35쪽, 柳迪善, 〈"十七年"時期譯制片傳播中的城鄉之別〉, 《文藝研究》 2013年 第2期(北京: 中國藝術研究院), 104-105쪽에서 재인용.

21 燕毅, 〈《賣花姑娘》及其他〉, 《文史精華》 總第265期(石家莊: 河北人民出版社, 2012), 58쪽.

22 세기말 전후에도 북한 소재 영화는 여전히 6·25전쟁 소재가 지배적이었다. 예를 들어, 〈철혈대동맥(鐵血大動脈)〉(1998), 〈삼팔선의 여군(三八線上的女兵)〉(2000), 〈북위 38도선(北緯三十八度)〉(2000) 등이 있다.

한영화를 국가적 연대감 혹은 개인 체험과 관계된 낭만적 시선으로 돌아보기보다는, 철저하게 객관화하는 방식으로 회고한다. 이 영화들이 표현한 문혁 시기 북한영화에 대한 잔상은 물론 한 세대 전체가 열광한 역사 사실에 근거한 것이지만, 그 이미지를 소환한 직접적인 동기는 역사를 향한 특별한 관찰 방식에 있었다고 할 수 있다.

문혁 소재가 훨씬 더 많았던 1980년대 3, 4세대 감독들이 주도한 이른바 '상흔 영화(傷痕電影)'나 '반사 영화(反思電影)' 중에는 정작 북한영화가 거의 언급되지 않았다. 이 글에서 언급할 영화들이 북한영화를 소환한 데는 영화인들의 북한영화에 대한 직접적 체험이 영향을 끼친 점도 물론 없지는 않겠지만, 사실상 그보다 문혁에 대한 서술 관점에 변화가 생긴 것이 더 큰 이유라고 할 수 있다. 이전의 3, 4세대는 문혁을 이분법적으로 바라보려 했고 일상의 디테일보다 윤리적인 주제에 더 집중했다. 또 지청 경험이 있는 5세대는 비록 3세대적인 이분법에서는 벗어났지만, 문혁에 대해 여전히 "진지하고 냉철하며 무거운"[23] 계몽적 태도를 취한 데다, 주지하다시피 전원과 산림이 배경인 그들의 민속 서사에는 북한영화가 등장할 여지가 거의 없었다.

이에 반해 세기말을 전후해 발표된 문혁 서사 영화들은 공통적으로 새로운 시선, 즉 '일상성(ordinariness)'에 대한 재인식을 통해 문혁 시대의 편린을 들추고 관찰하고자 했다. 이 영화들이 서민들의 욕망과 감성을 보여 주기 위해 북한영화 신드롬을 소환한 의도는 북한과의 국가적 관계와 연계된 관방의 맥락과 애초부터 거리가 먼 것이었다. 그 시도는 또한 뒤집어 생각할 때, 문혁 말기 극장가를 강타한 북한영화 신드롬을 관

---

23 胡文謙, 〈論第五代導演及其影片的"文革"敘事〉, 《文藝爭鳴》 2011年 5期(長春: 吉林省文學藝術界聯合會, 2011.10), 53쪽 참조. 이글은 5세대의 문혁 소재 영화 중에도 1990년대 중반까지 나온 〈단절(絕響)〉(張澤鳴, 1985), 〈아이들의 왕(孩子王)〉(陳凱歌, 1987), 〈푸른 연(藍風箏)〉(田壯壯, 1993), 〈패왕별희(霸王別姬)〉(陳凱歌, 1993), 〈인생(活著)〉(張藝謀, 1993) 등을 대상으로 한 것이다.

방과 무관할 뿐 아니라 어쩌면 배치될 수도 있는 서민 세계 내부의 감성적 동력이 분출된 결과로 보고 있음을 암시한다. 그러나 어쨌든 이 영화들 속에서 북한영화는 북한과의 현실 관계와 상관없이 일상성을 복원하는 장치로만 소환되었기에, 관객과의 직접적 교감보다 관객과 배역 사이의 소통을 보조하는 극중극 또는 이미지나 소리로서의 소품 역할을 맡을 뿐이다. 그렇게 북한영화의 잔영이 등장한 세기말 전후 문혁 서사 영화로는, 장원(姜文) 감독의 〈햇빛 쏟아지던 날들(陽光燦爛的日子)〉(1994), 프랑스에서 활동 중인 다이쓰제(戴思杰)가 감독한 〈발자크와 소녀 재봉사(巴爾紮克與小裁縫)〉(2002, 중불합작), 구창웨이(顧長衛) 감독의 〈공작(孔雀)〉(2005), 그리고 장자루이(章家瑞)가 감독한 〈빨간 버스(芳香之旅)〉(2007) 등이 있다.

이 영화들은 대부분 기존의 문혁 서사에서 간과해 왔던 일상사를 조명함으로써 기존의 문혁 서사가 보여 준 역사 주제의 부담을 피하려 했다. 그리하여 자연스레 영웅 인물이 아닌 소인물들의 자질구레한 행동양식에 다양한 의미가 부여된다. 북한영화의 잔영은 그 시절 중국의 궁핍한 일상에 대한 아련한 노스탤지어와 더불어 묘사된다. 영화 속에서 북한의 영화나 음악은 사춘기 딸들의 밥 거르기를 통한 반항, 나팔바지, 아코디언, 낡고 허름한 가구들, 두툼한 체크 무늬 코트들과 같은 추억의 소품이다. 이런 소품과 융화되는 영화의 인물들도, 3세대의 영화에서처럼 문혁의 부조리함과 부정의에 저항하는 시민 영웅이 아니라, 문혁의 팍팍한 일상에서 벗어나려 하지만 결국에는 일상의 틀 안에서 현실과 타협하고 마는 평범한 인물들이다.

북한영화나 이미지가 삽입되는 방식은 각 편에 약간씩 차이가 존재한다. 먼저 〈햇빛 쏟아지던 날들〉을 보면, 마샤오쥔(馬小軍)을 비롯한 주인공들은 부모들이 혁명하러 간 사이 베이징의 뒷골목을 헤집으며 말썽을 부리고 다니는 '불량' 소년들이다. 한 장면에서 그들은 '조선 인민

영화 〈햇빛 쏟아지던 날들〉에서의 키치 이미지. 위쪽은 베이징 전람관의 소련식 첨탑, 아래쪽은 인공기를 변형한 북한 인민군협주단의 공연 걸개그림.

군 협주단'이 공연 중인 베이징전람관의 계단 앞 난간에 하릴없이 잡담을 나누며 앉아 있다. 이 시퀀스에는 시작 부분부터 크렘린궁을 모방한 전람관 첨탑 위의 별 모양과, 북한의 인공기를 배경으로 한 거대한 음악회 플래카드가 키치적인 이미지로 클로즈업된다. 이어 주인공 일행은 양복 정장을 한 남성과, 동행한 한복 차림의 두 여성이 음악회에 들어가는 것을 바라본다. 그럴싸해 보이는 그들은 잠시 후 북한 대사 일행을 가장한 가짜임이 밝혀져 공안에 의해 계단 아래로 쫓겨난다. 영화가 문혁뿐 아니라 문혁을 만들어 낸 역사 그 자체를 허위로 보기에, 가짜 북한 대사의 출현은 관념의 허위성을 은유하는 에피소드가 된다. 그런데 곧이어 마샤오쥔 자신도 가짜 대사처럼 똑같이 공안에 끌려가 심문을 당하게 되는데, 이는 마치 미란(米蘭)과의 연애 환상에서 깨어나듯 그가 디스토피아적인 현실로 복귀하는 순간이다. 동시에 그럼으로써 방금 이전의 북한 이미지들은 실재했던 것 같지만 현재 시점의 회상 속에 섞여든 착각이거나 환상이었을 수도 있다는 식으로 존재의미가 전도된다. 그 사이비(似而非)적인 시공간을 채우는 음악은 〈김일성 장군의 노래〉와 〈혁명의 꽃 씨앗을 뿌려간다네〉(영화 〈꽃 파는 처녀〉 삽입곡)이다.[24]

〈발자크와 소녀 재봉사〉에서는 중국의 전통적인 '평서(評書) 문화' 즉 책을 읽어 주는 서사 문화를 절묘하게 활용하는 가운데 북한영화를 가져온다. 쓰촨성 산간의 오지 마을로 하방된 두 지청 주인공 뤄밍(羅明)과 마젠링(馬劍鈴)은 다른 대원이 숨겨둔 발자크 소설을 훔쳐보며 지적 일탈을 꾀한다. 그들은 문혁 시기에는 금서였던 그 책에서 읽은 이야기를 마을 주민들에게 구연함으로써 주민들의 정서 세계를 바꾸어 간다. 한편 그들에게는 촌장의 허락으로 어렵사리 읍내에 나갔다가 보고 온 영화 〈꽃 파는 처녀〉도 발자크의 소설과 대등한 문화적 희소성을 갖는다. 지식인 주인공들에게 북한영화는 물론 발자크라는 교양물과 대척점에 있는 특이한 이념물일 뿐이다. 그러나 북한영화는 뜻밖에 주인공들의 일탈 욕망을 정서적으로 채워주는 동시에, 그들과 농민들을 연결해 주는 매개가 된다. 그들의 구연을 들으면서 마을 주민들은 너나 할 것 없이 눈물바다가 되어 이국의 비극 서사 속으로 빠져든다. 그런 가운데 발자크 소설 속의 제복을 흉내 내 마을 사람들에게 입힌다거나, 쌀겨로 만

24 蘇牧, 《太陽少年—〈陽光燦爛的日子〉讀解》(上海人民出版社, 2007). 여기에서는 www.wakbook.com의 인터넷판 중 '(十)派出所被抓' 부분에서 곡명 일부 확인.

영화 〈발자크와 소녀 재봉사〉의 '지식청년'과 시골 소녀 주인공. 아래쪽은 주인공들이 〈꽃 파는 처녀〉를 구연하던 중 북한의 설경을 재현하려고 쌀겨를 뿌리자, 이를 맞고 있는 마을 주민들.

든 가짜 눈을 뿌려 북한의 겨울을 실감하게 한다거나 하는 키치적인 장면들이 삽입된다.

〈공작〉의 여주인공 가오웨이훙(高衛紅)은 문혁 시기에 단순노동이 되풀이되는 자신의 지루하고 미래 없는 직장 생활에서 벗어나려 한다. 하지만 낙하산 부대원이 되고픈 꿈도 번번이 낙방한 끝에 날아가 버린다. 유리병 세척 공장에 다니던 그녀는 우연히 문예선전대의 연습실을 훔쳐보게 된다. 그녀는 거기에서 만난 초로의 주임에게서 아버지 세대의 따뜻함을 처음으로 접하고 수양 아버지가 되어 달라고 한다. 바로 그때 웨이홍이 아코디언으로 연주하고 주임이 춤춰 보이는 곡은 중국에도 '조선 민요'로 잘 알려진 〈도라지〉이다. 곧이어 그 주임은 웨이홍의 남동생 웨이창(衛強)까지 불러내 함께 극장에 데려간다. 비록 스크린 쪽은 노출되지 않지만, 그들이 좌석에 앉을 때 북한의 합창곡 〈영원히 한길을 가리라〉가 들려오는 것으로 보아, 상영 중인 영화가 또한 북한영화임을 짐작할 수 있다. 또 웨이창이 자전거를 타다 불어대는 휘파람도, 동급생들이 그를 놀려댈 때 하는 떼창도 모두 〈꽃 파는 처녀〉이다. 이국적인 소리들은 주인공 웨이홍이 잠시나마 일상에서 탈주하도록 해 준다. 그러나 그것은 동시에 곧이어 나타날 치정극 수준의 사건에 대한 복선이 되기도 한다. 공장에 퍼진 주임과의 추문, 작업장까지 몰려온 주임 가족의 추궁과 구타 등 문혁과 지극히 어울리지 않는 일련의 디테일들이 연이어 등장한다. 마치 이런 에피소드들과 하나로 연계된 듯이, 북한영화(그리고 음악 소리)는 이 영화에서 문혁의 "일상 삶과 세속적 담론들 속에 대단히 기괴하게 섞여 상호작용을 한다".[25]

〈햇빛 쏟아지던 날들〉이나 〈공작〉보다 노스탤지어 전략이 더 강하게 구현된 〈빨간 버스〉에서는 북한영화가 세속적인 인물관계에까지 영향을 미치게 된다. 시골의 버스 기사로 일하는 추이 씨(老崔)는 중년 나이의 노총각으로, 조카뻘인 버스 안내원 춘펀(春芬)과 절친한 동료 사이이다. 그러던 어느 날 춘펀은 다른 동료의 주선으로 맞선을 보러 극장에 갔다

25 袁慶豐, 〈第六代導演: 忠實於時代記錄和敘事功能的恢複—以顧長衛的《孔雀》爲例〉, 《浙江傳媒學院學報》 第19卷 第6期(杭州: 2012.12), 52쪽.

영화 〈공작〉에서 버려진 낙하산을 달고 자전거를 타는 꿈 많은 소녀 웨이훙. 아래쪽은 웨이훙이 민요 〈도라지〉를 아코디언으로 연주하자 주임이 '조선 무용'을 추고 있는 모습.

영화 〈빨간 버스〉에서 맞선을 보다 어색해진 두 사람과 그들이 보던 북한영화 〈꽃 파는 처녀〉.

가, 옆 좌석에 앉은 상대가 추이라는 걸 알고 크게 낙담한다. 영화 상영 전의 정치교육 시간에 선전원의 목소리로 이런 내용이 흘러나온다. “마오 주석은 어떤 청년이 혁명적인가 확인하려면, 그가 광대한 노동자·농민 군중과 기꺼이 결합하고자 원하고 행하는지 지켜봐야 한다고 말씀하셨다”. 이 말을 듣고서 추이는 계속 말이 없는 춘펀을 향해 이렇게 입을 뗀다. "마오 주석 말씀이 맞아. 혁명적인 청년이라면 인민 군중과 결합해야 해. 소자산계급은 그게 안 되지. 평소 내 단점은 너무 진지하고 잘 긴장하고 활달하지 못하다는 거야". 문혁의 정치 담론을 짐짓 세속적인 일상 담론으로 슬쩍 바꿔치기 해버리는 이 영화 식의 문법에서는, 문혁을 향한 도덕적 판단이 이미 불필요하고 빛바랜 논쟁거리일 뿐이다. 바로 이때 서로 어색해하는 남녀주인공 앞에서 상영되는 영화는 다름 아닌 〈꽃 파는 처녀〉이다. 이윽고 극장을 가득 메운 눈물의 홍수 속에서 두 사람도 하염없이 눈물을 쏟아내다 결국 서로의 마음을 받아들인다. 혁명을 선전하는 북한의 '처녀'가 여기에서는 아이러니하게도 사랑의 메신저가 된 것이다.

이처럼 세기말 문혁 서사 영화들이 북한영화를 끌어들인 것은, 문혁을 관념적으로 대하던 것을 다시 뒤집어 보려는 의도적인 서사 전략과 관련된다. 문혁을 타자화하는 데 몰두했던 1980년대 영화들이 비판적 관점으로만 그 시대에 접근하고자 했다면, 이 영화들은 1980년대에 이미 단죄되고 타자화된 그 시절의 정치사로부터 일상사를 분리해내려는 해체적인 시도를 보여 준다. 때문에 문혁 시대를 전 시기의 논리대로 일원적으로 인식해 온 관객이라면 영화 속의 북한영화가 오히려 낯선 역할을 맡은 것처럼 보일 수 있었다. 역사의 이면에 존재해 온 일상을 돌아보는 과정에서, 북한영화는 문혁이라는 잘못된 정치사에 대한 풍자화의 한 편을 채우게 되지만, 반면에 또한 서민들에게 내재된 생존의식의 의연함을 반추하는 거울 속 풍경의 일부가 되기도 한다. 이 영화들 속에서 북한영화는 문혁의 일상적인 잔상과 함께 어우러지는 우화 또는 동화로 그려진다.

4 노스탤지어와 키치 코드로서의 의미

문혁 시기의 일상사에 대한 이러한 재발견 시도는, 문혁에 대한 정치적 비판과 도덕적 성찰에 매진한 1980년대의 계몽 열풍이 식어버리고 시장경제의 확산에 따라 경제 우선주의가 팽배해지는 1990년대 후반기부터 두드러졌다.[26] 그것은 어떤 면에서 직전에 사회주의 체제의 붕괴를 체험한 유럽의 구 사회주의권 국가에서 비슷한 시기에 공통적으로 나타난 '사회주의 노스탤지어' 현상과도 유사한 양상을 띤다.[27] 사회주의 시대를 향한 노스탤지어는 국가사회주의로의 복귀를 희망하거나 그렇게 되는 것이 가능하다고 여기는 것이 절대 아니다. 일반적으로 노스탤지어의 대상은 실재하는 현실과 정확히 일치하는 것이 아니라, "기억과 망각의 적절한 배합을 통해 재구성된" 것이며 "상상된 총체로서 그 시대에 대한 보편적 형상"을 획득하려는 경향이자, "과거 자체가 아니라 사람들이 현재와 맺고 있는 관계"에서 비롯된 것이다.[28] 중국은 비록 러시아나 동유럽에서처럼 사회주의 정부 자체가 붕괴하지는 않았지만, 문혁 시기는 현재의 시장경제 체제와 대비되는 극단적인 좌경화 시기라는 점에서 중국의 영화 창작자들에게 어떤 면에서 동유럽의 사회주의 시대에 상응하는 의미를 지닐 수 있었다. 그리고 문혁을 향한 노스탤지어는 그들로 하여금 기억의 재구성을 통해 현실에 부재한 그 무엇을 그 시절

---

26 북한영화가 등장하지 않고 배경 시기도 개혁개방 초기까지 확장되어 있긴 하지만, 동 시기에 발표된 〈플랫폼(站臺)〉(賈樟柯, 2000)과 〈청홍(青紅)〉(王小帥, 2005) 등도 해체주의 코드로 문혁의 일상을 조명했다는 측면에서 같은 부류의 영화로 언급될 수 있다.

27 러시아의 브레즈네프 통치 시대를 향한 '소비에트 노스탤지어', 통일 독일의 동독 시절에 대한 '오스탈기(Ostalgie)' 등이 대표적이다. 이에 관해서는 이문영, 〈탈사회주의 국가의 사회주의 노스탤지어 비교연구—러시아의 소비에트 노스탤지어와 독일 오스탤지를 중심으로〉, 《슬라브학보》(한국슬라브유라시아학회) 제26권, 2호(2011.6) 참조.

28 이문영, 앞의 책, 153쪽.

의 역사 속에서 탐색하게 했다.

이러한 새로운 문혁 서사의 전략에는 한편으로 세기말 이후 불어 닥친 포스트모더니즘 사조가 스며들어 있었다. 세기말 문혁 서사의 감독들은 선배 세대 영화인들이 직전 시대의 문혁 비판 서사에서 미처 버리지 못한 영웅주의적 계몽주의와는 차원이 다른 일상의 코드를 통해 한 시대 일련의 인물들을 향한 탐색을 시도한다. 이 영화들이 지향하는바 포스트모더니즘 또는 신역사주의(new historicism)가 오히려 고답적인 북한영화를 호명하고 있다는 점은 역설적으로 보일 수 있다. 하지만 서술의 지향점과 서술대상 사이에 나타나는 코드의 엇갈림이야말로 이러한 영화들이 추구하는 의도적인 서사 전략 중 하나였다. 그것은 기존에 당연시되어 온 것을 새로운 관점으로 비틀어 보는 것, 특히 그 중에도 전체주의 시대에 숭고하게 여겨지던 이미지를 통속적인 차원으로 재인용하는 키치(kitsch) 미학의 관점이 적용된 것이라고 할 수 있다. 노스탤지어는 '돌이킬 수 없는 과거'라는 논리가 내포한 비가역성(irreversibility)에 대한 인식이자 선형(線型) 역사성에 대한 거부감에서 생성된다. 노스탤지어의 이러한 탈근대적 징후는 "빌려온 것들을 하나의 체계로 전환시킨 다음 나머지 것들을 내버리는"[29] 키치의 원리와 일맥상통한다. 산업

사회주의 동독에 대한 향수를 표현한 대표적인 '오스탈기' 영화 〈굿바이, 레닌!〉(2003)(imdb.com)

29 클레멘트 그린버그, 《예술과 문화》, 조주연 옮김(경성대학교 출판부, 2004), 21쪽.

중국 팝아트의 대표작가 위에민쥔(岳敏君)의 〈무제〉. 실각 시기에 건재를 과시하고자 창강(長江)을 헤엄쳐 건넜던 마오의 이미지를 인물의 절개된 두뇌 안에 혼합했다 (인터넷 사이트 〈自由微信〉).

시대 대량복제의 생산 논리를 교묘하게 역이용하는 키치는, 관습적 이미지에 의존하여 관객에게 자동적이고 즉각적인 반응을 이끌어 내는 예술 수법이라는 점에서 그 생성원리 자체가 또한 노스탤지어와 매우 닮아 있다.[30]

이 영화들의 키치 미학은 중국의 전체주의 시대 사회적 경관을 역사주의와 분리하여 재해석하게 한다. 특히 일상성의 객관화는 문혁의 역사에 대한 새로운 사실주의적 시각과 방법을 만들어 냈다. 이는 세기말을 풍미한 중국 미술계의 팝아트가 보여 준 관념 미학, 즉 마오쩌둥의 어록이나 찬양 포스터 같은 문혁 시기 프로파간다 이미지를 키치 방식으로 재현하는 것, 그리고 6세대의 일부 도시영화들, 예컨대 세계 유명 건축물을 축소 복제한 베이징 '세계공원'을 통해 세계화에 대한 환상을 풍유(諷諭)하며 청년 세대의 좌절을 암시한 자장커(賈樟柯) 감독의 〈세계(世界)〉(2004)에서의 이미지 구현 방식과

30 밀란 쿤데라의 소설 〈참을 수 없는 존재의 가벼움〉이 어처구니없게도 똥 때문에 죽은 스탈린 아들의 이야기를 꺼내는 것처럼, 키치는 낙관적인 정치 현실로만 채워진 완미한 풍경 속에서 현실의 온갖 적나라함을 끄집어낸다. 영화 〈굿바이, 레닌!〉(2003)에서 효성스러운 아들 알렉스가 동독의 건재를 믿고 있는 병든 어머니를 위해 TV 뉴스까지 위조하며 이미 망해버린 조국의 일상을 재현해 보이는 장면 역시 키치의 극한을 달리는 것이다. 〈참을 수 없는 존재의 가벼움〉과 영화 〈굿바이, 레닌!〉의 키치 활용에 관해서는 박혜명, 〈굿바이 키치! 《굿바이 레닌!》〉, 《시네21》(2003.10.30) 참조.

영화 〈세계〉에서 미니어처로 재현된 베네치아 건축물 앞을 걸어가는 주인공

같은 맥락에서 이해될 수 있는 것이다. 팝아트의 전략적 활용은 아카데믹한 고급문화에 전복적인 파장을 불러일으키며, 감상자인 대중에게 비성찰적인 시각, 즉 즉흥적이고 감각적인 차원에서 선별적으로 과거를 기억해 내도록 한다. 그런데 특정한 시대의 영화문화를 하나의 집단적 이미지로서 키치적으로 소환해내는 것은 개별 이미지들보다 재현의 폭이 더 깊고 넓어서, 사회적 관계의 고유함과 일상의 세세한 디테일이 한꺼번에 연계될 수 있다. 그런 점에서 북한영화는 문혁의 대표적인 키치 아이콘으로서 시대적인 분위기와 더불어 중국 서민들의 일상사와 정서 상태를 보편성 있게 표현해 주는 집약적인 상징물이 되기에 매우 적합한 소재였다.

이 영화들이 던지는 메시지는 그것들이 문혁의 그늘에서 어느 정도 벗어난 시장경제 체제하에서 해체주의적인 시각으로 만들어졌다는 점에서 다시금 생각해 볼 필요가 있다. 이 영화들이 일련의 키치적인 이미지를 통해 이끌어 내는 것은, 문혁을 적극적으로 비판했던 기존의 영화들에서처럼 특정 시대의 전체주의적 시스템이기도 하지만, 또한 전 시대의 비판적 담론들이 지나쳐버린, 놀라울 정도로 일상성이 살아 있는 개인들의 평범한 삶이기도 하다. 그래서 그 시절을 향한 그리움을 표현한 것만 같은 이 영화들의 노스탤지어는 궁극적으로 현재의 시장경제 체제가 초래한 발전만능주의와 인간관계의 균열에 대한 성찰과도 교묘하게 연계된다. 과거의 문혁 서사 영화들이 그 비판 논리 안에 문혁 이후 사회체제에 대한 강한 긍정을 전제하고 있었다면, 이 영화들은 문혁을 다원적인 측면으로 관찰하되 그에 대한 직접적인 가치판단을 유보함으로써, 관객으로 하여금 현재의 사회체제에 대해서도 유보적으로 사고하는 상대적인 시각을 갖게 만든다. 결과적으로, 사회주의적 이상향을 선전하는 북한영화들은 뜻밖에 세기말 문혁 서사 영화 속에서 시장경제 시스템의 선형적 발전 논리를 향한 비판적 성찰에 기여하는 역할을 맡게 된 셈이다.

물론 노스탤지어의 차원이 아닌 북한영화 자체에 대한 오늘날 중국인들의 질적 인식은 전혀 다른 차원으로 언급될 수 있다. 상술한 영화들이 북한영화를 소환한 배경을 생각하면, 소환된 텍스트의 개별적인 작품성을 따지는 것이 더더욱 무의미해진다. 키치와 노스탤지어의 만남은 이 영화들 속에서 북한영화를 아련하고 까마득한 존재로 만들어 버릴 뿐이다. 〈꽃 파는 처녀〉가 중국인들에게 '눈물 없이 볼 수 없는' 노스탤지어의 대상은 될지언정, 전체주의 키치의 한계를 넘어서 예술성을 가진 작품으로서 거의 의미를 띠지 못하는 것은 또한 문혁 시기 중국에 소개된 북한영화들이 갖는 분명한 한계라고 할 수 있다. 음악 역시 마찬가지다. 중국 대중 사이에서 유행한 북한 노래에 대한 열기는 대략 1970년대 중반을 기점으로 급속히 식어버린다. 북한영화는 정치혁명에 지친 중국 청년들을 위로해 주기는 했지만, 오늘날의 시각에서 보면 결국은 문혁을 비롯한 특정한 시대적 범주 안에서만 존재가치를 갖는 한 시적인 문화 현상에 불과할 뿐이다. 게다가 포스트모더니즘 같은 해체주의의 자기장 안에서라면, 그 영화들의 존재의미는 더더욱 미미해질 수밖에 없다.

5 홍색정전의 부활과 주선율 영화의 진화

세기말 전후 중국 문혁 서사 영화들의 북한영화 이미지 활용은, 최근에도 지속해서 나오고 있는 이데올로기 영화와의 대조를 통해서 그 의미를 다시 확인해 볼 수 있다. 예를 들어, 2012년에 중국과 북한의 합작 영화로 발표된 〈평양에서의 약속(平壤之約)〉은 이 글이 언급한 문혁 서사 영화들이 보여 준 북한영화 회상에 대한 반사경이 될 만한 작품이다. 북한의 초거대 집단체조인 〈아리랑〉을 모티프로 한 이 영화에서, 북한과 중국 양국의 젊은 무용가를 엮어 주는 우정의 다리는 새로운 세대의 손으로 만들어지는 것이 아니라, 여전히 '인민군' 대 '지원군(支援軍)'으로 만났던 조부모 세대가 남긴 역사적 인연의 견고한 연장선상에 있다. 이 영화는 변화된 국제관계와 새로운 세대의 가치관을 현실감 있게 제시하지 못한 채 냉전시대의 역사주의로 퇴행하는 결말을 보여 주었다. 그래서 영화 속에서 북한의 인민적 역량을 보여 주는 상징으로 형상화되는 집단체조도 실질적인 담론으로 연계되지 못하고 단지 북한의 전체주의적인 풍경을 소비하기 위한 공허한 볼거리에 그치고 만다.

중국의 현대사 소재 영화 속에서, 북한에 대한 우방국으로서의 시각은 사실상 전술한 문혁 서사 영화들과 판이한 모습으로 공고히 유지되어 왔고 현재도 그러하다. 그것은 포스트모던의 작가주의적 방식이 아니라, 애국주의를 표방한 이데올로기 영화, 혹은 더 먼 배경이 되는 '홍

과거 역사에서 연장된 신세대의 '조·중 우의'를 표현한 〈평양에서의 약속〉(인터넷 사이트 〈猫眼電影〉)

색정전'의 전통적인 작법을 통해 구체화 된다. 홍색정전이란 "마오쩌둥의 〈옌안문예강화(延安文藝講話)〉(1942) 정신에 따라 창작되고, 중국 공산당의 지도하에 사회정치 운동과 일반 노동자·농민·병사의 생활을 묘사한 모범적인 작품"을 가리키는 말이다. 즉, 1942년을 시작으로 해서 1966년 문혁 발발 이전까지 발표된 이른바 혁명 서사 문학작품을 지칭한다. 중국이 북한을 지원한 6·25전쟁 영화도 당연히 혁명 서사에 속한다. '반(反)문혁' 조류의 여파로 1980년대에 잠시 기피되기도 했던 이 홍색정전들은 1990년 이후 '이념'보다는 '애국'을 명분으로 다시 호명되며 우후죽순 상업적으로 각색되기 시작했다.[31] 그러다 2004년 광전총국(廣電總局)이 조정에 나선 이후 검열도 강화되었지만, 정부 차원의 대대적인 지원도 받게 된다.[32]

31 물론 개혁개방 이후 다시 홍색정전이 소환된 이유는 단일하지 않다. 가령 조선족 록가수 최건(崔健)과 소설가 왕숴(王朔)도 청년 관중과 독자들에게 역사에 대한 열정을 고취하고자 홍색정전을 소환했는데, 그 목적은 오히려 기성 체제에 반항하는 데 있었다.

32 문혁 직후 한동안 외면받던 홍색정전은 1990년대에 상업적으로 부활, 2004년 무렵까지 대략 40부의 TV 드라마(총 850여 편)로 각색된다. 그러던 2003년, 문학 잡지 《강남(江南)》이 소설로 개작된 〈사자방 마을(沙家浜)〉을 게재한 뒤, 홍색정전을 더는 곡해하고 모욕하지 말라는 집단적인 비판에 직면하는 일이 있었다. 이에 이듬해 4월 광전총국이 〈홍색정전 각색 TV 드라마의 엄격한 관리와 관련한 문제의 통지〉를 발표, 홍색정전의 왜곡에 따른 원저 오독, 시청자 호도, 시장 교란 행위 등 '저속화' 현상을 지적한다. 광전총국은 이어 다음 달인 5월에 '브라운관 정화 프로젝트(淨化熒屏工程)'

한편 이보다 더 넓은 '주선율(主旋律) 영화'란 개념도 있다. 이는 중국의 주류 이데올로기, 즉 공산당의 혁명역사나 중국 공민으로서의 주류 가치관을 선양하는 영화를 가리킨다. 이 개념은 1987년에 처음 제기되었고, 1989년 사회주의 중국 건국 40주년 기념으로 제작된 영화 〈개국대전(開國大典)〉이 효시 작품으로 여겨진다. 그러나 본격적으로는 1994년 장쩌민(江澤民) 주석이 국가적인 차원에서 이 장르를 고취한 이후에 나타나기 시작한다. 주선율 장르의 영향력이 확대되면서 홍색정전도 더 빠르게 부활되었다. 이 특이한 각색 영화들은 개혁개방 정신과 어울리지 않아 보이지만, 오늘날 주선율 영화의 상업적인 진화에 따라 오히려 블록버스터급으로 덩치를 키우며 기술과 서사 면에서 점점 더 정교해진 모습을 띠고서, 가히 압도적이랄 수치의 관객을 동원하고 있다. 그러다 보니 북한과 얽힌 역사를 담은 중국영화를 들라면 이제 초대형 서사극으로 만들어진 〈장진호(長津湖)〉(2021)[33] 같이 과잉된 격정을 담은

'홍색정전'을 향한 되살아나는 열기를 입증한 〈장진호〉(《新華網》, 2021. 11. 11)

를 개시한다며 〈"홍색정전" 각색 TV 드라마의 심사 관리에 관한 통지〉를 하달한다. 여기에서 검열 고시와 사후 조치 방안 등이 명시되었고, 최초로 정부 차원에서 홍색정전이 "일찍이 전국적으로 큰 반향을 일으킨 혁명역사 소재의 문학 명저"라고 정의된다. 광전총국은 한때 언론과 미디어 콘텐츠 일체를 관장하는 곳이었으나, 2018년 이후 영화 관리는 국가전영국(國家電影局)이, 신문·출판·저작권은 국가신문출판서(國家新聞出版署)가 맡아 별도로 운영되고 있다.

33 〈장진호〉의 원작 소설은 영화 공개와 거의 동시에 출판된 란샤오룽(蘭曉龍)의 〈겨울과 사자(冬與獅)〉여서 그것 자체가 홍색정전은 아니지만, 그 정신을 계승한 것이라고

전쟁물이 더 쉽게 떠올려지는 형편이다. 애국심에 호소하는 이런 영화들은 물론 평민들의 역사를 복원하려 했던 세기말 문혁 서사 영화들과 북한에 대한 시각이 같을 리 없다.

역사나 문화상의 공통된 경험과 교류사로 볼 때, 어쩌면 중국의 영화인들은 현재 여건상 가장 가깝게 북한을 관찰하고 묘사할 수 있는 해외의 창작자들이라 할 수 있을 것이다. 그러나 다른 한편으로 역사와 정치 관계가 밀접한 만큼 또한 그 입장이나 상황에 특수성이 존재하는 것도 엄연한 현실이다. 그런 점에서 세기말을 전후로 일련의 문혁 서사 영화에 북한영화의 잔영이 나타난 것은 나름대로 의미가 있는 일탈이었다고 할 수 있다. 그들은 전통적인 우의만을 강조하는 관방의 시각, 혹은 북한을 타자화하기만 하는 시장경제주의의 냉소적 시선에서 벗어나, 일상생활의 가치와 평민적 감각의 복원이라는 차원에서 문혁 시절 중국에서 북한영화가 유행한 문화적인 의미를 살려 내고자 했다. 체험을 바탕으로 했다는 점에서는, 문혁의 그늘을 외면한 채 향수에 더 집착했다는 오해를 살 만도 하지만, 이 영화들이 한편에서 전혀 다른 차원으로 실험적인 의도를 보였다는 점은 간과할 수 없다.

는 할 수 있다. 소설의 원작자 란샤오룽은 영화의 시나리오 작업에도 참여했다.

IV 부

전유와 변용

탈경계 네트워크와 로컬리티

13장 지역어 가요의 민요화와 대만의 문화정체성 찾기

세계인들에게 한국을 대표하는 민요로 널리 알려진 〈아리랑〉의 멜로디는 사실 순수하게 전통적인 것은 아니다. 지방마다 다양한 〈아리랑〉이 고대로부터 존재해 왔지만, 우리가 지금 애창하는 가장 대표적인 이른바 '본조 아리랑'은 일제강점기에 등장한 '신민요'의 하나이며, 그래서 '신민요 아리랑'이라고도 불린다. 이는 영화 〈아리랑〉(1926)의 주제곡으로 쓰기 위해 〈경기 아리랑〉을 근대 악보에 맞게 편곡한 것이다.[1] 그러나 기원이 어떠하든 이 곡이 일제강점기로부터 분단시대를 거치는 동안 한민족의 문화적 정체성을 유지하는 데 결정적인 영향을 끼쳤음은 부인하기 어렵다. 근대 이후 점철된 민족의 고난과 저항에 대한 기억과 결합되어 있다는 점에서 〈아리랑〉은 단순한 전통 민요를 초월하는 내셔널리즘적 지위를 확보하게 된다. 전통문화가 근대 시기 이래 어떤 방식으로 향유되고 또 어떻게 재구성되는가 하는 문제는 기원에 못지않게 주목할 만한 가치가 있다.

동아시아에서 '전통'은 '민족'이란 말처럼 서양문화라는 타자가 도래하면서 정의되고 보편화된 개념이다. 비단 개념에서뿐 아니라 우리가

1 김태준, 〈아리랑의 근대성〉, 《한국의 아리랑 문화》, 국제문화재단 엮음(박이정, 2011), 22쪽.

《동아일보》 1926년 9월 19일 자에 실린 영화 〈아리랑〉의 나운규와 신홍련

표상으로 접하는 각국의 전통문화 자체도 20세기에 부분적으로 외국적 요소를 받아들였거나 원형과 크게 달라진 경우가 적지 않으며, 심지어 완전히 새로 창조된 것도 있다. 전통의 다양한 정립 과정은 근대 미디어와 밀접한 관련이 있다. 근대 미디어는 구전(口傳) 시대와 전혀 다른 양상으로 전통문화를 전파시켰을 뿐 아니라 공동체 안에서 전통문화가 공고한 의미를 띠도록 했다. 그런데 미디어가 무엇을 어떻게 전통으로 정립하는지는 텍스트 바깥의 또 다른 문제로 환원되며, 일반적으로 근대적 내셔널리즘의 형성 과정과 불가분의 관계를 맺기 마련이다. 하지만 어떤 곳에서는 내셔널리즘이 구성원들에게 모두 동의 되는 것은 아니어서, 그 방향과 층위가 분산적이거나 혼합적으로 나타날 수도 있다. 이런 곳에서는 심지어 내셔널리즘에 반(反)하는 의미에서 전통문화가 고취될 수도 있다.

한국의 〈아리랑〉에 견줄 만한 대만의 대표적인 음악 자원 중 하나가 가요 〈망춘풍(望春風)〉이다. 〈아리랑〉, 즉 '본조 아리랑'에 전통적 요소가 많기는 하지만 그것이 결국 근대적 산물이며, 정치적·문화적으로 한반도 거주민의 정체성에 깊이 영향을 끼쳤다는 사실은, 〈망춘풍〉 이야기에서도 그 작용과 의미를 살펴보는 실마리가 될 수 있다. 가요 〈망춘풍〉

의 탄생과 수용, 그리고 향수의 과정은 식민 시기 이래 대만 서민들의 생활사를 기반으로 하지만, 또한 이 곡의 기복적인 운명은 동 시기 정치 사회사와도 밀접하게 관련되기 때문이다.

1 새로운 대중문화 공간과 소리 문화

대만의 식민 초기, 근대적인 대중 미디어가 보편화되기 이전에 음악은 주로 '희원(戲院)'[2]이나 기방에서 공연되었다. 희원은 예기(藝妓)나 배우가 공연하는 연극 위주의 무대 공간이다. 유성기가 도입되자 닫힌 공간 안에서 울리던 창악이 음반에 담기어 도시 곳곳으로 전해졌다. 남북관(南北管)[3]과 가자희(歌仔戲)[4] 등의 전통음악 대목은 당시에 인기를 끌었다. 전통음악 위주의 음반 시장에 변화를 가져온 것은 라디오였다. 1925년 대만총독부가 식민통치 30주년을 기념한다며 처음으로 라디오 전파를 송출한 데 이어, 1928년에는 타이베이 라디오 방송국이 정식으로 출범한다.[5] 방송이라는 새로운 매체는 뉴스뿐 아니라 서양 고전음악과 동요, 그리고 일본 유행가까지 다룸으로써, 전통 창악에 익숙해 있던 지역민들의 기호(嗜好)를 다양화시켰다. 음반이라는 기록 매체의 보편화와, 라디오 방송으로 생긴 음악 기호의 변화는 곧이어 영화문화에까지 영향

---

2 대만의 '희원'은 전적으로 1895년 식민지배가 시작된 이후에 일본인들에 의해 시작된 상업적인 연극공연장을 말한다. 청나라의 통치 시기에 연극은 주로 사원이나 개인 저택 내의 무대에서 공연되었다.

3 푸젠(福建)성의 민난(閩南) 일대에서 도래한 대만의 고전음악 가락. 발생 지역에 따라 남관과 북관으로 구별하기도 한다.

4 20세기 초 대만에서 형성된 전통 창극으로서 문언(한문)과 지역어로 대사가 이루어진다. 초기 형성은 식민 시기 이후 극장업이 발달한 것과 관련이 있다.

5 黃裕元, 〈早期臺灣的廣播與資訊生活〉, 《臺灣學通訊》 第86期(新北: 國立臺灣圖書館, 2015.3), 28쪽.

식민 시기 타이베이의 대만인 번화가 다다오청에서 성황을 누린 단수이(淡水)희원(淡水維基館)

을 끼친다.

1899년(또 다른 일설로는 1900년) 대만에 처음 도입된 영화도 초기부터 일본인들에 장악되었다. 아무리 그렇다고는 해도 극영화의 제작 상황만 비교해 보면, 똑같이 일본 식민정부의 통제하에 있던 조선이나 만주보다 훨씬 저조한 상황이 이어진다.[6] 대만의 식민자들은 만주에서와 같이 독자적인 제작 기구를 육성하려 하지 않았고, 대만인들도 또한 조선인들만큼 적극적으로 극영화 제작에 나서지 않았다. 이와 대조적으로 극

6 1907년경 대만에 들어와 기록영화를 촬영하고 보급하는 데 앞장섰다는 다카마쓰 도요지로(高松豐治郎)가 '대만영화의 아버지'처럼 언급되지만, 그가 대만인의 순수 창작 영화에 끼친 직접적인 역할은 미미했다. 조선에서 1910-1945년 사이에 제작된 극영화가 총 150여 편이었던 반면, 대만에서 식민 시기에 제작된 것 중 기록이 남아 있는 극영화는 일본인이 제작한 것을 포함해 총 16편에 지나지 않는다. 물론 동 시기에 제작된 관제 기록영화는 비교할 수 없을 정도로 많다. 총독부에서 조직한 '영화반'(1922)이나 '대만영화협회'(1941)는 모두 교육용(선전용)의 기록 필름을 촬영하고 상영하는 데 집중했다.

장업은 전 섬에 걸쳐 도시를 기반으로 고르게 발달한다.[7] 식민자들은 대만을 일본에서 유통된 영화상품의 마지막 소비시장으로 여겼으며, '내지'에서 상영을 마친 일본영화와 구미의 많은 영화가 대만까지 흘러들었다.[8] 여기에다 1930년대에 이르러 중국 대륙, 특히 상하이에서 만들어진 영화가 대거 대만으로 밀려든다.[9] 다른 수입영화보다 정서적으로 더 가까운 중국 대륙의 극영화는 서민사회에 깊이 영향을 끼치며 식민자본에 좌우되던 대만의 영화시장에 일정 정도 균형을 맞춰주었다. 대만이 상하이 영화의 주요 수입지였다는 점은 같은 일본의 식민지라도 조선과 크게 다른 점이었는데, 이런 상황은 대만 현지에서의 영화 생산 동기를 일정 정도 대체하면서, 동시에 독특한 영화문화를 만들어 냈다.

당시 중국 대륙으로부터 수입된 극영화들은 대부분 무성영화였다. 영화업자들은 두 가지의 소리 매체를 통해 영화의 현지화 전략을 추구

---

7 연도 차이가 있더라도 비교 의미가 있는 통계치를 제시하면, 1939년 대만에는 9대 도시에 43개 영화관이 있었는데 인구 대비로는 23,000명당 1곳이었다. 1932년 조선에는 98개의 영화관이 있었고 인구 대비로 204,500명당 1곳이어서, 조사 시기가 약간 차이가 있기는 하지만 인구 대비 영화관 수는 대만 쪽이 월등히 많았음을 알 수 있다. 李道明, 〈殖民時期臺灣電影與朝鮮電影之初步比較〉, 《臺灣電影研究學術網站》, http://twcinema.tnua.edu.tw. 國立臺北藝術大學電影創作學系 주최 〈第二屆臺灣與亞洲電影史國際研討會—比較殖民時期的韓國與臺灣電影〉 심포지엄 발표문, 2016.9.7.

8 시장에서 대종을 이룬 것은 일본영화였으며 총 수입영화의 3/4 이상을 차지했다. 일본영화를 제외하면 할리우드 영화가 월등히 많았다. 통상 일본영화는 일본열도보다 2-3개월 늦게, 미국영화는 반년에서 1년 정도 늦게 들어왔다. 당시 관객 중에는 대만에서 근무하는 일본인 노무자가 많았기 때문에 상영 영화도 그들의 구미에 맞춘 것이 많았다. 영화산업의 맹아가 형성되던 무렵인 1918년의 통계를 보면, 타이베이의 일본인 인구는 40,347명으로 전체 인구의 1/4을 차지한다(통계는 葉龍彥, 《台灣的老戲院》[臺北: 遠足文化, 2006], 41쪽).

9 상하이 영화의 인기는 1937년 중일전쟁의 발발로 수입이 금지되면서 식어버린다. 그러나 리정량(李政亮)의 연구에 의하면, 대만의 젊은 지식인 관객으로부터는 이 영화들이 이미 1930년대 중반부터 외면받기 시작했다고 한다. 李政亮, 〈日治時期電影史漫談—1930年代洋畫至上主義之年輕世代的觀影品味變化(下)〉, 《想想論壇》, 2020.8.20, https://www.thinkingtaiwan.com 참조.

했다. 하나는 다른 수입영화와 마찬가지로 변사를 기용하는 것이었다. 대만문화협회의 회원인 차이페이훠가 1925년에 조직한 '활동사진부(活動寫眞部)'라든가, 1928년부터 1933년까지 순회 상영을 다닌 영화계몽단체 '미대단(美台團)'에서도 변사를 육성하고 기용했다는 기록이 남아 있는바, 활동사진에 변사의 해설을 결합하는 방식은 상업극장에 국한하지 않는 보편적인 추세였다.[10] 현지 관객의 감성에 부응하는 변사의 해설 내용은 또한 때와 장소에 따라 쉽게 정치화될 수 있었기 때문에 종종 식민정부의 감시를 불러들였다.[11] 지역어 변사는 단순히 통역자에 머물지 않고 해설자로서의 역할까지 수행했기에, 토키영화가 들어온 이후에도 오랫동안 지역민을 극장으로 유인하는 필수 불가결한 존재로서 환영받았다. 1920년대 후반부터 타이베이의 극장가를 중심으로 활동한 왕윈펑(王雲峰)과 잔톈마(詹天馬) 같은 변사들의 명성은 웬만한 지역 유지에 못지않았다. 그들이 또한 유행가 작곡가이고 작사가이자 일부는 희곡작가라는 사실은 당시의 변사들이 공연예술가로서 상당한 위상을 지니고 있었음을 짐작하게 한다.

대만의 유명 변사이자 작곡가 왕윈펑(臺灣國家文化記憶庫)

지역의 소리를 활용한 또 다른 전략은 주제곡 음반을 영화와 함께 유통하는 것이었다. 1930년대에 들어서 특히 중국에서 들여온 수입영화

10 史惟筑, 〈辯士何以成為台灣電影'起源'?〉, 2016, 電影學術網, http://twcinema.tnua.edu.tw.

11 李道明, 〈日本統治時期電影與政治的關係〉, 《歷史月刊》(臺北: 歷史智庫出版公司, 1995.11), 123-128쪽 참조.

잔텐마가 다다오청에서 운영하던 '텐마다방'의 신문 광고. 훗날 다다오청 소재 이야기의 핵심 장소가 되었는데, 1947년 2.28사건도 이 다방 앞에서 시작되었다(인터넷 사이트 〈鯨魚觀點〉).

를 개봉하기에 앞서, 가요 음반을 홍보용으로 활용하기 시작했다. 이 방식의 선두 주자는 당시 대만에 진출한 일본계 콜롬비아레코드사였다.[12] 콜롬비아레코드는 대만에 진출한 초기부터 전통음악으로 시장을 개척해 왔는데,[13] 이제 영화의 인기에 편승하여 새로운 현지화 전략을 꾀하게 된 것이다. 이 회사는 부완창 감독의 〈도화읍혈기〉(1931)와 〈사람의 길(人道)〉(1932), 청부가오(程步高) 감독의 〈현명한 어머니(倡門賢母)〉(1930)와 〈붉은 알(一個紅蛋)〉(1930), 차이추성(蔡楚生) 감독의 〈도시의 아침(都會的早晨)〉(1933), 페이무 감독의 〈도시의 저녁〉(1933)과 〈인생(人生)〉(1934)

12 1927년에 설립된 빅터사와 경쟁사로서 1928년에 출범한 일본의 콜롬비아를 지칭한다.

13 식민 시기 대만의 콜롬비아사에서 발매한 음반 중에는 대만의 전통가극 가자희 음반이 대략 19%나 차지했다. 葉龍彦, 《臺灣唱片思想起》(臺北: 博揚文化事業公司, 2001), 206-214쪽 참조.

등 수입된 상하이 영화의 개봉에 앞서, 대만에서 주제가 음반을 제작·출시했다. 그러니까 영화와 같은 제목으로 〈도화읍혈기〉는 잔톈마 작사, 왕윈펑 작곡에 춘춘(純純)이 노래를, 〈현명한 어머니〉는 리린추(李臨秋) 작사, 쑤퉁(蘇桐) 작곡에 역시 춘춘이 노래를 맡는 식이었다.[14] 대만 관객을 위한 것인 만큼 가사도 상하이 말이나 대륙식 표준어가 아니라 대만에서 쓰이는 구어 발음으로 취입되었다. 이 노래들은 영화의 흥행에 도움이 되었을 뿐 아니라, 1930년대에 시작된 대만의 본격적인 근대적 유행가 시장을 개척하는 마중물이 되기도 한다.

근대 대중가요의 탄생이 영화와 관계가 깊다는 점은 사실 조선의 유행가에서도 사정이 비슷했다. 한국에서 불린 최초의 대중가요라면, 1926년 발표된 〈사의 찬미〉, 혹은 더 이전부터 구전되어 오던 〈학도가〉, 혹은 〈희망가〉 등을 꼽을 수 있을 것이다. 그러나 한국인이 작사, 작곡하고 음반에까지 남겨진 작품으로 말하자면, 1928년 발표된 〈낙화유수〉(일명 '강남달')가 최초였다. 그런데 이 노래는 또한 1927년 단성사에서 개봉한 무성영화 〈낙화유수〉(이구영 감독)의 주제가이기도 했다. 즉, 한국인이 창작해 공식 음반으로 발표한 첫 대중가요 역시 영화 주제가였던 것이다. 원래는 가수가 영화 상영 중에 악단의 연주에 맞춰 직접 노래를 불렀지만, 영화의 인기에 동반해 주제가까지 반향을 일으키자, 나중에 콜롬비아레코드사가 아예 유성기 음반을 출시한다. 이 글의 모두에서 말했듯이, 1928년 〈낙화유수〉에 뒤이어 음반이 발표된 〈아리랑〉 역시 먼저 개봉된 영화(1926)의 주제가였다. 〈낙화유수〉를 작곡하고 〈아리랑〉을 편곡한 김영환이 본래 단성사의 주임 변사였다는 점도 그렇지만, 이 노래가 전래 민요에 서양음악을 결합함으로써 이른바 '신민요'의 효시가 되었다는 점도 대만의 상황과 유사하다. 이 곡들이 나옴으로써 한

14 인터넷 사이트 台灣聲音100年 참조. https://audio.nmth.gov.tw.

〈낙화유수〉의 제작진(한국영화데이터베이스)

국에서도 비로소 한국인의 손으로 창작된 대중가요의 시대가 열렸다.[15]

그런데 대만의 경우 아이러니한 사실은 통속적인 정서를 담은 주제곡의 성격과 사뭇 다르게, 그 노래들이 홍보하는 영화들이 원래는 계급 차이에서 비롯한 사회모순을 다룬 진보적 성격의 영화였다는 점이다. 이것은 곧 영화 유통업자들이 상하이의 리얼리즘 영화를 이데올로기가 아니라 멜로적 감성으로써 대만 관객에게 홍보했고, 관객 또한 주제곡의 정서를 통한 낭만적 상상 속에서 그 영화들을 받아들였다는 의미이다. 이 영화들에 내포된 이념적 색채는 1930년 상하이 영화계에 '국산 영화 부흥 운동'이 일어나면서 나타난 새로운 스타일이었지만, 주제 바깥에 당의(糖衣)처럼 입혀진 멜로적 감성은 사실 1920년대까지 만연한 통속영화의 정서를 고스란히 이어받은 것이었다. 1920년대까지의 상하

15 '대중가요' 항목, 《한국민족문화대백과사전》 참조. https://encykorea.aks.ac.kr.

이 오락영화가 남긴 통속적이면서 전통적인 문화요소들은 대만의 서민 관객에게도 공감될 여지가 많았다.

하지만 영화 상영지에서 영화 자체의 멜로 요소보다 더 낭만적 정서를 촉발한 것은 지역의 소리, 즉 음성문화였다. 변사와 주제곡 음반의 활용에서 알 수 있듯이, 중국 대륙영화에 내포된 전통정서는 지역의 소리 문화와 만남으로써 구미 또는 일본영화와 구분되는 감성 공간을 대만의 극장에 형성시켰다. 영화는 본질적으로 특정 지역에 한정되지 않는 매체지만, 지역의 관습화된 소리 문화에 의존함으로써 비로소 제작지와 상영지 사이의 간격을 뛰어넘는 진정한 초지역적인 감성을 끌어낼 수 있었다. 그런데 영화와 관객 사이의 상호 교감 과정에서 지역의 소리가 문화 콘텐츠로서 지속적인 영향을 끼칠 수 있는 항구적 기록 수단을 확보했다는 사실은 이하의 이야기와 관련하여 매우 흥미롭게 바라볼 일이다.

사실 이 시기는 도쿄나 오사카 같은 '내지'의 도시나 경성이나 타이베이 같은 식민도시를 막론하고 식민 시스템의 폭력과 억압, 차별과 배제가 존재하는 동시에, 한편으로 미디어 기술을 매개로 한 식민지적 모더니티가 중층적으로 전개되는 것이 '제국' 내의 공통된 현상이었다.[16] 간토대지진 이후 일본의 도시문화로부터 부상하기 시작한 대중은 제국 문화시장의 성격을 바꾸어놓았다. 1928년 설립된 일본 콜롬비아사가 음반 시장의 총아로서 재빠르게 〈도쿄 행진곡(東京行進曲)〉 같은 대 히트곡을 만들어 낸 것은 새로운 대중의 출현에 크게 힘입은 것이다. 이것은 곧 영화로 이어짐으로써, 이른바 '유행의 입체화', 즉 대중음악과 영화 사이의 상호관계가 빈번해지고, 여기에 더해 활자 미디어로서 소설까지 가세하는 현상이 나타나게 되었다.[17] 활자 미디어를 통해 대중문화를 선

16 吉見俊哉, 〈1930年代のユロニアル·モダニティとメディア〉, 《記憶する臺灣—帝國との相剋》, 吳密察等 編(東京: 東京大學出版會, 2005), 281쪽.

도한 장르는 신문의 연재소설이었다. 1930년대에 동아시아 일원에 청춘남녀의 연애 이야기가 보편적인 대중적 판타지로 자리 잡을 수 있었던 데는 지역을 막론하고 신문 연재소설의 역할이 적지 않았다.[18] 영화와 음악의 1930년대식 결합도 대중연애소설의 유행과 그로 인해 형성된 신식 연애에 대한 대중적인 상상력을 기반으로 한 것이었다. 이렇게 해서 영화 개봉 직전에 주제가를 유포하며 홍보하는 것은 한동안 영화 홍보의 기본적인 공식이 되었다.

대만에서 영화와 주제 유행가 사이의 결합을 만들어 낸 첫 노래는 1932년에 출시된 〈도화읍혈기〉였다. 이 노래의 유행은 대만 대중문화의 성격, 특히 영화와 대중가요 사이의 관계에 있어 전환점이 되었다. 영화 〈도화읍혈기〉는 1931년 상하이에서 제작되어 이듬해 대만에 수입되었다. 대중가요가 영화와 관계를 맺는다는 것은 곧 영화 줄거리에 담긴 정서를 반영해야 한다는 뜻이다. 그래서 영화 줄거리와 궤를 같이한 당시 대중가요는 가사 면에서 일본풍이기보다는 중국적인 요소가 더 많았다. 〈도화읍혈기〉는 1930년대 상하이 멜로영화의 교과서 같은 존재로서, 관객에게 멜로드라마에 대한 시각을 정형화시킨 대표적인 애정영화이다. 그 내용을 보면 지주 집안의 도령 진더언(金德恩)과 소작인 린(琳) 씨네 딸 사이의 이루어질 수 없는 사랑이 중심 이야기다. 영화는 계급 차이를 넘어선 남녀의 사랑과 남성 집안의 반대로 인한 파경, 여성 주인공의 불행한 종말, 그리고 죽음의 순간에야 비로소 이루어지는 정

---

17 南博·社會心理研究所, 《昭和文化 1925-1945》(東京: 勁草書房, 1987), 472쪽.

18 대만의 경우로 예를 들면, 《대만신민보(臺灣新民報)》가 처음 게재한 연재소설 〈점칠 수 없는 운명(命運難違)〉(林煇焜, 1933)과, 역시 같은 신문에 연재된 식민 시기 최고의 인기소설 〈사랑스러운 적(可愛的仇人)〉(徐坤泉, 1935) 같은 소설이 있다. 두 작품 다 플롯과 인물 등 여러 면에서 당대의 일본 연애소설에 깊은 영향을 받았다. 李政亮, 〈日治時期台灣人的電影實踐—通俗空間下的《望春風》與《可愛的仇人》〉, 《〈國家認同之文化論述〉學術研討會》 심포지엄 논문집(臺北: 文建會 主辦, 2006) 참조.

김염과 롼링위가 주연한 상하이 영화 〈도화읍혈기〉(1931)(wikipedia.org)

신적인 결합 등으로 봉건시대에서 근대로 넘어가는 과도기의 연애풍속을 보여 준다. 영화와 가요 '도화읍혈기'는 대만 관객들에게 큰 공감을 불러일으켰고, 조금 뒤에 가요 〈망춘풍〉의 배경 정서가 형성되는 데에도 영향을 끼친다.

하지만 가요 〈망춘풍〉이 훗날 대만에서 문화적 혹은 정치적으로 특별한 지위를 확보한 것은 어쨌든 이 노래와 상하이 영화 사이에 관련이 적다는 점에서도 일정 정도 기인한다. 이 노래의 탄생 배경에는 기존과 같은 일본과 상하이에서 수입된 외부 텍스트와의 결합이 명확하게 나타나지 않는다. 먼저 나온 영화 홍보곡 〈도화읍혈기〉의 유행에 영향을 받긴 했지만, 〈망춘풍〉은 수입된 영화를 위한 주제곡이 아닌 독자적인 유행가로 시장에 선을 보였다. 이것은 이 곡이 다른 영화주제곡들보다 독립 창작품으로서 더 농후한 작가의식과 지역 정서를 담고 있다는 의

가요 〈망춘풍〉 탄생의 주역(1): 작사가 리린추
(discogs.com)

가요 〈망춘풍〉 탄생의 주역(2): 작곡가 덩위셴
(wikimedia.org)

미로 해석될 수 있다. 1933년에 발표된 가요 〈망춘풍〉은 대만인 작곡가 덩위셴(鄧雨賢)과 작사가 리린추가 만들고, 콜롬비아레코드사에 전속된 대만 가수 춘춘이 곡을 불렀다. 리린추와 덩위셴은 영화 홍보용 대중가요가 성황을 누리기 시작할 때 마침맞게 시장에 나타난 대만 대중음악계의 신예였다. 극장 직원이었던 리린추는 1933년에 상하이 영화 〈참회(懺悔)〉·〈현명한 어머니〉 등의 홍보 가요에 지역어 가사를 붙이면서

가요 〈망춘풍〉 탄생의 주역(3): 가수 춘춘
(bitesizetaiwanese.com)

활약하기 시작했다. 교사였던 덩위셴은 3년에 걸친 일본에서의 음악 유학을 마치고 1932년 콜롬비아사에 들어간다. 그 이후 〈다다오청 행진곡(大稻埕行進曲)〉을 시작으로, 〈망춘풍〉·〈우야화(雨夜花)〉·〈월야수(月夜愁)〉 등 대표작들이 계속해서 좋은 반향을 얻는다. 아주 드문 경우이긴 하지만, 덩위셴과 춘춘의 조합은 멀리 조선에서도 방송된 적이 있다.[19] 덩위셴이 작곡한 노래들은 대부분 리린추와 공동으로 작업한 것이다. 〈망춘풍〉은 발표 직후 크게 유행함으로써 거꾸로 영화인들의 관심을 산다.

영화 〈망춘풍〉은 한 영화사의 창립으로부터 시작된다. 1937년 5월 25일 타이베이의 부도심 다다오청(大稻埕)의 호화 영화관인 제일극장의 관리직에 있던 우시양(吳錫洋)이 '제일영화제작소'를 창립하고 소장에 취임한다. 감독인 안도 다로(安藤太郎), 상임이사 정더푸(鄭德福), 문예부장 리린추 등이 영화사의 핵심 멤버였다. 제일영화소는 곧바로 창업작 〈망춘풍〉 제작에 들어간다. 〈망춘풍〉은 1937년 6월에서 8월 사이에 촬영되어, 우여곡절 끝에 1938년 1월 다다오청에서 가장 큰 에이라쿠극장(永樂座)에서 개봉된다. 비록 필름은 남아 있지 않지만, 회고담과 기사문에 근거해 볼 때 이 영화는 식민 시기 대만에서 제작한 극영화 중에도 비교적 완성도가 높고 흥행 성과도 좋은 작품이었다. 촬영 시점은 일본이 중일전쟁을 도발한 직후라 미디어에 대한 식민정부의 간섭이 어느 때보다 강화되는 시기였다. 따라서 〈망춘풍〉은 비록 토키영화였지만, 가요 〈망춘풍〉에서처럼 지역어를 쓸 수 없었다. 다만 중국어 자막이 허용되고 변사가 무대에 서기도 했다고는 한다.

그런데 한 가지 짚고 넘어가야 할 점은 대사가 일본어인 것은 물론이

19 1937년 12월 12일 자 《동아일보》, 《조선일보》의 라디오 방송 안내를 보면, 경성방송국(JODK)을 통해 대만 가요가 조선에 방송된 흔적이 확인된다. 이날 조선어 채널인 제2방송에서 저녁 7시 30분부터 '대북(臺北)으로부터의 군가와 가요곡'이라는 특집의 일환으로, 덩위셴이 작곡하고 춘춘이 노래한 〈남풍요(南風謠)〉 등이 방송되었다.

고, 감독과 촬영기사까지 일본인임에도 불구하고 이 영화가 대만에서 오늘날 국산영화로 간주된다는 사실이다. 물론 영화사의 관련 인사들과 배우들은 모두 대만 사람들이었다. 특히 연기는 기존 영화에서처럼 예기(藝妓)나 하급 예인이 아니라 지식인 또는 중상층 출신의 배우들이 맡았다.[20] 이는 비록 기술직에 일본인이 고용되었지만, 이 영화가 대만 사람들에 의해 매우 의지적으로 탄생되었음을 의미한다. 그러니까 영화의 탄생 동기나 주요 참여 인사의 출신지, 그리고 정서와 줄거리의 토착성에 비하면 일본인들의 일부 개입은 오히려 부차적이라 여긴다는 것이다. 물론 이 영화가 지역의 문화 창작품으로 자리매김된 데는 모태가 된 가요 〈망춘풍〉이 수입문화의 직접적인 간섭 없는 순수 창작품이라는 사실도 영향을 끼쳤을 것이다. 대중가요와 영화의 양 방면에 걸친 정황을 살펴볼 때, '식민모국'인 일본과 '혈연모국'인 중국(상하이)의 영향 아래 형성된 대만의 대중문화 시장에서, 두 '망춘풍'의 탄생과 그것들이 거둔 문화적 성취는 그때까지 매우 이례적이었다. 그런데 이것들의 특별함은 비단 탄생의 경로뿐만이 아니라 대중들에게 더 직접적인 의미가 있는, 지역어에 의해 지역의 감성을 담아냈다는 사실에 있다.

2 지역 감성의 형성 배경과 특징

가요와 영화 '망춘풍'이 발표된 1930년대는, 대만 섬에 대한 식민정부의 초기 개발이 완료되고 도시가 급격하게 팽창하던 시기였다. 두 '망춘풍'이 만들어진 상업지구 다다오청은 식민 초기만 해도 일본인들에 의해 '성 밖(城外)', 즉 교외 지역으로 타자화된 곳이었다. 식민 시기에 열

20 李道明, 〈永樂座與日殖時期臺灣電影的發展〉, 《東亞脈絡中的早期臺灣電影國際研討會》(臺北: 國立臺北藝術大學電影創作學系 주최 학술발표논문집, 2014.4).

강국이 추진한 도시개발에 식민자와 피식민자 거주지가 분리된 '이중 도시(dual city)'가 나타나는 것은 조계나 조차지 등 중국 대륙의 치외법권 공간에서도 보편적인 현상이었다.[21] 하지만 열악한 제반 조건을 극복하고 현지인들의 시가지가 도리어 더 번창하게 되는 것도 중국어권 도시들의 공통적인 특징이었다. 이는 그들만의 도시 구역을 지배하는 세력이 화교세력을 포함한 전문적인 상인집단이었기 때문이다.[22] 지역민 지구의 빠른 번영 속도를 의식한 대만의 식민정부는 1930년대를 전후하여 자신들이 재개발한 타이베이성(城)에다, 지역민들의 상업 중심 멍자(艋舺, 즉 완화[萬華])와 다다오청을 통합하는 '대(大) 타이베이 프로젝트'를 추진한다. 이 프로젝트가 완성될 무렵에 치러진 1935년의 '시정(始政) 40주년 기념 박람회'는 식민정부가 추진한 대만 개발의 누적 성과를 과시하는 동시에, 분리된 지역민의 도심을 하나의 통치 체계로 흡수하

21 중국의 이중도시에 관해서는 Linda Cooke Johnson, *Shanghai: From Market Town to Treatry Ports, 1074-1858*(Stanford Univ., 1995), 322-346 참조.

22 1853년 타이베이의 멍자(艋舺)에서 대륙 취안저우(泉州)의 싼이(三邑) 사람들인 정교(頂郊) 세력과 취안저우 통안(同安) 사람들인 하교(下郊) 세력 사이의 난투, 즉 '정하교병(頂下郊拼)'이 일어난다. 이 난투에서 패한 하교 측 통안 세력이 멍자에서 밀려나 정착한 곳이 바로 단수이허(淡水河) 강변의 미개발지 다다오청이었다. 곧이어 중국 대륙에서 1860년 제2차 아편전쟁 시 맺어진 톈진(天津)조약의 결과로, 대만에도 타이베이 북부 단수이(淡水)에 개항장이 설치된다. 이 조치는 사실상 멍자와 다다오청까지 포함하는 것이었으며, 다다오청의 상업이 오히려 융성하는 기폭제가 된다. 다다오청의 오락 중심지 디화가(迪化街)가 바로 이 시기에 '다다오청 중가(中街)'란 이름으로 형성되기 시작한다. 다다오청이 경제적으로 더 도약한 계기는 대만에 청나라의 성(省) 정부가 설치된 후 초대 순무(巡撫)로 파견된 류밍촨(劉銘傳)이 행한 최북단 도시 지룽에서 다다오청까지의 철로 부설이었다. 다다오청은 대만 최초의 철도역이 되었으며, 단수이를 기반으로 한 기존의 수운(水運)에 철로까지 가세하면서 타이베이에서 상업적으로 가장 번화한 구역으로 성장한다. 개항 이후 대만의 차(茶)가 유럽에서 환영받게 되었을 때, 멍자의 항구는 토사 퇴적으로 쇠락하는 중이었기에 외국계 상사(洋行)들이 다투어 다다오청으로 지사를 이전했고, 다다오청은 자연스레 대만 차의 유통 거점이 된다. 식민 초기에 일본인들은 타이베이 현성(縣城)을 개조하면서 원래는 다다오청을 수도의 경계 밖으로 획정했는데, 이는 오히려 '본토인(本土人) 시가지'의 특색을 더 강화하는 결과를 가져왔다.

크게 세 구역으로 분화된 타이베이의 주요 도심(1930년)(gis.rchss.sinica.edu.tw)

려는 의도도 깔려 있었다.

도시개발은 도시의 문화공간을 확대하고 다양화시켰다. 전통적인 상업 중심지로서 색주가가 모여 있던 다다오청의 중심축 에이라쿠초 거리(永樂町通)(현재의 '디화가[迪化街]')는 유흥을 좇는 지역민 손님들로 날마다 불야성을 이루었다. 바로 그 무렵 음반과 영화 등 일본을 거쳐 들어온 근대 미디어 문화도 그 거리에 넘쳐나게 되었고, 이를 토착화하려는 시도 역시 같은 곳에서 태동한다. 현지어로 이루어진 다양한 유행가들이 〈도화읍혈기〉에서 시작하여, 〈망춘풍〉으로 정점을 찍으며 짧은 시간 내에 저자의 골목골목에 퍼져나갔다. 가요 〈망춘풍〉의 성공은 시장에 축적된 대만인들의 경제력과, 그 토대 위에서 그들이 취한 대중문화계에 대한 자각적인 개입을 표상하는 것이다. 지역 상인집단의 이러한 노력은 이윽고 오늘날 대만 사람들이 근대 오락문화의 황금기로 기억하는 '도무시대(跳舞時代)'[23] 즉 댄스의 시대를 일구어 냈다.

리린추가 작시한 〈망춘풍〉의 가사는 정서 면에서 전통적일 뿐 아니라, 한 구가 7자나 5자로 되어 형식 면에서도 전통 민요와 유사함을 보인다.

홀로 등불 지키노라니, 맑은 봄바람 눈앞에 불어오네.
나 열일곱 처녀가, 지금 소년을 생각하네
잘생긴 얼굴에 피부도 하얀 그이는, 도대체 뉘 집 자제일까?
물어보고 싶어도 놀랄까 걱정되어, 가슴만 비파처럼 떨리네.
그 남자를 낭군 삼고 싶지만, 좋아하는 마음 가슴에만 묻어 두네.
언제쯤일까? 그이가 내 청춘의 꽃을 들고 나타날 날이.
문밖에 홀연한 인기척을 듣고, 얼른 사립문 열어 나가보았네.
달빛 아래 웬 노인이 날 보고 놀리네, 바람 소리에 그만 속아버렸다네.[24]

23 '跳舞時代'는 대만 유행가의 발생과 발전을 다룬 대만 다큐멘터리(2003)의 제목이자, 또한 대만어 유행가(1932)의 제목이기도 하다.

이 가사는 중국 전통 서사에 익숙한 대만 사람들의 감성 세계로 볼 때, 명나라 때의 유명한 창극 〈서상기(西廂記)〉의 구절을 연상시켰다.[25] 〈서상기〉의 가사를 보면, "달빛 서창 아래 드리우고, 바람맞아 창이 반쯤 열리네, 담장 너머에 꽃 그림자 일렁이니, 님이 오시는 겐가"[26]라는 것이 있다. 이는 외부와 격리된 규방에서 사랑의 대상을 수동적으로 기다리는 전통 여성들의 고독감을 전형적인 정경으로 표현한 것이다. 물론 당시 대만에도 근대화의 물결과 함께 남녀평등 개념이 점차 확산되고 있었지만, 통속문화의 세계에서는 전통적인 남녀 관계와 수동적인 여성상을 선호하는 남성 위주의 시각이 여전히 지배적이었다. 유행가는 시대의 첨단보다는 표준적인 감성을 따라가기 마련이다. 리린추는 심지어 곡을 작사할 때마다 대중과 얼마나 소통할 수 있는지 가늠하고자 자기 어머니와 아내에게 먼저 들려주곤 했다고 한다.[27] 유행가 정서를 그대로 받아들인 영화 〈망춘풍〉의 내용도 전통 여성의 서글픈 운명을 체현하고자 했다.

가난한 농부의 딸 추웨(秋月)는 부친이 중병에 들자 계모 아샹(阿香)에 의해 기방에 팔려 간다. 어려서부터 추웨를 좋아한 황칭더(黃清德)는 이

---

24 獨夜無伴守灯下/清風對面吹//十七八未出嫁/見著少年家//果然標緻面肉白/誰家人子弟//想欲問他驚呆勢/心內彈琵琶//想欲郎君做尪婿/意愛在心內//等何時君來睬/青春花當開//忽听外頭有人來/開門該看覓//月老笑阮恣大獃/被風騙不知(1933년 음반[純純唱]에 수록된 가사, 黃信彰, 〈幾度望春風?—李臨秋創作濫觴及〈望春風〉版本研究〉[臺北: 大同大學通識教育中心], 臺北亞太管樂協會 주최 심포지엄 〈李臨秋的歌謠所反影的時代意義〉 발표문, 2010.10.29, 大同大學 홈페이지에서 재인용, https://www.gec.ttu.edu.tw).

25 리린추의 회고. 莊永明·孫德銘, 《臺灣歌謠鄉土情》(臺北: 臺灣的店, 1994), 145쪽에서 재인용.

26 원문은 "待月西廂下, 迎風半戶開/隔牆花影動, 疑是玉人來"이다.

27 리린추의 아들인 리슈젠(李修鑑)은 아버지에 대한 회고문에서 1933년 당시 여성 평등 관념에 대만에 들어오고 있어서 오히려 전통혼인에 맞서는 여성들의 용기와 사랑에 대한 동경을 고취한 것이라고 말하기도 했다(〈我的父親—李臨秋〉, 위의 臺北亞太管樂協會 주최 심포지엄 〈李臨秋的歌謠所反影的時代意義〉 발표문).

1937년 7월 1일 자 《대만공론(臺灣公論)》에 실린 영화 〈망춘풍〉 소개 기사

사실로 괴로워하다 일본으로 유학을 떠난다. 수년 후 그는 대만의 홍차 회사에 취직한 뒤 추웨의 소식을 탐문한다. 사정을 알 리 없는 회사의 일본인 사장은 그를 사윗감으로 낙점하고, 딸 에미(惠美)도 그를 사모하게 된다. 그러던 어느 날 회사의 창설 기념 회식 자리에, 기방에서 이름을 날리기 시작한 추웨가 불려와 칭더와 어색하게 마주친다. 그런데 에미는 두 사람의 관계를 알고 상심했지만, 오히려 돈을 써서 추웨가 인신매매 계약에서 벗어나도록 돕는다. 추웨는 기방에서 빠져나오기 위해 자신을 첩으로 들이려는 홍차 회사의 차이 비서에게 짐짓 마음을 주는 척한다. 하지만 추웨의 계획을 미처 눈치채지 못한 칭더는 절망에 빠지고, 이런 모습을 지켜보던 추웨도 극도로 상심하여 달리는 기차에 뛰어든다. 중상을 입고 입원한 추웨는 칭더와 에미의 미래를 축복할 따름이다. 기방 동무 차이펑(彩鳳)이 처연하게 〈망춘풍〉을 불러 주는 가운데 그녀는 한 많은 세상과 하직한다. 여기까지 영화의 플롯이나 줄거리는 그 시절을 풍미한 전형적인 연애담에서 크게 벗어나지 않는다. 하지만 1937년의 식

영화 〈망춘풍〉의 제작진과 주연 배우들. 아랫줄 가운데가 영화사 사장 우시양, 가운뎃줄 맨 왼쪽이 작사가로서 시나리오를 담당한 리린추(앞 신문 기사의 확대 사진).

민지라는 시공간을 고려하면 미묘한 차이가 존재함을 알 수 있다.

영화사가 식민 말기에 출범한 만큼 대표 우시양이 창립 성명서에서 "영화를 통한 보국(報國)에 뜻을 두고 발기하여……영화인으로서 내지와 대만의 융합과 인심 교화에 있어 가장 중요한 자아 사명감을 완성하겠다"[28]라고 피력하는 것이야 어쩔 수 없는 일이었을 터이다. 하지만 그들의 첫 영화는 식민 시기에 대만에서 일본인들이 제작한 영화뿐 아니라 동 시기 만주영화와도 분명한 차이를 보여 준다. 우선 제국에 대한 충성심을 직접 표현한 대사가 등장하지 않는다. 그들은 단지 서사 자체의 통속성에 집중했다. 또한 만영(만주영화협회)의 멜로영화에 나타나는 바, 여성인 피식민자가 남성인 식민자를 연모하여 감정뿐 아니라 윤리적인 면에서도 압도되는 도식이 보이지 않았다. 〈망춘풍〉은 뿐만 아니

28 〈《望春風》完成所感, 吳錫洋〉, 《臺灣公論》 2卷 9號(1937.9), 20쪽, 三澤真美惠(미사와 마미에), 《在'帝國'與'祖國'的夾縫間》, 李文卿·許時嘉 옮김(臺灣大學出版中心, 2012), 112쪽에서 재인용.

라 호의적으로 일본인을 묘사하긴 하지만 주요 배역에서는 배제했다. 우시양은 비록 정치적으로는 '영화를 통한 보국'을 내세워야 했지만, 대만인으로서의 정체성까지 포기하지는 않았던 것으로 보인다.

가요나 영화를 막론하고 '망춘풍'은 서사 중심이 상처받는 여성 주인공에 있기에, 자연스레 비애의 정념이 담기게 되었다. 그러나 가사나 줄거리가 아닌 멜로디의 측면에서 전통적인 대만풍을 가려내는 것은 그리 간단치 않다. 가요 〈망춘풍〉이 만들어질 당시 대만의 유행가 창작은 조선에서와 마찬가지로 겨우 맹아기를 벗어난 정도여서, 서양 악곡에 맞게 재구성된 일본식 대중가요의 영향이 지배적이었다. 게다가 〈망춘풍〉의 작곡가 역시 일본에서 유학하며 일본 악곡에 영향을 받은 사람이다. 덩위셴은 대만 대중과의 공감대를 무엇보다 중시했지만, 동시대에 활동한 작곡가 왕윈펑과 달리 일본식 대중음악에 스며든 전통 일본음악의 요소를 수용하는 것도 마다하지 않았다. 〈망춘풍〉이 음감 면에서 얼마나 대만의 고유 정서를 담고 있는가 하는 문제는 작곡의 배경만으로 설명되기 어렵다.

덩위셴의 대표작 〈월야수〉·〈도무시대〉·〈망춘풍〉 등은 모두 당시 동아시아에 보편화된 '솔라도레미' 5음계를 사용하고 있다. 그러나 앞의 두 곡은 〈망춘풍〉과 달리 4/4박자의 이른바 '쿵짝' 리듬으로 구성되어 있다. 가령 〈도무시대〉에서는 가사에서도 "남녀가 쌍쌍이 줄을 지어 TOROTO를 추자"라며 아예 일본식 트로트에 영향받은 곡의 음악적 계보를 명시하기도 한다. 춤곡으로 흥겹게 구성된 앞의 두 곡과 비교했을 때, 〈망춘풍〉은 느린 템포에 구성진 도약과 부드러운 순차를 활용하여 음악적 기승전결의 진행이 표현되었으며, 한 옥타브 남짓한 음역으로 모든 사람이 따라 부르기 쉽도록 작곡되었다.[29] 더 구성지고 서정

29 〈망춘풍〉의 멜로디 분석에 관해 자문해 주신 고려대 학부대학 류경선 교수님께 감사드린다.

적이란 점에서는 다른 곡에 비해 상대적으로 대만적인 감성이 짙게 배어있다고 할 수도 있을 것이다. 이 곡들과는 조금 차이가 있는 덩위셴의 또 다른 대표곡 〈우야화〉(1934)는 3/4박자로서 동요 같은 느낌이 많고 서정성이 더 짙은 곡이다. 하지만 이 곡도 기본 멜로디만으로 대만 고유의 것이라고 하기는 어렵다.[30] 음색에 일본풍이 남아 있거나 서양 악곡의 영향이 많음에도 불구하고, 이 곡들이 대부분 대만의 향토음악으로 받아들여지는 더 결정적인 이유는 가사가 지역어로 쓰였다는 데 있다.

상술한 것처럼, 변사와 주제곡이라는 현지화 전략의 공통된 특징은 지역어, 즉 대만식 중국어(중국 대륙의 시각에서는 민난 방언. 이하 현재 대만의 용례에 따라 '대만어'로 호칭)를 사용한다는 점이다. 이 말은 1934년 통계로 대만 전 주민의 76% 정도를 차지하는 푸젠성(福建省) 출신자들이 사용하는 말이다.[31] 인구 중 14%에 이르는 광둥성 출신자(주로 하카[客家] 사람들)도 자신들만의 언어가 따로 있었지만, 그 말을 충분히 알아들을 수 있었다.[32] 일본어도, 중국 대륙의 표준어도 아닌 지역의 언어로 가사가 구성되었다는 점은 대중에게 강렬한 호소력을 띨 수 있었다. 때마침 연애에 관한 멜로 감성이 유행하고 영화 홍보 가요 형식이 인기를 얻는 것

30 이 곡은 동아시아 각국의 전통음계에 공통되는 음악적 요소들을 내포하고 있다. 3/4박자여서 한국인의 정서에도 친숙할 수 있는데, 〈본조 아리랑〉의 뼈대를 이루는 세마치장단도 서양 악곡의 3박자 계열로 이루어져 있다. 심지어 북한에서 만들어진 〈꽃 파는 처녀〉(1972)도 3/4박자로서 도입부나 각 마디의 구조가 〈우야화〉와 매우 유사하다.

31 1934년 식민정부가 낸 통계를 보면, 5,194,980명의 총인구 중 한족의 인구는 90%이며, 푸젠 계통 주민이 75.9%, 광둥 계통 주민이 14.1%이다. 合津美穂, 〈漢族系台湾人高年層の日本語使用—言語生活史調査を通じて—〉, 《信州大学留学生センター紀要》 3(日本 松本: 信州大学留学生センター紀要出版部, 2002.3), 26쪽 참조.

32 〈망춘풍〉의 작곡가인 덩위셴은 '민난어' 원어민이 아니라 또 다른 지역어 세력인 하카 출신이다. 대만에서 '민난어' 사용자는 일반적으로 푸젠 사람을 가리키는 '푸라오(福佬)'라는 말로 지칭하며, 일상생활에서 민난화 된 하카의 후예는 '푸라오커(福佬客)'라는 결합어로 지칭한다. 대만의 하카는 또 그들 나름대로 원래부터 남북 두 종류의 방언이 있다.

에 힘입어, 대만어 가요는 대략 500여 곡에 이를 정도로 식민 중반기에 대만 각지에서 성행한다.[33]

일본어가 통치어로 들어오기 이전에 대만 섬의 공식적인 문장어는 중국 대륙과 마찬가지로 문언이었다. 그러다 문언이 잔존한 상태로, 대륙식 백화체(구어화된 문장어)가 일부 전해지기는 했지만, 식민 시기 내내 공용어로서 절대적인 위력을 행사한 것은 일본어였다. 대만어는 이런 와중에 생활어로서 굳건하게 살아남은 말이다. 하지만 이 말의 결정적인 약점은 비록 한자로 기록할 수는 있지만, 대륙식의 중국어 표준어와 확연히 다른 발음이나 고유의 표현까지 구별해서 나타낼 수가 없다는 점이었다. 그런데 이제 지역어 가요 음반이 대만어의 기록 수단이 됨으로써, 지역의 소리가 항구적인 생명을 부여받게 된 것이다.[34]

훗날, 이 대만어 음반들은 지역민들에게 단지 시장을 풍미했던 유행상품만이 아니라, 일본어든 대륙식 중국어든 섬 밖에서 도래한 지배문화(공용어 문화)에 대한 피지배문화(비관방 또는 비주류 언어문화)의 지위 회복을 상징하는 존재가 된다. 지역어 문화를 향유했다는 이유만으로 심지어 지배문화에 대항하는 전복 행위로 단죄되기까지도 했기 때문이다. 〈망춘풍〉이 겪은 이러한 정치적 굴곡의 역사는 국민당의 강압 통치가 종식되는 계엄 해제 이후에 본격적으로 수면 위로 부상한다.

3 파토스의 호명과 재구축

중일전쟁이 발발하자 화려했던 '도무시대'는 끝나고, 그 시대를 풍미

33 黃信彰, 〈幾度望春風?—李臨秋創作濫觴及〈望春風〉版本硏究〉, 앞의 웹사이트 글.

34 지역어가 일치하는 문장어로 옮겨지기 어려운 까닭에, 이 노래들의 가사는 오늘날 각각 조금씩 한자가 다른 여러 버전으로 남아 있다.

한 많은 유행가가 전쟁 참여를 독려하는 제국의 군가로 동원된다. 〈망춘풍〉도 이른바 '시국가(時局歌)'의 하나로 징발, 〈대지는 부른다(大地は招く)〉로 개사되어 한때 황군을 미화하는 군가로 전락한다.[35] 하지만 1945년 광복이 되자 〈망춘풍〉은 원래의 가사를 되찾았고, 여러 대중가수에 의해 리메이크되며 서민사회에서 인기를 회복한다. 동시에 작곡가 덩위셴은 대만의 음악가 중 가장 성취를 거둔 인물로 추앙되었고, 그의 전기를 다룬 〈망춘풍〉이란 소설이 신문에 연재되기도 한다.[36]

이러한 역사는 시대를 관통하는 〈망춘풍〉의 질긴 생명력을 보여 준다. 그런데 아무리 지역어가 가진 내적 역량을 전제하더라도, 에스닉 문화(ethnic culture)로서 이 곡에 부여된 압도적인 지위에 대해서는 되묻지 않을 수 없다. 식민 시기에 외래문화와의 접촉하에 탄생한 이 곡이 도대체 왜 대만의 전통문화로 받아들여지는 것일까? 그것은 근대 악곡이지만 전래 민요에 뿌리를 둔 '본조 아리랑'이 민요로 여겨지는 양상과는 분명히 다르다. 이러한 의문을 풀어 보기 위해서는 우선 민요에 대한 개념으로부터 시작해 몇 가지 대만만의 특수성을 짚어 볼 필요가 있다.

식민 시기 이전에도 대만에는 다양한 민요들이 존재했다. 예를 들면 청나라 초기 명나라 유민들의 대만 도래와 함께 전해진 푸젠성의 민요곡 〈유월의 자스민(六月茉莉)〉처럼 400년 이상의 역사가 있는 노래가 있는가 하면, 최남단 헝춘(恒春) 반도에서 청 말에 자생적으로 발생한 〈사상기(思想起)〉 같은 근세 시대의 것에 이르기까지 다양한 한족의 민요가 존재한다. 또 한족이 도래하기 전부터 이미 섬 안에서 불리던 더 토착적인 원주민들의 민요도 부족마다 다양하게 유전되고 있다. 그런 정황은

35 식민 시기 대만 유행가요의 군가 개사에 관해서는 복각판 CD 〈日治時期台灣島民歌謠選輯〉(2011, 총 22곡 수록) 참조.

36 이 소설은 1976년 9월 29일부터 1977년 2월 27일까지 중자오정(鍾肇政)이 대만의 《중앙일보(中央日報)》 부간(副刊)에 연재한 동명의 장편 전기소설을 말한다.

당시 대만을 여행한 이방인의 기록에도 보인다. 1931년 조선의 《매일신보》에 〈대만기행〉을 시리즈로 연재한 김혁묵은 제8회 기사에서, '본도인'과 '번인'의 민요나 자장가에 관해 상세히 소개하고, 그중 어떤 민요를 조선의 남도 민요인 '육자배기'에 빗대어 말하기도 한다.[37] 이 글에서의 논의와 관련하여 더 주목할 점은 전통 민요의 기원이 아니라 후대인들의 민요 인식에 존재하는 유연성과 그 원인이다.

대만에서의 민요에 대한 정의는 한국에 비해 느슨하고 광역화되어 있다. 대만에서는 1895년 일본의 강점 이전에 각 지역에서 발생한 민요뿐 아니라, 식민 시기와 1950년대에 작곡된 대중가요도 부분적으로는 민요의 범주 안에 포함시킨다. 탄생 조건의 순수성 이상으로 수직적인 연계성도 중시하기 때문이다. 거꾸로 대중가요의 기원을 아예 대만의 전통 민요에서 찾는 시각도 있다. 1930년대에 영화 홍보곡이 유행하기 전까지, 대만의 대중가요는 크게 1927년부터 나오기 시작한 일본의 '신민요'와 1930년부터 수입된 상하이 유행가로부터 영향을 받았다고 알려져 있다.[38] 하지만 식민 시기 이전부터 전승되어 온 민요에서 유행가가 발생했다는 토착적인 연계성이 주장되기도 한다. 예를 들어 중국 대륙 푸젠성의 샤먼(廈門)식 창법을 기반으로, 동명의 전통가극 가자희 레퍼토리와 함께 성공한 1931년의 유행가 〈설매사군(雪梅思君)〉은 민요에서 근대식 대중가요로 넘어가는 대표적인 예로 언급되기도 한다.[39] 대중가요의 발생을 전통 민요와 관련짓는 시각에서는, 역으로 대중가요도 새로운 형태의 민요

---

37 김혁묵, 〈대만기행〉 제8회, 《매일신보》, 1931년 8월 12일.

38 '신민요 운동'은 일본의 메이지 말년부터 다이쇼 초기에 걸쳐 일어난 것으로, 한국과 대만의 대중음악에도 영향을 끼쳤다. 이에 관해서는 김연갑, 〈아리랑의 성격 변화〉, 《한국의 아리랑 문화》, 91-92쪽 참조.

39 예를 들어 황위위안(黃裕元)은 〈설매사군〉이 대중 유행가의 서막이라는 의미에서, '최초로 대만 전역에 걸쳐 유행한 노래'라고 말한다. 王櫻芬, 〈聽見臺灣—試論古倫美亞唱片在臺灣音樂史上的意義〉, 《民俗曲藝》 160期(臺北: 財團法人施合鄭民俗文化基金會, 2008.6), 178쪽에서 재인용.

로 볼 수 있다는 관념이 나올 수 있다. 게다가 〈망춘풍〉처럼 순수하게 대만 내부의 창작품이면서 보편적인 환영을 받는 노래라면 더더욱 민요로서의 위상을 갖기에 합당하다고 여겨질 수 있다.

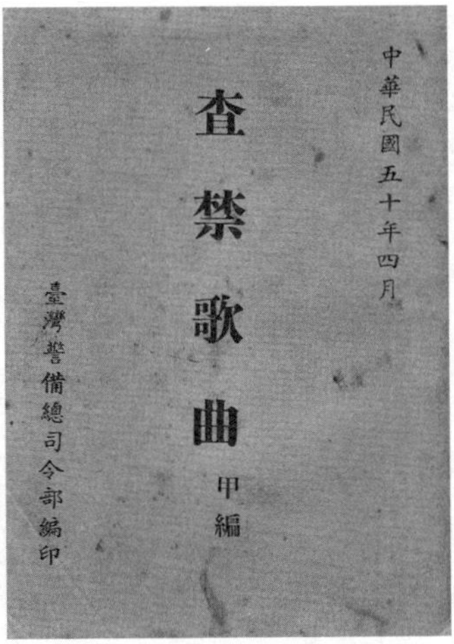

계엄 시기 경찰 조직인 대만 경비총부(警備總部)가 발간한 '금지곡' 명부(1961)(〈臺史博線上博物館〉)

그런데 지역어에 의한 대중가요가 후대에 민요로 간주되는 배경에는 지역어가 겪은 역사적 시련에 대한 또 다른 공감대가 자리하고 있다. 주지하다시피 1949년 국민당 정부의 대만 천도는 대만 섬 전반의 문화사에 있어 일찍이 1895년의 일본군 진주에 비견될 수 있는 커다란 변곡점이었다. 집권 후 국민당이 취한 조치 중 서민들의 일상생활에 지대하게 영향을 끼친 것은 1980년대까지 강력하게 추진한 '국어운동'이었다.[40] 공공장소에서 '국어', 즉 대륙식의 표준 중국어만 허용하고 기존의 생활언어인 지역어의 사용을 금지한 이 강압적인 정책은 특히 지역어에 의한 방송과 미디어 활동을 크게 위축시켰다. 가장 혹독할 때는 학교에서의 사적인 대화까

40 1949년에서 2003년까지 시행된 대만의 '국어운동'은 크게 토대 단계(1949-1969), 관철 및 강화 단계(1970-1986), 다원성 존중 단계(1987-2003)로 나뉜다. 여기에서의 '국어'는 중국 대륙식 표준어를 말한다. 토대 단계는 주로 공교육을 중심으로 '국어'를 보급하고 교육할 기관과 단체를 설립하고 유관 정책을 마련한 시기이다. 관철 및 강화 단계는 1970년대 들어 중화민국이 외교적으로 고립되면서 '국어운동'이 오히려 정책적으로 강화된 시기로, 기존의 '국어운동'에 '중화문화부흥운동'이 더해져 민관(民官) 양 방면의 주도로 전개되었다. 특히 이 시기에 대만어 등 비'국어'에 의한 방송이 10% 이내로 강력하게 제한되었다. 이 제한은 '다원성 존중 단계'인 1993년까지 유지되었고, 2003년에는 '국어운동' 자체가 폐지되었다. 林育辰, 〈臺灣推行國語運動對英語教育政策的啟示之研究〉(臺東: 석사학위논문, 國立臺東大學, 2012.12) 중 '第三節 中華民國遷臺後的國語運動(西元1949-2003年)' 참조.

지 지역어 사용이 엄격하게 규제되었다. 지역어는 관방에 의해 또 한 번 제도적으로 타자화되는 수모를 겪어야 했다. 민요곡으로서의 위상에 있어, 〈망춘풍〉의 멜로디가 얼마나 전통적이냐 하는 사실 못지않게 가사가 대만어라는 점이 중요한 의미를 띠는 것은 바로 지역민들이 20세기 후반기에 언어생활에서 겪은 억압과 상처 때문이다. 본토인들의 기억 속에서 당시 정부의 억압적 조치는 일상언어까지 통제했다는 점에서 식민 시기보다 더 가혹한 것이었다.[41]

'국어운동' 정책이 나오기 이전까지 〈망춘풍〉의 역사를 한국의 대중문화사에서도 흔히 볼 수 있는 성공한 대중가요의 탄생과 확산 과정을 보여 준 제1막이었다고 한다면, 대만의 계엄 해제, 즉 국민당의 강압적 통치가 쇠락함과 더불어 시작된 이 노래의 재부상은 더 특별한 제2막에 상당한다고 할 수 있다. 제1막이 시장에서의 승리에 상당한다면, 제2막은 정치적인 승리에 가까웠다. 계엄 상황의 종식은 곧 대륙식 문화를 관제 방식으로 대만 섬에 이식하고자 했던 장제스 시대 문화통치의 폐기와 함께, 대만 자체의 토착문화가 다각도로 재조명되는 기폭제가 되었다. 대만 문화에 대한 발굴 열풍을 타고 〈망춘풍〉은 단순히 추억의 가요로서가 아니라, 대만을 대표하는 상징적인 음악 콘텐츠로서 다시금 호명된다. 이제 이 곡은 정부 차원에서 의미 있는 문화자원으로 주목받게 되었으며 국가(國歌)에 버금갈 정도로 지위가 격상된다.[42]

---

41 백화와 문언을 포함한 한자어 문장이 식민정부의 금지 조치로 대만 신문에서 완전히 사라지는 것은 1937년부터였는데, 일상생활의 대만어가 영향을 받은 것도 그 이후였다.

42 현재 대만의 국가는 1928년 제정된 중화민국 국가이며, 내용은 쑨원의 삼민주의에 관한 연설을 문언문의 한자 48자로 요약한 것이다. 하지만 대만의 국가 지위를 인정하지 않는 중국(대륙) 정부의 영향력으로 해외에서는 거의 연주되지 못하고 있다. 한편 대만 독립주의자들도 그들 나름대로 이 곡에 반대하는데, 그들이 내세우는 새 국가의 후보 중에는 〈망춘풍〉도 들어 있다. 한편 2007년 대만의 국가문화총회(國家文化總會)가 주최한 '대만의 노래(臺灣之歌)' 설문 조사에서 시대별 대표곡 10개 곡 중에 〈망춘풍〉은 식민 시기를 대표하는 곡으로 선정되었다. 시기적으로 이 곡보다 앞선

가요 〈망춘풍〉의 재조명 현상은 식민 시기로부터 국민당의 계엄 통치 시기를 거치며 오랫동안 억눌려 온 대만적 파토스(pathos)에 대한 열망이 표출된 결과라고 할 수 있다. 이 곡은 식민통치의 지배문화에 대응한 토착 문화운동의 산물이라는 점에서, 물론 범(凡) 중국어권에 걸쳐 공감될 수 있는 내셔널리즘을 표상하는 문화유산으로 여겨질 만하다. 예를 들어 한때 군가로 징발되었던 역사는 이 곡이 양안삼지(兩岸三地)를 불문하고 태평양전쟁에 동원된 수많은 한인(漢人) 징용자들의 민족적 울분이 담긴 내셔널리즘을 대표한다고 여기게 할 것이다. 반면 이 곡은 또한 국민당의 강압적인 계엄 통치에 맞서는 지점에서, 지역어를 공유하는 대만 본토인들만의 에스니시티(ethnicity)를 상징하는 콘텐츠가 되기에도 적합하다.[43] 본토인들의 참정권 투쟁사를 기억하는 사람들은 1979년의 반독재 투쟁인 '메이리다오(美麗島) 사건' 중에 이 곡이 불렸던 사실을 상기할 것이다.[44] 곡의 존재의미가 지향하는 이러한 양가성은 어떤 면에서 상호 모순적이다. 내셔널리즘은 다양한 것을 하나로 통합해 내려는 구심력이고 에스니시즘은 거기에서 분리되려는 원심력이다. 식

것은 헝춘 지방의 민요 〈사상기〉 1곡뿐이다. 黃信彰, 〈幾度望春風?—李臨秋創作濫觴及〈望春風〉版本研究〉, 앞의 웹사이트 글 참조.

43 에스니시티라는 개념은 미국 사회를 설명하기 위해 사회학자들이 창안한 개념으로 '민족'과는 다른 것이다. '민족'이 주권, 독립과 직결된 '정치의 공동(共同)', '민족의식'의 요소를 중시한다면, 에스니시티에서는 주권, 독립과 직결된 민족의식이나 정치적 공동체임은 배제되고 문화의 공동이 중심이 된다. '언어의 공동'이라는 측면에서도 민족은 '민족어'가 결정적으로 중요한 데 비해 에스니시티에서는 오히려 현지어가 일차적이어서, 에스니시티는 본질적으로 소수집단의 '문화와 관습의 하위공동체'의 성격을 갖는 것으로 제한된다. 이양숙, 〈에스니시티와 민족의 거리—김만선 소설에 나타난 도시체험과 난민의식〉, 《인문과학연구》 제38집(2013.9), 86쪽 참조.

44 민진당 집권 시절에 입법의원을 지낸 민요 가수 추수이전(邱垂貞)은 메이리다오 사건 시, 시위 현장에서 당시 금지곡인 〈망춘풍〉을 부르고 4년 반 동안 옥고를 치르기도 했다. 메이리다오 사건은 1979년 12월 10일 국제인권의 날에 가오슝에서 일어난 대규모 민·관 충돌사건으로, 이날 독재에 항거하다 구속된 사람들은 대부분 《메이리다오》 잡지사의 핵심 멤버였다.

대만판 '광주항쟁'으로 불리는 1979년의 메이리다오 사건. 위쪽은 거리에서의 민주화 시위, 아래쪽은 사건의 발단이 된 가오슝의 《메이리다오》 잡지사(tw.news.yahoo.com).

일제강점기 대만 저항운동의 기수 장웨이수이(wikimedia.org)

민 시기와 국민당의 계엄 시기에 섬 밖에서 들어온 내셔널리즘과 섬 내부에서 외부세력에 맞서 형성된 에스니시즘은 대립과 충돌의 관계를 형성해 왔다. 그런데 인구 면에서 소수인 도래인 지배자들은 압도적으로 다수자인 본토인을 정치와 문화에서 에스닉 그룹으로 전락시켰고, 이와 동시에 그들만의 에스니시즘이 형성되는 것도 억압했다. 이런 역사로 인해 대중의 기억 속에서 〈망춘풍〉을 통한 탈내셔널리즘적인 교감은 점점 더 강렬해졌다.

일찍이 1990년대에 지역의 역사문화를 향한 재발견과 가치 회복이라는 기류를 타고 〈망춘풍〉이 재조명된 것은 크게 보면 오랫동안 언급조차 금기시되었던 1947년의 2·28사건이나, 한동안 잊힌 식민 시기 본토인들의 민권운동을 발굴하는 것과도 궤를 같이한다. 전자는 이미 한국에도 많이 알려져 있기에 후자의 사례만을 본다면, 안과의사로서 대만 주민의 자치 권력 획득을 위해 지식인 투쟁을 이끈 장웨이수이(蔣渭水, 1890-1931)에 대한 추모사업을 들 수 있다. 장웨이수이는 1920년대에 대만 문화협회와 대만 민중당을 주도한 인사로서, 지역민 출신 중 가장 광대한 영향을 끼친 저항 운동가이다. 하지만 1952년 유고집의 출판 이후 그에 대한 언급은 오랫동안 금기시되었으며 그를 기리는 기념시설도 2006년 무렵에야 비로소 만들 수 있었다.[45] 그는 일본에 대한 저항운

45 장웨이수이 사망 이후에도 생존했던 민중당 및 저항 진영의 동료였던 랴오진핑(廖進平)·양위안딩(楊元丁)·황츠(黃賜)·롼차오르(阮朝日) 등은 모두 1947년 2·28사건 중 사망했다. 2000년대 이후 장웨이수이에 관한 대규모의 추모 행사로, 2015년 타이베이

동의 기수인 동시에, 지역민의 에스니시티 운동을 상징하는 인물이기도 했기 때문이다. 대만 내부의 삶과 역사에 근간한 에스니시티를 재조명하는 이 같은 기류 속에서 〈망춘풍〉도 외압에 대한 지역민들의 저항을 환기하는 기억의 일부로서, 가장 대만적인 음악으로 여겨지기에 이른 것이다.

계엄이 해제된 이후, 통치 체제에 맞선 원심적 대응의 실제 의미가 약화될 무렵, 중국 대륙이 국제무대에 복귀해 대만을 향한 외교적 영향력을 확대하면서 상황은 또 다른 국면을 맞게 되었다. 양안 구도의 재편에 따른 위기의식은 대만 본토인들에게 에스니시티 문제를 다시금 현실의 공론장 안으로 되돌려놓게 했다. 대만에서는 오랫동안 섬 주민들이 온전히 공감할 수 있는 자신들만의 '네이션(nation)'을 구축하는 경험이 불가능했으며, 섬 바깥에서 유입된 '민족(혹은 '國族')' 개념은 자신들과 동떨어진 문제로 여겨져 왔다.[46] 누군가에게는 당연하게 받아들여지는 것들이 그들에게 논쟁거리가 될 수밖에 없는 것은 특수한 역사가 남긴 결과였다. 또다시 섬 바깥으로부터 내셔널리즘의 거센 바람이 불어오자, 섬 안에서 에스니시즘의 기류가 소생한 것은 자연스러운 이치였다. 혈연적 관계는 있지만 추상적인 중국문화가 아니라, 실질적이고 직접적인 대만 자체의 역사와 문화로 시선이 집중되고 있는 현상은 그들이 경험한

에서 고향인 이란현으로의 유구 이장 행사가 있었다.

46 이 글에서는 편의상 대만에서의 에스니시즘을 내셔널리즘과 상대되는 측면으로만 언급했지만, 대만 내부에서 그것은 더 세분화되고 복잡한 층위를 지닌다. 1990년대 중반에 이 개념('族群'으로 지칭)이 대만에서 처음 제기될 당시만 해도 섬 내부 차원에서도 '4대 에스닉 그룹'이 존재하는 것이 당연시되었으나(왕푸창, 《갈등의 정체성—현대 대만사회의 에스닉 상상》, 지은주 옮김[나남, 2008], 51-56쪽 참조), 2000년대 이후 다문화주의를 포용하면서 '대만인'으로서의 통합된 정체성이 강조되고 있다. 민족(또는 국족[國族])이란 개념도 이 글에서는 일반적인 민족국가 담론의 차원에서만 언급하고 있지만, '대만 민족주의' 담론은 이미 대만에서 보편화된 동시에 첨예한 논쟁의 대상이 되고 있다('대만 민족주의' 주장에 관해서는 施正峰, 〈台灣民族主義的發展, 現況, 以及挑戰〉, 《台灣國際硏究季刊》 第11卷 第4期[臺北: 2015. 겨울] 참조).

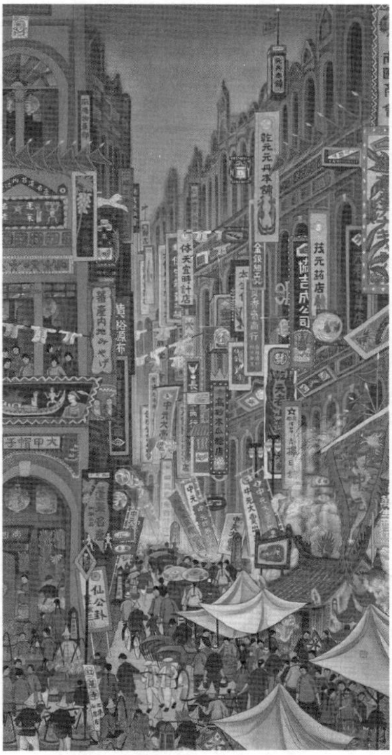

궈쉐후가 다다오청의 번화가를 그린 〈난가의 번영〉(flickr.com)

과거 역사뿐 아니라 현재의 상황이 초래하고 있는 것이기도 하다.

그런데 21세기에 들어서 주목되는 현상은 그러한 에스니시즘 운동이 점차 지역주의(localism) 쪽으로도 초점을 확대해 가고 있고, 그에 따라 지역성을 띤 다양한 콘텐츠가 활발하게 모색, 개발되고 있다는 점이다. 이런 양상을 보여주는 대표적인 사례는 근대화 시기의 생활사를 다룬 다양한 영상물들이다. 다다오청을 소재로 한 것만 예로 들자면, 식민 시기에서 계엄 해제까지 다다오청에 있던 명물 다방의 역사적 부침을 그린 영화 〈텐마다방(天馬茶房)〉(예텐룬[葉天倫] 감독, 1999)과, 식민 시기 대중음악계를 소재로 한 TV 다큐멘터리 시리즈 〈도무시대(Viva Tonal)〉(젠웨이쓰[簡偉斯]·궈전디[郭珍弟] 감독, 2003)[47]가 먼저 기폭제가 되어 큰 반향을 얻었다. 이후로 TV 드라마 〈극적인 여정(浪淘沙)〉(2005), 〈실리콘 밸리의 사랑(矽谷阿嬤)〉(2008), 〈가요의 청춘시대—첫 노랫소리(歌謠風華—初聲)〉(2012), 〈보랏빛 다다오청(紫色大稻埕)〉(2016), 〈두 도시 이야기(雙城故事)〉(2018), 그리고 영화 〈다다오청〉(2014), 〈사랑도 셈할 수 있나(愛情算不算)〉(2015) 등이 속속 등장했다. 영

47 다큐멘터리로서는 이례적으로 흥행 수입이 100만 대만 위안(圓)을 넘긴 이 작품은 대만의 식민 시기 대중문화에 대한 관심과 재조명의 붐을 일으켰다.

화와 드라마에 등장하는 다다오청은 시련의 흔적은 남아 있지만, 오히려 낭만이 가득한 추억의 장소로서 묘사된다. 쇼와(昭和) 시대 초기의 일본식 화풍에도 불구하고, 화가 궈쉐후(郭雪湖)가 그린 다다오청 풍속화 〈난가의 번영(南街殷賑)〉(1930)이 뒤늦게 대중적 관심의 대상이 된 것도 같은 맥락이다. 식민 시기 본토인들의 최대 상업지구인 디화가의 삼라만상을 표현한 이 그림은 최근의 영상물들이 추구하는 향수 코드와 맞아떨어짐으로써, 빈번하게 다다오청 서사의 모티프가 되고 있다.

역사의 이면을 살펴보면 다다오청은 식민정부의 불평등 조치에 맞서 장웨이수이가 민권운동을 펼친 곳이자, 2·28사건이라는 참극이 발발한 비극적 장소로서 저항의 의미도 적지 않은 곳이다. 하지만 최근 영화나 TV의 영상 속에서는 이런 무겁고 어두운 측면보다 근대 시기 민초들의 정감 어린 삶이 누대에 걸쳐 축적되어 온 살가우면서도 낭만적인 장소로서 다다오청이 부각되고 있다. 이것은 물론 바깥의 관찰자가 아니라 내부자, 즉 1949년 이전부터 대만 섬에 거주해 온 사람들의 감성과 시선을 따른 것이다. 그들은 계엄 해제 이래, 2·28사건으로 대표되는 폭압적 정치에 희생된 역사를 발굴하고 재평가하며 나아가 기념화하는 사업을 대대적으로 벌여왔다. 이제 시기적으로 더 거슬러 올라가 식민지 시절의 상업문화와 도시 서민 생활을 향한 향수까지 나타나는 것은, 비극적인 역사와 공존하며 면면히 이어진 지역의 정체성이 시대의 굴절을 거쳐 또 다른 양상으로 발현된 결과라고 할 수 있다.

〈망춘풍〉은 대만의 본토인들에게 궈샤오후의 그림처럼 지역의 정체성을 향한 갈망을 충족시키는 존재이다. 지역어에 의한 소리 문화가 그처럼 서민 삶의 생명력을 간직한 대표적인 문화 기제였기에, 그들만의 파토스를 담아낸 지역어 가요 음반들이야말로 문화유산의 지위를 부여받을 자격이 충분하다고 할 수 있다. 근대 미디어는 그들에게 지역어를 기록하고 전달하는 수단이 되어 주었을 뿐 아니라, 새로운 전통문화를 잉태하는 토대까지 마련해 주었다. 계엄 해제 이후 대만에서 나타난 〈망춘풍〉의 발굴과 부각, 그리고 새로운 계승이라는 문화 현상 속에는 이 같은 대만 본토인들의 탈내셔널리즘, 그리고 에스니시티의 존재 가치에 입각한 로컬리즘의 열망이 응축되어 있다고 할 수 있다. 그러하기에 대만의 근현대사가 만들어 낸 〈망춘풍〉의 전통문화로서의 명분과 가치는 현재에도 여전히 새롭게 만들어지고 확산되는 중이라고 할 수 있다.[48]

48 〈망춘풍〉은 색소폰 연주자 케니 지(Kenny G)가 '빌보드200'에서 1위를 차지한 1994년 앨범 〈Miracles: The Holiday Album〉에 〈Spring Breeze〉라는 재즈풍 연주곡으로 수록된 바 있고, 대만에 R&B 선풍을 몰고 온 타오저(陶喆)의 1997년 첫 앨범 〈David Tao〉에도 아카펠라 곡으로 수록되었다. 이는 로컬리즘을 넘어 글로컬리즘 콘텐츠로 발전 중인 지역문화의 또 다른 가능성을 보여 주는 것이라고 하겠다.

14장 홍콩 감독 후진취안의 한국 로케이션과 초국적 상상력

후진취안(胡金銓) 감독이 무협영화를 만든 시기는 동서 진영 간의 관계가 기이할 정도로 단절된 냉전 시대이자, 역설적으로 양 진영의 틈바구니에서 홍콩이 번영을 구가하기 시작하던 때였다. 영화는 홍콩의 번영을 상징하는 주요한 기표 중 하나였다. 당시 홍콩 영화계에서는 마침 촬영 기술이 비약적으로 발전하면서 세트에서 로케이션으로 공간촬영이 다양화되고 있었다.[1] 세트에서 벗어나 실경을 담아낸다는 것은 영화의 공간 서사에서 환상성만큼이나 리얼리티가 중요해졌음을 뜻한다. 그로써 후진취안의 작업에도 무협 서사의 환상성 이상으로 사극으로서의 리얼리티가 중시된다. 만약 실경을 쓰지 않았다면 영화사에서 명장면으로 회자되는 죽림에서의 결투(〈협녀〉, 1971)는 탄생하기 어려웠을 것이

1 후진취안은 〈玉堂春〉(邵氏, 1964)으로 감독 데뷔를 했지만, 이 글에서는 무협영화 감독으로 널리 알려진 시기, 즉 〈大醉俠〉(邵氏, 1966), 〈龍門客棧〉(聯邦, 1967), 〈俠女〉(聯邦, 1970), 〈迎春閫之風波〉(金銓, 1973), 〈忠烈圖〉(金銓, 1975), 〈空山靈雨〉(羅胡聯製, 1979), 〈山中傳奇〉(豐年·第一, 1979)가 제작된 최전성기에 주목했다(괄호 안은 제작사와 발표 연도. 黃淑嫺整理, 〈胡金銓曾參與製作的電影〉, 《現代中文文學學報》 八卷 一期[2007.1] 참조). 이 글의 내용과 관련하여 특히 주목할 점은 그가 쇼브라더스를 나와 제작한 〈용문객잔〉부터 시종 미술 담당까지 겸함으로써, 그만큼 로케이션에 적극적으로 개입했다는 사실이다. 바로 이 시기는 또한 대규모의 자체 실내 스튜디오를 기반으로 쇼브라더스사가 주도한 세트 촬영 사극이 전성기를 넘어 사양화되는 때이기도 했다.

카메라 앞에 선 후진취안 감독(asiasociety.org)

다. 어느 곳에서 로케이션을 할 것이냐는 후진취안에게 중요한 선택지가 되었는데, 기존의 홍콩과 대만 외에 그가 찍고 싶어 했던 중국 대륙은 아직 냉전 시기라 갈 수 없었다. 그때 대안으로 다가간 것이 한국의 장소들이었다. 그는 한국에 와서 〈영춘각의 풍파(迎春閣之風波)〉(1973)와 〈충렬도(忠烈圖)〉(1975)의 일부 장면을 촬영한 데 이어, 마침내 올 로케이션으로 〈공산영우(空山靈雨)〉(1979)와 〈산중전기(山中傳奇)〉(1979)를 제작하기에 이른다.

그러나 두 작품은 중국어권에서는 물론이고 한국에서도 그동안 제대로 조명되지 못했다. 그도 그럴 것이 지금까지 전해진 이 영화들의 영화관 카피본과 더 대중적인 가정용 비디오 버전들이 감독의 완성작과 적잖은 차이가 있었기 때문이다.[2] 이 영화들은 하마터면 그 당시 한국에서

2 2001년 부천국제판타스틱영화제에서 열린 '호금전 회고전'의 특별 대담에서, 영화평론가 토니 레인스(Tony Rayns)와 스티븐 테오(Steven Teo)는 〈산중전기〉에 '중국적인 것

무분별하게 야외 신을 찍어 간 많은 홍콩 오락영화들과 별반 차이가 없는 그렇고 그런 삼류영화로 묻혀버릴 뻔했다.[3] 그런데 이와 관련하여 영화가 나온 지 40여 년 만에 대만으로부터 낭보가 전해졌다. 대만 국가영화센터(TFI)가 주도하는 '디지털 리마스터링 프로젝트'의 일환으로, 2016년 〈산중전기〉에 이어 2018년에 마침내 〈공산영우〉까지 원판이 고화질로 복원된 것이다. 후 감독이 애초에 의도한 작품의 전모는 이로써 가장 온전한 형태로 남겨지게 되었다.[4]

복원 영상이 나오면서 두 영화에 대한 기존의 평가도 상당 부분 수정될 수밖에 없게 되었다. 특히 주목할 만한 것은 로케이션이 작품에 어떻게 영향을 끼쳤는가 하는 점이다. 후진취안에 대한 지금까지의 연구에서, 본격적인 무협물이 아닌 두 작품은 종종 관심사 밖에 있던 반면, 다른 작품은 주로 텍스트 자체에 초점이 맞춰져 왔다. 풀 버전으로 공개된 리마스터링 영상들은 두 작품을 로케이션 차원에서 재해석할 필요가 있음을 환기한다. 어지간한 로드무비에 버금갈 정도로 다양한 장소

만 찾은 나르시시즘'이 나타나며, 관객에 영합하려 한다는 면에서 후진취안 영화 중 '최악'이라고 저평가했는데, 이는 그들이 관람한 편집 버전의 질과 분명히 관련이 있을 것이다. 〈호금전을 아는 방법은 '보는 것뿐'〉, 《한겨레신문》, 2001년 7월 19일 참조.

3 《중앙일보》 1980년 3월 8일 자 기사에, "국내에서 제작되고 있는 많은 중국 무술류의 영화가 사찰경내를 무대로 해서 정사와 칼부림을 마구해 문화재위원회가 이의 시정을 건의하는 서한을 문공부와 해당 사찰에 보냈다. (…) 영화를 보면 어느 사찰인지 금방 알 수 있게끔 국보급 문화재가 등장한다"는 내용이 보인다. 이 글은 그해 10월 이후 국내 검열이 완료된 9편의 무술영화(또는 사극)를 문제시하고 있는데, 그중에는 후진취안이 바로 전년도에 한중합작영화로 발표한 〈사문의 승객〉(〈공산영우〉의 한국 개봉 제목)과 〈산중전기〉도 포함되어 있다. 이 기사로 알 수 있듯이 중국어권 영화의 한국 로케이션은 1970년대 후반을 기점으로 한때 갑자기 증가했다.

4 TFI에서 복원한 〈공산영우〉의 러닝타임은 121분이다. 그러나 지금까지 홍콩에 보관되어 온 원판은 90분짜리였다. '한중합작'이었기 때문에 나머지 부분은 이영우 감독 이름이 병기된 한국판 카피본 〈사문의 승객〉을 통해 보충되었다(〈胡金銓韓國播種意外救活空山靈雨〉, 《自由時報》, 2018年 10月 28日 참조). 이와 마찬가지로, 191분짜리로 복원된 〈산중전기〉 역시 종전의 한국 카피본은 100분이고, VHS용 버전의 러닝타임은 겨우 90분에 불과했다. 복원된 영상은 2018년 3월과 2020년 2월에 각각 출시되었다.

〈공산영우〉의 한국판 개봉 영화 〈사문의 승객〉. 원판 중 상당량이 편집되었다(한국영화데이터베이스).

를 섭렵하며 촬영되었을 뿐 아니라, 장소의 선택과 재구성에 들인 공력이 후 감독의 다른 작품과도 선명한 차이가 있기 때문이다. 더욱이 한국 장소들만의 고유한 특성까지 다양하게 영향을 끼쳤기에, 이를 논외로 한 채 텍스트만으로 두 작품을 평가하는 것은 대단히 불완전하다고 할 수 있다.

지금까지 이 영화들의 로케이션 문제에 대해서는 당시 촬영에 참여한 연기자들과 스태프들의 회고, 후진취안의 전 부인으로 각색과 촬영에도 참여한 중링(鍾玲) 교수가 쓴 두 편의 학술논문, 그리고 일본의 영화평론가 야마다 고이치(山田宏一)와 우다가와 코요(宇田川幸洋)가 후진취안과의 인터뷰 내용을 모아 편찬한 단행본[5]을 통해 산발적으로 언급되었을 뿐이다. 매우 다행스럽게도 후진취안 자신이 이러한 한국 촬영 후보지의 답사 경험을 담아, 〈여한잡기(旅韓雜記)〉[6]라는 귀중한 수필과 스케치 몇 점으로 남겨 놓았는데, 이러한 사실은 이제까지 한국에서는 거의 언급된 적이 없다.

5 宇田川幸洋·山田宏一著, 《キン·フー武俠電影作法》(東京: 草思社, 1997). 이 글에서는 리허(歷河)와 마쑹즈(馬宋芝)가 중국어로 번역한 《胡金銓武俠電影作法》(北京: 北京聯合出版公司, 2015)를 참조.

6 이 글은 후진취안과 중링의 공동 문집인 《山客集》(臺北: 遠景出版社, 1979)에 수록되어 있다. 이 책에는 후진취안의 로케이션 후보지에 대한 스케치 12장도 수록되어 있어 한국의 촬영 장소에 대한 그의 인상과 감각을 다시금 확인할 수 있다. 하지만 이 글은 어쩐 일인지 홍콩 산롄서점(三聯書店)에서 2011년 출판된 《胡金銓隨筆》(胡維堯編, 2013년 푸단대학[復旦大學] 출판사에서 재간행)에는 누락되어 있다.

1 장소의 발견과 공간적 재구성

〈공산영우〉와 〈산중전기〉가 나오기까지 후진취안의 영화는 실내에서 실외로, 야외 세트에서 실경으로 전환되는 로케이션의 진화과정을 거쳐 왔다. 〈영춘각의 풍파〉가 주막을 무대로 한 실내세트 영화의 마지막 작품이라면, 〈협녀〉와 〈충렬도〉는 실경이 과반을 차지하는 과도기적인 작품이라고 할 수 있다. 사극의 고증에 충실했던 후진취안은 물론 그 이전에 〈용문객잔〉(1967)을 찍을 때부터 이미 로케이션 장소를 찾아내기 위해 대만 전역을 순회하다시피 했다고 한다.[7] 〈영춘각의 풍파〉와 〈충렬도〉에 와서 그는 부분적으로 한국의 실경까지 활용하게 되는데, 이것은 향후 한국에서의 올 로케이션을 단행하게 되는 마중물이 된다.[8] 후 감독은 1977년 여름, 로케이션 장소를 물색하기 위해 본격적으로 한국 답사를 감행한다. 이 여정은 물론 일차적으로는 기성 영화사들과 결별하고 직접 영화사를 차린 그가 촬영 자금을 확보하기 위해 한국 영화사와 합작할 수밖에 없던 절박한 상황에서 성사된 것이기는 했다.[9]

---

7 〈용문객잔〉에는 대만 컨딩(墾丁)의 삼림지대, 먀오리(苗栗) 훠옌산(火焔山)의 절벽, 동서 횡단도로가 지나는 리산(梨山)의 운해 등이 담겼다. TFI 웹사이트(http://www.ctfa.org.tw/kinghu) 참조.

8 야외 장면은 각각 〈영춘각의 풍파〉는 홍콩 교외에서, 〈충렬도〉는 홍콩 외해의 무인도에서 이루어졌다(웹사이트 〈華人百科〉 해당 항목 참조). 인트로에 삽입된 경복궁 장면은, 두 영화가 1972년 동시에 크랭크인되었고 거의 동일한 앵글로 나타나기에, 아마도 한 번에 찍어 두 편에 각각 삽입한 것으로 보인다. 후진취안은 이 촬영을 계기로 한국 고건축의 매력에 빠지기 시작했다고 술회한다.

9 당시 한 영화사가 1년에 4편까지만 외화를 수입하도록 한국 정부가 제한했기 때문에, 이를 피하기 위해 외국 감독이 만든 사실상의 외국영화에 한국 감독의 이름을 병기하고 한국어로 더빙하여 국산영화로 개봉하는 경우가 많았다. 1950년대부터 1990년대까지 이른바 '한중합작' 영화 중 이러한 명백한 '위장합작영화' 사례는 대략 123편에 이르는 것으로 파악된다. 안태근, 《한국 합작영화 100년사》(스토리하우스, 2017) 참조. 후진취안의 영화가 여러 편집 버전으로 남겨진 것은 위장합작 방식으로 만들어졌기 때문이다. 한편 이런 추세가 1980년대 초까지 중국어권 영화들의 한국

영화 〈영춘각의 풍파〉에서 원나라 황궁으로 등장한 경복궁

답사 후 작성한 〈여한잡기〉에 의하건대, 그의 한국행은 그리 순탄하지만은 않았다. 한국에 아직 외국인 여행자를 위한 숙박 설비나 교통체계가 충분히 갖춰지지 않았을 때였다. 특히나 그가 촬영지로 욕심을 낸 고찰들이 홍콩이나 대만과 달리 모두 깊은 산중의 오지에 있어, 답사는 그야말로 고행의 연속이었다. 그들의 사전 답사는 〈여한잡기〉에 술회한 것만도 17일이나 이어지는 결코 만만찮은 일정이었다.[10] 이 여정 중에 그들은 서울에서 남하하여 최남단의 삼천포까지 거의 한국 전역을 훑어 내려갔다. 그러는 동안 해인사, 법주사, 동학사, 관촉사, 금산사, 내장사, 증심사, 쌍계사, 통도사, 그리고 불국사 등 한국의 주요한 사찰을 두루 방문했다. 돌아오는 길에는 또 38도선 이북의 설악산 정상까지 등반하고 갔다. 그런 답사를 두 번이나 하고도 실제 한국 로케이션에 또 1년 넘는 시간을 들였는데, 그들이 발품을 팔며 힘겹게 얻은 시각적 경험은

로케이션을 부추긴 점도 있다.

10 중링의 또 다른 회고 글에 의하면, 그들은 두 번 한국으로 사전 답사를 갔고, 도합 30여 일을 머물렀다고 한다. 胡金銓·鍾玲 공저, 《山客集》, 113쪽. 기타 한국 방문에 관한 수필은 鍾玲, 《美麗的錯誤》(香港: 博益有限公司, 1983)에도 수록됨.

향후 두 편의 영화에 고스란히 반영되었다.

후진취안이 한국의 촬영 후보지에 대한 정보를 어떻게 얻고 선별했는지는 남아 있는 기록만으로 명확히 알기가 어렵다. 야마타 고이치 등이 인터뷰한 기록을 보면, 후진취안은 한국에서 우연히 만난 외국인 승려들이 한국 사찰에 대한 정보를 가르쳐 주었다고 술회한다.[11] 비록 그들의 조언이 큰 도움이 되었다고는 하지만, 이것만으로 그 많은 촬영 장소에 대한 상세 지식을 섭렵했다고 보기는 어렵다. 결과론적으로 생각할 때 더 중요한 것은 그가 답사한 곳들을 어떤 방식으로 바라봤느냐 하는 점일 텐데, 그것은 결국 영화 서사 내부에서 장소를 활용한 방식을 통해 확인할 수밖에 없다. 아래에서는 영화의 대략적인 흐름을 짚어가면서 각 공간 묘사에 나타나는 장소 활용의 특징을 살펴보기로 한다.[12]

명나라를 배경으로 한 〈공산영우〉에서 삼보사(三寶寺) 주지 지엄(智嚴) 선사는 열반 시점이 임박했음을 직감하고 주지 가사를 물려줄 의발 제자(衣鉢弟子)를 간택하려 한다.[13] 그는 자문을 받고자 승려들의 존경을 받는 물외법사(物外法師)뿐 아니라 강동(江東) 유지인 문안거사(文安居士)와 지역의 세력가 왕기(王紀) 장군 등 절 바깥의 인사들까지 불러들인다. 가상의 공간인 삼보사는 영화의 디에게시스 공간에서 거의 모든 사건이 일어나는 거대한 사찰로 묘사된다. 삼보사 정문을 들어온 문안 일행이 숙소로 들어가기까지 사찰 경내에서 지나쳐가는 많은 건물은, 정문의

---

11 胡金銓述,《胡金銓武俠電影作法》, 181쪽.

12 이하 장소명은 로케이션 지점을 알 수 있도록 실제 명칭 그대로 적음. 이 중에 영화에 명확한 표식이 없고 후진취안과 중링도 명칭을 밝히지 않은 곳, 예를 들면 관가정을 제외한 양동마을과 한국민속촌의 개별 고옥, 각 왕릉과 수원화성 및 남한산성의 고건축, 사찰들의 전각 이름, 설악산의 장소명 등은 사진 대조를 통해 확인함.

13 〈공산영우〉의 대본은 후진취안이 불교 역사에 의거해 창작한 것이다. 그에 의하면 중국 선종의 5조 선사인 홍인(弘仁)이 6조 선사인 혜능(慧能)에게 의발을 전수할 때, 다른 제자들로부터 해코지를 당할까 봐 혜능을 피신하게 했던 고사에서 모티프를 취했다고 한다. 胡金銓述,《胡金銓武俠電影作法》, 173쪽 참조.

양동마을 향단의 안마당(영화 〈공산영우〉 장면)

현판으로 명확하게 지시되는 해인사만이 아니라 불국사, 경복궁, 종묘, 한국 민속촌(그 중에도 '남부지방 대가') 등 다양한 고건축 공간을 편집해서 모아놓은 것이다.

문안과 왕 장군 일행은 자문을 해 주러 온 척하지만, 그들의 진짜 목적은 삼보사에 소장된 당나라 현장법사의 필사본 《대승기신론(大乘起信論)》을 손에 넣는 데 있었다. 그들은 주지 자리에 욕심을 내는 지엄선사의 수제자 혜문(慧文)과 혜통(慧通)과 각각 내통하고 있다. 그래서 줄거리는 필사본 불경과 주지 자리라는 두 욕망 대상을 축으로 인물들의 탐욕이 얽혀들며 전개된다. 문안이 데려온 비적(飛賊) 백호(白狐)와 협객 금쇄(金鎖), 그리고 왕 장군과 동행한 지휘(指揮)[14] 장성(張誠)은 숙소에 짐을 풀자마자 《대승기신론》을 먼저 차지하려고 시선을 따돌리며 장경루로 향한다. 그들이 장경루까지 암행하는 길에 방패 삼아 지나는 큰 건물들도 역시 절에 들어오는 시퀀스에 등장했던 여러 사찰과 궁궐의 전각들이다. 하지만 정작 감시를 따돌리며 장경루로 잠입하고 호적수들과 대결하는 등 더 극적인 장면이 벌어지는 공간은 경주 양동마을에 있

14 명나라 때 정육품(正六品)의 관직 이름.

서울 종묘(영화 〈공산영우〉 장면)

는 16세기 정치가 이언적의 사저 향단(香壇) 내의 작은 안마당이다. 한편 수제자들의 경합까지 마친 뒤, 지엄은 모두의 예상을 깨고 떠돌이 죄수로 절에 들어와 출가한 지 얼마 안 되는 구명(邱明)에게 의발을 전수한다. 전수 의식이 거행되는 곳은 서울에 있는 종묘이다. 건물의 길이만 101m에 달하는 한국에서 가장 긴 고건축물과 너른 마당은 관객의 상상력 속에서 삼보사의 규모를 극대화한다.

입적하기 위해 떠나는 지엄선사를 전송하는 법회가 부산 태종대에서 열리는 동안, 문안거사 일당과 장성은 필사본을 놓고 절 안팎에서 치열하게 결투를 벌인다. 설악산 숲속에서 장성을 제압한 문안 일당은 어느새 낙동강에서 사공으로 변신한 지엄선사와 마주치고, 다시 설악산을 넘다 비선대에서 물외법사 시녀들의 저지를 받는다. 문안 일당이 시녀들에 맞서 마지막으로 저항하는 곳은 경주의 신라 시대 경애왕릉과 배동 삼릉 일대의 솔밭이다. 소나무 줄기의 반복되는 실루엣 사이로 쫓고 쫓기는 긴박한 장면은 〈협녀〉에서의 대나무 숲 장면을 연상시킨다. 대만 난터우(南投)의 죽림이 경주에서는 솔밭으로 바뀐 셈이다. 저항과 도주 끝에 결국 문안 일당이 최후를 맞이한 후, 영화의 마지막 장면은 다시 서울 종묘에서의 대법회이다. 새 주지 혜명(구명의 법명)은 탐욕의 원

경애왕릉 일대 솔밭(영화 〈공산영우〉 장면)

천이 된 현장법사의 진적(眞跡)을 태워버리고, 대신 모사본을 모두에게 나눠 준다. 이어 백호의 삭발식이 한쪽에서 벌어지는 가운데 극이 마무리된다. 후진취안은 탐욕과 번뇌가 소멸되는 종교적인 결말을 표현함에 종묘의 평면적인 양감을 십분 활용했다.

〈산중전기〉는 송대의 화본(話本)소설 〈서산일굴귀(西山一窟鬼)〉를 각색한 것이다. 서생 하운청(何雲青)은 해인사로부터 음양 양계와 소통할 수 있는 경전 《대수인(大手印)》[15]을 필사해 달라는 부탁을 받는다. 그는 적당한 작업 공간을 찾아 최홍지(崔鴻至)가 있는 변방 지역 북둔보(北屯堡)까지 가게 된다. 도중에 그가 잠시 머문 양양 해안변의 죽도정에서부터 평온하던 여정에 반전이 시작된다. 그는 설악산 백담사 계곡에서 피리 부는 처녀 귀신(나중에 장의운[莊依雲]임이 밝혀진다)의 환영을 만나고, 수원 화성의 방화수류정과 남양주의 유릉(순종 황릉)에서도 이 환영과 거듭 마주친다. 그가 최홍지를 만나 그의 안내로 도착하게 되는 한경략(韓經略)

15 《大手印》은 티베트 불교에서의 무공방법을 기록한 책으로, 보통 무협소설에서 정법과 다른 사악한 무공을 담은 경전으로 묘사되기도 한다. 영화 〈산중전기〉에서는 이 책이 "귀신을 불러들이거나 쫓아내는 법력"을 지니며 "인간 이외의 존재"들과 소통할 수 있게 하는 경전이라고 묘사된다. 鍾玲, 〈鬼氣, 美感與文化一論胡金銓的《山中傳奇》〉, 《文本深層一跨文化融合與性別探索》(臺北: 臺大出版中心, 2018), 617쪽.

장군의 옛 저택('경략부[府]'로 지칭됨)도 삼보사처럼 건축물들의 집합체로 등장한다. 화성의 병사 훈련장인 동장대(東將臺) 대문이 경략부의 정문으로 등장하기에, 그들이 직전에 거쳐 온 화성 성곽도 전체가 경략부의 담장인 것으로 암시된다. 경략부 내 운청의 숙소는 경주 양동마을에 있는 16세기 조선 관리 손중돈의 저택 관가정(觀稼亭)이다.[16]

운청이 그 집에 머문 이후 괴이한 일들이 연이어 발생한다. 운청은 뜻하지 않게 이웃 왕씨 할멈의 딸 악낭(樂娘)과 부부의 연을 맺게 되는데, 왕씨 모녀와 이들의 몸종은 사실 저승의 악귀들이다. 악낭은 수시로 북 연주를 들려주는데, 이것도 알고 보면 자신을 제압하려는 티베트 승려(番僧)를 물리치는 주술적 행위이다. 운청이 악낭과 부부의 정을 나누는 경략부 후원은 실제로는 경복궁에 있는 향원지(香遠池)이다. 이뿐 아니라 악낭의 별채인 경주 서출지(書出池)의 이요당(二樂堂), 하운청이 몸종의 안내를 받으며 관가정에서 이요당으로 가는 도중에 지나치는 굴불사지(掘佛寺址) 석조 사면 불상, 플래시백 신에서 한경략 장군 생전에 연회가 벌어지는 남한산성의 수어장대(守禦將臺), 그리고 한 장군의 심복 장서방(老張)이 악낭의 습격을 받는 양동마을 서백당(書百堂)까지 모두가 경략부 안에 포함되는 장소로 묘사된다. 한편 하운청을 계속 미행해 온 티베트 승려는 악낭을 제압하기 위해 양도사(楊道士)에게 도움을 청하러 간다. 양도사가 도술을 부리는 거처는 양동마을에 있는 고택 심수정(心水亭)이다. 운청은 최홍지의 소개로 주막을 운영하는 장씨 부인과 딸 의운과도 친한 사이가 되는데, 이들은 전생에 악낭에게 죽임을 당한 선귀(善鬼)들이다. 솔밭 한가운데 있는 의운의 점포는 경주에 있는 또 다른

16 두 영화의 로케이션이 진행된 민간가옥 중 유일하게 후진취안과 중링이 정확하게 장소명을 언급한 곳은 관가정이다(《胡金銓武俠電影作法》, 80쪽). 향단은 후진취안이 '三十二間樓'라 지칭했는데(앞의 책, 178쪽), 이것은 당호가 아니라 규모가 큰 양반가옥의 통칭인 '99칸 집'을 오기한 것인 듯하다.

서악서원 영귀루(영화 〈산중전기〉 장면)

고택 표암재(瓢巖齋)이다. 고택 뒤편의 바위산에는 경주 이씨 위패를 모신 사당이 이중으로 세워져 있고, 위쪽의 사당은 영화 속에서 도사의 거처로 묘사된다. 의운이 운청과 함께 약초를 캐러 가는 뒷산 계곡도 사실은 경주에 있는 산이 아니라 설악산 계곡의 비선대이다.[17]

영화 후반부로 가면 본색을 드러낸 악낭이 티베트 승려와 결투를 벌이고 운청과 의운도 싸움에 휘말려 든다. 그들이 치열하게 싸우는 곳은 아이러니하게도 서원의 마당이다. 경주의 서악서원(西嶽書院)은 마당 양편에 시습당(時習堂)과 영귀루(詠歸樓) 건물이 있어, 호적수들이 건물을 뚫고 허공으로부터 마당을 오가며 벌이는 난투 장면을 역동적으로 담아낸다. 결투 신의 중간에 삽입된 것으로, 귀신들이 영계(靈界)에서 검열을 받는 장면은 송광사의 지장전(地藏殿)에서 촬영되었다. 운청이 이 초현실적인 싸움을 피해 들어간 호젓한 누각 역시 양동마을에 있는 이언적의 별장 영귀정(詠歸亭)이다. 악낭이 여기까지 찾아와 《대수인》을 뺏

17 이곳이 비선대임은 영상에도 잠깐 등장하는 너럭바위 위 '순사 조병헌(巡使趙秉憲)'이란 마애명(磨崖名)으로 확인된다. 또 솔밭이 경애왕릉 주변임은 석물의 배치와 석교(石橋) 모양을 통해 확인된다. 표암재는 《산객집》에도 명칭이 언급되며, 당호가 쓰인 편액이 영화에 여러 번 등장한다.

으려 할 때, 티베트 승려와 의운이 운청을 구출한다. 운청은 주변의 인물들이 모두 귀신이고 그들이 난동을 부린 이유가 바로 자신이 베끼던 《대수인》 때문이었다는 사실을 비로소 깨닫는다. 혼비백산한 운청이 염주를 던지자 악낭과 의운은 먼지가 되고, 최홍지도 해골로 변해 버린다. 이 모든 사건은 사실 운청이 죽도정에서 잠이 든 사이 꿈에 나타난 허상에 불과했다. 꿈에서 깨어난 운청은 다시 설악산을 넘어 법회가 열리고 있는 종묘로 복귀한다. 하지만 영화의 마지막은 시작 신처럼 풀숏으로 잡은 부산 태종대 신선바위에 운청이 망연하게 서 있는 장면이다. 후진취안은 운청의 깨달음을 보여 주는 공간이 되기에 여기에서는 종묘조차 인위적이라고 생각한 것 같다.

영화 전체의 플롯과 공간 배치에서 알 수 있듯이, 후진취안은 서사 내부의 장소를 실제 장소와 1 대 1로 연계하지 않고, 실제 장소들을 재조합하여 새로운 서사 공간으로 창조해냈다. 그런데 세트를 전혀 사용하지 않기 때문에, 실제 장소의 이미지는 단지 리얼리티를 강화하는 것만이 아니라, 서사의 전개 방식, 나아가 인물의 성격이나 행위에까지 직접적인 영향을 끼치게 되었다. 〈산중전기〉는 화본소설이 원작이지만, 촬영 장소도 원작 텍스트 이상으로 각색 과정에 영향을 끼쳤다고 할 수 있다.

2 서사 공간의 이상향화

두 영화의 배경이 된 건축경관을 크게 유형별로 보면, 사찰로는 해인사, 불국사와 송광사가, 왕실 건축으로는 경복궁과 종묘·화성·신라 능원이, 민간 건축으로는 경주 일원의 고옥과 서원이 주로 활용되었다. 자연경관으로는 식별이 가능한 곳만도 설악산·제주도·부산 등지를 열거할 수 있다.[18] 영화 장면을 일일이 대조해 보면, 이 영화들의 한국 로케이션 장소 중에는 현재까지 유네스코 유산으로 지정된 총 17건의 명승고적과 자연유산 중 최소한 9건 이상이 포함됨을 알 수 있다.[19] 이 사실만으로도 건축과 조경, 나아가 문화유산에 대해 후진취안이 지닌 탁월한 안목과 선견지명을 다시금 확인할 수 있다. 그들은 한국의 웬만큼 유명한 경관은 샅샅이 훑고 다니며 촬영을 한 것이다. 후진취안이 한국의 경관을 총체적으로 담아내려 했다는 점은 특정 장면에 국한하는 소극적인 차원을 넘어서 애초부터 로케이션 자체에 대단한 공을 들였음을 뜻한다.[20] 이런 통찰력과 치밀함 덕분에, 그는 오늘날의 한국 관객이 공감하기에도 손색이 없을 정도로 자연풍경과 고건축이 어우러진 빼어난 영상미를 만들어 낼 수 있었다.

후 감독은 한국에서 영화를 찍은 이유가 고건축이 서로 가까이 있어 촬영 물자 수송에 편리했기 때문이며, 사극의 특성상 화면에 전선이 나타나면 안 되기에 부득이 다양한 공간을 옮겨 다니며 촬영할 수밖에 없었다고 말한다.[21] 건축의 규모가 작고 집중되어 있다는 점은 장애물에

18 후진취안이 《산객집》에 남긴 후보지 스케치와 메모에 따르면, 단양·제천·원주 일원의 개활지에서도 촬영을 시도한 듯하다. 그 밖에 월정사(평창)·활래정(강릉)·대흥사(해남)·도산서원(안동) 등지와, 제주도의 용두암과 일출봉도 스케치와 메모가 남아 있다. 인용된 후진취안의 스케치 참조.

19 수치는 관련 회고문을 참조하고 영상과 장소 사진을 대조함으로써 얻은 통계치이다. 현재까지 지정된 한국의 유네스코 세계유산 17개소 중, 촬영지와 전혀 관계가 없는 곳은 '지석묘'와 '백제 지구', '반구천 암각화' 정도일 뿐이다. 이를 한국 정부가 지정한 단위로 대조해 보면, 또한 국보 9점, 보물 10점, 국가 민속 문화유산 2점 이상의 건축 유산이 영화에 등장하는 셈이다.

20 엑토르 로드리게스(Hector Rodriguez)에 따르면, 두 영화를 찍을 때 후 감독은 "홍콩의 주류 영화사 감독들보다 훨씬 느린 속도를 유지했고, 확보한 예산도 상대적으로 넉넉한 편이었"지만 또한 두 작품이 흥행의 분수령이 됨으로써, 이후 자금 압박을 받게 됐다고 한다. 埃克托爾·羅德里格斯著, 肖模譯, 〈中國美學問題: 胡金銓電影中的電影形式與敘事空間—爲紀念胡金銓(1931-1997)而作〉, 《電影藝術》(北京: 1997.11), 58쪽.

21 胡金銓述, 《胡金銓武俠電影作法》, 181쪽.

《산객집(山客集)》에 실린 사전 답사 스케치 중 하나. 후진취안의 화제(畫題): "단양에서 제천, 제천에서 원주로 가는 길, 들판에 새를 쫓는 허수아비가 제법 무서워 보임. 〈산중전기〉에 쓰일 수 있을 듯(중링의 메모: 실제 촬영 때는 계절이 지나 활용하지 못함)".

구애받지 않는 자유로운 시각을 만들어 낼 수 있다는 면에서도 장점으로 작용했을 것이다. 하지만 후진취안이 이 장소들을 선택한 가장 큰 이유는 무엇보다 공간 자체에 정서적으로 공감했기 때문이다. 경주의 대표적인 양반가옥인 관가정을 둘러본 후진취안은 가옥의 자태와 배치에 대해 "나는 정말 불가사의하다고 느꼈다. 그 경치는 정말 중국화 속에 나타나는 경치와 완전히 똑같았다"[22]고 술회한다. 두 영화에는 많은 장소가 등장하지만, 핵심적인 역할을 하는 공간은 사실 사찰이나 궁궐 건

《산객집》의 사전 답사 스케치 중 하나. 후진취안의 화제: "제주도, 일출봉. 남산의 지엄이 열반하는 곳으로 쓸 수 있을 듯(중링의 메모: 실제 촬영 때는 부산 태종대의 신선바위로 교체함)".

축이 아니라 민간의 양반 가옥들이다.

이번에 나는 한국에 가서 영화를 찍었는데, 정말로 '속세를 벗어나는 듯한(離世易俗)' 감각이 설핏 느껴졌어요. 우리가 빌린 곳은 어떤 수백 년 된 고옥이었는데, 잊을 수 없는 점은 그곳이 심산 가운데 있어 거의 현대문명에 물들지 않은 것만 같다는 것이었어요. 시내에서 한나절은 가야 이르는 외진 곳이었는데, 아마도 이 정도는 되어야 옛 중국식의 그런 건축이 남아 있는 것 같습니다, 아주 흥미로운 곳이지요. 우리가

22 위의 책, 180쪽.

그런 그윽하고 적막한 무릉도원에서 두 편의 영화를 완성했다는 것은 정말 우연한 일입니다.[23]

후진취안이 인터뷰에서 언급한 '수백 년 된 고옥'은 경주의 양동마을과 인근 지역에 산재한 민간 고건축을 말한다. 그 중에도 〈공산영우〉에서는 향단이, 〈산중전기〉에서는 관가정이 다양한 에피소드와 연계되는 중추적인 공간이다. 16세기 초에 조성된 이 두 가옥은 공간 구조로 볼 때, '一'자형 또는 'ㄱ'자형이 일반적인 보통의 한옥과 달리 'ㅁ'자형의 기본 구조에 좌우 또는 내부에 덧 건물을 들인 형태이다. 그래서 향단은 '用'자, 관가정은 '且'자에 가까운 비교적 복잡한 구조를 띤다.[24] 후진취안은 공간의 구조적인 특징을 영화 속에서 창조적으로 활용한다. 그는 두 영화를 거의 동시에 찍었지만, 향단과 관가정을 각 영화 속에서 겹치지 않게 특화한다. 즉 〈공산영우〉에서는 향단과 관가정 안쪽의 폐쇄적인 공간을 활용함으로써 사건 전개의 긴박한 호흡과 조화되도록 하고, 〈산중전기〉에서는 상대적으로 관가정의 개방된 부분을 주로 활용함으로써 인물의 심리 상태를 돋보이게 했다. 두 영화의 디에게시스 안에서 삼보사와 경략부는 전체가 혼성적인 복합 건축물의 형태를 띠지만, 그럼에도 두 영화의 상이한 분위기에 어울리는 각각의 특징적인 공간은 필요했기 때문이다.

〈공산영우〉에서 백호가 금쇄와 함께 승려들을 따돌리며 잠입하는 장경루의 출입문은 사방이 벽과 마루로 둘러싸인 향단의 안마당 한쪽에 연결된 여닫이문이다. 이 문과 직각으로 연결된, 나무 창살이 박힌 짧은

23 후진취안의 인터뷰 〈赤手屠龍千載事一中國時報朋友們集體採訪胡金銓導演〉, 《山客集》, 147-148쪽.

24 국토교통부 《한옥기술개발》 웹사이트 〈전통한옥 사례 DB〉에 제시된 향단과 관가정의 도면 정보 참조(http://hanokkorea.auric.kr).

향단 안방 앞 툇마루(영화 <공산영우> 장면)

다락 통로도 일반 한옥에 드문 이채로운 구조인데, 백호와 장성이 숨바꼭질하거나 구명이 장성에게 핍박을 받는 장면 등에 다양하게 활용된다. 이 영화만의 쫓고 쫓기는 역동적인 흐름을 잘 담아낸 또 다른 공간은 안채와 사랑채, 그리고 아래채의 방과 방 사이에 배치된 마루들이다. 그중에도 안방 앞의 난간이 달린 긴 툇마루는 마루 앞쪽이 트여 있고, 난간 높이까지 맞은편 행랑채의 용마루가 솟아 있어, 행랑채 지붕의 수직으로 반복되는 기와 선들이 마루를 달리는 인물에 속도감을 더해 준다. 마치 기와 위를 인물이 날아다니는 것 같은 환상적인 효과를 만들어내는 것이다.

향단에서는 건물 안쪽에서 촬영함으로써 건축 자체의 구조적 요소만을 취한 것과 달리, 관가정에서는 바깥에서 건물을 바라보는 카메라 각도로써 인문 경관이 자연 경관과 배합되도록 했다. 후진취안은 이 점에서 특히 사랑채에 덧대어진 누마루를 특별히 선호한 것 같다. 이 누마루 장면은 양도사의 거처(심수정)와 문안거사의 숙소(한국민속촌, <공산영우>)에서도 등장한다. 관가정의 누마루는 3면이 개방되어, 실제로도 형산강을 낀 너른 벌판이 한눈에 들어오는 탁 트인 곳이다. 게다가 가까이로는 해묵은 회화나무와 향나무가 눈앞을 가로지르고, 진분홍빛 백일홍 꽃이

양동마을 관가정(영화 〈산중전기〉 장면)

백일홍 실루엣 너머의 경주 서출지와 이요당(영화 〈산중전기〉 장면)

그 사이사이를 가득 채우고 있다. 지그프리트 크라카우어(S. Kracauer)는 영화 속에서 "나무의 이미지는 역사 영화의 신뢰성을 높인다"고 했다. 사극을 보는 관객에게 "나무가 나타난다는 것은 곧 그것들이 사극 복장을 한 인물로 전환되어 보일 수 있다"는 뜻이다.[25] 그런데 촬영 장소가 관가정이라면, 고목뿐 아니라 이미 오래된 목조 가옥의 질감[26]에서부터

25 Siegfried Kracauer, *Theory of Film: The Redemption of Physical Reality*(Oxford: Oxford University Press, 1960), 81, 鍾玲,《文本深層—跨文化融合與性別探索》, 619쪽에서 재인용.

26 중국과 달리 한국에서는 일반적으로 궁궐, 관청, 사찰이 아닌 민간 건축에는 단청을

신뢰감이 생긴다고 할 수 있다.

두 영화는 크게 보면 줄거리도 불교 고사이고 모티프도 불경에 관한 것이다. 더욱이 후진취안은 각 영화의 시작에서부터 거대한 사원의 이미지를 현시함으로써 화려했던 중세 불교의 영광을 재연하고자 했다. 하지만 그가 정작 감성적인 차원에서 더 공감을 보이는 인문 경관은 오히려 향단과 관가정 같은 전형적인 유가 문화의 산물이었다. 향단과 관가정이 소재한 양동마을은 원래 손씨와 이씨의 집성촌으로서, 오늘날까지 500년 이상 마을이 유지된 것은 청백리로 후세에 존경을 받은 손중돈과, 충의로써 왕의 신임을 한 몸에 받았던 손중돈의 외조카 이언적의 명성에 기인한다. 그들은 당대 최고의 권력가였기에 번듯한 저택과 주변의 옥토를 소유할 수 있었지만, 동시에 충절과 검약을 실천하며 전원과 조화되는 소탈한 생활철학을 고향의 주거공간에 구현하고자 했다. 그들의 저택은 벼슬살이를 추구하면서도 낙향살이를 값지게 여겼던 조선 사대부들의 이상이 반영된 공간이다. 물론 이런 맥락을 알 리 없는 후진취안은 이 가옥들을 '대지주'의 '별장' 정도로 인지했다.[27] 하지만 고대 중국의 공간으로 환골탈태 되었어도, 본래의 장소가 내포한 역사적이고 철학적인 의미는 후 감독의 섬세한 감각을 거쳐 인물의 돈후하면서도 고아한 품성을 드러내는 공간으로 되살아난다.

두 영화는 전체적으로 마치 두루마리 그림이 펼쳐지듯이, 다양한 경관의 이미지가 화면 속에 나타났다 사라졌다 하며 전개된다. 그러는 동안 이미지들의 몽환적인 흐름 속에서 후 감독이 품었던 추상적인 이상향이 아련하게 나타난다. 후진취안의 산수화에 대한 상호텍스트적인 이해와, 장소 자체에 축적된 문화적 함의가 상승작용을 일으켜 이 영화들만의 독특한 스타일을 만들어 낸다. 그래서 영화가 진행됨에 따라, 후진

하지 않기에, 건축물의 질감은 영화 속에서 더욱 뚜렷하게 시간의 흔적을 시각화한다.

27 胡金銓述, 《胡金銓武俠電影作法》, 180쪽.

설악산 비선대(영화 〈산중전기〉 장면)

취안도 말했던 동양적 의미에서의 '무릉도원(世外桃園)', 즉 피안의 세계로서 아르카디아(Arcadia)에 상당하는 관념적인 이상세계가 구축된다. 후진취안은 정서적으로 공감한 이 장소들을 '중국화'의 경지라고 표현했는데, 그가 촬영지를 바라보며 중국화를 연상한 점은 두 영화의 구도와 전개 방식에 깊은 영향을 끼쳤다. 영화 속의 매 공간은 독립된 신과 짝이 될 뿐 아니라, 다른 신의 공간들과도 긴밀하게 연계됨으로써 플롯의 전개에 따라 특별한 공간들의 흐름을 만들어 낸다. 삼보사나 경략부가 집합 건축물이라는 것은, 단순히 서사 장소의 규모를 과장하려는 전략에서 나온 것이 아니다. 집합 공간에 포함할 개별 공간을 선별하고 편집으로써 공간의 흐름을 만들어 내는 것 자체가 바로 후진취안에게는 두루마리 산수화의 구도와 감상법을 영화적으로 적용해 보이는 과정이었다.

공간의 이상화는 자연 경관을 대하는 이 영화들만의 감성적인 시선에서도 나타난다. 〈공산영우〉와 〈산중전기〉에는 인트로를 필두로 주인공들이 걸어가는 장면이 여러 번 등장한다. 〈용문객잔〉이나 〈협녀〉에서 보았던 말을 타고 황무지를 누비는 장쾌한 장면이 사라진 대신, 봇짐을 지고 걸어서 경관을 가로지르는 인물들이 그림 같은 미장센을 만들어 낸다. 걸어가는 인물들은 설악산 준봉에서 노송의 가지들이 만들어

낸 프레임 안으로 포착되기도 하고, 추수가 끝난 늦가을의 논과 배추밭에 자리하거나, 석양과 한 몸이 되어 지평선상에 나타나기도 한다. 공통되는 점은 풀숏으로 장면을 포착함으로써, 경관이 인물의 배경에 머물지 않고 인물을 흡수해 버린다는 점이다. 영화가 묘사하려는 진짜 주인공이 인물이 아니라 자연 자체라고 해도 무방할 정도이다. 반면에 인물들은 자연물의 강조된 양감과 대조되어 더 미미해져 마침내 산수화 속에 그려진 은사(隱士)와 같은 이미지로 축소된다.[28] 여기에 더해, 운청이 의운의 환영을 만나거나 함께 약초를 캐러 가는 장면에서처럼, 군데군데 스태프들이 피워 낸 연기로 인해 화면 전체는 더더욱 산수화의 구도와 닮아 버린다. 흰 연기가 마치 산수화의 여백처럼 화면의 일부를 지워 버리는 효과를 내기 때문이다.[29]

인물이 경관 속을 터벅터벅 걸어가는 긴 시퀀스는 후 감독 자신의 한국 답사에 대한 자전적이고도 회고적인 묘사라고 할 수 있다. 그것은 후 감독이 한국의 실경을 답사할 때 로케이션 후보지를 스케치하여 후일 《산객집》에 남긴 12점의 그림으로도 유추해 볼 수 있다. 도보 장면들은 후 감독이 걸었던 답사 여정의 직접적인 결과물에 상당한다고 할 수 있다. 후 감독은 더 나아가 자신이 공감한 인문 경관과 자연 경관의 특별한 분위기를 온전히 살려 내고자, 두 영화의 지리적 배경을 도시에서 떨어진 변방으로 설정한다. 〈공산영우〉는 대본을 구상할 때부터 아예 변방 지역 사찰로 배경을 설정했고, 〈산중전기〉에서는 원작의 무대인 송나라 수도 카이펑(開封)을 변방으로 바꿔 버렸다.[30] 그럼으로써 화면 속

28 鍾玲, 〈鬼氣, 美感與文化—論胡金銓的《山中傳奇》〉, 《文本深層—跨文化融合與性別探索》, 620쪽.

29 후진취안이 이 연기 효과에 얼마나 집착했는지는 2022년 출시된 대만 다큐멘터리 〈대협 후진취안(大俠胡金銓)〉의 제1부에 등장하는 당시 스태프와 배우들의 증언에서도 확인된다.

30 李東昀, 〈影片《山中傳奇》與古代小說《西山一窟鬼》敘事空間的對照分析及其意蘊〉,

의 인문 경관은 자연물과 더더욱 유기적으로 연계된다. 영화평론가 피터 리스트(Peter Rist)는 두 영화에서 인물들이 이처럼 자연이나 고건축, 산중의 사찰 속에 있는 것이, 후진취안이 특수한 의미에서의 무협보다 보편적인 의미에서의 중국문화와 역사에 더 심취해 있었음을 증명하는 것이라고 말하기도 했다.[31]

하지만 공간을 이상화하려는 후 감독의 야망이 모든 부분에서 완벽하게 실현될 수는 없었다. 아무리 국적을 초월한 미학적 보편성을 내세운다고 할지라도 공간과 기물은 그대로인데 한국이라는 기호가 제거되었기에 사극의 신뢰감을 떨어뜨리는 흔적이 노출될 수밖에 없다. 비록 이 영화들의 전통복식에 대한 고증은 정평이 나 있지만, 신발을 신은 채 방에 들어갔다가 바닥에 그대로 주저앉아 한국식 교자상에서 식사를 하는 장면(《공산영우》)은 아무래도 어색하다. 소품들 역시 중국어권 관객에게는 호평을 받았을지 모르나, 한식과 중식, 옛것과 현대 공예품이 뒤섞인 혼종적인 디테일은 모든 관객을 만족시킬 정도는 아니다. 가령 싸구려 전기스탠드의 갓을 활용했다는 티베트 승려의 연화관(蓮花冠)은 그런대로 창의적이라 봐줄 만할지 모르겠으나, 양도사가 주술적 행위로서 불을 피우는 데 사용하는 토우 장식 신라 토기는 한국 관객에게는 거슬리지 않을 수 없을 것이다(《산중전기》). 또한 후 감독은 한국 경치의 사계절 구분이 뚜렷한 특징을 다양하게 활용하려 했지만,[32] 인물이 백일홍이 활짝 핀 한여름 정원을 나와 단풍이 한창인 늦가을 숲으로 곧바로 들어가

《滇西科技師範學院學報》 第28卷 第1期(臨滄: 2019.3), 107쪽.

31 Peter Rist, "King Hu Experimental, narrative filmmaker," Chen, Ruxiu, and Darrell William Davis, *Cinema Taiwan: Politics, Popularity and State of the Arts*(London: Routledge, 2007), 138쪽.

32 두 영화에서 남성 주인공을 연기한 스쥐안(石雋)에 따르면, 후 감독은 애초에 설경에도 욕심을 냈지만 영화 서사 내 시간적 연속성을 맞추려다 보니 부득이 최대한 설경을 피했다고도 한다. 〈石雋訪談〉, 《胡金銓武俠電影作法》, 297쪽.

는 장면(<<공산영우>>)과 같은 편집상의 동티를 드러내기도 한다.[33] 총체적으로 볼 때 이 모든 오류는 소품을 포함해서 장소 자체의 존재 미학을 바꾸지 않고 그대로 영화에 활용했기에 나타난 문제들이라고 할 수 있다.

3 장소의 오마주와 스타일링

한국의 고건축을 직접 마주하고 후진취안이 느꼈던 즉자적 감성이 <공산영우>와 <산중전기>의 개성 넘치는 장면을 연출해냈다면, 사전에 로케이션 장소를 물색하는 과정에서는 후 감독 자신의 한국 역사와 문화에 대한 이해와 존경심이 크게 작용한 것으로 보인다. 특히나 후 감독은 한국 불교 문화의 전통과 유산에 대해 이미 풍부한 지식을 갖고 있었을 뿐더러, 그것들이 자신의 고향인 중국 북방의 건축과 흡사하다는 점 때문에 익숙함 이상의 감정마저 드러낸다. <여한잡기>의 기록을 보면, 한국의 사찰 건축과 불교 문화에 대해 그가 얼마나 세세하고 정확하게 파악하고 있었는지를 새삼 확인할 수가 있다.

<여한잡기>는 문고판으로 16쪽 남짓한 짧은 산문이지만, 후진취안의 한국문화에 대한 해박한 견식이 압축되어 있다. 이 글은 한국 답사 중에 겪은 일화들을 언급한 도입 부분을 제외하면, 한국 불교의 역사와 대표적인 국사(國師)들의 이력, 그리고 통도사와 해인사를 답사한 기록 등 불

33 <산중전기>에는 다양한 자연물 이미지가 몽타주로 삽입되었다. 그런데 그중에는 미국에서 촬영된 요세미티 공원의 폭포와 한국에 서식하지 않는 파랑새와 다람쥐 종까지 등장하여 이미지 사이의 지리적 연관성이 끊어지는 부분도 나타난다. 대만의 평론가 마썬은 또한 <산중전기>의 해안가 풍경을 몽타주한 장면(한경략 장군 생전의 긴 연회 장면에 단속적으로 삽입된 쇼트들을 말함)도 중국적인 산수풍경과는 어울리지 않는다고 말한다. 원문은 <我看《空山靈雨》及《山中傳奇》>, 《幼獅文藝》, 322期(1980). 여기에서는 馬森, 《電影中國夢》(秀威資訊, 2016.3), 174쪽에서 인용.

교와 관련된 것이 대부분을 차지한다. 그중에도 그는 당나라와 신라를 오가며 양쪽 모두에서 존경을 받은 학승 자장(慈藏)에 대해 경모를 표하며 비중 있게 언급한다. 동시에 자장이 세운 통도사에 대해서도 많은 편폭을 할애하여 사찰 내부의 구조물과 경관의 역사적 내력, 그리고 그에 얽힌 불교 설화 등을 상세하게 설명한다. 이와 대칭적으로 해인사에 대해서는 절의 구조물뿐 아니라 절을 중흥시킨 대각국사 의천(義天)이 중국에서 활동한

후진취안과 중링의 공동 문집 《산객집》(1979)

상황, 그리고 해인사 경내 장경판전에 소장된 '팔만대장경'의 가치에 대해 상세하게 소개한다. 그는 해인사에 소장된 대장경 판각을 "세계에서 가장 완정한 불교경전"이라고 주저 없이 극찬한다. 그러면서 어렵게 찾아간 해인사를 시간 관계상 더 길게 촬영하지 못한 것을 못내 아쉬워한다.[34]

촬영 장소에 대한 후 감독의 선 이해는 두 편의 영화를 해석하기 위한 또 다른 키워드가 된다. 특히나 후진취안이 불교의 기록유산과 관련이 깊은 해인사에서 경전을 소재로 한 두 영화를 모두 시작한다는 점은 자못 상징적인 의미가 있다. 후 감독이 굳이 해인사가 있는 오지까지 찾아가 첫 장면을 찍은 것은, 실제 장소의 역사성을 통해 허구적 서사 공간에 아우라를 입히고자 했기 때문이다. 심지어 〈산중전기〉에 등장하는 사

34 후진취안은 "해인사는 (…) 교통이 대단히 불편해서, 헬리콥터를 타야 도착할 것만 같던 때도 몇 번 있었다. 나는 시간을 절약하기 위해 포기하는 수밖에 없었다"고 말한다(〈旅韓雜記〉, 《山客集》, 47쪽).

신상옥이 낙산사에서 촬영한 〈꿈〉의 포스터(한국영화데이터베이스)

찰은 이름 자체가 '해인사'여서 실제 장소를 오마주하려는 의도를 분명하게 드러낸다. 피터 리스트는 후진취안이 한국 사찰에 관심을 가지게 된 것이 신상옥 감독이 양양 낙산사에서 촬영한 영화 〈꿈〉(1967)에서 영감을 받았을 것으로 추측한다. 이러한 공간 표현은 당시까지 홍콩영화에서는 매우 이례적이었다.[35] 신상옥은 한국 산사 특유의 선미(禪味)를 영화적으로 재해석하고자 경관에 인물의 감성을 투영하는 새로운 표현법을 구사했다. 그런데 공간에 대한 감성화를 영화 전체로 확장해서 생각하면, 이는 신상옥 감독의 뛰어난 연출 덕분이기도 하지만, 결국 한국 사찰 고유의 분위기가 작용한 결과라고 보아도 무방할 것이다.

한편 장소의 선이해에 기반한 의식적인 시도와 대비되는 또 다른 형태의 장소화도 발견된다. 우선 눈여겨볼 점은, 두 영화 모두 긴 인트로의 끝자락에 한 인물이 다른 인물에게 서사 내부의 장소를 설명하는 시퀀스가 삽입된다는 점이다. 〈공산영우〉에서는 문안거사가 같이 간 일행들에게 삼보사에 대해 설명하며 본전에 이르는데, 이 대화는 해인사의 일주문에서 시작, 불국사 초입을 거쳐 청운교와 백운교 위 자하문에 도착할 때까지 이어진다. 〈산중전기〉에서는 최홍지가 하운청과 수원 화성의 성벽을 따라 함께 걷다 경략부의 내력을 설명하면서 관가정으로 들

35 Peter Rist, 앞의 책, 138쪽.

수원 화성 성벽(영화 〈산중전기〉 장면)

어온다. 그러는 사이 방화수류정·서장대·창룡문, 그리고 서북공심돈(西北空心墩) 등 성벽과 연계된 고건축들이 차례로 나타났다 사라진다. 어찌 보면 사족에 가깝다고 할 수 있는 이 장황한 구성은 로케이션 장소가 다소 낯설 수 있는 중국어권 관객에게 영화의 촬영 공간을 유의미하게 인지시키려는 감독의 의도가 숨겨진 것으로 볼 수 있다. 다시 말해, 이것은 후 감독이 자신의 페르소나를 통해 촬영 장소에 의미를 부여하려는 의도에서 나온 설정이라고 할 수 있다. 그리하여 〈산중전기〉의 최홍지가 하운청에게 경락부를 설명하고 나서, 하운청과 앞으로 베낄 경전의 내용과 음양계에 관한 이야기를 나눌 때, 관객의 관심은 자연스레 그들의 대화보다 고택 곳곳의 해묵은 자취와 자연과의 조화로 쏠리게 된다.

두 영화가 은연중에 장소를 기리고 있다는 또 다른 증거는 영화에 등장하는 많은 편액의 이미지에서 발견된다. 이 점에서는 특히 후진취안의 전통 문인적인 기질이 유감없이 발휘되었다고 할 수 있다.[36] 기능적

36 한국의 편액도 2016년 '유네스코 아시아태평양 기록유산'으로 등재되었기에, 이로써 후진취안의 예술적 안목을 다시금 확인할 수 있다. 그림뿐 아니라 서예에도 조예가 깊었던 그는 자기 영화의 도입 자막을 붓글씨로 직접 쓴 것으로도 유명하다. 〈여한잡기〉에서도 대원군이 쓴 통도사 현판을 특별히 언급하며 칭송한다.

이요당 내부(영화 〈산중전기〉 장면)

인 측면으로 볼 때, 영화에서의 편액들은 우선 신마다 바뀌는 장소를 구분하는 역할을 한다. 이런 작법은 〈산중전기〉에서 더 뚜렷하게 나타나는데, 흥미로운 점은 영화 서사 내부의 장소 구분에도 실제 건축에 부착된 편액을 그대로 활용한다는 점이다. 바꿔 말하면 극중 건물의 명칭은 실제 건물의 당호를 따라 부여된 것이다. 그럼에도 편액 이미지가 과다하다 싶을 정도로 빈번하게 노출되는 점은 영화의 스타일뿐 아니라 줄거리의 함의에 있어서도 의도적이라 하지 않을 수 없다. 그것들은 종종 인물의 성격이나 개별 사건의 상징적 의미와 연계된다.

조선조의 양반가옥에는 한 공간에 여러 개의 당호가 걸려 있기도 한데, 〈산중전기〉는 이 점을 효과적으로 활용한다. 예를 들면, 악낭이 등장할 때는 그녀가 사는 별채의 원래 당호인 '이요당(二樂堂)'이, 하운청이 같은 공간에서 술에 취할 때는 '빙허루(憑虛樓)'라는 또 다른 당호가 클로즈업된다. 배역의 이름과 성격, 그리고 행위가 당호의 의미와 연계되도록 상호텍스트적인 전략을 취한 것이다. 가장 복잡한 경우가 양도사의 거처이다. 티베트 승려가 찾아갈 때는 건물 정면의 '심수정(心水亭)'이란 편액이, 양도사가 도술을 부릴 때는 누마루 쪽의 '함허루(函虛樓)'가 나타난다. 또 같은 공간에서 악낭이 현세의 인물로서 도사에게 도움을 청할 때는 '삼관헌(三觀軒)'이, 그녀가 숨이 끊어졌다가 귀신으로 부활하는 장면에는 '이양재(二養齋)'라는 편액이 클로즈업된다. 이러한 당호들은 대개 집 주인의 유가적인 세계관을 드러내는 것이지만 공통적으로 자기 수양을 강조한다는 점에서 또한 도가적이고 선가(禪家)적이다.[37] 그래서 영화 속에서 도가나 불가뿐 아니라, 심지어 무속적인 분위기로 탈바꿈되는 것이 어색하지 않다. 후진취안은 실제 장소를 지칭하는 시각적 기호를 영화 서사에 그대로 불러들임으로써 영화에 사변적인 깊이를 더했다. 그럼으로써 영화는 권선징악이라는 정형화된 주제의 일반적인 귀신영화[38]와 구분되는 현학적인 색채를 띠게 된다. 물론 편액의 고전적인 서체들이 가진 독특한 조형성도 이 영화의 사의적(寫意的)인 미학 스타일을 구성하는 데 기여한다고 할 수 있다.

〈공산영우〉와 〈산중전기〉는 한국의 다양한 경관에서 영화 서사에 부합하는 공간적 특성을 취했을 뿐 아니라, 상술한 것처럼 그것들이 지닌 장소성, 즉 고유의 역사적, 철학적, 미학적 요소까지 그대로 활용하고자 했다. 특히 〈산중전기〉는 그러한 장소성에 대한 전시 의도가 더 뚜렷하게 드러나는 작품이라고 할 수 있다.[39] 물론 후진취안이 이 많은 역사건

---

37 '二樂'는 《論語·翁也》 편의 '智者樂水仁者樂山'에서, '三觀'은 《禮記·正義》 편의 '仁者可以觀其愛', '知者可以觀其理', '强者可以觀其志'에서, '二養'은 朱熹가 쓴 《近思錄》의 '愼言語以養其德, 節飮食以養其體'에서 취한 것이며, '心水'는 '心如止水'를 줄인 말이다. 또 '函虛'와 '詠歸'도 《論語》의 〈泰伯〉 편과 〈先進〉 편에서 취한 것이며, '西嶽書院'이나 '時習堂'도 유가의 교육기관임을 쉽게 알 수 있다. 그 밖에 '松簷'(서백당 사랑채)은 白居易의 시 〈宿竹閣〉에서, '訪花隨柳亭'(화성)은 程顥의 시 〈春日偶成〉에서 취한 것이다.

38 후진취안은 중국의 유령 이야기가 일본과 달리 "재도(載道)와 설교의 경향이 비교적 강하다"고 하고, 괴담(怪談)조차도 "선악을 단순하게 유형화"하여 "검보"(臉譜, 즉 인물의 성격에 따른 경극의 정형화된 분장법) 같다고 생각했다. 胡金銓述, 《胡金銓武俠電影作法》, 187, 189쪽.

39 〈산중전기〉에 나타난 창작 성향의 변화 배경에 대해 후진취안은 이 작품이, "동작에 거의 의존하지 않았고 대화도 상당히 적은 편이지만, 스타일은 아주 뚜렷하죠. 나는 일련의 고민 끝에 어떤 맛을 만들어 내려 했습니다. 그 경물들이 시각적으로 부단히

축에서 직접 촬영을 할 수 있었던 사실 자체는 처음부터 의도한 바가 아니라 우연한 행운 덕이었다고 할 수도 있다. 중요한 것은 그가 호기를 어떻게 활용했느냐 하는 점이다. 사극은 영화 서사 내부에 설정된 과거의 시간대를 모사하여 재현하기 때문에, 서사 내용과 시공간적으로 맞지 않는 촬영 공간의 장소적 특징은 무시되거나 변형되기 마련이다.[40] 그런데 후진취안은 그와 달리 허구적인 서사에 오히려 건축과 경관이 지닌 본래의 장소적 의미를 적극적으로 접목하고자 했다. 이것은 문화유산에 대한 통찰력과 경관의 조형미에 대한 감식안이 없었다면 불가능할 일이었다.

후진취안의 이 같은 장소에 대한 지리적 상상을 국수주의나 자기 문화에 대한 나르시시즘이라고 비판할 수는 없다.[41] 이런 평가야말로 로케이션의 운용 과정과 장소의 특수성을 고려치 않은 편견이다. 비록 후진취안이 문자상으로는 조선 가옥의 자태가 중국 산수화 속의 그것과 흡사한 이유가 중국의 것을 모방한 때문이라고 했지만,[42] 이럴 때 '중국'은 관념적인 범주로서 스타일을 말하는 것이지, 구체적인 문화영토를 가

신선한 감각을 촉발했기에, 나는 단지 '새로운 방법'으로 관객을 흡인하려 했을 따름입니다. 왜냐하면 내가 그다지 믿지 않고, 또 잘하지 못하는 것이 바로 이야기이고 주제이고 자신을 드러내는 것이기 때문입니다. 나는 그것들 모두가 꼭 필요한 것은 아니라고 생각합니다"라고 말했다. 胡金銓의 인터뷰 〈赤手屠龍千載事—中國時報朋友們集體採訪胡金銓導演〉, 《山客集》, 148쪽.

40 문화 배경이 다른 장소에서 역사극을 촬영한 예로, 로만 폴란스키 감독의 〈맥베스〉(1971)를 들 수 있다. 원작의 스코틀랜드가 아닌 잉글랜드 북동부 지역 해안과 웨일즈 북서부 지역의 성채에서 로케이션이 진행된 이 영화에는 상징성에 의해 구축되는 재현 공간이 만들어진다. 〈산중전기〉에서는 여기에서 한발 더 나아가, 상징성 위에 장소 자체의 함의가 더해진다고 할 수 있다. 〈맥베스〉의 로케이션에 관해서는, 한영림, 〈《맥베스》영화와 로케이션—스코틀랜드 비극에서 스코틀랜드 영화로〉, 《Shakespeare Review》(한국셰익스피어학회)52권, 2호(2016.6), 239쪽 참조.

41 토니 레인스의 언급. 〈호금전을 아는 방법은 '보는 것뿐'〉, 《한겨레신문》, 2001년 7월 19일.

42 胡金銓述, 《胡金銓武俠電影作法》, 180쪽.

영화 〈레미제라블〉(2012)의 촬영장. 프랑스 혁명(1830년 7월의 '영광의 3일')이 소재지만, 영국의 그리니치에서 촬영되었다(wikimedia.org).

리키는 것이 아니다. 화면에 나타난바 촬영 장소에 대한 그의 인식 속에서 문화 종주국의 입장으로 피사체의 가치를 격하하는 태도는 찾아보기 어렵다. 만약 그런 입장에서 영화를 찍었다면 중국 옷을 입은 인물이 굳이 한국식으로 밥을 먹거나, 그 많은 편액이 화면 속에 등장할 이유는 없었을 것이다.

그가 영화 속에 불러들인 한국의 전통적인 인문 경관은 지역적인 요소가 가미되기는 했으되, 총체적으로는 과거 동아시아에 통용되던 예술 양식을 따른 것이라고 할 수 있다. 후 감독은 그 경관을 통해 보편성의 차원에서 산수화 미학을 연상한 것이고, 다시 특수성의 차원으로 그것을 고대 시기 중국의 변방에 존재했을 허구적인 세계로 '치환'('변형'이 아닌)해 보고자 했던 것이다. 그 치환은 자문화중심주의(ethnocentrism) 입장에서의 '포함하기'가 아니라, 상이한 문화 사이의 공통분모를 중시하는 문화상호주의(interculturalism) 차원의 '빌려쓰기'였다고 할 수 있다.[43] 두 영화가 비록 중국의 문화전통 안에서 만들어졌지만, 한국의 장소들은 영화의 주요 구성요소에 흡수되는 부차적인 장치로만 머물지 않는다. 그것들은 배역에 성격을 주고 줄거리를 바꾸며 더 나아가 영화 전반의 분위기를 좌우하는 등, 창작의 핵심에 개입하는 적극적인 역할을 부여받는다. 장소의 존재적 가치로 바꾸어 생각하면 후 감독의 이러한 로케이션은 한편으로 그 자체가 한국의 장소를 서술해 가는 과정이었으며, 결과적으로 한국인들이 자기 문화 속에서 미처 간취하지 못한 보편 미학적인 본질을 공유하고 세계화하는 과정이기도 했다. 비록 장소가 가진 원전성(originality)은 고대의 중국이라는 영화적 시공간을 통해 새로운 스타일과 의미로 전환되지만, 바로 그 점으로 인해 본래의 장소는 동시에 국경을 초월하는 예술적 가치와 창조적 역량을 확보한다고 할 수 있다.

이와 같이 장소에 대한 교감이라는 측면에서 보면, 두 영화 작품에 대한 평가는 사뭇 달라질 수 있다. 그것들은 무협 전문 감독으로서의 미덕이 발휘되지 못한 범작(凡作)이 아니라, 오히려 인물 사이의 정형화된 대립 관계에서 벗어나 공간을 향한 대화로써 공간과 인간의 관계를 표현한 실험적인 작품이고, 허구적인 영화 서사에 실제 경관의 장소성을 융

43 후진취안의 한국 장소 수용에 대해서는, 그가 단순히 중국 본토인이 아니라, 본토 출신의 디아스포라로서 중국 북방 지역에 뿌리를 둔 모태 문화를 이국 문화의 형식을 빌어 재현하려 했다는 점도 고려되어야 한다. 그는 대만의 푸젠 스타일 중국 남방식 건축은 자신의 영화와 맞지 않는다고 생각했다. 그런데 문화상호주의의 시도가 일반적으로 전위적 형식을 이끌어 내는 데 반해, 후진취안은 전통미학으로의 회귀를 추구했기에, 이를 방법론 이상의 전위적인 시도로 보기는 어렵다. 문화상호주의는 서구에서 미학적 대안을 찾아 비유럽 문화에 눈을 돌린 연극인들에 의해 20세기 직전부터 시작되어, 1970년대에 담론으로 정착되었다(정미경, 〈아시아계 미국 디아스포라 연극에 나타난 아시아성, 문화상호주의적으로 읽기〉, 《현대 영미드라마》 30권, 3호[2017], 192-193쪽).

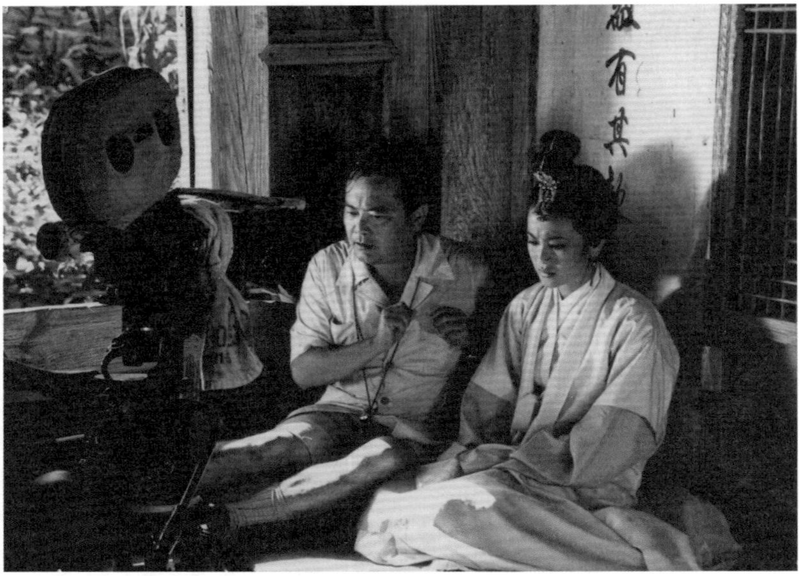

서악서원에서의 〈산중전기〉 촬영 중 후진취안과 배우 장아이자(張艾嘉)(topic.udn.com)

화시킴으로써 창조적 로케이션을 실현한 수작(秀作)이었다고 할 수 있을 것이다.

1960년대 중반에 영화계에 등장한 후진취안은 무협영화를 통해, 폭력이 발생하고 그로부터의 탈주가 기도되는 욕망의 공간으로 냉전체제를 비유했다.[44] 그는 일상화된 억압에서 벗어나고자 했던 동아시아의 관객에게 강호(江湖)식의 자유분방한 일탈과 정의를 심리적 돌파구로 제

44 윅스(James Wicks)는 〈방랑의 결투(金燕子)〉(胡金銓, 1966)의 이미지를 분석한 뒤, 이 영화에 냉전 환경하에서 홍콩과 대만의 지리적인 영토 고립이 반영되어 있을 뿐 아니라, 영화적 맥락 내부의 인물 선택에도 정치적 현실이 표현되어 있다고 주장한다. 그는 또 후진취안의 역사서술이 중국의 "과거를 상징적인 형태로 실현해 보임으로써", 냉전 시대에 "더더욱 성공적인 결과로 재연될 수 있었다"라고 말한다. 〈Hot Wars on Screen during the Cold War: Philosophical Situations in King Hus Martial Arts Films〉, 《中央大學人文學報》 64期(桃園: 2017.10), 142, 154쪽 참조.

공함으로써 열렬한 환영을 받았다. 하지만 정작 자신은 궁극적으로 선악이 대립하는 이분법적 사유를 초월하려 했기에, 지금까지 그려왔던 강호와 또 다른 피안의 세계를 탐색하게 된다. 〈협녀〉에서부터 조짐이 보이기 시작한 이러한 변화는, 〈공산영우〉와 〈산중전기〉에 이르러 마침내 이전과 분명히 다른 양식화(stylization)로 나타났다. 갈등 관계가 비교적 선명한 〈공산영우〉에 주막 소재 영화의 여흔이 존재한다면, 〈산중전기〉에서는 극적인 긴장감은 느슨해지는 대신, 감독 자신의 내면적 정서가 미학적으로 한층 양식화하여 표현되었다.[45] 후 감독은 기존의 영화들에서 일구어 낸 동작의 시각화에서 한 단계 진전하여, 화면 전체로써 의미를 담아내는 정태적이고 사변적인 미학을 추구하게 되었다. 그러한 변화가 일어나는 장소는, 로케이션 장소로서 더 익숙한 대만이나 영화 작업의 주 무대였던 홍콩, 그리고 향수의 대상인 중국 대륙도 아닌, 뜻밖에 제3의 장소인 한국이었다. 타국의 장소를 향한 후진취안의 지적이고도 감각적인 실험은 새로운 스타일의 사극을 창조하게 했다. 그럼으로써 한국의 경관들은 원래의 모습 그대로 초국적인 상상력을 만들어 내는 독특한 무대가 되었다.

두 영화를 보는 관객들은 후 감독과 함께 구도를 향한 오디세이에 동행하도록 인도된다. 후진취안은 욕망과 집착이 달라붙은 세속적인 불경을 영화 서사 속에서 불사르고 무의미하게 만들어 버림으로써, 관객이 진정한 구도의 의미를 되새겨 보도록 한다. 다른 한편으로 그는 이 여정 속에서 한국의 장소들을 마치 두루마리 산수화가 펼쳐지는 듯이 아름답고도 초월적인 공간으로 제시해 보인다. 냉전의 끄트머리에서 그가

45 중국의 영화평론가 사단은 "오늘날 관점에서 〈산중전기〉는 후진취안 개인의 의지가 가장 팽창된 산물이자, 그가 순수하게 정신상의 만족을 추구한 무제시(無題詩)"였다고 하고, 영화가 크랭크인된 1977년을 후진취안의 창작에서 분수령이 된 시기라고 평가한다. 沙丹, 〈大匠的困惑—《山中傳奇》與胡金銓的心靈世界〉, 《當代電影》 2011年 4期(北京: 中國電影藝術硏究中心), 28쪽.

후진취안에게 촬영 공간뿐 아니라 정신적인 영감까지 제공한 세계문화유산 양동마을(저자 2023년 1월 촬영)

추구한 것은 그처럼 강호세계에서 상상할 수 없던 전혀 다른 스타일의 피안이자, 해탈과 초월의 경지였다. 물론 그가 타국의 장소들을 자신의 문화전통 안에서 해석하고 재구성하는 데 있어 다소의 부조화는 불가피했다. 하지만 그의 시도에 의해, 한국의 문화유산과 자연 경관들은 또한 초국적 문화 담지체로서의 새로운 역량과 가치를 부여받았다. 그리고 그 기록은 후세인들에게 또 다른 아카이브 자산으로 남겨지게 되었다.

15장 대만소설을 각색한 연극·영화 <칠수와 만수>

만약 아시아 안에서도 한국과 20세기 역사가 가장 비슷한 곳을 들라면, 단연 대만이 꼽힐 것이다. 한국과 대만은 20세기 초반에 다 같이 일본에 의한 피식민 경험을 당했고, 중반에는 친미·반공 정책을 기반으로 한 유사한 개발독재 체제를 똑같이 체험해야 했다. 한편 20세기 후반 들어 마침내 권위주의 시대를 끝내고 비교적 성공적으로 민주화를 실현한 것도 서로 닮았다. 그럼에도 단교하기 이전에 두 지역 사람들이 현대사의 상처와 현재 삶의 고통을 터놓고 이야기한 적은 별로 없다. 단교라는 사건은 어쩌면 역설적으로 서로의 모습을 더 냉철하게 현실적으로 바라보는 계기가 되었다고 할 수 있다. 관계의 단절로 생긴 거리감은 오히려 한국인들에게 그간 익숙해진 '자유중국'이란 겉모습 뒤에 존재하는 대만의 현실에도 관심을 갖게 했다. 이 기간에 때마침 한국과 대만에서 빠르게 형성된 정치적인 민주화, 그리고 사회 개방의 기류는 또한 외교 문제와 별개로 쌍방의 상호 인식에 긍정적인 영향을 끼쳤다고 할 수 있다.

시간을 다시 거슬러 올라가 살펴보면, 1950년대 이후 이 '자유중국'과 선린 우호 관계를 유지하던 시기에 정작 대만문학의 소개는 그다지 활발한 편이 아니었다. 왕란과 셰빙잉 등의 북벌 및 항일전 소재 소설,

워룽성(臥龍生) 등 신파 무협소설 일부를 제외하면, 압도적인 양을 차지한 것은 린위탕의 산문집뿐이었다. 좀더 가까운 시대로 오면, 통속소설로서 1986년 〈영웅문(射鵰三部曲)〉이 선풍적인 인기를 끌면서 본격적으로 진융(金庸)이 번역되고, 그보다는 못하지만 충야오의 애정 소설에도 1990년대 이후 소수의 고정 독자층이 생겨났다. 그러나 이 모든 텍스트는 대만 서민들의 생생한 현실과는 어느 정도 동떨어진 것들이었다.

이런 사실만 보면, 그 시절에 한국인과 대만인들이 현실 문제로는 서로 소통하지 못한 것만 같지만, 예외도 있다. 그 증거로서 가장 주목할 사례가 바로 황춘밍(黃春明)의 작품집 《사요나라, 짜이젠》이다.[1] 이 책에 실린 소설들은 한국인들에게 현실로서의 진짜 대만을 접하게 해 준 그 당시까지 거의 유일한 텍스트였다. 이 책은 한국인들에게 더 익숙한 관념적인 '정통 중국문화'와는 관계가 없었다. 대신 그것이 보여 준 것은 자본주의 개발도상국민으로서 한국인들과 별 차이가 없는 대만 서민들의 치열한 삶이다. 그 중에도 특히 〈두 페인트공(兩個油漆匠)〉이란 짧은 소설은 책의 출판 당시에 전혀 예상치 못했던 반향을 불러온다. 이 작품은 책이 출판된 후 연극과 영화로 재탄생되며 한국의 현대 문화사에 커다란 족적을 남기게 된다.

1 언어와 장르의 횡단—중국어 소설에서 한국어 연극과 영화로

1970년대는 한국과 대만 모두가 반공 이념과 경제개발, 정치적 독재가 혼재한 가운데 사회 전반에 걸쳐 민주 의식이 싹터 실천 운동으로 이어

1 대만판의 원저 《莎喲娜啦, 再見》은 위안징출판사(遠景出版社)에서 1974년 출판되었다. 〈두 페인트공〉은 1971년 1월 잡지 격월간 《문학(文學)》에 처음 발표되어, 위안징출판사에서 1974년에 발간한 《징(鑼)》에 수록되었다. 〈台灣文學館線上資料平臺〉 참조.

창작과비평사 판 《사요나라, 짜이젠》 표지

지고 있던 시기였다. 이 시기 한국의 문단에서 유행한 비평 담론 가운데, 민족주의 계열의 비평론으로 대두된 것이 '제3세계론'이었다. 제3세계론은 서구 중심의 보편주의에 빠져 있던 한국 문학계가 점차 한국 사회에 대한 재인식을 심화함으로써, 1970년대 이후 한국 문학의 한 특성이 된 '저항성'을 강화해 가는 중에 탄생한 담론이다.[2] 그것은 제3세계의 보편적 특징, 즉 식민지 경험, 경제성장 우선주의의 폐해, 그리고 권위주의적 정치체제가 파생시키는 파시즘적 억압 등을 재인식하면서, 동질성을 확인하기 위해 다른 제3세계 지역에까지 관심과 연대의식을 확장시켰다.

황춘밍의 《사요나라, 짜이젠》은 1983년 저항적 지식인들이 운영하는[3] 서울의 창작과비평 출판사를 통해 선을 보였다. 그런데 이 책은 또한 1976년부터 88년까지 시리즈로 엮인 '제3세계 총서'의 일환으로 출판된 것이기도 했다. 그것은 곧 황춘밍의 작품을 읽는 코드가 한국에서는 처음부터 제3세계와의 연대의식과 궤를 같이하는 것이었음을 의미한다. 한국어판의 저본이 대만에서 출판된 중국어 버전이 아니라, 일본

2 오창은, 〈'제3세계 문학론'과 '식민주의 비평'의 극복〉, 《우리문학연구》 24(2008.6), 264쪽.

3 이 출판사는 1980년 군사정부에 의해 강제 폐간된 정기간행물 《창작과비평》을 1985년에 허가 없이 부정기로 다시 출판했다는 이유로 출판사 등록이 취소되기도 했다.

어 번역본(《さようなら, 再見》, 田中宏·福田桂二 옮김, 1979)이었다는 점도 이런 관련성을 방증한다. 일본어판의 대표 역자인 다나카 히로시(田中宏)는 일본-아시아 관계사 연구자이자 자이니치(在日) 코리언, 자이니치 차이니즈를 비롯한 제3세계와의 연대에 관심이 많았던 인물이다.[4] 한국어판은 소시민의 삶과 분단상황이 빚은 비극을 다룬 소설로 유명한 소설가 이호철이 중역(重譯)하고, 당시에는 아직 청년 비평가였던 성민엽[5]의 교열 작업을 거쳐 출판되었다. 일본어판에 실린 세 편의 작품은 이호철이 번역하고, 한국어판에 추가된 세 편은 성민엽이 대만에서 출판된 황춘밍의 다른 작품집에서 취해 번역했다. 바로 성민엽이 번역한 세 편 가운데 〈두 페인트공〉이 들어 있었다.[6]

---

4 《사요나라, 짜이젠》의 번역과 제3세계론의 관계에 대해서는 백지운, 〈대만 '향토문학'의 동아시아적 맥락〉, 《대만을 보는 눈—한국-대만 공생의 길을 찾아서》(창작과비평사, 2012), 119-123쪽 참조.

5 본명은 전형준, 서울대 중문과 명예교수.

6 황춘밍의 작품집 《사요나라, 짜이젠》의 한일 번역 출판 상황을 비교해 보면 아래와 같다.

<table>
<tr><th rowspan="2">1974년 대만
위안징(遠景) 판</th><th colspan="2">1975년 한국
김데스크 판</th><th rowspan="2">1979년 일본
분유샤(文遊社) 판</th><th colspan="2">1983년 한국
창작과비평사 판</th></tr>
<tr><th>수록 작품</th><th>번역 형태</th><th>수록 작품</th><th>번역 형태</th></tr>
<tr><td>莎喲娜啦再見</td><td>O</td><td rowspan="4">중한 직역</td><td>O</td><td>O</td><td rowspan="3">중일한 중역</td></tr>
<tr><td>看海的日子</td><td>O</td><td>O</td><td>O</td></tr>
<tr><td>蘋果的滋味</td><td>O</td><td>O</td><td>O</td></tr>
<tr><td>男人與小刀</td><td>O</td><td>X</td><td colspan="2">X</td></tr>
<tr><td>青番公的故事</td><td colspan="2">X</td><td>X</td><td colspan="2">X</td></tr>
<tr><td rowspan="3"></td><td rowspan="3" colspan="2"></td><td rowspan="3"></td><td>阿屘與警察
(소설집 《鑼》[1974]에 수록)</td><td rowspan="3">중한 직역</td></tr>
<tr><td>兩個油漆匠
(《鑼》에 수록)</td></tr>
<tr><td>溺死一隻老貓
(소설집 《小寡婦》[1975]에 수록)</td></tr>
</table>

한편 황춘명의 첫 영어 번역집은 Indiana University Press에서 'The Drowning of an Old Cat, and Other Stories'라는 제목으로 1980년 11월에 출판되었으며, 여기에도 〈두 페인트공〉이 수록되어 있다.

김데스크 판《사요나라, 짜이젠》 표지. 원래 표지 대신 황춘밍의 또 다른 소설집《어린 과부(小寡婦)》의 표지를 차용했다.

편집자의 '제3세계론' 시선은 기존에 익숙한 '자유중국'과 다른 대만의 생생한 당대 현실을 독자들에게 알려 주었다. 한국 독자들은 동아시아의 거대한 사회주의 국가 '중공'과 고도 자본주의 국가 일본 사이에 또 다른 '변경'으로서의 개발도상국이 한국과 판에 박은 듯이 존재하고 있다는 사실에 무엇보다 공감을 가질 수 있었다. 하지만 안타깝게도 이 판본을 통한 원작자 황춘밍의 역할은 지나치도록 짧게 끝나버린다. 이 책은 출판된 이듬해 당시 한국 정부에 의해 판금 조치를 당함으로써 서점에서 사라졌고 황춘밍의 다른 작품도 한동안 더는 번역되지 않았다.

그런데 이 책은 사실 1975년, 그러니까 창작과비평사 판본이 저본으로 삼은 일본어판보다도 4년이나 먼저 이미 한국어로 출판된 적이 있다. 권용철의 번역판(《사요나라, 짜이젠》, 기획출판 김데스크)이 그것이다. 출판사가 주로 상업적인 대중서를 내던 곳이지만, 출판자 서문에 "자유중국 청년작가를 발굴"하는 의미를 강조했듯이, 이 책도 나름대로 젊은 대만 작가를 처음으로 한국에 소개한다는 "모험적인 사명감"을 띠고서 직역되었다. 그들은 "스테레오타이프화된 중국" 인식에서 벗어나고자 기존의 '자유중국' 번역소설에 부재했던 "같은 세대"의 현대성에 착안했다. 그러나 이 번역은 창작과비평사 판처럼 국제적인 연대까지 의식한 것은 아니었다. 또 동명의 대만 원본 작품집을 번역한 이 책에는 원

김데스크 판 《사요나라, 짜이젠》(1975) 뒤표지에 실린 황춘밍 사진. 직접 한 인터뷰와 함께 실려 있다.

본에 없던 〈두 페인트공〉은 수록되지 않았다.[7]

창작과비평사 판 《사요나라, 짜이젠》이 출판되고 3년 뒤인 1986년, 〈칠수와 만수〉라는 한 실험극이 연극가를 술렁이게 한다. 이 연극은 다름 아닌 《사요나라, 짜이젠》에 실린 〈두 페인트공〉이란 단편소설을 희곡으로 각색하고 한국 현실에 맞게 개작한 것이었다. 오종우 작, 이상우 연출로 막을 올린 〈칠수와 만수〉는 1980년대를 풍미한 한국 문화계의 저항운동과 궤를 같이하는 현실비판극이었다. 그러나 연극으로 옮겨진 뒤 원작의 제목과 원작자의 이름은 더는 거론되지 않는다. 그와 더불어 번역서에 아직 남아 있던 공간으로서의 대만 형상 또한 자취를 감추게 된다.

이 연극의 대본은 대학의 한 연극동아리에서 탄생한다. 연출가 이상우는 서울대 연극반 출신이었으며, 그것을 무대에 올린 극단 '연우무대' 역시 1976년에 조직된 서울대학교의 작은 연극동아리가 발전된 것이었다. 〈칠수와 만수〉의 대본은 초고가 탈고된 뒤 오랜 시간 리허설을 거치면서 수정을 거듭한 끝에 완성되었다. 하지만 공연이 무산되는 상황은 막아야 했기에, 이미 금서가 된 원작 이름을 밝힐 수 없었다.[8] 그럼으로써

7 판매 부수는 알 수 없지만, 출판 당시 《조선일보》(1975년 8월 7일)에 제법 긴 출판 소식이 게재되기도 했다. 출판사는 주로 대중서를 발간하는 곳이었는데, 책 중에 황춘밍과의 인터뷰 내용과 사진을 싣는 등 대만 당대 문학과 직접 소통하려는 의지를 드러낸다.

8 한국에서 원작의 번역소설이 해금된 뒤에도 희곡 〈칠수와 만수〉는 오랫동안 한국 작

작품의 무대가 대만이라는 사실도 대중의 관심 밖으로 사라져 버린다.

원작 소설 〈두 페인트공〉에서 빈손으로 시골에서 도시로 건너온 아리(阿力)와 원숭이(猴子)는 광고판의 페인트칠을 하며 생계를 이어 간다. 빌붙을 데가 전혀 없는 그들은 힘겹게 삶을 영위할 뿐 아니라, 하루하루 의미 없는 작업 속에서 삶의 목표마저 잃어 간다. 퇴근 무렵 두 사람은 장난삼아 조명을 달아놓은 첨탑에 올라갔다가 이를 목격한 경찰과 기자들로부터 주목을 받는다. 그들이 자살을 기도한다고 오인한 경찰과 특종 잡기에 혈안이 된 기자들까지 가세하여 옥신각신하던 끝에 결국 원숭이가 실족해 추락하는 불상사가 일어난다. 원숭이의 비극적 결말은 우연처럼 보이지만 어느 정도 도시 실향민의 운명 안에 결정지어진 필연성이 초래한 것이다. 아리와 원숭이에게 도시는 단지 '올라갈 수만 있고, 내려올 수는 없는' '해적선'이며, 고향은 점차 기억에서조차 돌아갈 수 없는 곳이 되어버린다. 두 인물의 푸념 섞인 대화 속에서 현실에 부재하는 향토는 작가의 도시 상상에 부단히 개입하지만, 주인공들이 안주할 곳이 현실에서는 도시에도 향토에도 존재하지 않는다. 무력한 주인공들은 도시와 농촌의 틈바구니에 끼어 있고, 숙명처럼 인생의 비극적 결말을 향해 떠밀려 간다.[9] 원작 소설이 펼쳐 보이는 이런 대만의 현실적 상황은 사실 동시대 한국의 상황과 판박이처럼 닮은 모습이었다.

품으로 인식되었다. 이것은 아직 저작권 개념이 없어서이기도 하지만, 이 희곡이 한국인의 의식 속에 얼마나 깊이 스며들어 있었는가를 방증하는 것이기도 하다. 물론 2015년에 지식을만드는지식 출판사가 출판한 '지만지 한국희곡선집' 시리즈에 포함된 〈칠수와 만수〉 서문에는, 이 희곡의 저본이 대만 소설가 황춘밍의 단편소설집 《사요나라, 짜이젠》에 실린 〈두 페인트공〉임이 분명히 밝혀져 있다. 황춘밍은 2013년 한국에서 '이병주 국제 문학상'을 수상했는데, 그가 〈칠수와 만수〉의 원저자라는 것도 선정 근거 중 하나였다. 이 소설의 연극 및 영화로의 각색 경과에 대해서는 소설의 공역자인 전형준이 직접 쓴 〈포스트식민주의 번역이론과 동아시아 내부의 문화간 번역〉, 《중국문학》 제51집(2007.5), 101-102쪽 참조.

9 宋媛媛, 〈淺析黃春明台灣轉型期小說中的悲劇〉, 《文學教育(上)》, 2014年 03期, 151쪽.

급속한 경제개발과 도시의 무한 팽창에 따른 이농(離農) 열풍과 농촌의 황폐화, 도농 간의 빈부격차는 한국의 현실이기도 했다. 그래서 원작 소설의 주제와 플롯은 한국어판 연극에도 그대로 수용된다. 연극의 주인공들 역시 농촌 출신의 도시 하층민이다. 하지만 연극의 줄거리는 더 긴 편 폭으로 확장되어, 도농 간의 빈부격차와 현대 도시의 비정한 인간관계뿐 아니라, 굴종적인 한미관계, 그리고 남북분단으로 인한 정신적 피해 등 한국 고유의 다양한 사회문제까지 섞여든다. 원작에서 완곡하게 표현된 사회비판은 한국어판 연극에서는 훨씬 더 직설적으로 제기되며, 그럼으로써 연극은 한층 더 정치적인 텍스트의 성격을 띠게 된다.

연극으로 건너오면서 대만 청년 아리와 원숭이는 한국 청년 박만수와 장칠수로 탈바꿈된다. 여기에다 원작에 없는 박만수의 어머니가 만수의 상상을 통해 극중에 등장하며, 광고회사 직원들까지 사무실로 꾸며진 보조 무대를 통해 등장한다. 구성은 원작보다 조밀하고 비교적 속도감 있게 진행된다. 짧은 에피소드로 이루어진 많은 장면이 빠르게 지나간다. 막이 오르면 먼저 간판회사의 사장이 나와서 관객 쪽으로 이야기를 건넴으로써 관객과의 거리를 좁히는 장면이 나온다. 이어서 만수의 시골 어머니가 처량한 모습으로 등장해, 그녀의 편지를 읽고 있는 만수 너머에서 여동생이 혼외임신을 했다며 생활비를 부쳐 달라고 한탄조로 말을 한다. 그다음으로 만수와 칠수가 15층에서 페인트 작업을 하는 장면이 바로 연결된다. 칠수와 만수는 빌딩에 매달려 있는 곤돌라(연극에서는 공중무대) 위에서 거대한 광고 간판의 제작에 열중하고 있다. 공중무대 아래의 바닥은 극이 전개되면서 다중적인 장소로 활용된다. 칠수와 만수는 매일 11시간의 고단한 작업을 강행하고 있다. 그들이 그리는 간판은 반라(半裸) 모델이 등장하는 맥주 광고이다.

두 주인공은 객석을 향해 허공에 대고 페인트 붓과 롤러를 움직이며 대화를 나눈다. 그 대화 속에서 그들의 과거, 현실, 젊음의 꿈 등이 차례

〈칠수와 만수〉의 1986년 연장공연 포스터

로 등장한다. 그들은 고달픈 노동판에서도 가정에 대한 그리움, 여성에 대한 사랑, 젊음의 자유로운 생활, 일확천금의 망상 등을 꿈꾼다. 석양을 바라보며 잠시 휴식시간을 가지려던 그들은 페인트 통 하나가 실수로 우연히 무대 바닥으로 떨어지면서 운명적인 순간을 맞는다. 경찰과 기자들은 그들이 '투쟁을 목적으로 한 자살극' 소동을 벌이고 있는 노동자라고 오인한다. 궁지에 몰린 두 청년은 원숭이와 아리가 그랬듯이, 끝내 추락하고 만다. 연극 속에서 이들의 추락은 부조리한 현실에서 벗어나려는 사람들이 다시 현실의 규율과 권력에 의해 끌어 내려지는 것을 상징했다. 한국의 관객들에게도 그 추락은 우발적인 사건이 아니라 당시 사회의 총체적인 모순이 낳은 결과로 읽혔다.

〈칠수와 만수〉는 하층 근로자를 모델로 한 세태 풍속극이며 동시에 정치성을 띤 사회극이었다.[10] 이 연극의 정치적 의미는 많은 실험적인 시도에도 담겨 있었다. 이 극은 당시로서는 매우 획기적으로 무대를 활용했을 뿐 아니라, 대사 중에 욕설이나 외설적인 표현을 삽입하는 것도 마다하지 않았다. 이런 시도는 보수적인 평론계의 비판을 사기도 했지만, 궁극적으로 저항적인 주제를 잘 살려냈다는 평가를 받는 동시에, 관객들의 폭발적인 호응을 끌어냈다. 연극 〈칠수와 만수〉는 1986년 5월

10 한상철, 〈70년대의 계승과 변화〉, 《한국연극의 쟁점과 반성》(현대미학사, 1994), 318쪽.

《조선일보》 1988년 11월 26일 자에 실린 영화 〈칠수와 만수〉의 신문 광고

처음으로 무대에 올려져 총 397회나 공연되었고, 서울에서만 5만여 명의 관객을 동원했다. 이 정도라면 이 연극이 당시에 최고의 화제작임을 입증하고도 남을 수치다. 이뿐만 아니라 1986년 23회 동아연극상 연출상, 1987년 23회 백상예술대상 작품상 및 연출상 등, 당시 한국의 권위 있는 연극예술상을 휩쓸었다. 비록 원작의 자취는 지워졌지만, 〈두 페인트공〉의 〈칠수와 만수〉로의 변신은 장르와 언어 사이 횡단의 성공적인 모델이 된 셈이다.

〈칠수와 만수〉는 단지 한철 장사 잘한 흥행작의 차원을 넘어, 해를 거듭하며 점차 한국 연극 역사에서 정전으로서의 위상을 확보해 간다. 첫 시즌이 끝난 뒤 1990년에 일시적으로 특별 공연이 있었고, 1992년에도 극장을 바꿔 두 차례나 공연되었으며, 1997년 예술의 전당이 선정한 '우리 시대의 연극 6편'에 선정되어 재공연되었다. 1999년과 2008에도 이 극을 초연한 연우무대에 의해 다시 공연되었다. 가장 가까이는 2012년에도 공연된 적이 있다. 이처럼 연극이 변신을 거듭하며 한국 대중의 인식에 공고하게 각인되는 과정에는 또한 영화로 각색된 〈칠수와 만수〉의 특별한 역할이 존재하고 있었다.

박광수 감독[11]이 감독한 영화 〈칠수와 만수〉(1988)는 동두천 미군 부대 기지촌 출신의 칠수와 장기복역 중인 사상범의 아들 만수(연극에서는 대물린 머슴 집안의 아들이었다)라는 두 하류층 젊은이들의 인생을 비감 섞인 코믹 기조로 담아낸 시대극이다. 두 주인공의 출신 배경에서 알 수 있듯이, 소설 원작에 제기된 도농 간의 빈부격차 문제가 영화에서는 이제 큰 의미가 없다. 동두천 출신의 칠수는 미국으로 떠난 누나의 기약 없는 초청장을 기다리는 미국 병에 걸린 청년이다. 그림에 소질이 있는 그는 생계수단인 극장 미술부를 그만두게 되자, 간판 작업장에서 만수의 조수로 그림을 그린다. 만수는 이념 사범인 아버지의 어두운 그림자에 고통받고 사는 청년이다.[12] 칠수는 신분을 속이고 여대생 지나와 사귀게 되지만 결국 실연당하고, 누나로부터의 연락도 두절된다. 칠수는 마음을 다잡지 못하고 휘청거리지만, 그를 다독거리는 만수도 미래가 불투명하기는 마찬가지다. 거대한 간판 작업을 마친 어느 날 저녁, 두 사람은 옥상 광고탑에서 푸념 어린 장난을 치다 투신자살을 기도하는 것으로 오인을 받고 급기야 경찰까지 출동하는 사태로 치닫게 된다. 영화에서는 추락한 페인트 통 때문이 아니라, 두 사람이 철탑 꼭대기에서 장난스럽게 세상을 향해 외쳐대는 모습에 사람들이 모여든다. 아래에서는 그들의 목소리가 들리지 않지만, 그들의 행동은 자살을 내세운 시위로 오인된다. 심지어 그들이 마시던 소주병도 당시 시위대들이 사용하던 '화염병'으로 오해받는다. 이 해프닝은 결국 만수가 추락사하고 칠수가 경찰에 끌려가는 비극적인 결과를 낳는다.

정치적 측면에서 이 영화가 지닌 연극과의 차이점은, 연극이 만들

11 영화를 만든 박광수 감독은 대학의 영화패(영화동아리) 출신으로 1980년대 당시 한국 사회를 지배하던 거대 담론과 현실적 문제들을 자신의 영화 속으로 끌어들임으로써 이른바 '사회파 감독'의 대표 주자로 자리매김한 사람이다.

12 한국의 연좌제는 1980년 8월에 공식적으로 폐지되었지만, 사상범의 가족과 친지는 이후로도 한동안 사회활동에 제약을 받았다.

어진 1986년과 영화가 만들어진 1988년 시점 사이의, 짧지만 한국 현대사의 굵직한 역사 순간이 포함된 시간대 때문에 생긴 것이다. 대통령직선제를 쟁취해낸 6월 항쟁이 1987년에 전국에 걸쳐 일어났고, 냉전 의식을 해체하는 기폭제가 된 올림픽이 1988년에 서울에서 개최되었다. 이 기간에 한국 사회는 압축적이고도 드라마틱한 역사의 격변을 경험한다. 대학을 중심으로 달아오른 민주화 운동은 마침내 일반 시민들을 거리로 불러냈고, 1987년의 시위 열기가 채 식기 전에 치러진 올림픽은 이 초유의 국제 행사를 유치한 군부정권이 애초에 의도한 대로 권력체제를 공고히 하기보다는 오히려 강압적 통치체제에 균열을 가져왔다. 영화 〈칠수와 만수〉는 억압에서 자율로, 폐쇄에서 개방으로 숨 가쁘게 변화해 가는 1980년대 말엽 한국 사회의 과도기적인 좌표를 연극과는 또 다른 방식으로 제시해 보인 작품이다. 이 영화는 특히 한국 사회를 억압해 온 반공 이데올로기의 폐해를 전면적으로 제기한 최초의 영화로서 분단에 대한 새로운 시선을 보여 주었다고 평가된다.[13]

《조선일보》 1990년 12월 9일 자에 실린 미국영화 직배 반대 시위에 나선 영화인들의 모습. 충무로 변혁의 계기가 되기도 했다.

그런데 이 영화는 영화계 내부에 대해서도 특별한 의미가 있는 작품이었다. 이 영화가 제작되기 직전, 미국 UIP사에 의한 영화 직배 시스템

13 《세상과 함께 가는 영화》, 한국영상자료원(E-Book), 17쪽.

도입에 맞서 국산영화 상영 쿼터제를 사수하려는 영화인들의 대규모 시위 소식이 1988년 벽두부터 TV 뉴스를 채우고 있었다. 그러니까 영화 속에서 미국문화가 칠수의 일상과 정신세계를 지배하는 것은 당시 할리우드의 한국 영화시장에 대한 패권적 침투를 은유하는 것이었다. 물론 연극 〈칠수와 만수〉에 비해서는 현실 비판이 더 우회적인 점도 있지만, 그럼에도 불구하고 이 영화는 현실과 괴리된 채 할리우드의 아류작이나 다름없는 상업영화를 양산해 오던 충무로의 기성 영화계에 경종을 울리는 작품이었다. 덕분에 이 영화는 오늘날 최초의 '한국 뉴 웨이브 영화'로 평가된다.[14] 영화 〈칠수와 만수〉는 그동안 극장에 정식 개봉될 수 없었던 민중영화와 독립 예술영화가 성숙한 형태로 조합, 발전하여 정규 극장에서 관객과 만나게 됨을 알리는 신호탄이었다. 이 영화도 연극 〈칠수와 만수〉처럼 일반 관객과 평단의 호평을 두루 받았으며, 제25회 백상예술대상 신인감독상 및 제42회 로카르노영화제 청년심사위원 3등상을 수상하고, 제39회 베를린 국제영화제 및 제3회 싱가포르 영화제 등에 초청되었다.

2 한국적 문맥에서도 통한 원작의 독창성

연극과 영화 〈칠수와 만수〉가 사회적·예술적으로 얻은 성취에 대해서,

14 한국의 뉴 웨이브 영화는 한국영화의 주종을 이룬 충무로 상업영화에 반기를 들고 1980년대 초반부터 일어난 현실주의 중심 민중영화론 진영과 대항적 예술영화론 진영이 활발하게 움직인 결과로서, 1980년대 후반부터 1996년 무렵까지 제작된, 사회 비판의 주제와 예술적 문법을 성공적으로 결합시킨 영화들을 말한다. '코리안 뉴 웨이브' 영화라는 표현이 하나의 용어로서 한국 내외 평단과 학계에 연착륙하는 데에는 1996년 제1회 부산영화제에서 영문 자료집 《코리안 뉴 웨이브》를 발간한 일이 결정적 계기가 되었다. 김소연, 〈민족영화론의 변이와 '코리안 뉴 웨이브' 영화담론의 형성〉, 《대중서사연구》 2006. 6호, 291쪽 참조.

한국에서는 지금까지 주로 두 작품과 역사 현실과의 관계, 또는 연극계와 영화계 내부의 문화적 맥락을 통해 언급되어 왔다. 그러나 원작이 분명히 존재하는 이상, 두 작품의 원작과의 관계에 대해서도 다시금 조명될 필요가 있다. 사실 엄밀한 의미에서 말하자면 두 작품의 주요한 성취는 원작 소설이 원래부터 가지고 있던 몇 가지 요소들로부터 기인하는 것이다. 이하에서는 몇 가지 특징을 중심으로 연극과 영화 〈칠수와 만수〉에 대한 원작 소설 〈두 페인트공〉의 작용과 영향 관계를 언급하고자 한다.

일반적으로 번역물은 원문의 의미를 바탕으로 텍스트의 문맥에 맞는 표현을 반복해서 유추하고 도착어(到着語)의 텍스트에 어울리는 표현을 찾아서 반복적으로 다시쓰기를 한 결과물이다.[15] 여기에서 텍스트의 개념이 정확한 도착어를 찾을 수 없을 때 번안(adaptation)의 필요성이 발생한다. 그런데 엄밀하게 따지자면 연극 〈칠수와 만수〉는 원작을 번안한 것이 아니라 한국어 번역본 소설 〈두 페인트공〉을 각색(rewriting)한 것이다. 번안은 상이한 언어, 동일한 장르 사이에서의 다시쓰기이고, 각색은 동일한 언어, 상이한 장르 사이에서의 고쳐쓰기이다. 원작 〈두 페인트공〉에서 연극 또는 영화 〈칠수와 만수〉에 이르는 도정(途程)은 번역(부분적으로는 번안)과 각색, 즉 다시쓰기와 고쳐쓰기가 결합된 형태라고 할 수 있다.

각색은 번안보다 더 적극적으로 장르 형식과 문맥에 맞게 텍스트를 변형하는 것이다. 하지만 원작의 본질까지 바꿔서는 안 되는 각색의 마지노선도 분명히 존재한다. 그러나 지금까지 이 영화에 대한 한국에서의 논의는 원저를 배제한 채, 단지 연극에서 영화로 넘어가는 전변 과정이나, 동일 연극의 상이한 버전 사이에 존재하는 차이에 대해서만 관심을 두어 왔다. 그러니까 비교 대상 텍스트에 내재된 한국적 요소의 표현 차이만이 자연스레 비교의 지표가 된 것이다. 그러나 이 텍스트들이 관

15 이승권, 〈번역의 한 방법, 번안〉, 《프랑스문화예술연구》(프랑스문화예술학회) 제9집 (2003.10), 272쪽.

객의 공감을 살 수 있었던 것은 단지 한국적인 특징을 영리하게 활용했기 때문만은 아니다. 〈두 페인트공〉이 한국에서 한국어 연극과 영화로 성공할 수 있었던 원인을 찾으려면, 각색 자체의 기술(記述)적 성격뿐 아니라, 각색 이후에도 유지된 원작의 특징적인 성분과 함께, 그것들과 각색 작품의 문맥이 갖는 관계까지 마땅히 모두 고려되어야 한다.

〈칠수와 만수〉가 성공할 수 있게 한 원작의 가장 큰 특징적 요인은 포괄적인 연극적 상상력이다. 소설과 연극의 기본적인 형식 차이를 제외하면, 황춘밍의 원작 〈두 페인트공〉은 매우 희곡적인 소설이라고 할 수 있다. 우선 이야기의 시간과 공간이 단순한 점이 연극으로 옮겨지기 용이했고, 두 주인공의 대화가 줄거리를 이끌어 간다는 점도 모든 이야기를 현재화시켜 표현하는 희곡의 특성에 부합한다. 또 아리와 원숭이가 공중에 매달려 작업하는 중에 대화를 주고받는다는 소설적 설정은 동시에 연극에도 이상적인 구도를 제공했다. 다음으로 희곡이 무대라는 제한된 공간에서 대사와 행동만으로 표현되기에 독자들과 다양한 묵계, 즉 극적 관행(dramatic convention)이 전제되어야 하는데, 원작 소설은 또한 극적 관행으로 표현하기 좋은 구조와 에피소드를 내포하고 있었다.

가장 극적인 부분은 아리와 원숭이가 실수로 페인트 통을 떨어뜨리는 장면이다. 이 장면은 마치 연극으로의 각색을 염두에 둔 것인 양, 곧 이어 닥칠 비극적 사건을 암시하는 희곡적인 에피소드였다. 페인트 통의 추락은 순식간에 무대를 옥상의 위와 아래로 다원화시키며 극의 전개가 빨라지는 전환점으로 작용한다. 그것은 또한 칠수의 실족, 더 나아가서 시골 청년들이 도시로부터 추방당함을 암시하는데, 이러한 연극적 복선이 관객의 시각적 경험을 통해 전달될 수 있다는 점에서 더더욱 유용했다. 〈칠수와 만수〉에서처럼, 철골 구조물을 냉혹한 도시문명으로 은유하여, 주인공의 추락 장면과 결합하는 이야기는 2012년에 연출된 한국 연극 〈전명출 평전〉에서도 재연된다. 다만 〈칠수와 만수〉에서는 권력에서 벗어나려 하다 벌어진다면, 〈전명출 평전〉에서는 권력을 좇아 발버둥 치다가 발생한다는 차이가 있다. 그러나 살아남으려고 도달한 높이에서 삶의 무게 때문에 인생의 종말로 끌어 내려진다는 모티프는 연극 〈칠수와 만수〉의 영향을 받은 것이고, 멀게는 또한 〈두 페인트공〉에서 기원한 것이다. 〈칠수와 만수〉가 사회비판극임에도 불구하고 다양한 실험성을 보여 준 것은 원작 자체의 창의적인 구성과 밀접한 관련이 있다.

〈전명출 평전〉 초연 포스터(남산예술센터 디지털 아카이브)

연극과 영화 〈칠수와 만수〉가 시대에 맞게 정치적 메시지를 담아낸 것은 국경을 초월하여 수용될 수 있는 원작 특유의 메시지 전달 방식에서도 연유한다. 원작 소설은 풍자적 필치로써 직설적인 폭로가 아닌 알레고리의 방식으로 시대의 모순을 말한다. 줄거리도 비록 결말은 비극이지만 전체적으로는 희극(喜劇)적 에피소드로 구성된다. 비극이 크고 관념적인 모순에서 발생한다면 희극은 현실적이고 구체적인 모순에서 비롯된다.[16] 두 페인트공의 불가항력적 운명은 비극적이지만, 그들이 나누는 대화와 행동 양식에는 풍부한 희극성이 내포되어 있다. 비극과 희극의 효과적인 교차는 인물의 생동감을 높이는 동시에 인물이 맞닥뜨리는 삶의 상황을 보편적인 것으로 만든다. 연극 〈칠수와 만수〉는 원작 〈두 페인트공〉의 희극적 대화에 한국적인 해학성을 더했다. 변형의 결

16 김지하, 〈풍자냐, 자살이냐〉, 《타는 목마름으로》(창작과비평사, 1982) 참조.

만수와 칠수로 분한 배우 강신일과 문성근. 1992년 학전 공연 팸플릿

과, 풍자를 기반으로 한 원작의 알레고리는 유지되면서 코믹한 요소는 오히려 증대되었다. "고발할 뿐 평가하지 않는다"[17]는 풍자 정신은 〈칠수와 만수〉를 무대에 올린 연우무대의 한결같은 미덕이기도 했다. 만약 〈두 페인트공〉이 풍자가 아닌 직설적인 현실비판 위주의 비극소설이었다면 〈칠수와 만수〉의 성공은 상상하기 어려웠을 것이다.

사실 이러한 풍자와 해학은 1980년대 '한국 연극의 전성기'를 만들어 낸 주요한 공신이기도 했다. 1980년대 들어, 1970년대까지 한국 연극의 주류를 이루었던 사실주의 정극(正劇)이 예술적 엄숙주의의 원칙에 빠져 관객의 외면을 받는 사이, 정치의식을 담은 많은 실험극이 나타나기 시작했다. 이 시기는 정치적 억압이 존재하는 동시에 정치의식의 성장이 함께 이루어진 때였기에, 관객들은 현실비판을 통한 카타르시스

17 김미혜, 〈고발할 뿐 평가하지 않는 작품들〉, 《90년대 연극평론 자료집(1)》, 73쪽, 서연호, 《한국연극사》(연극과인간, 2005), 131쪽에서 재인용.

에 목말라 하고 있었다. 하지만 소프 오페라(Soap Opera)와도 같은 최루성 드라마가 대부분인 TV 연속극과, 정치적 비판력이 거세된 채 키치 수준을 벗어나지 못한 영화로는 그러한 기갈을 채울 수 없었다. 그리하여 〈에쿠우스(EQUUS)〉(1975), 〈장사의 꿈〉(1981), 〈신의 아그네스(Agnes of God)〉(1983), 그리고 〈칠수와 만수〉 등 한국 연극사의 기념비적인 작품들이 모두 이때 탄생하게 된다. 1990년대 들어 나타난 컬러 TV 기술의 발전과 정치적 해금, 여기에 이어진 문화 개방 물결을 타고 직수입된 화려한 뮤지컬들이 극장을 지배하기까지, 많은 극장을 채운 실험극들에서 풍자와 해학은 흥행의 필수 요소가 되다시피 했다. 〈두 페인트공〉은 바로 풍자극 시대를 맞은 1980년대의 한국 연극계와 가장 궁합이 맞을 수 있는 작품이었다.

〈두 페인트공〉은 또한 시대를 첨예하게 드러낼 수 있는 독특한 소재들을 제공했다. 주목할 만한 점은 그 중에도 광고와 언론이라는 소재를 효과적으로 활용했다는 사실이다. 황춘밍은 광고회사에 근무한 이력으로 인해 미디어의 속성을 예민하게 꿰뚫고 있던 작가였다. 그런 흔적은 〈젊은 과부(小寡婦)〉, 〈아들의 큰 장난감(兒子的大玩偶)〉, 〈샤오치의 그 모자(小琪的那頂帽子)〉 등 다른 초기 단편소설에서도 보편적으로 발견된다. 〈두 페인트공〉도 그러한 일면을 유감없이 보여 준다. 도시의 고층 빌딩에 걸린 외국 콜라 광고라는 점도 그렇지만, 전시된 여성 신체는 지금보다 보수적인 1970년대에는 더더욱 충격적일 만한 이미지였다. 이 거대한 이미지는 그 도발성 못지않게 도시에 침범한 현대 소비 문명의 난폭함, 그리고 선진국에 기생해야 하는 개발도상국의 처지를 신랄하게 고발한다. 소설 원문에서 아리와 원숭이를 취재하기 위해 나타난 기자들이 "Camera! Take", "Zoom in"이라고 영어로 외쳐대는 장면도 작가의 직업 경험이 반영된 것이면서, 주인공들의 도시에 대한 이질감마저 사냥감으로 여기는 언론의 탐욕스러움을 폭로하는 것이다. 주인공들이 최

허우샤오셴(侯孝賢)이 영화화한 〈아들의 큰 장난감〉(1983) 장면

후를 맞기 직전에 기자들이 나누는 대화는 더더욱 무자비하다.

"만약에 정말로 자살하려는 게 아니라면요?"

"그걸 어떻게 압니까?" 주임은 또 말했다. "지금 저들이 설혹 정말로 자살하려는 게 아니라 하더라도, 우린 저들을 자살하려는 것으로 보고 처리해야 합니다. 안 그래요? 에, 그러니까, 그래야만 인도적인 거죠, 안 그래요?"[18]

황춘밍의 소설이 도시와 농촌 관계의 불균형에 주목하고 있기에, 광고와 언론은 그 자체로 농촌에 대한 도시 침투의 표지이자, 동시에 종종 도시가 부여한 위협의 상징이 된다. 원작의 비판은 1980년대 시점의 한

18 〈두 페인트공〉, 《사요나라, 짜이젠》(창작과비평사, 1983), 232쪽.

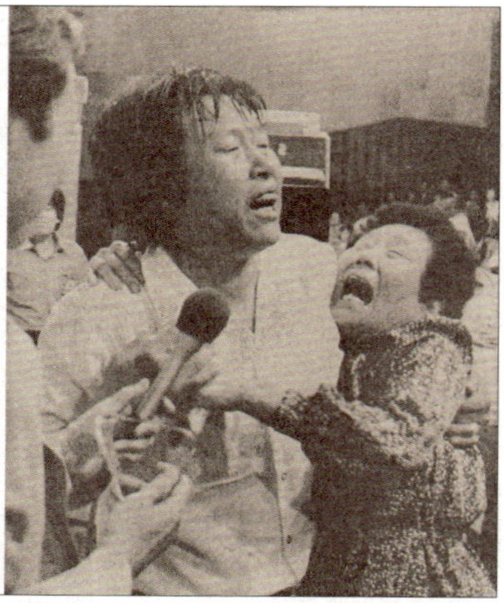

《동아일보》 1983년 7월 4일 자에 실린 KBS의 〈이산가족을 찾습니다〉 프로그램 중 한 장면

국 사회에서도 통할 수 있었다. 황춘밍의 소설이 번역될 무렵 한국에서도 바야흐로 미디어의 영향력이 전에 없이 팽창하고 있었다. 창작과비평사 판《사요나라, 짜이젠》이 번역된 바로 그해에 KBS에서 기획한 〈이산가족을 찾습니다〉라는 프로그램이 136일간 454시간이나 생방송으로 방영된 적이 있다.[19] 전국을 눈물바다로 만든 이 프로그램은 TV 방송의 위력이 한국 사회에서 얼마나 대단해졌는지를 증명한 대중매체 역사에 길이 남을 일대 사건이었다. 〈두 페인트공〉이 첫 발표로부터 무려 17년의 시차가 있음에도 불구하고 한국에서 연극을 거쳐 영화로까지 재탄생될 수 있었던 것은 한국 관객의 감각에도 맞는 시의성(時宜性)을 내포하고 있었기 때문이다. 특히 1980년대는 거의 모든 가정이 TV를 보유하고 광고 시장이 급팽창함으로써 한국인의 사회적 삶 속에 상업광고와 미디어 언론이 차지하는 비중이 전에 없이 증가한 시기였다.[20]

19 이것은 6·25전쟁 전후에 헤어진 한국 내 이산가족을 TV 방송을 통해 찾아 주려는 의한 최초이자 최대의 시도였다. 당시의 영상기록 자료는 2015년 유네스코에 세계기록유산으로 등재되었다.

자본주의 사회는 화폐와 마찬가지로 상품에 의해 모든 가치를 물질적 차원으로 통일시킨다. 상품 광고는 바로 존재의 외면을 감싸고 있는 이미지로써 시뮬라크르적 상황을 연출해 낸다. 실제로는 존재하지 않는 대상을 존재하는 것처럼 만들어놓은 인공물이 그것이다. 이때 시뮬라크르의 생산 기저로서의 상품성은 성(性)이라는 코드를 일반화한다.[21] 소설과 연극, 영화에 모두 등장하는 여성 모델의 반라 광고판은 당시 고도 자본주의를 향해 질주하던 대만과 한국 사회 배금주의의 민낯을 상징하기에 가장 적합한 이미지였다. 한국의 경우, 1970년대부터 시작된 서울 강남지역 개발로 형성된 졸부 문화, 즉 천민자본주의가 상품화된 성적 이미지와 쉽게 연계될 수 있었다. 그것은 또한 관객으로 하여금 토지 개발권을 독점적으로 행사한 군부세력과 저급한 성문화를 내세운 우민 정책을 떠올리게 했다. 연극과 영화 〈칠수와 만수〉는 모두 정치와 경제 권력이 유착한 결과로 나타난 천민자본주의를 중점적으로 풍자한다.

공간 활용이 자유로운 영화에서는 한 발짝 더 나아가 아예 두 페인트공의 작업 공간을 번화한 강남의 한복판으로 옮겨 놓는다. 소설 속 아리와 원숭이의 작업장에서 보이는 기차역 대신, 관객의 눈 앞에 펼쳐지는 것은 1981년에 동양 최대 규모로 조성했다는 강남개발의 상징 '서울 고속버스터미널'이다. 고속터미널을 에워싼 강남의 반듯하게 정비된 도시 풍경은 원작과 연극의 광고 간판이 확대된 이미지로서, 광고 이미지와 동일한 은유 작용을 한다. 옥상에 올라가 있는 주인공들과, 그들을 바라

20 TV 수상기의 통계만 보면, 가구 대비 보급률이 1973년에 20%였지만, 1980년에는 80%에 이르렀다. 옥외광고는 1972-1976년 사이에 전국에 2,639개가 설치되었다. 1968-1980년 기간에 한국 광고비는 92억 원에서 2,753억 원으로 경이적인 증가를 기록했다. 이명천·김요한, 《광고학개론(개정판)》(커뮤니케이션북스, 2016), 1장 참조.

21 박명진, 〈희곡의 영화화에 나타난 의미 구조 변화—희곡 〈칠수와 만수〉, 〈돌아서서 떠나라〉와 영화 〈칠수와 만수〉, 〈약속〉을 중심으로〉, 《한국극예술연구》(한국극예술학회) 제13집(2001.4), 118쪽.

신축한 강남 터미널을 배경으로 건물 옥상에서 촬영된 영화 〈칠수와 만수〉 속 장면

보는 빌딩 아래 '강남' 사람들 사이에는 육안으로도 상당히 멀어 보이는 거리가 발생한다. 영화는 특유의 미장센을 통해 두 주인공을 도시의 초대형 조형물들에 대비시키는데, 이것은 연극으로 표현하기 어려운 인물의 위축되고 불안정한 이미지를 만들어 냈다.

광고판처럼 도시문명의 냉혹함을 상징하는 또 다른 얼굴은 언론이다. 연극과 영화 〈칠수와 만수〉에서도 취재 대상을 막다른 길로 몰아가는 언론의 선정주의는 정치보다 더 폭력적이다. 〈두 페인트공〉이 한국 관객에게 받아들여진 또 다른 결정적 원인은 바로 언론의 무자비함을 매우 특징적으로 그려냈다는 점이다. 특종 잡기와 결부된 기자들의 선정적인 취재 태도는 연극과 영화에서 극적인 전환을 초래한다. 그들은 취재 대상인 주인공들에게 끊임없이 인터뷰를 청하지만, 주인공들이 원했던 진짜 소통은 받아들이지 않음으로써 끔찍한 결말을 조장한다. 이것은 또한 어용 언론에 분노와 좌절감을 품고 있던 한국 관객들에게 그 어느 것보다 극적인 카타르시스를 느끼게 했다. 연극과 영화 〈칠수와 만수〉가 만들어 낸 언론의 이미지는 한국의 다른 작품에도 영향을 남겼

2020년 대만에서 열린 〈1987 민중의 각성—한국 민주화 증언 영상전(1987人民覺醒—韓國民主見證影像展)〉의 포스터. 한국의 민주화 과정은 유사한 경험을 가진 대만인들에게도 관심거리이다(gpi.culture.tw).

다. 오태석의 창작극 〈심청이는 왜 두 번 인당수에 몸을 던졌는가〉(1990)에도 TV 카메라 기자들이 생명의 존엄성을 무시하고 인질극을 집요하게 보도하는 장면이 등장하는데, 이것은 어느 모로 보나 〈칠수와 만수〉에서 모티프를 취해 온 것이었다.[22]

상술한 것처럼 〈두 페인트공〉은 단지 〈칠수와 만수〉뿐 아니라 이후에 창작된 한국의 다른 연극 작품에까지 간접적으로 영향을 끼쳤다. 이러한 관련성만 보면 〈두 페인트공〉은 그때까지 한국과는 다른 특별한 곳으로, 실제 대만을 대체한 타자로서의 '중국'만을 상상해 온 한국인들의 대만에 대한 고정관념을 깬 작품임에 틀림이 없다. 그러나 연극과 영화 〈칠수와 만수〉의 관객들이 풍자가 넘치는 이야기를 통해 읽어 내고 공감한 것은 사실상 대만이 아니라 자기 시대의 한국이었다. 〈두 페인

22 조보라미, 〈오태석 희곡의 상호텍스트성 연구〉, 《한국현대문학연구》(한국현대문학회) 제24집(2008.4), 543쪽.

트공〉이 〈칠수와 만수〉를 통해 일으킨 반향은 한국의 사회 발전 단계가 대만과 유사하고 정치 사회적 경험을 공유하고 있었기 때문에 가능한 일이었다. 그런 유사성이 일으킨 작품에 대한 공감대와 동일시는, 원작이 타국의 현실을 모델로 했다는 사실을 오히려 더더욱 감지하지 못하게 했다. 한국의 관객들은 단지 한국사회의 사회적 단면을 첨예하게 비판한 걸작으로 〈칠수와 만수〉를 이해하고 받아들였다.

원래 황춘밍의 한국어판 소설집 제목은 다국적 기업에 대한 경제 종속을 기생관광으로 비유한 단편소설 〈사요나라, 짜이젠〉에서 취한 것이다. 이 소설은 책에 수록된 소설 중에도 원래의 기획 목적대로 제3세계의 모순을 가장 극명하게 보여 준 작품이었다. 기생관광은 진보 언론인 리영희가 그것을 묵인한 정부를 향해, "딸을 바치고 그 대가로 부자가 되는 아비"에 비유하며 맹렬하게 질타한 것에서 잘 알 수 있듯 당시 한국에서도 쟁점이 된 심각한 이슈였다.[23] 하지만 이 소설집의 영향력은 궁극적으로 〈사요나라, 짜이젠〉보다 연극으로 재탄생된 〈두 페인트공〉을 통해서 더 드라마틱하게 재생산되고 확대되었다. 이러한 결과는 앞에서 열거한 대로, 단편소설 〈두 페인트공〉의 희곡적 구성과 풍자적 필치, 그리고 지역과 시간대를 초월한 사회적 시의성이 다양한 전유와 변용의 여지를 제공한 덕분이다.

3 〈칠수와 만수〉의 현재와 미래

사실주의 연극 〈칠수와 만수〉는 한국사회의 변화에 따라 그 역할과 사회적 기대 역시 조금씩 바뀌어 왔다. 시기적으로 가장 가까운 2012년

23 리영희, 〈외화와 일본인〉, 《전환시대의 논리—아시아·중국·한국》(창작과비평사, 1979), 182쪽. 초판은 1974년.

대만판의 〈두 페인트공〉 각색 영화 포스터(lstime.com.tw)

버전에서는 스티브 잡스, '슈퍼스타 K'(KBS의 신인가수 선발 프로그램) 등 당시 시점에 맞는 문화 아이콘들이 새로 추가되었다. 극중에서의 사회적 현실 또한 시대에 맞게 재각색되어, 칠수의 꿈은 가수가 되는 것이고 만수의 꿈은 조그만 편의점을 갖는 것으로 바뀌어 있다. 경찰이 칠수와 만수가 생활을 비관하여 동반 자살을 하려는 것으로 오인하는 장면도, 두 사람이 시청 앞의 시위를 독려하려는 극렬 시위대로 오인하는 것으로 바뀐다. '시청 앞의 시위'란 관객으로 하여금 당시 사회적 이슈였던 '용산 철거민 참사'와 '쌍용자동차 노조 사태'에 대한 기시감이 들도록 연출한 것이다. 연극 〈칠수와 만수〉가 시대에 맞게 자체 변신을 거듭해 오는 동안, 극의 풍자대상도 한국 사회의 변화에 따라 무게중심이 이동해 왔다.

사실 원작이 사회적 이슈에 맞춰 동시대 경계인들의 좌절 양상에 초점을 두었기에, 각색 작품에서도 각색되는 시공간에 따라 그 형상이 변형될 것임은 이미 숙명적으로 예정된 것이라고 할 수 있다. 대만에서의 각색 영화 〈두 페인트공〉(루칸핑[虞戡平] 감독, 1990)에서도 이런 점은 유사하게 나타난다.[24] 이 영화에서 두 주인공의 사회적 정체성은 대륙 출

24 1985년에는 대만 만화가 랴오원빈(廖文彬)이 만화로 각색해 《환락만화(歡樂漫畫)》에 연재한 적도 있다. 랴오원빈의 각색 만화는 처음으로 대만의 도시와 농촌을 있는 그대로 담아냈다.

신의 나이든 퇴역병과 타이야족의 원주민 청년으로 묘사된다. '대륙출신자'는 1987년 중국 대륙으로의 '친지 방문'이 허가된 것이 (이 조치는 역설적으로 가난한 주인공을 더 좌절하게 만든다), '원주민'은 1988년 '토지 반환운동(還我土地運動)'과 함께 대두된 원주민 권익 이슈가 반영된 것이다. 사실 이것은 또한 영화 화두로는 대만 최초로 원주민 문제를 꺼낸 작품이었다. 소설 〈두 페인트공〉의 각색 버전들은 한국뿐 아니라 대만에서도 이처럼 지역과 시대 상황에 맞게 대표적인 사회적 약자나 그룹을 주인공으로 내세워 왔다.

1992년 학전 판 연극 〈칠수와 만수〉의 팸플릿

하지만 현실비판이 골간을 이루는 풍자극은 아무리 변화된 현실에 맞춘다고 해도 시간이 지남에 따라 관객에 대한 호소력이 줄어들 수밖에 없다. 현실풍자극이 왜곡된 현실 상황을 전제로 한다는 점에서, 어떤 평자는 〈칠수와 만수〉를 두고 "언젠가는 사라져야 할 연극"이라고 역설적으로 말하기도 했다.[25] 게다가 한국 대중들의 기억 속에는 1986년의 원판 〈칠수와 만수〉가 신화처럼 각인되어 있기에, 새로운 버전이 그것을 넘어서기란 쉽지 않다. 2012년 판이 공연된 후, 연극 〈칠수와 만수〉는 새로운 시대에 적응하지 못하고 비판적 소명을 소진했다고 혹평을 받았고, 풍자극 고유의 예술적 역량을 보여 주지 못했다며 실망 섞인 반

25 최주리, 〈언젠가는 사라져야 할 연극 〈칠수와 만수〉〉(2007.4), http://www.radiogfm.net.

응이 나오기도 했다. 시대가 바뀌어도 크고 작은 사회문제가 여전히 존재하니만큼 저항적 목소리가 전혀 의미가 없는 것은 아니지만, 극의 사회적 문맥, 더 나아가 사회적 역할이 많이 달라진 2012년 판은 총체적으로 1986년의 성공에는 크게 미치지 못했다.

2024년 3월에는 이처럼 한 시대가 저물어 감을 상징하는 또 다른 사건이 있었다. 한국 실험극의 산실인 대학로에서도 터줏대감이던 '학전' 소극장이 개관 33주년 만에 경영난으로 문을 닫게 된 것이다. 이 극장은 1992년에 연극 〈칠수와 만수〉를 직접 무대에 올린 적이 있고, 또 어찌 보면 이 극이 진화한 버전이랄 수 있는 음악극 〈지하철 1호선〉의 탄생 무대(1994년 초연)이자 장기 공연장이었다. 연극 〈칠수와 만수〉에서 〈지하철 1호선〉으로 이어지는 현실 참여적 실험극이 그동안 한국예술에서 차지한 위상은 대단했다. 그것은 이 극들이 단지 연극 무대에 한정되지 않고 영화계와 음악계로까지 한국을 대표하는 걸출한 예술인을 배출해 내는 동력원이 되어 왔다는 사실에서도 입증된다. 그런데 흥미롭게도 〈지하철 1호선〉 역시 원작이 1986년 초연된 독일 뮤지컬이다.[26] 그러니까 황춘밍의 소설을 각색한 〈칠수와 만수〉처럼, 이 극 역시 해외 원작을 철저하게 한국 상황에 맞춰 사회 풍자극으로 각색한 것이 주요한 성공 요인이었던 셈이다.

그러나 〈지하철 1호선〉의 마지막 시즌 예매자의 70% 이상이 40대 이상이었다는 사실에서 알 수 있듯,[27] 급속도로 변화하는 새로운 세대의 감성 앞에서 실험극의 토대는 전에 없이 무기력해졌다. 그래서 〈지하철 1호선〉, 그리고 더 거슬러 올라가 〈칠수와 만수〉에 열광했던 팬들은 이

26 나는 이 극의 중국어 자막을 수정하는 작업에 제자들과 두 차례 참여한 적이 있다. 이 글을 빌어, 당시의 열정에 동참하게 해 주신 고 김민기 선생님의 명복을 삼가 빌어드린다.

27 〈학전과 작별 아쉬운 중년 관객들, 다시 '1호선'으로〉, 《동아일보》, 2023년 11월 13일.

극들의 장점으로 여겨지던 요인들이 극의 생명력을 단축하는 약점이 되지 않기를 바라며, 과거식의 '참여연극'이 미래에 의미 있는 환골탈태가 일어나기를 기대하고 있다.

〈칠수와 만수〉에 대한 이야기를 끝내면서, 연극에 삽입되어 국민 유행가가 된 노래 하나를 마지막으로 소개해 본다. 극의 절정(Climax)에 등장하는 이 노래는 1980년대에 연극과 함께 시대의 '칠수'와 '만수'들에게 던지는 응원의 메시지가 되었다.

사노라면 언젠가는 밝은 날도 오겠지
흐린 날도 날이 새면 해가 뜨지 않더냐
새파랗게 젊다는 게 한밑천인데
쩨쩨하게 굴지 말고 가슴을 쫙 펴라
내일은 해가 뜬다, 내일은 해가 뜬다.[28]

가요 〈사노라면〉도 〈칠수와 만수〉 못지않게 한 시대의 감성을 대표하는 노래이다. 원래 1966년에 발표된 이 노래는 가사가 지나치게 비관적이라는 이유로 1967년 일찌감치 금지곡으로 지정되었다. 하지만 1980년대에 들어 시위 현장에서 학생들에게 널리 불리다가, 그룹 들국화가 1987년 그룹 활동의 해체를 기리며 발표한 레코드에 수록되고, 연극 〈칠수와 만수〉에도 뒤늦게 삽입되며 다시 큰 인기를 얻는다. 이 노래와 연극 〈칠수와 만수〉에 열광했던 세대들에게 1980년대는 정치적으로는 암울했지만, 어찌 되었든 어느 때보다 자유에 대한 갈망이 들끓던 시기였으며, 문화적으로 개인보다 공동체가 중시되고 디지털 문화의 틈입이 없이 아날로그적 낭만이 아직 살아 있던 시대였다. 그들에게 〈칠수

28 1절만 인용. 작사가가 김문응, 작곡가가 길옥윤이라는 사실에서 알 수 있듯 원래는 일반적인 유행가였다.

와 만수〉는, 비록 더는 과거처럼 통쾌한 충격을 주지는 못할지라도, 적어도 그 삽입곡과 함께 1980년대의 뜨거웠던 청춘을 상징하는 아이콘으로 또렷하게 남아 있게 될 것이다. 추억의 정서가 더해졌다는 점에서, 다소 관계가 멀긴 하지만 〈두 페인트공〉에도 이제 그만큼 새로운 역할이 부여되었다고 할 수 있을 것이다.

16장 세기말 중국어권 영화의 뉴 웨이브와 음식문화

음식은 문학에서처럼 영화에서도 중요한 소재이다. 인간이 먹지 않고 살 수 없을진대, 인간의 삶을 담은 영화에서 음식이 출현하는 것은 당연한 이치일 것이다. 중국어권 작품에 한정해 말하자면, 소설 〈공을기(孔乙己)〉(루쉰)에 소흥주와 회향두(茴香豆—중국식 콩자반)가 빠질 수 없고 〈허삼관매혈기(許三官賣血記)〉(위화[余華])에 돼지간 볶음이 없으면 안 되듯이, 영화에서도 쌀 순두부가 빠진 〈부용진(芙蓉鎭)〉(셰진[謝晉] 감독)과 고량주 없는 〈붉은 수수밭(紅高粱)〉(장이머우[張藝謨] 감독)을 상상할 수 없을 것이다. 그것들이 영화의 내러티브 속에서 감당하는 역할은 사람이 맡은 배역에 버금간다. 영화 속에서 배우의 먹는 연기는 다른 어떤 것보다도 배역이 살아 움직이고 있다는 사실을 관객에게 확인시킨다. 인간으로 환생한 영화 속의 귀신은 먹는 행위를 통해서 자신이 이승에 있음을 증명해 보이기도 한다. 이뿐만 아니라 음식 장면은 어떤 장치보다 영화에 풍부한 생활의 빛깔을 입힐 수 있다. 음식은 인물이 살아가는 시간과 공간, 그리고 사회적 계급뿐만 아니라 인물의 감정이나 심리까지 전달해 준다. 따라서 그것은 배역을 둘러싼 환경을 만들어 낼 때 사실성이 까다롭게 요구되기도 하다. 그렇다면 흔히 '식문화의 왕국'이라 불리는 중국에서, 그 다채로운 식문화가 영화 속에 어떻게 투영되는지는 자못

쌀 순두부를 팔고 있는 영화 〈부용진〉 속의 부부

흥미로운 문제가 아닐 수 없다. 영화의 음식 장면을 통해 우리는 음식이 밥상 바깥으로 지향하고 있는 것을 중국 식문화의 특수성과 관련지어 다양한 각도로 해석해 볼 수 있을 것이다.

'먹방' 같은 신조어가 일상화될 만큼 우리나라에서도 TV건 동영상 플랫폼이건 요리와 음식이 미디어 콘텐츠의 대세가 되고 있다. 음식만을 소재로 한 '국제음식영화제'가 서울에서 매년 따로 열릴 정도이다. 음식 담론은 분명 오늘의 한국을 설명해 줄 수 있는 주요한 문화 코드 중 하나가 되었다. 그런데 전통적으로 요리 담론이 가부장 문화에 갇혀 있어, 심지어 20세기 마지막 해에도 '요리가 취미인 남자'가 기사화되던[1] 한국 사회를 생각하면 실로 격세지감이 든다고 하지 않을 수 없다. 짧은 시간 동안 발생한 이런 변화의 배후에는 분명 어떤 사회적 동인, 그리고 촉매 역할을 한 원조격의 콘텐츠들이 존재한다고 할 것이다. 그리고 그 추세를 전 지구적 차원에서 추적해 보면 중국어권 영화의 영향도 적지 않았음을 알 수 있다.

이 장에서는 세기말에 음식으로 반향을 일으킨 중국어권의 영화들에서 식문화가 어떤 모습으로 나타나는지 살펴보기로 한다. 이 영화들은 어느새 사반세기도 더 지난 올드무비가 되었지만, 그것들이 발표된 시

1 〈요리가 취미인 남자들〉(《조선일보》, 1999년 4월 17일), 〈아빠는 지금 요리 중〉(《한겨레신문》, 1998년 9월 30일), 〈세 남자와 '요리 바구니'〉(《경향신문》, 1999년 10월 23일) 같은 기사들이 있다.

기는 창작 기법으로나 관객의 수용 방식으로나, 영화 속의 음식 묘사에 있어 분명한 하나의 전환점이 되는 때였다. 그러한 변화는 동아시아 문화교류에서 일상의 포스트모던과 함께 소비자본주의라는 새로운 여건이 미칠 영향력을 예견하는 것이기도 했다.

1 영화 속의 음식과 뉴 웨이브 영화의 등장

영화 속의 음식은 분명 현실과 다르다. 물리적 의미 이상으로 음식이 중요시되지 않던 기존의 많은 영화에서 식사 장면은 인물이 먹는 동작 중이라는 암시만을 줄 뿐이었다. 이럴 경우, 초점은 식사행위의 직접적인 대상인 음식 내용이 아니라 대개 그릇 붙이나 식탁 같은 간접적인 이미지에 맞춰졌다. 이와 달리 현실보다 훨씬 과장함으로써 음식에 대한 환상을 갖게 만드는 경우도 많다. 사실 관객은 시각과 청각을 통하여 맛을 느끼게 되므로, 그들의 감각 신경을 자극하기 위해 영화 속의 음식은 부풀려질 수밖에 없는 운명이다. 게다가 영화의 다양한 효과는 오히려 현실에서보다 더 식욕을 자극할 수도 있다. 스크린을 통해 관찰되는 식탁은 실재하는 것을 촬영한 것이지만, 어느 정도의 영화적 상상력이 가미되어 재구성된 것이다.

영화가 현실보다 더 현실같은 판타지를 관객의 감각 앞에 제시해 보이면, 관객은 개별적인 숏의 상(像)을 실재하는 것으로 착각하면서 영화의 허구적 세계 속으로 몰입하게 된다. 이때, 음식은 독립적인 이미지로 제시될 뿐 아니라, 숏들이 하나로 연결된 전체 이야기를 사실로 믿게 하는 매개도 됨으로써, 결국 이중적인 환상 구조를 통해 관객에게 다가간다. 즉, 영화에서 음식은 하나의 신(scene)을 통해 맛에 대한 직접적인 상상을 촉발할 뿐 아니라, 전체의 이야기 구조와 관계되는 또 다른 층위의 상상을 하도록 한다.[2] 기호학의 표현을 빌리자면, 영화 속 음식이 불러일으키는 상상 속에는 직접적인 물질로서의 형상이 내포될 뿐 아니라, 음식이라는 기표와 연결되는 전혀 새로운 기의가 개입되는 것이다. 서술구조의 틀 속에서 식사 장면은 영화의 내러티브를 구성하는 중요한 서술적 장치가 되기 때문에 현대로 내려올수록 감독의 전략에 의해 의도적으로 배치된다.[3]

20세기의 마지막 10년간 중국 대륙과 대만, 홍콩 세 지역의 영화는 각자의 달라진 제작환경 속에서 어느 시기보다 발 빠르게 생존전략을 도모했다. 이런 와중에 일찍이 1980년대에 세계의 이목을 집중시켰던 중국 양안에서의 첫 뉴 웨이브 운동은 애초의 순수성이 상당 부분 퇴색되었다. 바로 이 전환점에서 영화에 대두된 음식문화는, 요컨대 창작전략의 변화와 제작의 상업화 경향이 조합된 결과라고 할 수 있다. 예술적이냐 상업적이냐를 불문하고 이 시기의 중국어권 영화 속에서 음식은 비로소 주제와 관련된 상징적 장치이자 동시에 관객을 영화관으로 이끌어 낼 수 있는 비중 있는 이미지로 격상되었다.

이 시기에도 계속해서 활동한 1세대 뉴 웨이브와 새롭게 나타난 그 후속 세대 영화인들은 도시의 생활 속에 넘쳐 나는 낯익은 것들을 기호화함으로써 기민하게 관객의 취향을 반영했다. 도시의 소비시장이 확대됨과 더불어 대만이나 홍콩뿐 아니라 대륙영화에서도 이제 음식문화가 분명한 자기 기능을 갖게 되었다. 같은 시기에 스크린 밖에서는 한창 미식 문화가 유행하고, 외식 시장이 다양화되며, 수없이 쏟아져 나오는 요리 정보와 담론들이 중국어권 지역들을 다시금 식문화의 왕국으로 변

2 '한류'의 선풍 속에서 한국 드라마의 식사 장면조차 아시아인들에게 커다란 인상을 준다고 한다. 이것은 주로 밥상의 분위기와 먹는 방식을 통해 유발된 호기심 때문이지만, 음식이 전체 드라마의 내러티브와 갖는 일정한 관련성에도 기인하는 것이다.

3 백승국, 〈영화 속 음식 기호를 찾아서〉, 《기호학으로 세상 읽기》(소명출판, 2002), 87쪽.

화시켜 가고 있었다.

2 영화의 새로운 조류와 음식문화 표현의 의미

인간이 음식을 만들고 먹는 일상적인 행위가 영화에 어떻게 등장하게 되는가 하는 것은 영화사 속에서 따로 언급될 만큼 주목받을 만한 문제는 아니었다.[4] 그렇기에 음식 또는 요리가 영화의 전면에 화두로 등장했다는 것은 전혀 다른 차원에서 얘기될 수 있다. 영화사를 거슬러 올라가 보면, 당연한 이치이겠지만 영화 속에서 음식의 비중이 증가된 것은 우선 촬영 기술의 발달과 밀접한 관련이 있다. 특히 색채와 디지털 기술의 눈부신 발전으로 화면 속의 음식은 비록 '그림의 떡'일지언정 관객의 식욕을 자극하기 충분할 만큼 실물과의 거리가 가까워졌다. 그러나 음식의 비중을 문화사적 맥락과 관련지어 다시 생각하면, 이 새로운 역할의 출현은 단순히 기술 발전의 결과로만은 볼 수 없는 의미 있는 사실과 연결될 수 있다. 음식이 영화 속에서 복합적인 의미를 띠게 되는 것은 사회와 문화의 변화와 분명한 관련이 있기 때문이다.

2.1 생활문화의 대두와 뉴 웨이브 영화

중국은 세계에서 가장 음식문화를 중시해 온 나라 중의 하나이다. 고대로부터 국가의 의식에서 가장 중시된 것이 음식이었을 뿐만 아니라, 음식에 대한 지식과 미각 능력에 의해 사대부들의 인품이 가늠되기까지

4 어느 시대건 식문화는 영화의 소품으로 흔히 등장했다. 이를테면 동명의 만화를 개작한 중국 흑백영화 〈싼마오의 방랑기(三毛流浪記)〉(1949)에서는 거지 소년 싼마오의 시선 속에 음식점 쇼윈도에 걸린 통닭과 소시지를 오버랩한다. 음식은 주인공의 계급성을 강조하는 소품이 된다. 그러나 이 영화의 음식에는 물리적인 먹거리 이상의 중층적인 의미가 부여되지는 않는다.

했을 정도이다. 이에 대한 구체적인 근거로서 중국에는 오래전부터 요리법뿐 아니라 미식 방법에 관한 다양한 기록이 전해져 내려왔다.[5] 재미 화인(華人) 인류학자 장광즈(張光直)에 의하면, 이러한 음식에 대한 중국인의 창조성은 다음과 같은 4가지의 특징으로 요약된다. 그것은 1) 요리의 소재와 종류가 계량화되어 있다는 것, 2) 상황에 따른 재료를 쓰는 것이 구조화되어 있다는 것, 3) 음식이 정보의 수단이 되며, 특정한 사교의 장일수록 더욱 특별한 정보를 담게 되므로 상징적이라는 것(이럴 때는 음식의 구조와 대비가 더욱 복잡해진다), 그리고 마지막으로 4) 음식에 대한 기대감이 높고, 그것을 여럿이서 공유한다는 점에서 심리적이라는 것이다.[6] 이를 통해서 체면을 중시하는 중국 전통사회에서 음식이 사회적 활동에 얼마나 절대적인 역할을 했던가를 짐작해 볼 수 있다. 그것은 이미 미각이 감당하는 단계를 넘어서는 정신적인 차원의 문제이다. 음식은 중국인에게 맛을 얻는 것뿐 아니라, 자아와 타인의 관계를 규정하는 사회적 언어로까지 기능이 확장되었다.[7] 전통만으로 보자면 중국어권 영화가 음식문화에 주목하게 된 것이 새삼스럽지는 않다.

그러나 음식이 사회상을 드러내 주는 하나의 상징적인 지표로서 거

5 탐욕주의는 중국의 상류층에서도 경계의 대상이었지만, 잘 알려진 문인 중에 당나라의 장대(張岱), 송나라의 소식(蘇軾), 청나라의 원매(袁枚)와 이어(李漁)처럼 대표적인 미식가로서 요리에 관한 저술을 남긴 사람도 적지 않다.

6 K. C. Chang, "introduction," in *Food in Chinese Culture*, K. C. Chang, ed.(New Haven and London: Yale University Press, 1977), 11-13 참조.

7 미국에서는 'banquets'란 말이 통상 규모가 꽤 큰 정식 연회를 가리키는 반면에, 중국에서 이 개념에 해당하는 행위는 친척·친구·친지 등과의 음식을 통한 사교를 가리키는 폭넓은 의미로 쓰인다. 개인관계가 중시되는 (중국 같은) 사회에서 면식 있는 사람끼리 초대하고 초대받는 것은 초청받은 사람이나 초청한 사람이나 모두 체면과 관계된 일이다. 이러한 체면의 메커니즘은 식사에 초대하는 것이 체면을 위한 교류 과정이며, 인간관계의 네트워크에 영향을 끼치는 전략이라는 사실을 말해 준다. 邊燕杰, 〈中國都市中的關系資本與飮食社交—理論模型與經驗分析〉, 劉翠霞 等譯, 《開放時代》 2004年 2期(홍콩: 科技大學社會科學部), 97쪽.

론되기 시작한 것은 그리 오래된 일이 아니다. 이는 서구에서도 마찬가지이다. 영국에서는 1970년대가 되어서야 음식과 셰프 숭배가 시작되었고, 이때가 되어서야 음식은 학계에서 영양의 차원을 넘어서는 섹스·힘·예술을 의미하는 기호학의 대상이 되었다. 미국에서도 1980년대 이후에 와서야 음식에 관한 담론이 아마추어 단계에서 아카데미즘의 단계로 넘어오기 시작한다.[8] 갖가지 '포스트' 주의가 다문화 연구의 촉매 역할을 했듯이, 실천적 윤리로서 금욕주의를 당연시했던 전통적인 주류 담론이 미약해지는 대신, 특이한 취미의 세계가 소비의 미학과 결합해 사회화되기 시작한다. 그동안 눈에 띄지 않았던 삶의 구석구석에 눈길이 닿으면서, 보수적인 식문화에도 변화가 찾아들었다. 서구의 음식 문화사에서 설명되는바, 근대주의(modernism)가 요리를 '문명화', '규범화' 시킴으로써 중산층의 식사 양식과 매너를 획일적으로 강제한 '복제'의 시대를 만들어 냈다면,[9] 포스트모더니즘은 각 지방의 향토 요리를 융합하거나, 개인 차원의 미식 문화를 공론화하거나, 아니면 이제까지 발견하지 못했던 새로운 식재료에 관심을 보이는 등, 근대주의적인 식사 풍습을 급속히 해체해 나갔다.

중국에서는 문화대혁명의 종식 이후 1980년대까지가 근대주의적 식문화의 회복기였다면, 시장경제의 원리가 현실 삶에까지 밀어닥친 1990년대는 도시의 식문화에 포스트모던의 징후가 찾아든 시기라고 할 수 있다. 개혁개방 초기에 갖가지 대중식이 우후죽순처럼 복원되고 공

8 Elaine Showalter, "Food—My Dinner with Derrida," *American Prospect*, https://prospect.org(2002.1.3).

9 문학예술에서 언급되는 모더니즘과 이 글에서 거론하는 음식 문화사에서의 모더니즘은 본질적으로 차이가 있는 것이다. 전자가 개인과 사회의 관계에 대한 전통적인 인식을 부정하고 개인의 분열에 더 관심을 보이는 것이라면, 후자는 건축에서와 마찬가지로 산업화 이후의 획일주의·합리주의가 지배하던 시기를 의미한다. 이에 대해서는 廖炳惠,《吃的後現代》(臺北: 二魚文化, 2004), 제1편 참조.

거리 음식을 팔고 있는 1980년대 베이징의 거티후(인터넷 사이트 〈源書屋〉)

장에서 대량으로 생산된 식품이 시장을 지배하던 획일적인 단계를 지나자, 독자성을 유지해 온 각 지방의 전통 요리가 원천을 따지는 것이 무색할 만큼 교차·융합되고, 세계 각처에서 수입된 낯선 음식 스타일이 폐쇄적이었던 중국인의 식탁에까지 오르기 시작했다. 영양과 위생, 효율성을 위주로 했던 음식 담론의 중점이 자연히 건강과 분위기, 미식 등으로 옮아가게 되었다.

식문화의 과열 현상은 외식사업의 폭발적인 성장에 따른 것이기도 했다.[10] 정부의 성장 드라이브 정책하에서 1980년대 후반부터 형성된 신흥 중산층이 이를 주도했다. 중국 정부가 개혁 초기부터 국가적 목표

10 중국 상무부의 발표에 의하면, 2005년도 중국인의 평균 외식·음료 소비는 연간 680위안으로 개혁개방 초기인 1978년보다 무려 118.4배나 된다. 한편 2005년까지 외식·음료 시장 성장률을 보면 15년간 연속해서 두 자리 수자의 고속성장을 유지하고 있다. 이는 개혁개방 초기인 1978년에 비하면 161배나 증가한 것이다. 合智情報工作網(www.hezhici.com, 2006.3.27) 참조.

로 내세운 개별 가정경제의 안정적 수준, 즉 '소강(小康)'[11]의 상황이 당겨질수록 그만큼 외식문화도 빠르게 확산되었다. 신흥 중산층의 탄생은 식사 양상의 차별화와 계급화로 이어졌다. 과거 합작사의 공용식당이나 국영 레스토랑으로 국한되었던 도시의 외식문화가 '거티후(個體戶)'[12]의 폭발적인 증가와 함께 포장마차에서 고급호텔에 이르기까지 다양한 수준으로 세분되었다.

이는 영화 속의 식문화에도 환상과 현실이 동시에 투영되도록 했다. 음식이 생활에 대한 낭만적인 환상을 갖게도 하지만, 반면에 현실에서 문제시되는 사회적 불평등을 우회적으로 드러내기에도 적합한 소재가 되었기 때문이다. 음식문화가 영화 속에 대두된 것은 사회 계층구조의 다변화와 밀접한 관련이 있다. 그러나 현실의 상황이 영화로 옮겨지기까지는 좀더 시간이 필요했다. 영화언어로 표현될 수 있는 음식 담론의 형성, 즉 음식문화에 대한 심층적인 인식은 또한 영화기법(단순한 기술만이 아닌)의 성숙과 동반하는 것이기 때문이다.

1980년대 이후, 그때까지 작가주의 영역 바깥에 있던 세계의 각 지역에서 속속 뉴 웨이브 영화가 탄생하면서, 문화적인 반향을 일으킨다. 이 시기에 뉴 웨이브 영화의 세계 지형도에서 대만과 중국 대륙이 차지하는 비중은 절대적이었다. 같은 시기에 일어난 대만의 계엄 해제와 민주화, 대륙의 개혁개방과 신계몽운동같은 사회문화적인 변화들은 영화계에도 영향을 끼쳐 자기 정체성 확립과 대외 개방을 동시에 촉구했다. 그

11 중국 국무원의 〈90년대 중국 식품 구조 개혁과 발전 방안〉에 의하면, "90년대는 중국 인민의 소비수준이 소강을 향해 매진하는 중요한 단계로서, 식품의 공급 상황이 빠르게 변화함으로써, 식품구조를 바로잡는 관건적인 시기이자 유리한 시기이기도 하다"고 정의한다(李志剛, 〈中國現代商業食文化初探〉, 《天津商學院學報》 1997年 2期, 59쪽에서 재인용). 중국공산당 제16차 대회에서 수립된 제11차 5개년 계획(2006-2010년)에서도 소강사회에 대한 국가적 전략은 더욱 강화되었다.

12 중국 민법에 근거한, 개인이나 가족 단위의 소규모 경제조직을 이른다. 보통 7인 이하의 규모이다. 월간 《국토》 2004년 12월호(국토연구원)의 〈용어 풀이〉 참조.

런데 이러한 국면은 1980년대 후반에 접어들며 다시 한번 전환기를 맞게 된다. 중국 대륙의 경우, 톈안먼사건이 발생한 1989년과 사회주의 시장경제를 채택한 1992년 이후 기존의 5세대식 예술영화 운동이 크게 위축되면서, 또 다른 변화의 필요성에 직면하게 된다.[13] 정치적 제한을 피하면서 재정적인 문제를 해결하기 위해 예술영화계는 해외로 진출하거나 해외 자본을 유치해야 했고, 이를 가능케 할 새로운 양식을 찾아야 했다. 이제 전형적인 5세대 영화 속의 심심산골과 황무지에서 벗어나, 도시 중국인의 삶과 풍속이 다른 방식으로 표현되기 시작한다. 게다가 민영화로의 구조조정에 들어간 대륙의 영화계는 국책영화조차 홍콩과 할리우드의 오락영화 형식을 참조할 수밖에 없는 상황이 되었다.[14]

한편 대만에서도 비슷한 상황이 나타난다. 이미 계엄 해제 이전인 1980년대 초반부터 나타난 초기 뉴 웨이브는 기존의 통속적 오락영화나 반공영화의 대척점에서 독자적 영역을 구축했다. 그러나 순수하지만 어쩌면 고지식하다고 할 예술영화에 대한 집착이 오히려 영화산업 전반에 위기를 초래함으로써, 해외영화제의 힘을 빌리든지 아니면 상업주의와 공조하든지 새로운 전략을 모색할 필요가 생겼다. 전환기적 상황을 잘 보여 주는 뉴 웨이브 2세대들의 영화로는 해외와 국내에서 동시에 입지를 확보한 〈쿵후선생(推手)〉(리안[李安] 감독, 1992)과 〈애정만세(愛情萬歲)〉(차이밍량[蔡明亮] 감독, 1994) 같은 작품들이 있다. 이 2세대 대만 뉴 웨이브 영화의 커다란 특징은 도시문화 성찰이 서사의 중심이 되지

13 戴錦華, 〈黃土地上的文化苦旅〉, 《文化批評與華語電影》(臺北: 麥田出版社, 1998), 69쪽.

14 반세기 가까이 시행되어 온 중국전영공사(약칭 '中影公司')에 의한 국가 배급체제가 마침내 1993년 정식으로 소멸되고, 영화 판권료와 극장표의 가격결정권이 지역에 위임되었다. 이것은 영화작품의 구매와 배급에 대한 국가의 보장이 사라지고, '관객 수'와 '흥행 수입' 등 영화시장에 의한 지표가 제작의 중요한 요소로 부상했음을 뜻한다. 《中國21 Vol.11—現代中國映畫研究特輯》(日本 愛知大學, 2001.4)의 〈中國映畫の步み〉 편 참조.

만 더는 리얼리즘을 유일한 영화의 문법으로 간주하지 않는다는 점이다. 이들은 자기들의 영화를 해외영화제의 영향력 아래 편입시켜 해외시장을 적극적으로 개척해 나감으로써 국내 극장업계의 구속에서 벗어나고자 했다.

홍콩에서는 이런 변화가 약간 다층적으로 일어난다. 일단 대만에서처럼 홍콩에서도 표현성을 내세운 본격적인 뉴 웨이브 영화들이 나타난다. 대표적인 것으로 앞의 영화들과 비슷한 시기에 발표된 왕자웨이 감독의 〈아비정전(阿飛正傳)〉(1990)과 천궈(陳果) 감독의 〈메이드 인 홍콩(香港製造)〉(1997) 같은 영화들이 있다. 이 작품들은 홍콩영화에 대한 선입견을 바꿀 정도로 탈시장적인 작가주의를 선보였다. 그런데 또 다른 한편으로, 이전 시대에 유행하던 누아르(noir) 풍이 잦아드는 대신, 일상생활을 소재로 한 더 파격적인 스타일의 대중영화도 등장한다. 쉬커(徐克)의 생활 판타지 영화와 저우싱츠(周星馳)의 코믹 키치 영화 같은 가벼운 오락물들이 그러했다. 영화언어의 심도를 논외로 한다면, 시대를 풍미한 포스트모던의 영향은 이런 오락영화에서도 동일하게 나타난다고 할 수 있다.

이처럼 1990년대에 들어서면서 중국 대륙과 홍콩, 대만에서 공히 시장은 어느 때보다 영화에 막강한 영향력을 행사하게 되었고, 다른 한편으로 해외영화제가 흥행에 취약한 예술주의 감독의 국내 입지를 높여주는 돌파구가 되어 갔다. 달라진 제작환경 속에서 영화 예술인들은 새로운 전략을 꾀하지 않을 수 없게 되었다. 미식 영화는 바로 이 같은 창작 주체의 세대교체, 예술영화의 활로 모색, 그리고 시장의 수요가 서로 만나는 꼭짓점에서 등장했다.

2.2 미식 영화의 유행과 이데올로기

중국어권에서 미식 영화의 선례가 된 작품으로는 두말할 것 없이 〈음

영화 〈음식남녀〉 중 아버지의 일요일 저녁 만찬 장면

식남녀(飮食男女)〉(1994)를 들어야 할 것이다. 리안 감독은 화려한 영상을 통해 세계의 관객들에게 중국 요리문화의 진수를 선보였다. 이 영화에 생생하게 묘사된 다양한 음식과 그것들의 요리 과정은 음식 영화에서 이미지가 얼마나 중요한 역할을 하는가를 입증한다. 하지만 이미지를 통해 영화가 말하려는 진짜 메시지는 인간의 삶에 대한 음식의 역할과 의미에 있다.

특급 호텔의 주방장 주(朱) 사부는 홀아비가 된 뒤 오랫동안 딸들의 뒷바라지를 하며 살아 왔다. 영화 후반에 이르기까지 관객에게 주 사부의 정체성은 직장에서는 은퇴를 앞둔 원로 셰프, 집에서는 쇠잔해 가는 늙은 아버지 정도로 인식된다. 요리가 신의 경지에 올라있음에도 나이가 들면서 미각을 잃어 간다는 설정은 주인공에게 인간적인 평범함을 더해 준다. 그런데 그는 황혼의 길목에서 딸뻘밖에 안 되는 젊은 반려자를 만나면서, 자기 정체성이나 다름이 없음에도 한동안 고장나 있던 미각을 되찾는다. 그에게는 사실 원래부터 지극히 인간적인 애정에 대한 욕망이 누구보다 절실하게 움트고 있었던 것이다. 이 영화가 나열하는 화려한 음식 이미지 뒤에 존재하는 분명한 메시지는 인간에게 식욕이 중요한 것처럼 성욕도 살아 있는 한 나이에 관계가 없이, 아니, 나이가 들어갈수록 더 절실하다는 것이다. 그렇기 때문에 아무도 예상치 못한 그의 재혼 선포는 타인들의 선입견에 헝클어진 욕망의 제자리 찾기, 다시 말해 식(음식)과 성(남녀)의 순위가 뒤바뀌는 통쾌한 반전이 된다.

전통 중국에서 인간의 기본 욕망인 식과 성은 문화적으로 밀접한 관련이 있는 것이었다. 음식과 의약의 관계처럼 음식과 성 기능과의 상호 관련성은 매우 중시받아 왔다.[15] 성적인 욕망이 식욕처럼 나이에 상관없는 자연스러운 본능임을 강조한다는 점에서 이 영화는 전통 관념을 성공적으로 현대화했다고 할 수 있다. 그런데 이는 동시에 또 다른 전통을 위배한 것이다. 왜냐하면, 이 영화의 제목이 비롯된 공자의 경전《예기(禮記)》에서는, 지나친 '음식남녀'의 욕구가 사회윤리인 예(禮)에 방해가 되니 절제하라고 훈계하기 때문이다. 원전의 전통적 의미를 전제하고 다시 보면, 현대인의 욕망을 들춰내는 이 영화의 반어법적인 제목이 얼마나 절묘한 것인지를 다시금 확인할 수 있다.

이 영화가 보여 준 감탄을 자아내는 상차림은 전적으로 상류층 미식 문화의 관습 안에 있는 것들이다. 영화가 성공적인 흥행과 더불어 영화 바깥으로 요리 담론을 확산시키는 기폭제가 되었던 것은, 바로 그러한 고급 미식 문화를 통해 중산층의 지지를 얻어냈기 때문이다. 〈음식남녀〉의 성공은 이후 대만을 넘어 해외에까지 영화, 드라마, 만화 등 다양한 시각예술 장르에 영향을 끼쳤다. 이미 세계적인 오락영화의 생산지이자 또한 미식 문화의 중심지인 홍콩에서 이를 신속하게 반영한 것은

15 李亦園,《文化發展的人類學探討》(臺北: 允晨文化, 1992), 163쪽.

묘기로 희화되는 영화 〈금옥만당〉의 요리(nowplayer.now.com)

그리 이상한 일이 아니다.

홍콩에서 세기말에 제작된 두 편의 요리 소재 코미디, 〈금옥만당(金玉滿堂)〉(쉬커 감독, 1995)과 〈식신(食神)〉(저우싱츠 감독, 1996)은 그중에도 대표적인 영화라 할 것이다. 이 두 영화는 스타시스템과 대중성이 결합한 홍콩 영화산업의 속성을 여실하게 드러내는 전형적인 오락영화이다. 두 영화는 '요리 대결'이라는 동일한 모티프를 가지고 희화적으로 인생을 묘사한다. 이 영화들 속에서 요리는 음식을 만드는 데 목적을 둔 행위라기보다는 고난도의 묘기에 가깝고, 마법사와도 같은 셰프의 초현실적인 능력을 관객이 오히려 당연하게 받아들이도록 만든다. 그렇기 때문에 두 영화는 줄거리의 설정에서부터 현실 상황과는 거리가 먼 극단적인 '보는' 영화를 지향한다.

〈금옥만당〉은 전설적인 청 황실의 코스 요리 '만한전석(滿漢全席)'처럼 특이한 소재로 관객의 시선을 끈다. 각기 만한전석의 전수자를 자처하는 자오파(趙派)와 뉴파(牛派) 사이의 요리 경합은 마치 무협소설 속 소림파와 무당파의 결투 같다. 기이한 재료와 무공에 가까운 조리 장면은 음식에 대한 환상을 계속 부풀려 가며 내러티브의 빈약함을 상쇄시킨다. 〈식신〉은 자만에 빠져 경쟁자의 계략에 말려들었다가, 절치부심한 끝에 다시 '요리 신'의 반열에 오르게 되는 셰프이자 사업가인 주인공의 전설 같은 이야기이다. 이 영화들에서 현실성은 처음부터 아무런 의미가 없다. 어느 영화보다 시각적으로 강조됨에도 불구하고, 영화 속 요리는 소품의 역할에서 벗어나지 않는다. 왜냐하면, 이 영화들에 나타나는 퍼포먼스로서의 요리는 본질적으로 먹는 행위와 그에 대한 느낌이 배제된 것이기 때문이다. 영화들의 과장된 연출과 단순화된 결말, 코미디를 받쳐 주지 못하는 내면 묘사의 한계는 현실과의 괴리감을 가중하고 때로는 특정 식문화에 대한 편견을 갖게까지 한다. 그럼에도 두 영화는 고급과 저급 요리 사이의 경계 해체, 무협과 만화를 차용한 혼성모방 등으로 요리에 다층적인 의미를 부여했다. 특히나 맛의 극단적인 시각화는 이 영화들의 포스트모더니즘적 기지를 십분 드러낸다.

미식을 통해 눈의 즐거움을 추구하는 영화의 한편에는 또한 전통적으로 미식 문화와 충돌해 온 기아의 문화가 반영된 전혀 다른 영화들이 있다. 영화 속의 미식이 타인의 삶을 엿보고자 하는 관객의 관음증적 취미를 충족시킨다면, 기아는 관객 자신의 체험에서 비롯된 두려운 기억과 연결된다. 그러나 이런 영화 역시 포스트모던의 시대일수록 관객에게 오히려 호소력을 가질 수 있다. 프레드릭 제임슨(F. Jameson)의 표현을 빌리자면, '자기 시대에 대한 향수'야말로 포스트모던 시대의 전형적 문화 특징 중 하나이기 때문이다.[16] 음식처럼 관객의 향수를 유발하는 소재도 드물 것이다. 그것은 영화 바깥의 현실에서 특정한 음식의 유행이 반드시 미식 문화에 국한하지 않는다는 사실을 통해서도 잘 알 수 있다. 중국에서 1990년대 중반에 '억고반(憶苦飯)'이나 '지청찬(知靑餐)' 같은

16 Fredric Jameson, "Nostalgia for the Present," *South Atlantic Quarterly* 88, 2(Spring, 1989), 517-537.

"공동식당 운영을 정말 잘해야 한다!" 대약진 시기의 공동 취사 선전 포스터(상하이인민미술출판사, 1958)

혁명 시절의 구황 음식이 추억 아이템으로 유행한 점도 그에 대한 예증이 될 수 있을 것이다.[17]

중국 대륙에서 궁핍한 시절의 음식에 대한 영화적 모티프는, 어떤 면에서 농촌과 전원을 무대로 하여 1980년대 중반까지 유행했던 문학의 '심근 사조'[18]와 발상이 같은 것처럼 보인다. 그러나 양자는 약간의 차이가 있다. 똑같이 궁핍했던 과거의 기억에 근거하지만, 심근 사조가 문화의 정신적 원천에 더 관심을 둔 반면, 그 시절의 먹거리를 다룬 영화들은 소시민적인 체험과 기억을 더 중시한다. 이는 〈붉은 수수밭〉(1987)과 〈집으로 가는 길〉(1999)이 같은 감독이 각색한 영화임에도 뚜렷하게 보이는 차이를 통해 확인할 수 있다.[19] 전자의 주인공 쥬얼(九兒)은 원작에서도 요리와 무관하다. 양조장을 지켜내고자 촌민의 항일투쟁을 이끄는 마치

17 '억고반'은 고생한 시절을 추억하는 음식이란 뜻이고, '지청찬'는 문혁 시기에 하방지에서 먹던 음식을 말한다. '지청'은 당시 하방을 떠난 '지식청년'을 줄인 말이다. 李志剛, 앞의 책, 59쪽 참조.

18 심근(尋根) 사조는 1980년대 후반, 문혁으로 파괴된 민족문화의 생명력을 복원하고자 작가들이 농촌에 주목하면서 유행한 창작 경향이다. 특히 중원문화의 원형성이 응축된 곳으로 서북부 황토고원 일대를 배경으로 한 작품이 대거 등장한다. 심근 소설은 5세대 감독에게 많은 영향을 끼쳐, 농촌과 민속을 소재로 한 전형적인 5세대 영화를 탄생시켰다.

19 〈붉은 수수밭〉은 모옌의 동명 장편소설을 각색한 것이고, 〈집으로 가는 길〉은 바오스(鮑十)의 단편소설 〈기념(紀念)〉을 각색한 것이다.

대지모신(大地母神) 같은 그녀의 이미지에는 생활의 디테일이 불필요했다. 하지만, 훨씬 보통사람에 가까운 후자의 자오디(招娣)는 이미 원작에서부터 부추계란전(韭菜炒雞蛋)으로 남편의 마음을 휘어잡는다. 관객은 다가갈 수 없는 역사 속의 거룩한 세계보다 기억이 닿고 동일시할 수 있는 세계에 더 친근함을 느끼는 법이다. 게다가 세기말 관객의 입맛은 개혁개방 초기보다 더 까다로워져 있었다. 이에 따라 후자의 영화에서 음식은 필연적으로 훨씬 감각적으로 묘사된다.

2.3 궁핍함의 기억과 가족주의

해외에 알려진 중국의 식문화는 주로 화교 기업가, 즉 화상(華商)들에 의한 현지의 요식업체를 통해 체험됨으로써 낭만적인 환상과 뒤섞여 인식되는 경우가 많다.[20] 물론 이것도 아는 만큼만 먹어볼 수 있기에, 한국인들은 중국 음식 하면 으레 자장면이나 탕수육 정도를 떠올리기 십상이다. 박태원의 〈천변풍경〉을 보면, 놀랍게도 이미 1930년대 말에 '청요리'라는 이름으로 소설에 등장하는 중국 음식도 바로 이 두 가지였다. 한편 진짜 서민식에 대해서도 제대로 알려진 바는 많지 않다. 고급 요리를 기반으로 정선된 식문화, 단적으로 말하면 화교들에 의해 만들어진 '외식 식단'이 보편적인 식문화인 것처럼 오도되었기 때문이다. 이는 근본적으로 식문화 범주에서 비일상적인 특별식만을 다루고, 일상의 다반사였던 굶주림은 배제한 비현실적인 상상에 불과하다.

기실 5천 년이나 거슬러 올라간다는 중국의 문명사를 통틀어 아사(餓

20 이는 대부분의 화교들이 이민 초기에 소규모 자본으로 개업이 가능한 요식업체에 종사하게 된 것에 크게 기인한다. 그러나 나중에 이들이 식품 무역에도 개입하면서, 중국 안의 식문화에까지 영향을 끼치게 된다. 예를 들면 후추 같은 향신료와 제비집, 상어지느러미 등 희귀한 재료들은 화교 상인들로 인해 중국 식문화에 도입된 것들이다. 陳偉明·侯波, 〈20世紀以前的南洋華僑在中外飲食文化交流中的作用〉, 《東南亞研究》 2006年 1期, 56-57쪽 참조.

死)의 공포에서 완전히 벗어난 것은 고작 지금으로부터 대략 50여 년 전에 불과하다. 말하자면, 중국의 식문화는 확률적으로 따지자면 '어떻게 하면 맛있게 먹을 수 있을까?'보다 '어떻게 하면 굶지 않을까?' 하는 것을 더 고민했다고 해도 과언이 아니다. 그러나 경제적인 섭취 방법이 절실한 기아의 상황에서는 식재료의 다양화를 추구하게 되고, 이것이 시간이 지나면서 특이한 재료와 맛을 추구하는 상류층의 미식 문화 속으로 흡수되기도 했다. 이렇게 보면 중국의 식문화 안에서 미식과 기아는 양극단에 있으면서도 동전의 앞뒤처럼 떼려야 뗄 수 없는 밀접한 관계를 지닌 것이기도 하다. 사실 중국인들의 일반식은 그다지 화려하지도 형식적이지도 않다. 예고 없이 다가오는 기아에 대한 공포가 중국인들에게 식량이 넉넉할 때도 검약을 관습화시켰기 때문이다.

중국 식문화가 가진 양면적인 특성은 영화의 음식에도 그대로 반영된다. 미식 영화와 달리 기아 문제만을 전적으로 다룬 영화는 매우 드물지만, 부분적으로 기아 체험을 묘사한 영화들도 한결같이 먹는 것이 중국 사회에서 얼마나 절박한 문제였는지를 생생하게 보여 준다. 중국의 현대사를 다룬 영화 속에서 가난과 기근에 대한 기억은 시대를 불문하고 상식적이고 보편적인 지지를 받아 왔다.

영화 〈인생〉(장이머우 감독, 1994)은 한 평범한 인간이 중국 혁명사의 소용돌이에서 겪어야 했던 부침을 긴 시간대를 배경으로 펼쳐 보인다. 이 영화의 역사적 배경 중 하나인 대약진운동 시기는 사회주의 중국 수립 이후 최악의 기근이 발생한 때였다. 당시에 중국 정부는 심지어 아사자가 발생하는 것을 막기 위해, '대약진 가루'[21]라는 매우 저급한 기아 방지용 식량을 긴급 투입하기까지 했었다. 전통적인 가족 중심의 소규모 경제구조를 무리하게 집단생산 체제로 전환한 것이 화근이었다.

21 옥수수 대궁과 수염·쌀겨·밀겨를 혼합하여 분말을 낸 구황식품.

급진적으로 강제된 개혁의 허위성은 마치 당장이라도 대만을 무력으로 해방할 듯이 마을에 간이용광로를 세우고 집집이 쇠붙이를 공출하는 장면에서 희화적으로 표현된다. 결국, 이 운동은 쓸모없는 고철만 양산함으로써 부질없음이 입증되었지만, 한편 집단 취식의 결과로 여성을 부엌에서 산업현장으로 불러냄으로써 역설적으로 향후 중국 가정의 주방 문화에 절대적인 영향을 끼치기도 한다.

영화 속에서 식기까지 헌납한 대부분의 가정은 마을에 설치된 공동 취사장에서 함께 취식을 한다. 주인공 푸꾸이(福貴)의 가정도 예외가 아니어서, 낮에는 인민공사에서 집단 노동을 하고 식사는 밥 공장에서 단체로 하며, 저녁에는 소조별 사상학습을 받아야 하는 고단한 사회주의식 '거대가족'의 삶이 이어진다. 그러던 중 드물게 가구별 특식으로 지급된 만두 재료는 순식간에 푸꾸이의 네 식구를 독립적인 핵가족으로 환원시킨다. 중국 대륙의 영화에서 만두[餃子]는 대개 최대 명절인 설의 상징이자, 더 나아가 가족의 화목에 대한 메타포이다. 이와 비슷한 경우로, 영화 〈푸른 연(藍風箏)〉(톈좡좡[田莊莊] 감독, 1993)에서도 시집간 딸이 온다고 친정어머니가 배급식량에서 조금씩 모아 둔 밀가루로 모처럼 찐빵[饅頭]을 준비했다가, 솥 채 압수당하는 장면이 나온다. 이는 집단주의에 의해 핵가족의 삶이 억압당하는, 앞의 〈인생〉의 경우와 반대되는 상황이라 할 수 있다. 그만큼 만두건 찐빵이건 하얗게 정제된 밀가루로 빚어 말랑하게 삶거나 쪄낸 이 끼니용 음식들은 특히 북방의 중국인들에게는 가족주의를 환기하는 각별한 존재이다. 그런데 하필 이렇게 좋은 날 푸꾸이의 아들이 사고로 사망한다. 아들의 삼우제 날, 어머니 자전(家珍)이 아들의 무덤 앞에 앉아 양은 도시락의 뚜껑을 여는 순간, 화면에 클로즈업되는 음식이 바로 그 만두이다. 만두는 모성의 상징이면서, 더 나아가 삶의 모든 영역을 지배하는 집단성에 대한 개인들의 심리적 저항을 대변하는 것이기도 하다. 뉴 웨이브 영화 속에 등장하는 가난

영화 〈인생〉에서 자전이 아들의 무덤 앞에 올리는 만두 도시락

한 과거의 음식은 역사의 수레바퀴에 짓밟혀 온 개인들의 희생에 대한 헌정의 의미를 지니기도 한다.

궁핍한 시절은 현재의 삶이 행복할 때에는 아름다운 추억이 되기도 한다. 식문화는 생존 자체가 절박했던 과거의 아슬아슬한 기억과 물질적으로 풍요한 현재의 안도감을 이어 주는 끈이다. 과거와 현재의 대비는 음식의 질적인 내용만으로도 선명하게 드러날 수 있다. 이러한 영화들에는 공통적으로 또한 하나의 중국적인 에토스가 있다. 영화에 드러나는 과거의 식탁이 음식 장면의 영원한 모티프인 온 가족의 해후, 즉 '단원(團圓)'을 의미한다는 점이 그것이다. 지나간 시절의 식탁은, 물질적으로는 나아졌지만 정신적으로는 채워지지 않는 현재의 식탁에서 느끼게 되는 공허감과 함께 회귀의 여망이 반영된 것이다. 이럴 때 식탁은 가족의 단란함을 가장 상징적으로 보여 줄 수 있는 최소의 공간이 된다.

〈음식남녀〉의 주 사부는 세 딸이 장성한 후에도 변함없이 풍성한 음식으로 주말 만찬을 마련한다. 그에게 있어 일요일의 요리는 가족의 화목을 확인하고 유지하기 위한 제법 엄숙한 의식이다. 딸들은 일요 만찬이라는 형식으로 남은 가족공동체를 하나하나 떠나버리지만, 부질없게만 보이던 아버지의 의식이 지닌 참된 의미를 결국 깨닫게 된다. 물론 감독 리안의 궁극적인 의도는 훨씬 더 개방적인 데 있다. 그의 초기 3부작(〈쿵후선생〉·〈결혼피로연(喜宴)〉·〈음식남녀〉)은 공통적으로 형식만 남은 가정이 해체되고 또 다른 진정한 의미의 가정이 새롭게 구성되는 과정[22]을 보여 준다. 세대와 성별의 금기를 깨는 현대가정의 새로운 구성 양상을 옹호하기에, 리안의 가족 상상은 세기말 기준에서는 오히려 전위적이라고 할 수 있었다.

가족주의 모티프는 화인 사회를 다룬 다른 작품에서도 부단히 반복된다. 역시 홍콩의 뉴 웨이브 감독인 비귀즈(畢國智)가 연출한 가족영화 〈하이난 치킨라이스(海南鷄飯)〉(2005)에서는 싱가포르의 대표 음식이 된 '하이난 치킨라이스'를 팔며 살아가는 중국계 여성 판전(范珍)과 세 아들, 그리고 이웃의 식당 주인 킴추이(陳金水)가 등장한다. 전에게 하이난 치킨라이스는 인생을 건 요리로서 자존심의 상징처럼 되었지만, 아들들은 자기 뜻대로 되지 않는다. 가족주의를 담은 장르영화가 예의 그렇듯이, 영화의 결론은 제삼자인 이웃 킴추이의 도움으로 가족의 사랑을 다시 확인하게 된다는 것이다. 구미의 영화들보다 더 전통적인 정서에 호소하는 중국어권의 가족주의 영화에서, 음식은 대개 가족 내부의 전통주의적 입장을 옹호하는 장치가 된다. 여기에서 식사는 생존의 상황을

22 黃文杰, 〈李安華語作品文化解讀〉, 《北京電影學園學報》 2023年 3期, 18쪽 참조. 이 세 영화에서는 또한 공통적으로 중산층의 삶이 그려지고 음식이 중요한 역할을 맡는다. 국제결혼을 한 미국의 아들을 찾아가는 〈쿵후선생〉의 태극권 사부에게 새로운 반려자가 되는 사람은 '요리'를 가르치는 할머니 강사이다. 만두를 빚고 시식하는 것은 두 사람의 화합을 촉진한다. 〈결혼피로연〉에서는 '피로연'이 극적인 반전을 만들어 내는 중요한 사건이 된다.

영화 〈하이난 치킨라이스〉에서 닭고기를 다듬고 있는 전(장아이자[張艾嘉] 분)

지시하는 기호이자 가족을 모아들이는 매개이고, 세대의 지속을 이어주는 중요한 의식이 된다. 그렇기 때문에 가족의 붕괴를 상징적으로 드러내는 곳도 또한 식탁이 될 수 있다.

2.4 음식으로 표현되는 욕망과 소외

영화 속에서 음식이 개인의 욕망을 나타내는 기호로 나타날 때, 그것은 인간을 병들게 한 현대문명이 진행되는 공간과 밀접한 관련이 있다. 20세기 말을 기준으로 영화에 표현된 현실만을 두고 본다면, 중국 대륙의 포스트모던은 아직 도시에만 존재한 듯하다. 이 시기에 전에 없이 갑자기 스크린에 등장한 도시들은 그만큼 생활방식의 변화에 대한 강렬한 상징이었다. 급격한 변화로 성장통을 앓기 시작한 대륙의 도시문화는 흔히 '6세대'란 이름으로 통칭되는 신세대 감독들에게 본격적으로 다루어지고 비판되기 시작한다. 이와 달리 먼저 도시화된 대만에서는 도시의 병폐가 진작부터 영화의 화두로 떠올랐는데, 뉴 웨이브 2세대에 와서 이러한 성향은 더욱 농후해졌다. 한편 홍콩에서는 대륙으로의 반환에 대응하는 정체성의 모색 과정에서, 영화에서도 도시 홍콩이 앓고 있는 상처가 들추어지기 시작했다. 이러한 영화들은 미식이나 기아의 상황과는 또 다른 차원으로 음식에 상징성을 부여한다.

대만영화 〈개천(河流)〉(차이밍량, 1997)에서는 한 가족의 먹고 싸고 자고 섹스하는 지극히 일상적인 삶을 통해 상실된 모럴과 돌파구가 없는 욕망, 그리고 그로 인한 가족의 균열을 적나라하게 해부한다. 차이 감독은 1세대 뉴 웨이브가 꾀했던 역사에 대한 엄숙한 성찰과 극사실적인 일상의 묘사를 성공적으로 2세대의 방식으로 전환했다. 언어에 의존하지 않은 채 묘사되는 인간의 고립, 공간 내부 디테일의 기호화, 개인들의 기괴한 행위에 대한 상징적인 관찰 등등은 감독의 창조성을 더욱 돋보이게 한다.

영화 속의 아버지와 아들은 게이로 설정되어 있다. 일정한 직업 없이 게이 사우나를 전전하며 소일하는 아버지는 그래도 하나뿐인 아들에 대한 기대가 있다. 나약한 도시 룸펜인 아들은 어떤 영화의 야외 촬영을 구경 갔다가, 개천에 떠다니는 시신의 역할을 우연히 맡게 된 결과로 피부병에 시달리는데, 이것은 도시인이 앓는 정신적 질병에 대한 메타포이다. 백화점의 엘리베이터 걸로 일하는 어머니는 아버지가 없는 빈방에서 밀려드는 성적 욕망을 주체하지 못해 번뇌한다. 아들의 병을 고치기 위해 침술원과 점집을 전전하는 부모의 모습은 여느 가정과 다를 바 없다. 그러나 영화 속에서 세 가족은 공간을 함께할 뿐 집 속에서 관계를 맺지 않는다. 이 같은 가족들의 단절을 극명하게 보여 주는 것이 바로 식탁이다.

이 영화에서 '집'이라는 공간은 화장실과 주방만으로 노출된다. 주방

영화 〈개천〉에서 식은 패스트푸드로 혼자 식사하는 어머니

에 놓인 식탁은 각기 롱테이크 장면을 통해 두 번 등장한다. 하나는 어머니가 백화점에서 가져온 팔다 남은 음식을 반찬 삼아 아버지가 혼자 밥을 먹는 장면이고, 다른 하나는 장대비에 온몸이 젖은 채 퇴근한 어머니가 똑같이 식은 프라이드 치킨을 늦은 저녁 삼아 홀로 먹고 있는 장면이다. 말라 딱딱해진 패스트푸드는 도시 생활의 건조한 단면을 적나라하게 은유하며, 혼자 음식을 먹는 행위는 도시 가정의 심리적 단절을 여실하게 드러낸다. 식사는 앞의 가족주의 영화에서처럼 배역 사이의 정신적 유대를 고양하는 행위가 아니라 생존을 위해 물리적으로 음식물을 '처리'하는 과정으로 묘사되며, 이 처리의 말로는 불편한 대사(代謝)로 이어진다. 차이밍량의 영화에 거의 매번 등장하듯이, 균열(혹은 구멍)이 생기고 그곳을 통해 액체(물이거나 빗물, 또는 오물)가 바닥이나 천정을

통해 실내 공간으로 침범하는 것이다. 영화의 후반, 욕실 천정을 통해 새어 나온 빗물이 마루를 타고 주방까지 흘러들어, 식사 중인 어머니의 발밑에 이른다. 빗물은 휴머니티의 상실로 나타난 재앙의 상징이고, 닭다리를 입에 문 어머니가 진창을 헤집으며 망연자실해 하는 모습은 정신적 곤궁함에 빠진 현대 도시인의 초상화가 된다.

차이밍량의 영화가 개인의 욕망과 트라우마를 드러내기 위한 기제로 음식을 활용했다면, 홍콩의 천궈 감독은 그보다 거시적으로 대륙과 홍콩의 관계라는 알레고리 속에서 음식을 등장시킨다. 대륙으로 반환된 직후의 홍콩을 배경으로 한 영화 〈홍콩에는 할리우드가 있다(香港有個荷里活)〉(2002)가 대표적이다. 호텔에 통돼지 바비큐를 납품하는 슬럼가의 삼부자가 있다. 어느 날 대륙 출신의 꽃뱀이 나타나(그녀는 신분증만 보면 아직 미성년자이다) 조용한 슬럼가를 엉망진창으로 만들어 버린다. 유혹에 넘어간 형은 미성년자 추행범 혐의에서 벗어나고자 합의금으로 목돈을 날리고, 육욕에 눈먼 아버지는 (역시 대륙 출신의) 고용인을 추행하려다가 엉겁결에 그녀를 고기 분쇄기에 밀어 넣고 만다. 맨 처음 꽃뱀에 걸려들었던 동네 총각은 엉뚱하게 조폭으로 오인을 받아 반대파 일당에게 손목이 잘리고, 엎친 데 덮친 격으로 돌팔이 의사의 실수로 왼팔에 오른손이 달리는 신세가 된다. 가장 큰 타격은 그들이 거주하는 슬럼가가 철거당하게 된 존재 기반 자체의 위기이다.

줄거리가 워낙 파격적이라 부조리 코미디극 같기도 하지만, 전체적으로 이 작품은 홍콩이 떠안은 모순을 복합적으로 제시하는 리얼리즘 영화다. 그 모순이란 곧 고급 맨션(맨션의 이름이 '할리우드'이다)과 슬럼가가 마주하고 있는 사회적 불평등, 어이없는 봉합수술로 상징되는 대륙과의 결합, 그리고 집에서 키우던 돼지의 실종으로 대변되는 정체성 상실 등이다. 우화 같은 이야기 전체를 관통하는 음식 이미지는 '살(고기)'이다. 이는 도살된 돼지 형상과 바비큐만이 아니라, 돼지 피부에 찍힌

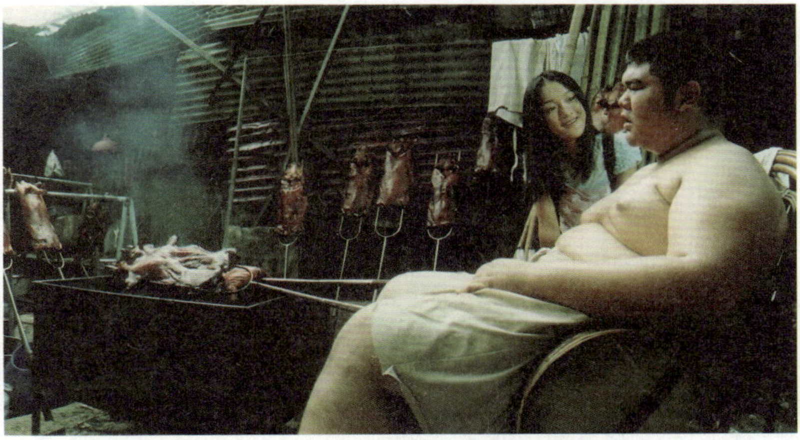

'살'의 이미지를 알레고리로 만든 영화 〈홍콩에는 할리우드가 있다〉의 한 장면

도살장 인장으로 문자 이미지가 표현되는 인트로 장면까지 소급될 수 있다. 여기에다 주인공 삼부자의 살집을 드러낸 상반신, 심지어 우스꽝스럽게 끝나는 배역들의 육욕마저도 살의 이미지와 오버랩된다. 그들이 연기를 마시며 연신 살코기를 구워댈 때는 마치 그 살에 슬럼가 서민들의 욕망도 양념처럼 배어드는 듯하다. 그렇지만 이 살은 무엇보다 권력과 자본이 강요한 운명 앞에서 맨몸뚱이나 다름없이 허둥거리는 그들의 무기력함에 대한 연민 어린 메타포가 된다.

지시하는 이차적인 의미가 무엇이냐에 따라 음식은 관객의 정서 속에서 환상의 대상이 되기도 하고 혐오의 대상이 되기도 한다. 이는 영화 속의 음식이 생존과 맛을 위한 것이 아니라 근본적으로 보여 주기 위한 것, 즉 관객의 시각에 의해 인식되는 것이란 사실과 관계가 있다. 관객의 보이는 것에 대한 갈망과 혐오는 인간의 본성에서 나온 것이 아니라, 문화가 심성에 내재하도록 강제한 감각체계에서 비롯된 것이다.[23] 만약

23 劉紀蕙, 〈可見性問題與視覺政體〉, 劉紀蕙 編, 《文化的視覺系統》 I (臺北: 麥田出版社, 2006), 4쪽.

그 음식이 성스러운 노동의 산물이며, 누군가를 기쁘게 하려고 만들어지는 것이라면, 관객이 받아들이는 느낌은 또 달라질 것이다. 관객의 감각과 정서에 호소하는 영화일수록 음식의 역할은 더욱 돋보인다.

2.5 내면의 감정을 이어 주는 음식

미식의 정의가 사람에 따라 다르듯이 어떤 요리가 기억 속에서 잊히지 않는 것은 때로 물질적인 조합만으로 결정되는 것이 아니다. 식사를 둘러싼 상황은 종종 음식의 맛을 상승시킨다. 영화 속에서 미식이 궁극적으로 지향하고 있는 것은 물질적인 맛이 아니라 마음의 맛이다. 가령 사랑이 담긴 요리라면 아무리 상투적이라 해도, 관객이 인간인 이상 동서고금을 막론하고 불변의 생명력을 가질 수밖에 없다. 이럴 경우, 요리는 두 연인 사이를 이어 주는 메신저가 된다.

그런데 요리 행위의 주체가 누구냐에 따라 양상은 약간 달라진다. 서구적 관습 안에서 요리가 어느 정도 남성의 영역이기도 했던 것에 반해, 유교 문화권 전통에서 가정의 요리는 거의 전적으로 여성의 몫이었다. 지금까지 여성과 음식에 관련된 문화적 메타포는 여성이, 음식을 제공하거나 다른 사람을 위해 자신의 몸을 희생하는 존재라는 전제에서 구성되었다.[24] 이러한 전통으로 인해 한국과 마찬가지로 중국영화 속에서도 요리하는 여성은, 소수의 여성 직업 요리사를 제외한다면, 대개 다른 상황에서의 여성보다 전통적인 분위기를 더 많이 띠기 마련이다. 이와 동시에 부엌에 있는 여자는 바깥에 나가 일하는 남성의 캐릭터와 짝을 이룬다. 여기에다 그녀가 집안에서 만드는 요리에는 또 다른 전통적인 양념이 첨가되는데, 그것은 관객의 감성을 순화시키는 '기다림'이라는 미학이다.

24 김은실, 〈여성, 음식, 돌봄〉, 《경향신문》, 2006년 9월 22일 자 칼럼.

영화 〈집으로 가는 길〉에서 사랑의 회복에 대한 복선으로 클로즈업되는 수선된 사발

대처에서 온 세련된 지식인 남자와, 시골 마을의 순박한 처녀의 만남이라는 전형적이고 상투적인 농촌형 멜로드라마로 엮어진 〈집으로 가는 길(我的父親母親)〉(장이머우 감독, 1999)에도 그런 기다림의 미학과 그에 어울리는 음식문화가 등장한다. 시골 마을에 새로 부임한 소학교 교사 뤄창위(駱長余)를 짝사랑하게 된 자오디는 남자에 대한 사랑을 요리로 표현한다. 그녀가 잘하는 고기 전병(肉餅)과 버섯 만두(蘑菇餃子)는 직접 짠 붉은 옷감과 함께 최대의 정성을 담아 낸 러브레터가 된다. 그녀의 연정은 어느 순간 위기에 봉착하게 되는데, 이 위기는 창위가 한마디 언질도 없이 대처로 급히 돌아갈 때, 그녀가 정신없이 뒤쫓아 가다 그만 사기 사발이 깨지고 그 안에 담겨 있던 정성 들인 만두가 산산이 흩어지면서 불길한 복선이 된다. 이와 대조적으로, 땜장이까지 불러 마치 수를 놓듯이 아귀를 맞춘 사발이 클로즈업될 때, 그녀의 찬란한 기다림의 미학은 절정에 달한다. 산시(陝西) 지방의 질박한 인정이 배어있는 이 영화의 요리들은 그렇게 밖에 있는 남성과 안에 있는 여성을 연결해 주는 매파의 역할을 맡는다.

이 영화는 농촌을 배경으로 하지만, 현실감이 생략된 완벽한 전원미의 세계는 전적으로 도시 관객을 위한 것이다. 그 때문에 영화 속의 인물도 상황의 주체이기보다는 관찰당하는 객체라는 입장이 더 두드러지게 나타난다. 대표적인 경우가 자오디인데, 이는 그녀를 둘러싼 도농 관계만이 아니라 남녀 관계에서도 유사하게 나타난다. 자오디는 단지 사랑 행위에서만 능동적인 태도를 취할 뿐, 역사에서는 수동적인 위치에 있다. 창위와의 사이에 일어났던 우연한 계기들은 모두 자오디가 의도한 것이다. 그러나 마을 사람들을 계몽시키거나, 당대를 휘몰아친 반우파 투쟁에 연루되는 것은 '도시에서 온 남성'인 창위뿐이다. 영화 서사 속에서 음식의 부상은 여성, 나아가 도시에 상대되는 농촌의 위축된 정치적 입지와 묘한 함수관계를 이룬다. 물론 두 남녀의 인연을 이어 주는 두 번의 우연한—사실은 자오디가 계획한—순간에 요리가 결정적으로 끼어든다. 그리고 아슬아슬했던 사랑이 비극으로 빠지지 않음으로써 그녀의 순결한 기다림이 결국은 옳았다는 것이 증명된다. 음식은 기다림의 승리를 나타내는 기표가 되어 관객에게 훈훈한 기억만을 남긴다.

〈집으로 가는 길〉의 음식이 질박하면서도 직설적인 시골식 사랑을 은유한다면, 〈화양연화(花樣年華)〉(왕자웨이 감독, 2000)의 음식은 세련됐지만 쉽게 종잡을 수 없는 도시적 사랑에 비유될 수 있을 것이다. 비록 이 작품은 음식 영화는 아니지만, 대사 중에 '吃(먹다)'라는 동사가 50회 이상 나올 정도로, 사실상 식사 장면이 인물 간의 가장 빈번한 상호 행위로 등장한다. 이 영화는 1960년대의 홍콩에 거주하는 상하이 이민자들을 배경으로, 복도가 이어진 두 집에 나란히 세 들어 사는 유부남 유부녀의 사통을 그린다. 그러나 두 남녀의 불륜은 디에게시스 밖에 있는 관객에게는, 오히려 도리상 마땅한 것이며 넌지시 응원을 보내고픈 것이기까지 하다. 왜냐하면 그들의 배우자들이 먼저 서로 눈이 맞았기 때문이다. 그런 미묘한 동기 때문에 여자 주인공인 쑤리전(蘇麗珍)은 "우리는

스테이크를 먹고 있는 영화 〈화양연화〉의 남녀 주인공

어쨌든 그들과는 달라" 하고 되뇌면서 자존심을 부여잡고 스스로를 끊임없이 억제한다. 이 영화의 음식은 맞바람의 욕망과 사회적 체면의 팽팽한 긴장 사이에서 두 사람의 심리와 애정이 투영되는 장치가 된다.

남편 없는 집에 혼자 있을 때가 많은 쑤리전이 저녁으로 때우기 위해 포장마차에서 사오는 국수가 권태와 고독을 상징한다면, 고급스런 레스토랑에서 저우무윈(周慕雲)과 함께 음미하는 스테이크는 감정의 합일을 뜻한다. 실제로 존재하는 유명한 노포가 배경이 됨으로써 영화 속 요리의 품격도 덩달아 상승된다. 음식은 상대편에게 배우자들의 불륜을 확인시키기도 하고 두 사람이 더욱 가까워지게도 해 주는 매개가 된다. 레스토랑에서 커피를 마시다 무윈은 리전이 자신의 아내와 똑같은 핸드백을 들고 있음을 발견하고, 리전은 무윈이 자신의 남편과 똑같은 넥타이를 매고 있다는 사실을 확인하면서, 배신과 질투의 상처를 공유하게 된다. 복수를 꿈꾸었던 그들은 결국 서로의 상처를 위로하면서 차츰 진심으로 가까워진다. 드디어 그들이 처음으로 식사를 같이하게 된 날, 무윈은 리전을 위해 스테이크에 머스터드 소스까지 뿌려 주는 자상함을 보인다. 그런 그에게 리전은 남편에게서 접하지 못한 색다른 감정을 느낀다. 음식을 통해서 둘은 각자의 사랑이 짝사랑이 아님을 확신한다. 하지만 이들의 사랑은 끝내 이루어지지 않는다. 자신들의 관계 역시 불륜으로밖에 봐주지 않을 세상의 시선에 차마 맞설 용기가 없었기 때문이다. 그 대신, 외로움을 택한 대가로 그들은 영원한 사랑의 기억을 얻는다.

이 영화는 과거의 한 시대를 감성적으로 재현하기 위해 유난히 많은 문화 소품들을 활용한다. 예컨대, 그 시절의 헤어스타일 뿐 아니라, 스물여섯 번이나 갈아입고 나온다는 여주인공의 치파오(旗袍)도 그렇다. 심지어 새 치파오로 날짜가 바뀌었음을 암시할 정도이다. 또한 라디오에서 흘러나오는 저우쉬안의 올드 상하이 시절 유행가 〈꽃 같은 청춘(花樣的年華)〉(영화의 제목도 여기에서 따왔다)처럼 많은 음악 소품들이 요소요소에서 배역의 감정을 공간화시킨다. 이 많은 소품은 때로 아이템 하나만으로 한 신의 무대가 되기도 하고 신의 전체 흐름을 주도하기도 한다. 영화적 스타일을 강조한 이 작품에서 음식은 다른 소품들과 함께 감독의 감각과 정서를 드러내는 것이다.

남녀의 사랑 이야기가 핵심이지만 그것이 상하이 이민자들을 배경으로 펼쳐진다는 점도 주목할 필요가 있다. 이 영화는 비록 홍콩 소설가 류이창(劉以鬯)이 1972년에 발표한 중편소설 〈엇갈림(對倒)〉에서 영감을 취했지만, 상하이 출신자들의 이야기라는 점에서 허자오장(何兆璋) 감독이 1947년에 발표한 영화 〈긴 그리움(長相思)〉에 대한 오마주라고도 할 수 있다. 〈긴 그리움〉은 똑같이 홍콩으로 피난 나온 상하이의 청춘들을 그렸는데, 상술한 〈꽃 같은 청춘〉도 다름 아닌 이 영화의 삽입곡이었다. 왕 감독이 자신처럼 상하이 출신인 원로 배우 판디화(潘迪華)를 기용한 것도 같은 이유에서였다. 대부분의 대화가 광둥어인 가운데, 간간이 집주인 역의 판디화가 거침없이 내뱉는 상하이 말은 그들이 어디서 왔는지를 복기하게 한다. 홍콩으로 떠밀려 온 상하이 출신자들에게 홍콩이 팍팍한 현실이라면, 올드 상하이는 자부심을 느끼게 하는 추억이다. 지금 어떻든 과거에 자기들은 경제적으로나 문화적으로나 홍콩보다 한 수 위에 있었고, 더한 도시 물에 젖어 살았다고 생각하기 때문이다. 올드 상하이의 흔적은 집주인과 찬모(饌母) 할멈이 이웃의 세입자들에게 같이 들자고 권하는 음식들, 즉 돼지족탕(蹄膀湯)이나 채소완탕(什菜餛飩)처럼 상하이 사람들이 즐겨 먹던 가정식에서도 나타난다. 음식은 타향살이를 훈훈하게 하며 인물들의 유대감을 강화한다. 물론 관객의 시각에서 볼 때, 영화 속 인물들의 삶은 또한 다양한 지역성이 혼합된 현시대 홍콩 정체성의 한 단면이다. 비록 영화의 배경은 1960년대이지만, 그것이 홍콩이 반환된 1997년이라는 역사적 분기점으로 인해 소환된 과거라는 사실은 영화의 다양한 장치를 통해서 확인될 수 있다.

3 음식문화 코드와 소비자본주의의 도래

가족주의와 개인 욕망의 공존을 잔잔하게 그린 영화 〈음식남녀〉에서 주인공인 주 사부는 다음과 같은 말을 한다. "인생이란 솥에 넣기 전에 모든 재료를 다 준비해 놓는 음식과 같을 수 없다." 주 사부는 최고 셰프의 경지에 올라서서 인생이야말로 요리처럼 자기 뜻대로 되지 않는다는 사실을 깨닫는다. 그렇다면 인생의 희로애락처럼 예측 불가능한 것을 하나의 요리로 만든다면 어떤 맛일까? 중국 대륙의 영화 〈사랑의 마라탕(愛情麻辣燙)〉(장양[張楊] 감독, 1997)은 인간의 삶처럼 복잡한 재료들이 어우러져 다양한 맛을 내는 훠궈(火鍋) 요리로 영화의 서막을 연다.

백년해로를 약속한 한 커플이 쓰촨식 훠궈를 먹으며 신혼을 설계한다. 그러나 준비 단계부터 예상치 못한 일들이 벌어진다. 매운 양념 때

훠궈의 이미지로 시작하는 옴니버스 영화 〈사랑의 마라탕〉 장면

문에 속이 불편하던 남자는 이튿날 여자 부모와의 상견례 자리에서 하필 또 훠궈를 먹게 되면서 급기야 화장실로 달려간다. 이 젊은 커플이 결혼 준비를 하나씩 해가는 전체 이야기 속에 다섯 개의 에피소드가 옴니버스 형태로 삽입된다.

짝사랑하는 반 친구에게 사랑을 고백하려고 카세트테이프를 조작했다가 들통이 나는 중학생은 사랑이 뭔지 알게 되는 순간 사랑의 상처도 동시에 느끼고 만다. 주인공이 짝사랑과 마주치며 몽상이 달아오르는 공간은 당시 중국 대륙에서 막 유행하기 시작한 미국식 패스트푸드점이다. 정년 후 새로운 출발을 위해 TV에 구혼 광고를 냈던 초로의 여성은 세 명의 구혼자가 한꺼번에 집으로 찾아오는 난감한 해프닝 때문에, 노년의 나이에 오히려 새로운 우정의 기쁨을 발견한다. 부엌에 있던 재료로 급조된 그 날의 만찬에는 노년이라서 더 절실했던 행복감이 가득하다. 어떤 신혼부부에게는 둘만의 식탁이 권태기의 한 단면을 보여줄 뿐이었다. 그러다 이들은 우연히 장난감 놀이에 푹 빠지게 되고, 장난감 싸움이 부부 싸움으로까지 번진다. 하지만 화해 후 장난감보다 더 빠져

들 진짜 아이를 갖게 된다.

그런가 하면 사랑에 실패하는 사람들도 등장한다. 관계가 냉랭해진 어떤 중산층 부부가 있다. 부모에게서 이혼 낌새를 감지한 조숙한 어린 아들은 결혼증서를 감춰 버린다. 이어 동네 할머니의 도움으로 부적 가루를 넣은 '부부 화합 요리'까지 준비해 보지만, 그날 부모는 결혼증을 찾아내 이미 호적을 정리하고 돌아온 터였다. 마지막으로, 거리로 출사를 나갔다가 렌즈에 포착되었던 여자와 우연히 다시 상봉하여 새롭게 사랑을 시작하려는 사진작가 남자가 있다. 그러나 그의 아파트에서 하룻밤을 보낸 여자는 이튿날 아침 식사로 꽈배기(油條)와 콩즙(豆醬)을 사러 나갔다가, 남자 집의 동 호수를 잊은 채 복잡한 아파트 단지 안에서 망연자실에 빠진다. 이어서 맨 처음 훠궈를 먹고 탈이 났던 한 쌍의 연인이 드디어 결혼식을 올리는 것으로 영화는 끝을 맺는다.

이 영화는 각 에피소드마다 음식을 특징적인 소품으로 활용한다. 각각의 에피소드를 하나로 묶어 주는 바탕 이야기가 있듯이 각 에피소드의 음식을 아우르는 주요리가 바로 바탕 이야기의 훠궈이다. 다양한 인생의 길에서 사람마다 마주하게 되는 사랑의 맛에는 맵고 아리면서도 묘한 쾌감이 있는 마라 훠궈처럼 고통과 즐거움이 동시에 존재한다는 것이다. 이 영화에서 음식은 관객과 같은 삶을 사는 중국 도시민들의 다양한 사랑 방식을 말해 준다. 영화 속에서 엿보이는 풍경은 기존의 중국 대륙 영화들과 달리 이념적 색채를 완전히 빼고 동시대의 생활 풍속을 전시한 것이기에 흡인력이 그만큼 더 클 수 있었다. 그 시기까지 중국어권 영화에서 사랑의 행위를 이처럼 감각적으로 묘사하는 것은 자본주의 세계인 홍콩이나 대만의 전유물이었다. 이 영화가 시장경제 체제로 돌아선 지 얼마 안 되는 중국 대륙에서 제작되었다는 사실은 해외의 평단에서도 큰 화제가 되었다. 게다가 이 영화에는 이 글에서 지금까지 이야기한 중국어권 영화 속의 음식문화 부상과 관련하여 눈여겨 볼만한

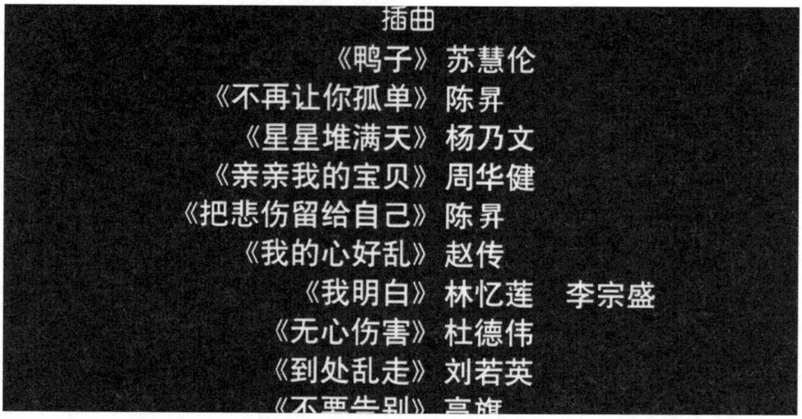

영화 〈사랑의 마라탕〉 엔딩 자막의 삽입곡 목록 중 일부. 당시 중국어권의 톱가수들이 망라되어 있다.

또 다른 특징들이 있다.

우선 이 영화는 대만의 〈음식남녀〉와 홍콩의 〈첨밀밀(甛蜜蜜)〉(천커신[陳可辛] 감독, 1996)처럼 다국적 스태프에 의해 문화 아이템을 풍부하게 활용한 다른 중국어권 영화들이 주목을 받은 직후에 제작되었다. 그 영향은 영화 곳곳에서 다양한 형태로 확인할 수 있다. 영화의 감독과 배우는 중국 대륙의 예술인들이지만, 제작은 미국인이, 음악은 대만의 대형 음반회사가 맡았다. 영화 속에 이 회사의 대중가요가 삽입됨은 물론, 전속 가수들이 카메오로 등장하기까지 한다. 당시 중국어권에서 막 각광받기 시작된 한국 유행가(아직 '한류'란 말이 없던 때였다)가 중국어 번안곡으로 삽입된 것도 그런 인연 덕분이었다. 이 점에서 보면 영화의 제작사가 수입문화에 대한 당시 검열의 완화된 분위기에 대단히 영리하게 편승했다고 할 수 있다. 〈서울 뮤직홀(漢城音樂廳)〉이라는 한국 가요 전문 프로그램을 국영 방송이 송출한 것도 바로 이 영화가 제작되던 1997년부터였다.

이 영화는 민영화 체제 이후 처음으로 1996년에 발족한 상업영화사

(藝瑪[imar]電影)의 첫 작품이었다. 〈사랑의 마라탕〉이 젊은 세대가 선호할 만한 대중문화의 아이템들을 총동원하다시피 한 결과는 250만 위안의 저예산 투자에 12개월 연속 상영과 3,000만 위안의 고수익이라는, 중국 대륙 영화로서는 당시까지 전례가 없는 성공신화로 이어졌다. 그 해 유일하게 이 영화에 대적할 수 있었던 것은, 당시까지 외화로서는 이례적으로 폭발적인 반향을 얻은 〈타이타닉〉 한 편뿐이었다.

〈사랑의 마라탕〉의 장양 감독은 연령이나 경력상 6세대 감독에 속하지만, 영화는 또한 6세대의 작가주의 문법과도 크게 다르며, 관변의 논리를 따르는 주류영화의 서사 방식과도 다른 제3의 영역에 있다. 그것은 도시의 시민 삶에 대한 대륙영화의 새로운 인식과 접근 방식을 보여주는 것이다. 같은 시기에 흥행 선두를 달리던 펑샤오강(馮小剛)의 영화에서 잘 나타나듯이, 이런 영화는 표현성과 대중성을 겸비한 '웰메이드' 영화를 지향한다. 예술작품이자 동시에 엄연한 하나의 상품이기도 한 영화 속에서, 관객에게 익숙한 도시의 삶터와 사람들이 이제 중국 대륙에서도 자기 시대의 호흡을 가장 잘 보여 줄 수 있는 매력적인 이미지로 자리 잡게 된 것이다. 제작자들이 이런 점을 그냥 지나쳤을 리 없겠지만, 〈사랑의 마라탕〉이 개봉될 즈음 중국에서는 훠궈를 대표로 하는 맵고 자극적인 사천요리가 한창 유행 중이었다.

이처럼 세기말 시기를 접점으로 시대의 트렌드가 빠르고 민감하게 영화에 반영되는 것이 중국 대륙에서도 당연해졌다. 영화 속 음식의 부상은 바로 그런 추세의 연장선에 있는 것이다. 아직 한국에서는 문화의 주요 코드로서 음식이 본격적으로 조명되기 전이었다.[25] 그런데 중국어

25 한국 미디어에서의 음식문화 열풍은 2000년대 이후 케이블 TV와 인터넷 이용자의 급증과 더불어 비로소 시작되었다. 물론 그 이전에도 〈바베트의 만찬〉(1987), 〈음식남녀〉(1994), 〈빅 나이트〉(1996) 같은 음식 영화들이 간헐적으로 수입되었고, 한국영화 중에도 〈삼공일 삼공이〉(1995), 〈북경반점〉(1999), 〈신장개업〉(1999) 등 실험적인 음식 영화들이 등장한 바 있다. 그로부터 십여 년 뒤인 2015년에 '서울국제음식영화

권에서의 이러한 조류 변화는 또한, 이후 한국에서 발신할 '한류'가 초국적으로 확산하게 될 하나의 전조였다고 할 수 있다. 기호의 가치를 추구하는 소비자본주의 시대가 한꺼번에 도래하면서,[26] 동아시아는 이제 각자의 특수성을 넘어 보편성의 차원에서 어깨를 맞대기 시작했다. 한류의 폭발적 확산은 비단 한국의 축적된 문화 역량만이 아니라, 처음으로 이를 공감하고 동력을 불어넣어 준 동아시아의 변화된 수용 환경이 이끌어 낸 결과이기도 했다. 그 태동과 초기 전파는 동아시아 공동의 현상으로 볼 수 있으며, 다른 한편으로 환한국해의 문화 유동에 또 다른 전기가 도래했음을 알리는 징표였다고 할 수 있다.

제'가 출범할 정도로 음식은 빠르게 한국 문화의 주요 담론 소재로 부상되었다.

26 프랑스의 사회학자 장 보드리야르(J. Baudrillard)는 《소비의 사회》(1970)에서, 자본주의가 기능적 사용가치의 소비만으로는 과잉생산 문제를 해결하지 못할 때, 그와 별개로 기호가치를 만들어 낸다고 말한다. 그것은 이미지, 분위기, 구별짓기, 지위 표시, 유행 등을 상징하며 소비의 무한 확장을 가능케 하는 것이다. 장 보드리야르, 《소비의 사회—그 신화와 구조》, 이상률 옮김(문예출판사, 2015) 참조.

기수록 및 발표 정보

1장 일제강점기 조선의 세계문학 관념과 중국 신문학의 수용

〈日據時期韓國的世界文學觀念和中國新文學的位置〉(중국어), 《중국어문논총》(중국어문연구회) 94집(2019.7).

2017년 10월 28일 일본 나고야대학 대학원 인문학연구과 주최 〈第十二屆東亞學者現代中文文學國際學術研討會—文學革命的百年传承，暗流及特異點: 現代東亞文化的光譜〉 국제학회에서 중국어 구두 발표.

2장 박승극과 일제강점기 조선의 대만문학 탐색

〈殖民時期朝鮮圍繞朴勝極的〈台灣文化概觀〉對台灣文學認識的磁場〉(중국어), 《中國語中國文化》 第20號(도쿄: 日本大學大學院文學研究科中國學專攻, 2023.3).

2021년 7월 17일, 일본 도쿄 대만문학연구회 주최 정기 세미나에서 일본어 온라인 발표. 본서에서는 발제 원고인 〈冷戦初期以前の韓国における台湾文学認識(냉전 초기 이전의 한국에 있어서 대만문학 인식)〉 중 일부를 보완 수정.

3장 한국 냉전 시기 중국어권 문학 인식의 심상지리

〈韓國早期對中國新文學, 台灣文學, 自由中國文學的接受及認識—從日據到冷戰初期的翻譯和話語變化為中心〉(중국어), 《중국학논총》(고려대 중국학연구소) 72집(2021.6).

2019년 4월 26일 대만 신주(新竹) 국립칭화대학(清華大學) 주최 〈第二屆戰後亞洲文學與文化傳播國際工作坊〉 국제학회에서 중국어 구두 발표. 본서에서는 일부만 발췌 수정.

4장 동아시아 초현실주의와 대만의 다큐멘터리 영화

〈동아시아의 식민 네트워크와 이동하는 초현실주의—타이완의 문학 다큐멘터리 영화 《일요일식 산보자》를 중심으로〉, 《중국학논총》 75집(2022.3).

2022년 1월 12일, 고려대 역사연구소 주최 고려대 국제 융합연구학술대회 〈동아시아 평화공동체의 모색—국민들간의 이해지평 확대를 위하여〉에서 온라인 발표.

5장 청계천과 후퉁, 박태원과 라오서 세태소설의 도시 고찰

〈老舍와 박태원 세태소설의 도시인식비교—《四世同堂》과 《천변풍경》을 중심으로〉, 《중어중문학》(한국중어중문학회) 36집(2005.6). 이후 〈老舍與朴泰遠世態小說的都市認識比較—以《四世同堂》與《川邊風景》為主〉란 제목으로 《思與言》 第45卷 第1期(타이베이: 思與言人文與社會科學雜誌社, 2007.1)에 중국어로도 게재.

동 주제로 2007년 7월 대만 중앙연구원에서 전문가 강연, 2008년 6월 러시아 상트페테르부르크대학 주최 〈극동 문학 연구〉 국제학술대회에서도 중국어로 구두 발표.

6장 마천루의 등장과 상하이 문학의 도시 조감도

〈마천루의 출현과 문학적 수용—1930년대 상하이 작가의 도시 조감〉, 《중국어문논총》 45집(2010.6).

2009년 11월 28일 숙명여대에서 중국문화연구학회가 주최한 〈中國文化藝術與地域空間〉 국제학회에서 구두 발표.

7장 수필작가 피천득의 상하이 인연

〈수필작가 피천득의 상하이 상상과 창작의식〉, 《중국어문논총》 50집(2011.9). 이 논문은 고 허세욱 교수에 대한 추모 의미로 헌정됨.

2011년 5월 7-8일 중국 우한(武漢)의 화중(華中)사범대학에서 이 대학 중국근대사연구소와 동아문화교섭학회가 공동 주최한〈東亞文化交涉學會第三屆年會一辛亥革命與亞洲〉 국제학회에서 구두 발표.

8장 전후의 서울과 타이베이, 김승옥과 바이셴융 소설의 시공간

〈소설의 정전성과 시공간의 의미—〈서울, 1964년 겨울〉과 타이완소설 《타이베이사람들》 비교분석〉, 《중국학논총》 37집(2012.8).

2012년 6월 2일 대만 타이중(臺中)의 슈핑과기대학(修平科技大學) 응용 중문학과(應用中文系)와 국립대만문학관이 공동 주최한 〈臺灣文學與文化創意〉 국제학회에서 중국어로 구두 발표.

9장 상하이의 여배우 롼링위와 조선의 초국적 교섭

〈롼링위와 조선—김염과 정기탁, 그리고 조선 매체를 통한 초국적 교섭〉, 《중국학논총》 86집(2024.12).

2025년 2월 8-9일 고려대 중국학연구소가 주최한 〈第五屆戰後亞洲文學與文化傳播國際工作坊一跨時跨界, 亞洲文化與媒體的新可能性〉 국제학회에서 중국어로 구두 발표. 이 논문에는 또한 2009년 10월 30일-11월 1일 베이징의 중궈런민대학(中國人民大學)과 국가한판(國家漢辦, 현 '中外語言交流合作中心')이 공동으로 개최한 〈세계중국학대회(世界漢學大會)〉에서 한 중국어 구두 발표와, 이를 정리한 중국어 논문 〈在對方的鏡頭裏找回自我—1949年以前韓中電影文化交流史初探〉, 《중국문화연구》(중국문화연구학회) 15집(2009.12)도 부분적으로 활용됨.

10장 리샹란의 만주 영화가 투사한 제국의 허상

〈리샹란 영화가 투사한 제국의 환영—'대륙 3부작'에 대한 반향을 중심으로〉, 《중국현대문학》(중국현대문학학회) 46호(2008.8).

2008년 2월 고려대 BK21 중일언어문화교육연구단과 도쿄대학 일문과·중문과가 도쿄대학에서 공동으로 주최한 〈한일 일문학·중문학 연구〉 국제학회에서 중국어로 구두 발표.

11장 홍콩 '스잔나' 영화의 한국 신드롬과 문학 변용

〈시한부 홍콩 소녀와 저가 극장의 하위문화 정동—홍콩영화 《스잔나》와 《사랑의 스잔나》의 한국 반향과 문학적 변용〉, 《중국학논총》 82집(2023.12).

2023년 11월 18일 일본 돗쿄대학(獨協大學) 주최 〈迴徑風景—第四屆戰後亞洲文學與文化傳播國際工作坊〉 국제학회에서 중국어로 구두 발표.

12장 중국의 문혁 시기 북한영화 수용과 세기말의 잔영

〈문혁시기 중국의 북한영화 수용과 신세기 전후 중국영화 속의 잔영〉, 《중국현대문학》 97호(2021.4).

2019년 1월 25일 미국 UCSB의 대만연구센터가 고려대 BK21 중일사업단과 공동 개최한 〈2019 International Conference World Literatures in Chinese: Transnational Perspectives of East Asian Cultures〉(世華文學與東亞文化跨國視野國際研討會)에서, 〈Another Kind of Korean Fad, Another Kind of Feeling: Cultural Revolution Narrative in Chinese Films of the New Century and the Remaining Images of North Korean Films〉(另一種韓流, 另一種感覺: 新世紀中國電影的文革敍事和北韓電影的殘影)라는 제목으로 영어 기조 강연.

13장 지역어 가요의 민요화와 대만의 문화정체성 찾기

〈'도무시대(跳舞時代)'의 호명과 향수—타이완의 1930년대 가요 〈망춘풍(望春風)〉의 작용과 의미〉, 《중국현대문학》 87호(2018.10).

2016년 12월 16일 고려대 민족문화연구원이 주최한 〈제3회 한국·대만 국제학술회의〉에서 1차 초안 발표. 이어 2017년 2월 15일 일본 교토 리쓰메이칸대학에서 리쓰메이칸대학 문학부 및 대학원 문학연구과와 고려대학교 문과대학 BK21 3개 사업단이 공동주최한 〈2017 교토·서울·타이베이 동아시아 차세대 포럼〉에서 수정 원고 중국어 구두 발표.

14장 홍콩 감독 후진취안의 한국 로케이션 영화와 초국적 상상력

〈후진취안 한국 로케이션 사극 영화의 초국적 지리 상상〉, 《중국현대문학》 94호(2020.7). 이후 〈胡金銓韓國取景古裝片的跨國地理想像〉란 제목으로 《臺北大學中文學報》 第28期(타이베이: 台北大學中文系, 2020.9)에 중국어로도 게재.

2020년 3월 5-6일 일본 요코하마 국립대학 국제교육센터가 개최한 〈跨·界—第三屆戰後亞洲文學與文化傳播國際工作坊〉 국제회의에서 발표 예정이었으나, 팬데믹 상황으로 학회논문집에만 수록됨. 이후 2023년 1월 13일 고려대 BK21 중일사업단이 개최한 〈The First TEAS conference: International Conference for Graduate students on Trans-East Asian Studies(TEAS)〉에서 중국어로 온라인 기조 강연.

15장 대만소설을 각색한 연극·영화 〈칠수와 만수〉

〈兩個油漆匠的韓國之旅所留下的痕跡—黃春明短篇小說〈兩個油漆匠〉的韓語翻譯及其影響〉(중국어), 《중국학논총》 54집(2016.12).

2016년 6월 25-27일 타이베이의 타이완대학 대만문학연구소가 주최한 〈第二屆文化流動與知識傳播—台灣文學與亞太人文的多元關係國際學術研討會〉 국제학회에서 중국어로 구두 발표. 2024년 10월 21일 타이완대학 대학원에서 〈亞洲視野的臺灣文學與文化研究〉 특강 시리즈 중 하나로 강연.

16장 세기말 중국어권 영화의 뉴 웨이브와 음식문화

〈중국어권 영화의 뉴 웨이브와 음식문화〉, 《중국문화연구》 9집(2006.9).

2006년 5월 26일 고려대 중국학연구소가 개최한 〈춘계 정기학술발표회〉에서 '중국영화 속의 음식문화'라는 제목으로 구두 발표.

참고 문헌

단행본

《문예연감》. 한국문화예술진흥원, 1977.
《中國短篇小說集》. 개벽사, 1929
가라타니 고진. 《근대문학의 종언》. 조영일 옮김. 도서출판b, 2006.
강지원 외. 《수원의 르네상스를 이끈 사람들》. 경기르네상스포럼, 2019.
권영민. 《한국현대문학대사전》. 누리미디어. 서울대학교출판부, 2004
그린버그, 클레멘트. 《예술과 문화》. 조주연 옮김. 경성대학교 출판부, 2004.
김기봉. 《역사들이 속삭인다—팩션 열풍과 스토리텔링의 역사》. 프로네시스, 2009.
김상태. 《박태원—기교와 이데올로기》. 한국학술정보, 2001.
김승옥. 《서울 1964년 겨울》. 창우사, 1966.
김우종. 《한국문학사》. 성문각, 1989.
김윤식. 《한국 근대 문예비평사 연구》. 일지사, 1982.
김진송. 《현대성의 형성—서울에 딴스홀을 허하라》. 현실문화연구, 1999.
김창남. 《대중문화의 이해》. 한울아카데미, 2022.
니콜스, 빌. 《다큐멘터리 입문》. 이선화 옮김. 한울아카데미, 2018.
들뢰즈, 질·펠릭스 가타리. 《카프카—소수적인 문학을 위하여》. 이진경 옮김. 동문선, 2001.
리어우판. 《상하이모던》. 장동천 외 옮김. 고려대학교출판부, 2007.
박규원. 《상하이 올드 데이스—독립 운동가의 아들로 태어나 중국의 영화 황제가 된 김염의 불꽃 같은 삶》. 민음사, 2003.
박숙자. 《속물 교양의 탄생—명작이라는 식민의 유령》. 푸른역사, 2012.
박혜경. 《세기말의 서정성—90년대 시의 내면 풍경》. 문학과지성사, 1999.
박희섭. 《축제의 언덕》. 다차원북스, 2015.
베누티, 로렌스. 《번역의 윤리》. 임호경 옮김. 열린책들, 2006.
벤야민, 발터. 《아케이드 프로젝트》. 조형준 옮김. 새물결, 2005.
보드리야르, 장. 《소비의 사회—그 신화와 구조》. 이상률 옮김. 문예출판사, 2015.
사석원. 《사석원의 서울연가—기억 속 서울의 풍경과 사람을 말하고 그리다》. 샘터, 2013.
새비지, 마이크·알랜 와드. 《자본주의 도시와 근대성》. 김왕배·박세운 옮김. 한울, 1996.
서연호. 《한국연극사》. 연극과인간, 2005.
성석제. 《말 못 하는 사람》. 문학동네, 2019.
송무. 《영문학에 대한 반성》. 민음사, 1997.
송승석 편역. 《식민주의. 저항에서 협력으로》. 역락, 2006.

스즈키 쓰네카쓰.《상해의 조선인 영화황제》. 실천문학사, 1996.
스즈키 히로유키.《서양 근·현대 건축의 역사》. 우동선 옮김. 시공사, 2003.
안재성.《청계. 내 청춘—청계 피복 노조의 빛 나는 기억》. 돌베개, 2007.
안태근.《한국 합작영화 100년사》. 스토리하우스, 2017.
엘리엇, T.S.《T.S. 엘리엇 전집》. 이창배 옮김. 민음사, 1988.
오스터함멜, 위르겐.《식민주의》. 박은영·이유재 옮김. 역사비평사, 2005.
왕캉닝.《린위탕과 한국—냉전기 중국 문화·지식의 초국가적 이동과 교류》. 소명출판, 2022.
우림걸.《한국 개화기문학과 양계초》. 박이정, 2002.
유민영.《한국 연극의 아버지—동랑 유치진》. 태학사, 2015.
유하.《세운상가 키드의 사랑》. 문학과지성사, 1995.
유협.《문심조룡》. 성기옥 옮김. 지식을만드는지식, 2010.
윤태영.《오래된 생각—윤태영 장편소설》. 위즈덤하우스, 2017.
은희경.《마이너리그—은희경 장편소설》. 창작과비평사, 2001.
은희경.《비밀과 거짓말》. 문학동네, 2005.
이강은.《미하일 바흐친과 폴리포니야》. 역락, 2011.
이글턴, 테리.《문학이론입문》. 창작과비평사, 1992.
이명선.《이명선 전집》 제2권. 조선출판사, 1946.
이명천·김요한.《광고학개론(개정판)》. 커뮤니케이션북스, 2016.
이상우·오종우.《칠수와 만수》(한국희곡선집). 지만지드라마, 2019.
이성욱.《한국 근대문학과 도시문화》. 문학과과학사, 2004.
이순원.《스물셋 그리고 마흔여섯》. 이가서, 2004.
이재명 외 엮음.《해방 전(1940-1945) 상영 시나리오집》. 평민사, 2004.
이종구 외.《1960-70년대 노동자의 생활세계와 정체성》. 한울아카데미, 2005.
이종한.《정율성평전》. 지식산업사, 2006.
자네티, 루이스.《영화의 이해》. 김진해 옮김. 현암사, 2004.
자오쯔판·바이시엔융.《중국현대문학전집 16—반하류사회·대북사람들》. 허세욱 옮김. 중앙일보사, 1989.
정민.《18세기 한중 지식인의 문예공화국》. 문학동네, 2014.
최유리.《일제 말기 식민지배 정책 연구》. 한국학중앙연구원, 2006.
최혜실.《한류 드라마의 스토리텔링》. 새문사, 2007.
피천득.《산호와 진주》. 일조각, 1980.
피천득.《생명—피천득 문학 전집 제2권》. 샘터, 2001.
한수산.《젊은 나그네—韓水山 산문모음집》. 과학과 인간사, 1978.
홍종윤.《팬덤 문화》. 커뮤니케이션북스, 2014.
황춘명.《사요나라, 짜이젠》. 이호철 옮김. 창작과비평사, 1983.

邱淑婷.《港日影人口述歷史一化敵為友》. 香港: 香港大學出版社, 2012.
南博·社會心理研究所.《昭和文化 1925-1945》. 東京: 勁草書房, 1987.
酈蘇元·胡菊彬.《中國無聲電影史》. 中國電影出版社, 1996.
廖炳惠.《吃的後現代》. 臺北: 二魚文化, 2004.
樓家軍.《上海城市娛樂研究》. 文匯出版社, 2008.
李今.《海派小說與現代都市文化》. 合肥: 安徽教育出版社, 2000.
李淸.《中國電影文學改編史》. 北京: 中國電影出版社, 2014.
林修二.《林修二集》. 臺南: 臺南市立文化中心, 2000.
馬森.《電影中國夢》. 臺北: 秀威資訊, 2016.
茅盾.《子夜》. 人民文學出版社, 2006.
朴泰遠.《川邊風景》. 博文書館, 1938.
傅葆石·劉輝.《香港的'中國'一邵氏電影》. 香港: 牛津大學出版社, 2011.
山口淑子.《李香蘭自傳一戰爭·和平與歌》. 陳鵬仁 譯. 臺北: 臺灣商務印書館, 2005.
三澤真美惠.《在'帝國'與'祖國'的夾鋒間》. 李文卿·許時嘉 譯. 臺北: 臺灣大學出版中心, 2012.
上海市楊浦區檔案局.《楊浦百年史話》. 上海科學技術文獻出版社, 2006.
薛理勇.《外灘的歷史和建築》. 上海社會科學院出版社, 2002.
薛順生·婁承浩.《老上海經典公寓》. 同濟大學出版社. 2005.
邵洵美.《花一般的罪惡一詩歌卷》. 上海書店出版社, 2008.
孫立川·王順洪 篇.《日本研究中國現當代文學論著索引 1919-1989》. 北京大學出版社, 1991
孫瑜.《大路之歌》. 台灣: 遠流出版社, 1990.
楊熾昌.《水蔭萍作品集》. 葉笛 譯. 臺南: 臺南市立文化中心, 1995.
葉龍彥.《臺灣唱片思想起》. 臺北: 博揚文化事業公司, 2001.
葉龍彦.《日治時期臺灣電影史》. 臺北: 玉山社, 1998.
葉龍彥.《台灣的老戲院》. 臺北: 遠足文化, 2006.
王軍.《城記》. 高談文化, 2005.
王立誠.《滬江大學簡史》. 上海理工大學, 2006.
王人美.《我的成名與不幸一王人美回憶錄》. 北京: 團結出版社, 2007.
李軍.《"家"的寓言》. 北京: 作家出版社, 1996.
李亦園.《文化發展的人類學探討》. 臺北: 允晨文化, 1992.
李俊國.《中國現代都市小說硏究》. 中國社會科學出版社, 2004.
張愛玲.《張愛玲文集》第四卷. 安徽文藝出版社, 1996.
莊永明·孫德銘.《臺灣歌謠鄉土情》. 臺北: 臺灣的店, 1994.
張真.《銀幕艶史》. 上海書店出版社, 2012.
田漢.《影事追懷錄》. 中國電影出版社, 1981.
丁玲.《丁玲選集·第三集》. 成都: 四川人民出版社, 1984.
趙園.《北京一城與人》. 北京大學出版社, 2002.

鍾玲.《文本深層一跨文化融合與性別探索》. 國立臺灣大學出版中心, 2018.
鍾玲.《美麗的錯誤》. 香港: 博益有限公司, 1983.
陳丹燕.《上海的風花雪月》. 作家出版社, 2002.
陳飛寶.《台灣電影史話》. 北京: 中國電影出版社, 2008.
陳允元·黃亞歷 主編.《共時的星叢—《風車詩社》與新精神的跨界域流動》. 臺北: 原點出版社, 2020.
陳允元·黃亞歷 主編.《日曜日式散步者: 風車詩社及其時代》I·II. 臺北: 行人出版社, 2019.
陳播 主編.《中國電影編年記事·發行放映卷 上》. 北京: 中央文献出版社, 2005.
陳曉三.《文學中的巴黎與上海》. 廣西師範大學出版社, 2006.
蔡瀾.《蔡瀾的緣》. 香港: 天地圖書有限公司, 1986.
胥同慶.《影像史記》. 廣州: 南方日報出版社, 2005.
沈寂.《一代影星阮玲玉》. 上海書店出版社, 1999.
彭瑞金.《臺灣新文學運動四十年》. 臺北: 爾雅出版社, 1995.
胡金銓·馬宋芝.《胡金銓武俠電影作法》. 北京: 北京聯合出版公司, 2015.
胡金銓·鍾玲.《山客集》. 臺北: 遠景出版社, 1979.
胡昶·古泉.《滿洲國策電影面面觀》. 北京: 中華書局, 1990.
黃英哲 主編.《日治時期台灣文藝評論集》全4冊. 高雄: 春暉出版社, 2006.
侯仁之 主篇.《北京城市歷史地理》. 北京燕山出版社, 2000.

高橋孝助·古廐忠夫.《上海史》. 東京: 東方書店, 1998.
大村益夫·布袋敏博 編·解說.《近代朝鮮文学日本語作品集 1901-1938》2. 東京: 綠音書房, 2004.
瀧口修造.《ダリ》西洋美術文庫 第24卷. 東京: アトリヱ社, 1939.
四方田犬彦 編.《李香蘭と東アジア》. 東京: 東京大學出版會, 2001.
山口猛 외.《滿洲の記錄一滿映フィルムに映された滿洲》. 東京: 集英社, 1995.
岩本憲兒 編.《映畫と〈大東亞共榮圈〉》. 東京: 森話社, 2004.
曺恩美.《張赫宙の日本語文学一植民地朝鮮/帝国日本のはざまで》. 東京: 明石書店, 2021.

High, Peter B. *The Imperial Screen: Japanese Film Culture in the Fifteen Years' War, 1931–1945*. Madison: University of Wisconsin Press, 2003.
Johnson, Linda Cooke. *Shanghai: From Market Town to Treaty Ports, 1074–1858*. Stanford: Stanford University Press, 1995.
Meyer, Richard. *Jin Yan: The Rudolph Valentino of Shanghai*. Hong Kong University Press, 2009.

단행본의 일부

김연갑. 〈아리랑의 성격 변화〉. 《한국의 아리랑 문화》. 박이정, 2011.
김태준. 〈아리랑의 근대성〉. 국제문화재단 엮음. 《한국의 아리랑 문화》. 박이정, 2011.
남진우. 〈우물의 어둠에서 백로의 숲까지〉. 《외딴 방 2》. 문학동네, 1995.
들뢰즈, 질. 〈정동이란 무엇인가?〉. 《비물질노동과 다중》. 서창현 외 옮김. 갈무리, 2005.
리영희. 〈외화와 일본인〉. 《전환시대의 논리-아시아·중국·한국—리영희 평론집》. 창작과비평사, 1979.
바흐찐, 미하일. 〈소설 속의 시간과 크로노토프의 형식—역사적 시학을 위한 소고〉. 《장편소설과 민중언어》. 전승희 외 옮김. 창작과비평사, 1988.
백승국. 〈영화 속 음식 기호를 찾아서〉. 《기호학으로 세상 읽기》. 소명출판, 2002.
백지운. 〈대만 '향토문학'의 동아시아적 맥락〉. 《대만을 보는 눈—한국-대만 공생의 길을 찾아서》. 창작과비평사, 2012.
신경숙. 〈내 친구의 집은 어디인가〉. 《자거라, 네 슬픔아》. 현대문학, 2003.
신경숙. 〈지금은 다시 오지 않는다〉. 《아름다운 그늘—신경숙 산문집》. 문학동네, 1995.
오양호. 〈이념대립기 한 지식인의 내면풍경 《다여집》〉. 송승석 엮음. 《한국 근대 수필의 행방》. 소명출판, 2021.
이태동. 〈작은 것이 지닌 아름다움의 발견—피천득의 수필 세계〉. 《실험과 도전, 식민지의 심연》. 민음사, 2010.
林和. 〈世態小說論〉. 《文學의 論理》. 學藝社, 1940.
정래동. 〈아큐정전과 광인일기〉. 《노신 단편소설선》. 김광주·이용규 옮김. 서울출판사, 1946.
정래동. 〈中國 映畫의 新傾向〉. 《정래동전집 II—평론편》. 금강출판사, 1971.
천밍두이. 〈양츠창·풍차시사·일본 시조〉. 최말순 엮음. 《타이완의 근대문학 3: 운동·제도·식민성》. 장동천 외 옮김. 소명출판, 2013.
피천득. 〈서문〉. 《인연—피천득 문학전집 제1권》. 샘터, 2008.
한상철. 〈70년대의 계승과 변화〉. 《한국연극의 쟁점과 반성》. 현대미학사, 1994.
한원균. 〈문학과 공간—그 이론적 모색〉. 김수복 엮음. 《한국문학 공간과 문화콘텐츠》. 청동거울, 2005.

金尙浩. 〈韓國對台灣文學研究概述〉. 《台灣文學年鑑》. 國立台灣文學館, 2013.
老舍. 〈四世同堂一偸生〉. 《老舍文集》 第5卷. 北京: 人民文學出版社, 1983.
老舍. 〈四世同堂一饑荒〉. 《老舍全集》 第6卷. 北京: 人民文學出版社, 1983.
戴錦華. 〈黃土地上的文化苦旅〉. 《文化批評與華語電影》. 臺北: 麥田出版社, 1998.
魯迅. 〈娜拉走後怎樣〉. 《魯迅全集》 第一卷. 北京: 人民文學出版社, 1981.
劉紀蕙. 〈可見性問題與視覺政體〉. 劉紀蕙 編. 《文化的視覺系統》 I. 臺北: 麥田出版社, 2006.

劉紀蕙.〈前衛的推離與淨化〉.《書寫台灣—文學史, 後殖民, 後現代》. 臺北: 麥田出版社, 2000.
劉吶鷗.〈兩個時間的不感症者〉.《都市風景線》. 石家莊: 百花文藝出版社, 2005.
劉吶鷗.〈兩個時間的不感症者〉. 嚴家炎 編.《新感覺派小說選》. 北京: 人民文學出版社, 2009.
劉吶鷗.〈致戴望舒〉. 孔令境 編.《現代作家書簡》. 廣州: 花城出版社, 1982.
劉吶鷗.〈風景〉.《都市風景線》. 杭州: 浙江文藝出版社, 2004.
劉晴.〈李菁的銀色十年〉.《銀幕千秋—七位紅星的真實故事》. 臺北: 七十年代出版公司, 1972.
白先勇.〈歲除〉.《臺北人》. 臺北: 爾雅出版社, 2002.
白先勇.〈秋思〉.《臺北人》. 臺北: 爾雅出版社, 2002.
李今.〈新感覺派和二三十年代好萊塢電影〉.《都市文化與中國當代文學》. 北京: 人民文學出版社, 2005.
穆時英.〈Craven "A"〉. 嚴家炎 編.《新感覺派小說選》. 北京: 人民文學出版社, 2009.
穆時英.〈上海的狐步舞〉. 嚴家炎 編.《新感覺派小說選》. 北京: 人民文學出版社, 2009.
聞天祥.〈在黑暗交會時互放的光亮—徐志摩, 陳秋霞, 鄧麗君的偶然及海韻〉.《過影—1992-2011台灣電影總論》. 新北: 書林, 2012.
邊燕杰.〈中國都市中的關系資本與飲食社交—理論模型與經驗分析〉. 劉翠霞 等譯.《開放時代》2004年2期. 科技大學社會科學部, 2004.
西脇順三郎.〈序文〉.《馥郁タル火夫ヨ第一詩集》. 東京: 大岡山書店, 1927.
邵洵美.〈大都會的光暗面〉.《不能說謊的職業—邵洵美作品系列·隨筆卷》. 上海: 上海書店出版社, 2012.
楊晉龍.〈論教育·學術與文學行銷〉. 周慶華 主編.《語文產業》. 臺東: 國立臺東大學, 2010.
楊熾昌.〈《燃燒的臉頰》後記〉. 呂興昌 編, 葉笛 譯.《水蔭萍作品集》. 臺南: 臺南市立文化中心, 1995.
鍾玲.〈鬼氣, 美感與文化—論胡金銓的〈山中傳奇〉〉.《文本深層—跨文化融合與性別探索》. 臺北: 臺大出版中心, 2018.
陳定家.〈文學的經典化與去經典化〉.《中國社會科學學術前沿(2006-2007)》. 北京: 社會科學文獻出版社, 2007.
黑嬰.〈上海的sonata〉. 伍仁 編.《中國現代頹廢小說》. 西安: 西北大學出版社, 1996.

〈中國映畫の步み〉.《中國21 Vol.11—現代中國映畫研究特輯》. 日本 愛知大學, 2001.
笠井裕之.〈〈日曜日の散步者〉に寄せる三つの主題〉.《日殖時期現代文藝的共時與差異論壇專輯》. 臺中: 國立臺灣美術館, 2020.
吉見俊哉.〈1930年代のユロニアル·モダニティとメディア〉.《記憶する臺灣—帝国との相剋》. 吳密察等 編. 東京: 東京大學出版會, 2005.
春山行夫.〈ALBUM〉.《植物の断面》. 東京: ゆまに書房, 1929.
鷲谷花.〈李香蘭, 日劇に現る—歌ふ大東亞共榮圈〉.《李香蘭と東アジア》. 東京: 未來社, 2010.
山口守,〈記憶への旅(1)台湾〉,《リベラシオン—人権研究ふくおか》127(福岡: 福岡県人権研究所, 2007.9).
合津美穂. 〈漢族系台湾人高年層の日本語使用 - 言語生活史調査を通じて - 〉. 《信州大学留学生センター紀要》 3. 日本 松本: 信州大学留学生センター紀要出版部, 2002.3.

Chang, K. C. "introduction." *Food in Chinese Culture*. Edited by K. C. Chang. New Haven and London: Yale University Press, 1977.
Rist, Peter. "King Hu Experimental, narrative filmmaker." Edited by Chen Ruxiu, Darrell William Davis. *Cinema Taiwan: Politics, Popularity and State of the Arts*. London: Routledge, 2007.

논문

강소희. 〈1910년대 번안소설의 '국민' 만들기—《쌍옥루》, 《장한몽》을 중심으로〉. 《어문논총》(전남대학교 한국어문학연구소) 제23호(2012): 1-28.
강영희. 〈10월 유신, 청년문화, 사회성 멜로드라마—〈별들의 고향〉과 〈어제 내린 비〉를 중심으로〉. 《여성과 사회》(창작과비평사) 제3호(1992): 223-248.
강운석. 〈김승옥 소설에 내재된 현대성의 3가지 층위〉. 《배달말》(배달말학회) 30권(2002): 177-198.
강인혜. 〈호리노 마사오(堀野正雄)의 신흥사진(新興写真)과 조선〉. 《미술사와 시각문화》(미술사와 시각문화학회) 21권(2018): 104-125.
강진호. 〈한국의 문학전집 현황과 문제점〉. 《월간 문화예술》(한국문화예술진흥원) 11월호(2002).
강효욱. 〈영화음악이 영상에 미치는 효과—영화〈인생은 아름다워(Life is beautiful)〉를 중심으로〉. 《문화와융합》(한국문화융합학회) 39집(2017): 25-52.
권보드래. 〈林語堂, '동양'과 '지혜'의 정치성—1960년대의 林語堂 열풍과 자유주의 노선〉. 《한국학논집》(계명대 한국학연구원) 제51집(2013): 99-135.
김경란. 〈불멸의 언어, 소멸의 언어—말라르메의 글쓰기 풍경의 진화〉. 《불어불문학연구》(한국불어불문학회) 122권(2020): 5-39.
김금주. 〈민족사의 전개와 초기 영문학—피천득 선생을 찾아서〉. 《안과밖》(영미문학연구회) 3호(1997): 310-339.
김동식. 〈민족개조와 감정의 진화—1920년대 이광수 문학론에 대한 예비적 고찰〉. 《한국학연구》(인하대학교 한국학연구소) 제29집(2013.4): 29-54.
김려실. 〈인터/내셔널리즘과 만주〉. 《상허학보》(상허학보사) 제13집(2004): 389-423.
김복순, 〈식민지 문학의 전유와 근대문학 상상의 인식장치〉. 《여성문학연구》(한국여성문학학회) 33권(2014): 225-268.

김복순. 〈아일랜드 문학의 전유와 민족문학 상상의 젠더〉. 《민족문학사연구》(민족문학사학회) 44집(2010): 340-371.
김소연. 〈민족영화론의 변이와 '코리안 뉴 웨이브' 영화담론의 형성〉. 《대중서사연구》(대중서사연구회) 6호(2006): 287-318.
김수남. 〈상해파 조선영화인—정기탁의 작품세계론 고찰〉. 《영화연구》(한국영화연구소) 52호(2012): 83-110.
김예란. 〈탈주와 모방—1970년대 청년문화의 감각과 정동 실천〉. 《언론과 사회》(사단법인 언론과 사회) 제24권, 제3호(2016): 178-224.
김진식. 〈야누스의 얼굴—멜로드라마의 실상〉. 《한국연극학》(한국연극학회) 3권(1989).
김철·장경도. 〈후스의 식민지 조선 인식과 교류 양상 연구〉. 《중국어문학지》(중국어문학회) 제73집(2020): 111-140.
김혜준. 〈한글판 중국 현대문학 작품 목록〉. 《중국학논총》(고려대학교 중국학연구소) 27집(2010): 451-491.
남희철. 〈북한 민족음악의 변천과정에 대한 고찰—8·15광복으로부터 1970년대까지를 중심으로〉. 《통일인문학》(건국대학교 인문학연구원) 64집(2015): 305-327.
류경철. 〈위장합작영화의 재이해를 위한 제언—한-홍 합작 무술영화를 중심으로〉. 《중국학논총》(고려대학교 중국학연구소) 제38집(2012): 291-321.
박명진. 〈희곡의 영화화에 나타난 의미 구조 변화—희곡 〈칠수와 만수〉, 〈돌아서서 떠나라〉와 영화 〈칠수와 만수〉, 〈약속〉을 중심으로〉. 《한국극예술연구》(한국극예술학회) 13권(2001): 103-150.
박배식. 〈세태소설의 개념연구〉. 《선청어문》(서울대학교 국어교육과) 23권(1995): 249-266.
박숙자. 〈로컬리티의 재구성—조선/문학/전집의 사상〉. 《한국문학이론과 비평》(한국문학이론과비평학회) 제56집(2012): 245-270.
박지영. 〈해방기 지식 場의 재편과 '번역'의 정치학〉. 《대동문화연구》(대동문화연구원) 68집(2009): 423-480.
박진영. 〈공안과 연애, 1910년대 말 신문 연재소설의 중국문학 번역—양건식의 기옥과 육정수의 옥리혼〉. 《현대문학의 연구》(한국문학연구학회) 69권(2019): 125-149.
서경원. 〈죽음의례의 문화적 기억과 정동의 배치〉. 《사회사상과 문화》(동양사회사상학회) 24권, 4호(2021): 35-83.
서동주. 〈1930년대 식민지 대만의 '일본어문학'과 일본의 문단 저널리즘〉. 《일어일문학연구》(한국일어일문학회) 96권(2016): 209-226.
서은주. 〈1930년대 외국문학 수용의 좌표〉. 《민족문학사연구》(민족문학사학회) 28권(2005): 41-68.
서정남. 〈신파적 서사 양식의 유입과 전개, 그리고 남북한 영화에서의 계승에 관한 연구〉. 《한국학논집》(계명대학교 한국학연구원) 34집(2007): 141-178.
서정아. 〈〈돈〉의 오브제와 네덜란드 정물화 비교연구〉. 《현대영화연구》(한양대학교 현대

영화연구소) 제15권, 제4호(2019): 123-143.

손준식. 〈《동아일보》(1920-1940) 기사를 통해 본 식민지 조선의 대만 인식〉. 《중국학보》(한국중국학회) 61권(2010): 319-342.

송인재. 〈1920, 30년대 한국 지식인의 중국 신문화운동 수용—양건식, 정래동, 김태준의 경우〉. 《동아시아문화연구》(한양대 동아시아문화연구소) 63집(2015): 71-97.

안소연. 〈초현실주의 오브제에 대한 정신분석학적 재조명—1930년대 자코메티의 초기작품을 중심으로〉. 《현대미술사연구》(현대미술사학회) 27집(2010): 7-38.

양호환. 〈집단기억, 역사의식, 역사교육〉. 《역사교육》(역사교육연구회) 109집(2009): 1-36.

에비하라 유타카. 〈일제강점기 한국작가의 일어작품 재고—《文學案內》지 〈朝鮮現代作家特輯〉을 중심으로〉. 《현대소설연구》(한국현대소설학회) 40호(2009): 241-269.

오영숙. 〈1970년대 한국영화의 청년표상과 정동정치〉. 《한국극예술연구》(한국극예술학회) 71호(2021): 103-138.

오창은. 〈'제3세계 문학론'과 '식민주의 비평'의 극복〉. 《우리문학연구》(한국우리문학연구회) 24권(2008): 257-283.

이강언. 〈박태원 소설의 도시와 도시 인식〉. 《우리말글》(우리말글학회) 24집(2002): 289-306.

이도훈. 〈사유하는 영화, 에세이영화—에세이영화의 이론적 접근을 위한 시론〉. 《현대영화연구》(한양대학교 현대영화연구소) 제14권, 제2호(2018): 145-184.

이동매·왕염려, 〈동아시아의 장혁주 현상〉, 《한국학연구》(인하대학교 한국학연구소) 61집(2021): 383-410.

이문영. 〈탈사회주의 국가의 사회주의 노스탤지어 비교연구—러시아의 소비에트 노스탤지어와 독일 오스탤지를 중심으로〉. 《슬라브학보》(한국슬라브유라시아학회) 26권, 2호(2011): 151-180.

이봉범. 〈1950년대 문화재편과 검열〉. 《한국문학연구》(동국대학교 한국문학연구소) 34호(2008): 7-49.

이봉범. 〈냉전과 두 개의 중국, 1950-1960년대 중국 인식과 중국문학의 수용〉. 《한국학연구》(인하대학교 한국학연구소) 제52집(2019): 73-128.

이상경. 〈제37차 국제 펜 서울대회와 번역의 정치성〉. 《외국문학연구》(한국외국어대학교 외국문학연구소) 제62호(2016): 65-90.

이성훈. 〈반 고흐는 누구의 구두를 그린 것인가?—하이데거, 마이어 샤피로, 그리고 데리다〉. 《대동철학》(대동철학회) 45집(2008): 293-316.

이승권. 〈번역의 한 방법, 번안〉. 《프랑스문화예술연구》(프랑스문화예술학회) 9권(2003): 269-290.

이시활. 〈일제강점기 한국 작가들의 중국 현대문학 바라보기와 수용양상—양건식, 이동곡, 양명을 중심으로〉. 《중국학》(대한중국학회) 제33호(2009): 433-472.

이양숙. 〈에스니시티와 민족의 거리—김만선 소설에 나타난 도시체험과 난민의식〉. 《인문과학연구》(인문과학연구회) 제38집(2013): 79-108.
이영재. 〈중공업 하이모던 시대의 아시아적 신체—1970년대 한국에서의 홍콩영화의 수용〉. 《여성문학연구》(한국여성문학학회) 30호(2013): 153-189.
이준식. 〈일제 파시즘기 선전 영화와 전쟁 동원 이데올로기〉. 《동방학지》(연세대학교 국학연구원) 124호(2004): 701-743.
이한정. 〈일본문학의 번역과 한국문학〉. 《현대문학의 연구》(한국문학연구학회) 55집(2015): 7-52.
이희정. 〈1910년대 매일신보 번안 번역 소설의 전개 양상〉. 《한국 현대문학연구》(한국현대문학회) 19호(2006): 119-160.
임미주. 〈1990년대 한국 트렌디 드라마와 일본이라는 시차(時差/視差)—KBS2TV 드라마 〈느낌〉을 중심으로〉. 《현대소설연구》(한국현대소설학회) 제87호(2022): 133-174.
장동천. 〈마천루의 출현과 문학적 수용—1930년대 상하이 작가의 도시 조감〉. 《중국어문논총》(중국어문논총편집위원회) 45집(2010): 189-217.
장동천. 〈日據末期韓國期刊登載 中國現代文學韓語譯文的背景及特點—以《三千里》月刊爲中心〉. 《중국어문논총》(중국어문연구회) 제43권(2009): 547-565.
장동천. 〈日據時期韓國의 세계문학관념과 중국신문학의 위치〉. 《중국어문논총》(고려대학교 중국학연구소) 제94집(2019): 121-141.
장희권. 〈근대도시의 공간과 사유방식〉. 《뷔히너와 현대문학》(한국 뷔히너학회) 32권(2009): 205-234.
전은경. 〈근대 계몽기 번역문학과 독자층 연구—춘희 번역을 둘러싼 한·중·일 독자 경향 비교〉. 《우리말글》(우리말글학회) 56(2012): 765-802.
전형준. 〈포스트식민주의 번역이론과 동아시아 내부의 문화간 번역〉. 《중국문학》 제51집(2007.5).
정문상. 〈일상생활을 통해 본 1930년대 상해 학생사회〉. 《중국근현대사연구》(중국근현대사연구회) 21집(2004): 65-93.
정미경. 〈아시아계 미국 디아스포라 연극에 나타난 아시아성, 문화상호주의적으로 읽기〉. 《현대 영미드라마》(한국현대영미드라마학회) 30권, 3호(2017): 189-210.
조건상. 〈박태원 소설 연구〉. 《대동 문화연구》 26집(1991): 201-221.
조남현. 〈박승극의 실천·비평·소설〉. 《한국문화》(서울대학교 규장각한국학연구원) 25집(2000): 63-88.
조보라미. 〈오태석 희곡의 상호텍스트성 연구〉. 《한국현대문학연구》(한국현대문학회) 24권(2008): 527-558.
주창윤. 〈1975년 전후 한국 당대문화의 지형과 형성과정〉. 《한국언론학보》(한국언론학회) 51집, 4호(2007): 5-31.
차승기. 〈삭제된 목소리가 말하는 방식-정우상의 〈목소리[聲]〉(1935)를 통해〉. 《인문과학》(서울대학교 인문학연구원) 117집(2019): 5-26.

최말순. 〈1930년대 대만문학 맥락 속의 장혁주〉. 《SAI間》(국제한국문학문화학회) 11권(2011): 61-92.

최진호. 〈냉전기 중국 이해와 루쉰 수용 연구〉. 《한국학연구》(인하대학교 한국학연구소) 제39집(2015): 277-312.

최창륵. 〈개벽사 《중국단편소설집》 번역자 소고〉. 《대동문화연구》(성균관대학교 대동문화연구원) 제116집(2021): 259-294.

표언복. 〈일제하 상해 지역 소설 연구〉. 《어문연구》(어문연구회) 41호(2003): 293-327.

한길로. 〈일제강점기 조선에 비친 식민지 대만의 허실, 그리고 조선〉. 《인문논총》(서울대학교 인문학연구원) 70집(2013): 381-415.

한영림. 〈〈맥베스〉영화와 로케이션—스코틀랜드 비극에서 스코틀랜드 영화로〉. 《Shakespeare Review》(한국셰익스피어학회) 52권, 2호(2016): 233-251.

홍상훈. 〈양건식의 삼국연의 번역에 대하여〉, 《한국학연구》(인하대학교 한국학연구소) 14권(2005): 51-73.

홍석경. 〈다큐픽션 속 재연의 문제—'그럴듯함(verisimilitude)'과 '현실정합성(authenticity)' 사이의 혼종에 대한 연구〉. 《방송문화연구》(KBS 미디어연구소) 23권, 2호(2011): 105-130.

喬寧. 〈"上海派"電影人全昌根的民族主義電影風格成因探究〉. 《電影文學》(電影文學雜誌社) 第15期(2021): 86-92.

董茜. 〈"歐化語言"的本土性轉喻—對大中華百合影片公司運營機制的一種考察〉. 《湖北美術學院學報》(湖北美術學院) 第2期(2023): 66-73.

黎煜. 〈斷臂之美—阮玲玉殘片〈再會吧, 上海〉價值新考〉. 《電影藝術》(中國電影協會) 第6期(2010): 119-125.

柳迪善. 〈"十七年"時期譯制片傳播中的城鄉之別〉. 《文藝研究》(中國藝術研究院) 第2期(2013): 98-106.

李東昀. 〈影片《山中傳奇》與古代小說《西山一窟鬼》敘事空間的對照分析及其意蘊〉. 《滇西科技師範學院學報》 第28卷, 第1期(2019): 105-109.

李一鳴. 〈以情動人的朝鮮電影〉. 《大眾電影》(中國電影家協會) 第16期(2007): 46-47.

李永東. 〈租界文化體驗對現代小說創作的影響〉. 《江海學刊》(江蘇省社會科學院) 第1期(2007): 200-206.

李志剛. 〈中國現代商業食文化初探〉. 《天津商學院學報》(天津商學院) 第2期(1997): 57-60.

林政華. 〈日政時期詩人林修二及其作品研究〉. 《通識研究集刊》 第1期(2002): 17-32.

武彥清. 〈《再會吧, 上海》與在滬朝鮮影人鄭基鐸〉. 《電影文學》(電影文學雜誌社) 第13期(2021): 117-124.

柏士范(Stefan Borsos). 〈俠義的父女—初論何夢華的通俗劇武俠片〉. 《Hkinema》(香港電影評論學會) 季刊 第2號(2008). https://www.filmcritics.org.hk.

傅葆石·劉輝. 〈淪陷區電影中的‘鴉片戰爭’〉. 《二十一世紀雙月刊》(香港: 中文大學中國文化研究所) 12月號(2008): 63-71.

沙丹. 〈大匠的困惑—〈山中傳奇〉與胡金銓的心靈世界〉. 《當代電影》(中國電影藝術研究中心) 第4期(2011): 28-31.

石婉舜. 〈殖民地版新派劇的創成—‘臺灣正劇’的美學與政治〉. 《戲劇學刊》(國立臺北藝術大學戲劇學院) 12期(2010): 35-71.

石川. 〈复活的神女: 阮玲玉的銀幕人生與當代意義—為紀念阮玲玉誕辰100周年而作〉. 《當代電影》(當代電影雜誌社) 4期(2010): 25-28.

施正峰. 〈台灣民族主義的發展, 現況, 以及挑戰〉. 《台灣國際研究季刊》(臺北) 第11卷, 第4期(2015): 1-32.

宋媛媛. 〈淺析黃春明台灣轉型期小說中的悲劇〉. 《文學教育(上)》 第3期(2014): 150-152.

埃克托爾·羅德里格斯 著. 肖模 譯. 〈中國美學問題: 胡金銓電影中的電影形式與敘事空間—爲紀念胡金銓(1931-1997)而作〉. 《電影藝術》(中國電影藝術研究中心) 第6期(1997): 53-60.

於潔. 〈六七十年代朝鮮電影歌曲對中國民眾音樂審美的影響〉. 《民族音樂》(遼寧師範大學音樂學院) 第6期(2013): 10-12.

袁慶豐. 〈〈桃花泣血記〉: 模式的遺存和新信息的些許植入—1930年代初期的中國舊市民電影樣本讀解之一〉. 《浙江傳媒學院學報》(浙江傳媒學院) 第3期(2009): 28-30.

燕毅. 〈〈賣花姑娘〉及其他〉. 《文史精華》(河北人民出版社) 總第265期(2012): 54-60.

閆凱蕾. 〈明星級別系統定位之下1933-1935年電影產業機制的良性運轉〉. 《電影藝術》(中國電影協會) 第1期(2014): 128-135.

王大可. 〈從新修複的〈戀愛與義務〉重探1930年代早期電影的多義性〉. 《中南大學學報(社會科學版)》(中南大學) 第22卷(2016): 190-195.

王櫻芬. 〈聽見臺灣—試論古倫美亞唱片在臺灣音樂史上的意義〉. 《民俗曲藝》(財團法人施合鄭民俗文化基金會) 第160期(2008): 169-196.

袁慶豐. 〈20世紀六七十年代朝鮮電影在中國大陸傳播的文化機制—以〈看不見的戰線〉為例〉. 《燕趙學術》(河北師範大學文學院, 2014.4): 83-87.

袁慶豐. 〈第六代導演: 忠實於時代記錄和敘事功能的恢復—以顧長衛的〈孔雀〉為例〉. 《浙江傳媒學院學報》(浙江傳媒學院) 第19卷 第6期(2012): 50-55.

袁慶豐·嚴玲. 〈文化嵌入與社會回響—1949-2019年外國電影在中國的傳播〉. 《現代傳播》 2020年 第10期(中國傳媒大學): 76-84.

丁亞平. 〈一代人的愛與怕: 阮玲玉—默片史上的天才演員(上)〉. 《傳記文學》(傳記文學雜誌社) 第5期(2017): 85-94.

齊仙姑. 〈互文性的時代鏡片—對〈一剪梅〉的再解讀〉. 《北京電影學院學報》(北京電影學院) 5期(2014): 54-61.

程季華. 〈阮玲玉五十週年祭〉. 《電影藝術》(中國電影協會) 第3期(1985): 54-55.

陳偉明·侯波. 〈20世紀以前的南洋華僑在中外飲食文化交流中的作用〉. 《東南亞研究》(東南

亞研究學會) 第1期(2006): 55-58.
陳允元. 〈現代主義的群聚感染一風車詩社的系譜〉. 《在地實驗〈檔案之眼一台灣前衛文化的國際視野〉專案》(台灣科技藝術學會, 2020). https://archive.ncafroc.org.tw.
陳徵蔚. 〈詩與歌的傾城之戀〉. 《吹鼓吹詩論壇》(臺灣詩學季刊雜誌社) 29期(2017): 37-43.
蔡錦堂. 〈日據時期台灣之宗教政策〉. 《台灣風物》 42卷 4期(1992): 105-136.
崔末順. 〈1940年代台灣文壇提及「朝鮮」的脈絡及其理由〉. 《文學台灣》(高雄: 文學臺灣雜誌社) 122(2022): 197-213.
馮應謙. 〈年代記憶一未完的香港民歌簡史〉. 《視覺傳播研究》(中國傳媒大學出版社) 第1輯(2021): 78-90.
黃文杰. 〈李安華語作品文化解讀〉. 《北京電影學園學報》(北京電影學園) 第3期(2023): 15-26.
黃淑嫻 整理. 〈胡金銓曾參與製作的電影〉. 《現代中文文學學報》(嶺南大學人文學科研究中心) 第八卷, 第一期(2007): 220-226.
黃裕元. 〈早期臺灣的廣播與資訊生活〉. 《臺灣學通訊》(國立臺灣圖書館) 第86期(2015): 28-29.

渡辺直紀. 〈李香蘭映画の植民地朝鮮·台湾における受容〉. 《武蔵大學人文學會雜誌》(武蔵大學人文學會) 第48巻 第2號(2017): 79-101.

Jameson, Fredric. "Nostalgia for the Present," *South Atlantic Quarterly* vol.88, no.2(Spring, 1989): 517-537.
Wicks, James. "Hot Wars on Screen during the Cold War: Philosophical Situations in King Hu's Martial Arts Films." 《中央大學人文學報》(中央大學) 64期(2017): 131-159.

발표문·논문집

李道明. 〈永樂座與日殖時期臺灣電影的發展〉. 《東亞脈絡中的早期臺灣電影國際研討會》(國立臺北藝術大學電影創作學系 주최 학술발표논문집). 臺北, 2014. https://www.academia.edu.
李政亮. 〈日治時期台灣人的電影實踐一通俗空間下的《望春風》與《可愛的仇人》〉. 《國家認同之文化論述學術研討會: 會議論文集》(심포지엄 논문집). 臺北: 文建會 主辦, 2006. https://www.tisanet.org.
〈第二屆臺灣與亞洲電影史國際研討會一比較殖民時期的韓國與臺灣電影〉. 國立臺北藝術大學電影創作學系 주최 심포지엄 발표문, 2016. http://twhs.org.tw.

학위논문

김소희. 〈일제시대 영화의 수용과 전개 과정〉. 서울대학교 석사학위논문, 1994.
권정현. 〈이순원 소설의 크로노토프 연구〉. 고려대학교 박사학위논문, 2019.
이정숙. 〈김승옥 소설의 소통양상 연구〉. 서울대학교 석사학위논문, 2004.
최세훈. 〈1930년대 김광주 영화평론 연구—상해 《신보·매일전영》을 중심으로〉. 연세대학교 박사학위논문, 2018.

譚君. 〈文革時期北京民眾的娛樂生活〉. 首都師範大學 碩士學位論文, 2013.
林育辰. 〈臺灣推行國語運動對英語教育政策的啟示之研究〉. 國立臺東大學 碩士學位論文, 2012.
王曉亞. 〈民國電影檢查的主題與問題1932-1937—以辱華, 左翼, 肉感爲重點〉. 南洋理工大學 博士學位論文, 2018.
趙小青. 〈東方影像中的女性—中、日、朝、韓銀幕女性形象創作及其特征〉. 中國藝術研究院 博士學位論文, 2003.
許珍. 〈中國與朝鮮半島電影交流史研究(1896-1953)〉. 東北師範大學 博士學位論文, 2017.

신문 기사

〈5.16의 노래(五·一六之歌)〉. 《경향신문》, 1961년 10월 29일.
〈大東亞文學者大會〉. 《매일신보》.,1943년 8월 16일.
《동아일보》, 1931년 2월 22일·2월 24일·8월 14일·10월 12일; 1936년 2월 20-26일; 1970년 5월 1일; 1979년 1월 22일-2월 21일.
《매일경제》, 2018년 12월 14일.
《매일신보》, 1935년 11월 28일.
〈三國誌映畫 朝鮮에 輸入—藝術文化協會映畫部서 不遠間 市內에 上映할 듯〉. 《동아일보》, 1929년 6월 1일.
〈서울에 온 李香蘭〉. 《조선일보》, 1940년 5월 11일.
〈세 남자와 '요리 바구니'〉. 《경향신문》, 1999년 10월 23일.
〈純中國劇三國演義—連環計(全四卷) 六月七日부터 優美舘에 上映〉. 《조선일보》, 1926년 6월 5일.
〈스잔나 필름 爭奪戰〉. 《부산일보》, 1970년 12월 12일.
《시대일보》, 1925년 8월 24일.
〈아빠는 지금 요리 중〉. 《한겨레신문》, 1998년 9월 30일.
〈요리가 취미인 남자들〉. 《조선일보》, 1999년 4월 17일.

《自由新聞》, 1949년 2월 9일.
〈鄭基鐸 監督의 『잘잇거라 上海』 梗概〉. 《조선일보》, 1935년 12월 3일.
《조선일보》, 1931년 2월 4일·27일; 1935년 12월 3일.
〈좌파 지식인 이명선 '햇별'—김준형씨, '조선문학사' 등 저작 4권으로 복원〉. 《한겨레신문》, 2019년 10월 19일.
〈주요섭의 문학과 생애〉. 《동아일보》, 1972년 11월 16일.
〈注意할 文壇狀況 '報告'〉. 《동아일보》, 1935년 9월 26일.
〈'중국영화(中國映畵)' '춘희(椿姬)'〉. 《조선일보》, 1927년 11월 30일.
〈中國映畵界에 同胞가 大活躍 全國中俳優人氣投票에 朝鮮靑年이 當選〉. 《조선중앙일보》, 1933년 9월 16일.
〈中國映畵界의 近況〉. 《조선일보》, 1937년 7월 3·4·6일.
〈中國의 映畵界(三)〉. 《京城日報》, 1930년 5월 9일.
〈진통하는 70년 한국대회〉. 《동아일보》, 1969년 9월 18일.
〈'첫사랑' 찾아 중국 다녀온 95세 피천득 선생〉. 《조선일보》, 2005년 5월 21일.
〈학전과 작별 아쉬운 중년 관객들, 다시 '1호선'으로〉. 《동아일보》, 2023년 11월 13일.
〈호금전을 아는 방법은 '보는 것뿐'〉. 《한겨레신문》, 2001년 7월 19일.
강은주. 〈'아시아의 오드리 햅번' 진추하는 누구?〉. 《한국일보》, 2019년 9월 20일.
고민희. 〈인간에 집중한 휴머니즘 소설 작가 조설근은 중국의 셰익스피어〉. 《주간조선》, 2012년 5월 11일.
김광주. 〈受難期의 劇作家 田漢과 그의 戱曲〉. 《동아일보》, 1935년 11월 16-29일.
김광주. 〈中國 文壇의 最近 動向〉 제6편(최종회). 《동아일보》, 1936년 2월 26일.
김남천. 〈一身上眞理와 '모랄'—自己의 省察과 槪念의 主體化〉. 《조선일보》, 1938년 4월 22일.
김은실. 〈여성, 음식, 돌봄〉. 《경향신문》, 2006년 9월 22일.
김혁묵. 〈대만기행〉 제8회. 《매일신보》, 1931년 8월 12일.
박승극. 〈대만문화개관〉. 《조선중앙일보》, 1936년 7월 28일.
박종화. 〈一日一人—《川邊風景》을 읽고〉. 《每日申報》, 1939년 1월 26일.
박철하. 〈청년·농민운동 주도… 25번이나 구금〉. 《경기일보》, 2009년 3월 20일.
서원덕. 〈長足으로 進步되는 中國의 映畵藝術〉. 《조선일보》, 1936년 3월 6·7·8일.
성석제. 〈'사랑의 스잔나'의 진추하〉. 《한겨레신문》, 2005년 1월 4일.
양건식. 〈아Q정전〉. 《조선일보》, 1930년 1월 4일-2월 16일.
양건식. 〈기옥(奇獄)〉. 《매일신보》, 1919년 1월 15일-3월 1일.
양건식. 〈支那의 소설 及 희곡에 就하여〉. 《매일신보》, 1917년 11월 6-9일.
육정수. 〈옥리혼(玉梨魂)〉. 《매일신보》, 1919년 2월 15일-5월 3일.
윤영춘. 〈중국학문의 실체—자유중국에 다녀와서〉. 《동아일보》, 1962년 6월 2일.
임화. 〈뿍레뷰—박승극 수필집 "다여집(多餘集)"〉. 《조선일보》, 1938년 9월 24일.
정래동. 〈'아Q정전'을 읽고〉. 《조선일보》, 1930년 4월 9-12일.

정래동. 〈急速度로 發達하는 中國映畵界의 現狀〉. 《朝鮮中央日報》, 1935년 4월 14·16일.
정래동. 〈中國 新詩壇의 彗星 '徐志摩'를 弔함〉. 《동아일보》, 1931년 12월 2-4일.
정선태. 〈번역으로 만난 근대—루쉰 〈광인일기〉〉. 《한겨레신문》, 2003년 10월 22일.
천태산인(김태준). 〈文學革命 후의 中國 文藝觀—과거 40년간〉. 《동아일보》, 1930년 11월 12일.
최재서. 〈리아리즘의 擴大와 深化〉. 《조선일보》, 1936년 11월 2-7일.

〈《四世同堂》的"回譯"路〉. 《文摘報》, 2016년 12월 1일.
〈國文拚高分多讀白先勇, 張愛玲〉. 《聯合報》, 2011년 2월 8일.
〈臺灣〉. 《聯合報》, 1999년 3월 15일.
〈北京內城最全胡同統計一街坊們，回家了〉. 《澎湃新聞》, 2020년 6월 6일.
〈上海國際電影節主席講壇 陳丹青熱捧王家衛〉. 《京華時報》, 2008년 6월 17일. https://ent.sina.com.cn.
〈誰是申城第一高樓?〉. 《新民晚報》, 2007년 9월 23일.
〈胡金銓韓國播種意外救活空山靈雨〉. 《自由時報》, 2018년 10월 28일.
楊熾昌. 〈燃燒的頭髮—爲了詩的祭典〉. 《臺南新報》, 1934년 4월 8·19일.
楊熾昌. 〈日曜日式散步者—把這些夢送給朋友S君〉. 《台南新報》, 1933년 3월 12일.
蒲鋒. 〈獨闖邵氏辦公室的野姑娘—悼李菁〉. 《明報》, 2018년 2월 27일.

〈歌ふ李香蘭, 朝鮮軍を慰問〉. 《京城日報》, 1944년 3월 25일.
〈支那映畵をみる'三國誌'について〉. 《京城日報》, 1930년 3월 26일.
辛島驍. 〈日支映畵·演劇·文學の交涉(上)〉. 《京城日報》, 1938년 4월 6일.

잡지

〈關北, 滿洲 出身 作家의 《鄕土文化》를 말하는 座談會〉. 《삼천리》(1940).
《개벽》(개벽사) 제5-8호·제30호·제38호(1920-1923).
《동명》(동명사) 제37-40호(1923).
〈비열한 거리-유하〉. 《Film 2.0》 7월호(2006).
《월간시문학》 7월호(1984).
〈용어 풀이〉. 《국토》 12월호(2004).
〈이향란 회견기〉. 《삼천리》 4월호(1941).
〈朝鮮文學의 定義—이러케 規定하려 한다!〉. 《삼천리》 제8권(1936).
〈조선영화문화와 신체제 특집〉. 《삼천리》 6월호(1941).
《青春》(新文館)(1914-1918).
〈韓中文化交流의 傳統과 將來〉. 《새벽》(1955).

김광주. 〈상해 시절 회상기〉 상. 《세대》 12월호(1965).
김동환. 〈日本에 흐르는 諸運動—臺灣의 最近〉. 《三千里》(1932).
김소영. 〈朝鮮軍製作·志願兵映畵 〈그대와 나〉의 內地撮影日記〉. 《삼천리》 12월호(1941).
무호동. 〈풍속시평-인기〉. 《조광》 9월호(1941).
박혜명. 〈굿바이 키치! 《굿바이 레닌!》〉. 《시네21》(2003).
백낙청. 〈시민문학론〉. 《창작과비평》 여름호(1969).
서병욱. 〈우짜것노, 살아보는 수밖에〉. 《현대문학》 10월호(1986).
서종택. 〈바람꽃〉. 《현대문학》 12월호(1977).
설의식. 〈眞書와 原書〉. 《삼천리》 제1호(1929).
壽春山人(차상찬). 〈反亂線上에 立한 臺灣의 生蕃과 熟蕃, 그들의 生活相과 今後運命如何〉. 《別乾坤》(1930).
심훈. 〈조선 영화인 언파레드〉. 《동광》 제23호(1931.7).
양건식. 〈反新文學의 出版物이 流行하는 中國文壇의 奇現象〉. 《개벽》 2월호(1924).
오성찬. 〈내사랑 癌〉. 《현대문학》 12월호(1974).
이광수. 〈上海서〉. 《靑春》 제3호(1914).
이태우. 〈이향란의 예술과 사생활-조선을 동경하는 그 마음도 아릿다워라〉. 《조광》 4월호(1940).
丁來東. 〈中國映畵界의 明星 胡蝶孃을 휘도는 風說〉. 《別乾坤》 제48호(1932).
정성일. 〈99원 분식과 허리우드극장〉. 《영화천국》 21호(2011).
정영권. 〈북한영화의 역사와 미학—1945년부터 현재에 이르기까지〉. 《시네21》(2018), www.cine21.com.
조효송. 〈사람을 죽여드립니다〉. 《현대문학》 8월호(1974).
주요섭. 〈북경잡감—이국 수상〉. 《白光》 제6집(1937).
천태산인(김태준). 〈담담(談談) 중국영화〉. 《신흥》 제5호(1931.7).

〈大家驚喜的事鄭基鐸煥然一新(모두가 놀란 일—정기탁이 면모를 일신하다)〉. 《聯華畫報》 第2卷, 第7期(1933).
〈入電影界以來的自己總批判〉. 《電影藝術》 第一卷, 第一期·第三期(1932).
〈鄭基鐸假口於人〉. 《電影月刊》 第25期(1933).
〈中日合作映畫の將來〉. 《映畫評論》 4월호(1942).
高麗通. 〈鄭基鐸〉. 《聯華畫報》 第3卷, 第6期(1934).
郭沫杉. 〈重構電影皇帝—金焰20世紀30年代的明星〉. 《當代電影》 第10期(2022).
君幹. 〈再會吧, 上海〉. 《三楚週刊》 1期(1934).
吳錫洋. 〈《望春風》完成所感〉. 《臺灣公論》 2卷, 9號(1937).
唐娜. 〈再會吧, 上海!〉. 《映畫》 18期(1934).
麗沙. 〈金焰落伍記〉. 《萬影》 5期(1935).

劉國詳. 〈來件一爲“再會吧!上海!”影片惡意宣傳誹謗醫師事呈上海市醫師公會文〉. 《新醫藥雜誌》 10期(1934).
陸逢新. 〈阮玲玉的悲劇—《再會吧, 上海》裡演出〉. 《聯華畫報》 20期(1934).
李道明. 〈日本統治時期電影與政治的關係〉. 《歷史月刊》(歷史智庫出版公司) 第86期(1995).
茅盾. 〈都市文學〉. 《申報月刊》 第2卷, 第5期(1933).
沙基. 〈中國電影藝人訪問記—《母性之光》導演卜萬蒼〉. 《申報》(1933).
孫瑜. 〈導演野草閑花的感想〉. 《影戲雜誌》(1930).
呉濁流. 〈台湾文学の現況〉. 《雄鶏通信》 5卷, 1號(1949).
逸曼. 〈金焰銀壇登龍記〉. 《現像》 8期(1935).
宗植. 〈初到都市〉. 《現代》 第5卷, 第5期(1934).
洪深. 〈大飯店一上海 地方生活 素描 3〉. 《良友》 第111期(1935).

朴勝極. 〈朝鮮と文学——九三五年文壇の回顧〉. 《文學評論》(1936.1).

영상 및 음향 자료

〈그대와 나〉(1941). 한국영상자료원 제공 VOD 영상.
〈사랑의 스잔나〉(DVD). 미디어포유, 2025.9.
〈상해여 잘 있거라〉(1934). 한국영상자료원 제공 VOD 영상.
〈스잔나〉(DVD). 위너픽쳐스, 2023.10.
〈칠수와 만수〉(블루레이 디스크). 한국영상자료원, 2015.

〈空山靈雨(Raining in the Mountain)〉(블루레이 디스크). London: Eureka Entertainment, 2020.2.
〈大俠胡金銓(The King of Wuxia)〉(블루레이 디스크). 臺北: 華映娛樂股份有限公司, 2022.
〈戀愛與義務〉(블루레이 디스크). 北京: 碟影文化, 2022.5.
〈山中傳奇(Legend of the Mountain)〉(블루레이 디스크). London: Eureka Entertainment, 2018.3.
〈日曜日式散步者〉(블루레이 디스크). 臺北: 目宿媒體, 2017.6.
〈日治時期台灣島民歌謠選輯〉 복각판 CD, 2011.
*기타 영상은 유튜브(https://www.youtube.com) 외 동영상 플랫폼 참조.

기타 자료

〈(안태근의 영화100년사) 일제강점기 상해파 한국 영화인들〉. 《인디포커스》. 2022.1.
〈대교연 통계〉 3호. 《대학교육연구소》. 2013.4.11. http://khei.re.kr.
'대중가요', '스크린 쿼터' 항목. 《한국민족문화대백과사전》. https://encykorea.aks.ac.kr.
〈연도별 고등학교 수 및 학생 수 추이〉. 《KESS 교육통계서비스》. https://kess.kedi.re.kr.
'자유신문' 항목. 《한국사데이터베이스》.
《D백과》. https://enc.daum.net/encyclopedia.
《세상과 함께 가는 영화》. 한국영상자료원(E-Book).
《한국영화데이터베이스(KMDb)》.
국토교통부. 〈전통한옥 사례 DB〉. 《한옥기술개발》. http://hanokkorea.auric.kr.
김기덕. 《한국인이 좋아하는 팝송 베스트 100》. 삼호ETM, 2002.
성민엽. 〈홍콩영화 《스잔나》의 주제가 가사에 대하여〉. https://contents.premium.naver.com.
이승원. 〈〈청춘〉—청년들에게 문학을 권하다〉. 《국립중앙도서관 디지털도서관》. 2013.3.
이영재. 〈'외팔이'의 도래, 1960년대 후반의 무협 붐〉. 《한국영화데이터베이스》. 2021.6.30. https://www.kmdb.or.kr.
조한우. 〈사랑의 스잔나, 1976〉. 《Break News》, 2004년 6월 8일.
최주리. 〈언젠가는 사라져야 할 연극 〈칠수와 만수〉〉. 2007.4. http://www.radiogfm.net/news/652.
한국영화진흥위원회. 〈2013년 7월 예술영화인정 심사결과 공지〉. https://www.kofic.or.kr.
황평우. 〈기념과 기록을 분명히 해야 한다〉. 《민족문제연구소》. 2004.12.24. www.minjok.or.kr.

《中國作家網》. http://www.chinawriter.com.cn.
《台灣聲音100年》. https://audio.nmth.gov.tw
《合智情報工作網》. 2006.3.27. www.hezhici.com.
《國立臺灣美術館》. https://event.culture.tw.
《臺灣科技藝術學會》. https://archive.ncafroc.org.tw.
《上海通誌》. www.stong.gov.cn.
《全國報刊索引(CNBKSY)》.
BIOS monthly. 〈時間不輕易繞路, 卻也從未善待過誰一專訪〈日曜日式散步者〉導演黃亞歷〉. *BIOS monthly*, 2016.10.7. https://www.biosmonthly.com.
TFI 웹사이트. http://www.ctfa.org.tw/kinghu.
呂學卿. 〈第15屆台新藝術獎視覺藝術獎—《立黑吞浪者》〉. 《ArtTouch》. 2017.6.12. https://artouch.com.
李道明. 〈殖民時期臺灣電影與朝鮮電影之初步比較〉. 《臺灣電影研究學術網站》. http://

twcinema.tnua.edu.tw.
李政亮. 〈日治時期電影史漫談—1930年代洋畫至上主義之年輕世代的觀影品味變化(下)〉. 《想想論壇》. 2020.8.20. https://www.thinkingtaiwan.com.
迈点. http://info.meadin.com.
費穆. 〈阮玲玉之死〉. 《藝聲》. 1936. https://ldy.library.sh.cn.
謝璇. 〈專訪《日曜日式散步者》導演黃亞歷/詩與電影, 詩的電影〉. 2016. https://punchline.asia.
史惟筑. 〈辯士何以成為台灣電影'起源'?〉. 2016. http://twcinema.tnua.edu.tw.
三木直大. 〈來自日本的歷史回聲—黃亞歷〈日曜日式散步者〉的省思〉. https://www.pubu.com.tw.
吳福輝. 《老舍小說—新舊市民與國民性批判》. 2004.4.4. http://www.china.org.cn.
陳允元. 〈共時與時差—在一九三〇年代的台灣/世界語境中談論〈台灣現代主義〉〉. https://archive.ncafroc.org.tw.
黃舒屏 主編. 《共時的星叢—〈風車詩社〉與跨界域藝術時代》. 臺中: 國立臺灣美術館, 2019.
黃信彰. 〈幾度望春風?—李臨秋創作濫觴及〈望春風〉版本研究〉 발표문. 2010.10.29. https://www.gec.ttu.edu.tw.

《尋夢老上海》. http//camel-st.hp.infoseek.co.jp.

Elaine Showalter. "Food—My Dinner with Derrida." *American Prospect Online*. 2002.1.3.

찾아보기

인명

용어

ㅇ

작품·책(소설·영화·신문·잡지 등)

ㅇ

ㅈ

장소와 시간의 유동
20세기 중국어권 문화와 한국

초판 발행 2025년 12월 30일
초판 1쇄 2025년 12월 30일

지은이 장동천
펴낸곳 고려대학교출판문화원
www.kupress.com
kupress@korea.ac.kr
(02841) 서울특별시 성북구 안암로 145
Tel 02-3290-4230, 4232
Fax 02-923-6311
찍은곳 네오프린텍(주)

ISBN 979-11-6956-133-4 93820

값 34,000원
※ 잘못 만들어진 책은 바꿔 드립니다.